에덴의 인문학

에덴 이야기는 인류에게
무엇을 말하는가

에덴의 인문학

민정기 지음

바다출판사

목차

저자의 책 소개   교회 밖에서 성서 읽기 ················· 6

기본 텍스트   창세기 2~4장 ··················· 10

프롤로그   생각하는 아담의 탄생 ··············· 18

1부   사랑과 독신의 변주곡

1장   에덴의 정원에서 정말 섹스를 했을까? ········· 35

2장   예수는 왜 그녀를 사랑하지 않았을까? ········· 67

3장   임신한 아내는 여자가 아니다? ············ 102

2부   태초에 순수를 강요받다

4장   가인, 이브와 뱀의 하이브리드 ············ 145

5장   아담은 검정 소인가, 하얀 소인가? ·········· 183

3부   사람을 꿈꾸다

　　6장　성장의 통과의례를 겪는 아담과 이브 ·················· 247

　　7장　정치적 알레고리로 신화 읽기 ························· 275

　　8장　입헌경제학으로 에덴을 보다 ························· 290

4부   지식나무와 포도주의 역설

　　—　마지막 4부를 시작하기에 앞서 ····················· 311

　　9장　메소포타미아 신화 속의 에덴 ····················· 313

　　10장　무엇을 읽을 것인가, 무엇을 읽지 말 것인가? ········ 381

　　11장　〈에덴 이야기〉 다시 읽기 ························· 466

맺는말　기독교인들을 위한 에필로그 ······················· 540

주 ·· 561

저자의 책 소개

교회 밖에서
성서 읽기

인류 지성과 문예의 역사에 가장 중요한 영향을 준 텍스트 중 대표적인 것이 성서이다. 이 책은 구약성서의 〈창세기〉, 그 중에서도 에덴 이야기를 인문학적 실험정신에 입각하여 읽어본 뒤 이를 탐구해보려는 의도에서 시작되었다. 서양문화사와 종교, 신화, 문학 그리고 성서의 형성과 편집과정 및 기독교 교리와 신학의 (왜곡된) 탄생과정, 그리고 창의적인 독서에 관심 있는 일반대중들과 학자들을 대상으로 한 교양서적이라고 설명할 수 있겠다. 내용 전반적으로는 인간을 죄인으로 보는 기독교의 인간론을 해체하고 그 대안을 제시하려는 것에 주안점을 두었다.

1부와 2부는 고대 유대교와 기독교 신앙인들이 이 텍스트를 읽고 나름대로의 신화적 상상력을 발휘하여 그려낸 우주와 역사에 대한 그림들을 추적하였다. 에덴의 정원에서 아담과 이브가 누린 성애 (sexual love)의 기쁨이 고대인들이 품은 인류 미래에 대한 기대들과 맞물려 어떻게 해석되고 활용되었는지 살폈다. 그리고 순수를 찬미하고 강요하는 종교적 문화 속에서, 가인을 뱀과 이브의 불경한 성교로 태어난 반인반수의 괴물로 그린 문헌들과 역사를 탐구하였다.

이러한 과정에서 역사적 예수가 성애를 나누지 않은 까닭이나 바울처럼 보다 급진적인 기독교 신앙인들이 독신의 삶을 설파하게 된 배경, 그리고 온건한 신앙인들이 결혼을 주장하면서도 아내를 여자가 아니라 누이로 여기고 살라 권면하게 된 연유를 들여다보았다. 나아가 기독교의 교리적 토대를 마련한 바울이, 아담과 이브와 뱀의 삼각관계를 인류에게 죽음을 선사한 타락과 범죄의 '원 역사'로 제시한 다음, 이 비극의 역사를 되돌리려는 노력의 일환으로 예수를 '둘째 아담'이라 주장하게 된 문화사적 배경 또한 들여다본다.

이렇듯 고대인들에게 에덴 이야기는 우주적인 사랑과 독신의 변주곡이었다. 어떤 이들에게 아담과 이브의 뜨거웠던 성애는 밝아오는 생명과 환희의 시대를 보여주는 예시였지만, 어떤 이들에게는 인류를 죄와 죽음으로 몰아간, 지울 수 있다면 지우고 싶은 뼈아픈 과거사였다.

3부와 4부는 현대학자들의 '에덴 이야기 읽기 작업'의 결과를 수록하고 있다. 3부에 수록된 세 편의 글은 3천 년 묵은 에덴 이야기가 기독교 교리나 신학의 틀을 벗어나서 읽게 되면 독자들에게 어떤 의미의 세계로 열리는지를 보여주는 흥미롭고 탁월한 연구물들을 번안한 것이다. 수많은 해석과 연구 결과들이 있지만, 여기에 소개된 글들은 탁월한 인문학적 문해력을 바탕으로 에덴 이야기를 새롭게 읽은 결과들을 보여준다. 해석 내용이 다르고 어떤 경우에는 상반되는 결과들을 산출하고 있지만, 세 편 모두 타락과 원죄라는 전통적인 틀을 버리고 인간의 보편적인 삶에 대한 이야기로 에덴 이야기를 읽고 있다는 공통점이 있다. 특히 청소년기를 지나면서 경험하기 마련인 성장의 아픔과 통과의례, 피할 길 없는 삶의 실재인 노동과 먹거리 분배와 정의 문제처럼 현대인들의 삶을 이해하기 위한 주요테마들을 다루고 있다.

4부에는 필자가 나름대로 수행한 에덴 이야기 읽기 작업의 과정과 그 결과를 담은 세 편의 창작물을 수록하였다. 에덴 이야기의 원저자가 이용했을 고대 메소포타미아에서 유래된 신화들을 읽고 그 속에서 에덴 이야기의 소재들을 찾아보았다. 오랜 전승과 편찬, 번역과 해석 과정에서 첨가되거나 변질된 내용들을 찾아 이를 다시 수정하였는데, 다시 말해 텍스트 해체와 재구성 작업을 '용감하게' 시도했다고 말할 수 있다. 그 결과 비록 미완의 작품이지만 에덴 이야기의 원작에 근접한 실험적인 텍스트를 산출하고, 그 옛 이야기 속으로 새로운 읽기 여행을 떠나기도 하였다.

프롤로그와 맺는말(에필로그)을 포함하여 이 책에 실린 13편의 에세이들은 각기 독립된 글들로 작성되었지만, 한 권의 책으로 묶고 보니 필자도 예상하지 못했던 새로운 의미의 세계가 제시되었다. 우선적으로 이 책은 2천 년 묵은 이야기 전통을 파기한다. 가령 〈창세기〉의 아담과 이브는 일종의 문화적 창조물이며, 그들을 표현한 수많은 그림들 역시 각각의 시대적, 문화적 창조물에 불과하다고 말한다. 이 책은 역사적 아담이나 이브는 없다고 말한다. 당연히 원죄나 타락도 존재하지 않았다고 말한다.

역사적으로 실존했던 최초의 인간이 창조주에게 반기를 든 죄와 타락이 아니라면 에덴 이야기는 어떻게 읽힐 수 있는가? 교리와 기독교의 굴레에서 벗어나 읽게 된다면 독자들은 이 에덴 이야기 안에서 성욕과 죄, 반역과 죽음, 그리고 살인의 원흉들이 아니라, 동물의 세계와 신들의 세계 그 사이에서 인간의 길을 모색한 이들을 만나게 될 것이다.

역사 교과서의 첫 페이지나 교리 문답서의 첫 장으로 읽어온 관행을 버리고, 인류가 짊어지고 씨름해온 보편적인 문제들에 대한 어느 고대 지식인의 진지한 성찰과 풍부한 상상력을 담아낸 문학으로 읽어보면 어떨까? 그렇다면 독자들은 에덴의 동쪽에서 또 다른 아담, 여전히 시행착오를 하고 그릇된 판단을 내리겠지만, 생각하고 번뇌하며 더 나은 길을 묻고 찾는 작업을 쉬지 않는, 그리고 지식을 통해 인간적 삶의 경계를 넓히기 위해 밤낮으로 노동하는 사람을 만날 수 있을 것이다.

이 책은 에덴의 동쪽, 신들의 정원 근처 어딘가에 인간의 도시가 세워졌다는 사실에 주목한다. 사랑하고 노동하며 사람의 길을 알고자, 찾고자 모색하는 이들에게 한 잔의 포도주가 주는 위로에 대해서 말한다. 그리고 이것이, 결국 이것만이 인간의 길이 아니던가 묻고 있다.

창세기 2~4장

이 책은 구약성서 〈창세기〉가 전하는 에덴의 정원 이야기를 기본 텍스트로 삼고 있다. 이 이야기에 다소간 생소한 독자들을 위해서 개신교인들이 주로 사용하는 개역성경에서 본문을 발췌하였다.

4 **2** 이것이 천지가 창조될 때에 하늘과 땅의 내력이니 여호와 하나님이 땅과 하늘을 만드시던 날에

5 여호와 하나님이 땅에 비를 내리지 아니하셨고 땅을 갈 사람도 없었으므로 들에는 초목이 아직 없었고 밭에는 채소가 나지 아니하였으며

6 안개만 땅에서 올라와 온 지면을 적셨더라

7 여호와 하나님이 땅의 흙으로 사람을 지으시고 생기를 그 코에 불어넣으시니 사람이 생령이 되니라

8 여호와 하나님이 동방의 에덴에 동산을 창설하시고 그 지으신 사람을 거기 두시니라

9 여호와 하나님이 그 땅에서 보기에 아름답고 먹기에 좋은 나무가 나게 하시니 동산 가운데에는 생명나무와 선악을 알게 하는 나무도 있더라

10 강이 에덴에서 흘러 나와 동산을 적시고 거기서부터 갈라져 네 근원이 되었으니

11 첫째의 이름은 비손이라 금이 있는 하월라 온 땅을 둘렀으며

12 그 땅의 금은 순금이요 그곳에는 베델리엄과 호마노도 있으며

13 둘째 강의 이름은 기혼이라 구스 온 땅을 둘렀고

14 셋째 강의 이름은 힛데겔이라 앗수르 동쪽으로 흘렀으며 넷째 강은 유브라데더라

15 여호와 하나님이 그 사람을 이끌어 에덴동산에 두어 그것을 경작하며 지키게 하시고

16 여호와 하나님이 그 사람에게 명하여 이르시되 동산 각종 나무의 열매는 네가 임의로 먹되

17 선악을 알게 하는 나무의 열매는 먹지 말라 네가 먹는 날에는 반드시 죽으리라 하시니라

18 여호와 하나님이 이르시되 사람이 혼자 사는 것이 좋지 아니하니 내가 그를 위하여 돕는 배필을 지으리라 하시니라

19 여호와 하나님이 흙으로 각종 들짐승과 공중의 각종 새를 지으시고 아담이 무엇이라고 부르나 보시려고 그것들을 그에게로 이끌어 가시니 아담이 각 생물을 부르는 것이 곧 그 이름이 되었더라

20 아담이 모든 가축과 공중의 새와 들의 모든 짐승에게 이름을 주니라 아담이 돕는 배필이 없으므로

21 여호와 하나님이 아담을 깊이 잠들게 하시니 잠들매 그가 그 갈빗대 하나를 취하고 살로 대신 채우시고

22 여호와 하나님이 아담에게서 취하신 그 갈빗대로 여자를 만드시고 그를 아담에게로 이끌어 오시니

23 아담이 이르되 이는 내 뼈 중의 뼈요 살 중의 살이라 이것을 남자에게서 취하였은즉 여자라 부르리라 하니라

24 이러므로 남자가 부모를 떠나 그의 아내와 합하여 둘이 한 몸을 이룰지로다

25 아담과 그 아내 두 사람이 벌거벗었으나 부끄러워하지 아니하니라

1 **3** 그런데 뱀은 여호와 하나님이 지으신 들짐승 중에 가장 간교하니라 뱀이 여자에게 물어 이르되 하나님이 참으로 너희에게 동산 모든 나무의 열매를 먹지 말라 하시더냐

2 여자가 뱀에게 말하되 동산 나무의 열매를 우리가 먹을 수 있으나

3 동산 중앙에 있는 나무의 열매는 하나님의 말씀에 너희는 먹지도 말고 만지지도 말라 너희가 죽을까 하노라 하셨느니라

4 뱀이 여자에게 이르되 너희가 결코 죽지 아니하리라

5 너희가 그것을 먹는 날에는 너희 눈이 밝아져 하나님과 같이 되어 선악을 알 줄 하나님이 아심이니라

6 여자가 그 나무를 본즉 먹음직도 하고 보암직도 하고 지혜롭게 할

만큼 탐스럽기도 한 나무인지라 여자가 그 열매를 따먹고 자기와 함께 있는 남편에게도 주매 그도 먹은지라

7 이에 그들의 눈이 밝아져 자기들이 벗은 줄을 알고 무화과나무 잎을 엮어 치마로 삼았더라

8 그들이 그 날 바람이 불 때 동산에 거니시는 여호와 하나님의 소리를 듣고 아담과 그의 아내가 여호와 하나님의 낯을 피하여 동산 나무 사이에 숨은지라

9 여호와 하나님이 아담을 부르시며 그에게 이르시되 네가 어디 있느냐

10 이르되 내가 동산에서 하나님의 소리를 듣고 내가 벗었으므로 두려워하여 숨었나이다

11 이르시되 누가 너의 벗었음을 네게 알렸느냐 내가 네게 먹지 말라 명한 그 나무 열매를 네가 먹었느냐

12 아담이 이르되 하나님이 주셔서 나와 함께 있게 하신 여자 그가 그 나무 열매를 내게 주므로 내가 먹었나이다

13 여호와 하나님이 여자에게 이르시되 네가 어찌하여 이렇게 하였느냐 여자가 이르되 뱀이 나를 꾀므로 내가 먹었나이다

14 여호와 하나님이 뱀에게 이르시되 네가 이렇게 하였으니 네가 모든 가축과 들의 모든 짐승보다 더욱 저주를 받아 배로 다니고 살아 있는 동안 흙을 먹을지니라

15 내가 너로 여자와 원수가 되게 하고 네 후손도 여자의 후손과 원수가 되게 하리니 여자의 후손은 네 머리를 상하게 할 것이요 너는 그의 발꿈치를 상하게 할 것이니라 하시고

16 또 여자에게 이르시되 내가 네게 임신하는 고통을 크게 더하리니 네가 수고하고 자식을 낳을 것이며, 너는 남편을 원하고 남편은 너를 다스릴 것이니라 하시고

17 아담에게 이르시되 네가 네 아내의 말을 듣고 내가 네게 먹지 말라 한 나무의 열매를 먹었은즉 땅은 너로 말미암아 저주를 받고 너는 네 평생에 수고하여야 그 소산을 먹으리라

18 땅이 네게 가시덤불과 엉겅퀴를 낼 것이라 네가 먹을 것은 밭의 채소인즉

19 네가 흙으로 돌아갈 때까지 얼굴에 땀을 흘려야 먹을 것을 먹으리니 네가 그것에서 취함을 입었음이라 너는 흙이니 흙으로 돌아갈 것이니라 하시니라

20 아담이 그의 아내의 이름을 하와라 불렀으니 그는 모든 산 자의 어머니가 됨이더라

21 여호와 하나님이 아담과 그의 아내를 위하여 가죽옷을 지어 입히시니라

22 여호와 하나님이 이르시되 보라 이 사람이 선악을 아는 일에 우리 중 하나 같이 되었으니 그가 그의 손을 들어 생명나무 열매도 따먹고 영생할까 하노라 하시고

23 여호와 하나님이 에덴동산에서 그를 내보내어 그의 근원이 된 땅을 갈게 하시니라

24 이같이 하나님이 그 사람을 쫓아내시고 에덴동산 동쪽에 그룹들과 두루 도는 불칼을 두어 생명나무의 길을 지키게 하시니라

4 1 아담이 그의 아내 하와와 동침하매 하와가 임신하여 가인을 낳고 이르되 내가 여호와로 말미암아 득남하였다 하니라

2 그가 또 가인의 아우 아벨을 낳았는데 아벨은 양 치는 자였고 가인은 농사하는 자였더라

3 세월이 지난 후에 가인은 땅의 소산으로 제물을 삼아 여호와께 드렸고

4 아벨은 자기도 양의 첫 새끼와 그 기름으로 드렸더니 여호와께서 아벨과 그의 제물은 받으셨으나

5 가인과 그의 제물은 받지 아니하신지라 가인이 몹시 분하여 안색이 변하니

6 여호와께서 가인에게 이르시되 네가 분하여 함은 어찌 됨이며 안색이 변함은 어찌 됨이냐

7 네가 선을 행하면 어찌 낯을 들지 못하겠느냐 선을 행하지 아니하면 죄가 문에 엎드려 있느니라 죄가 너를 원하나 너는 죄를 다스릴지니라

8 가인이 그의 아우 아벨에게 말하고 그들이 들에 있을 때에 가인이 그의 아우 아벨을 쳐 죽이니라

9 여호와께서 가인에게 이르시되 네 아우 아벨이 어디 있느냐 그가 이르되 내가 알지 못하나이다 내가 내 아우를 지키는 자니이까

10 이르시되 네가 무엇을 하였느냐 네 아우의 핏소리가 땅에서부터 내게 호소하느니라

11 땅이 그 입을 벌려 네 손에서부터 네 아우의 피를 받았은즉 네가 땅에서 저주를 받으리니

12 네가 밭을 갈아도 땅이 다시는 그 효력을 네게 주지 아니할 것이요 너는 땅에서 피하며 유리하는 자가 되리라

13 가인이 여호와께 아뢰되 내 죄벌이 지기가 너무 무거우니이다

14 주께서 오늘 이 지면에서 나를 쫓아내시온즉 내가 주의 낯을 뵈옵지 못하리니 내가 땅에서 피하며 유리하는 자가 될지라 무릇 나를 만나는 자마다 나를 죽이겠나이다

15 여호와께서 그에게 이르시되 그렇지 아니하다 가인을 죽이는 자는 벌을 칠 배나 받으리라 하시고 가인에게 표를 주사 그를 만나는 모든 사람에게서 죽임을 면하게 하시니라

16 가인이 여호와 앞을 떠나서 에덴 동쪽 놋 땅에 거주하더니

17 아내와 동침하매 그가 임신하여 에녹을 낳은지라 가인이 성을 쌓고 그의 아들의 이름으로 성을 이름하여 에녹이라 하니라

18 에녹이 이랏을 낳고 이랏은 므후야엘을 낳고 므후야엘은 므드사엘을 낳고 므드사엘은 라멕을 낳았더라.

19 라멕이 두 아내를 맞이하였으니 하나의 이름은 아다요 하나의 이름은 씰라였더라

20 아다는 야발을 낳았으니 그는 장막에 거주하며 가축을 치는 자의 조상이 되었고

21 그의 아우의 이름은 유발이니 그는 수금과 퉁소를 잡는 모든 자의 조상이 되었으며

22 씰라는 두발가인을 낳았으니 그는 구리와 쇠로 여러 가지 기구를 만드는 자요 두발가인의 누이는 나아마였더라

23 라멕이 아내들에게 이르되 아다와 씰라여 내 목소리를 들으라 라

멕의 아내들이여 내 말을 들으라 나의 상처로 말미암아 내가 사람을 죽였고 나의 상함으로 말미암아 소년을 죽였도다

24 가인을 위하여는 벌이 칠 배일진대 라멕을 위하여는 벌이 칠십칠 배이리로다 하였더라

25 아담이 다시 자기 아내와 동침하매 그가 아들을 낳아 그의 이름을 셋이라 하였으니 이는 하나님이 내게 가인이 죽인 아벨 대신에 다른 씨를 주셨다 함이며

26 셋도 아들을 낳고 그의 이름을 에노스라 하였으며 그 때에 사람들이 비로소 여호와의 이름을 불렀더라

생각하는 아담의 탄생

▶ **에덴징원의 아담과 이브**
르네상스 작가 루카스 크라나흐의 작품으로 비엔나미술사박물관(Kunsthistorisches Museum)에
소장됨

옆의 그림은 독일 르네상스 미술의 거장 루카스 크라나흐(Lucas Cranach the Elder)가 1530년에 그린 〈에덴정원의 아담과 이브(Adam and Eve in the Garden of Eden)〉라는 그림이다. 장면의 배치가 매우 이채롭다. 그림의 오른편 끝에 신이 흙으로 아담을 창조하는 모습을 그려 넣었고, 왼편 끝에는 천사 혹은 다른 신적인 존재가 아담과 이브를 에덴의 정원에서 내어 쫓는 장면을 배치했다.

이 두 장면 사이에 세 가지 중요한 에피소드를 넣었는데, 먼저 그림의 뒤쪽 중앙에는 신이 깊은 잠에 빠진 아담으로부터 이브를 창조하는 장면을 보여준다. 원래의 이야기에는 신이 아담의 갈빗대 하나를 꺼내어 이브를 만드는 것이지만, 크라나흐는 신이 아담의 옆구리에서 직접 이브를 꺼내고 있는 것으로 표현했다. 흙으로 창조된 아담의 피부색이 땅처럼 황색인 것에 비해, 이브는 창조될 때부터 순백 피부를 가지고 나왔다.

일반적으로 볼 때 에덴 이야기 주요 장면들을 그림으로 그릴 경우, 구도 중앙에 딱 어울릴 만한 장면은 지식나무의 열매를 아담과 이브가 따 먹는 모습일 것이다. 발생한 시간적 순서에 따라 장면들을 오른쪽에서 왼쪽으로 배열해도 마찬가지이다. 그런데 웬일인지 크라나흐는 이브가 창조되는 장면을 가운데에 넣었다. 인류의 비극이 모두 여기에서 비롯되었음을 말하고자 한 것일까? 두 가지 중요한 에피소드가 이 장면을 감싸고 있다. 아담과 이브가 금단의 열매를 따먹는 오른쪽 장면과, 그 결과로 죄의식 혹은 공포감에 사로잡힌 이들이 수풀 뒤에 숨는 왼쪽 장면이다.

두 장면 모두 흥미롭게 그려졌는데 먼저 오른쪽 장면에 사용된 몇 가지 모티브들이 눈에 들어온다. 첫째, 금단의 열매로 사과를 그린 것이 한 가지 모티브다. 선과 악의 지식나무를 사과나무로 그린 것은 중세의 공식 언어인 라틴어에서 사과와 악을 뜻하는 단어가 malum(악을 의미할 때 발음은 모음인 a를 짧게 하여 '말룸'이라 읽고, 사과를 뜻할 때에는 발음을 길게 하여 '마알룸'으로 읽는 차이가 있다) 한 단어였기에 생긴 전통을 따른 것이리라.

둘째, 이 나무를 타고 올라가는 뱀의 한 손에는 사과가 들려 있는데 이 뱀의 상체는 여성의 몸을 하고 있으며 이브와는 쌍둥이처럼 닮은 몸매와 피부색을 가지고 있다. 고대로부터 점차 발전하기 시작했던 모티브로, 이브와 뱀의 유착관계를 극명하게 보여준다. 뱀이 이브이고 이브가 뱀이 된 것이다.

셋째, 아담은 이브가 준 사과를 입에 대면서 머리를 긁고 있다. 사과를 먹는 것에 대한 확신이 서지 않는다는 몸짓과 표정이다. 이 사건의 결과를 그리고 있는 맞은편 장면에서 아담과 이브는 신의 진노를 예상하고 숨는다. 그런데 이들이 숨어 있는 것을 하늘에서 내려다보는 이가 있다. 물론 신이다. 수풀 뒤에 숨어서 주변을 살피던 이브가 하늘을 올려다본다. 그녀의 눈이 신의 눈과 마주친다. 인간의 모든 범죄 행위는 신의 눈과 이어지는 심판을 피해 갈 수 없다는 믿음을 보여주고 있다.

크라나흐는 에덴 이야기의 주요 장면들을 일종의 파노라마 형식을 취하여 배경으로 배치하였다. 그런 다음 중앙 전면에 아담과 이브, 그리고 신을 크게 그려넣었다. 후면의 사건들을 과거의 시점으로, 전면의 장면을 현재 시점으로 설정함으로써 그림을 감상하는 이들의 눈길이 여기에 모이도록 했다. 만일 화가가 이 작품을 통해서 나름대로 전달하고자 하는 바가 있었다면 바로 여기서 찾아야 할 것이다.

크라나흐는 풍부한 상상력을 지닌 화가였던 것 같다. 에덴정원 안에서 펼쳐진 드라마의 막이 내린 후, 주요 등장인물인 아담과 이브 그리고 신이 다시 한 곳에 모여 무언가 진지한 대화를 나누었을 것이라 그는 상상하였다. 물론 에덴 이야기의 텍스트에는 나오지 않는 장면이다. 아담과 이브는 신의 명을 어겼고, 형벌을 받아 에덴의 정원에서 추방당했다. 그림의 배경이 되는 에피소드들이 이렇게 진행된 모든 과정을 담아내고 있다. 사건은 이미 종결되었는데도 화가는 오래전에 막이 내린 이 드라마에 여전히 풀리지 않는 숙제가 있는 것만 같다.

르네상스 아담의 이유 있는 항변

이 가상의 장면을 세세히 관찰해보라. 가까이 다가가서 이들의 대화를 들어보라. 가운데 서 있는 아담의 표정과 몸짓을 보라. 그는 이브의 손목을 잡아 끌고 신에게 왔다. 그리고 지금까지 진행된 일들과 자기가 받은 형벌에 대해서 전혀 이해할 수 없다는 표정을 지은 채 오른 손을 가슴에 얹고 이브 쪽을 가리킨다. 그런 아담에게 신은 손을 들어 아담을 가리키며 무언가를 말하고 있다. 아마도 아담은 "저는 억울합니다. 대체 내가 무슨 잘못을 했기에 이런 형벌을 받아야 하죠?"라고 신에게 항변했을 것이다. 신은 일이 이렇게 진행된 것에 대해서, 그리고 아담이 왜 형벌을 받아야 했는지에 대해서 상세히 설명할 것이다. 에덴의 정원에서 발생한 사건의 주도적인 역할을 한 이브는 여기서 전혀 문제될 것이 없다는 듯 밝고 순박한 표정으로 신과 아담의 대화를 주시하고 서 있다. 포도나무 잎으로 보이는 식물이 그녀의 음부를 가리고 있고, 그녀의 발 아래는 어린 양 한 마리가 웅크려 앉아 있다. 물론 그리스도를 상징하는 소재들이다.

이 그림을 통해서 크라나흐가 말하고 싶은 것은 무엇이었을까? 혹 아담의 판단과 신의 판단에 대해서 질문을 던지려 한 것은 아닐까? 크라나흐는 먼저 아담의 판단이 지니고 있는 문제를 알리고자 했을 것이다. 후면의 배경을 이루는 장면들에서든 전면 중앙에서든 이브는 언제나 아담보다 반걸음 정도 앞에 서 있다. 눈처럼 하얀 피부가 돋보이는 이브는 뱀과 동일한 몸매를 하고 동일한 표정과 몸짓으로 아담에게 사과를 권한다. 반면 사과를 입에 대고 있는 아담은 망설이고 있다. 먹어야 하는가, 말아야 하는가?

기독교인들이라면 절대로 먹어서는 안 된다고 말할 것이다. 신이 인류에게 부여한 첫 번째 법령을 깨는 것이니 절대로 먹어서는 안 된다. 반면 지식에 대한 사랑을 무엇보다 중요하게 여기는 철학자들이라면 아마도 아담이 사과를 먹어야 한다고 주장할 것이다. 특별히 선과 악을 알게 한다는 지식나무의 열매 아닌가! 모든 지식의 아버지가 인간에게 이로운 지식을 금한다는 것은 상상조차 할 수 없는 일이라 할 것이다.

그러나 이러한 입장들은 그저 우리들의 입장이다. 우리는 우리가 믿고 있는 바에 따라서 아담의 행동을 판단할 수 있다. 하지만 화가 크라나흐는 이것이 우리의 관심사이지 아담의 관심사는 아니었다고 판단한 듯하다.

아담의 문제는 따로 있다. 아담은 자기 선택의 결과가 선과 악으로 갈라질 수 있다는 윤리적 사고가 가능한 사람이 아니었다. 그러니 무엇이 선이고 악인지 판단하기 위해서는 그 능력을 준다는 금단의 열매를 먼저 먹어야 하는 것이 아닌가? 게다가 신이 '자신을 돕는 배필'로 준 이브가 매혹적인 미소를 흘리며 먹어보라고 권하지 않았던가? 이러한 상황에서 아담은 대체 어떤 판단을 내릴 수 있었겠는가?

판단 능력이 결여된 조건임에도 불구하고 그는 판단을 내려야 했다. 그 상태에서 어떤 결정이든 내려야 하는 사람에게 당연히 누군가의 조언이나 권면이 상당한 영향력을 발휘함은 당연한 일이다. 다행히도(아니면 불행히도) 아담에게는 유일한 동료 인간이자 자기를 돕는 배필인 이브가 있었고, 그녀가 아담이 내릴 판단의 방향을 제시해주었다.[1]

크라나흐가 전달하고 싶어 했던 두 번째 판단의 문제는 신의 판단과 관련된 것이리라. 만일 현명한 판단을 내릴 수 있는 내적·외적 여건이 조성되지 않았다면 아담은 자기의 의지와는 무관하게 진행된 이 상황의 피해자란 말일 텐데, 그렇다면 그런 그에게 내린 신의 판단이 과연 정당했다고 볼 수 있는가?

가령 어항 속에 있는 물고기들에게 이렇게 말해보라. '어항 안에 있는 모든 것을 먹을 수 있다. 그러나 여기 한쪽에 있는 실지렁이는 먹지 말라. 이것을 먹게 되면 정녕 죽을 것이다.' 결과는 어떻게 되겠는가? 신선하게 살아 꿈틀거리는 먹음직해 보이는 실지렁이를 먹지 않을 수 있는 억제력이 물고기들에게 있는가? 내가 무엇이라 명령하든, 어떤 법령을 써 붙여 보이든, 어떤 협박을 하든 물고기들은 아랑곳하지 않을 것이다. 그리고 실지렁이들을 서로 먹기 위해 전쟁과 같은 다툼이 있을 것이다.

다음 날 아침, 당신은 실지렁이가 없어진 것을 알고 노발대발 화를 낼 것이다. 그러고는 이제까지는 공짜로 먹이를 먹었지만 이제부터는 너희들이 무엇을 하든 일을 해서 땀을 흘려 먹고 살라고 말할 것이다. 너희는 물에서 왔으니 죽고 썩어 다시 물로 돌아가라고 말할 것이다.

그렇다면 물고기들에게 내려진 형벌은 정당한가? 비록 당신은 그것을 경고했고, 또 그 경고대로 물고기들이 죽어가도록 내버려둠으로써 물고기들에게 당신 명령의 지엄함을 보였다. 하지만 죽음의 과정으로 가고 있는 물고기들에게 당신의 말과 행동은 이해할 수 있는 범위가 아니다. 너무나도 부당하다.

형벌의 가혹함과 냉정함은 말할 필요도 없지만, 보다 큰 문제는 물고기들에게 있어 당신의 언어가 가진 법적인 구속력과 의미 체계를 이해할 능력이 처음부터 없었다는 점이다. 당신은 일방적으로 말했고 일방적으로 실행했다. 따라서 문제는 실지렁이를 먹은 물고기들에게 있지 않다고 보아야 한다. 그들은 자신들에게 주어진 자연의 삶에 충실했을 뿐이며, 정작 문제는 이들에게 어울리지 않는 것을 요구한 당신에게 있다.

크라나흐는 아마도 이와 유사한 문제를 제기하고 아담에게 내려진 신의 형벌과 저주가 가혹하지는 않았는지를, 신의 판단이 정당했는지를 묻고자 했던 것 같다. 드높게 발전한 중세의 신학은 신을 전지전능하고 완전한 신으로 묘사했다. 특히 크라나흐의 그림에 등장하는 하늘 위의 얼굴처럼 저 높은 곳에서 아래 세계인 인간사의 모든 것을 내려다보며 모든 것을 꿰뚫어보는 존재가 바로 신이었다. 마치 당신이 어항 속의 생태계에 대해 모든 것을 아는 것처럼 신은 에덴의 생태계에 대한 모든 것을 알고 있다.

그런데 손수 사람을 빚어 만들고 이들의 생태계를 직접 꾸민 신, 모든 것을 알고 있는 전지전능한 그가 아담과 이브를 과연 비극으로 내몰려 했을까?

중세의 신학적 사고 속에서 이는 절대로 가능한 일이 아니었다. 신은 결코 사고 과정이나 행동 과정에서 실수나 실패를 할 수 있는 존재가 아니다. 만일 아주 조금이라도 그럴 가능성이 있다면 그는 기독교가 숭배하는 완전한 신이 될 수 없다. 그런데 누구도 예상할 수 없었던 일이 발생하였다. 완전한 신이 만든 완전한 생태계에서 살던 완전한 사람이 '타락하는' 사건이 발생한 것이다. 누구의 잘못인가? 중세의 그 누구도 용기 있게 일어나 신의 판단 착오나 실수로 인해, 혹은 그의 사소한 잘못으로 인해 아담이 높은 곳에서 낮은 곳으로 떨어졌다고 말할 수 없었다.

종교개혁자들의 신은 무어라 말할까?

그런데 만일 크라나흐의 아담이 르네상스의 정신을 대변하는 자로 등장했다면, 그리고 "내가 대체 무엇을 잘못했는가?"하고 물으며 '이성적으로 동의할 수 있는 대답'을 구하고 있는 것이라면, 중세 신학자들의 신은 아담에게 그의 잘못이 무엇인지 논리적으로 설명해야 하는 힘겨운 시간을 보내야 한다. 만일 크라나흐가 이를 마음에 두고 있었다면, 그가 등장시킨 아담은 인간의 모든 숭고한 지적 활동이 신학의 시녀로 전락한 중세 암흑기에 한 줄기의 빛을 선사하는 질문을 던진 셈이다. 신학은 모든 학문들의 입을 닫았다. 여왕이 말하면 모든 이들이 침묵하고 들어야 하듯이, 신학이 말하면 모든 학문들은 입을 닫고 귀를 열어야 했다.

르네상스의 거장들은 이러한 폭압적 학문과 문예 풍토에 대한 저항으로 미와 이성을 최고의 덕목으로 추구했던 고대 그리스 문화로의 회귀를 시도하였다. 이 문예사조에 참여한 크라나흐가 고대의 인물 아담을 등장시켜 비이성적이고 폭압적으로 가해진 신의 판단(심판)의 정당성에 대해 문제를 제기했다는 설정은 얼마든지 가능하다. 그는 중세 신학자들에게 일종의 조소를 보내고자 한 것일까? 크라나흐의 아담은 묻는다.

"나는 판단 능력이 결여된 상태에서 당신이 보기에 정당하지 않은 선택을 내렸는지 모르지만, 완전한 판단 능력을 가지고 있는 전지한 당신은 과연 누가 보더라도 인정할 수 있는 정당한 심판을 내렸는가? 나는 내 판단 착오에 대해서 이브에게 책임을 전가할 여지라도 있지만, 당신은 당신의 판단 착오에 대해서 누구에게 책임을 전가할 수 있는가?"

크라나흐의 아담이 인문주의 정신이 가득 찬 르네상스의 인간을 대변하여 질문을 던졌다면, 그의 신은 르네상스의 신으로 등장하여 대답할 수 있을까? 크라나흐의 아담이 만일 중세교회와 신학의 폭거에 대해 이들이 발전시킨 완전자, 전능자, 전지자로서의 신을 조롱함으로 저항한 것이라 한다면, 그가 그린 신은 상당한 곤경에 처한 모습으로 등장해야 한다.

그러나 크라나흐가 그린 아담 옆의 신은 그렇게 폭압적으로 보이지 않으며, 또한 답할 말을 찾지 못해 곤란해 하는 것 같지 않다. 오히려 손가락을 펴 아담을 가리키며 매우 여유 있고 자신 있게 아담을 상대한다. 그는 르네상스가 비꼬듯 바라본 불합리한 신처럼 그려지지 않았다. 그렇다면 그의 그림에 등장하는 신은 누구의, 혹은 무엇의 신일까? 그리고 그 신은 르네상스의 아담에게 무슨 말로 자신의 판단과 결정에 대해 설명했을까? 자신의 지적 완전성을 훼손시키지 않으면서 동시에 아담을 향한 자신의 판단과 결정에 대해서 설명할 수 있을까?

신은 아담과 이브가 자신의 명령을 어길 것이라고는 꿈에도 몰랐을 리가 없다. 그렇다면 '알면서 했다'고 말해야 한다. 그런데 알면서도 그렇게 했다면 신으로서의 그의 윤리적 완전성은 상당히 훼손될 수밖에 없다. 물고기들이 당신 말을 이해할 수 없다는 사실을 알면서 명령했고, 결국 당신의 말을 어기게 될 것이라는 사실을 알면서 형벌을 이미 정했으며, 그리고 당신이 미리 알았던 것과 조금도 다르지 않게 일이 진행되자 가차 없이 처벌을 내린 당신의 판단과 행동에 대하여 당신은 어떤 변명도 할 수 없다. 역시 이처럼, 에덴의 생태계에 대한 모든 것을 아는 신도 자신의 판단과 행동에 대해서 어떤 변명도 할 수 없다. 그렇다면 신의 전지전능함과 윤리적 완전성을 지키면서 동시에 신의 판단과 결정을 변호할 수 있는 길은 무엇일까?

크라나흐와 종교개혁자 루터의 관계는 이미 널리 알려졌다. 루터는 크라나흐의 딸의 대부가 되어주었고, 크라나흐는 루터의 아들의 대부가 되어주었다. 또한 초상화의 대가인 크라나흐는 루터의 초상화를 그린 사람이다. 이 둘 사이의 친분만큼이나 신학적 이해 역시 가까웠는지는 모를 일이다. 그러나 오랫동안 유럽 문화의 틀이며 양식이었던 로마 가톨릭교회에 저항하여 새로운 신앙의 길을 모색한 루터와, 폭압적인 중세의 종교에 저항하여 새로운 예술의 길을 추구한 크라나흐가 돈독한 친분을 쌓았다는 사실, 그리고 〈창세기〉의 주석과 강의에 지대한 관심을 보인 루터나, 에덴의 정원과 관련된 그림을 30폭 이상 남겼다는 크라나흐의 이력을 보자면 두 사람에게 큰 공통점이 있었음이 분명하다. 즉 변화하는 시대정신을 공유하면서 이를 표현하는 '방식'을 각자의 분야에서 고민하였을 거란 점이다.

루터와 종교개혁자들은 로마교회의 신학과 종교제도에, 그리고 르네상스의 인문주의자들은 교회가 오랫동안 만들어온 무지와 폭압의 문화에 저항했다. 중세의 시대적 틀에서 벗어나고자 했던 사조와 운동이었다는 점에서 종교개혁과 르네상스는 같은 길을 지향하였다. 크라나흐가 생각하기에 종교개혁자들의 신은 르네상스의 아담과 대화를 나눌 수 있는 신으로 등장해도 될 법한 충분한 여지가 있었다.

종교개혁자들은 세부적인 면에서 서로 다른 견해들을 가지고 있었지만 한 가지만큼에 대해서는 모두가 동의했다. 인간 구원의 문제는 전적으로 신의 권한이라는 것이다. 오직 신의 판단과 선택에 의해서만 인간의 구원이 결정된다는 사상이다. 사람은 자신의 구원에 대해서는 어떤 기여도 할 수 없다. 인간에게 요구되는 유일한 것은 무조건적인 믿음뿐이다. 믿음이 인간을 의롭게 만든다. 그럼에도 인간의 구원에 있어 최종적인 결정권은 언제나 신에게 있다. 아담의 범죄로 인해 완전히 타락한 인간이 스스로 자신을 구원할 길은 없다.

그런데 크라나흐의 그림에 등장하는 르네상스의 아담은 새롭게 싹트기 시작한 이러한 구원의 논리를 이해할 수 있었을까? 르네상스의 아담은 종교개혁자들의 신과 순조로운 대화가 가능할까? 아담은 머리를 긁적이며 "내가 무슨 잘못을 했단 말인가?"묻는다. "나는 사과를 먹어야 할지 말아야 할지 알지 못했다. 여기 당신이 내게 만들어준 이 뱀 같은 여자가 내게 사과를 준 것 아닌가? 당신이 내게 그런 판단력을 처음부터 주지 않았다. 그리고 이 여자를 내게 주었다. 그런데 이제 와서 내게 이토록 가혹한 형벌을 내리는 이유는 무엇인가? 나는 이를 정말로 이해할 수가 없다."

어떤 대답을 했을까, 신은? 이유와 논리가 분명한 르네상스 아담의 항변에 종교개혁자들의 신은 뭐라 답했을까? 크라나흐가 종교개혁 전통의 구원사상을 이용하고 있다면, 여기서 신은 딱 한 가지 대답을 할 수 있다.

"모든 게 내 마음이다. 내 판단과 내 뜻을 이해하려고 하지 말라. 구원의 문제는 내가, 그리고 나만이 판단한다. 너의 행위에 큰 잘못이 없다 하더라도, 그리고 나 역시 이것을 잘 이해하고 있지만, 벌을 주고 상을 주는 자는 나다. 내 결정에 토를 달지 마라. 내 판단을 의심하지 마라. 나는 인간이 이해할 수 없는 깊은 뜻을 지니고 판단하고 결정한다. 네가 무엇이기에 내 판단을 판단하고자 하는가? 너는 땅의 흙에서 온 미력한 존재가 아닌가? 어찌 질그릇이 토기장이에게 항변할 수 있는가? 너는 너의 부족한 판단력에 따라 선택하지만, 나는 완전한 지식에 따라 판단하고 행한다."

르네상스의 아담은 이를 만족스럽게 수용할 수 있었을까? 그가 볼 때 종교개혁자들의 신은 충분히 이성적이었을까? 그의 대답은 충분히 납득할 만한 것이었을까? 종교개혁자들의 신은 무조건적으로 선택하는 신이다. 그리고 인간에게는 무조건적인 순응을 기대한다. 그 외에 다른 것은 아무래도 상관없어 보인다. 액면적으로 볼 때 르네상스와 종교개혁 정신은 평행선을 이룬다. 그러나 르네상스의 양식을 먹는 사람들은 종교개혁자들의 노선에서 일종의 돌파구를 보았을 것이다. 신앙을 개인의 사적 영역으로 보내버린다면, 종교가 더 이상 공적인 공간에서 행해지는 지적활동이나 문예활동에 대해서 참견할 수 없기 때문이다.

서로를 파괴하지 않는다면 서로 돕는 자가 될 수 있다. 크라나흐의 아담과 신은 평행선을 달리고 있다. 아담은 여전히 설득당하지 못했지만 여전히 신은 그를 설득하는 작업을 멈추지 않고 있다. 신앙과 이성 사이에 팽팽한 긴장감이 형성된 것이다. 신앙이 이성을 윽박지르던 시대가 지나가고 있으며 서서히 생각하는 아담의 시대가 열리고 있다.

사랑과 독신의
변주곡

/

에덴의 정원과 인간의 미래

아담과 이브는 신이 창조한 에덴의 정원 안에서
성생활을 하였을까? 그것도 신이 보는 앞에서?
결혼과 출산을 신의 축복이라 가르친 유대 랍비
교육을 받은 바울은 어찌하여 성을 죄의 근원이
라 여기게 되었을까?

고대의 유대 랍비들이, 예수가, 바울이, 그리고 많은 유대교인들과 기독교인들이 저마다의 이유로 결혼이나 독신, 혹은 결혼 안에서의 독신을 찬양하였다. 그러면서 저마다 시간의 시작과 끝을 의미하는 그림을 그렸다. 건장한 청년이었던 예수는 정말로 성욕을 느껴보지 못했을까? 주의 나라와 복음을 위해서 아내까지 버리라는 예수의 요구를 제자들은 왜 따르지 않았을까? 그리고 보다 경건해지기 원한다면 정말로 아내를 여자가 아니라 누이로 여기고 살아야 하는가?

1부에서 독자들은 에덴 이야기의 여러 소재들 중 특히 에덴의 정원에서 거행된 인류의 첫 번째 성교에 대한 몇 가지 시선들을 탐구하게 될 것이다.

1장

에덴의 정원에서
정말 섹스를 했을까?

에덴의 정원 안에서 아담은 이브와 섹스를 했을까? 대부분의 독자들에게 '아담과 이브의 성교'는 다소간 생경한 주제일 것이다. 오랫동안 기독교 환경에서 살아왔지만 필자 역시 이를 탐구하기 전까지는 이 주제를 심각하게 고려해본 적이 없었다. 나는 한 번도 질문하지 않았고 또 누구도 신학 선생이 된 내게 질문하지 않았다. 만약 누가 내게 물었더라면 가인의 출생이 아담과 이브가 정원에서 추방된 다음이라고 성경에 기록되어 있고(창세기 4:1), 성교는 타락의 결과로 시작되었다고 어디선가 들은 것을 토대로, 아직 에덴의 정원 '안에서' 살아갈 때 아담과 이브는 성애를 나누기는커녕 이를 알지도 못했을 것이라는, 그저 상식적이고 다소 궁색한 대답만 했으리라.

그런데 대략적으로 기원전 3세기에서 기원후 3세기 어간을 살았던 고대 유대교와 기독교 작가들이 구약성서 〈창세기〉의 에덴 이야기를 읽고 해석하여 남긴 문헌들은 우리의 상식을 깨는, 대단히 풍부하고 흥미로운 답변들을 전해준다. 특히 1세기 어간에 유대사회의 대표적 지식인이며 종교지도자 그룹으로 등장하여 랍비 유대교의 근간을 마련한 이들이 남긴 문헌들은 아담과 이브가 에덴의 정원 '안에서' 결혼 예식을 올렸고, 그 예식절차의 정점에서 성교를 거행했다는 입장을 수록하고 있다. 사뭇 독자들의 눈길을 끄는 부분이다.

2천 년 가까이 오랜 역사와 문화 속에 존재해왔지만 우리 눈에는 여전히 생소해 보이는 내용들을 지금부터 들추어보려 한다. 일종의 고전문학 산책이 될 것이다. 마치 오래된 지하서고에 들어가 먼지를 켜켜이 덮은 채 자고 있는 이들을 깨운 뒤 그들의 이야기를 듣는 작업이다. 먼저 이번 장에서는 고대 유대의 랍비들을 깨워보자. 그리고 물어보자. 아담과 이브가 정말로 거기서 그걸 했냐고.

과연 정원 '안에서' 사랑을 했는가?

(이 섹션은 필자가 랍비문헌들에서 읽은 내용을 가상의 대화 형식으로 꾸며본 것이다. 이 대화에서 대두된 흥미로운 화제는 곧바로 이어지는 본문에서 다시 논의하는 형식으로 진행하려 한다)

랍비들의 신앙과 사상에 대해 대단히 제한된 지식만을 가진 나를 가련히 여긴 한 랍비가 있었다. 그는 내게 다가와 자신이 겪은 짧은 에피소드 하나를 들려주며 물었다.

"약혼을 한 어떤 여성이 미래의 남편에게서 결혼예물을 잔뜩 받았네. 그런데 결혼예식이 완결되지 않은 상태에서 남자가 갑자기 죽어버렸지. 남자의 가족들은 그 여자에게 결혼예물로 준 것을 돌려달라 하였네. 그러면 자네 생각에 이 여성은 예물을 반환해야 할 의무가 있을까?"

돌려주는 것이 도리가 아닐까 속으로 생각하던 차에 다른 랍비가 말을 받았다.

"예물을 돌려주는 것이 관습이면 돌려줘야 하고, 돌려주지 않는 것이 관습이면 돌려줄 필요가 없다고 가르침을 받지 않았는가?"

그때 자기를 요셉(R. Joseph)이라 소개한 랍비가 눈을 끄게 뜨고 다음과 같이 대답했다.

"예물을 돌려보낼 필요가 없다. 그 이유가 뭐냐고? 왜냐하면 그녀는 '내게 내 남편을 달라. 그러면 나는 그와 함께 기뻐할 것이다(rejoice with him)'라고 대답할 수 있기 때문이다."[1]

'그와 기뻐할 것이라'는 말의 뜻을 이해하지 못하는 내게 한 랍비가 귓속말로 설명했다. 이는 자신들이 살던 문화(고대 근동)에서 남녀 간의 성적결합을 가리키는 말로 널리 쓰인 상용문구라고.

"그러면 대체 무슨 말인가요? 그 여성은 아직 그와 섹스를 하지 못했고, 그것이 그녀의 잘못이 아니기 때문에 죽은 약혼자의 가족들에게 예물을 반환할 의무가 없다는 말 아닙니까? 아직 섹스를 하지 않았기 때문에 져야 할 의무가 없다니 대체 무슨 뜻입니까?"

그러자 중세의 저명한 학자이자 랍비였던 마이모니데스(Maimonides, 1135~1204)가 일어나 친절히 설명해 주었다.

"랍비 전통의 결혼예식은 약혼 후 보통 한 달 정도 후에 열립니다. 그리고 결혼예식은 초혼의 경우 일주일간, 재혼의 경우 3일간 진행됩니다. 랍비나 관에서 파견한 행정관이 모든 진행과정을 감독하고 보고서를 작성하게 되어 있지요. 그래서 결혼예식이 적법하게 진행되도록 신랑이 신경 써야 할 일이 참 많습니다. 그 중 하나가 7일간 진행되는 예식 기간에 방문하는 손님들을 극진히 대접하는 일입니다. 잔치음식의 양이나 질이 형편없다고 불평하는 하객이 생기면 큰일 나지요. 신약성경 〈요한복음〉에서 예수가 어느 혼인 잔치집에서 물로 포도주를 만들었다는 이야기 아시지요? 결혼예식이 완료되지 않은 상태에서 포도주가 동나다니 경을 칠 일이었던 게죠. 랍비나 행정관이 눈을 부릅뜨고 주시하고 있기에 신랑은 결혼예식이 성료될 때까지 마음을 놓아선 안 됩니다. 그런데 결혼예식의 꽃이 바로 신랑과 신부의 합궁입니다. 우리 랍비들은 예식의 절차로 신랑 신부가 성교를 하기 전까지는 결혼관계의 합법성이 발효되지 않는다고 가르친답니다."

그는 목소리를 더 높여 다음과 같이 말했다.

"약혼을 한 후 결혼을 목적으로 그 배우자와 성교를 한 남자는 그녀를 얻게 됩니다. 그리고 그가 그녀와 첫 성교를 한 이후로부터 그녀는 그와 결혼한 것이 되며, 그 이후에야 그녀는 모든 면에서 그의 아내라 할 수 있습니다."[2]

나는 다시 되물었다.

"당신들이 결혼과 부부 간의 법적 의무에 대한 이해를 이토록 내게 먼저 강의하는 이유는 무엇입니까? 내 원래 질문은 에덴의 정원에서 아담과 이브가 섹스를 했는지를 물었습니다."

랍비 요하이(R. Yohai)가 말을 받았다.

"바로 그 질문에 답하기 위해서네. 우리 랍비들은 에덴의 정원 '안에서' 아담과 이브가 결혼예식의 마지막 절차로 합궁을 하였다고 믿네. 자네도 〈창세기〉를 읽어보지 않았는가? 2장 22절을 보면 하나님이 아담의 갈빗대를 빼내어 여자를 만들었다고 나온다네. 우리는 이것을 하나님이 '그녀를 신부처럼 치장해서'[3] 아담에게 데려온 것으로 읽고 있네."

"옳거니" 하며 랍비 일리스다(R. Ilisda)가 말을 받았다.

"하나님은 그녀 속에 남자의 것보다 더 많은 방들을 만들었어. 아래는 넓게, 그리고 위는 좁게…… 그래서 그녀가 아이를 수용할 수 있도록 한 거야. 그리고 그녀를 그 남자에게 데려왔어."

그러자 랍비 아빈(R. Abin)이 외쳤다.

"왕이 들러리(best man)가 되어준 그 백성은 복되도다!"[4]

"아, 그뿐만이 아니지." 한 랍비가 말을 받았다. "하나님이 신부를 치장하고 신랑에게 데려오는 사이에 진귀한 보석들로 장식한 근사한 결혼예복도 준비했잖아."[5]

랍비들의 대화를 들으며 나는 잠시 생각에 잠겼다. 랍비들의 말에 따르면, 에덴의 신은 이브를 단장하고 예복을 준비하고 그리고 신부와 함께 행진한 후 신랑에게 인계했다. 아담과 이브는 이렇게 부부의 연을 맺고 결혼예식을 올렸다는 말이다.

그런데 언제 섹스를 했단 말인가? 랍비들은 무슨 근거로 아담과 이브가 마지막 절차로 합궁을 함으로써 결혼을 완성했다는 걸까?

▶ 천지창조, 아담과 이브를 소개하는 신(The Creation, God Introducing Adam and Eve, c. 1470-76)

장 포퀘(Jean Fouquet)의 작품으로, 요세푸스가 쓴 《유대인들의 태고사》 프랑스어 번역판 (Antiquites Judaiques, Bibliotheque Nationale, Paris, France)에 들어간 삽화이다. 에덴의 정원 에서 신이 아담과 이브의 결혼식을 주례하고 있다

그래서 물어보았다.

"당신들의 설명을 들으니 여기까지는 그런대로 이해가 됩니다. 그런데 아담과 이브는 대체 어느 틈을 타서 성애를 나누었을까요?"

이에 한 랍비가 그 근거라 하며 〈창세기〉 2장 23~24절을 찾아 읽어보라 했다. 그래서 우리말 개역성경 버전으로 크게 읽어주었다.

> "아담이 이르되 이는 내 뼈 중의 뼈요 살 중의 살이라. 이것을 남
> 자에게서 취하였은즉 여자라 부르리라 하니라. 이러므로 남자가
> 부모를 떠나 그의 아내와 합하여 둘이 한 몸을 이룰지로다."

한 랍비가 이해할 수 없다는 듯 고개를 갸우뚱하며 내게 말했다.

"당신이 지금 읽은 구절은 우리 랍비들이 읽는 히브리어로 된 구절과 다소 차이가 나오. 특히 우리 랍비들이 가장 흥미롭게 생각하는 문구를 당신의 성경은 불충분하게 번역하고 있는 것 같소. 바로 '이는 내 뼈 중의 뼈요'에 나오는 '이는'이라는 문구 말이오."

그래서 잽싸게 서고 저편 책장에 있는 영어로 된 성경들을 찾아 읽어보았다. 이 문구를 각 버전의 영문성경에서는 다음과 같이 번역하고 있었다.

> "This, at last, is bone of my bones…"(Revised Standard Version,
> English Standard Bible)
> "At last! This is bone from my bones…"(Complete Jewish Bible)
> "Now this, at last, is bone of my bones…"(New English Bible)

그 랍비에게 요청했다. "영어 번역본들과 비교해보니 다소간 차이가 있는 것 같습니다. 그런데 당신이 볼 때 내가 읽은 구절과 당신들이 읽는 구절의 가장 큰 차이가 무엇인지 설명해주세요."

"가장 큰 차이는 히브리어 원문에 나오는 문구 '죠트 하파아암(zot happaam)'을 당신의 한국어성경은 매우 불분명하게 처리하고 있다는 것이오. 당신이 찾아본 영어버전들은 '하파암'을 '아 드디어' 혹은 '마침내'라는 뜻으로 옮겼더군. 무언가를 오래 기다렸다가 드디어 발생했다는 의미일텐데,[6] 당신은 당신의 성경으로 이 구절을 읽으면서 이러한 의미의 '마침내'로 읽을 수 있겠소?"

나는 이해할 수 없었다. 이 사람이 지금 무슨 말을 하고 있는 건가? '이는'을 읽으면서 '마침내'로 읽어야 한다니, 그리고 그게 왜 그리 중요하단 말인가? 바로 그 때 랍비 엘레아자르(R. Eleazar)가 말했다. "매우 중요하지." 그리고 덧붙였다.

"죠트 하파아암. 이 문구는 아담이 모든 들짐승들, 그리고 가축들과 성교를 시도했지만 그의 성적욕구가 이들에게서 충족되지 못했음을 말해주기에."[7]

"뭐라고요? 이 문구가 아담이 짐승들과 성교를 했지만 이들에게서 성적욕구를 채우지 못했다는 뜻을 담고 있다고요?" 나는 깜짝 놀라서 소리쳤다. 너무 생경하고 충격적이며 또 당혹스러웠다. 내가 놀라는 것을 보고 그는 내게 〈창세기〉 2장 18~20절을 읽으면서 한 번도 머리를 갸우뚱해본 적이 없는가 반문하였다. 그랬다면 지금 한번 읽어보라 했다.

18 여호와 하나님이 이르시되 사람이 혼자 사는 것이 좋지 아니하니 내가 그를 위하여 돕는 배필을 지으리라 하시니라 19 여호와 하나님이 흙으로 각종 들짐승과 공중의 각종 새를 지으시고 아담이 무엇이라고 부르나 보시려고 그것들을 그에게로 이끌어 가시니 아담이 각 생물을 부르는 것이 곧 그 이름이 되었더라 20 아담이 모든 가축과 공중의 새와 들의 모든 짐승에게 이름을 주니라 아담이 돕는 배필이 없으므로

한국어성경의 번역에 또 문제가 있다는 말을 들을 것만 같아 이번에는 속으로 읽었다. 뭔가 이상한 것을 발견하지 못했냐고 그가 다시 물었다. 조금 과장해서 말한다면 나는 이 장면을 수백 번은 읽었을 것이다. 그런데 아무런 문제를 느끼지 못했다. 다 아는 내용이라서 매번 건성으로 읽었기 때문이었나, 아무튼 머리를 갸우뚱하지도 않았다. 모르겠다고 말하는 내게 랍비 엘레아자르가 강의를 시작했다.

"18절은 아담이 혼자이고 그에게 배필이 필요하다는 것을 하나님이 인식하였다고 말하고 있소. 그런 다음 19절은 이 문제를 해결하기 위해 하나님이 동물들을 창조했다고 전하고 있소. 이 두 구절을 함께 읽을 때 가장 자연스런 해석은, 하나님이 들판의 모든 동물들과 심지어 하늘을 나는 새들까지도 아담의 배필로 만들어 이들을 행진시켜 아담에게 데려왔다는 것이오. 그러나 20절 하반절은 아담이 여전히 홀로 있다고 기록하고 있소."

그의 설명은 계속되었다. 하나님이 아담의 배필 후보로 온갖 동

물들을 창조했지만 그에게 맞는 배필이 그 가운데서 발견되지 않았다. 하나님의 첫 번째 시도가 실패로 끝난 것이다. 그래서 그는 이를 만회하기 위한 시도로 여자를 만들기에 이른다.

그런데 랍비들은 이러한 읽기 방식을 액면 그대로 수용할 수 없었다. 따라서 그 대안으로 동물들의 창조와 행진을 곧 아담을 교육하는 과정으로 읽고자 했다. 즉 동물들이 행진해 오고 아담이 이들에게 이름을 주었다는 이야기를 일종의 '성교육 과정'으로 해석한 것이다. 동물들이 하는 짓들을 유심히 관찰하면서 아담은 자신에게 필요한 것이 무엇인지를 자연스럽게 발견하였다. 각각의 동물들에게 이름을 주는 동안 아담은 이들이 서로 짝짓기를 하는 것을 보았다. 물론 처음에는 이들이 하는 짓의 의미를 알 수 없었다. 그의 몸에 성적 끌림의 감정이나 본능이 아직 자라나지 않았기 때문이다. 아담이 동물들의 이름 짓기를 마치자 하나님은 동물들로 하여금 암수 짝을 지어 아담 앞으로 다시 행차하게 했다. 이때 아담이 다음과 같이 말했다.

"모두가 파트너가 있는데 나만 없구나!"[8]

이렇게 읽게 되면 하나님이 아담의 섹스 파트너로 동물들을 지었다는 개념은 상당히 약화된다고 랍비들은 생각했다. 당연히 아담은 자신의 배필을 찾기 위해 하나님이 보는 앞에서 모든 동물들과 일일이 성교를 해야 했다는 해석으로부터도 벗어날 수 있다. 그러니 랍비들이 좋아하지 않을 수 없다. 엘레아자르는 강연을 마치면서 이렇게 말했다.

"죠트 하파아암은 소정의 교육 과정을 마친 아담이 마침내 자신의 짝으로 나타난 이브와 첫 '경험'을 한 후 터뜨린 탄성이오. 따라서 이것은 에덴의 정원에서 거행된 아담의 결혼예식이 공식적으로 성료되었음을 알리는 문구요."

대단히 흥미로운 강의다. 나는 지금까지 랍비들이 들려준 말들을 곱씹어 보았다. 선명한 그림이 내 마음속에 그려졌다. 에덴의 신부 이브가 꽃처럼 단장하고, 하나님은 신랑 아담의 들러리가 된다. 결혼예복을 곱게 차려 입은 신부가 신랑에게 인계된다. 신랑과 신부의 합궁이 이뤄지고 마침내 아담의 탄성이 터져 나온다. 이로써 결혼예식은 성료되었으며 아담과 이브는 합법적인 부부가 된다.

성애는 타락의 결과가 아니다

그런데 갑자기 궁금해졌다. 나는 어릴 적부터 에덴 이야기를 아담과 이브의 타락 이야기로 읽고 들어왔다. 그들이 타락한 결과 섹스를 하게 된 것이라 배웠다. 그런데 랍비들은 전혀 다른 말을 하는 게 아닌가? 이들이 타락하기 전에 합법적으로 부부의 연을 맺고 그 속에서 축복과 기쁨의 성애를 나누었다면, 이러한 읽기는 곧 일어날 중대 사건인 뱀이 이브를 유혹한 이야기와 어떻게 연결될 수 있을까? 랍비들은 이 문제를 어떻게 이해했을까?

견딜 수 없이 궁금해진 나는 옆에 서 있는 랍비 요수아(R. Joshua)에게 물었다.

"나중에 보면 뱀이 여자에게 접근하여 하나님이 금한 나무의 열매를 먹는 문제에 대해서 대화를 합니다. 우리는 이 장면을 뱀이 여자를 유혹한 것으로 읽어왔지요. 그럼 랍비들은 이를 어떻게 읽어왔나요? 이브와 뱀 사이에 성적으로 연루되어 있다고 보았습니까?"

"당신은 아담과 그의 아내가 벌거벗었으나 부끄러워하지 않았다는 구절(2:25) 바로 다음 구절에 뱀을 간교하다고 묘사하는 것(3:1)을 주목했었소? 히브리어로 '벌거벗다(arom, 아롬)'라는 단어와 '간교하다(arum, 아룸)'라는 단어의 발음이 매우 유사하다는 것을 알고 있었소? 우리는 모세가 이 같이 글을 쓴 이유를 깊게 생각해왔소."

내가 물었다. "뱀이 이 맥락에서 나온 뒤, 남녀가 벌거벗었다는 말과 뱀이 간교하다는 말의 언어유희를 사용한 이유가 무엇입니까?"

"그것은 그 사악한 동물이 무슨 연유로 그들을 속였는지를 알리기 위해서요. 그(뱀)는 그들(아담과 이브)이 성교를 나누는 것을 보았고, 그녀에 대한 격정을 품게 되었기 때문이오."9

"그렇지." 옆에 있던 랍비 할폰(Abba Halfon)이 말을 받았다. "그 날 뱀이 여자에게 와서 금단의 열매를 먹는 문제에 대해 말하고 있을 때였지. 그 때 그의 남편 아담은 대체 어디서 무얼 하고 있었는지 당신은 궁금하지 않소?"

"그는 (그날 아내와) 성교를 한 다음 잠에 빠져 있었어."10

재미있기는 하지만 내겐 정말로 믿기 힘든 이야기였다. 지금까지의 이야기를 종합해 보았다. 아담은 긴 결혼예식에서 오는 피로감 때문인지, 성교 후 오는 나른함 때문인지 아무튼 깊은 잠에 빠져버렸다. 아담과 이브의 성교를 몰래 훔쳐본 뱀은 다른 동물들의 암컷과는 질적으로 다른 성애 파트너의 존재를 보고 놀라게 된다. 그리고 혼인하여 그녀를 독점적으로 소유하게 될 아담에게 질투심을 갖게 된다. 마침 그가 깊은 잠에 빠져 있는 틈을 타서 뱀은 이브에게 '대쉬'하게 된다. 사뭇 흥미로운 그림이 나온다. 그러나 여전히 수용하기 힘든 설정이라는 생각이 들었다. 그래서 랍비들에게 물었다.

"내가 읽기에 〈창세기〉의 에덴 이야기는 아담과 이브가 에덴의 정원에서 성교를 했다고 직접적으로 묘사하지 않던데요. 그리고 설명을 들어보니 랍비 당신들도 아담과 이브가 정원 안에서 성교를 했다고 분명하고 직접적으로 말하기보다는 이야기 전개의 정황상 그랬을 것이라고 짐작하는 것처럼 보입니다. 정원에서 아담과 이브가 성애를 나누었다고 볼 수 있는 보다 분명한 근거가 있습니까? 아니면 단지 당신들이 발전시킨 하나의 해석 전통에 불과한 것입니까?" 그러자 한 랍비가 답했다.

"이러한 읽기는 한두 사람의 읽기 결과는 아니오. 랍비들의 읽기 전통은 하루아침에 만들어진 것도 아니오. 그럼에도 당신이 보기에 우리 랍비들만의 읽기로 보일 수는 있을 것이오. 그런데 랍비 전통이 고대 유대교의 중추적인 전통으로 등장하기 이전에 기록된 오래된 유대문헌들이 있소. 이곳에 아담과 이브의 섹스에 대한 분명한 해석을 담아내는 증거들이 있소. 이로써 아담과 이브가 타락 이전에 성교를 했다는 해석이 랍비 전통의 테두리를 넘어 고대 유대교의 '고전적인' 해석이라는 것을 증명하는 일이 어렵지 않게 됐소. 혹시 〈희년서〉라는 문헌을 아시오? 이 문헌을 한번 탐구해보시오."

랍비들과의 대화는 여기서 중단되었다. 이 랍비가 제안한 바 〈희년서〉에 대한 탐구가 필요했기 때문이다. 서고에서 〈희년서〉와 몇 권의 관련 연구서들을 찾아 들고 서재로 돌아왔다. 랍비 전통이 세워지기 전인 기원전 150~160년경에 저술되었을 유대교 문헌인 〈희년서〉는 다음과 같은 내용을 전한다.[11]

〈희년서〉

그리고 아담이 모든 동물들의 이름을 지었다. 각각의 동물은 그가 부르는 이름에 따라 이름을 갖게 되었다. 이 5일 동안에 아담은 이 모든 동물들, 지상에 있는 암수로 된 모든 유의 동물들을 관찰하였다. 그러나 그는 혼자였다. 그를 도울 수 있는 어떤 대상도 그는 찾지 못했다. 그리고 하나님이 말씀하셨다. "사람이 홀로 거하는 것이 좋지 않다. 그를 닮은 배필을 만들자." 그리고 하나님은 깊은 잠을 그에게 내렸다. 그는 잠에 빠졌다…… 그리고 그는 아담을 깊은 잠에서 깨웠다…… 그리고 그가 그녀를 그에게 데려왔다. 그리고 그는 그녀를 알았다. 그리고 그녀에게 말했다. "이는 이제 내 뼈 중의 뼈요 내 살 중의 살이다." 이는 내 아내라 불릴 것인데 그녀의 남편에게서 나왔기 때문이다(3:2~6)

〈창세기〉

18 여호와 하나님이 이르시되 사람이 혼자 사는 것이 좋지 아니하니 내가 그를 위하여 돕는 배필을 지으리라 하시니라 19 여호와 하나님이 흙으로 각종 들짐승과 공중의 각종 새를 지으시고 아담이 무엇이라고 부르나 보시려고 그것들을 그에게로 이끌어 가시니 아

담이 각 생물을 부르는 것이 곧 그 이름이 되었더라 20 아담이 모든 가축과 공중의 새와 들의 모든 짐승에게 이름을 주니라 아담이 돕는 배필이 없으므로 21 여호와 하나님이 아담을 깊이 잠들게 하시니 잠들매 그가 그 갈빗대 하나를 취하고 살로 대신 채우시고 22 여호와 하나님이 아담에게서 취하신 그 갈빗대로 여자를 만드시고 그를 아담에게로 이끌어 오시니 23 아담이 이르되 이는 내 뼈 중의 뼈요 살 중의 살이라 이것을 남자에게서 취하였은즉 여자라 부르리라 하니라(2:18~23)

〈창세기〉텍스트와 비교해 볼 때 〈희년서〉의 텍스트는 몇 가지 중요한 변화를 보인다. 우선 이야기 전개에 있어 원래의 〈창세기〉2장 18절을 20절 뒤로 이동시켰다. 이를 통해서 사건의 진행을 다소간 자연스럽게 만들었다. 아담은 동물들의 이름을 짓던 차에 모든 동물들이 암수로 짝지어진 반면 자신은 혼자라는 것을 발견한다. 이 과정에서 그는 성교를 나눌 파트너의 필요성을 인식하게 되었다. 〈창세기〉텍스트는 하나님이 아담의 배필(성적 파트너)로 우선 동물들을 창조하셨다고 읽힌다. 〈희년서〉는 이를 수정하여 하나님이 지은 동물들은 실상 아담의 (성)교육을 위해서였다고 말한다. 이 교육과정을 통해 땅의 존재들은 모두 암수로 존재해야 함을, 이런 의미에서 자신은 불충분한 존재임을, 그리고 이를 충족하기 위해 배필이 필요함을 아담 자신이 인식하게 된다.

이러한 필요를 인식한 아담에게 하나님은 그 필요를 채워줄 대상을 만들어준다. 마침내 이브가 아담에게 인계되었을 때 둘은 깊은 사랑을 나눈다. 이를 〈희년서〉의 텍스트는 〈창세기〉의 원전처럼 '그가 그녀를 알았다(he knew her)'는 문장으로 표현하고 있다. 이는 물론 성교를 뜻하는 상용문구이다. 그리고 그 결과 아담은 기쁨의 탄성을 터뜨린다. "이제 마침내!" 그리고 성적결합 이후 여자와 남자가 아닌 아내와 남편의 관계가 정립되었음을 명시한다. 랍비들의 해석과 별반 달라 보이지 않는다.

그런데 아담과 이브의 성애에 관련하여 〈희년서〉와 랍비 전통이 크게 갈리는 부분이 있다. 이들이 언제, 그리고 어디서 성교를 했는가 하는 부분이다. 위의 가상적인 대화에서 보았듯이 랍비들은 에덴의 정원 '안에서' 거행된 결혼예식을 아담과 이브의 성적결합 배경으로 설정하였다. 이브와의 성교 후 아담이 외친 탄성을 정원 안에서 거행된 결혼예식의 증표로 제시했다.

〈희년서〉는 창조의 기간 첫 번째 주에 아담이 창조되었고, 두 번째 주에 동물들이 창조되어 각각의 이름이 정해졌다고 말한다. 그다음 이브가 아담의 갈비뼈로부터 창조되었고, 아담에게 인계되었다는 시간적 순서를 제시한다. 그리고 아담은 에덴의 정원에 들어가기 전에 40일을, 이브는 80일을 보냈다고 쓰고 있다. 물론 〈창세기〉 텍스트와는 전혀 관계없는 시간 설정이다. 이 시간의 재구성에 따르면, 아담과 이브는 에덴의 정원에 들어가기 전에 – 이는 당연히 에덴의 정원 밖을 뜻한다 – 그들의 첫 번째 성교를 치르게 된다.

〈창세기〉의 어색한 전개과정을 수정하여 보다 자연스런 읽기를 시도한 〈희년서〉는 아담과 이브의 합궁을 기정사실로 보지만, 시간

적으로 볼 때 이들이 에덴의 정원에 들어가기 전, 공간적으로는 정원 밖에서 발생하였다고 해석하였다.[12]

이토록 시간 및 공간을 재구성한 이유가 따로 있었을까? 성교가 에덴정원 '밖에서' 이루어졌다는 〈희년서〉의 재구성과, 에덴정원 '안에서' 결혼의 완성으로 행해졌다는 랍비 전통의 형성 뒤에는 어떤 문화적, 종교적, 혹은 이념적 이해가 담겨 있을까? 먼저 〈희년서〉를 다시 들여다 보자.

정원 '안에서' 사랑할 수 없는 이유

전술했듯이 〈희년서〉의 재구성에 따르면 에덴의 정원 밖에서 성교를 한 후 아담과 이브는 각각 40일과 80일이 지난 뒤 정원 안으로 들어갈 수 있었다. 이런 시간 계산은 구약성경 〈레위기〉 12장의 정결법을 따른 것이다.[13] 〈희년서〉의 저자는 왜 이렇게 했을까? 에덴의 정원을 대체 무엇이라 보았기에 그는 아담과 이브로 하여금 고전적인 정결법을 따르도록 해야 했을까?

간단히 말하자면 〈희년서〉가 그린 에덴의 정원은 신의 성소이며, 저자는 곳곳에서 에덴의 정원을 신의 성소로 묘사하고 있다.[14] 심지어 정원에서 자라는 나무 한 그루 한 그루가 모두 거룩하다고 묘사한다. 그리고 에덴을 동방의 산, 시내산, 시온산과 더불어 하나님이 지상에 설립한 네 개의 성스러운 산 중 하나(4:26)라 소개하고는, 거룩한 곳 중에서 가장 거룩한 곳(the holy of the holies)이며 하나님의 처소(the residence of God)라 말한다(8:19).

아담이 창조된 지 40일, 이브 역시 80일의 격리 기간을 지나서야 에덴의 정원으로 들어가는 것이 허락된 이유는 결국 이곳이 '지상에서 가장 거룩한 곳'(3:12)이기 때문이다. 〈희년서〉의 작가가 에덴의 정원을 신이 거하는 성소로 이해했다면 아담이 이브를 품은 사건이 정원에 들어오기 전(시간), 정원 밖(공간)에서 발생하였다고 기록한 이유가 명확해진다. 저자는 생명의 시작인 아이의 출산과 첫 번째 인간으로 태어난 아담과 이브 사이에 정결법적 측면으로 봤을 때 유사성이 있다고 느꼈다. 아이를 출산한 여성이 불결해져 한동안 성전 출입을 못하게 되는 것처럼, 첫 번째 인간으로 태어난 아담과 이브 역시 불결하기에 한동안 하나님의 성소인 에덴정원에 들어갈 수 없다고 본 것이리라.

그런데 아담과 이브의 정사 현장을 이토록 주도면밀하게 에덴정원의 '밖으로' 밀어낸 작업을 한 이유가 그뿐일까? 지상에 내린 대홍수로 인해 이미 사장된 – 다시 말해 〈희년서〉의 저자가 대단히 중요하게 다루는 인물인 노아 이후의 인류에게는 아무런 의미도 없는 – 태고사의 일부이며, 인정한다 해도 이스라엘만의 역사라 보기 힘들며, 특히 에덴의 정원을 야훼의 신전으로 그리는 것도 쉬운 작업이 아니다. 그런데 이런 식으로 재구성해야 할 이유가 있었을까?

〈희년서〉의 독자들은 곧 알게 된다. 저자가 이야기를 재구성하면서 바라보고 있는 것은 에덴의 정원이 아니라는 것을…… 사실 그가 정말로 그리고자 한 그림은 태곳적에 존재했다는 신들의 정원이 될 수 없다. 그가 이 책을 저술함에 있어 가장 중요하게 활용하고 있는 거룩한 시간과 거룩한 공간이라는 신학적 소재가 과거를 향하기보다는 미래를 향하고 있기 때문이다. 이를 잠시 살펴보자.

〈희년서〉의 저자는 안식일이라는 시간적 개념과 성전이라는 공간적 개념을 융합하여 하나로 보는 전통을 중요하게 여겼다. 그에게 안식일은 성스러운 시간이며 쉼의 시간이고, 성전은 성스러운 공간이며 쉼의 공간이다. 안식일의 삶이 곧 성소에서의 삶이 된다. 성전의 이상과 융합된 안식일은 〈희년서〉 저자의 손에서 장차 임하게 될 '모든 이스라엘인들을 위한 거룩한 나라의 날(a day of the holy kingdom for all Israel)'의 예시(50:9)가 된다. 안식일(시간)이 거룩한 나라(공간)의 날이 된다는 얘기다. 저자가 그리고자 하는 바는 이스라엘의 회복, 곧 거룩한 나라이다. 그는 이러한 민족적, 종교적 비전을 품고 글을 썼다.[15]

그에게 오늘의 안식일은 이스라엘이 세계를 다스리게 될 왕국, '거룩한 나라'를 미리 맛보는 날이다. 따라서 안식일은 모든 이스라엘이 먹고 마시며 기쁨을 누리는 날이다. 그런데 이렇게 먹고 즐기는 날인 안식일에 성의 즐거움을 누리는 것은 어떨까? 성의 쾌락이 축일의 기쁨을 더해주지 않을까? 아니다. 절대로 그렇게 둘 수 없다. 〈희년서〉는 안식일에 하는 성교를 엄격하게 금한다. 이는 〈희년서〉가 기본적으로 성을 부정과 결부시키는 〈레위기〉의 정결법을 따르기 때문이다.[16] 〈희년서〉의 저자는 섹스가 성전을 더럽게 하듯이 안식일을 더럽힌다고 보았다. 한 사람의 성교가 모든 유대인들의 축일인 안식일을 더럽게 할 수 있다고 믿었다.

이에 그는 안식일에 성교를 하는 자는 비록 적법한 부부 간일지라도 죽음으로 다스려진다고 밝힌다. 안식일은 물리적 성전이 존재하지 않는 상황에서도 성전의 존재와 그 이상을 구현하는 수단일 뿐만이 아니라, 이스라엘의 미래에 이루어질 '거룩한 나라의 날'의 표상이기 때문이다. 안식일은 거룩한 나라를 바라보며, 성전은 그 거룩한 나라의 모형이다. 에덴의 정원은 성소, 즉 성전의 원형이며 결과적으로 안식일이 구현하고 바라보는 그 거룩한 나라를 예시한다.

성전에서도, 거룩한 나라에서도, 그리고 그 거룩한 공간을 시간적으로 구현하는 안식일에서도 성교가 설 자리는 없다. 그리고 이것이 〈희년서〉의 작가가 아담과 이브의 성애를 에덴정원 밖으로 밀어낸 진짜 이유이다. 미래의 거룩한 나라 안에 성교의 자리가 없기에, 과거 지상에서 가장 거룩한 곳이었던 에덴의 정원 안에도 성교는 없어야 했다.

에덴의 정원을 일종의 결혼식장으로 바라본 랍비들은 분명 〈희년서〉의 논리를 따르지 않았다. 앞의 대화에서 살폈듯이, 랍비들은 에덴정원 '안에서' 인류의 첫 부부가 성교를 행함으로 결혼예식을 완성했다고 읽었다. 그러면 랍비들은 어떤 이유에서 〈희년서〉처럼 보다 고전적인 유대전통이 제시한 종교적, 민족적 비전을 따르지 않게 된 것일까? 이들에게 성전과 안식일의 나라인 거룩한 나라를 꿈꾸는 것보다 더 중요한 것이 있었을까?

성의 기쁨은 무엇을 상징하는가?

아니다. 랍비들이 이스라엘의 회복보다 더 중요하게 여긴 것은 없었다. 그러나 그들은 미래의 나라에 대한 다른 그림을 그렸다. 바벨론 유수와 반복되는 외세의 지배를 경험하면서, 특히 서기 70년 로마가 예루살렘성전을 파괴한 이후 이스라엘은 새 시대를 향한 불타는 민족적, 국가적 열망을 품게 되었다. 이는 현대의 유대인들이 여전히 품고 사는 시오니즘(Zionism)과 맞닿아 있다.

이즈음에 저술된 대부분의 문헌들은 '이스라엘의 회복'이라는 비전을 강력하게 표출하고 있다. 〈희년서〉의 저자가 거룩한 나라의 재건을 꿈꾸었던 것처럼, 랍비들도 역사의 끝에 이루어질 미래에 대한 희망을 간직하였다. 그러나 랍비들이 그린 미래는 거룩한 나라의 재건이 아니었다. 대신 그들은 환희의 시대(the Age of Joy)를 바라보았다. 거룩한 나라와 환희의 시대는 어떻게 다른가? 랍비들의 믿음의 세계를 살펴보자.

랍비들은 생로병사의 연속인 인간사를 기본적으로 애도의 절기와 환희의 절기로 구분하였다. 예를 들어, 장례법에 따라 준수해야 하는 30일간의 애도기간을 불결의 시간으로 규정하였다. 고대랍비들이 남긴 문헌의 금자탑인 탈무드는 애도기간에 곡하는 자의 상태를 나병환자의 불결의 상태와 견준다. 애통의 기간에 있는 자가 종교적으로 할 수 있는 일은 거의 없었다. 성전에 희생제물을 바칠 수 없는 것은 물론이고, 율법을 묵상하거나 공부하는 것도 허락되지 않는다. 깨끗한 옷을 입을 수 없고, 목욕은 물론 성생활도 엄격히 금지된다.

랍비들은 애도기간에서 환희의 절기로 나아가는 것을 불결한 상태에서 정결한 상태로 나아가는 것으로 보았다. 슬픔에서 기쁨으로의 전환은 단지 감정적 차원에서뿐만 아니라 생활 전반, 특히 종교예식적 차원에서의 전환을 뜻한다. 애곡하는 상태가 특별한 행동양식이나 예식적 행위에 의해 표현되듯이 기쁨의 상태 역시 특별한 행동양식과 예식적 행위에 의해 표현된다. 특히 종교예식적 측면에서 애통에서 환희로의 전환은 결정적으로 부부 간의 성교 재개로 표시된다. 랍비문헌들뿐만 아니라 고대 근동의 많은 문헌들이 성교의 재개를 애도기간의 종결을 알리는 상징으로 묘사하고 있다.[17]

이러한 이해는 시대와 역사를 바라보는 보다 큰 그림에도 그대로 적용되었다. 랍비들은 현 시대를 애통의 시대로 보았다. 그리고 신의 갑작스런 개입으로 현 시대가 종결되고 환희의 시대가 활짝 열릴 것이라 믿었다. 랍비들은 자신들이 고대하는 바, 도래하는 환희의 시대를 상징하는 가장 훌륭한 예로 결혼예식을 생각했다. 결혼예식은 대단히 훌륭한 가무와 풍성한 음식이 제공되는 기쁨의 잔치이며, 특히 신랑과 신부가 난생 처음으로 성적결합의 환희를 만끽하는 자리이기 때문이다.

여기서 우리는 고대 근동의 셈어(히브리어, 아람어, 시리아어, 아카디안어 등) 문화에서 생산된 문헌들에 자주 나오는 '즐거움/기쁨'이라는 단어가 내포하는 성적인 함의를 잠시 살펴볼 필요가 있다. 고대 셈어 문학에서 '기쁨/즐거움'이라는 용어는 종종 문자적인 의미보다는 성적결합에서 오는 희열을 뜻하는 말로 사용되었다. 이 책의 9

장에서 다루겠지만, 가령 에덴 이야기의 구성에 큰 영향을 준 메소포타미아 신화 〈길가메시 서사시〉를 보면 다음과 같은 장면이 나온다. 친구 엔키두의 죽음을 슬퍼하며 영원한 생명을 찾아 나선 길가메시에게 어느날 시두리라는 술 빚는 여인이 나타나 다음과 같이 권면한다.

길가메시, 넌 어디를 배회하느냐

너는 네가 찾고자 하는 영원한 생명을 찾지 못할 것이다

신들이 인간을 창조했을 때

그들은 인간에게 죽음을 정해놓았고

영원한 생명은 자신들의 손에만 있게 했다.

그러니 길가메시, 네 배를 부르게 하라

낮과 밤, 모든 방식으로 즐겨라

모든 날 즐길거리들을 마련해라

낮과 밤, 춤추고 놀아라

새 옷을 입어라

머리를 씻고 목욕해라

네 손을 잡은 아이를 감사히 여겨라

네 아내로 하여금 네 넓적다리 위에서 즐기게 하라[18]

히브리 구약성서 저자들은 이 단어의 용례를 잘 이해하고 있다. 가령 막 결혼한 남자의 징집을 금지하는 구약성서 〈신명기〉[19]의 다음 구절을 보라.

사람이 새로이 아내를 맞이하였으면 그를 군대로 내보내지 말 것
이요 아무 직무도 그에게 맡기지 말 것이며 그는 일 년 동안 한가
하게 집에 있으면서 그가 맞이한 아내를 즐겁게 할지니라(24:5)

〈희년서〉의 저자에게도 이는 익숙한 표현이었다. 그는 아담과 이
브가 아벨의 죽음에 대한 애도의 기간을 마치고 한 일을 다음과 같
이 묘사하였다.

그들은 기뻐하였고 아담이 다시 이브를 알았다(4:7)

랍비 전통의 문헌들도 물론 '기뻐하다'라는 용어를 종종 성교에
연결하였다. 아람어로 된 랍비들의 성서 해석서 중 하나인 《위-요
나단》[20]은 〈신명기〉 20장 7절을 다음과 같이 의역하고 있다.

〈신명기〉 구절 : 여자와 약혼하고 그와 결혼하지 못한 자가 있느냐
그는 집으로 돌아갈지니 전사하면 타인이 그를 데려갈까 하노라 하고
《위-요나단》 구절 : 아내와 약혼했으나 정식으로 결혼을 하지 않
은 사람은 집으로 돌려보내라 그가 그 아내와 기쁨을 나누지 않은
죄를 범할까 한다

그런데 신랑이 신부와 함께 누리는 합궁의 기쁨은 랍비들의 손에
서 또 다른 의미를 가진 표현으로 승화하게 되었다. 이에 대한 가장
좋은 예가 바벨론 랍비 전통에서 유래된 결혼예식에서 신랑과 신부

에게 선포되는 '일곱 개의 축복문(Sheva Brachot, The Seven Blessings)'이다. 그 중 (아마도 신랑 신부가 합궁 바로 전에 듣게 될) 여섯 번째 축복문은 다음과 같다.

> 세상을 행복과 만족, 사랑과 동료애, 평화와 우정, 신랑과 신부로 밝히신 주님은 복되다. 이스라엘의 산들을 춤추게 하자! 유대의 성들과 예루살렘의 거리에 기쁨, 노래, 유쾌함 그리고 희열 탄성이 울리게 하자. 신랑의 목소리와 신부의 목소리, 이들의 친구들과 동료들의 행복한 함성으로 가득 차게 하자. 신랑과 신부가 함께 서로를 즐기게 하신(Bring groom and bride together to rejoice in each other) 주님은 복되도다.[21]

여기에서 신랑과 신부가 경험하는 성적결합의 기쁨은 단순한 성적쾌감이나 감정적 차원에 대한 묘사를 넘어선다. 슬픔에 잠긴 이스라엘의 산들은 춤추고, 암흑에 잠겨 깊은 적막감만 감돌았던 황량한 예루살렘의 문들과 거리에서 기쁨의 탄성들이 울려 퍼진다. 황폐한 광야에 바야흐로 생명의 바람이 불어오고 새로운 시대의 서광이 비친다. 잠자던 땅이 기지개를 펴고 깨어나 생명과 환희의 노래로 들썩거린다. 이 우주적 대변혁의 서막을 알리는 것이 신랑과 신부가 경험하는 첫 합궁의 기쁨이다.

랍비들은 신랑과 신부가 누리는 성애의 기쁨을 또 다른 상징으로 승화시켰다. 애통의 시대를 종결시키며 역사 속으로 개입해 들어오는 기쁨의 시대를 상징하는 표시로서 말이다. 랍비들은 이러한 비전과 언어의 사용을 예언자 전통으로부터 물려받았다. 성전과 영토가 파괴되고 하나님의 백성들이 외세에 의해 유린당한 시대, 애통의 시대를 예언자 예레미아는 다음과 같이 묘사한다.

> 그때에 내가 유다 성읍들과 예루살렘 거리에 기뻐하는 소리, 즐거워하는 소리, 신랑의 소리, 신부의 소리가 끊어지게 하리니 땅이 황폐하리라(예레미아 7:34)

> 만군의 여호와 이스라엘의 하나님께서 이와 같이 말씀하시니라 보라 기뻐하는 소리와 즐거워하는 소리와 신랑의 소리와 신부의 소리를 내가 네 목전, 네 시대에 이곳에서 끊어지게 하리라(예레미아 16:9)

반면에 이러한 역경이 끝나고 펼쳐질 회복의 시대, 기쁨의 시대에 대해서 다음과 같이 말한다.

> 여호와께서 이와 같이 말씀하시니라 너희가 가리켜 말하기를 황폐하여 사람도 없고 짐승도 없다 하던 여기 곧 황폐하여 사람도 없고 주민도 없고 짐승도 없던 유다 성읍들과 예루살렘 거리에서 즐거워하는 소리, 기뻐하는 소리, 신랑의 소리, 신부의 소리와 및 만군의 여호와께 감사하라, 여호와는 선하시니 그 인자하심이 영원하다 하는 소리와 여호와의 성전에 감사제를 드리는 자들의 소리가 다시 들리리니 이는 내가 이 땅의 포로를 돌려보내어 지난날처럼

되게 할 것임이라 여호와의 말씀이니라(예레미아 33:10~11)

　마찬가지로 이스라엘의 회복을 묘사하면서 예언자 이사야는 다음과 같이 말한다.

　　다시는 너를 버림받은 자라 부르지 아니하며 다시는 네 땅을 황무지라 부르지 아니하고 오직 너를 헵시바라 하며 네 땅을 뿔라라 하리니 이는 여호와께서 너를 기뻐하실 것이며 네 땅이 결혼한 것처럼 될 것임이라. 마치 청년이 처녀와 결혼함 같이 네 아들들이 너를 취하겠고 신랑이 신부를 기뻐함 같이 네 하나님이 너를 기뻐하시리라(이사야 62:4~5)

　새로운 시대가 열리면 예루살렘과 유대의 온 성이 웃음소리로 가득 채워질 것이다. 여기저기에서 결혼예식이 열릴 것이다. 에덴의 정원에서 아담이 탄성을 질렀듯 수많은 선남선녀들이 뿜어내는 기쁨의 탄성이 온 나라에 울려 퍼질 것이다. 땅은 다시 비옥해지고 민족은 생육하고 번성하여 땅에 충만하게 될 것이다.

　랍비들이 품은 이러한 새 시대에 대한 꿈은 상징적이기도 하지만 또한 매우 실제적인 것이었다. 초기 기독교작가들이 그리스도와 교회의 관계를 설명하는 과정에서 결혼을 단지 유비(類比)적인 견지에서만 취급했던 것과는 다르게, 랍비들은 결혼을 새로운 시대에 실제로 경험하게 될 풍성한 사건으로 이해했다. 이는 마지막 때에 이르러 회복의 시대가 오면 모든 유대인들이 실제 이스라엘의 땅과

성전으로 돌아가게 될 것이라는 비전과도 연결된다.[22]

자! 미래 즉 시간의 끝(Endzeit)에 이루어질 세상이 이처럼 생육하고 번성하는 기쁨의 시대라 한다면, 과거 즉 태초의 시간(Urzeit)에 축복의 공간으로 창설된 에덴의 정원은 어떤 곳이었겠는가?

'시간의 끝'에서 바라본 '시간의 처음'

미래의 시대는 생육과 번성이 왕성히 일어나게 될 기쁨의 시대이다. 때문에 랍비들은 이를 원형적으로 보여준 에덴정원 역시 생육하고 번성하라는 신의 축복이 실제적으로 왕성하게 이루어졌던 장소라 확신하였다.

이 확신은 또 다른 문헌적 근거를 가지고 있다. 무엇보다도 에덴의 정원이라는 소재 자체가 성(sexuality)과 생식(procreation)의 이미지를 갖고 있다. 성서 히브리어 연구에 따르면, '든(-d-n)'이라는 어근은 고대 근동의 바알 신앙과 관련된 북서 셈족 종교에서 '생식력과 번성을 수여한다(to enrich, make abundant)'는 뜻을 지닌 동사의 어근이다.[23] 후기의 성서문헌들도 하나님의 축복과 땅의 생식력 회복을 연결하여 에덴을 언급하고 있다.

> 나 여호와가 시온의 모든 황폐한 곳들을 위로하여 그 사막을 에덴 같게, 그 광야를 여호와의 동산(정원) 같게 하였나니 그 가운데에 기뻐함과 즐거워함과 감사함과 창화하는 소리가 있으리라(이사야 51:3)

불이 그들의 앞을 사르며 불꽃이 그들의 뒤를 태우니 그들의 예전

의 땅은 에덴동산(정원) 같았으나 그들의 나중의 땅은 황폐한 들

같으니 그것을 피한 자가 없도다(요엘 2:3)

사람이 이르기를 이 땅이 황폐하더니 이제는 에덴동산(정원) 같이

되었고 황량하고 적막하고 무너진 성읍들에 성벽과 주민이 있다

하리니(에스겔 36:35)

뿐만 아니라 신의 저주와 축복을 이야기하는 성서의 목록들과 구약의 외경들은 언제나 성적 생식력을 주목하고 있다.[24] 또한 어근 '든'은 성적결합의 행위를 특정적으로 가리키는 단어로도 사용될 수 있다.[25] 그리고 후기 구약문헌들이 마지막 때를 '신의 축복과 생식의 시대의 회귀'로 보고 있기 때문에 랍비들이 에덴의 정원을 '곧 도래할 축복과 생식의 시대의 전형'으로 묘사한 것은 매우 자연스런 일이었다.

랍비들이 남긴 미드라쉬(midrash) 텍스트들은 아담과 이브가 에덴의 정원 안에서 성애를 나누었다고 가정할 뿐만이 아니라 그 결과도 강조하고 있다. 에덴 이야기 원문의 '이브가 잉태하여 가인을 낳았다'는 구절을《미드라쉬 라바》는 다음과 같이 주석한다.

아자리아(Azariah)가 말했다: "그날에 세 가지 놀라운 일들이 일어

났다. 바로 그날에 그들이 창조되었고, 바로 그날에 그들이 함께

잠을 잤으며, 바로 그날에 그들이 자식을 낳았다." 랍비 요수아 카

르하(R. Joshua Karhah)가 말했다: "두 명이 침대에 들어갔는데, 일

곱 명이 나왔다; 가인과 그의 쌍둥이 누이, 아벨과 그의 쌍둥이 누

이 둘"(창세기 라바 22:2)

랍비들에 의하면 에덴에서의 성교는 이렇듯 강한 생식력을 발
휘했다. 이러한 해석을 가능하게 한 텍스트는 〈창세기〉 4장 1~2절
이다. 이 구절의 해석에 있어 의미 결정을 유연하게 해주는 문구는
"아담이 그의 아내와 동침하였다(알았다)"는 것과 "그가 또 가인의
아우 아벨을 낳았다"는 문구이다. 아담이 이브를 '알았다'에 사용된
동사 '알았다'는 단순 과거(knew)로 번역되는 것이 보통이지만 대과
거 혹은 과거완료로도 번역이 가능하다.[26] 에덴의 정원에서 풍성한
성적 활동들이 있었다고 가정하는 미드라쉬 텍스트들은 이 동사를
과거완료로 번역하고 있다. 아담이 이브를 안 것이 에덴의 정원을
나오기 전, 즉 에덴정원 안에서 이미 행해진 것으로 보는 것이다.
"그가 또 가인의 아우 아벨을 낳았다"는 어절은 '그가 또 출산했
다'는 개념만을 간단하게 전한다. 가인의 경우는 성교, 임신, 출산
의 과정을 언급하고 있다. 그런데 "그가 또 아벨을 낳았다"는 문구
를 어떻게 읽을 것인가? 여기에 성교와 임신의 과정이 모두 함축되
어 있는가? 아니면 가인 다음에 아벨이 바로 태어났다는 말인가?
현대 독자들에게는 가인과 아벨의 출산을 개별적인 출산으로 읽는
것이 보다 자연스럽겠지만, 에덴의 비옥한 생산력을 주장하는 랍비
들은 이 문구의 모호성에 기대어 이브의 첫 임신과 출산을 기적적
인 사건으로 묘사하고자 했다.

그들에 의하면, 이브는 에덴의 정원 안에서 임신을 했을 뿐만 아니라 많은 아이들(《미드라쉬 라바》의 경우 사내 둘과 딸 셋)을 한 번의 임신으로 낳았다. 후대의 주석가 중에는 에덴의 정원 안에서의 임신은 범죄와 저주 이전의 사건이었기 때문에 이브의 첫 해산은 심지어 고통 또한 전혀 없었다고 해석하는 경우도 있었다.[27]

앞서 언급한 랍비들의 '일곱 개의 축복문' 역시 에덴의 정원을 추억한다. 혼인예식 다섯째 날에 신랑과 신부는 다음과 같은 축복의 말을 듣게 된다.

> 이 사랑스런 친구들로 하여금 그 옛날 태곳적 에덴의 정원에서 첫 번째 남자와 여자가 누렸던 더없는 행복의 맛을 보게 하소서. 신랑과 신부의 기쁨 속에 거하시는 주님은 복되도다.

신랑과 신부의 기쁨은 태곳적 아담과 이브가 경험했던 바, 말할 수 없이 큰 행복에 참여하는 것이고, 동시에 미래의 때에 누릴 지복에 참여하는 사건이 된다.

나가는 말

랍비 전통과 〈희년서〉는 에덴에서의 성교에 대하여 공유하는 부분이 크다. 두 전통 모두 소위 '타락' 이전에 아담과 이브가 성애의 기쁨을 나누었다고 말한다. 랍비 전통의 문헌들이 〈희년서〉의 전통을 어느 정도 수용하고 유지했기 때문이다. 그러나 아담과 이브가 나눈 성교의 시간적, 공간적 의미에 있어서 두 전통은 서로 다른 길을 간다. 앞에서 논의한 바처럼 〈희년서〉는 에덴을 일종의 성전으로 그렸다. 성전에서 가장 중요한 것은 정결의 유지이다. 따라서 〈희년서〉는 아담과 이브의 성교가 이들이 에덴에 들어오기 전, 즉 밖에서 행해졌다고 명시한다. 이는 〈희년서〉가 바라본 미래의 세상과도 일치한다. 미래는 '거룩한 나라'의 회복이다.

이와 대조적으로 랍비 전통의 문헌들은 에덴의 정원을 신이 축복을 내리는 장소이자 성애의 기쁨과 생식력이 충만했던 곳으로 묘사하였다. 이것 역시 랍비들이 꿈꾼 미래와 일치한다. 미래는 메마른 땅이 옥토가 되고 선남선녀들이 결혼하여 합궁의 탄성을 발하는 축제의 장이 될 것이다. 아담과 이브가 성애의 절정에 경험한, 말로 표현할 길 없는 기쁨이 '시간의 처음' 에덴정원의 특징이었던 것처럼, 선남선녀의 합궁의 기쁨은 '시간의 끝' 미래의 개시를 알리는 실제적이고 상징적인 표시가 될 것이다.

내용 면에는 차이가 있지만 〈희년서〉와 랍비문헌들은 미래의 관점에서 과거를 해석하고 있다는 방법론적 차원에서 일치하고 있다. 두 전통은 각각 미래에 대한 상을 가지고 있으며, 그 미래상의 원형적인 모델로 에덴의 정원을 바라본다. 이들의 역사 재구성은 과거를 통해 미래를 내다보는 것이 아니라, 꿈꾸는 미래의 빛 아래에서 과거의 그림을 그리는 방식으로 진행되었다.

그럼 동일한 문화권에서 살았던 고대 기독교인들은 과연 어떤 그림을 그렸을까?

2장

예수는 왜 그녀를
사랑하지 않았을까?

기독교의 전통적 입장에 따르면, 예수는 완전한 신이며 동시에 완전한 인간으로 이 땅에 왔다. 그의 일대기를 전하는 복음서들이 이를 증거한다. 예수는 신만이 할 수 있는 수많은 기적을 일으켰지만, 한 명의 인간으로서 배고프면 먹어야 했고 졸리면 자야 했다. 기독교 전통은 이렇듯 그를 단지 인간의 몸을 옷처럼 입고 있는 신이 아니라 정말로 한 명의 사람이었다고 그려왔다. 그렇다면 그는 허기를 느꼈듯이 성욕도 느꼈을까? 그를 정말로 완전한 인간이라 여기고자 한다면, 인간적인 삶의 가장 근본적인 측면 중 하나인 성욕을 그도 느꼈고 경험하였을 것이라 말해야 한다.

고대 콥틱어 파피루스 조각이 발견된 것을 두고 이를 예수의 아내가 쓴 복음서라 주장하는 이들도 있다.[1] 세계적인 선풍을 일으킨 댄 브라운(Dan Brown)의 《다빈치 코드》의 출간과 함께 막달라 마리아가 예수의 정인으로 '거룩한 씨'를 받았다고 말하는 이들도 있긴

하다.[2] 하지만 적어도 복음서들이 전하는 그의 가르침과 사상에 근거해 볼 때 예수는 성생활을 하지 않았을 것이 분명하다.

순수한 기독교 신앙인에게는 거룩한 예수의 이름을 '섹스'와 연결하여 말하는 것 자체가 대단히 불경스런 일이다. 이번 장에서는 신의 아들인 예수가 사람의 아들들과 딸들인 자신의 추종자들에게 어떤 이유로 '성욕을 극복하는 삶을 살라'고 권면했는지, 그의 충직한 추종자들은 이를 어떻게 따르고자 했는지, 그리고 이러한 삶의 방식을 선택하는 것과 에덴 이야기가 무슨 상관이 있는지를 살펴보고자 한다.

▶ 예수와 막달라 마리아(Jesus and Magdalen Mary, 1906)
스티븐 아담(Stephen Adam)이 그린 스코틀랜드 킬모어교회의 스테인드글라스. 예수와 막달라 마리아가 다정스럽게 손을 잡았고 마리아는 예수의 아이를 임신한 듯 배가 불러 있다(사진제공 John Shuster)

예수, 이혼을 금지하다

나사렛 예수는 "때가 차서 하나님의 나라가 가까이 왔으니 회개하고 복음을 믿으라"(마가복음 1:14)고 외치며 자신의 사역을 시작했다. 하나님 나라가 이미 역사 속에서 개시되었으니 이 땅의 가치와 세계관을 버리고 하나님 나라에 어울리는 삶을 살라는 것이 예수의 외침과 사역의 주제였다. 예수운동은 실상 랍비 전통을 수립하는 데 결정적인 역할을 한 바리새파 사람들이 제사장들과 성전 귀족들인 사두개파가 장악하고 있는 바, 성전 제사를 중시한 종교에서 율법 연구와 실행을 중시하는 종교로 유대교를 개혁하려는 움직임, 그리고 보다 급진적인 개혁파였던 에세네 종파가 수행한 종교개혁 운동의 연장선에 서 있다고 할 수 있다.

'예수의 길을 예비하러 온 자'로 알려진 세례요한 역시 유대교의 급진적인 개혁을 촉구한 인물이었다(마태복음 3:1~12, 누가복음 3:20). 예수는 성전을 '강도들의 굴혈'이라 부르며 성전을 뒤엎고, 성전 종교의 멸망을 고하는(마가복음 11:15~17) 한편, 율법을 중심으로 하는 공동체로 유대교를 전환시키려 한 바리새인들을 '소경 된 인도자들'(마태복음 23:16~22)이요, 겉은 번지르르하지만 속은 송장이 썩어가는 '회 칠한 무덤'(마태복음 23:27)이며, '독사의 자식들'(마태복음 23:33)이라 강도 높게 비난하였다. 이러한 예수의 외침과 사역은 그가 하고자 한 일이 새로운 종교의 설립보다는 유대교의 개혁이었음을 말해준다.

그러나 예수 이후 급진적인 예수의 추종자들은 '새 이스라엘'을 주장하며 유대교로부터 자신들을 분리해 나갔다. 특히 바리새파의 전통에 서서 랍비 전통의 교육을 받았지만 가장 급진적인 예수 추종자가 된 바울이 '새 이스라엘' 운동을 주도해감에 따라서 초기 복음운동의 동참자들은 전통적인 유대교의 방식과 전혀 다른 방향으로 삶을 조정하였다. 이런 과정에서 이들은 인생에서 가장 중요한 사안인 성과 결혼, 그리고 독신과 관련된 독특한 가르침 앞에 서게 되었다.

기독교는 아담과 이브의 이야기를 '타락' 이야기로 규정하고, 모든 인간이 '원죄'를 가지고 태어난 죄인이기 때문에 구세주의 보혈로 용서함을 받아야 한다는 구원론을 토대로 하고 있다. 이와 달리 신약성서, 특히 예수의 일대기를 다루고 있는 복음서들에 등장하는 예수는 에덴의 정원 이야기를 한두 번 정도 언급할 뿐이다. 그것도 원죄라든가 타락 이야기와는 거리가 먼 결혼과 이혼에 대한 질문에 답변을 하는 과정에서 에덴 혹은 아담이나 이브 같은 특정한 지명과 인물을 언급하지 않고 다음과 같이 말한다.

〈마태복음〉

바리새인들이 예수께 나아와 그를 시험하여 가로되 "사람이 아무 연고를 물론하고 그 아내를 내어 버리는 것이 옳으니이까?" 예수께서 대답하여 가라사대 "사람을 지으신 이가 본래 저희를 남자와 여자로 만드시고, 말씀하시기를 이러므로 사람이 그 부모를 떠나서 아내에게 합하여 그 둘이 한 몸이 될지니라 하신 것을 읽지 못하였느냐? 이러한즉 이제 둘이 아니요 한 몸이니 그러므로 하나님이 짝지어주신 것을 사람이 나누지 못할지니라" 하시니, 여짜오되 "그러하면 어찌하여 모세는 이혼증서를 주어서 내어 버리라 명하였나이까?" 예수께서 가라사대 "모세가 너희 마음의 완악함을 인하여 아내 내어 버림을 허락하였거니와 본래는 그렇지 아니하니라. 내가 너희에게 말하노니 누구든지 음행한 연고 외에 아내를 내어 버리고 다른 데 장가드는 자는 간음함이니라." 제자들이 이르되 "만일 사람이 아내에게 이같이 할진대 장가 들지 않는 것이 좋겠나이다." 예수께서 이르시되 "사람마다 이 말을 받지 못하고 오직 타고난 자라야 할지니라. 어머니의 태로부터 된 고자도 있고 사람이 만든 고자도 있고 천국을 위하여 스스로 된 고자도 있도다 이 말을 받을 만한 자는 받을지어다"(19:3~12)

⟨마가복음⟩

바리새인들이 예수께 나아와 그를 시험하여 묻되 "사람이 아내를 내어 버리는 것이 옳으니이까?" 대답하여 가라사대 "모세가 어떻게 너희에게 명하였느냐?" 가로되 "이혼증서를 써주어 내어 버리기를 허락하였나이다." 예수께서 저희에게 이르시되 "너희 마음의 완악함을 인하여 이 명령을 기록하였거니와, 창조 시부터 저희를 남자와 여자로 만드셨으니, 이러므로 사람이 그 부모를 떠나서 그 둘이 한 몸이 될지니라. 이러한즉 이제 둘이 아니요 한 몸이니, 그러므로 하나님이 짝지어주신 것을 사람이 나누지 못할지니라" 하시더라. 집에서 제자들이 다시 이 일을 묻자온대, 이르시되 "누구든지 그 아내를 내어 버리고 다른 데 장가드는 자는 본처에게 간음

을 행함이요, 또 아내가 남편을 버리고 다른 데로 시집가면 간음을
행함이니라"(10:2~12)

이혼에 대한 질문과 예수의 답변 기사의 배경은 모세의 율법이
다. 〈신명기〉 24장 1절은 다음과 같이 이혼을 합법화한다.

사람이 아내를 취하여 데려온 후에 수치되는 일이 그에게 있음을
발견하고 그를 기뻐하지 아니하거든 이혼증서를 써서 그 손에 주
고 그를 자기 집에서 내어 보낼 것이요

역사적 예수의 활동 당시 이혼의 결정은 절대적으로 남편의 특권
이었다. 법원에 갈 필요도 없이 단지 몇 명의 증인들 앞에서 결정을
내리면 이혼은 성사되었다. 랍비들은 이혼의 적법성을 기정사실로
여기고, 무엇이 이혼의 적법한 사유가 되는 '수치되는 일'인지를 논
의했다. 랍비 샤마이(Shammai)는 성적인 죄나 음란한 행위들은 이혼
을 정당화하는 사유라 해석하였고, 힐렐(Hillel)은 남편을 불쾌하게
하는 모든 행위, 가령 요리를 하다가 태우는 일이나 목소리가 커서
집 밖으로 나가는 것, 그리고 길에서 외간남자와 오래 이야기를 나
누는 것도 이혼의 정당한 사유가 된다고 해석하였다. 랍비 아키바
(Akiba)는 힐렐의 말에 동의하면서 심지어 남편이 "아내보다 더 젊
고 아름다운 여성을 찾게 되는 것도"[3] 이혼의 사유가 된다고 하였
다. 이처럼 자유롭게 이혼을 허락하는 것은 예수 당시의 유대인들
에게는 오래된 전통과 관행이었다.

이런 문화적 유산 속에 사는 이들에게 예수의 가르침은 대단히 혁명적이었을 것이다. 〈마태복음〉이 전하는 예수의 가르침은 몇 가지 흥미로운 점들을 보여준다. 마태의 예수는 흔히 '산상수훈(예수의 윤리적 가르침을 모아놓은 5, 6, 7장)'으로 알려진 곳에서 이혼에 대해 다음과 같이 가르쳤다.

> 또 일렀으되 누구든지 아내를 버리거든 이혼증서를 줄 것이라 하였으나, 나는 너희에게 이르노니 누구든지 음행한 연고 없이 아내를 버리면 이는 저로 간음하게 함이요 또 누구든지 버린 여자에게 장가드는 자도 간음함이니라(5:31~32)

〈마태복음〉 19장의 예수는 이 가르침의 핵심을 그대로 따르면서 그렇게 가르치는 근거를 제시하고, 또 이것이 자신을 따르는 이들에게 어떤 의미를 지니는지 설명한다. 신약의 다른 문헌들과 비교할 때 이혼에 대한 〈마태복음〉의 예수는 '음행한 연고'라는 예외조항을 둔 것에서 큰 차이가 난다. 이 조항은 '이혼 금지'를 다소간 완화시키는 기능을 하는데, 우선 비교 문헌으로 게재한 〈마가복음〉의 예수는 이혼을 철저하게 금지하고 있다. 〈마가복음〉의 예수는 결혼을 조물주가 창설한 제도라 믿었고 아담과 이브가 한 몸이 된 것을 신이 짝지어주신 것이라 이해하였다. 때문에 아담과 이브 이후로 오는 모든 남녀들의 짝을 맺어준 이도 신이라는 논리를 갖게 되었다.

결론적으로 예수는 신이 짝지어주신 것을 사람이 함부로 나눌 수 없다고 선언하며 이혼을 금지하였다. 아내를 버리고 다른 여자와 결혼하는 것은 본처에게 간음죄를 짓는 것이라는 추가설명까지 하면서 말이다. 이러한 마가의 구절들이 역사적 예수의 가르침에 보다 충실한 것이라고 확신하기는 어렵다. 일단, 〈마가복음〉이 복음서들 중에서 가장 먼저 기록된 책이며 〈마태복음〉과 〈누가복음〉의 자료로 사용되었다는 점을 고려하여, 위의 마가의 구절들이 역사적 예수의 가르침에 보다 가깝다고 가정해보자. 그러면 마가의 본문에는 나오지 않는 '음행한 연고'라는 마태의 예외조항은 역사적 예수의 가르침에는 없었다는 말이 된다. 〈누가복음〉의 예수 역시 예외조항 없는 엄격한 이혼 금지를 주창했다.

> 무릇 그 아내를 버리고 다른 데 장가드는 자도 간음함이요 무릇 버리운 이에게 장가드는 자도 간음함이니라(16:18)

또한 이것은 자신이 아니라 예수의 가르침이라 말하면서 바울 역시 예외조항을 달지 않고 이혼을 금했다(고린도전서 7:10~11). 이러한 구절들에 근거하여 역사적 예수는 구약의 율법을 합법화하고 있고, 관습적으로 오랫동안 이행되어 오던 이혼을 철저하게 금했을 것이다. 물론 이런 엄격한 이혼 금지 명령은 유대 역사상 전례가 없는 일이었다.

〈마태복음〉이 유대적 배경을 지닌 공동체 구성원들을 위해 기록되었다는 점을 고려한다면 '음행한 연고'라는 조항은 어렵지 않게 이해된다. 〈마태복음〉 저자의 입장은 어땠을까? 자신의 복음서를 읽거나 듣게 될 대부분의 구성원들이 유대교 교육을 받고 자란데다가 유대교 문화와 전통에 충실하고자 했던 이들일 것이라 여겼을 것이다. 그러니 저자는 이들이 쉽게 수용할 수 없는 급진적인 가르침을 다소 완화시켜 전해야겠다고 생각했다. 물론 원래 의도는 최대한 살리면서 말이다.

신의 나라를 위해 고자가 된 사람들

그런데 여기에서 가장 흥미로운 점은 제자들의 반응이다. 〈마태복음〉의 예수는 다소간 완화된 이혼 금지에 대해 가르쳤지만, 제자들에게는 이 가르침을 따르는 것이 여전히 어려운 일이었다. "남편이 아내를 이 같이 대해야 한다면 차라리 결혼을 하지 않는 것이 더 좋겠다"고 말하며 화들짝 놀라는 반응을 보인다. 우리는 이 맥락에서 원시 기독교의 급진성을 이해하는 데 대단히 중요한 개념 하나를 보게 된다. 독신으로 산다는 개념이다. 차라리 결혼하지 않는 게 더 좋겠다는 제자들의 말에 예수는 기다렸다는 듯 신속히 대응한다.

> 사람마다 이 말을 받지 못하고 오직 타고난 자라야 할지니라. 어머니의 태로부터 된 고자도 있고 사람이 만든 고자도 있고, 천국을 위하여 스스로 된 고자도 있도다. 이 말을 받을 만한 자는 받을지어다

"천국을 위해 스스로 고자(독신자)가 되기를 선택한 사람이 있다"

는 예수의 말은 결혼과 이혼에 대한 지금까지의 모든 가르침을 부차적인 것으로 만든다. 결혼하지 않고 고자로 사는 것이 더 낫다는 가르침은 당시 유대문화에서 볼 때 이혼 금지보다 더 과격한 가르침이었다. 당시 일반 유대 남성들에게 있어 독신으로 산다는 것은 거의 상상할 수도 없는 일이었다. 하늘의 별과 바다의 모래처럼 씨를 번성하게 하는 것이 신의 뜻이고 축복이라 믿는 유대인들은 생육과 번성에 해가 되는 모든 것을 악으로 여겨왔다. 고대 유대교가 일부다처제를 택하고 이혼을 합법적으로 인정하는 제도를 마련한 근본적인 이유는 이것이 생육과 번성에 더 유리하기 때문이다.[4] 그런데 독신이 더 나은 삶의 방식이라니……

예수는 과연 어떤 이유에서 독신이 결혼보다 더 좋은 선택이라고 말한 것일까? 이에 대한 단서는 어느 사두개인이 부활에 대하여 질문했을 때 들려준 예수의 답변에서 찾을 수 있다.

부활이 없다고 주장하는 사두개인 중 어떤 이들이 와서 물어 이르되 "선생님이여 모세가 우리에게 써 주기를 만일 어떤 사람의 형이 아내를 두고 자식이 없이 죽으면 그 동생이 그 아내를 취하여 형을 위하여 상속자를 세울지니라 하였나이다. 그런데 칠 형제가 있었는데 맏이가 아내를 취하였다가 자식이 없이 죽고 그 둘째와 셋째가 그를 취하고 일곱이 다 그와 같이 자식이 없이 죽고 그 후에 여자도 죽었나이다. 일곱이 다 그를 아내로 취하였으니 부활 때에 그 중에 누구의 아내가 되리이까?" 예수께서 이르시되 "이 세상의 자녀들은 장가도 가고 시집도 가되, 저 세상과 및 죽은 자 가운데서 부활함을 얻기에 합당히 여김을 받은 자들은 장가가고 시집가는 일이 없으며, 그들은 다시 죽을 수도 없나니, 이는 천사와 동등이요 부활의 자녀로서 하나님의 자녀임이라"(누가복음 20: 27~36)

예수의 답변에 나오는 문구 '이 세상'과 '저 세상'은 영어로 'this age' 'that age'이다. 이 생과 저 생의 개념이 아니고, 현재와 미래의 시대를 뜻하는 묵시문학적 표현이다. 임박한 하나님 나라를 선포하는 것이 예수의 사역과 선포의 주제였다. 예수의 가르침에 따르면 장가가고 시집가는 것은 현 시대의 삶의 방식이다. 미래의 시대는 이와 전혀 다르다. 하나님 나라가 임해 그 나라에서 살아갈 사람들은 더 이상 장가가거나 시집가지 않을 것이다. 여기서 예수는 장가가고 시집가는 삶의 방식을 죽음과 연결하였고, 반면 독신으로 사는 삶을 영원한 생명과 연결하여 말하고 있다.[5]

다가오는 하나님 나라를 위하여 독신으로 사는 것은 유대인들이 소중하게 여겨온 것들과의 단절을 요구한다. 예수는 자기의 제자가 되어 따르려면 무엇보다 '자기 부모와 처자와 형제와 자매와 더욱이 자기 목숨까지 미워하는 자'(누가복음 14:26~27)가 되어야 한다고 선언한다. 선생인 예수를 따르기 원한다면 모든 혈연관계를 부정해야 한다는 뜻이다. 당연히 가족을 일구고 가족의 부양과 생식에 관련한 모든 것들에서 자유로워야 한다. 정말로 '무자식이 상팔자'가 되는 때가 오기 때문이다.

보라 날이 이르면 사람이 말하기를 잉태하지 못하는 이와 해산하
지 못한 배와 먹이지 못한 젖이 복이 있다 하리라(누가복음 23:29)

신의 나라를 기다리는 사람들은 결혼하고 자녀를 낳고 부모를 부
양하는 등 가족에 얽매여서도, 가계를 위해 돈을 축적하는 경제적
인 활동에도 얽매여서는 안 된다. 부모와 형제와 자매의 연을 끊어
야 한다. 처자식이 있다면 이들과도 연을 끊는 것이 좋다. 신의 나
라에 헌신하는 이들에게 가족은 참 번거로운 짐이다.

예수의 제자 중 하나가 죽은 아버지의 장사를 지내고 오겠다고
하자 예수는 "죽은 자들이 죽은 자들을 장사하게 하고 너는 나를
따르라"(마태복음 8:22)고 대답한다. 가족의 의무를 수행하는 것은 죽
은 자들이나 하는 일이라는 것이다. 따라서 미혼의 남녀라면 혼자
사는 것이 가장 좋다. 모든 것으로부터 자유로워져야 하나님 나라
에 온전히 헌신할 수 있기 때문이다. 예수 자신이 그 모델을 보여주
지 않았는가. 어느 날 예수의 어머니와 형제, 누이들이 예수를 찾으
러 왔다.

무리가 예수를 둘러앉았다가 여짜오되 "보소서 당신의 모친과 동
생들과 누이들이 밖에서 찾나이다" 대답하시되 "누가 내 모친이며
동생들이냐?" 하시고 둘러앉은 자들을 둘러보시며 가라사대 "내
모친과 내 동생들을 보라 누구든지 하나님의 뜻대로 하는 자는 내
형제요 자매요 모친이니라"(마가복음 3:32~35)

나이 서른이 되도록 결혼도 하지 않고 어디에 정신이 팔렸는지 밖으로 나돌기만 하던 예수는 이를 근심하는 부모와 형제자매들을 이렇게 외면하였다. "그들은 더 이상 진정한 내 어머니도 형제도 누이도 아니다." 임박한 하나님 나라를 기다리는 사람들에게 가족은 속박일 뿐이다.

이러한 예수의 가르침을 통해 예수가 에덴의 정원을 어떻게 이해했었는지를 규정하기는 어렵다. 예수는 결혼을 두고 '창조의 때에 하나님이 설정한 제도'로 이해하였다. 그리고 첫 신랑과 신부를 짝지은 이도 하나님이라 믿고 있다. 이 이유를 근거로 이혼은 불가하다는 주장까지 이어졌다.

그러나 예수가 에덴의 정원을 어떻게 이해했는지는 분명치 않다. 랍비들의 전통에 따라 결혼의 기쁨이 충만했던 곳으로 이해했는지, 혹은 〈희년서〉의 전통에 따라 에덴을 가장 중요한 성소로 이해했는지는 확실치 않다. 이러한 논의 과정에서 예수의 관심이 모아진 곳은 놀랍게도 독신자의 삶이었다. 이를 토대로 예수의 견해를 가늠해 본다면 이렇게 말할 수 있겠다. 태초의 낙원 에덴에서 아담과 이브는 하나님이 거룩하다 하신 결혼을 했고, 그의 후손들도 동일한 삶의 방식을 택해 살아왔다. 결혼과 성교는 따라서 기본적으로 나쁘지 않은 삶의 방식이다. 그러나 더 나은 것이 있다. 미래의 낙원인 하나님의 나라에서 살게 될 선남선녀들은 결혼도 성교도 하지 않는 삶을 살게 될 것이다. 그러니 하나님 나라의 도래를 고대하는 사람이라면 지금부터 스스로 고자가 되어 사는 것이 가장 이상적이다.

미래의 시간에 '죽은 자 가운데서 부활함을 얻기에 합당히 여김을 받은 자들은' 현재의 시간에도 '장가가고 시집가는 일'을 삼가는 것이 좋다. 에덴에서 아담과 이브가 누렸던 성애의 행복은 하나님 나라에서 누리게 될 독신남 독신녀의 지복에 비하면 그저 빈곤한 즐거움에 불과하다. 태고의 낙원은 미래의 낙원을 부분적으로만, 대단히 불충분하게 예시해줄 뿐이다.

결혼하되 결혼하지 않은 것처럼

당대에 가장 존경 받는 랍비 가말리엘의 문하생이었으며 스스로를 바리새인 중의 바리새인이었다고 묘사한 바울. 그는 예수를 만난 후 자신의 종교적, 문화적 유산을 과감히 뒤엎는 길을 갔다. 가장 급진적인 예수 추종자가 된 바울은 특히 결혼과 이혼 그리고 독신에 대한 예수의 가르침을 그대로 따르고 더 공고히 발전시켰다.[6] 바울은 예수가 가르쳤던 것처럼 결혼 자체는 죄가 아니라 가르친다.

> 남편은 그 아내에 대한 의무를 다하고 아내도 그 남편에게 그렇게
> 할지라. 아내는 자기 몸을 주장하지 못하고 오직 그 남편이 하며
> 남편도 그와 같이 자기 몸을 주장하지 못하고 오직 그 아내가 하나
> 니, 서로 분방하지 말라(고린도전서 7:3~4)

그는 또한 앞에서 언급한 바처럼 이혼이 불가하다고 가르친다(고린도전서 7:10~11). 그러나 예수와 마찬가지로 바울에게 가장 좋은 삶

의 방식은 독신이다. 모든 사람은 각자가 하나님께 받은 은사에 따라서 독신으로 살 수 있고 결혼하여 살 수 있다. 그럼에도 바울은 가능하다면 모든 사람들이 자기처럼 독신으로 살길 원했으며 다음과 같이 말했다.

> ……남자가 여자를 가까이 아니함이 좋으나, 음행을 피하기 위하여 남자마다 자기 아내를 두고 여자마다 자기 남편을 두라…… 내가 결혼하지 아니한 자들과 과부들에게 이르노니 나와 같이 그냥 지내는 것이 좋으니라. 만일 절제할 수 없거든 결혼하라 정욕이 불같이 타는 것보다 결혼하는 것이 나으니라…… 처녀에 대하여는 내가 주께 받은 계명이 없으되 주의 자비하심을 받아서 충성스러운 자가 된 내가 의견을 말하노니, 내 생각에는 이것이 좋으니 곧 임박한 환난으로 말미암아 사람이 그냥 지내는 것이 좋으니라(고린도전서 7:1~26)

예수는 '잉태하지 못하는 이와 해산하지 못한 배와 먹이지 못한 젖이 복이 있는' 때가 온다고 말했지만, 바울은 독신 남녀가 더 좋은 삶의 방식이 되는 때가 되었다고 말하고 있다. '남자가 여자를 가까이 아니함이 좋다'는 남자가 여자를 만지지 않는 것이 좋다(it is better for a man not to touch a woman)는 표현을 완곡하게 번역한 것이다. 성교는 물론이거니와 아예 여자의 몸에는 손가락 하나라도 대지 않는 것이 좋다는 말이다. 독신이 더 좋은 삶의 방식인 이유에 대해서 바울은 다음과 같이 말한다.

너희가 염려 없기를 원하노라. 장가가지 않은 자는 주의 일을 염려하여 어찌하여야 주를 기쁘시게 할까 하되, 장가간 자는 세상일을 염려하여 어찌하여야 아내를 기쁘게 할까 하여 마음이 갈라지며, 시집가지 않은 자와 처녀는 주의 일을 염려하여 몸과 영을 다거룩하게 하려 하되, 시집간 자는 세상일을 염려하여 어찌하여야 남편을 기쁘게 할까 하느니라. 내가 이것을 말함은 너희의 유익을 위함이요 너희에게 올무를 놓으려 함이 아니니 오직 너희로 하여금 이치에 합당하게 하여 흐트러짐이 없이 주를 섬기게 하려 함이라…… 그러므로 결혼하는 자도 잘하거니와 결혼하지 아니하는 자는 더 잘하는 것이니라(고린도전서 7:32~38)

독신의 삶이 더 나은 이유는 독신자가 주의 일에 온전히 전념할 수 있기 때문이다. 하나님 나라가 임박한 이때 결혼은 얽매이게 하는 제도이다. 비록 남자가 장가가고 처녀가 시집가는 일이 죄가 되는 것은 아니지만 선남선녀들로 하여금 먹고 사는 세상살이와 서로의 성적욕구를 충족시켜야 하는 의무에 속박시킨다. 주의 나라를 위한 전적인 헌신을 가로막는다. 바울은 특별히 남녀 간의 성적욕구가 주의 일을 행함에 지대한 걸림돌이 된다고 보고 있다.

하나님의 나라가 매우 빠르게 다가오고 있음을 느낀 바울은 독신의 삶을 가장 좋은 것으로 밝혔지만, 그렇다면 이미 결혼한 사람들에게는 무엇이 가장 좋은 것일까? 예수처럼 바울도 이혼을 제안하거나 허락하지 않는다. 사실상 지금 당장이라도 새 시대가 열릴 수있는 상황에서 이혼하는 일 자체도 매우 번거롭고 쓸데없는 일이다. 바울은 이에 결혼 관계를 유지하되, 결혼하지 않은 것처럼 살라는 대안을 제시한다.

> 형제들아…… 그때가 단축하여진 고로 이후부터 아내 있는 자들은
> 없는 자 같이 하며(고린도전서 7:29)

아내가 있는 사람도 마치 아내가 없는 사람처럼 살라는 말은 부부 간의 성생활을 삼가라는 제안이다. 불타는 정욕을 참을 수 없으면 결혼하는 것이 좋다. 적법하게 결혼해서 남편은 아내에게, 아내는 남편에게 성적 의무를 다해야 한다. 그러나 할 수 있다면 결혼한 사람이라도 성적인 금욕을 실행하는 것이 더 좋다. 물론 가장 좋은 것은 결혼하지 않고 독신으로 사는 것이다.

바울은 분명 결혼뿐만이 아니라 성적인 결합을 일종의 속박으로 보았다. 그런데 이 관점은 태초 에덴의 정원에서 벌어진 사건에 대한 바울의 해석과 관련성이 있다. 앞서 살펴본 랍비 전통은 에덴의 정원을 최초 부부가 하나님의 축복 가운데 결혼예식을 행한 장소로 해석했다. 그러나 랍비 교육을 받은 바울은 충격적이게도, 아담과 이브가 한 몸이 되었다는 에덴 이야기의 장면을 고린도 교회의 남성들 중 일부가 창녀와 만나 성교를 행한 사건에 적용하고 있다.

> ……미혹을 받지 말라. 음행하는 자나 우상 숭배하는 자나 간음
> 하는 자나 탐색하는 자나 남색하는 자나 도적이나 탐욕을 부리
> 는 자나 술 취하는 자나 모욕하는 자나 속여 빼앗는 자들은 하나

님의 나라를 유업으로 받지 못하리라. 너희 중에 이와 같은 자들이 있더니…… 몸은 음란을 위하여 있지 않고 오직 주를 위하여 있으며…… 너희 몸이 그리스도의 지체인 줄을 알지 못하느냐? 내가 그리스도의 지체를 가지고 창녀의 지체를 만들겠느냐 결코 그럴 수 없느니라. 창녀와 합하는 자는 그와 한 몸인 줄을 알지 못하느냐 일렀으되 둘이 한 육체가 된다 하셨나니 주와 합하는 자는 한 영이니라(고린도전서 6:9~17)

▶ 성 토마스의 유혹(Temptation of St. Thomas, 1632)
바로크 예술의 거장 디에고 벨라스케스의 작품으로, 스페인의 오리후엘라 대성당 박물관(Orihuela Cathedral Museum)에 소장됨

이 논의의 요점은 하나님 나라를 기다리는 사람은 몸을 정결하게 유지해야 한다는 것이다. 여기에 나오는 단어 '음행'은 결혼을 통해서 이루어지는 성적 결합을 제외한 모든 종류의 성행위를 가리키는 유대교의 율법적 용어다. 바울에 의하면 창녀와 몸을 합하는 자는 '둘이 한 몸이 된다'는 〈창세기〉 2장의 구절처럼 창녀와 한 몸이 되는 것이다.

바로크 예술의 거장인 화가 디에고 벨라스케스(Diego Velazquez)가 그린 작품 〈성 토마스의 유혹〉은 바울의 가르침을 상징적으로 보여준다. 이 그림은 저명한 신학자 토마스 아퀴나스(St. Thomas Aquinas, 1225-1274)가 젊은 사제시절, 창녀의 유혹을 이기고 순결을 지켰다는 이야기를 그리고 있다. 그림을 보면 창녀는 문밖으로 밀려나고 있다. 그리고 한 천사가 유혹을 이기느라 탈진하여 쓰러진 아퀴나스를 부축하고 있고, 다른 천사는 순결을 상징하는 하얀 띠를 들고 있다.

바울은 이 같은 성적 연합을 성도들과 그리스도의 영적 연합에 대조시켰다. 그는 자신의 왕성한 선교활동으로 얻은 열매들인 교우들을 유심히 지켜보면서 이들에게 주의 나라를 기다리며 순결하게 살라고 가르쳤다. 고린도의 성도들에게 보낸 두 번째 편지에서 바울은 다음과 같이 말한다.

> 나는 하나님께서 보여주신 열렬한 관심으로 여러분을 두고 몹시 마음을 씁니다. 나는 여러분을 순결한 처녀(a pure virgin)로 그리스도께 드리려고 여러분을 한 분 남편 되실 그리스도와 약혼시켰습

니다. 그러나 내가 두려워하는 것은, 뱀이 그 간사한 꾀로 이브를 속인 것과 같이(as Eve was deceived by the serpent's cunning) 여러분의 생각이 부패해서, 여러분이 그리스도께 대한 진실함과 순결함을 저버리게 되지나 않을까 하는 것입니다(새번역판 고린도후서 11: 2~3)

랍비문헌에서 결혼의 기쁨은 새 시대의 도래와 연결된다. 랍비들은 결혼을 단지 상징적인 차원에서가 아니라 새 시대에 실제적으로 풍성하게 경험되는 생육과 번성의 축복으로 이해하였다. 바리새인으로서 초기 랍비전통의 유산을 물려받은 바울도 결혼이란 개념을 곧 임박한 하나님 나라와 관련하여 사용한다. 그러나 바울은 결혼을 상징적인 메타포의 관점으로 발전시키는데,7 일종의 중매쟁이역할이라 할 수 있다. 그는 성도들을 '남편 될' 그리스도에게 약혼시켰다. 그리고 그가 지금 진정으로 원하고 있는 바는 결혼예식이 완성되어 그리스도의 진정한 신부가 되기까지 성도들을 순결한 처녀로 살게 하는 것이다.

이 맥락에서 바울은 에덴의 정원에서 발생한 사건을 언급한다. 바울은 에덴의 사건을 뱀이 간사한 꾀로 이브를 속여 순결을 잃게 한 사건으로 이해하고 있다. 약혼한 여자가 순결한 처녀로 있다가 신랑을 맞이하여 첫 합방의 기쁨을 나누고 결혼예식을 완성시킨다는 랍비적 개념을 바울은 잘 이해하고 있다. 랍비들은 이것이 에덴의 정원에서 발생한 사건이라 해석하였다.

그러나 바울은 예수를 따르게 된 후 이러한 랍비 전통과 결별하였다. 그에 의하면 에덴의 신부인 이브는 정결한 여인이 아니었고 그저 뱀의 유혹에 빠져서 처녀성을 상실한 음행한 여인이다. 〈창세기〉 3장 13절 이브의 변명에 나오는 '뱀이 나를 꾀므로'가 그리스어로 번역되면서 '속임'이라는 단어가 되었다. 그러면서 일차적인 뜻과 더불어 더 풍부한 의미를 갖는 단어로 이해되었다. 그리스어로 번역된 70인역 구약의 경전을 읽었을 바울과 같은 초기 기독교인들은 '이브가 뱀에게 속았다'는 표현을 '이브가 뱀의 성적유혹에 넘어갔다'는 뜻으로 읽었다.

뒤에 나올 4장에서 자세히 소개하겠지만, 어떤 전통에서는 위와 같은 견지에서 다음과 같은 방식으로 이해하기도 한다. 즉 이브는 하나님의 명령을 어기고 금단의 열매를 먹었을 뿐 아니라 악한 뱀의 성적유혹에 넘어가 그 결과로 악마적 인물인 가인을 낳게 되었다고 말이다. 바울은 성도들이 이 여인처럼 유혹에 빠져 신랑인 그리스도에 대한 진실함과 순결함을 저버리게 되지 않을까를 염려하고 있다.

비록 결혼이 죄는 아니지만 가능하다면 독신으로 살라는 바울에게 에덴의 사건은 어떤 의미를 가지고 있었을까? 랍비들은 믿기를, 하나님이 창설한 축복의 장소인 에덴의 정원은 생명활동이 왕성하게 이루어진 곳이었다. 랍비들은 아담과 이브가 에덴에서 한 몸이 되는 기쁨을 누렸을 뿐만이 아니라 이의 결과로 기적적인 다산을 이뤘다고 해석하였다. 이와 달리 바울은 결혼한 부부의 성적인 결합에 대해서 부정적이지는 않았지만 이를 단지 차선책으로 여겼다. 물론 적법한 결혼 이외에서 행해지는 모든 성관계에 대해서는 음행이라 정죄하며 엄격하게 금했다. 그리고 그러한 음행의 기원자로 에덴의 신부인 이브를 지목했다.

바울의 내면을 들여다볼 수 없지만 이러한 이해는 바울이 어떤 문화적 전통을 받고 자랐는지를 간접적으로 보여준다. 저명한 랍비의 문하생으로 교육 받은 바울은 비록 그리스도의 추종자로 개종했지만 그의 피에는 여전히 랍비 전통이 흐르고 있다. 그는 랍비들과 일반 유대인들이 오랫동안 존중해온 결혼을 단번에 거부할 수 없었다. 그가 할 수 있는 최선은 예수가 그렇게 했던 것처럼 결혼의 적법성을 존중하면서 결혼보다 더 좋은 삶의 방식이 있음을 알리는 것이었다. 선남선녀가 처녀성을 유지하는 독신의 삶을 선택하도록 만드는 가장 효과적인 방법은 무엇이겠는가?

랍비들이 성서의 구절들과 사건들의 의미를 '일흔' 가지로 해석했듯이, 바울도 에덴의 사건을 '창의적으로' 해석하여 자신의 포교 활동으로 얻은 개종자들을 가르쳤을 것이다. 이 대목에서 바울은 예수를 벗어난다. 예수는 아담과 이브를 부정석으로 언급한 적이 없다. 단지 이들이 누렸을 태곳적 에덴의 삶(결혼)보다는 미래 하나님 나라에서의 삶(독신)이 보다 더 좋다는 식으로 논했을 뿐이다. 그러나 바울은 다소간 생각을 달리하였다. 그에 의하면 태고의 시간에 신랑과 신부가 있었다. 그런데 결혼예식이 완결되기 전 신부가 유혹을 받아 순결을 잃게 되었고 이것으로 인류역사의 비극이 시작되었다.

지금은 '시간의 끝'이다. 어떻게 저 비극의 역사를 되돌릴 것인가? '시간의 끝'을 사는 이들에게 '시간의 처음'에 생긴 저 비극적인 사건은 대단히 중요한 가르침을 준다. 예수에게 있어 에덴의 정원은 하나님 나라에 대한 부분적이고 불충분한 예시라 할 수 있지만, 바울에게는 하나님 나라가 아니라 현재의 비극적 상황을 예시하는 일종의 교육 모델이다. 그는 교우들에게 신랑인 그리스도를 맞이하여 성혼의 기쁨을 나누게 될 그날까지 순결을 유지하고자 모든 노력을 기울이라 훈계하고 싶었다. 그러기 위해선 훈계의 당위성을 줄 '타락한 여자' 이야기가 필요했다. 그렇게 바울의 손에서 이브는 매춘부가 된다.

바울보다 더한 급진적 추종자들

바울의 가르침을 받은 고린도 성도들 중 바울을 본받아 독신의 삶을 선택한 이들이 분명 여럿 있었을 것이다. 결혼한 이들 가운데 더러는 바울의 가르침에 따라 부부생활을 멀리한 커플도 있었을 것이다. 바울이 죽은 뒤에도 바울의 엄격한 금욕주의를 따르는 사람들이 기독교 운동의 한 축으로 등장하게 되었다. 이를 보여주는 좋은 예가 성녀 테크라(Thecla)의 사연이다. 한때 바울이 포교활동을 했던 소아시아 지역에 널리 퍼졌던 이야기다. 어느 부유한 집안의 청년과 약혼한 젊고 아름다운 처녀 테크라가 약혼을 파기하고 독신의 삶을 선택하여 예수와 바울이 시작한 운동에 헌신했다는 이야기였다.[8]

《바울과 테크라 행전(The Acts of Paul and Thecla)》에 따르면 테크라

는 예수와 바울이 요구했던 '독신 복음전도자'가 되기 위해 자신뿐만이 아니라 모친의 생계와 미래까지 책임져줄 수 있었던 부유한 약혼자 타미리스와의 약혼을 파기하였다. 바울이 독신자의 삶에 대해 설파하고자 그녀의 고향인 소아시아 이고니온(Iconium, 현재 터키의 코니에)에 왔을 때 테크라의 어머니는 그녀가 밖으로 나가지 못하도록 집에 가두었다. 테크라는 창가에 앉아 젊은 남녀들로 가득한 군중 앞에서 바울이 무엇을 설파하는지를 듣기 위해 귀를 기울였다. 바울은 다음과 같이 외쳤다.

> 마음이 정결한 자는 복되다. 그들이 하나님을 보게 될 것이기 때문이다. 육체를 순결하게 유지한 이들은 복되다. 그들이 하나님의 성전이 될 것이기 때문이다. 성욕을 억제하는 이들은 복되다. 그들에게 하나님이 말씀하실 것이기 때문이다. 아내가 있으나 없는 것처럼 사는 이들은 복되다. 그들이 하나님을 유업으로 받을 것이기 때문이다. 처녀늘의 봄은 복되다. 그늘이 하나님에게 기쁨이 될 것이고, 그 순결에 대한 상을 잃지 않을 것이기 때문이다.[9]

이 연설을 들은 테크라는 3일 밤낮을 방에서 나오지 않으며 아무 것도 먹지 않고 자지도 않았다. 이에 놀란 어머니는 딸의 약혼자에게 찾아가 속상함을 토로하였다. 어느 이상한 사람이 속이는 말로 이고니온의 젊은이들을 가르쳤는데 이에 테크라도 미혹되었다고 말이다. 그 이상한 사람이 가르치기를 '오직 한 분 하나님만을 두려워하며 순결하게 살라'고 했는데 이러한 말에 테크라가 사로잡혀

▶ 바울과 테크라(Paul and Thecla, 4세기, 작가 미상)
세계 최초의 대성당이라 불리는 아르메니아의 에치미아진성당(Etchmiadzin Cathedral)의 유물. 테크라는 바울과 함께 성전을 장식할 소재였을 만큼 지극히 존경받는 인물이 되었다(Photo Courtesy of Vahagn Grigoryan, 2012, Wikimedia Commons)

있으니, 와서 약혼녀인 자신의 딸을 설득해 달라고 그에게 부탁한다. 타미리스는 당장 그녀를 찾아가 애절하게 간청하였지만 테크라는 강력하게 거절한다. 슬픔과 분노에 싸인 타미리스는 사람들에게 바울을 체포하도록 조치한다. 전통적인 관습과 법을 따르지 말도록 주장한 죄목이 그 이유였다.

바울의 체포 소식을 들은 테크라는 밤에 몰래 집에서 빠져나와 감옥으로 갔다. 지키고 있던 간수에게 자신의 은팔찌를 뇌물로 주고는 바울을 만난다. 다음 날 아침, 바울을 재판하는 자리에서 총독이 왜 법적인 약혼자와 결혼하기를 거절하는지를 물었을 때 테크라는 가만히 서서 바울을 바라볼 뿐 대답하기를 거절한다. 그러자 그녀의 어머니는 분을 발하며 테크라가 어머니인 자기의 미래뿐만 아니라 가족 전체의 미래를 위험에 빠뜨렸다고 소리 지른다. "그녀를 불사르라…… 그래서 이 남성에게 가르침을 받은 모든 여성들이 두려움에 사로잡히게 하라."[10] 테크라의 침묵 반항과 어머니의 분노를 보면서 총독은 명령을 내린다. 바울은 매로 때려 도시 밖으로 쫓아내고 테크라는 시의 법을 위반하여 사회질서를 훼손한 혐의로 화형에 처하라는 것이다.

이윽고 원형극장에 벌거벗겨진 채로 끌려 나온 테크라는 장작더미 위에 올라갔다. 이내 장작더미에 불을 붙이자 갑자기 먹구름이 몰려오더니 원형극장을 뒤덮었고 곧바로 엄청난 비를 뿌려댔다. 이 혼란을 틈타 테크라는 탈출하여 바울을 찾아 나섰다. 그 와중에 젊은 테크라의 외모에 욕정이 발한 어떤 시리아의 귀족이 그녀를 강간하려 했지만 다행히 테크라는 이 위기에서 벗어났다. 이에 테크라는 자신을 보호하기 위해 머리를 자르고 남장을 하였다. 이러한 노력에도 불구하고 바울은 처음에 테크라를 진지하게 대하지 않았다. 세례를 주어 복음전도자가 되게 해달라는 그녀의 요청 또한 거절한다. 그러나 테크라는 끝까지 바울을 따랐고 마침내 바울은 내키지는 않았지만 그녀를 축복하게 된다.

이렇게 소명을 획득한 테크라는 훌륭한 설교자와 거룩한 여성이 되었고, 몇 세기 동안 동방의 교회들에서 성녀로 추앙되었다. 물론 테크라의 이야기는 바울이 설파한 '처녀의 삶에 대한 말씀'을 따르기 위해 가족의 압력, 사회적 추방, 강간과 고문, 처형 등 갖가지 어

려움을 극복한 여성의 이야기로 널리 회자되었다.[11]

테크라 이야기가 처녀의 삶을 이상화한 이야기라면 〈도마행전 (The Acts of Thomas)〉은 결혼한 이후 순결의 복음을 듣게 된 한 여인의 이야기를 전하고 있다. 인도의 귀족부인인 미그도니아(Mygdonia)라는 여인은 남편이 있으나 마치 남편이 없는 듯 순결의 삶을 살았다고 한다. 모든 사람들은 하나님 앞에서 차별 없이 평등하다고 외친 도마의 설교에 감명 받은 그녀는 도마에게 복음에 대해서 가르쳐달라고 청한다. 이에 도마는, 복음을 따르기 위해서는 결혼했을지라도 독신의 삶에 헌신해야 한다고 설득한다. 도마는 그녀에게 하나님과의 진정한 교제(communion)가 없는 상태에서 나누는 '남편과의 불결한 교제'는 전혀 가치가 없다고 가르친다.

이에 설득된 미그도니아는 남편의 진정어린 요구와 간청에도 불구하고 그의 모든 성적 접근을 거절하게 된다. 처음에는 두통이 심하다고 거절하더니, 결국 남편의 뺨을 때리고 벌거벗은 채로 침실에서 뛰어나와 커튼을 찢어 몸을 가리더니 어릴 적 유모 방으로 도망치기에 이른다. 남편은 이에 고통스러워하며 분노했지만 나중에 결국 그도 세례를 받게 된다. 그리고는 아내와 독신으로 결혼생활을 하는 데에 동의한다.[12]

이 전설 같은 이야기들은 초기 기독교 설교가들 중에 상당수가 독신을 선택하여 '아담과 이브의 죄'에서 벗어나도록 사람들을 설득했을 상황을 잘 묘사해주고 있다. 독신은 전통적인 질서를 무너뜨리는 일이니만큼 물론 상당한 사회적 저항을 불러왔을 것이 분명하다. 그럼에도 예수와 바울의 가르침에 보다 충실하고자 했던 순수한 열정을 가진 많은 이들이 그리스도와 그의 나라를 위해서 가족을 일구고 자녀를 생산하고 부양하는 것을 단호히 포기하면서까지 독신의 삶을 선택했으리라.

독신 혹은 성적 순결성의 유지라는 개념은 현재의 이란과 이라크, 인도 등지에서 번성했던 초기 시리아 기독교에 널리 유포되었다. 3세기 시리아 기독교의 저명한 교부였던 아프라하트(Aphrahat, 285-345)는 《논증집(Demonstrations)》이라는 책을 썼는데, 기독교 추종자들을 종말론적 전투를 준비하는 군병들로 묘사하며 이에 합당한 순결한 삶을 권하는 글들을 수록하였다.[13]

> 전장으로 부름을 받은 이들이여
>
> 나팔소리를 듣고 마음을 가다듬어라
>
> ……
>
> 두려워하는 자는 누구든 전장으로부터 돌아가게 하라
>
> 그의 꺾인 사기가 형제들의 사기를 꺾지 못하도록
>
> 포도원을 경작한 자는 누구든 돌려보내라
>
> 전투 중에 포도원을 생각지 않도록
>
> 여자와 약혼하였고 그녀와 결혼을 원하는 자는 누구나 돌려보내
>
> 그의 아내와 함께 '기쁨을 나누게' 하라
>
> 집을 짓고 있던 중이었던 사람은 그 일을 하도록 돌려보내라
>
> 그 집을 생각하다가 전심으로 싸움에 임하지 않게 되지 않도록
>
> 전장은 독신자들(single ones)을 부른다
>
> 왜냐하면 그들은 자신들 앞에 놓인 것에 전력을 다하고

뒤에 남겨진 것을 기억하지 않기 때문이다.[14]

전쟁에 나가기 전 야훼의 계시를 받기 위해 준비하는 이스라엘 백성들이 시내산에서 옷을 빨고 여자를 멀리하여 스스로를 정결하게 해야 했듯이(출애굽기 19:10~15), 마지막 종말론적 전쟁을 앞둔 기독교인들도 그렇게 스스로를 제의적으로 정결하게 준비시켜야 한다. 특별히 이 과업에 동참하기 위해서는 가족이나 배우자로부터 자유로운 독신자가 되어야 하며, 마음이 여러 개로 나뉘지 않도록 일심을 품어야 한다. 아프라하트의 권고문은 기본적으로 〈신명기〉 20장 3~8절을 이용하여 작성한 것이다. 이 구절은 출병에 앞서 누구를 전장에 보내야 하는가를 지시하는 내용이다.

> 이스라엘아 들으라 너희가 오늘 너희의 대적과 싸우려고 나아왔으니 마음에 겁내지 말며 두려워하지 말며 떨지 말며 그들로 말미암아 놀라지 말라…… 책임자들은 백성에게 말하여 이르기를 새 집을 건축하고 낙성식을 행하지 못한 자가 있느냐 그는 집으로 돌아갈지니 전사하면 타인이 낙성식을 행할까 하노라 포도원을 만들고 그 과실을 먹지 못한 자가 있느냐 그는 집으로 돌아갈지니 전사하면 타인이 그 과실을 먹을까 하노라 여자와 약혼하고 그와 결혼하지 못한 자가 있느냐 그는 집으로 돌아갈지니 전사하면 타인이 그를 데려갈까 하노라 하고 책임자들은 또 백성에게 말하여 이르기를 두려워서 마음이 허약한 자가 있느냐 그는 집으로 돌아갈지니 그의 형제들의 마음도 그의 마음과 같이 낙심될까 하노라 하고

여자와 약혼하였지만 아직 결혼하지 못한 자는 군대에서 제외된다. 앞서 1장에서 언급했듯이 그 법 조항은 〈신명기〉 24:5에서 다음과 같이 언급된다.

> 사람이 새로이 아내를 취하였거든 그를 군대로 내어 보내지 말 것
> 이요 무슨 직무든지 그에게 맡기지 말 것이며 그는 일 년 동안 집
> 에 한가히 거하여 그 취한 아내를 즐겁게 할지니라

막 결혼한 남자들이 거룩한 전투에 나갈 수 없는, 다시 말해 이들을 징집에서 면제해야 하는 사유는 결혼 자체라기보다는 이것이 수반하는 성적행위이다. 랍비들과는 대조적으로 고대 기독교인들은 구약의 율법조항들이 전달하는 성에 대한 이미지를 부정적인 것으로 읽었다. 이들은 자신들을 불결하게 만들 위험한 것은 결혼 자체보다는 성교라 믿었다. 아프라하트의 권고문은 따라서 기독교인들에게 성적 금욕을 실천하라는 일종의 설교로 이해될 수 있다. 만일 이 권고문이 선포되는 상황이 세례예식이라면, 이는 이미 결혼을 한 이들도 세례를 받는 순간부터는 성적인 금욕을 수행할 것을 맹세해야 한다는 의미이다. 그러했다면 성적 금욕을 수행할 자신이 없는 사람들은 자연스럽게 그렇게 할 수 있는 노년에 이를 때까지 세례를 미루었을 것이다.[15]

아프라하트의 권고문이 말세를 준비하는 군사가 되라고 기독교인들을 권면하였든, 또 세례예식의 권고문으로 사용되었든, 어느 경우든 가장 이상적인 기독교인은 성교로부터 자유로운 자라는 개

념에는 변함이 없다.

가장 이상적인 기독교인의 삶이 곧 성적 금욕이라는 사상은 아프라하트보다 조금 후대의 교부인 에프렘(Ephrem)이 남긴《낙원 찬양(Hymns on Paradise)》에도 여실히 담겨 있다. 〈희년서〉의 저자와 마찬가지로 에프렘은 에덴을 하나님의 성소로 이해하였다. 이 찬양시들은 하나님의 성전을 더럽힌 것이 아담의 죄라고 묘사한다. 선과 악의 지식나무는 지성소의 안과 밖의 경계를 나누는 휘장을 상징한다. 아담은 지성소 밖에서 활동하다가 하나님이 허락하는 때가 되면 지성소 안으로 들어갈 수 있었으며 이 지성소 안에는 생명나무가 있다.

지식나무의 열매를 먹지 말라는 명령은 아직 온전히 정결함을 받지 못한 아담의 상태를 반영하는 제의적인 법 조항이다. 전장에 나가는 군사가 정결하게 준비해야 하듯이 아담은 때를 기다리며 지성소 밖에서 자신을 온전히 정화시켜야 했다. 그러나 아담은 지식나무의 열매를 결국 따 먹었다. 들어가지 말라는 하나님의 명령을 버리고 지성소 안으로 들어간 것이다.

아담의 초기 상태는 지성소로 들어가기 위해서 준비하는 사제의 상태와 같다. 지성소 밖에서 여전히 종교적인 제의와 관련된 일들을 할 수 있으나 지성소에 들어가려면 특별한 때를 기다려야 한다. 아담의 죄는 이 규정을 어긴 것이다. 아담은 오염된 상태에서 지성소에 들어가 결국 에덴의 성소를 더럽혔다. 마치 우시야 왕이 자신의 힘과 권세로 교만해져서 성전에 들어가 향을 피웠고 이에 진노를 받아 나병환자가 된 것처럼(역대하 26장), 아담은 그에 대한 대가로 옷 입고 있던 영광을 상실하게 된다.

나가는 말

2세기 시리아 기독교의 저명한 작가이며 신학자인 타티안(Tatian the Syrian, 120-185)은 보다 직설적으로 독신을 강조하였다. 그에 의하면 아담과 이브의 죄는 곧 성교를 행한 것이다. 그는 선과 악을 알게 하는 지식나무의 열매가 그들에게 성욕과 관련된 지식을 전해주었다고 가르쳤다. 아담과 이브는 금단의 열매를 먹은 이후 성적으로 인식하는 존재가 되었다. "이에 그들의 눈이 밝아져 자기들이 벗은 줄을 알게 되었다"(창세기 3:7). 히브리 단어 '알다(yada)'가 성교를 함축("아담이 이브를 '알았고' 이브가 임신하여 가인을 낳았다"는 〈창세기〉 구절)하고 있다는 점이 이러한 해석을 지지하였다.

타티안은 섹스를 한 죄로 인해 하나님이 아담과 이브를 에덴의 정원에서 추방했다고 믿으며, 아담이 결혼제도를 만들었다고 비난했다. 앞서 언급한 〈마태복음〉의 예수가 이혼을 금지하는 구절을 타티안은 다음과 같이 변용하였다.

> 예수께서 그들에게 대답하셨다. "태초에 하나님이 사람을 남자와 여자로 지으시고 그들을 연합시키셨다. 그리고 아담이 말한 바 '이러므로 사람이 그 부모를 떠나서 아내와 함께 머물며 둘이 한 육체가 되라' 한 말을 읽지 못하였느냐?"

▶ 성모 마리아와 거룩한 처녀들(Virgo inter Virgines, The Blessed Virgin Mary with Other Holy Virgins, c. 1488).
이름이 밝혀지지 않은 네덜란드 화가의 작품. 벨기에 브뤼셀 왕립미술관(Musées royaux des Beaux-Arts de Belgique, Bruxelles)에 소장됨(Courtesy of Rama, Wikimedia Commons)

　'사람이 부모를 떠나 여자와 연합하여 한 육체를 이루라'라 말한 이가 아담이라고 변용시킴으로써 타티안은 결혼의 신성한 토대를 허물었다.[16] 아담의 죄에서 기인하게 된 부부관계는 죄악이 된다. 이런 이유로 인해 타티안은 마리아가 예수를 낳은 후 7년간 처녀로 지냈다고 말했다.[17] 또한 〈누가복음〉 14장 26절 "자기 부모와 처자와 형제와 자매와 더욱이 자기 목숨까지 미워하지 아니하면 능히 내 제자가 되지 못한다"는 구절에서 '미워하지 아니하면'을 '버리지 아니하면'으로 읽었다. 타티안에게 아담이 제정한 결혼은 부도덕한 제도이며 기독교인의 존재방식에 반대되는 것이다. 기독교인의 숭고한 가치는 엄격한 금욕을 통해 이루어지며, 그 최고의 이상은 물론 '처녀성'을 지키는 삶이다.[18]

시리아 기독교에서 발전한 독신의 삶을 기독교인의 이상으로 여기는 이러한 전통은 영지주의와 마니교의 영향을 받고 있다. 타티안과 함께 이 영향을 가장 잘 보여주는 예가 2세기 금욕주의자 줄리어스 카시아누스(Julius Cassianus)이다. 알렉산드리아의 클레멘트는 《잡록집(Stromata)》에서 카시아누스가 지은 《금욕과 독신에 관하여(Concerning Continence and Celibacy)》를 인용하고 있다.

> 누구도 우리가 이런 부위를 가지고 있다고, 여자의 몸이 이런 식으로 생겼다고, 남자의 몸이 저런 식으로 생겼다고, 하나는 씨를 받고 하나는 씨를 준다고, 하나님이 성교를 허락하셨다고 말하지 못하게 하라. 이러한 배정이 우리가 이루고자 추구하는 하나님이 만드신 것이라면 그는 고자들을 복되다고 선언하지 않으셨을 것이다.[19]

카시아누스는 성교를 발명한 자로 아담이 아닌 사탄을 지목한다. 사탄이 "비이성적 동물들로부터 이 행위(성교)를 빌려와 아담을 꼬드겨 이브와 하도록 했다."[20] 그리고 우리의 '형성'에 책임이 있는 예수 그리스도는 "우리를 오류와" "이 부끄러운 부위들의 교미로부터 자유롭게"[21] 하기 위해서 오셨다고 주장했다.

예수와 예수의 급진적인 추종자들이 진행한 복음운동은 '시간의 끝'을 바라보는 이들이 어떻게 현재의 삶을 살아가야 하는가에 대해 하나의 답을 주고 있다. 특히 결혼과 이혼 그리고 독신에 대한 이들의 견해는 새롭게 열리게 될 신의 나라를 준비하는 이들에게 가장 좋은 삶의 방식이 무엇인지 알려주고자 한다. 이들이 답을 찾는 과정에서 떠올린 '시간의 처음'에 대한 그림이 길을 제시해 주었다. 시간의 끝에 새롭게 펼쳐질 나라에서는 총각들이 장가가고 처녀들이 시집가는 일은 없을 것이다.

이것이 이들이 꿈꾸는 미래라 한다면 장가가고 시집가는 현세의 일들은 미래의 삶을 구현하는 데 상당한 부작용을 일으킬지도 모른다. 바울과 같은 예수의 급진적 추종자들에게 이것을 단적으로 보여주는 것이 아담과 이브의 '실낙원'이다. 섹스가 인류로부터 낙원을 앗아갔으니 원시 기독교인들은 이렇게 성을 일만 악의 근원으로 여기게 되었다. 그리고 섹스 없는 낙원의 삶을 꿈꾸면서 섹스 없이 사는 게 더 좋다고 믿게 되었다. 〈성모 마리아와 거룩한 처녀들〉을 그린 앞쪽의 그림처럼, 고대와 중세의 가톨릭교도들의 삶 속에서 일종의 민간신앙처럼 발전하게 된 마리아 숭배도 크게 보면 처녀의 삶을 보다 숭고하게 여긴 전통에서 기인하게 된 것이다.

3장

임신한 아내는
여자가 아니다?

대성당을 장식하는 성화들을 보면 그 소재로 유난히 자주 채용된 성경 속 이야기들이 있다. 그중에서 예수가 갈릴리의 어부 형제인 베드로와 안드레를 부르는 장면이 있다. 베드로와 안드레를 비롯한 예수의 제자들 모두는 부름을 받기 전 가족 부양에 힘써야 했던 평범한 사람들이었다. 옆쪽의 그림에서 그물 한 가득 고기를 잡아 끌어 올리며 예수를 바라보고 있는 베드로에게 잠시 우리의 관심을 모아보자. 예수의 열두 제자들 가운데 부름을 받기 전 결혼했을 것이 가장 분명한 사람이 베드로이기 때문이다(마가복음 1:30~31).

지난 장에서 논의한 것처럼 예수는 기본적으로 결혼을 나쁘게 여기지는 않았지만 결혼보다는 독신이 더 나은 선택이라 가르쳤다. 그리고 곧 임하게 될 하나님의 나라를 위해서 모든 혈연관계와 가족 부양의 짐을 훌훌 벗어 던지고 자신을 따르라 요구했다. 예수의 제자들을 대표하는 베드로는 과연 어떤 선택을 했을까?

▶ 부름 받는 사도 베드로와 안드레(The Calling of the Apostles Peter and Andrew, 1308–1311)

원 르네상스(Proto Renaissance) 시기의 이탈리아 예술가였던 두치오(Duccio di Buonin—segna)의 작품으로, 원래는 시에나성당의 마에스타(Maestà, 성전 재단을 장식하는 그림) 시리즈의 하나로 제작되었다. 현재 미국 워싱턴 내셔널갤러리(National Gallery of Art)에 소장됨

"오직 타고난 자라야"

〈마태복음〉의 예수 길들이기

〈마가복음〉과 〈누가복음〉을 기준으로 본다면 예수는 어떤 이유를 불문하고 결혼관계를 인위적으로 해체하는 것은 신의 뜻에 반한다고 주장했다. 이혼의 적법한 사유는 없다는 것이다. 〈마태복음〉의 저자는 모세의 법을 하나님의 법으로 굳게 믿는 전통적인 유대인들이 대다수였던 공동체를 위해서 예수 이야기를 쓰고자 했다.

그런데 저자는 이 대목에서 한동안 고민에 빠졌을 것 같다. 이혼 금지에 대한 예수의 사상을 자신의 공동체가 과연 수용할 수 있을까? 하나님의 아들로 세상에 왔다는 자가 어찌하여 영원한 하나님의 법을 무시하는가 묻는 이들이 있다면, 그리고 그런 불손한 자를 메시아로 믿어야 할 이유가 있는가 묻는 이들이 생긴다면 어떻게 대답을 해야 하는가?

이 난제를 해결하는 과정에서 〈마태복음〉의 저자는 나름 현명한 (혹은 불경한) 선택을 하게 된다. 그는 당시 유대사회에서 널리 존중받고 있으며 자신의 청중들에게도 전혀 문제가 되지 않을 랍비 샤마이 학파 전통을 이용해 예수의 가르침을 '마사지' 하여 공동체에게 소개하였다. 결과는 성공적이었으리라. 공동체 일원들은 '음행한 연고'라는 적법한 이혼 사유 조항이 첨가된 가르침을 예수의 공식 가르침으로 소개받고는 기꺼운 마음으로 수용하였으리라.

비단 이혼에 대한 가르침만이 아니다. 마태는 조금 더 용기를 내어 이번에는 '제자가 되는 조건'과 관련된 예수의 급진적 가르침에 손을 댄다.

〈누가복음〉

무릇 내게 오는 자가 자기 부모와 처자와 형제와 자매와 더욱이 자기 목숨까지 미워하지 아니하면 능히 내 제자가 되지 못하고(14:26)

〈마태복음〉

아버지나 어머니를 나보다 더 사랑하는 자는 내게 합당하지 아니

하고 아들이나 딸을 나보다 더 사랑하는 자도 내게 합당하지 아니

하며(10:37)

〈누가복음〉의 제자들은 예수를 따르기 위해서 부모와 아내와 자
녀들, 형제들과 자매들, 그리고 자신의 목숨까지 '미워해야' 한다.
〈마태복음〉의 제자들은 예수의 제자가 되기 위해서 부모와 자녀를
미워할 필요까지는 없다. 예수보다 조금 덜 사랑하면 합격이다. 〈마
태복음〉의 저자는 또한 〈누가복음〉 구절에 있는 아내, 형제, 자매를
삭제했다. 〈누가복음〉의 제자들이 주와 복음을 위해 희생해야 할
것이 훨씬 많고 그 정도도 더 심하다. 그렇다면 제자들 입장에서는
궁금하지 않았을까? 이렇게 주와 복음을 위해 헌신한다면 무슨 상
을 받게 될까?

〈누가복음〉

베드로가 여짜오되 "보옵소서 우리가 우리의 것을 다 버리고 주를
따랐나이다" 이르시되 "내가 진실로 너희에게 이르노니 하나님의
나라를 위하여 집이나 아내나 형제나 부모나 자녀를 버린 자는 현
세에 여러 배를 받고 내세에 영생을 받지 못할 자가 없느니라" 하
시니라(18:28~30)

〈마가복음〉

베드로가 여짜와 이르되 "보소서 우리가 모든 것을 버리고 주를
따랐나이다" 예수께서 이르시되 "내가 진실로 너희에게 이르노니

나와 복음을 위하여 집이나 형제나 자매나 어머니나 아버지나 자식이나 전토를 버린 자는 현세에 있어 집과 형제와 자매와 어머니와 자식과 전토를 백 배나 받되 박해를 겸하여 받고 내세에 영생을 받지 못할 자가 없느니라"(10: 28~30)

〈마태복음〉

이에 베드로가 대답하되 "보소서 우리가 모든 것을 버리고 주를 따랐사온대 그런즉 우리가 무엇을 얻으리까" 예수께서 이르시되 "내가 진실로 너희에게 이르노니 세상이 새롭게 되어 인자가 자기 영광의 보좌에 앉을 때에 나를 따르는 너희도 열두 보좌에 앉아 이스라엘 열두 지파를 심판하리라 또 내 이름을 위하여 집이나 형제나 자매나 부모나 자식이나 전토를 버린 자마다 여러 배를 받고 또 영생을 상속하리라"(19:27~29)

이야기의 발단은 이렇다. 어느 날 한 부자 청년이 예수를 찾아와 영원한 생명의 길을 물었다. 예수는 가서 모든 재산을 팔아 가난한 사람들에게 나누어주고 와서 자기를 따르라고 대답했다. 재물이 많았던 이 청년은 안 좋은 얼굴로 돌아갔다. 그를 보면서 예수는 '부자가 하나님 나라에 들어가는 것이 낙타가 바늘귀로 들어가는 것보다 더 어렵다'는 유명한 말을 남겼다. 이 에피소드를 흥미롭게 지켜보던 제자들은 예수의 말에 깜짝 놀라면서, 다른 한편으로는 모든 것을 버리고 따르는 자신들에게 미래에 어떤 보상이 주어질 것인지를 궁금해 하였다. 위의 텍스트는 이에 대한 예수의 답변을 기록한 것이다.

〈마가복음〉을 기준으로 하여 누가와 마태의 본문을 비교해보면 몇 가지 흥미로운 점들이 눈에 들어온다. 첫째, 〈마태복음〉의 베드로만이 "모든 것을 버리고 따르는 우리가 무엇을 얻겠습니까?"라고 직설적인 질문을 던진다. 둘째, 제자들이 포기해야 할 것들을 마가의 예수는 집, 부모, 형제, 자매, 자녀, 전토라 말했고, 누가의 예수는 집, 아내, 부모, 형제, 자녀를, 그리고 마태의 예수는 집, 부모, 형제, 자매, 자식, 전토라고 밝힌다. 여기서 가장 큰 차이는 버려야할 목록에 유독 누가만이 아내를 포함했다는 점이다. 〈누가복음〉의 제자들은 예수를 따르기 위해 아내마저 버려야 하지만, 〈마가복음〉과 〈마태복음〉의 제자들은 아내까지 버릴 필요는 없었다.

마지막으로 모든 것을 버리고 예수를 따르는 삶에 대한 보상에서 〈마태복음〉은 다른 두 복음서를 압도한다. 지금 희생하고 있는 것들에 대한 보상은 마가가 '백 배'를 말하고 있지만 (마가의 제자들은 핍박도 겸하여 받아야 한다는 것을 생각하면) 마가, 누가, 요한 등 세 가지 복음서 모두 대동소이하다고 볼 수 있다. 그런데 〈마태복음〉의 예수는 이 보상을 언급하기 전에 보다 특별한 보상을 언급한다. 자신이 새롭게 열리게 될 세상을 다스리는 때가 되면 모든 것을 버리고 자기를 따른 제자들도 자기와 함께 보좌에 앉아 이스라엘 열두 지파를 다스리게 된다는 것이다.

독자들은 최초 자료인 〈마가복음〉에도 나오지 않고 〈누가복음〉도 언급하고 있지 않은 이 엄청난 보상이 누구에게 주어지는 것인지를 잘 살펴야 한다. 마가와 누가가 등장시킨 제자들은 보상에 대한 속마음을 털어놓지 않는다. 다만 그들의 관심을 눈치 챈 예수가 알아서 대답하는 식으로 일이 진행된다. 그리고 예수는 말하길, 보상은 열두 제자들에게만 한정된 것이 아니라 하나님 나라를 위해 헌신한 모든 이들에게 주어진다고 한다. 그러나 마태는 '우리가 얻게 될 것이 무엇입니까?'라고 단도직입적으로 묻는 제자를 등장시킨다. 이 질문 속의 '우리'는 열두 제자를 특정적으로 가리킨다. 이에 대한 예수의 답변을 보면 보다 분명하다. 열두 제자들에게만 이스라엘의 열두 지파를 다스리는 상이 특정적으로 주어질 것이다.

여기서 〈마태복음〉의 저자가 의도하는 바는 무엇일까? 마태가 각색한 이 부분의 이야기를 읽거나 들었을 당시 공동체 구성원들에게 과연 어떤 의미로 전달되었을까? 주의 이름과 복음을 위해서 집과 부모와 형제와 자매와 자식과 전토를 포기하라는 것은 예수의 첫 번째 추종자들이었던 열두 제자들에게만 특정적으로 요구된 것이라 그들은 이해하였을 것이다.

당연히 이런 각색 때문에 '나를 따르라'는 예수의 요구가 지닌 급진성이 상당히 누그러지는 효과를 발휘하였으리라. 모든 것을 버리고 따르는 것은 이상적이긴 하지만 예수를 믿는 모든 사람들에게 요구되는 것이 아니고 매우 특별한 사람들에게만 한정적으로 요구된 것이라 이해해보자. 그렇다면 예수 이후 두 세대 정도 지난 시기를 살고 있던 마태의 공동체 구성원들은 예수의 직계제자들만 해당되었던 극단적인 따름의 길을 자기네들은 택하지 않아도 된다고 생각했을 것이다.

〈마태복음〉의 저자는 완전한 따름은 결국 예수의 직계제자들에게만 요청된 것이라 말함으로써 예수의 드높은 요구를 따르지 못해 공동체를 떠나려 하거나 참여를 주저하는 이들을 설득하고 독려하려 했으리라. 동일한 이유에서 마태는 하나님 나라를 위해서 고자가 되라는 부름은 "누구나 받지 못하고 오직 타고난 자라야 할 수 있다"고, 그러니 이 요청은 "받을 만한 사람만 받으라고"(마태복음 19:11) 말하는 예수가 필요했을 것이다. 그가 '길들인' 예수 제자의 길에 따르면, 사랑하는 아내와 자녀들, 부모와 형제자매들과 함께 집에 머물면서 예수를 따르기 원하는 사람이 있으면 그냥 그렇게 하면 된다. '그토록 가정 대소사에 관여하면서, 또 가장으로서 의무를 다해가면서 어찌 예수를 따를 수 있겠느냐' 이렇게 나무랄 사람이 없으니 염려할 필요 없다. 어차피 큰 상은 열두 제자들에게만 주어질 것이니.

서두에서 제기한 질문에 대한 답은 어떤 복음서를 읽느냐에 따라 달라진다. 예수의 부름을 받기 전에 이미 결혼한 베드로는 임박한 하나님의 나라를 위해서 모든 것을 버려야 한다는 따름의 조건을 들었다. 물론 버려야 할 목록에는 가족이 포함된다. 〈누가복음〉의 예수는 이 목록에 아내까지 포함시켰다. 그러나 기독교가 역사적으로 가장 큰 권위를 부여해온 〈마태복음〉에 따르면 아내까지 버릴 필요는 없다. 아내를 너무나 사랑해서 버릴 수 없는 사람은 〈마태복음〉이 제시한 제자의 길을 가면 그만이다.

다른 가족들에 대해서도 마찬가지다. 〈누가복음〉의 제자들은 예수를 따르기 위해서 아내를 포함한 모든 가족들을 버리는 것도 모자라 미워하기까지 해야 한다. 〈마태복음〉의 제자들은 가족들을 예수보다 조금 덜 사랑하기만 하면 전혀 문제가 없다. 예수를 사랑하기 위해서 가족들을 미워해야 할 필요까지는 없다. 역사적으로 베드로는 〈마태복음〉의 예수가 제시한 제자의 길을 현명하게(?) 선택한 것으로 보인다. 그는 아내를 버리는 대신 전도여행에 그녀를 동반하곤 했다(고린도전서 9:5).

"아이를 낳아 구원을 이루라"
바울을 가정적으로 만들다

〈마태복음〉의 경우처럼 초기 기독교가 성장하는 과정에서 예수의 급진적인 가르침을 완화시키려는 작업이 조직적으로 진행되었다는 것은 공공연한 사실이다. 결혼이나 성에 관한 급진적인 가르침으로 인해 기독교 공동체에 참여하는 것을 꺼리는 사람들이 많았다면 당시의 지도자들은 어떤 방식으로든 이 가르침을 완화시켜야만 했을 것이다. 그 중 바울의 가르침을 추종했던 그룹(혹은 바울 전통에 반대하는 이들)에서 행한 작업이 있었는데, 바로 바울을 '가정적인' 사람으로 만드는 일이었다.

앞에서 살펴보았듯, 바울은 결혼과 성에 관한 한 예수의 가장 급진적인 추종자였다. 바울 사후 한두 세대가 지나면서 바울의 가르침을 극단적으로 적용하여 금욕주의를 지향하는 그룹과 이에 불편함을 느끼는 사람들 사이에 분열과 다툼이 생겼다. 이 현상을 보면서 어느 일단의 사람들이 바울 이름으로 서신서들을 작성하였다.

현대 신약학자들은 바울이 쓴 것이 분명한 서신서와 '바울의 이름으로' 쓰인 서신서를 구별하기 위해 후자의 경우를 '제2바울서신서(Deutero-Pauline Letters)'라고 부른다.

기독교 전통에서는 신약성서를 이루는 문헌 중 〈히브리서〉를 포함하여 14개를 바울의 것으로 보아왔다. 그러나 현대성서학은 그중 〈로마서〉, 〈고린도전서〉, 〈고린도후서〉, 〈갈라디아서〉, 〈빌립보서〉, 〈데살로니가전서〉, 〈빌레몬서〉 등 일곱 서신만을 틀림없는 바울의 것이라 보고 있다. 대부분의 학자들은 〈디모데전서〉와 〈디모데후서〉 그리고 〈디도서〉는 바울의 것이 아니라 확신한다. 이 서신들은 바울의 글쓰기 스타일과 큰 차이를 보이고 있을 뿐만 아니라 소개되는 상황들과 신학적 관점들이 분명 바울의 것들과는 큰 차이를 보인다. 〈에베소서〉와 〈골로새서〉 그리고 〈데살로니가후서〉의 경우, 저자에 대한 논의가 계속되고 있지만 학자들 중 다수가 이 서신들 역시 제2바울서신 목록에 포함시킨다.

제2바울서신에 속하는 각각의 서신들은 여러 가지 상황과 주제를 다루고 있지만, 성에 대한 바울의 급진적 금욕주의를 거절하고 보다 '가정적인 바울(domesticated Paul)'[1]을 제시한다는 공통점이 있다. 다시 말해 이 서신서들의 저자로 등장하는 바울은 성도들에게 독신의 삶을 촉구하기보다는 결혼과 가정에 대한 유대적 가르침을 보다 엄격하게 준수하라고 권면한다.

그러나 성령이 밝히 말씀하시기를 후일에 어떤 사람들이 믿음에서 떠나 미혹하는 영과 귀신의 가르침을 따르리라 하셨으니 자기 양심이 화인을 맞아서 외식함으로 거짓말하는 자들이라 혼인을 금하고 어떤 음식물은 먹지 말라고 할 터이나 음식물은 하나님이 지으신 바니 믿는 자들과 진리를 아는 자들이 감사함으로 받을 것이니라. 하나님께서 지으신 모든 것이 선하매 감사함으로 받으면 버릴 것이 없나니 하나님의 말씀과 기도로 거룩하여짐이라 네가 이것으로 형제를 깨우치면 그리스도 예수의 좋은 일꾼이 되어 믿음의 말씀과 네가 따르는 좋은 교훈으로 양육을 받으리라 망령되고 허탄한 신화를 버리고 경건에 이르도록 네 자신을 연단하라 육체의 연단은 약간의 유익이 있으나 경건은 범사에 유익하니 금생과 내생에 약속이 있느니라 미쁘다 이 말이여 모든 사람들이 받을 만하도다(디모데전서 4:1~9)

바울의 이름을 빌려 〈디모데전서〉를 쓴 저자는 이렇게 말한다. 혼인을 금하고 음식의 섭취를 줄여 몸을 연단하라는 금욕주의자의 가르침은 미혹하는 영과 귀신의 가르침이라고. 또한 거짓말쟁이의 가르침이자 불경한 신화와 노파들의 이야기(godless myths and old wives' tales)에 불과한 것이므로 이런 가르침에 강경하게 대항하라고 말한다. 성도는 하나님의 말씀과 기도로 거룩해지는 것이지 성욕을 금하고 식욕을 금하는 육체적 단련으로 거룩해지는 것이 아니라는 것이다.

〈고린도전서〉 같은 정통 바울서신들에서의 바울은 성도들이 추구해야 할 가장 좋은 삶은 독신자의 삶이라 했다. 그리고 할 수만 있다면 자신처럼 독신으로 살라고 교인들에게 권했다. 그러나 〈디모데전서〉의 저자는, 이 가르침을 극단적으로 실행하면서 이를 유포하는 사람들은 (여기에는 진짜 바울도 포함된다!) 모두 믿음에서 벗어나 미혹하는 영과 귀신의 가르침을 따르는 자들이라 선언한다. 독신자의 삶이라는 이상은 불경한 신화이며 망령된 노파들의 가르침에 불과하다는 것이다. 바울의 가르침에 대항하여 바울의 이름으로 서신을 쓴 이들, 바로 그들이 이 과정에서 에덴의 사건을 가리키거나 암시하는 대목들 또한 매우 흥미롭다. 〈디모데후서〉 3장 6~7절이 그중 하나다.

> 저희 중에 남의 집에 가만히 들어가 어리석은 여자를 유인하는 자들이 있으니 그 여자는 죄를 중히 지고 여러 가지 욕심에 끌린 바 되어 항상 배우나 끝내 진리의 지식에 이를 수 없느니라

이해하기 어렵게 번역된 이 구절들을 다시 번역해서 읽으면 다음과 같다.

> 그들은 지렁이같이 슬며시 집들에 들어가서(worm their way into homes, NIV성서)
> 의지가 약한 여자들(weak-willed women)을 조종(control)하게 된 사람들이다.
> 그 여자들은 죄로 가득 채워져 있으며(loaded down with sins),
> 온갖 종류의 악한 욕망(evil desires)에 따라 흔들린다.
> 늘 배우기는 하지만 결코 진리의 지식(knowledge of truth)에 이르

지 못한다.

집에 가만히 들어가는 '그들'은 〈디모데후서〉의 저자가 '경건의 모양만 있고 능력은 없다'고 비평한 이들이며, 〈디모데전서〉의 저자가 '미혹하는 영과 귀신의 가르침을 따르는 이들'이라고 비판하는 이들이다. '슬며시 들어간다'는 표현은 뱀의 움직임을 연상시킨다. 구렁이 담 넘어가듯, 아무도 모르게 슬며시 담을 넘거나 구멍을 통과해서 잠입하는 장면을 묘사하였다. 에덴의 정원은 안과 밖의 경계가 분명히 설정된, 일종의 벽이나 울타리로 둘러싸인 공간이었다. 뱀은 밖에서 안으로 들어온다. 에덴 이야기를 쓴 저자는 뱀을 묘사하며 '하나님이 지으신 들짐승 중의 하나'로 등장시킨다. 이야기의 처음부터 저자는 집 밖에 거하는 야생동물을 뜻하는 '들짐승'과 집 안에 거하는 '가축'을 구별하였다. 따라서 뱀이 에덴의 정원 밖에서 안으로 슬며시 잠입해 들어왔다고 읽는 것은 매우 자연스럽다. 〈디모데후서〉의 저자는 경건의 모양만 있고 능력이 없는 귀신의 영을 받은 이들이 이렇게 슬며시 집에 들어가서 여인들에게 접근한다고 말한다. 그리고 그 여인들을 가리켜 '의지가 약한 여자들'이라 표현한다.

그런데 여자(아내)들이 의지가 약하다는 개념은 도대체 어디에서 왔는가? 에덴의 뱀은 여자(아담의 아내)에게 접근하여 그녀의 연약함(어리석음이나 의지가 약함)을 이용하여 그녀를 지배(조정)하였다. '미혹하는 말'로 여자를 꼬이고 금단의 열매를 먹도록 이끌었다. 〈디모데후서〉의 저자는 집 안에 있는 여자들, 즉 아내들에 대해 더 묘사하면서 이들이 '죄로 가득 채워져 있는' 존재들로, 그리고 '온갖 악한 욕망들에 따라 흔들리는' 존재들로 일컫고 있다. 이는 에덴의 여인인 이브를 묘사하는 초기 기독교의 전통적 표현들이다.[2] 뱀의 속임수에 넘어간 것이 이브고, 이로 인해 인류가 형벌을 받게 되었다는 사상, 그리고 욕망에 사로잡힌 이브가 뱀의 유혹에 넘어갔다는 개념 등은 초기 기독교인들이 에덴 이야기를 이해하는 중요한 방식이었다.

"오직 해산함으로 구원을"
〈디모데전서〉가 내어놓은 권고

결국 에덴의 여인은 '먹음직스럽기도 하고, 보암직도 하고 지혜롭게 할 만큼 탐스럽기도' 한 지식나무의 열매에 대한 탐심을 이겨내지 못한다. 여인들에 대한 이어지는 묘사에서 〈디모데후서〉의 저자는 '늘 배우지만 결코 진리의 지식에 이르지 못한다'고 설명한다. 이 저자가 볼 때 교회의 많은 여자들이 에덴의 여자처럼 호기심이 많아 배우기에 열심인 건 사실이었다. 하지만 누가 와서 그럴 듯한 이야기를 하면 그 가르침을 냅다 수용한다. 들짐승 중에 가장 영특한 동물인 뱀이 다가와 금단의 열매가 지닌 효능에 대해 말했을 때 이브가 그대로 믿은 것처럼 말이다.

여자들은 이렇게 늘 배우기에 열심이지만 진리의 지식에는 결코 도달하지 못했다. 이브는 지식나무의 열매에 손을 댔지만 결코 진리의 지식을 얻지 못했다. 그저 오류의 지식인 성에 관계된 지식만을 터득했을 뿐이다. 〈디모데후서〉의 저자는 에덴의 이브에 대한 부정적 이미지를 이용하였다. 일반적으로 여자들은 온갖 헛된 욕망에 따라 몸을 맡기고, 오류의 지식을 추구하나 결코 진리에 이르지 못한다고.

특히 저자가 지적하고자 하는 바, 즉 그녀들이 미혹된 오류 중 하나는 기독교인에게 있어 독신자의 삶이 가장 이상적이라는 '거짓말'이다. 〈고린도전서〉에서 바울은 처녀들과 과부들에게 가능하다면 결혼하지 말고 현재의 상태를 유지하라고 권고했다. 그러나 〈디모데전서〉의 저자로 등장하는 바울은 다음과 같이 쓴다.

> 젊은이는 시집가서 아이를 낳고 집을 다스리고, 대적에게 훼방할
> 기회를 조금도 수지 말기를 원하노라. 이미 사탄에게 돌아간 자들
> 도 있도다(디모데전서 5:14~15)

〈디모데전서〉의 바울은 독신자의 삶이 가장 이상적인 기독교인의 삶이기는커녕 언제든 터질 시한폭탄을 품고 사는 것처럼 생각한다. 이 구절의 '젊은이'는 젊은 여성들을 가리키지만 문맥상 젊은 과부들을 가리킨다 할 수 있다(NIV성서는 젊은 과부로 번역함). 과부를 일종의 교회 직제로 만들어 교회를 위해 기도하는 역할을 수행토록 하라는 권면 중에 나오는 구절이라는 점에서 그러하다. 젊은 과부든 아니면 일반적인 미혼 여성을 가리키든 요점은 한 가지이다. 독신자의 삶을 살려 하지 말라, 처녀는 시집가고, 젊은 과부는 재혼하

여 사전에 폭탄을 제거하라는 것이다.

〈디모데전서〉의 저자가 볼 때 가정을 일구고 부양하는 것은 신앙인이라면 마땅히 해야 할 숭고한 일이다. 그는 "누구든지 자기 친족 특히 자기 가족을 돌보지 아니하면 믿음을 배반한 자요 불신자보다 더 악한 자"(5:8)라고 가르친다. 또한 감독(성직자)의 직분을 감당할 사람의 조건으로 '한 아내의 남편'이라 명시하며(3:2), 자기 집을 잘 다스리는 사람이어야 한다고 가르친다(3:4~5). 물론 미혼의 여성들에게 결혼하여 자녀를 낳아야 한다는 가르침, 가족의 부양에 최선을 다하지 않는 사람은 믿음을 배반하고 불신자보다도 더 악하다는 가르침, 특히 감독(제자, 성직자)은 한 아내의 남편이 되어 가족을 잘 부양해야 한다는 가르침……3 이 가르침들은 주의 나라를 위해서 모든 가족구성원들을 미워해야 한다는 예수의 급진적인 가르침에 반하는 것이다. 독신자의 삶을 가장 좋은 것으로 전한 바울의 급진적인 가르침에도 위배된다.

〈디모데전서〉와 〈디모데후서〉의 저자가 이러한 작업을 하게 된 것은 바울처럼 독신자가 되어 복음 사역에 전념했던 테크라와 같은 이들이 많이 등장했기 때문이다. 그들이 교계를 어지럽힌다고 판단했던 것이다. 앞장에서 소개한 것처럼 처녀로서 복음에 헌신한 테크라, 결혼한 다음 복음을 접하여 '혼인한 독신녀'의 삶으로 헌신한 미그도니아의 이야기가 마땅히 따라야 할 귀감으로, 특히 '여성 이야기꾼들'에 의해 널리 유포되었다. 〈디모데전서〉의 저자는 이것을 가리켜 '망령되고 허탄한 신화'라고 하였는데 이 문구에 대한 정확한 번역은 앞에서도 언급했지만 '불경한 신화들과 노파들의 이야기들'이다.

　테크라의 경우처럼 독신자의 삶에 헌신한 처녀 전도자들은 직접 세례를 주고 설교를 하는 일들을 감당하기 원했다. 그러한 형태의 복음 전도사역이 상당한 반향을 일으키는 상황이었다면, 당시 교계를 이끌어가던 남성 지도자들이 이에 우려를 표시했음은 당연한 일이다. 바울의 이름으로 디모데에게 쓴 편지들은 이러한 우려를 반영하고 있다. 〈디모데전서〉의 저자는 독신으로 살며 복음에 헌신한 여성들이 설교하고 세례를 베풀면서 활동하는 것이 '대적들에게 비방거리를 제공하며' 이 과정에서 어떤 여성들은 '사탄'의 길로 갔다고 말하고 있다. 그리고 이에 대한 대응책으로 〈디모데전서〉는 말한다.

> 여자는 일체 순종함으로 조용히 배우라. 여자가 가르치는 것과 남자를 주관하는 것을 허락하지 아니하노니 오직 조용할지니라. 이는 아담이 먼저 지음을 받고 이브가 그 후며 아담이 속은 것이 아니고 여자가 속아 죄에 빠졌음이라. 그러나 여자들이 만일 정숙함으로써 믿음과 사랑과 거룩함에 거하면 그의 해산함으로 구원을 얻으리라(2:11~15)

　이 구절들에 따르면, 믿음의 공동체에서 여성들에게 적합한 일은 순종과 침묵 가운데 배우는 것이다. 가르치는 것도, 남성들 위에 서는 것도 허락되지 않는다. 여성들은 공동체 속에서 숨죽이고 살며 믿음과 사랑 가운데 정숙하고 거룩하게 살아야 한다. 교회 안에서 능동적으로 무언가를 주도하기보다는 남성 지도자들이 요구하는 것을 가만히 따르는 것이 여성에게 가장 좋은 일이다. 말하기보다는 듣는 것이, 가르치는 것보다는 배우는 것이 여성에게 더 어울린다.

여성의 자리와 역할에 대한 권고문에서 가장 흥미로운 문구는 '해산을 통해서 구원을 이루라'는 문구이다. 여자가 결혼하여 아이를 낳음으로써 구원에 이를 수 있다는 사상은 우선 씨의 흐름이 구원과 생명을 의미했던 전통적인 유대적 이해를 보여준다. 결혼하여 아이를 생산하지 못하는 여성에게 이 구절은 재앙처럼 들릴 수 있다. 마치 결혼 후 10년이 지나도록 아이를 생산하지 못해 남편에게 '합법적으로' 버려진 유대여성들처럼 말이다. 전통적인 랍비 유대교에서는 자녀의 생산이 생명을 이어가는 길이며, 이런 의미에서 곧 구원의 길이다. 해산이라는 개념은 또한 묵시문학에서 새 시대의 도래를 알리는 상징으로 종종 사용되었다.[4]

그런데 이 문구가 더 흥미로운 것은 에덴의 정원에서 범죄한 이브에게 내려진 형벌을 상기시켜 주기 때문이다. 이브에게 해산의 고통이 형벌로 주어졌다. 만일 해산의 고통이 신의 저주로 주어진 것이라면 이 저주를 푸는 가장 좋은 길은 무엇이겠는가? 〈디모데전서〉의 저자는 시간의 처음에 내려진 신의 저주를 풀어 자신들을 구원할 방법을 다른 데서 찾지 말라고 말한다. 산고가 신의 저주로 내려진 것이라면 여성들은 이를 회피하기보다는 보다 적극적으로 경험하고 감내함으로써 스스로를 구원하라는 논리이다.[5]

위에서 살펴본 것처럼 디모데에게 보낸 편지들의 배후에는 물론 남성들이 있었고, 이 남성들에게 에덴의 여인 이브는 모든 여성들을 이해하는 (혹은 길들이는) 모델이다. 〈디모데후서〉는 이브를 의지가 약하고, 죄로 깊게 물들여져 있으며, 온갖 악한 욕구들에 좌우되고, 호기심이 많아 배우기에 열심이나 잘 속으며, 결국 진리의 지식에는 이르지 못하는 여성들의 대표로 암시했다.

〈디모데전서〉는 보다 직접적으로 이브를 언급하며 여성들의 본성과 역할을 규정한다. 여성들은 이브가 속아 넘어간 것을 기억하며 정숙한 삶을 살아야 한다는 것, 이브가 아담을 주도하여 사단이 난 것을 교훈 삼아 아내는 남편을 주도하려 해서는 안 된다는 것, 오히려 모든 일에 남편에게 순종해야 한다는 것, 이브가 아이를 낳아 기쁨의 탄성을 외쳤던 것처럼(창세기 4:1) 여성들은 자녀를 생산함으로써 자신에게 내려진 저주를 풀고 구원의 기쁨을 누려야 한다는 것, 이것이 진리였다.

"지식을 따라 아내와 동거하라"
서로를 구원하는 부부의 길

신약성서에 속한 서신서들 중 특정인이나 특정 교회공동체에게 보내진 것이 아닌 보다 광의의 청중들, 즉 일반 기독교인들에게 보내진 편지가 있다. 이들을 분류하여 '보편서신'이라 부른다. 〈야고보서〉, 〈베드로전서〉, 〈베드로후서〉, 〈요한1서〉, 〈요한2서〉, 〈요한3서〉, 그리고 〈유다서〉가 보편서신에 속한다. 바울과는 다른 전통의 원시 기독교운동의 산물이라 할 수 있다. 이 서신서들은 성과 결혼 그리고 독신의 문제와 관련하여 바울서신이나 제2바울서신과 같은 관심을 보이고 있지 않다. 그럼에도 다음과 같은 부부생활에 대한 〈베드로전서〉의 권면에는 에덴의 이미지가 활용되었다.

> 아내들아 이와 같이 자기 남편에게 순종하라. 이는 혹 말씀을 순종하지 않는 자라도 말로 말미암지 않고 그 아내의 행실로 말미암아 구원을 받게 하려 함이니, 너희의 두려워하며 정결한 행실을 봄이라. 너희의 단장은 머리를 꾸미고 금을 차고 아름다운 옷을 입는 외모로 하지 말고, 오직 마음에 숨은 사람을 온유하고 안정한 심령의 썩지 아니할 것으로 하라 이는 하나님 앞에 값진 것이니라……남편들아 이와 같이 지식을 따라 너희 아내와 동거하고 그를 더 연약한 그릇이요 또 생명의 은혜를 함께 이어받을 자로 알아 귀히 여기라 이는 너희 기도가 막히지 아니하게 하려 함이라(3:1~7)

여기에 등장하는 아내들은 이브의 거울상(mirror image)과 같다. 에덴 이야기 텍스트는 '선과 악을 알게 하는 나무의 열매를 따먹지 말라'는 신의 말씀이 아담에게만 주어졌다고 기록하고 있다. 이브는 아직 창조되지 않은 상태였다. 아담은 이 말씀에 순종할 가능성과 불순종할 가능성 모두를 가지고 있었다. 나중에 신의 특별한 말씀이 있었다는 것을 남편을 통해서 들었을 이브는 아담이 그 말씀에 순종하도록 도울 수도, 돕지 않을 수도 있었다.

그런데 〈베드로전서〉의 아내와 남편에게는 아담과 이브의 반대

역할이 주어졌다. 아내는 복음을 믿고 있다는 의미에서 하나님의 말씀을 직접 들은 사람이라 할 수 있고, 남편은 자기 아내를 통해서 말씀을 들을 기회가 있었을 것이라는 면에서 간접적으로 말씀을 들은 사람이다. 사회적 혹은 가정적 권력관계에서 에덴의 아담은 이브 위에 있었으며, 〈베드로전서〉의 상황에서도 남편은 아내 위에 있다. 바뀐 것이 있다면, 에덴의 아담은 말씀을 직접 들은 '권력자'라는 것이고, 여기의 남편은 말씀을 간접적으로 들은 '권력자'라는 것이다. 아담은 자신이 받은 말씀을 지키고자 언제든 가진 힘을 사용할 수 있었고, 이로써 자신과 자기 아내의 운명을 결정할 수 있었다. 〈베드로전서〉의 남편도 아내가 가진 말씀을 무너뜨리기 위해 언제든 가진 힘을 사용할 수 있었고, 그렇게 함으로 자기와 아내의 운명을 결정할 수 있다.

이러한 권력관계에서 아내의 역할은 매우 중요하다. 자신의 생존을 책임지고 있는 남편에게 아내는 어떤 방식으로 다가가야 하는가? 에덴의 이브와 〈베드로전서〉의 아내는 강력한 남편을 상대해야 한다는 면에서 동일한 운명을 갖고 있다. 직접적으로 들었든 간접적으로 들었든 하나님의 말씀이 아닌 남편의 말을 따라야 할 가능성이 크게 열려 있었다는 점도 동일하다. 에덴의 아내인 이브는 아담에게 생존을 의존해야 하는 상황에서도 주도적으로 행해 그를 파멸로 이끌었다. 〈베드로전서〉의 아내는 과연 어떤 선택을 하게 될 것인가?

〈베드로전서〉의 저자는 이 같은 상황에 처해 있는 아내들에게 보다 적극적으로 '수동적인' 역할을 하도록 권한다. 수동적인 역할을 적극적으로, 주도적으로 하라는 말은 무슨 뜻인가? 주어진 아내의 역할에 최선을 다하라는 말이다. 아담의 아내인 이브는 정결하게 행하지 않았다. 뱀의 유혹에 이끌려 아담을 주도해 죽음의 길로 이끌었다. 이브가 하나님의 말씀에 순종하는 길은 그 말씀을 자기에게 전해준 남편의 말에 순종하는 것이다. 그녀는 결국 남편의 말에 불순종함으로 하나님의 말씀도 불순종하게 되었다.

남편과의 관계가 생존에 중대한 영향을 미치게 되는 상황에서 〈베드로전서〉의 저자는 '남편에게 순종하라'고 권한다. 남편을 적극적으로 설득하려 하거나 주도하지 말라는 것이다. 이는 말씀을 간접적으로 들은 남편이 비록 현재는 말씀에 순종하지 않는다 하더라도 아내인 자기의 행실을 통해서, 즉 자신의 순결과 경외의 삶을 눈여겨보다가 미래의 어느 때가 되면 구원(생명)의 길로 접어들 수도 있기 때문이다.

순결과 경외는 에덴의 신부인 이브가 뱀의 유혹에 빠져 잃은 것들이다. "머리를 꾸미고 금을 차고 아름다운 옷을 입어" 외양을 꾸미는 대신 온유하고 고요한 영혼의 아름다움을 지닌 여자가 되라는 문구에는 예쁘게 치장되어 신랑 아담에게 인계된 신부 이브의 그림이 묻어난다. 이브가 주도적으로 일을 벌이는 가운데 순결과 경외를 상실한 것을 거울 삼아 아내는 수동적, 소극적 삶을 보다 적극적이고 주도적으로 바꿈으로써 남편에게 구원의 빛을 내리게 할 수 있다. 말씀을 간접적으로 들은 이브가 불결하게 살면서 말씀을 직접적으로 들은 아담을 죽음의 길로 이끌었다면, 말씀을 직접적으로 들은 아내는 정결하게 살면서 말씀을 간접적으로 들은 남편을 생명의 길로 이끌 수 있다.

남편들에 대한 권면에서 〈베드로전서〉의 저자는 "지식을 따라 아내와 동거하라"고 말한다. "지식을 따라"라는 문구에서 지식의 내용이 무엇인지 특정적으로 가리키기 어려우나 문맥에서 볼 때 아내는 보다 약한 그릇(the weaker vessel)이라는 것, 그리고 생명의 은혜로운 선물을 함께 받게 될 존재임을 알아야 한다는 뜻으로 읽을 수 있다. 아내를 이런 존재로 이해하고 함께 살라는 것이리라.

또 한 가지 가능한 해석은 "지식을 따라 동거하라"는 것을 '성'과 연결하여 읽는 것이다. '안다'는 말이 성적 이미지를 내포하고 있다는 점, 그리고 아내가 있는 사람은 없는 것처럼 살라는 급진적인 바울의 가르침이 유포되고 있었다는 점 등을 고려하면, 이 문구를 부부 간에 적절한 배려와 이해를 바탕으로 하는 성생활을 권하는 표현이라 보는 것이 자연스럽다. 가령, 성적 순결의 유지가 신앙인의 최고 이상이라 믿게 된 아내가 있다면 남편은 어떻게 할 것인가? 아내의 생각을 함부로 무시할 수 없는 일이다. 아내는 보다 약한 존재고 생명의 선물을 함께 누리게 될 존재다. 아내에 대한 이해와 배려가 필요하다.

이렇듯 〈베드로전서〉의 저자는 성생활을 죄로 여기는 급진적인 독신주의자들과 자녀를 출산함으로 구원에 이를 수 있다고 주장하는 전통적 유대파 기독교인들 사이에서, 한쪽에 치우치지 않고 보다 온건한 방식으로 성과 결혼 그리고 독신에 대한 견해를 밝히고 있다. 물론 '지식을 따라'라는 문구에는 선과 악의 지식나무(여러 문헌과 전통들이 이 나무열매의 효력으로 아담과 이브가 성에 대한 지식을 갖게 되었다고 해석한다)에 대한 잔상이 반영되어 있기는 하지만.

금욕주의에 맞선 교부 클레멘트

기독교 신앙이 제도화되는 과정에 적어도 교리적·신학적 측면에서 절대적인 기여를 한 2~3세기의 교회지도자들이 있다. 이들 교부들(the Fathers of the Church)은 두 가지 전통 사이에서 선택해야 할 입장에 처하게 되었다. 성교를 금하며 독신을 기독교인의 삶의 이상으로 제시한 바울과 그의 급진적인 추종자들이 주창한 금욕주의 전통이 한 가지 입장이다. 그리고 바울식의 급진적인 방식을 '경건의 모양만 있고 참다운 능력은 없는 이들의 오류이며, 허탄한 신화와 노파들의 망령된 이야기에 불과하다'며 결혼과 자녀의 출산을 이상적인 삶으로 제시한 제2바울서신들의 입장이 또 하나이다. 이 두 가지 전통 사이에서 각각의 교부들은 자신의 입장을 취하였다.

결과적으로 본다면, 제2바울서신의 견해를 받아들인 온건주의자들의 입장이 교회사에서 보다 큰 지지를 받았다. 이는 현재까지 내려오는 기독교의 주류 전통이 되었다. 온건주의자들의 대표는 초대 교회사에 지대한 영향을 준 알렉산드리아의 클레멘트(Clement of Alexandria, 150-215)였다. 전통적인 사회질서의 유지를 지지한 그는 급진주의자들이 외친 금욕주의 가치가 지나치게 과장되었다고 주장하며 이를 조목조목 비판했다.[6]

우선 결혼은 음행이고 악마가 도입한 제도라고 말하면서, 예수의 본을 따라서 결혼도 하지 않고 아무 것도 소유하지 않은 자신들이 야말로 복음을 가장 잘 이해하고 따르는 사람들이라 자랑하는 이들에게 클레멘트는 대항하였다. 그는 비록 예수가 결혼을 하지 않았지만 추종자들에게 자신의 예를 따르라고도 요구하지 않았다고 맞섰다. 다음의 구절은 임박한 심판의 날에 즈음하여 결혼하는 이들을 부정적으로 묘사하는 글들이다. 이 글에 클레멘트는 어떻게 대응할 것인가?

> 노아의 때와 같이 인자의 임함도 그러하리라. 홍수 전에 노아가 방주에 들어가던 날까지 사람들이 먹고 마시고 장가들고 시집가고 있으면서 홍수가 나서 그들을 다 멸하기까지 깨닫지 못하였으니 인자의 임함도 이와 같으리라(마태복음 24:37~39)

> 보라 날이 이르면 사람이 말하기를 잉태하지 못하는 이와 해산하지 못한 배와 먹이지 못한 젖이 복이 있다 하리라(누가복음 23:29)

클레멘트는 이런 구절들을 문자 그대로 이해하기보다는 알레고리로 읽어야 한다고 주장했다.[7] 결혼한 자들에게 임할 저주나 재앙을 실제적으로 전달하기 위해서가 아니고, 말세를 앞둔 성도들에게 각성과 온전한 헌신을 요구하는 영적인 의미를 전달하기 위해 사용된 표현이라는 것이다.

이혼을 금지하는 가르침에 놀란 제자들이 아내를 그렇게 대해야 할 바에는 결혼하지 않는 게 더 낫겠다고 하자 예수는 "천국을 위하여 스스로 된 고자"의 삶을 높였다(마태복음 19:11~12). 이 가르침은 앞에서 살펴보았듯이, 독신을 가장 숭고한 삶으로 여기는 급진적 금욕주의의 가장 중요한 근거로 인용되었다. 클레멘트는 그러나 금욕주의자들이 이 구절을 심각하게 오용한다고 보았다. 그리고 그들이 이 구절의 본뜻을 왜곡해서 사용하게 된 근본 이유는 문맥을 제대로 파악하지 못했기 때문이라 보았다.

클레멘트에 따르면, 아내가 음행을 한 경우에 이혼하고 다른 여자와 재혼할 수 있는가를 제자들이 궁금해하자 이에 대한 답변으로 예수가 이렇게 말했다는 것이다. 따라서 문맥적으로 본다면 이는 독신의 이상을 웅변한 것으로 볼 수 없다. 대신 아내의 음행 때문에 부득이하게 이혼을 하게 된 남자라도 다른 여자와 재혼을 해서는 안 된다는 것이 예수의 진짜 가르침이라고 클레멘트는 해석하였다. 그러면서 클레멘트는 고대 그리스의 올림픽 선수들 일부가 몸을 단련하기 위해서 성교를 금했다는 예를 들어 독신의 무익성을 설파하였다.[8] 그런 다음 바울의 원래 가르침을 완화시키려는 목적으로 저술된 서신들(디모데전서 4:1~2, 골로새서 2:18, 28)을 인용하며, 바울 역시 성적 금욕을 주장하는 이들에 반대하는 가르침을 주었다고 주장하였다.[9]

또한 독신과 결혼에 대한 바울의 진짜 사상을 담은 〈고린도전서〉에서, 독신의 삶을 살지 못하는 이들에게 차선책으로 결혼을 권하는 구절들을(7:2, 5) 부분적으로 취해 손을 보았다. 그런 다음 이를 인용하면서 "사탄의 유혹을 받지 않도록 남자마다 아내를 두게 하라"는 것, 즉 결혼을 하라는 것이 바울이 진정으로 말하고자 한 바였다고 주장하였다.

클레멘트는 독신의 삶에 대한 예수와 바울의 급진적 가르침을 수정한 후, 이스라엘의 역사에서 하나님이 의인들에게 아이를 낳게 하고 결혼 속에서 정숙하게 살도록 했으며, 선지자 엘리야에게 하나님이 빵과 고기를 준비해 주셨으며, 선지자 사무엘은 이스라엘의 초대 왕이 될 사울에게 고기를 제공했음을 언급한다. 금욕은커녕 고기를 먹고 빵을 먹으며 몸을 돌보았음에도 그들은 다른 이들에 비교가 되지 않을 정도로 삶에서 우월하였다는 것이다. 결혼하고 아이를 낳고 고기를 먹은 이들임에도 하나님께서 받으셨는데 누가 감히 이들을 비난하려는가? 심지어 예수도 "먹기를 탐하고 포도주를 즐기는 사람"(마태복음 11:8)이라 비난 받을 정도로 먹고 마시고 즐기지 않았는가. 나아가 베드로와 빌립처럼 이미 결혼하여 자녀들을 낳은 이들도 제자로 세우지 않았는가.[10]

클레멘트는 여기서 그치지 않고 바울도 아내가 있었다는 극단적인 주장을 한다. 그에 따르면 바울은 어떤 서신에서 자기에게도 여자가 있다는 것을 망설이지 않고 말했다. 클레멘트가 가리키는 그 서신은 〈고린도전서〉일 것이다. 바울은 〈고린도전서〉에서 "우리가 다른 사도들과 주의 형제들과 게바와 같이 믿음의 자매 된 아내를 데리고 다닐 권리가 없겠느냐?"(9:5)고 말하고 있다. 다른 사도들, 예수의 형제들, 그리고 특히 게바(베드로)는 이미 결혼한 자였으며 이들은 선교활동 중에 아내를 동반했다는 것이 바울의 표현이었다.

바울이 원래 의도한 것은 금욕적인 삶을 살고 있는 자신의 입장을 변호하는 것이다. 바로 앞선 구절에서 바울은 "우리가 먹고 마실 권리가 없느냐?"라고 묻는다. 바울이 말하고자 하는 바는 먹고 마시고 결혼하는 권리가 자신에게도 있지만, 이를 사용하지 않고 참는(금욕하는) 이유는 이것이 그리스도의 복음을 위해 더 유익하다고 판단했기 때문이다(고린도전서 9:12). 따라서 클레멘트가 지적한 바, 바울이 자신에게도 아내가 있다고 스스로 밝힌 그 구절은 사실상 바울이 그리스도의 복음을 위해서 먹고 마시고 결혼하는 것을 삼갔다고 밝혔던 그 구절이다.[11]

본래의 바울서신과 제2바울서신의 내용을 잘 버무려 '가정적인' 바울을 제시한 클레멘트는 에덴의 이야기를 어떻게 읽었을까? 클레멘트는 급진적 금욕주의자들에 대항하고자 아담과 이브의 이야기를 사용하였다. 성교는 모든 타락의 근원이고, 따라서 모든 인간은 태어날 때부터 죄인으로 태어나기에 고자의 삶이 최선의 선택이라 주장하는 금욕주의자들과의 논쟁을 위해서였다. 성교 자체가 죄를 의미하기 때문에 그 행위의 결과물인 출산이 죄를 양산하는 일이라 말하는 이들도 있었다. 클레멘트는 그런 이들에게 "간난아이가 어떻게 음행을 저지를 수 있는지, 혹은 아무것도 하지 않은 그가 어떻게 아담의 저주하에 떨어지게 되었는지" 설명하라고 즉각 반문하였다.[12]

"누이 같은 아내"
클레멘트가 보는 영적 부부

클레멘트는 인간의 출생은 하나님이 설정한 자연현상이라 믿었다. 출생을 가능하게 하는 성교 역시 자연의 일부이지 타락이나 죄를 양산하는 인위적인 행위가 아니라고 믿었다. 출생 자체가 악이라 주장하는 것은 인간의 출생 경험을 공유한 예수와 그를 낳은 동정녀를 능욕하는 언사라고 비난했다. 출생을 악이라 주장하는 이들은 '생육하고 번성하라'는 하나님의 뜻과 창조의 비밀을 모독하는 것이라 말했다.

특히 예수는 참인간이 아니라 인간의 몸만 입고 왔다는 가현설을 주장한 마르시온(Marcion, 대략 85~160)과 발렌티누스(Valentinus, 대략 100~160) 같은 영지주의자들은 '남자는 여자와 성교를 하게 되는 순간 짐승처럼 된다'고 주장한 바 있다. 이에 대해 클레멘트는 남자가 짐승이 될 때는 여자와 성교를 나누는 순간이 아니라 욕정을 통제하지 못하고 이웃의 아내를 범할 때라고 반박하였다. 성교 자체가 문제가 되는 것은 아니라는 말이다. 그러면서 클레멘트는 바울의 급진적 추종자들이 주장하는 논리를 꺼내든다. 이들의 주장에 의하면 에덴의 정원에서 이성 없는 짐승들이 나누는 성교를 본 뱀이 아담에게 섹스를 소개함으로써 아담과 이브의 성교가 발생하였다.

클레멘트는 이러한 주장 역시 신성모독이라 강하게 비난하였다. 만일 하나님이 창조하신 인간이 짐승들을 모방하여 성교를 행한 거라면 하나님이 인간을 짐승보다 못한 존재로 창조했다는 말이 되기 때문이다.[13] 이 주장에 대해 클레멘트는 아담과 이브의 성교가 자연의 일이었다는 반론을 펼쳤다. 짐승들이 자연의 이치에 따라 짝짓기를 하고 새끼를 치듯이 아담과 이브 역시 자연의 순리를 따라, 다시 말해 하나님이 설정한 법칙에 따라 성교를 하고 자녀들을 낳았다는 것이다.[14]

아담과 이브에게 문제가 있다면 성교를 한 것이 아닌, 너무 이른 나이에 했다는 것이라고 클레멘트는 설명하였다. 사춘기 아이들이 적법한 나이에 이르기 전이나, 부모의 기대에 부응하지 못하고 성교를 하여 부모의 마음을 상하게 하듯이 아담과 이브는 창조된 지 얼마 지나지 않은 너무도 이른 나이에 현혹되어 '거사'를 치름으로써 아버지인 하나님의 노여움을 사게 되었다는 얘기다. 하나님이 보기에 좋은 때를 기다리지 못함으로써 거룩해야 할 혼례를 불결하게 한 것이 아담과 이브의 죄라면 죄다.

그럼에도 불구하고 출산 자체는 거룩한 것이라고 클레멘트는 주장하였다. 출산에 의해 세상이, 존재들이, 천사들이, 율법들이, 권세자들이, 영혼들이, 계명과 복음이, 그리고 하나님에 대한 지식이 출현하게 되었다. 그는 인간의 출산이 없다면 하나님은 어떻게 자신의 계획을 실행할 수 있는가 묻는다.[15] 나아가 클레멘트는 랍비 유대교의 전통과 제2바울서신들이 가르치듯이, 결혼과 자녀 생산은 죄를 짓는 것이 아니라 "사람을 생산하는 일을 위해 하나님과 함께 일을 하는" 것이라 주장하였다.[16]

에덴 이야기의 '선과 악의 지식나무'는 원시 유대교와 기독교에서 성적인 지식으로 해석되곤 하였다. 이런 영향 아래에서 금욕주의자들은 남자와 여자의 성교를 죄라 일컬었고 이 죄를 지식나무의 열매를 먹는 것과 동일시했다. 또한 아담이 아내를 '알았다(동침했다)'는 문구를 명령의 위반으로 해석하였다. 이 입장에 의하면, 지식은 곧 성교를 뜻하고, 성교는 곧 죄로 해석되었다.

클레멘트는 이러한 방식으로 이해해야 하는 상황을 전면으로 거부했다. 그가 보기에 이토록 너무나 협소한 해석에 따르면, 참된 진리의 지식을 추구하는 일도 결국 죄와 결부된 지식나무의 열매를 먹는 것이며, 정결하게 거행된 결혼도 이 금단의 열매를 먹는 것이 되기 때문이었다. 성교 자체가 악이 아니듯이 결혼 자체 또한 악이 아니다. 남편이나 아내가 '선'을 넘어가지 않는데도 결혼을 죄로 여길 수 있는가? 그럴 수 없다. 그러면 남편과 아내가 넘지 말아야 할 선은 무엇인가?

그에 의하면 결혼의 유일한 목적은 자녀의 출산이다. 따라서 부부들은 오직 자녀 출산의 목적을 위해서만 성교를 해야 한다. 성교를 나누는 데 가장 적합한 시간은 임신 가능성이 가장 높을 때로, 부부는 이 최적의 시간을 잘 분별해야만 한다. 심지어 동물들도 씨를 내기 위한 가장 좋은 시간을 택할 줄 안다. 목적은 건강한 자녀 출산이다.

결혼은 농사와 같으며, 이때 농부의 유일한 목적은 곡물의 생산이다. 이를 위해 파종의 시기를 분별하고, 곡물을 생산할 수 있는 가장 좋은 밭을 고른다. 아무 때나, 아무 곳에나 씨를 뿌리면 안 된다. 씨를 받을 수 있다 하여 모든 밭이 좋은 것은 아니다. 아무데나 뿌리는 것은 자연의 섭리를 벗어나는 행위다. 자연의 법칙을 무시하여 씨를 뿌리는 것은 씨 뿌리는 일을 비자연적(unnatural) 일로 만드는 것이며, 이는 매우 불경한 일이다.

이런 무법한 씨 뿌리기를 금하기 위해서 현명한 모세는 남성들에게 토끼나 하이에나 고기를 먹지 말라고 명했다. 남성들이 이 동물들의 특성을 갖게 될 것을 염려했기 때문이다. 토끼와 하이에나는 성적인 면에서 극단적으로 발광한다. 토끼는 해마다 굴을 바꾸고, 하이에나는 해마다 짝을 바꾼다. 따라서 남자들은 이웃의 아내를 탐하려는 욕정을 일으킬 수 있는 이 고기들을 삼가야 한다.

결혼의 목적이 적법한 방식으로 자녀를 출산하는 것이라면 성교는 말할 것도 없다. 자녀의 출산이 목적이 아닌 모든 성교는 자연을 위반하는 행위다. 아이를 낳을 수 없는 나이 많은 여자가 결혼하거나, 자녀를 낳기에 너무 어린 나이에 결혼하는 것은 자연에 역행하는 일이다. 부부 간일지라도 자녀 생산이라는 목적 없이 함부로 행하는 성교는 금지되어야 한다. 다른 목적으로 행하는 모든 성교는 인류의 선생인 '자연에 상처를 주는' 행위이다.[17] 구강성교나 항문성교, 수간 같은 성 활동은 자연의 순리에 역행하는 것이며, 월경기에 하는 성교, 폐경기에 하는 성교, 임신한 몸으로 하는 성교도 모두 불경하다.

매춘과 같이 씨의 흐름을 교란하는 모든 성교 또한 물론 불법이다. 아침이나 낮 시간에, 교회에서 돌아오자마자, 시장에서 막 돌아와서, 저녁 먹은 뒤 바로 행하는 성교는 말할 것도 없고, 어둠이 내렸지만 아직 깊은 밤이 아닌 때에 비이성적으로 행하는 성교 역시 피해야 한다.[18] 한마디로 성은 자연적인 것이지만 적법한 결혼 내에서 자녀 생산이라는 목적을 벗어나는 모든 성교는 위험하고 불경하고 불법이다. 오직 결혼한 남자만이 성교를 할 권한을 받았다. 그는 씨를 뿌리기에 가장 좋을 때를 분별하고 적법한 땅에만 뿌려야 한다.[19]

클레멘트에 따르면, 에덴의 아담과 이브는 무분별하게 몸을 섞었다. 때가 되어 부모의 환영을 받으며 결혼의 꽃으로 아름다운 밤을 보내기보다, 이르게 찾아온 격정과 욕망에 사로잡혀 자연(하나님의 마음)에 상처를 입혔다. 아담과 이브는 선남선녀에게 어떤 교훈을 주는가? 욕망에서 벗어나라. 욕망으로부터는 어떤 일도 하지 마라. 설령 내적인 욕망이 자연적으로 우리 속에 주어진 것이라 할지라도, 그 욕망의 노예가 되지는 말라. 클레멘트는 다음과 같이 말한다.

> 그리스 철학자들은 욕망에 저항해 싸우고 이에 굴복하지 말고 금욕의 인간적 이상을 구현하라고 가르친다. 그러나 우리의 이상은 어떤 욕망도 경험하지 않는 것이다. 우리의 목표는 사람이 욕망을 느낄 때 이를 잘 다루는 것이 아니라 심지어 욕망 자체를 존중하면서 자제하는 (단계에 이르는) 것이다…… 우리는 욕망으로부터 어떤 일도 하지 말아야 한다…… 우리는 욕망의 자녀가 아니라 의지의 자녀이기 때문이다. 자녀의 생산을 위해 결혼한 남자는 금욕을 실천해야 한다. 이로써 그는 마땅히 사랑해야 하는 자신의 아내를 향해 느끼는 욕망에 의해서가 아니라 정숙과 절제된 의지로 자녀들을 생산할 수 있다.[20]

바울은 독신으로 살 수 없다면 아담과 이브의 불타는 욕망(정욕)의 그늘에서 벗어나기 위해서 차선책으로 결혼을 선택하라고 권했다. 그리고 남편은 아내에게, 아내는 남편에게 성적 의무에 충실하라고도 일렀다. 제2바울서신의 저자들은 감독이나 목사와 같은 복음 전도자들에게 한 여자의 남편이기를, 그리고 가정을 잘 돌보는 자가 되어야 한다고 강조했으며, 클레멘트도 이러한 절충된 온건론을 지향하였다. 그에 의하면 우리가 아담과 이브의 욕망에서 벗어나는 가장 좋은 길은 결혼이다. 물론 철저히 자녀 생산을 목적으로 하는 결혼이어야 한다.

자녀의 출산을 위해 가장 좋을 때를 골라 성교하라 하였는데, 그렇다면 성교를 나누는 그 시간을 제외한 나머지 모든 시간에 아내는 남편에게 어떤 존재여야 하는가? 클레멘트에게 묻는다면 누이 혹은 여동생이라고 대답할 것이다. 클레멘트는 참된 기독교 헌신자의 아내는 임신하게 되면 그 즉시로 남편의 아내가 아니라 누이로 살아야 한다고 가르쳤다.[21] 아버지를 잃은 딸이 오빠나 남동생에게서 아버지의 모습을 보는 것처럼, 참된 기독교인의 아내라면 자신의 아이들을 보면서 자기에게도 남편이 있음을 회상할 뿐 아내의 권리를 주장하지 말아야 한다.

'누이 같은 아내'라는 개념은 아마도 바울에게서 따온 것이리라. 선교 사역에 각자의 아내들을 동반했다고 말하며 그들을 '누이 같은 아내'로 묘사하지 않았던가. 그런데 클레멘트는 이 개념을, 인간이 아담과 이브의 욕망에서 해방될 수 있는 방법의 두 번째 단계로 이용하였다. 첫 번째 단계는 자녀를 낳을 목적으로 하는 결혼이다. 두 번째 단계는 자녀를 낳기 위해 하는 성교시간 외에는 시쳇말로 독수공방해야 한다. 아내는 여자가 아니라 누이로, 남편은 남자가 아니라 오빠로 살아야 한다는 것이다. 결혼하였지만 독신을 실현하는 이들이야말로 진정으로 육체의 정욕을 극복한 이들이라 할 수 있다.

날 때부터 고자인 이들은 성의 쾌락을 알지 못한다. 섹스를 처음부터 끊은 처녀들보다 육체의 정욕을 만끽해본 아낙네들이 성욕을 절제하기 더 어려운 법이다. 그래서 어떤 이들은 처녀보다 과부가 더 위대하다고 칭송하기도 했다.

클레멘트는 이 견해에 동의하지는 않았지만, 결혼하여 자녀를 생산하는 성적 의무를 적법하게 수행하고 나머지 시간에는 독신을 수행하는, 즉 일종의 처녀성을 회복한 부부들은 육체적 존재의 틀을 극복해낸 이들이라 믿었다. 그 옛날 아담과 이브가 상실한 영적존재의 특질을 자기 속에 회복한 이들인 것이다. 실제로 오빠 같은 남편, 누이 같은 아내가 된 이들은 육체를 벗어 던지고 욕망의 굴레에서 해방된, 남자와 여자의 구별이 없는, 진정 '천사와 동등한 존재'가 된다고 보았기 때문이다.

나가는 말

1장에서부터 시작된 랍비들과의 대화와 그간의 논의를 정리해보자. 아담과 이브는 에덴의 정원에서 성애를 나누었는가? 미래에 대한 그림에 따라 다르게 대답할 수 있다. 우선 고대 유대 랍비들은 예루살렘의 거리들과 유대의 도성들에 신랑 신부의 기쁨의 탄성이 가득 찰 환희의 시대를 그렸다. 바야흐로 생육과 번성의 계절이 온다. 그때가 되면 땅들이 노래하고 산들이 춤을 출 것이다. 시간의 끝에 펼쳐질 그 낙원에서의 삶이 그러하다면 이를 예시하는 에덴에서의 삶도 이와 같아야 한다는 것이 랍비들의 기본 논리였다. 그들은 이 논리에 따라 에덴의 신랑과 신부는 적합한 예식절차에 따라 성교의 기쁨을 나누고 풍성한 생육과 번성의 축복을 누렸다고 말했다.

이와는 궤를 달리하는 보다 고전적인 유대교 문헌인 〈희년서〉의 저자는 이스라엘이 '거룩한 나라'를 회복하게 될 그 '날'을 그렸다. 미래는 안식일과 성전의 이상이 실현되는 거룩한 시간이며 공간이 될 것이다. 그 거룩한 나라에 성교가 설 자리는 없다. 당연히 이를 예시하는 원초적 시공인 에덴의 정원 '안에서'는 어떤 성적 활동도 발생할 수 없다. 신의 면전에서의 섹스는 망측하기 그지없다. 따라서 〈희년서〉의 저자는 아담과 이브가 사랑을 나누었지만 에덴의 정원에 들어가기 전이었고, 충분한 정결 기간을 거친 다음 정원에 들어갔다고 써야 했다.

고대 기독교인들은 에덴의 정원을 유대교인들과는 사뭇 다르게 색칠했다. 도래하는 하나님의 나라를 외친 예수는 그곳을 결혼이나 성교가 없는 천사적 삶의 공간이라 묘사하였다. 그 나라에서 천사와 동등하게 된 자들이 누리게 될 지복은 이 땅의 사람들이 장가가고 시집가면서 얻는 행복과는 질적으로 다르다(독자들은 이 천상의 나라가 〈희년서〉가 그린 거룩한 나라와는 전혀 다른 그림임을 주지해야 한다).

예수는 아담과 이브가 하나님의 주선으로 부부의 연을 맺었다고 언급했다. 예수가 적어도 어떤 이들의 눈에는 랍비로 보였다는 점을 고려해볼 때, 예수 또한 아담과 이브가 에덴의 정원에서 거행된 신성한 결혼예식의 절차로 성교를 하였다고 보았을 개연성이 있다.

그러나 결혼이 없는 천상적 삶의 나라를 바라본 예수는 이 땅의 삶의 방식인 성과 결혼에 대해서 무덤덤한 반응을 보였다. 결혼이 나쁜 것은 아니지만 독신이 더 나은 삶의 방식이라는 논리였다. 만일 그에게 묻는다면 예수는 에덴의 부부가 누린 기쁨에 대하여 장차 부활의 백성이 의의 나라에서 누리게 될 지복을 부분적으로만, 그리고 불충분하게 보여줄 뿐이라 답하지 않을까?

예수의 사상을 따라간 바울도 에덴의 정원에서 성애가 있었다고 본다. 그런데 그는 아담과 이브의 합법적 성교가 아니라 이브의 외도로 보았다. 그는 에덴의 정원 읽기에 정욕(sexual desire)의 개념을 도입하였다. 이브는 아담의 적법한 아내가 되기 전 욕망을 이기지 못한 창부가 되었다. 따라서 바울에게 에덴의 정원은 새 나라에서의 숭고한 삶을 예시하기보다는 현재 인류가 경험하는 비극적 삶의 원인을 보여주고 있다. 또한 이를 타계할 방도를 알려주는 일종의 교육 모델 역할도 한다. 그는 교회를 마치 순결한 신부로 보았으며, 그런 교회가 신랑인 그리스도에게 인계되는 미래를 내다보았다.

예수와 바울의 가르침을 이어간 기독교인들은 신앙의 노선에 따라 에덴에 대해 두 가지 입장으로 나뉜다. 보다 강경한 신앙 노선을 추구한 급진주의자들은 아담과 이브가 금단의 열매를 먹은 것과 성교를 한 것을 동전의 양면으로 본다. 성은 타락의 결과이며 동시에 인간의 타락성을 보여주는 결정적 증거다. 에덴의 정원은 사탄이 이브의 몸에 심어놓은 꺼지지 않는 육의 욕망이 봇물처럼 터져 흐르는 광란의 공간이다. 물론 이 그림은 이들이 먼저 그려본 미래의 낙원에서 내려다본 것이다. 이들이 그린 미래의 낙원은 인간이 천사들의 지복을 향유하는 영적 공간이다.

이들은 성의 파생물인 생로병사의 육체적 한계에서 해방된 삶을 꿈꾸었으므로 새 낙원의 우월성을 선명하게 보여줄 그림을 그려야 했다. 성욕으로 인한 타락이 인류에게 가져다준 비극을 말한 뒤 이렇게 만든 책임이 누구에게 있는지를 지목할 필요가 있었다. 나아가 새 낙원은 '인간에게 내린 저주와 형벌의 상징이 된 에덴을 파기하고 대체하는 식으로 임하게 될 것'을 드러내는 그림을 그려야 했다. 그 새 낙원에서의 삶을 여기서 미리 살아야 하기에 순결한 처녀의 삶을 숭상하기에 이르렀다.

온건주의자들은 에덴의 정원에 대한 주요 입장과 대단히 큰 시각적 차이를 보여준다. 랍비 전통이나 〈희년서〉는 보다 분명하게 이를 그리고 있으며, 예수와 바울, 급진적 기독교 신앙인들도 대체로는 미래의 그림을 먼저 그려놓고 과거의 그림을 그려 맞췄다. 그러나 온건주의자들은 현재의 관점에서 그림을 그리고자 했다. 그들은 장가가고 시집가는 일을 두고 '지금 여기'를 사는 인류가 보편적으로 공유하고 있는 삶의 본질을 가장 극명하게 정의 내려주는 사건이라 여겼다. 그리고 하나님의 뜻이 이 사건을 통해 실현되어 왔다고 믿었다.

끊임없이 사람을 생산하지 않는다면 하나님이 할 수 있는 일은 대체 뭐란 말인가? 그러니 어떤 종교적, 정치적 목적을 가지고 있든지, 성과 결혼을 금하는 것은 대단히 어리석을뿐더러, 유익하지도 가능하지도 않은 일이라 보았다. 따라서 헛되이 금하려 하기보다는 자연으로서의 성에 이성을 부여하여 질서 있게 사용하도록 하는 것이 가장 바람직한 길이라 보았다.

이러한 현재의 상황과 관점에서 옛 에덴을 그려보라. 성을 아담과 이브의 타락 결과로 어둡게 채색할 수 있겠는가? 또 이 현재의 관점에서 새 낙원을 그려보라. 누구를 먼저 그려 넣을 것인가? 그 천상의 지복을 누리기에 가장 적합한 사람으로 말이다. 가능해 보이지 않는 일을 가능하게 한, 다시 말해 결혼관계 속에서 이성적으로 성을 사용하는 경지에 달한, 아내를 여자가 아닌 누이로, 남편을 남자가 아닌 오라비로 여길 수 있는, 처녀성을 회복한, 남녀구별도 없는, 천사와 동등한 사람 아니겠는가. 온건주의자들은 이렇게 현재 장가가고 시집가는 선남선녀들의 얼굴을 보다 따뜻한 색으로 칠했다.

태초에 순수를 강요받다

죄의 기원에 대한 위험한 상상력

우리는 왜 남녀 간의 자연스런 육체적 사랑을 죄와 연결하는 상상력을 갖게 되었을까? 세상은 어찌하여 순수하고 정신적인 사랑을 강요하는 문화를 갖게 되었을까? 우리는 왜 사랑이 죄로 변하는 순간에 대해서, 혹은 죄가 사랑으로 둔갑하는 것에 대해서 참을 수 없는 분노를 표출하게 되었을까?

순수한 신랑과 신부는 과연 어디에 있을까? 바울은 그리스도와 교회를 정결한 부부로 결혼시키는 중매쟁이가 되고자 하였다. 그의 남다른 신화적 상상력(우주를 설명함에 있어 신의 존재와 역할을 중요하게 여기는 사고체계)과 인문학적 문해력(인류문화에 대한 지식의 정도를 가리키는 말로, 읽고 분석하고 쓰고 이해하는 능력)의 세계로 들어가보자.

4장

가인, 이브와
뱀의 하이브리드

다시 물어보자. 바울은 왜 에덴의 신부 이브를 창녀로 여기게 되었을까? 그리고 고대의 많은 신앙인들은 왜 가인을 이브와 뱀이 간통하여 낳은 일종의 반인반수 하이브리드로 보게 되었을까? 종교개혁자들과 이들의 전통을 이어 받은 개신교 청교도 전통은 어찌하여 성(sex)을 자연(nature)이라 못 박았을까? 어찌하여 그들은 성을 신의 은총(grace)으로 모조리 굴복시켜야 하는 육의 대표적 개념으로 제시하였을까? 화가 크라나흐는 어찌하여 이브를 우윳빛 피부를 가진 뱀의 쌍둥이처럼 그렸을까? 그는 왜 뱀의 상반신을 미혹적인 가슴과 아름다운 목선과 그윽한 눈빛을 지닌 여성으로 그렸을까?

  종교개혁 이후 개신교 전통은 이브를 성의 상징으로, 그리고 자연의 상징으로 그렸다. 자연이 신의 축복을 받은 인간의 정복 대상이 되듯이, 여성은 신의 은총을 받은 남성의 정복 대상이 된다. 실상 여성을 상품화하고 사물화하는 현대의 포르노 문화를 일으키는 데에 혁혁한 공을 세운 이들을 추적한다면 루터와 칼빈 전통을 이어간 개신교도들을 피해 갈 수 없을 것이다. 이들에게 성은 이성과 자연의 조화가 아니라 은총의 영역에 사는 남성들이 다스려야 할 악의 영역이다. 이 영역에서 중요한 것은 이성적인 선택이 아니라 은총 받은 이들의 의지와 동물적 상상력이다. 성은 신의 은총을 받은 남성들이 마음대로 할 수 있는 음지의 영역이 되었다.

독자들에게 이번 장의 제목은 다소간 도발적일 수 있다. 교회를 조금이라도 다녀본 사람이라면 아담과 이브 사이에 태어난 첫째 아들이 가인이라는 것쯤은 안다. 그러나 고대 기독교 형성기에 있어 가인이 누구의 씨를 받았는지는 간단히 답할 수 있는 성경퀴즈 문제가 아니었다. 가인에게는 마치 삼류 드라마처럼 출생의 비밀이 있었다.

랍비 전통의 해석가들은 〈창세기〉 4장 1절을 해석하는 데 상당한 주의를 기울였다. 가인을 낳은 다음 이브는 "내가 여호와로 말미암아 득남하였다"고 외친다. 그런데 이 구절은 야훼와 이브가 친밀한 관계(?)를 맺어 아들을 낳은 것처럼 읽힐 우려가 있었다. 더욱이 아담의 후손들을 소개하는 공식족보는 아담이 130세에 "자기의 모양 곧 자기의 형상과 같은 아들을 낳아 이름을 셋이라 하였다"고 기록하였다(5:3). 하지만 이것과 대조적으로 첫 아들인 가인에 대해서는 어떤 묘사도, 주장도 하지 않고 있다. 따라서 텍스트로만 본다면 해석자의 관심이나 전 이해에 따라서 아담과 가인의 관계가 다르게 읽힐 수 있는 여건이 되어버렸다.

이 문제를 해결하기 위해 후대의 어떤 전통은 이브가 죽음의 천사 사마엘(Sammael)의 유혹에 빠져 성교를 한 후 가인을 잉태하였다고 해석하였다. 뱀이 이브를 속인 사건을 두고 이 전통은 타락한 천사 사마엘이 뱀에 올라타고 이브에게 다가와 수태케 한 것으로 이해한다. 그리고 해산을 하면서 이브는 가인의 형상이 지상의 보통 사람들과는 달리 천상의 존재들의 것임을 보고 '야훼를 말미암아(with the help of Yahweh)' 사람을 생산했다며 외쳤다고 읽는다.[1] 과연 가인은 사람의 아들이었을까, 아니면 뱀 혹은 사탄의 새끼였을까?

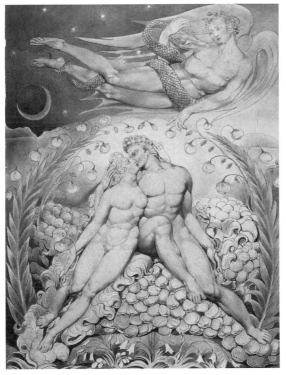

▶ **몰래한 사랑(Not Detected, 1808)**
윌리엄 블레이크의 그림으로, 존 밀턴의 〈실낙원〉 속 삽화로 쓰였다

이브와 뱀의 금지된 사랑

죄의 기원에 대하여 말하고자 할 때 기독교인들은 자연스럽게 〈창세기〉가 들려주는 에덴의 정원에서 생긴 일을 생각하게 된다. 이른바 원죄(Original Sin)라 불리는 인류의 첫 번째 죄에 대해 나오기 때문이다. 아담과 이브의 '타락(the Fall)' 이야기가 서양문학과 예술에 끼친 영향은 이루 말할 수 없다. 천진무구한 존재로서 신과 함께 행복한 삶을 살도록 창조된 남성과 여성이 신의 명령에 불순종함으로써 낙원에서 추방당하고 죽음의 형벌을 받았다는 이야기는 지난 2천 년 동안 수많은 문인들과 예술가들의 상상력을 자극하였다.

서양문화사에서 가장 중요한 책들 중의 하나이며, 인간의 기원과 타락에 대한 서양인들의 종교적 상식이 만들어지는 데 성서만큼 지대한 영향을 준 책이 있다. 바로 존 밀턴(John Milton, 1608~1674)의 서사시 〈실낙원〉이다. "인간의 첫 번째 불순종과 금지된 나무 열매의 치명적인 맛이 세상에 죽음과 우리의 모든 비애를 가져왔다"[2]는 행으로 시작된다. 앞쪽의 삽화는 영국의 낭만주의 시인이자 화가였던 윌리엄 블레이크(William Blake, 1767~1827)가 〈실낙원〉의 한 장면을 묘사한 것이다. 에덴의 정원에 밤이 내렸고, 벌거벗은 아담과 이브는 깊은 사랑을 나누고 있다. 그리고 천사로 가장한 사탄(뱀)이 이를 부러운 듯 훔쳐보고 있다. 다른 동물들의 암컷과는 비교가 안 될 정도로 아름다우며 몸이 매끈매끈한 이브를 아담이 독점하는 것을 뱀은 시기하였다. 그리고 기회를 엿보던 어느 날 뱀은 그녀에게 접근하게 된다.

아래의 삽화는 뱀의 유혹을 받은 이브가 신의 명령을 어기고 선과 악의 지식나무 열매를 따 먹는 장면이다. 서로 몸이 뒤엉킨 이브와 뱀에게 시선이 모아진다. 이브는 뱀과 육체적으로 친밀한 관계를 형성한다. 자신의 관능적인 몸을 감싸며 올라가는 뱀의 몸이 미끄러지지 않도록 이브는 뱀의 허리춤을 손으로 받쳐 자기의 몸에

▶ **유혹과 이브의 타락(The Temptation and the Fall of Eve, 1808)**
앞의 그림과 마찬가지로 윌리엄 블레이크가 그린 〈실낙원〉의 삽화이다

밀착시킨다. 그리고 금단의 열매를 물고 있는 뱀에게 입을 포갠다. 자연스런 키스가 이루어진다. 그러는 동안 아담은 뒤로 돌아서서 먼 하늘만을 바라보고 있다.[3]

〈창세기〉 2~3장이 전하고 있는 아담과 이브의 죄는 단순히 신의 명령에 불순종한 것이다. 사실 이것을 죄라고 명명할 수 있을지도 확실치 않은 일이다. 그러나 아담과 이브의 범죄는 다른 요소들과 뒤섞여 전해졌다. 특히 이브와 뱀의 성적 연루를 강조하는 전통이 더해지면서 신이 금한 금단의 열매는 섹스를 상징하는 것으로 이해하기에 이르렀다. 최근에 옥스퍼드대학교 출판부에서 펴낸 책의 제목이 《Forbidden Fruit : Sex and Religion in the Lives of American Teenagers》이다.[4] 우리말로 옮기자면 '금단의 열매 : 미국 10대들의 섹스와 종교' 정도가 될 것인데, 서양문화에서 이브의 범죄는 성과 관련된 것이라는 전통이 여전히 남아 있음을 보여주는 증거다.

이런 이해는 과연 어디에서 왔을까? 〈창세기〉의 에덴 이야기를 아무리 여러 번 읽어보아도 인류의 첫 번째 죄가 성교와 관계가 있으며, 더욱이 뱀과 이브의 '친밀한 만남'이 인류의 미래를 그르치게 하였다는 흔적을 찾을 길이 없다. 그렇다면 기독교 문화가 지배했던 서양인들과 이들로부터 기독교를 소개받은 한국 기독교인들의 상식 속에 자리하고 있는 이와 같은 위험한 원죄의 상상은 어디에서 온 것일까?

본 책의 10장에서 분명히 드러나겠지만, 이것이 텍스트(즉 〈창세기〉의 본문)에서 온 것이 아님은 명백하다. 그렇다면 텍스트 밖으로부터 텍스트 안으로 유입된 이물질이라는 말이 된다. 인간의 첫 번째 죄를 이브의 성적 탐닉과 관련된 것으로 보는 입장은 〈창세기〉 해석의 전통 가운데 하나다. 원 텍스트와는 무관하지만 그 안으로 투영되어 독자들이 텍스트를 읽고 의미를 결정하는 과정에 중대한 영향을 끼치게 되었다. 이 과정을 이해하기 위해 우선 죄의 기원을 인간에게서 찾는 전통을 간략하게나마 살펴보자.

위험한 상상 1
죄의 기원을 인간에게서 찾다

죄의 기원을 인간에게서 찾는 전통은 기본적으로 〈창세기〉의 에덴 이야기로 소급된다. 이 전통은 에덴 이야기를 해석하고 확장한 후 대의 문헌들, 그중에서 특히 〈시락서(Book of Ben Sira)〉와 〈바룩2서 (2 Baruch)〉, 그리고 〈에스라4서(4 Ezra)〉 등이 그 형성에 기여하였다. 〈창세기〉의 에덴 이야기는 사실 동화처럼 매우 단순하다. 신이 창설한 정원에서 아담과 이브가 신의 명령에 불순종하였다. 그 과정을 도운 인물로 말하는 뱀이 등장하고, 이들은 각각의 잘못에 따라 엄정한 신의 처벌을 받았다. 그 결과 아담과 이브는 정원에서 추방당했고, 뱀은 평생 흙을 먹고 땅을 기며 살게 되었다.

　〈창세기〉의 에덴 이야기는 아담과 이브, 뱀의 죄가 성적인 일탈과 관계있다고 볼 아무런 단서도 제시하지 않는다. 비정상적이거나 불법적 성행위는 물론 성적욕망이나 탐욕이라는 개념도 쓰지 않는다. 아담이 범한 죄는 단순 명료하다. 신의 명령에 대한 불순종, 그 이상도 그 이하도 아니다.

〈창세기〉 이후 유대교의 문헌에서 아담과 이브를 의미 있게 다룬 책은 벤 시라가 쓴 〈시락서〉[5]이다. 그중 초기 기독교 사상가들에게 상당한 영향을 준 구절은 다음의 25장 24절이다.

> 한 여자로부터 죄가 시작되었고 그녀 때문에 우리 모두가 죽는다

이 구절에 대한 전통적인 해석에 의하면 여기에 언급된 한 여자는 바로 〈창세기〉의 이브를 가리킨다. 그녀는 금단의 열매를 먹은 죄를 지었고 그 결과 죽음의 형벌이 인류에게 내려졌다. 이렇게 읽는다면 벤 시라는 적어도 문헌적인 관점에서 볼 때, 이브 때문에 죽음의 형벌이 인류에게 내려졌다고 제일 먼저 주장한 사람이 된다. 그런데 여기에 문제가 있다. 번역과 문맥의 문제이다.

우선 이 구절의 맥락은 에덴의 이브와는 아무런 상관이 없다. 이 구절을 포함하고 있는 문단은 나쁜 아내들이 남편들을 망치게 한다는 내용이다. 이 이유로 잭 레비슨(Jack Levison) 같은 학자는 이를 "(나쁜) 아내가 죄의 시작이다. 그녀 때문에 (남편들) 모두가 죽는다"고 번역해야 한다고 제안하였다.[6] 이 구절은 삶의 지혜를 일깨우는 잠언과 같은 구절이다. 어떤 특정한 여자가 지은 특정한 죄에 대해서 말하는 것이 아니라 남편들을 그릇되게 이끄는 아내들의 부덕에 대해서 말하는 것이다.

바로 앞의 구절이 나쁜 아내가 남편에게 미치는 나쁜 영향에 대해서 말하는 것임을 고려한다면 이 구절의 '한 여자'는 에덴의 이브

를 가리키는 게 분명 아니다. 이 대목에서 죄의 기원을 말하는 것은 이야기 전개상 너무나 갑작스럽고 문맥과 부드럽게 연결되지 않는다.[7] 게다가 이 구절을 에덴의 이브와 연결하여 읽는 것은 〈시락서〉의 전반적인 내용과도 일치하지 않는다. 벤 시라에게 있어 죽음은 죄에 대한 처벌이기보다는 신이 설립한 자연의 일부이다. 죽음이나 죄를 아담과 이브의 불순종과 연결한 구절이 〈시락서〉에는 전혀 나오지 않을뿐더러, 나아가 아담을 높이 칭송하기까지 한다.[8]

〈시락서〉 25장 24절이 〈창세기〉의 이브를 가리킨다고 보는 해석은 바울(로마서 5:12~21, 고린도후서 11:3, 디모데전서 2:14)과 같은 1~2세기의 유대교와 기독교 신앙인들의 신화적 상상력에 상당한 영향을 주었다. 그러나 현대의 연구들은 이 전통의 형성 자체가 읽기와 번역의 오류에 근거하고 있음을 증명해 보인다. 물론 기독교 역사에 있어서 이러한 비평적 읽기와 탐구는 지금 이 시대가 되어서야 가능해진 일이다. 이 구절에 대한 기독교 사상가들의 이해는 고대에서 중세로 가는 길목에 서 있었던 성 어거스틴(St. Augustine, 354~430)의 읽기에서 조금도 나아가지 못했다. 어거스틴은 이 구절을 문헌적 증거로 사용하여 이브의 죄와 죽음을 연결하였고, 그 죄와 죽음의 형벌이 인류 모두에게 유전된다는 자신의 원죄설을 보완하였다.[9]

〈창세기〉의 에덴 이야기 원문에 없는 내용인, 뱀으로 둔갑한 사탄이 이브를 성적으로 유혹했다는 해석이 상식과 전통이 되었듯이 〈시락서〉 25장 24절은 원문의 의도와는 무관하게 이브의 죄와 죽음의 관계를 증명하는 증거로 사용되어 온 셈이다. 이 전통을 잘 이어 받은 문헌들 중에 대표적인 것이 1세기 문헌인 〈에스라4서〉와

〈바룩2서〉이다.[10] 이 두 문헌은 동일한 장르에 속할 뿐만 아니라 역사·시대를 보는 관점도 매우 유사하며, 문제를 풀어가는 방식도 매우 유사하다. 그 중 우리의 논의와 관련하여 아담의 범죄에 대한 유사한 관점 몇 가지를 살펴보자.

"당신이 당신의 명령 하나를 그에게 부과하였고, 그가 그것을 어겼다. 그리고 즉시 당신은 그와 그의 후손들에게 죽음을 지명했다"(에스라4서 3:7)

내가 대답했다. "…… 땅이 아담을 생산하지 않았더라면 더 좋았을 것이다. 아니면 그를 생산했을 때 그에게 죄를 짓지 말도록 가르쳤더라면 좋았을 것이다. 현재는 슬픔 가운데 살아야 하고 죽은 다음에는 형벌을 기대해야 하는 모든 이들에게 이것(아담의 죄)이 대체 무슨 유익을 준단 말인가? 오 아담, 대체 무슨 짓을 한 것인가? 네가 지은 죄를 통해서 불행이 너뿐만이 아니라 너의 후손인 우리에게까지 임했다"(에스라4서 7:116~118)

내가 대답했다. "오 아담, 네 모든 후손들에게 대체 무슨 짓을 한 것인가? 뱀에게 복종한 그 첫 번째 이브에 대하여 무슨 말을 할 수 있을까?"(바룩2서 48:42)

당신은 땅이 아담을 생산하도록 명했다. 그리고 당신은 또한 그에게서 얼마나 많은 수의 사람들이 나와서 당신 앞에서 얼마나 많은

죄를 지을지, 당신을 창조주로 인정하지 않은 이들의 수가 얼마인

지를 안다(바룩2서 48:46)

이 구절들은 죄가 아담에게 기원했다고 분명히 말한다. 아담은 신이 부과한 명령을 어겼고 신은 그와 그의 후손들에게 즉각적으로 죽음을 지정했다. 〈에스라4서〉는 여기서 아담이 범한 중대한 범죄를 전하고 있다. 그의 죄와 인류가 받은 죽음의 형벌을 원인과 결과의 관계로 제시한다. 아담의 죄는 인류에게 죽음을 가져왔을 뿐만이 아니라, 인류로 하여금 선 대신에 악을 향하는 경향성을 가지고 태어나게 했다. 이를 다음과 같이 표현한다.

그 첫 번째 사람이, 악한 마음에 눌려, 범죄했고, 전복되었다. 그에

게서 나온 우리 모두가 그러하듯이 말이다. 그래서 그 질병이 영속

하게 되었다; 토라가 그 악한 뿌리와 함께 백성들의 마음속에 있었

지만 선한 것은 떠났고 악한 것이 남았다(에스라4서 3:21~22)

아담이 죄를 범하게 된 이유는 악한 마음의 무게를 이기지 못했기 때문이다. 그리고 이는 그의 후손 모두의 문제이다. 악을 향하는 경향(그 질병, 그 악한 뿌리)이 모든 사람들의 마음에 배태되어 있다. 선을 행하려는 마음은 떠나고 악한 마음이 남는다. 인류는 아담의 범죄로 인해 죽음뿐만이 아니라 유대랍비들의 죄의 기원에 대한 정통 가르침인 '죄의 경향성(evil inclination)'을 물려받았다.

〈바룩2서〉도 아담에게서 죄의 기원을 찾는 데 동의한다. 위의 구

절들이 밝히고 있듯 첫 번째 인간인 아담과 이브는 그 후손들에게 몹쓸 짓을 했다. 〈바룩2서〉에 따르면 아담은 불멸의 존재로 창조되었을 가능성이 있다. 그러나 그의 범죄의 결과로 육체적 죽음을 당하게 되었다. 그의 범죄는 그 이후로 태어나는 이들에게 죽음을 가져왔다(17:3, 23:4).

〈에스라4서〉와 〈바룩2서〉에서 보이는 죄의 기원과 죽음의 유래에 대한 이러한 내용들은 기독교인들에게 매우 친숙한 내용이다. 다음 장에서 논의하게 될 '아담을 이해하려는' 바울의 시도와 매우 유사하기 때문이다. 정리하자면, 죄의 기원을 인간에게 찾는 전통은 〈창세기〉 에덴 이야기에서 비롯되었다. 〈시락서〉는 비록 저자 벤 시라의 의도와는 무관한, 후대 해석가들의 잘못된 읽기와 번역의 결과지만, 한 여자(이브)에게서 죄가 시작되어 죽음과 질병이 인류에게 형벌로 내려졌다는 해석 전통의 기원이 되었다. 그리고 기독교 형성기에 널리 유포된 〈에스라4서〉와 〈바룩2서〉 같은 고대 유대교와 기독교 문헌들이 죄의 기원을 인간에게서 찾는 전통을 이어 받았다.

위험한 상상 2
죄의 기원을 천사에게서 찾다

〈창세기〉 2~3장이 죄의 기원을 인간에게 찾는 전통의 원조 텍스트라 한다면, 타락한 천사들에게 죄의 기원을 찾는 원조 텍스트가 있다. 보통 '파수꾼의 책(the Book of Watchers)'이라 불리는 〈에녹1서 (1 Enoch)〉의 첫 번째 파트이다.[11] 〈파수꾼의 책〉은 타락한 천사들에 대한 이야기다. 여기에서 우리는 천사들의 타락에 대한 세 가지 다른 이야기를 읽게 된다. 첫 번째는 6~7장의 이야기로 다음의 〈창세기〉 6장 1~4절의 내용을 각색하고 확장한 것이다.

> 사람이 땅에서 번성하기 시작할 때에 그들에게 딸들이 나니, 하나님의 아들들이 사람의 딸들의 아름다움을 보고 자기들이 좋아하는 모든 여자를 아내로 삼는지라. 여호와께서 이르시되 "나의 영이 영원히 사람과 함께 하지 아니하리니 이는 그들이 육신이 됨이라. 그러나 그들의 날은 백이십 년이 되리라" 하시니라. 당시에 땅에는 네피림이 있었고, 그 후에도 하나님의 아들들이 사람의 딸들에게로 들어와 자식을 낳았으니 그들은 용사라. 고대에 명성이 있는 사람들이었더라.

〈에녹1서〉의 저자는 〈창세기〉 6장에 나오는 하나님의 아들들을 천사들로 이해했다. 시간이 지나 사람들의 수가 많아지고 이들에게 아름답고 참한 딸들이 태어났다. 신의 아들들인 천사들이 이들을 보고 욕정을 품게 되었고 "인간의 딸들에게서 아내를 구해 아이들을 낳자"고 서로에게 말한다. 이 천사들의 대장은 셰미하자 (Shemhazai)이다. 셰미하자는 천사들에게 "큰 죄에 대한 책임을 나홀로 지겠다"고 말하며 선동하였다. 그러자 약 200명이나 되는 천사들이 동조하였고, 무슨 일이 있어도 이 계획을 포기하지 말자고 맹세한 후 땅으로 내려온다. 이들은 각자 마음에 드는 여자를 선택해 아내로 삼았고 그들에게 들어가 성애를 나누었다. 또한 마술과 신탁 등 여러 가지 진귀한 것들을 가르쳤다.

시간이 지나자 임신한 여자들이 거인들을 낳았다. 이 거인들은 사람들이 가진 모든 것들을 먹어치웠고 새들과 동물들, 파충류와 물고기들을 모두 해치웠다. 더 이상 나올 것이 없자 이제는 사람들마저 잡아먹기 시작했다. 서로의 육체를 먹고 피를 마셨다. 그러자 땅이 이 무법한 자들에 대항하여 하늘에 호소하기에 이르렀다.

천사들에 대한 두 번째 묘사인 8장은 타락한 천사들이 각각의 가르침을 통해 어떻게 인류를 부패하게 했는지를 요약한다. 그 중 눈에 띄는 것이 아자젤(Azazel)이다. 아자젤은 인간에게 철을 이용하여 각종 무기와 장신구, 보석들을 만드는 지식을 전수하였다. 이를 통해 인간 사회에 폭력과 사통을 증가시켰다. 소멸해가는 인간들은 비명을 질렀고 그들의 비명은 하늘에까지 닿았다.

타락한 천사들에 대한 세 번째 묘사인 9장은 인간의 비명을 들은 천사장들(미가엘, 우리엘, 라파엘, 그리고 가브리엘)이 천상의 신에게 타락한 천사들의 죄를 고하며 처벌을 청원하는 내용이다. 특히 아자젤과 셰미하자를 문제 삼는다. 아자젤은 지상에 불의를 가르쳤고 천상에 보존되어야 할 영원한 비밀들을 누설하였다. 셰미하자는 지도자로서 천사들을 이끌고 내려가 인간의 딸들과 성교하여 자신은 물론 함께 한 천사들을 더럽혔으며 인간의 딸들에게는 온갖 죄악의 길을 가르쳤다.[12]

10장은 천사장들의 탄원을 들은 천상의 신이 이들에게 명을 내리는 내용이다. 노아에게는 임박한 홍수 심판을 알리고, 아자젤과 세미하자를 비롯한 타락한 천사들을 잡아들여 사막 흑암의 구덩이 속에 던져넣고 심판의 날에 이를 때까지 수감하라는 내용을 전한다. 이들은 대 심판의 때에 불 속으로 던져질 것이다. 천상의 신은 또한 인간을 부패시킨 타락한 천사들의 모든 자녀들을 파멸시킬 것을, 그리고 지상으로부터 모든 악행자들을 제거하라 명한다.

10장의 후반부는 회복과 치유를 그린다. 저자는 여기서 의와 진리의 나무가 나타나게 될 때를 말하며 결국 지상의 모든 곳이 의로 경작되는 축복의 동산이 될 미래를 바라본다. 그 날이 되면 모든 압제와 모든 불의와 모든 죄와 모든 불경과 모든 불결로부터 해방된 사람의 자녀들이 의로운 백성이 되고, 세상 모든 나라들이 천상의 신인 하나님을 경외하고 칭송하고 예배하게 될 것이라 말한다.

정리하자면 〈파수꾼의 책〉은 우주의 첫 번째 죄가 인간에게서가 아니라 타락한 천사에게서 유래되었다고 믿는다. 이 문헌의 저자는 〈창세기〉 6장 1~4절과 다른 자료들을 사용하여, 정욕에 사로잡힌 천사들이 세미하자의 지도 아래 지상으로 내려와 사람의 딸들을 탐한 것에서 죄의 기원을 찾는다. 〈창세기〉의 본문은 하나님의 아들들이 인간 여자들을 아내로 삼아 자녀를 낳은 것을 부정적으로 묘사하지 않는다. 이와 대조적으로 〈파수꾼의 책〉은 이 사건을 타락한 천사들이 일으킨 대단히 중대한 죄로 제시한다.

〈창세기〉 6장과는 다르게 〈파수꾼의 책〉은 이 첫 번째 죄를 불법적인 성교와 정욕과 욕망이라는 개념으로 색칠한다. 이 책에 나오는 "하나님의 아들들이 사람의 딸들의 아름다움을 보고 자기들이 좋아하는 모든 여자를 아내로 삼는지라"라는 구절은 〈창세기〉 6장 2절의 중도적인 구절에 "그들(천사들)은 그들(사람의 딸들)을 욕망했다(they desired them)"라는 문구를 첨가했다. 물론 여기 사용된 헬라어 '욕망하다(에피튜메인, epithumein)'라는 동사는 성적욕구를 충족하기 위한 불법적 행동(lust)을 내포한다.[13] 유대교의 종교적 관점에서 볼 때, 이러한 욕망을 품고 이를 충족하려 하는 행위는 불법이며 심각한 죄이다. 〈파수꾼의 책〉 저자는 이 단어를 사용함으로써 천사들의 행위가 죄였음을 분명히 제시하고자 하였다.

천사들과 인간의 딸들의 '죄악 된' 성적 결합은 인류에게 엄청난 재앙을 가져왔다. 이들 사이에서 태어난 거인들은 창조세계에 회복할 수 없는 상처를 입혔다. 사람이건 동물이건 죽이고 먹어치웠으며 그들의 피를 마셨다. 이처럼 잔인한 행위를 통해서 그들은 자연의 질서를 파괴하고 신이 설정한 법을 위반하였다.

가인, 사람의 아들인가 뱀의 새끼인가?

〈창세기〉 6장 1~4절을 확장하고 재구성한 〈파수꾼의 책〉은 타락한 천사들에게서 죄의 기원을 찾는다. 이는 아담과 이브에게서 죄의 기원을 찾는 전통과 함께 죄의 기원에 대한 고대 유대교와 기독교의 주요한 전통이 되었다.[14] 그런데 기원후 1세기 전후로 하여 이 두 가지 전통이 융합되는 현상이 나타난다. 〈에녹1서〉에 속하는 책들 중 1세기 중반에 저술된 〈비유의 책(The Similitudes)〉은 이런 면에 있어서 흥미로운 문헌이다.

이 책의 저자는 파수꾼들이 지은 죄를 언급하는 69장에서 타락한 천사들의 이름 목록을 제시한다. 인간의 딸과 정사를 행하며 천사 자신들의 몸을 더럽히게 한 자로 예콘과 아스브엘(69:4~6)을 지적한 후, 이브를 오도하여 인류에게 죽음을 선사한 천사 가더렐(Gaderel)에 대해 동료 천사들에게 말한다(69:6~8). 이 설정에 따르면 가더렐은 이브를 유혹한 천사다. 에덴 이야기의 뱀을 사탄과 동일시하거나 사탄의 도구로 여기게 되는 후대 전통으로 가는 중간 지점이라 할 수 있다. 죄의 기원을 타락한 천사에게서 찾는 전통과 최초의 인간에게서 찾는 전통이 만나는 지점이기도 하다.[15]

점진적으로 진행되었을 두 전통의 융합현상의 결정판이 《아담과 이브의 생애(The Life of Adam and Eve)》다.[16] 여기에서 우리의 관심은 이 책의 작가가 어떻게 죄의 기원에 대한 두 가지 전통을 융합하고 있는지를 간결하게 살펴보는 것이다. 이는 본 문헌이 묘사하는 죄의 기원과 성격, 그리고 이것이 어떻게 가인과 연결되는지를 살피는 과정이 될 것이다.[17]

그리스어 《아담과 이브의 생애》는 최초의 범죄에 대하여 아담이 들려주는 이야기(7, 8장)와 이브가 들려주는 이야기(15~30장)를 각각 수록하고 있다. 아담의 이야기는 이브를 죄의 주범으로 분명하게 지목한다. 이브의 이야기는 이브가 자신이 행한 죄에 대하여 자서전처럼 진술하는 내용이다. 이브는 아담이 병들어 죽음이 임박하자 한 곳에 모인 자식들 앞에서 이러한 불행의 원인이 되었던 범죄의 상황을 재구성하여 들려준다. 그는 한편으론 죄에 대한 자신의 책임을 인정하면서, 다른 한편으론 본인이 처했던 상황과 그 속의 딜레마 등을 설명한다. 즉 이 모든 게 자기의 의지와 무관하게 진행되었으니 자기 또한 피해자임을 알리려 한다.

죄의 기원에 대하여 아담과 이브가 들려준 이야기들은 〈창세기〉 3장의 뱀을 죄의 주동자로 제시한다. 어떤 장면에서는 첫 번째 죄의 주동자로 하나님의 적인 타락한 천사들(혹은 사탄들)을 지목하면서 한편 뱀을 하나님의 적과 동일시한다(7:2). 이브의 이야기에서 뱀은 디아볼로스(Diabolos, 악마)로 묘사된다. 디아볼로스는 당시 하나님의 적대자를 의미하는 단어로 널리 쓰였는데 이는 곧 악마와 융합되며(15:3, 16:1~2, 16:4, 17:4, 21:3) 사탄과 동일시된다(17:1). 이렇듯 《아담과 이브의 생애》의 저자는 사탄을 신의 적대자이며 인간의 적으로 일관되게 묘사한다(7:2, 15:1, 25:4, 29:3).

이브가 뱀에게 속아 넘어간 과정을 전하는 다음의 16장 1~4절은 뱀이 악마(사탄)와 융합되는 과정을 잘 보여준다.

악마가 뱀에게 "일어나 내게로 와라. 내가 네게 유익을 줄 수 있는 이야기를 들려주겠다"고 말했다. 그리고 뱀이 일어나 오자 그에게 말했다. "내가 듣기로 모든 동물들 중에서 네가 가장 지혜롭다고 해서 네게 모의하고자 왔다. 왜 너는 낙원의 것이 아니라 아담의 가라지를 먹느냐? 일어나라 우리가 그 때문에 낙원에서 내몰린 것처럼, 그를 낙원으로부터 내쫓자." 그러자 뱀이 그에게 말했다. "주께서 내게 저주를 내릴까 두렵다." 악마가 그에게 답했다. "두려워 말라, 너는 단지 내 도구가 되라. 그러면 내가 네 입을 통해서 말을 해 그들을 속이겠다"

악마는 뱀 속에 들어가 뱀의 몸을 도구로 사용하였다. 이렇게 뱀과 악마는 하나가 된다. 이 장면은 '인간에게 죄의 기원을 찾는' 전통이 '타락한 천사들에게서 기원을 찾는' 전통과 융합되는 장면이기도 하다. 《아담과 이브의 생애》는 뱀/악마/사탄을 타락한 천사라는 쪽으로 묘사해 나간다. 다음의 17장 1~2절은 뱀/악마/사탄이 어떻게 천사의 형상을 입고 자신에게 접근했는지를 이브가 묘사하는 구절이다.

> 그(뱀/악마/사탄)는 즉시로 낙원의 울타리에 달라붙었다. 그리고
> 천사들이 신을 예배하기 위해서 올라가자 사탄은 천사의 형상으로
> 나타나 천사들처럼 찬양하였다…… 내가 보니 그는 천사와 같았
> 다. 그가 내게 말했다. "네가 이브냐?" 나는 "그렇다"고 대답했다.

이브가 본 것은 뱀이 아니라 천사의 모습이었다. 여기서 천사의 형상으로 나타나 신을 찬미하는 사탄, 즉 타락한 천사의 이미지가 등장한다. 뱀(악마)은 천사의 모양으로 나타나 천사의 행동으로 이브 앞에 섰다. 그렇게 되면 이브는 자신 있게 말할 수 있다. 자기는 뱀에 유혹되어 죄를 지은 게 아니라 사악한 천사의 유혹을 받아서 그리 되었다고 말이다.

뱀을 타락한 천사로 묘사하는 장면은 라틴어, 아르메니아어, 그리고 조지아어 버전에 '천사의 타락'이라는 주제로 등장한다. 이 버

▶ 사탄의 하강(Satan's Falling, 1868)
프랑스 화가 구스타브 도레(Gustave Doré, 1832~1883)가 밀턴의 〈실낙원〉에 들어갈 삽화를 그렸다. 그림에서 루시퍼가 인간을 타락시키려 하강하고 있다

전들이 전하는 사탄 이야기에 따르면 사탄은 한 때 천상의 천사장들 중 하나였다. 그는 아담을 창조한 신이 천사들에게 '신의 형상'으로 창조된 인간 아담을 경배하라 명하자 이를 거부한다. 아담이 신의 형상을 지녔다는 것에 대한 질투심이 강하게 일었으며, 또한 제아무리 신의 형상을 입었다고 해도 피조물에 불과한 처지인데 그

런 그에게 도저히 경배할 수 없었던 것이다.[18] 신의 명령을 거역한 이 천사를 〈이사야〉 14장 12~15절이 묘사하고 있는 바, 천상의 신보다 더 높아지려다가 하늘에서 떨어진 '계명성(the morning star)'에 연결하는 전통이 여기서 나왔다.[19] 라틴어 성경(the Vulgate)과 이에 영향을 받은 킹 제임스 성경(KJV) 등은 계명성을 사탄의 대명사인 루시퍼(Lucifer)로 번역하였다.

라틴어 《아담과 이브의 생애》는 천사에서 사탄으로 전락한 악마가 다음과 같이 말하는 장면을 수록한다.

> 괴로운 신음을 내면서 악마가 말했다. "오 아담, 내 모든 적대감과 시기, 그리고 분노가 너를 향한다. 너 때문에 내가 추방당했고 천상에서 천사들 가운데서 내가 누렸던 영광으로부터 멀어졌기 때문이다. 너 때문에 나는 땅으로 떨어졌다"(12:1)

《아담과 이브의 생애》의 저자는 죄의 기원을 인간에게서 찾는 전통과 타락한 천사(사탄)에게서 찾는 두 전통을 조화시키려 노력했다. 좋은 예가, 이브를 두 차례에 걸쳐 사탄의 꾀에 넘어간 희생자로 묘사한 것이다. 첫 번째는 위에서 살핀 것처럼 천사의 모양으로 에덴의 이브에게 접근한 장면이다. 두 번째는 〈창세기〉 에덴 이야기에 나오지 않지만 작가가 나름대로 상상력을 발휘하여, 혹은 어떤 전설을 각색하여 삽입한 것으로서 아담과 이브가 참회하는 장면이다. 낙원에서 추방당한 아담은 요단 강에 들어가 40일을 침묵하며 참회하는 시간을 갖기로 했다. 그리고 이브에게는 티그리스 강에 들어가 37일 동안 침묵하며, 신의 법을 어기고 금단의 열매를 먹은 더러운 입을 씻으라 명한다.

이브가 티그리스 강에 들어가 울며 참회하고 있을 때 사탄이 '광명의 천사(the brightness of angels, 라틴어 버전 9:1)'로 가장하여 나타났다.[20] 그는 주께서 아담과 이브가 행한 참회의 탄식과 기도를 들으셨고, 하늘의 모든 천사들이 간청하였으며, 이에 주께서 자기를 보내 참회를 중단하도록 명했으니 이제 그만 물에서 나와 아담에게로 가자고 말한다. 이 말을 들은 이브는 그대로 믿고 물에서 나와 천사로 가장한 사탄과 함께 아담에게로 간다. 아담은 멀리서 이브가 악마와 함께 자기에게 오고 있는 것을 보고는 "오 이브, 이브, 너의 참회는 어디 있느냐? 그 때문에 우리가 낙원의 거주지와 영적인 기쁨으로부터 멀어졌는데, 어찌하여 또 다시 우리의 적에게 속았는가?"라고 탄식한다(10:1~3). 이브는 사탄이 천사로 가장하여 자기를 여러 번 속였다고 말한다(9:1~5).[21] 사탄이 그를 이끌었고(9:4) 유혹했으며(10:3, 18:1) 설득했다(11:1). 작가는 이브가 뱀(혹은 악마, 혹은 사탄)이 주도한 사건의 희생물에 불과하다고 말하고자 한 것은 아닐까?

《아담과 이브의 생애》 작가는 매우 창의적으로 범죄를 재구성하였다. 흥미롭게도 악마는 에덴의 뱀을 자신의 도구로 사용하면서 뱀과 융합하여 하나가 되었다. 앞에서 언급했듯이 악마는 뱀에게 다음과 같이 말하며 설득했다.

두려워 말라 단지 내 도구가 되라 그러면 네 입을 통해서 내가 말을 해 그들을 속이겠다(16:4)

이렇게 뱀과 한 몸이 된 악마는 이제 이브와 한 몸이 된다. 악마는 이브를 자신의 도구로 사용하여 그녀의 입을 통해서 아담에게 말한다. 작가는 이브의 말로 다음과 같이 전한다.

그(아담)가 왔을 때, 나는 내 입을 열었고 악마가 말을 하였다(21:3)

동일한 표현을 사용함으로써 저자는 악마(사탄)를 뱀과 융합시켰을 뿐만 아니라 뱀(악마, 사탄)을 이브와 융합시켜 한 몸이 되게 하였다.[22] 때문에 이브는 "나는 뱀(악마/사탄)의 희생양에 불과하다"라고만 말할 수 없다. 이브 자신도 범죄의 기원자로 참여하게 되기 때문이다. 《아담과 이브의 생애》는 뱀과 사탄과 이브, 이 세 가지 모두 똑같이 유혹자의 역할을 했다고 거의 동일한 어휘를 사용하여 묶어 버린다. 먼저 사탄은 뱀에게 자신의 도구가 되라고 유혹하기 위해 다음과 같이 말한다.

"일어나 내게 와라 그러면 내가 네게 유익이 될 말을 들려주겠다."(16:1)

이브를 유혹하기 위해 온 뱀은 이브에게 다음과 같이 말한다.

"일어나 여기로 내게로 (와) 귀를 기울여라 그리고 저 나무(의 열매)를 먹고 그 가치를 맛보라."(18:1)

아담을 유혹하면서 이브는 다음과 같이 말한다.

"아담, 아담, 어디 있어? 일어나 내게로 와. 그러면 내가 위대한 신비를 보여줄게."(21:1)

흥미롭게도 유혹을 받은 이들은 동일한 방식으로 행동한다. 악마의 유혹을 받은 뱀은 '즉시로(17:1)' 에덴의 울타리에 매달려 이브를 유혹할 기회를 엿보고, 뱀의 유혹을 받은 이브는 빠르게 아담을 설득해 금단의 열매를 먹게 한다.[23] 이러한 예는《아담과 이브의 생애》를 쓴 저자가 죄의 기원에 대한 인간의 전통과 타락한 천사의 전통을 조합하려 한 노력의 결과다. 이와 같은 범죄의 재구성에 따르면, 인류의 첫 번째 죄는 아담을 설득한 이브, 이브를 속인 뱀, 그

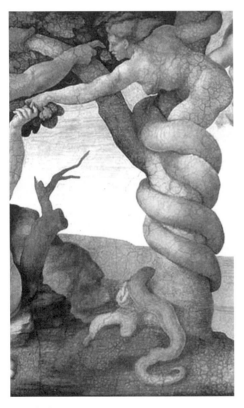

▶ 여성 뱀(Female Serpent, 1510)
미켈란젤로의 벽화 〈아담과 이브의 타락과 추방〉의 세부그림(Fall and Expulsion of Adam and Eve, Sistine Chapel, Vatican, Rome)

리고 뱀을 유혹한 타락한 천사가 얽혀져 발생한 사건이다. 이브는 뱀(사탄, 타락한 천사)의 희생양이면서도, 미켈란젤로의 유명한 벽화에 나오는 모습처럼 무릎 아래부터는 뱀이고 그 위로는 여성인 인물이다. 즉 뱀(사탄, 타락한 천사)과 한 몸이 되어 원초적인 범죄 행각에 적극적으로 참여한 주범인 것이다.

이런 견지에서 볼 때 《아담과 이브의 생애》에 등장하는 다른 인물들이 이브에게 죄의 책임을 묻는 것은 당연하다(그리스어 버전 11:1~3, 라틴어 버전 10:3, 38:1~3). 이브 자신도 반복적으로 자기를 비난한다(그리스어 버전 9:2, 라틴어 버전 18:1~2, 35:2). 이토록 이브는 뱀의 술수에 힘없이 넘어간 가련한 대상이지만, 다른 한편으로는 범죄에 대한 막중한 책임을 져야 하는 주범이기도 하다. 이브는 자기 자신의 죄뿐만 아니라 앞으로 올 모든 세대의 죄에 대하여 책임을 져야 하는 상황이 되어버렸다. 여러 버전의 《아담과 이브의 생애》에서 아담의 입을 통해 이를 선포하고 있다.[24]

이브의 죄는 단순히 섹스를 했기 때문?

〈창세기〉 에덴 이야기에서 아담과 이브가 범한 죄는 신의 명령을 거역하고 금단의 열매를 먹은 것이다. 그러면 《아담과 이브의 생애》는 이 첫 번째 죄를 어떻게 그리고 있을까? 《아담과 이브의 생애》는 신의 명령에 대한 불순종에 성교를 더해서 범죄를 재구성하고 있다. 자신이 지은 죄에 대해서 이야기하면서 이브는 다음과 같이 말한다.

> 내 맹세를 들은 그(뱀/악마/사탄)는 (정원 안으로) 들어와 그 과일
> 위에 사악의 독을 묻혔다 - 그 독은 욕망이었다. 이것이 모든 죄의
> 시작이었다 - 그리고 가지를 땅 위로 굽혔다. 그리고 나는 그 과일
> 을 따 먹었다(19:3)

이브는 뱀이 과일에 바른 '사악의 독(poison of wickedness)'을 욕망
(desire, 에피튜미아)이라 확인하면서 이것이 결국 모든 죄의 기원이었
다고 외친다. 이 짧은 구절에서 아담과 이브의 죄를 성적인 것과 결
부하여 이해하는 기독교 전통과 문화의 시작을 알 수가 있다. 인간
의 첫 번째 죄를 성적인 욕망과 연결하는 전통이 발아되었고, 도래
하는 신의 나라에서는 섹스도 결혼도 없다는 예수의 가르침과 만나
면서 성 자체를 죄악시하는, 성을 대단히 부정적인 것으로 만든 전
통이 등장하였다.

이 구절이 더욱 흥미로운 이유는 여기에 이브와 타락한 천사(사
탄) 간의 성적 연루가 암시되어 있기 때문이다.[25] 〈창세기〉 3장 13
절에서 이브는 뱀이 자신을 '속였다'고 변명한다. 고대 유대랍비들
은 이 구절이 이브와 뱀(타락한 천사)과의 성적 관계를 내포한다고
읽었다.

앞의 1장에서 살펴보았던 것처럼 《미드라쉬 라바》는 뱀이 이브를
속이게 된 이유가, 뱀이 아담과 이브의 성애를 보고 "그녀에 대한
격정을 품게 되었기 때문(18:6)"이라고 설명한다. 그리고 뱀이 흙을

먹고 살아야 하는 형벌을 받은 이유를 "남자를 죽이고 그의 아내를 취하려는 욕망을"(20:5) 가졌었기 때문이라는 것이다. 또한 뱀과 이브 사이에 적대감이 형벌로 주어진 이유에 대하여 "뱀이 욕망했던 것을 그에게 주어지지 않게 하기 위해서"(20:5)라 말한다.

바벨론 탈무드 문헌들은 에덴에서의 범죄를 이브와 뱀의 색욕에 중점을 두어 해석한다. 바벨론 탈무드 〈소타(Sotah)〉에 따르면, 이브는 뱀을 위해 눈을 치장했으며 머리를 매만졌다. 그녀는 자신의 손가락으로 뱀에게 신호를 보낸 뒤 그를 위해 허리띠를 풀었다. 이브는 뱀을 향해 넓적다리를 내밀었고, 그를 자신의 몸으로 받았다. 이로써 그녀의 배가 부어올랐다(9:a).[26] 또한 이 문헌에 따르면, 에덴의 뱀은 자신에게 적절하지 않은 대상에게 눈을 맞췄다. 그는 "아담을 죽여 이브와 결혼하겠다"고 말했다. 이 때문에 그와 이브 사이에 적대적 관계라는 형벌이 주어진 것이다. 이 원초적 탈선을 분석하면서 한 랍비는 "그녀(이브)가 자신의 넓적다리로 범죄를 시작하였다"고 말한다. 또 다른 바벨론 탈무드 〈예바모쓰(Yebamoth)〉는 "뱀이 이브와 성교를 하였을 때 그녀에게 욕정(lust)를 불어넣었다"는 랍비 요하난(R. Johanan)의 보다 직설적인 기록을 남긴다(103b).

아람어 해석전통의 문헌인 〈랍비 엘리에젤의 장(Pirke de Rabbi Eliezer)〉 21장은 그(사마엘)가 뱀에 올라타고 이브에게 와서 성교를 하고 이브를 임신시켰다고 전한다.[27] 《위-요나단》은 〈창세기〉 3장 6절에서 자신에게 다가온 뱀에게서 죽음의 천사 사마엘을 보고 두려워하는 이브를 묘사하고 있다. 그리고 〈창세기〉 4장 1~2절을 다음과 같이 각색한다.

"아담은 자신의 아내 이브가 주의 천사 사마엘로부터 임신을 했다는 것을 '알았다'. 후에 이브는 자신의 남편 아담으로부터 딸 쌍둥이와 아벨을 낳았다."

《위-요나단》의 저자에 따르면 아담은 이브와 동침하기 전에 사마엘이 먼저 이브와 섹스를 하여 그녀를 임신시켰다는 것을 알고 있었다. 이브와 아담 사이에서 나온 자녀는 아벨과 두 쌍둥이 딸이다. 가인은 사마엘과 이브 사이에서 태어난 '천사와 인간의 하이브리드'였다. 이 구절에 대한 다른 버전에 따르면, 아담은 이브가 천사에게 욕정을 품었고, 그와의 관계에서 가인을 잉태했다는 것을 "알았다." 가인을 낳은 이브는 '내가 신의 천사, 남자를 생산했다'고 외쳤다.

그런데 놀랍게도 이 버전은 이브가 아담으로부터 가인의 쌍둥이 동생 아벨을 낳았다고 전한다.[28] 이는 대단히 흥미로운 내용이 아닐 수 없다. 이브는 사마엘과의 관계에서 가인을 잉태하였고, 얼마 후 아담과의 관계에서 아벨을 잉태하였다. 현대의학에서 매우 희귀하게나마 발생한다고 보고하는 이부 다태임신(heteropaternal superfecundation)이다. 가인은 뱀(사탄)의 씨를, 아벨은 아담의 씨를 받은 쌍둥이 형제란 말이다.

가인이 이브와 타락한 천사 사이에서 태어난 반신반인이라는 믿음은 〈창세기〉 5장 3절에서 셋을 아담의 형상을 닮은 아들로 거명하고 있다는 데에서 발아되었다. 이와는 대조적으로 〈창세기〉 4장 1절에는 가인과 관련된 아담의 주장이나 어떤 언급도 없으므로 고대 해석가들은 가인이 아담의 아들이 아닐 수 있다고 추론하게 되었다. 《위-요나단》은 〈창세기〉 5장 3절을 해석하면서, 이브가 낳은 가인은 아담을 닮지 않았으며 이는 그가 아담의 아들이 아니기 때문이라고 명백히 밝힌다. 위에서 살펴본 바벨론 탈무드의 작가들은 뱀이 이브와 성교를 하여 그녀에게 정욕을 주사했다고 해석하고 있지만, 뱀이 가인의 아버지였다고 직접적으로 기록하고 있지는 않다. 아람어 전통의 《위-요나단》은 가인의 아버지로 타락한 천사 사마엘을 지명한 최초의 문헌이라 할 수 있다.[29]

게리 엔더슨(Gary Anderson)은 〈창세기〉 3장 13절에 나오는 뱀의 '속임'이 후대의 그리스어와 라틴어 해석 문헌들에서 새로운 국면을 맞이했다고 지적한다. 속임이라는 단어의 일차적 의미가 그대로 보존되면서 훨씬 위험한 면이 추가되었다. 그리스어와 라틴어 성경과 관련 문헌들을 읽는 독자들은 뱀이 이브를 속였다는 문구를 읽을 때 둘 사이의 성적연루를 상상하는 것이 가능해졌다. 이 치명적인 의미의 융합을 통해 이브는 가혹하리만큼 사악한 인물로 재탄생된다. 그녀는 이제 신의 명령에 불복해 금단의 열매를 따먹었을 뿐만이 아니라 뱀(사탄, 타락한 천사)과의 섹스를 통해서 "가인이라는 악마적 존재를 생산한" 여인이 된다.[30]

재앙과도 같은 가인의 출생

〈창세기〉 4장은 아담과 이브 사이에서 태어난 형제 가인과 아벨 이야기이다. 이 이야기에서 가인은 자신의 동생을 살해한 죄로 신의 벌을 받아 유랑자가 된다. 그리스어《아담과 이브의 생애》는 가인과 아벨의 이야기를 각색하여 전한다. 먼저 눈에 띄는 것은 가인과 아벨에게 각각 더해진 다른 이름이다. 가인에게는 아디아포토스(Adiaphotos), 아벨에게는 아밀라베스(Amilabes)라는 이름이 더해졌다.

'아디아포토스'라는 이름의 뜻이 흥미롭다. 이 이름은 '빛이 없는 자'라는 뜻으로 조명 받지 못한 자, 불투명한 자, 혹은 어두운 영혼을 가진 자 등으로 이해될 수 있다. 이는 가인의 본질을 잘 묘사하는 이름이 아닐 수 없다.[31] 그런데 어떤 버전들은 이와는 반대의 뜻을 가진 이름인 '디아포토스(diaphotos)'를 가인에게 더했다. 이는 '빛으로 가득하다'란 의미로 광명자의 이미지를 강조한 이름이다.[32] 이러한 상반된 이름을 준 것은 문헌들을 필사하는 과정에서 생긴 단순오류일 수 있겠지만, 마이클 엘드리지(Michael Eldridge) 같은 학자는 이 모순을 설득력 있게 설명한다.

그에 의하면 이 두 가지 이름이 비록 문자적으로 상반된 뜻을 지니고 있지만 이야기가 진행되는 상황의 관점에서 보면 공통된 한 가지를 가리킨다고 볼 수 있다. '저주의 아들'인 가인을 '빛이 결여된' 존재로 묘사하는 것은 전혀 이상한 일이 아니다. 그리고 조지아어 버전에서 그를 빛이 가득한 존재로 묘사하는 것도 이상한 일이 아니라 한다. 가인의 탄생 시 그의 몸이 '별들의 색깔과 같았다'(아르메니아어 및 조지아어 버전 21:3)고 묘사하고 있기 때문이다. 이 묘사는 물론 가인이 악한 천사의 자식임을 가리키는 것이다.[33]

가인을 이브와 뱀(사탄) 사이에 태어난 반신반인으로 여기는 개념은 〈파수꾼의 책〉에 나오는 타락한 천사들과 인간의 딸들 사이에서 태어난 괴물들을 모델로 삼았을 것이다. 《아담과 이브의 생애》의 버전들은 이 전통을 배경으로 하면서 가인에게 두 가지 서로 상반되는 이름을 부여하여 가인의 비인간적 출생을 강조하였을 것이다. 이로써 가인을 인간과 타락한 천상적 존재의 하이브리드로 제시하는 동시에, 그의 어머니 이브가 행한 사탄적 존재와의 불경한 성교가 그의 기원이 되었음을 보이고자 했을 터이다.[34]

가인에 대한 극단적이리만치 부정적인 묘사를 읽어보면 그의 괴물적 태생과 본성을 느끼게 한다. 〈창세기〉 4장은 가인이 자신의 동생 아벨을 살해한 일에 대해 기록하고 있지만, 그럼에도 그가 신의 특별보호를 받게 되었다는 사실과 인류문명의 아버지가 되었다는 사실을 알리고 있다. 다시 말해 가인의 본성에 대한 부정적 묘사가 다소간 완화된 것이다. 하지만 그리스어 《아담과 이브의 생애》는 〈창세기〉가 그리는 것보다 훨씬 더 잔인한 가인을 묘사한다. 이브는 꿈에 아벨의 피가 가인의 입 속으로 쏟아져 들어가는 것을 보았다. 가인은 조금도 자비를 보이지 않고 그 피를 마셔버렸다. 아벨이 조금만 남겨 달라고 간청했지만 가인은 듣지 않았으며 완전히 삼켜버렸다. 그리고 그 피는 그의 배 속에 머물지 않고 역류하여 다시 그의 입으로부터 쏟아져 나왔다(2:2~3).

가인의 끔찍한 잔인성에 대한 이러한 묘사는 〈파수꾼의 책〉이 전하고 있는 타락한 천사들과 인간의 딸들 사이에서 태어난 거인들의 잔인성과 유사하다.[35] 거인들은 모든 동물들을 잡아먹었으며 그들의 피를 마셔 창조세계의 질서를 유린하였다. 〈창세기〉의 가인 이야기가 아담과 이브의 죄(인간이 신의 명을 어긴 죄)에 이어지는 또 하나의 인간적인 죄(인간이 동료 인간에게 상해를 입힌 죄)를 기록하고 있다면, 《아담과 이브의 생애》와 같은 해석 전통은 가인의 죄를 그의 기원에서부터 보여주는 방식을 따른다. 가인은 초자연적 외모를 지녔으며, 그 잔인성이 극단에 이르렀고 인간의 피를 마시는 혐오스런 존재였다. 이는 '타락한 천사'라는 전통을 상기시키며 독자들의 눈을 다시 그의 어머니인 이브에게로 향하게 한다. 결국 이브가 타락한 천사와 나눈 불법적인 성애가 이러한 재앙을 불러왔다는 얘기다.[36]

초기 기독교인들은 어떻게 이해했나?

고대 기독교 문헌들에서도 뱀(타락한 천사)과 이브의 성교를 원초적 범죄의 내용으로 이해한 것들이 있다. 그중 2세기 문헌인 〈야고보의 복음(Protevangelium of James)〉의 내용이 흥미롭다. 마리아와 정혼한 요셉은 아직 결혼 예식을 올리기 전에 자신의 정혼녀의 배가 불러온 것을 발견하였다. 그리고 다음과 같이 반응한다.

> 그는 자신의 얼굴을 때리고, 상복을 입고 땅에 주저앉아 심히 울면서 "내가 어떻게 주 신을 바라보아야 한단 말인가? 내가 그녀를 위해서 무엇을 기도해야 한단 말인가? 그녀를 신의 전으로부터 처녀로 데려와놓고 지키지 못했는데 누가 내게 이 올가미를 놓았는가? 누가 내 집에서 악한 일을 했는가? 누가 내게서 처녀를 훔쳐 그녀

를 욕보였는가? 아담의 이야기가 내게서 반복된 것인가? 아담이
신을 영화롭게 하는 동안 뱀이 와서 이브가 혼자 있는 것을 보고
그녀를 속이고 욕보였다. 이 일이 내게도 일어났다(13:2~5)

2세기 이후의 문헌인 〈바돌로메의 질문들(Questions of Bartholomew)〉
의 작가는 신이 흙으로 아담을 창조하고 신의 형상을 지닌 그를 경
배하라 했을 때 이를 거역하여 추방된 천사 아즈라엘(Azrael)을 등장
시킨다. 그는 자신이 어떻게 땅에 떨어졌는지를 설명하면서, 이에
대한 보복으로 아담을 망하게 할 요량으로 이브에게 접근했다고 말
한다. 그는 낙원의 강물에 자신의 젖가슴과 겨드랑이의 땀을 씻어
흐르게 했다. 이를 마신 이브는 정욕(에피튜미아)에 물들어 사탄의 성
적 유혹에 넘어가게 되었다.[37]

영지주의 문헌인 〈빌립의 복음(The Gospel of Philip)〉은 동생 아벨
을 죽인 가인의 잔인성이 이브와 뱀 사이의 간음에서 유래되었다
고 설명하며 그를 '뱀 아들'이라 묘사한다.[38] 역시 영지주의 문헌인
〈요한의 밀서(The Secret Book of John)〉는 물질의 세상을 창조하고 다
스린 저열한 신 얄다바오쓰(Yaldabaoth)가 이브를 겁탈하여 낳은 이
들이 가인과 아벨이라 말한다. 물질 세상의 첫 번째 통치자가 원래
아담의 아내로 창조된 이브를 강간하면서 그녀 속에 성적 욕망을
심었고, 이로 인해 오늘날까지 성교가 만연하게 되었다는 설명이
다.[39]

기독교의 형성기에는 이와 같은 내용을 수록하고 있는 고대 유대
교와 기독교의 외경/위경들이 널리 유포되고 읽혀졌다. 이때 활동

한 교부들 중 여러 명이 이브의 죄를 성교와 관련된 것으로 보고 또한 이것이 가인의 출생과 관련이 있다고 생각하게 된 것은 전혀 이상한 일이 아니었다. 대표적으로 터툴리안(Tertullian, 155/160~220)을 들 수 있다. 그는 여성을 '악마가 나오는 문(Devil's Gate)'으로 폄하하여 기독교 전통과 문화에 여성혐오주의를 장착시킨 인물이다. 그에 의하면 각각의 여성은 모두 이브이므로 모든 여성이 이브에게 내려진 신의 형벌을 져야 한다. 모든 여성이 악마에게 문을 열어준 바로 그 이브와 동일한 존재이기 때문이다. 이브가 먼저 금단의 열매를 따먹었을 뿐만 아니라 악마가 자신의 힘만으로는 결코 제압할 수 없는 신의 형상을 지닌 남자 아담을 망하게 하였다. 이로 인해 신의 아들(그리스도)까지 결국 죽게 된 것이다.[40]

터툴리안의 이와 같은 여성혐오주의 배경에는 이브의 첫 번째 섹스가 악마와의 사이에서 진행되었고, 그 결과로 아들(가인)이 태어났다는 이해가 자리한다. 터툴리안의 저서 중 인내의 유익과 성급함의 해악에 대한 책이 있다. 그는 이 책에서 성급함이 태초의 악마에게서 기원했다고 말하며, 이것이 어떻게 살인마 가인의 출생에까지 영향을 주었는지를 논의한다.

신이 세상을 창조하였을 때 모든 피조물들로 하여금 신의 형상을 지닌 사람(아담)에게 복종하게 하였다. 그러나 악마는 이를 대단히 고통스럽게 여겼으며 그런 위치에 있는 아담을 질투하였다. 참지 못함과 질투심에 가득한 그는 여자에게 접근하였다. 여자는 그를 만나자마자 그의 참지 못하는 영에 오염되었다. 그녀는 더 이상 인내심 있게 신의 명령을 지킬 수 없게 되었다. 그녀는 그 악한 자

(뱀/악마)에게 들은 이야기를 혼자 삼키지 못하고 아담에게 전달하였다. 이로써 아담 역시 인내하지 못하는 균을 받아 신과 낙원에서의 친밀한 교제를 버리고 그에게 대항하게 되었다. 참지 못하는 악마를 만난 이브는 참지 못하고 그의 씨를 받아 아들을 낳았으며, 자신의 참지 못하는 방식으로 그를 양육했다. 그리고 그 결과 참지 못하는 살인마 가인을 길러냈다.[41]

신약성서 정경의 저자들은 가인을 사악한 인물로 묘사하고 있지만 출생의 비밀에 대해서는 거의 언급하고 있지 않다. 더욱이 사탄이나 악마를 타락한 천사로 보는 이해는 구약성서에서 유래를 찾기 힘들며 신약성서의 기록이 모두 끝난 후인 2~3세기 기독교 문화의 산물이다. 때문에 가인을 타락한 천사인 악마의 후손으로 보는 견해는 절대로 신약성서에서 찾을 수 없다.[42] 그럼에도 1세기 후반이나 2세기 초에 저술되었을 〈요한1서〉의 가인에 대한 묘사가 관심을 끈다.[43]

> 죄를 짓는 자는 마귀에게 속하나니 마귀는 처음부터 범죄함이라…… 하나님께로부터 난 자마다 죄를 짓지 아니하나니 이는 하나님의 씨가 그의 속에 거함이요, 그도 범죄하지 못하는 것은 하나님께로부터 났음이라. 이러므로 하나님의 자녀들과 마귀의 자녀들이 드러나나니…… 가인 같이 하지 말라. 그는 악한 자에게 속하여 그 아우를 죽였으니……(3:8~12)

〈요한1서〉의 저자는 신에게서 난 자, 혹은 신의 씨를 받은 신의 자녀들과 마귀(악마, 사탄)에게 속한 마귀의 자녀들을 구별한다. 당연히 가인을 악한 자에게 속한 인물로 묘사하고 있다. 마귀는 처음부터(태초부터) 범죄한 존재이며, 가인은 이 악한 자에게 속한다. '악한 자에게 속하여'의 헬라어 원문은 '에크 토 포네로스(ek tou poneros)'로, 여기에 사용된 전치사 '에크'는 영어의 'of'나 'from'처럼 기원이나 출처를 밝히는 단어이다.[44] '악한 자'는 물론 앞에 나오는 마귀(악마, 사탄)와 동일한 인물이다. 〈요한1서〉의 저자는 그 내용을 명시하지는 않고 있지만, 이 악한 자(마귀)가 태초에 지은 죄를 알고 있다. 그리고 하나님에게서 나온 자들이 하나님의 씨를 지닌 하나님의 자녀이듯, 마귀에게서 나온 자들은 마귀의 씨를 지닌 마귀의 자녀들이라 믿고 있다.

이로써 〈요한1서〉의 저자는 가인을 마귀가 태초에 지은 죄의 열매로, 마귀의 씨를 받은 마귀의 자녀로 이해하고 있다는 추론이 가능해진다. 이와 관련하여 〈요한복음〉의 예수가 유대인들을 향해 던진 비난의 말도 흥미롭다. 한 여인이 간음하다가 현장에서 잡혀 예수 앞에까지 끌려왔다. 이때 예수는 '죄 없는 자가 먼저 돌을 던지라'는 유명한 말을 한다. 그리고 이어지는 이야기에서 예수는 자신을 '세상의 빛'이라고 선언하며 자신을 따르는 이들은 생명의 빛을 얻을 것이라 말한다(8:12). 이 말을 불편하게 여긴 바리새인들이 문제를 제기하자 예수는 자기에 대한 자신의 증언이 참되다고 반박하는 중에 다음과 같이 말한다.

너희는 너희 아비가 행한 일들을 하는도다…… 너희는 너희 아비

마귀에게서 났으니 너희 아비의 욕심(정욕)대로 너희도 행하고자 하느니라. 그는 처음부터 살인한 자요 진리가 그 속에 없으므로 진리에 서지 못하고 거짓을 말할 때마다 제 것으로 말하나니 이는 그가 거짓말쟁이요 거짓의 아비가 되었음이라. 내가 진리를 말하므로 너희가 나를 믿지 아니하는도다(요한복음 8:41~45)

예수의 말이 묘사하고 있는 내용들은 에덴의 정원에서 벌어진 태초의 사건에 대한 원시 기독교인들의 이해를 반영하고 있다. 태초에 뱀/마귀가 있었다. 그는 정욕(에피튜미아)이 이끄는 대로 (이브에게 접근하여) 거짓을 말하며 그녀를 유혹했다. 그리고 그녀와의 사이에서 자식을 낳았다. 그 자식은 거짓의 아비가 되었으며, 〈요한복음〉의 예수에 따르면 아브라함의 후손이라 여기는 유대인들 모두가 태초의 살인자요 거짓말쟁이인 뱀과 가인의 후예들이다.[45]

나가는 말

마지막으로 이브와 뱀(타락한 천사)의 관계에 대한 바울의 이해를 살펴볼 필요가 있다. 2장에서 살핀 것처럼, 바울은 고린도교회에 보내는 편지에서 교인들을 이브에 비교한다. 그는 자신이 일종의 중매쟁이 노릇을 하여 고린도교회의 교우들을 "순결한 처녀(a pure virgin)"로 "남편 될 그리스도와 약혼시켰다"고 말한다. 그런데 이들은 바울이 보기에 마치 뱀의 간사한 꾀에 속아 순결을 잃은 이브처럼, 거짓 사도들의 가르침에 속아 그리스도에 대한 진실함과 순결함을 잃어가고 있다. 바울은 이들에게 자신이 가르친 것과 다른 것을 가르치는 이들을 가리켜 "거짓 사도요, 속이는 일꾼들이요, 그리스도의 사도로 가장하는 자들"이라 밝히면서 "사탄도 빛의 천사로 가장한다"고 말한다(고린도후서 11:2~15).

이 점이 흥미롭다. '순결한 처녀'로서의 신부라는 표현과, 뱀의 유혹을 받아 순결을 잃게 된 이브라는 이미지가 교차된다. 바울은 이브의 죄가 성적인 것과 연관이 있음을 믿었던 것이 분명하다. 이브가 순결(처녀성)을 잃었다면 그는 자신의 적법한 신랑인 아담과 합궁하여 결혼을 완성하기 전에 누군가와 은밀한 관계를 맺었다는 말이다. 에덴에는 아담과 신을 제외한다면 다른 남성은 일절 등장하지 않기에 이브의 은밀한 성적 파트너가 될 수 있는 유일한 인물은 사람처럼 말을 하는 뱀밖에 없다. 그리고 바울은 놀랍게도《아담과 이브의 생애》의 저자처럼, 뱀의 유혹을 광명의 천사로 가장한 사탄(14절)의 유혹이라 해석한다.[46] 결국 뱀과 한 몸이 된 사탄과 이브의 성적인 관계를 암시하고 있다.

물론 바울은 이 금지된 사랑의 열매가 가인이었다고 밝히는 데까지는 나아가지 않는다.[47] 이런 위험한 상상은 앞서 말했듯이 바울이 활동하던 시기에서 적어도 100~200년이 더 흐른 후에나 구체화된다.

5장

아담은 검정 소인가,
하얀 소인가?

〈에녹1서〉에 수록된 세 번째 문헌(83~90장)인 〈꿈 비전의 책(The Book of Dream Visions)〉[1] 85장은 에녹이 꿈에 본 환상을 그리고 있다. 그의 꿈에는 에덴 이야기의 아담과 이브, 이들의 아들인 가인과 아벨과 셋을 각각 상징하는 소들이 등장한다.

먼저 소 한 마리가 땅으로부터 나왔다. 순결을 상징하는 눈처럼 하얀 소(아담)였다. 그 다음에 암소 한 마리(이브)와 두 마리의 송아지가 동시에 땅에서 나왔다. 그 중 한 마리는 검정색(가인)이었으며, 다른 한 마리는 붉은색(아벨)이었다. 그런데 어느 날 검은 소가 붉은 소를 뿔로 받아 죽여버렸다. 시간이 흘러 크게 자라난 검은 소와 암소가 짝짓기를 하였다. 그들 사이에서 그 검은 소를 닮은 많은 송아지들이 태어났다. 한편 가장 먼저 땅에서 나왔던 하얀 소는 사라진 붉은 소를 찾지 못해 슬퍼하는 암소를 위로했다. 그리고 그 과정에서 그와 짝짓기를 하였다. 그렇게 해서 하얀 소 한 마리(셋)가 또 태어났다. 그 후에도 암소는 하얀 소와의 사이에서 많은 하얀 소들을, 그 검정 소와의 사이에서 많은 검정 소들을 낳았다.

이 이야기의 저자는 에덴 이야기를 나름대로 각색하면서 등장인물들의 혈연관계를 완전히 다르게 설정하였다. 우선 이브는 아담의 배필로 창조되지 않았다. 가인과 아벨은 이브와 아담의 아들이 아니라 이브와 동시에 땅에서 나온 그녀의 형제들처럼 묘사되었다. 이브는 두 명의 남성을 상대로 아들들을 낳았다. 먼저 가인과의 사이에서 사악한 인간들을 낳았고, 아담과의 사이에서 의로운 인간들을 낳았다.

이러한 재구성은 몇 가지 흥미로운 모티브를 반영한다. 첫째, 이브의 역할에 대한 이해가 이채롭다. 그녀는 아담과 가인의 아내가 되었다. 이브는 아담을 통해서 의인의 씨를 전달하고, 가인을 통해서 악인의 씨를 퍼뜨린 여인이다. 이브에게 죄를 물어야 하는지, 아니면 상을 주어야 하는지가 불분명하다. 이브에 대한 종교사적 평가가 여전히 진행 중이었던 문화적 환경을 반영하고 있다. 둘째, 이러한 재구성은 죄인으로서의 인간을 이해하는 데 있어 색다른 그림을 그리게 한다. 사람은 의인과 악인으로 정해져서 태어난다는 일종의 결정론적 인간론이다. 여기에 '원죄'라는 개념은 설 곳이 없다. 죄는 한 사람의 범죄에서 기원한 것이 아니라 각각의 인간이 가지고 태어날 수도, 가지고 태어나지 않을 수도 있는 것이다.

셋째, 굳이 죄의 시작점으로서의 원죄를 말한다면, 검은 소 가인이 붉은 소 아벨을 죽인 사건을 지목할 수 있다. 그러나 가인 또한 태어날 때부터 검은 소로 태어났으니, 그의 죄에 대한 책임이 백 퍼

▶ 가인(Cain, 1917)
표현주의와 인상주의의 경계에서 작업한 독일 작가 로비스 코린트(Lovis Corinth)의 작품으로,
가인이 돌을 내리쳐 동생 아벨을 죽이고 있다(개인 소장품)

센트 그에게 있다고 말하기는 힘들다. 넷째, 이 이야기에서 우리의
눈길을 단번에 사로잡는 것은 단연코 아담에 대한 평가이다. 〈꿈 비
전의 책〉의 저자가 바라본 아담은 순결의 상징이다. 하얀 소로 창조
된 아담은 이후에 오는 모든 하얀 소들의 조상이다. 각 개인이 가지
고 태어나는 죄에 대해서 그는 어떤 책임도 없다. 오히려 검은 소들
이 지배하게 될 세상에 하얀 소의 씨를 퍼뜨려 그나마 세상을 밝게

만들어준 영예로운 사람이다. 어두움이 지배하는 역사의 질곡에서 하얀 소로 고결하게 산 아담은 장차 구현될 신의 나라에서 살게 될 신인류의 모델이다.

바울의 인문학적 문해력 따라잡기

하얀 소가 정말로 아담의 상징이 될 수 있을까? 종교문화사적인 측면에서 볼 때 하얀 소가 아담이라는 평가는 과연 정당할까? 기독교가 등장하기 전까지는 〈창세기〉 에덴 이야기의 독점적 독자들이었던 고대 유대인들이 죄인이 아니라 영화로운 존재로 아담을 읽는 전통을 발전시키게 된 이유와 근거는 무엇일까? 하얀 소 아담이라는 메타포, 즉 순결한 아담이라는 개념이 대부분의 기독교인들에게 대단히 생경하며 수용하기 힘들어진 연유는 무엇일까? 대답하기 어려운 질문들이지만 이 마지막 질문에 대한 답은 비교적 용이하다. 기독교인들이 하얀 소 아담을 상상하기 힘든 이유는 기독교의 교리적 근간을 세운 바울이 아담을 검정 소로 확정한 그림을 전해주었기 때문이다.

하얀 소가 아담의 메타포로서 정당한지에 대한 물음의 답은 독자들이 어떤 전통에 서서 읽고 이해하는가에 따라서 달라질 수 있다. 전 장에서 다룬 이브나 가인의 경우와 마찬가지로, 아담에 대한 이해는 종교문화사적 관점에서 볼 때 원전인 에덴 이야기가 아니라 후대에 발전한 해석전통이 결정한다. 아담을 원죄의 책임이 있는 사람으로 이해하는 것은 기독교 안에서 발전한 '한 가지' 해석전통에서 나온 것이다. 이 전통의 형성에 가장 큰 영향을 준 이가 바로 바울이다. 그의 가르침을 액면 그대로 따르는 전통에서 생각하는 독자들에게 순결한 아담이라는 이해가 생소하게 느껴지는 건 당연하다.

적어도 교리적인 측면에서만 본다면 기독교는 바울의 종교라 해도 과언이 아니다. 예수가 어떻게 '그리스도인'이 되었는가를 묻고 답하는 최근의 연구들이 보여주듯이,[2] 역사적 예수가 선포하고 가르친 내용들은 현재의 기독교가 정통 교리로 받드는 내용들과 상당한 차이를 보인다. 그 중에서도 가장 흥미로운 것이 죄와 죽음의 기원을 에덴의 아담에게 돌리는 이른 바 '아담유형론'이다. 이는 예수를 둘째 아담으로 묘사하며 그가 첫 번째 아담으로부터 유래된 죄와 죽음의 문제를 해결하였다고 주장한다.

기독교인들이 상식으로 여기는 이러한 내용의 인류 구원사는 물론 예수에게서 온 것이 아니다. 예수의 전기문이라 할 수 있는 복음서들에 등장하는 예수는 아담을 대체하는 둘째 아담으로 자기를 인식하지 않았다. 인류의 죄와 죽음의 문제를 아담에게 전가하기는커녕 그의 이름조차도 거명하지 않았다. 그래서 더 흥미롭다.

기독교 교리의 핵심은 그리스도를 통한 구원의 은총이다. 여기서 구원이라 함은 천국 혹은 새롭게 열리는 시대(신의 나라)에서 부활하여 영원한 생명을 누리게 된다는 것을 뜻한다. 그런데 그리스도를 믿어 구원의 은총을 받는다는 교리를 설득력 있게 제시하고자 한다면, 우선 죽음을 대단히 부정적이며 비극적인 실재로 그려야 한다.

그리고 이를 위해 죽음의 기원과 관련된 어두운 이야기를 상상해야 한다. 물론 이러한 상상의 절정은 이 땅에 죽음을 불러온 천인공노할 일을 저지른 '검정 소'가 될 것이다.

기독교 역사에서 이 작업을 처음이자 매우 조직적으로 수행하여 기독교 구원론의 교리적 근간을 마련한 이가 바울이다. 그는 아담을 인류에게 죽음을 가져온 역사적 인물로 지목하였다. 그리고 죽음을 불러온 원초적 사건으로 아담의 범죄를 그렸다. 그런 다음 한 개인이었던 아담이 지은 죄와 그로 인한 죽음이 어떻게 온 인류에게 미치는 보편적인 현상이 되었는지를 숙고하였다. 마지막 작업으로, 바울은 그 보편적인 죄와 죽음의 문제가 어떻게 한 사람, 즉 그가 둘째 아담이라고 부른 예수를 통해 완전히 극복되었는지를 구상하였다.

이 장에서 우리의 관심은 바울이 그린 아담의 문화사적 배경을 살피는 것이다. 소 메타포를 이용하여 결론부터 말하자면, 아담을 검정 소로, 그리고 그리스도를 하얀 소로 그린 아담유형론은 1세기 근동의 문화에서 바울이 행한 창작작업의 결과물이다. 물론 바울은 아담을 역사적 인물로 보았을 것이 분명하다. 그리스도의 종교적 의미와 역할을 강조하려는 신학적 작업의 일환으로, 죄와 죽음과 같은 보편적 현상의 주범을 찾고자 한 바울에게 아담은 역사적 인물이어야 했다. 물론 바울이 그를 어떻게 보았는지가 아담의 역사성을 증명해주는 것은 아니다.

당대의 문화적 환경 속에서 바라본다면, 아담은 고대 문학작품들 속에 여러 가지 모습으로 등장하는 캐릭터(인물)이다. 바울은 분명 아담을 역사적 인물로 그리고자 했고, 그를 역사적 인물인 예수 그리스도와 연결하고자 했다. 그러나 우리가 아담을 역사적 인물로 보는 견해에 동의하는 문제와는 별개로, 작업의 결과는 당대 여러 작가들이 그렸던 아담 그림들 중 (기독교인들에게는 가장 중요한) 하나 였다는 사실은 달라지지 않는다. 각각의 문헌에 그려진 캐릭터 아 담은 그 문헌을 쓴 작가 개인의 신화적 상상력과 나름대로의 인문 학적 소양에서 나온 작품이었을 것이다.

이는 바울의 아담에 대해서도 동일하게 적용시킬 수 있다. 비록 바울이 인류의 생물학적 기원에 대한 이해에 근거하여 아담을 역사 속 실존인물이라 믿었을지라도, 그리고 기독교가 이를 전적으로 지 지한다 할지라도, 바울의 아담이 여러 아담 그림들 중 하나라는 사 실은 달라질 수가 없다.[3]

〈꿈 비전의 책〉 저자가 하얀 소 아담을 그린 것처럼, 바울은 (물론 직접 이런 표현을 쓴 것은 아니지만) 검정 소 아담을 그렸다. 에덴 이야 기 해석 전통에 등장하는 아담은 하얀 소로도, 검정 소로도, 그리고 회색이나 누렁이로도 그려질 수 있었다. 그런데 아래 이어지는 탐 구를 통해 드러나겠지만, 유독 바울만이 아담을 100퍼센트 완전히 검은 소로 그려냈다. 대단히 흥미로운 일이 아닐 수 없다.

아래에서는 우선 바울 이전의 고대 유대교 문헌들에 등장하는 아 담을 간략하게 소개하고, 바울이 활동했던 1세기 문헌들 속의 아담 을 다루고자 한다. 〈꿈 비전의 책〉 저자가 사용한 '소'라는 메타포 를 이용해 각각의 문헌이 그려내는 아담이 어떤 색의 소인지를 명 시하려 한다. 그리고 결론부에서 이러한 문화적 환경 속에서 바울이 창의적으로 제시한 아담유형론을 재고해볼 것이다.

바울 이전의 작가들이 그린 아담

고대 유대교의 문헌들 가운데 아담을 진지하게 다루는 글들은 실상 많지 않다. 기원선 2세기의 문헌들인 〈시락서〉와 〈지혜서〉, 〈에녹1서〉, 〈희년서〉 그리고 1세기 초반에 활동한 필로(Philo)의 글이 전부라 할 수 있다. 이스라엘 서안지구의 쿰란(Qumran)에서 발굴된 사해문서(The Dead Sea Scrolls)에 아담을 언급하는 구절들이 있지만 단편적으로만 존재한다. 〈에녹1서〉는 이미 살펴보았으므로, 이 단락에서는 〈시락서〉와 〈희년서〉 그리고 〈지혜서〉에 표현된 아담에 한정하여 살펴보고자 한다. 필로의 글은 바울에 앞서지만 바울과 동일한 세기에 저술된 것을 감안하여 바울의 동시대인들이 남긴 글들을 다루는 다음 섹션에서 살펴볼 것이다.

시락서
구약성경 〈창세기〉 이후 아담을 의미 있게 언급하는 첫 번째 문헌은 전 장에서 소개한 바 있는 〈시락서〉이다. 〈시락서〉는 아담과 관련하여 여러 가지 흥미로운 내용들을 전한다.

첫째, 기독교인들의 상식과는 다르게 저자 벤 시라는 죽음과 노동을 아담과 이브의 죄 때문에 부과된 것이 아니라 자연의 일부로 보고 있다. 아담과 이브를 포함한 지상의 모든 생물들은 땅으로부터 와서 땅으로 돌아가게 되어 있다(16:31, 17:1). 인간이 이 땅에서 살 기간도 길어야 100년으로 이미 설정되었다(18:9). 신이 인간에게 지식과 이해력을 주었으며, 선한 일들과 악한 일들의 예를 보였다 (17:7).[4] 인간이 경험하는 모든 노고는 아담의 죄에 대한 형벌이 아니라 모든 인간이 원래 그렇게 살기로 되어 있는 것이다(40:7).

둘째, 역시 기독교인들의 상식과는 다르게 〈시락서〉는 아담을 드높인다.[5] 저자는 신에게 불순종한 악명 높았던 인물 목록(16:6~16)에 아담을 포함시키지 않았다. 그리고 마지막 부분에 유대 역사 속의 위대한 인물들을 찬양하는 시를 게재하며, 마지막 행을 다음과 같이 쓴다.

'셈과 셋과 에노스는 대단히 영예로운 사람들이었다. 그러나 모든 다른 창조된 존재들 위에 아담이 있었다'(49:16)

위대한 인물 목록의 서두가 아니라 이를 마감하는 구절에서 아담의 이름을 언급하는 것이 이채롭다. 위대한 인물들 가운데서도 가장 위대한 존재로 아담을 높이고자 한 것이리라. 죽음을 자연의 일부로 상정하고, 아담을 존귀한 인물로 찬양하고 있다는 사실은 〈시락서〉의 저자가 아담을 '하얀 소'로 보고 있는 것이 분명하다.

희년서

기원전 160~150년경 문서인 〈희년서〉는 아담을 제사장적인 인물로 묘사하고 있다. 특히 에덴의 정원을 성전으로 그려내고 있는 점을 감안한다면 〈희년서〉의 작가가 아담을 '신을 섬기는 제사장적 인물'로 제시하고 있는 점 또한 자연스럽게 읽힌다.

아담은 범죄 이후 자신의 죄를 참회하는 제사를 드린다. 제사장들이 신 앞에 서기 위해 자신의 수치를 가려야 하듯이 아담도 수치를 가린다(3:26~31). 〈창세기〉 에덴 이야기 본문과 비교해볼 때 아담의 죽음에 대한 〈희년서〉 저자의 묘사가 눈에 띈다. 아담이 죽자 그의 자녀들은 주검을 그가 창조되었던 땅에 장사 지낸다. 이로써 아담은 '흙에서 왔으니 흙으로 돌아갈 것이라'는 자연의 보편적인 질서를 이룬 첫 번째 사람이 된다(4:29).

〈희년서〉는 아담이 천 년에서 70년이 부족한 930세를 살고 죽게 된 이유를 설명한다. 천 년은 천상에서의 하루와 같은 시간이다. 따라서 지식나무의 열매를 먹으면 '먹는 그날에 정녕 죽으리라' 말한 신의 예견이 이루어진 것이다(4:30). 이러한 전개에는 아담에게 내려진 형벌이 아담에게만 내려진 것이지 그 후손들에게는 적용되지 않는나는 이해가 남겨 있다.

죽음은 보편적인 자연현상이다. 아담은 언젠가 죽게 될 것이지만, 신의 명을 어긴 죄로 인해 예정보다 짧게 (천상의) 하루를 채우지 못하고 죽게 된 것이다. 이와 유사한 견해를 랍비들의 문헌인 《미드라쉬 라바》도 표명하고 있다(창세기 라바 16:6, 19:8).[6] 아담은 비록 잘못을 했지만 여전히 제사장의 직무를 수행한 긍정적인 인물이며, 그가 범한 죄의 효력이 인류 모두에게 미치지는 않는다. 그런 점에서 〈희년서〉의 아담은 희거나 검은색도 아닌 누렁이라 할 수 있으리라.

지혜서

기원전 50년 전후로 저술되었을 것으로 추정되는 〈지혜서(The Book of Wisdom)〉[7]는 여성으로 의인화된 지혜(Lady Wisdom)의 구원 활동을 그리고 있다. 지혜가 구원해준 의로운 인물 7인의 예를, 각각 대응하는 악인과 대조하면서 소개하는 장면이 나온다. 이때 아담은 첫 번째 의인으로 가인과 짝을 이루어 등장한다. 지혜는 첫 번째로 창조된 세상의 아버지 곧 아담을 보호했다. 그녀(지혜)는 범죄로부터 그를 구원했으며 그에게 모든 것들을 다스릴 힘을 주었다. 그러나 불의한 자인 가인은 분노 속에서 그녀를 떠나 동생 아벨을 죽였기 때문에 소멸되었다. 가인으로 인해 홍수가 나자 지혜는 세상을 구했으며, 의로운 노아를 나무 조각으로 인도하였다(10:1~4).

이러한 이야기의 재구성을 통해서 〈지혜서〉는 지혜가 세상을 원래의 모습으로 되돌려 놓았으며, 그 과정에서 아담은 처벌을 면하고 원래의 영화로운 자리로 복귀했다고 밝힌다.[8] "의로운 자들의 영혼들은 신의 손 안에 있기에 어떤 고통도 이들을 손대지 못한다. 이들에게 죽음이 임할 때 무지한 자들의 눈에는 이들이 죽는 것처럼 보이지만, 사실은 평화를 누리는 것이다"(3:1~3).

사악한 가인에게 살해당한 의로운 아벨만이 아니라 범죄로부터 사면 받아 원래의 자리로 복권된 아담도 의인의 삶과 죽음의 조건을 누린다. 반면에 불의한 자들은 육체적 죽음을 맞이할 때 진짜 죽음을 당하게 되고, 돌아올 수 없는 지하세계인 하데스(Hades)로 내려가 고통을 받을 것이며, 심판의 날에 어떤 위로도 받지 못하게 될 것이다(3:18).

이러한 내용은 아담이 저지른 범죄의 결과로 그와 인류에게 죽음의 형벌이 부과되었다고 믿는 전통에서 벗어나 있다. 의인이 맞이하는 죽음은 진짜 죽음이 아니며 사실상 평강의 세계로 들어가는 것이라는 사상은 죽음 자체도 나쁘게 보지 않는다. 화자로 등장하는 솔로몬을 통해 "나는 죽어야 할 운명의 사람으로, 모든 사람들과 마찬가지로 처음에 흙으로 만들어진 그의 후손이라"(7:1)고 말함으로써 저자는 죽음을 흙에서 온 존재가 흙으로 돌아가는 자연현상으로 묘사하고 있다. 그러니 〈지혜서〉의 아담은 하얀색이 감도는 누렁이라 할 수 있다.

바울과 동시대인들이 그린 아담

기원전 20년경 알렉산드리아에서 태어나 1세기 초반에 활동한 유대 사상가 필로가 쓴 《세계 창조에 대한 모세의 설명(The Account of the Creation of the World, As Given by Moses)》, 《창세기 2~3장에 대한 알레고리적 해석(The Allegorical Interpretation of Genesis 2~3)》, 그리고 《창세기에 대한 질문과 대답들(Questions and Answers on Genesis)》이 아담에 대한 해석을 전하고 있다. 그리고 1세기 중반에 활동한 바울의 〈로마서〉와 〈고린도전서〉 등의 서신들에서도 아담 이야기를 보게 된다.

그 다음 바울보다 한두 세대 정도 후에 작성되었을 〈에스라4서〉와 〈바룩2서〉가 있다. 서기 95년경에 기록되었다고 여겨지는 요세푸스(Josephus)의 《유대인들의 태고사(Antiquitates Judaicae, 한국판 제목은 '유대고대사')》에도 아담에 대한 이해가 등장한다. 그리고 1세기 말이나 2세기에 기록되었을 《아담과 이브의 생애》가 아담에 대한 당시 신앙인들의 이해를 보여주는 대표적인 글이다.

아래에서는 위의 문헌들이 그려내고 있는 아담의 모습을 간략하게 살필 것이다(이브에게 모든 죄를 전가하는 아담이 등장하는 《아담과 이브의 생애》는 전 장에서 어느 정도 소개가 되었기에 여기서는 다루지 않는다). 그리고 이 문헌들과 저작연대가 겹치는 중요한 문헌인 위-필로의 《성서태고사(Pseudo-Philo's Biblical Antiquities)》를 보다 상세하게 읽어보고자 한다.

필로의 글

필로가 묘사한 아담에 대해 연구하기 전에, 우리는 우선 두 명의 아담이 존재한다는 필로의 주장부터 이해해야 한다. 필로는 신의 형상을 모델로 하여 말씀으로 창조된 완전한 존재인 〈창세기〉 1장의 아담(1:27)과, 흙으로 창조되어 결국 신의 명령을 어기는 2장의 아담(2:7) 사이의 불일치를 주목하였다. 어떻게 그토록 완전한 존재가 그렇게 쉽게 죄를 범할 수 있다는 말인가? 이에 필로는 1장의 인간을 천상의 아담(heavenly Adam)으로, 그리고 2장의 인간을 지상의 아담(earthly Adam)으로 묘사하였다.

첫 번째 아담인 천상의 아담은 신의 형상으로 태어난 로고스 혹은 순수개념 같은 존재로, 부패할 수 있는 어떤 물질적 특성도 가지고 있지 않았다. 반면 둘째 아담인 지상의 첫 인간은 부패와 변질이 가능한 물질로 창조되었다.[9] 에덴의 정원에 등장하는 아담이 물질적인 자극에 영향을 받는 둘째 아담이다.

플라톤철학 전통에 서 있던 필로는 인간을 불멸하는 이성, 혹은 영혼과 필연적으로 사멸될 육체의 혼합체로 보았다. 아담과 이브가 지식나무 열매를 따먹었음에도 신의 경고와는 달리 즉각적으로 죽지 않고 오히려 장수하면서 자손을 낳은 것을 염두에 두었다. 그리고 필로는 신이 아담에게 부과한 죽음의 형벌에 대한 입장을 《창세기 2~3장에 대한 알레고리적 해석》에서 다음과 같이 진술한다.

> 그는 "네가 먹는 날에 너는 죽음을 죽게(die the death) 될 것이라" 말한다. 그러나 그들은 먹은 후에 죽지 않았고 오히려 아이들을 생산하는 생명의 저자가 된다. 이에 대하여 무엇을 말할 수 있는가? (신이 말한) 그 죽음에는 두 가지 종류가 있다. 하나는 인간의 일반적인 죽음이고, 다른 하나는 특별한 영혼의 죽음이다. 인간의 죽음은 영혼이 몸으로부터 분리되는 것이지만 영혼의 죽음은 덕의 파괴와 사악함의 등장이다. 바로 이 이유 때문에 신은 단지 죽을 것이라 말하지 않고, 죽음을 죽게 될 것이라 말한다. 이는 누구에게나 일반적인 죽음을 가리키는 것이 아니고, 특별한 죽음 즉 영혼이 격정(passions)들과 모든 류의 사악함 속으로 매장되는 죽음을 가리킨다…… 신이 "죽음을 죽는다" 말할 때, 이것은 자연의 원래 법칙 속에서 발생하는 그 죽음을 말하는 것이 아니고, 형벌로 받는 죽음을 말한다. 자연적 죽음은 영이 몸을 떠나는 것이지만, 형벌로 받는 죽음은 영이 덕의 생애를 마감하고 오직 사악함의 생애를 사는 것이다(1:105~107)

필로는 아담과 이브의 범죄가 모든 인간이 경험하는 육체적 죽음의 원인이라고 믿지 않았다. 육체적 죽음은 자연의 일부이다. 아담이 범죄로 인해 죽게 된 죽음은 특별한 의미의 죽음이다. 영 혹은 이성이 더 이상 덕의 생애를 살지 않고 사악함의 생애를 살게 된다는 의미의 영적 죽음이라 할 수 있다. 나아가 아담에게 부여된 이 영적 죽음이 모든 사람에게 유전되는 것은 아니다. 영/이성과 육의 혼합체였던 아담이 자신의 영적 죽음에 책임이 있듯이, 인간 개개인은 그러한 존재로서 각자의 영적 죽음에 대한 책임이 있다. 필로는 죽음에 대한 이러한 이해를《창세기에 대한 질문과 대답들》에서 모든 사람들에게 적용하며 다음과 같이 말한다.

'너는 죽음을 죽게 될 것이다'라는 말은 무슨 의미인가? 가치 있는 인간들의 죽음은 또 다른 생애의 시작이다. 생명은 이중적이기 때문이다. 하나는 부패하는 몸과 함께하는 생명이고, 다른 하나는 몸이 없으며 부패하지 않는 생명이다. 악한 인간은 설령 숨을 쉬고 있다 할지라도 죽음을 죽는다…… 그러나 참되고 가치 있는 사람은 죽음을 죽지 않고, 오래 장수한 이후에 영원 속으로 들어간다. 즉 영원한 생명으로 태어나는 것이다(1:16)

아담과 이브가 지식나무의 열매를 따먹은 이후에 구체적으로 어떤 상태에 있었는지에 대하여 필로는《세계 창조에 대한 모세의 설명》에서 다음과 같이 진술한다.

그 아내가 (뱀의 말에) 동의하고 그 과일을 먹었다. 그리고 자기 남편에게도 일부를 주었다. 이것이 그들로 하여금 즉각적으로 순진함과 결백의 상태에서 벗어나 사악함의 상태로 들어가게 했다. 아버지는 분노 가운데 그들에게 어울리는 처벌을 내렸다. 그들의 행위는, 그들이 먹었다면 장수하며 행복한 생애를 살게 되었을 불멸하는 영원한 생명나무를 지나쳤다는 면에서 (신의) 격노를 살 만했다. 대신 그들은 순식간에 지나갈 그리고 필연적으로 죽게 될 생애를 선택했다. 실상 이는 존재라고도 할 수 없는, 불행이 가득한 얼마간의 기간이라 할 수 있다(156)

필로는 신의 형벌로 육체적 죽음이 내려졌다는 견해에 동의하지 않는다. 아담은 행복을 영위하며 장수할 기회를 잃었을 뿐이다. 그는 언젠가 죽게 되어 있었지만, 범죄의 결과로 불행이 가득한 얼마간의 생애만을 영위하게 되었다. 필로는 신이 아담과 이브에게 즉각적인 육체적 멸망의 형벌을 부과할 수도 있었지만 그들에게 자비를 베풀어 씨를 생산할 수 있도록 허락했다. 이로써 필로는 육체적 죽음은 신이 태초의 인간에게 내린 형벌이 아님을 거듭 표명한다. 필로의 아담을 소의 메타포로 표현하자면 천상의 아담은 단연코 순백의 소이며, 에덴의 아담은 다소 밝은색의 누렁이라 할 수 있겠다.

에스라4서, 바룩2서
전 장에서 다루었던 것처럼 〈에스라4서〉와 〈바룩2서〉는 죄의 기원을 인간에게서 찾는 전통을 이어가는 주요문헌이다. 두 문헌의 저자 모두 아담에게서 죄가 기원하였으며, 그로 인해 인류가 죽음의 형벌을 받았다고 주장한다. 그런데 두 문헌은 죄와 죽음의 기원에 대해서는 일치하지만 보편적인 인간에 대한 이해에 있어서는 상당한 차이를 보인다. 간단히 말해, 인간의 본성에 대한 이해에 있어 〈바룩2서〉의 저자는 〈에스라4서〉의 저자보다는 낙관적이다.

〈에스라4서〉의 저자는 말한다. 인간 안에 더 이상 율법의 가르침을 따라 살려는 선한 마음은 없고 악을 향하는 마음만이 남았다고 말이다. 인간이 죄의 경향성에서 벗어나는 것은 불가하다고 본 것이다. 이 견해와 달리 〈바룩2서〉의 저자는 아담은 자신의 죄에 대해서만 책임이 있으며, 마찬가지로 각 개인은 오로지 자신의 죄에 대해서만 책임이 있다고 생각한다(54:19). 인간은 선과 악 사이에서 선택할 능력이 있으며, 따라서 자신의 행위에 대한 책임을 져야 하는 윤리적 존재이다. 이러한 관점에서 본다면 〈바룩2서〉가 그리고 있는 미래는 전적으로 개인이 하기에 달려 있다.

비록 아담이 처음으로 죄를 짓고 이로 인해 인류에게 죽음이 도래했지만, 각각의 인간은 스스로 다가오는 영광과 심판을 준비하고 선택할 수 있다(54:15~16). 개개인이 받게 될 미래의 보상이나 형벌은 아담의 범죄 여부와는 상관이 없다는 말이다. 소의 메타포를 사용하자면 〈에스라4서〉와 〈바룩2서〉의 아담은 인류에게 임한 죽음의 형벌에 책임이 있다는 면에서 다소간 검정색이 감도는 진한 누렁이라 할 수 있겠다.

요세푸스의《유대인들의 태고사》

《유대인들의 태고사》[10]에서 볼 수 있는 요세푸스의 아담 읽기는 두 가지 면에서 독특하다. 첫째는 뱀이 이브에게 접근하여 지식나무의 열매를 먹지 말라는 신의 명을 어기도록 한 이유이다. 뱀은 아담과 이브가 너무나 행복하게 사는 것을 보고 질투심에 사로 잡혀, 만일 이들이 신의 명령에 불순종하면 그 행복이 무너질 것이라 예상했다. 이에 뱀은 지식나무의 열매를 먹으면 신의 경지에 이르는 행복을 영위하게 될 것이라 이브에게 말한다(1:4).

둘째는 아담과 이브가 원래 영위하기로 되어 있었던 삶과, 범죄 이후에 달라진 삶의 조건에 대한 묘사이다. 아담과 이브에게 지식나무의 열매를 먹지 말라 말하는 장면을 기록하면서, 요세푸스는 먹으면 그 날로 죽게 될 것이라 말한 신의 경고문에 변화를 준다. 죽음의 형벌을 득정적으로 말하지 않고 대신 삶이 파괴될 것이라 표현하였다. 범죄 이후 아담과 이브의 삶의 조건이 크게 달라졌다. 신은 이 태초의 부부가 아무런 고통과 염려 그리고 영혼의 절치부심 없이 행복한 생애를 살도록 결정했었다. 존재하는 모든 것들이 이들의 즐거움에 기여하고, 그 즐거움은 신의 보호와 섭리 안에서 더욱 커지도록 되어 있었다. 그런데 죄를 범한 아담과 이브는 상당한 노고와 고통을 감내해야 하는 상태로 빠져버렸다. 노고와 고통은 노령화를 가속시켰고 결과적으로 죽음을 빠르게 만나게끔 하였다(1:4).

이러한 전개를 통해 요세푸스는 죽음이 신의 형벌로 내려진 것이라는 이해에서 벗어난다. 언젠가 찾아오기로 되어 있던 죽음이지만 두 사람의 죄 때문에 앞당겨졌을 뿐이다. 죄의 결과가 인류에게 미치는 것은 아니라는 점을 강조한다면 요세푸스의 아담은 어둡지 않은 누렁이라 할 수 있다.

위-필로의 《성서태고사》

위-필로(Pseudo-Philo, 이 책이 처음 소개되었을 때 알렉산드리아의 필로가 쓴 것이라 알려졌는데 나중에야 필로의 책이 아니었음이 밝혀졌다. 정확한 저자를 알 수 없어서 위(僞, pseudo) 자를 붙여 필로와의 문헌적 연관성을 보이려 한 의도가 들어 있다)의 《성서태고사》[11]는 1~2세기를 살았던 유대인들과 초기 기독교인들의 믿음의 세계를 보여주는 탁월한 문학작품이다. 우리는 여기에서 매우 독특하게 그려진 아담을 만나게 된다.

《성서태고사》에서 아담이 처음으로 의미 있게 언급되는 곳은 13장이다. 여기서 저자는 모세가 이동식 신전인 성막과 언약궤, 제단, 제사장들의 복장, 성유 등 이스라엘의 종교제의와 관련된 것들을 만드는 장면을 보여준다. 또한 희생제물로 쓰기에 적당한 동물들에 관한 규정, 무교절이나 초막절과 같이 기념해야 할 축제일에 대해서도 이야기한다. 이와 같이 이스라엘의 종교제의와 관련된 것들을 설립하는 장면을 소개하는 맥락에서 하나님이 모세에게 다음과 같이 말했다고 기록한다.

> 나는 온 땅을 위한 비를 기억할 것이며, 계절의 (운행)방식을 정할 것이다. 나는 별들을 두고 구름에게 명할 것이다. 그리고 바람은 소리를 발할 것이며, 번개가 내리칠 것이며, 천둥의 소용돌이가 있

을 것이다. 그리고 이것이 영원한 징표가 될 것이며, 지상에 홍수
를 내린 후 내가 말했던 것처럼 밤이 이슬을 생산할 것이다(13:7)

이러한 우주의 현상은 대홍수 이후 하나님의 다짐과 관련이 있다.

노아는 주님 앞에 제단을 쌓고, 모든 정결한 집짐승과 정결한 새들
가운데서 제물을 골라서 제단 위에 번제물로 바쳤다. 주께서 그 향
기를 맡으시고서 마음속으로 다짐하셨다. "다시는 사람이 악하다
고 하여서 땅을 저주하지는 않겠다. 사람은 어릴 때부터 그 마음의
생각이 악하기 마련이다. 다시는 이번에 한 것 같이 모든 생물을
없애지는 않겠다. 땅이 있는 한 뿌리는 때와 거두는 때, 추위와 더
위, 여름과 겨울, 낮과 밤이 그치지 아니할 것이다"(3:20~22)

그런데 모세가 제정한 종교제의를 말하는 장면에서 저자가 노아
를 회상하는 이유는 무엇일까? 당연히 모세와 노아를 연결하기 위
해서이다. 《성서태고사》의 저자는 모세를 통해서 이루어진 성막제
의와 희생제사가 곧 하나님이 노아와 맺은 언약이 확고하게 정립되
고 꽃을 피운 사건이라고 이해하였다. 실제로 구약 이스라엘의 역
사에서 대홍수를 면한 노아가 방주에서 나와 제사를 거행한 사건
과, 모세가 이집트에 종살이 하던 이스라엘 백성들을 이끌고 나와
가나안으로 가는 도중 광야에서 시작한 성막제의 및 제사장들이 주
관하는 희생제사는 역사적 관련성이 없다.
하지만 《성서태고사》의 저자는 이스라엘의 거룩한 종교제의를

노아가 시작하고 모세가 완성하였노라고 말하고자 하였다. 이 맥락에서 하나님은 전에 노아에게 보였던 바를 모세에게 다음과 같이 설명한다.

바로 여기가 내가 첫 번째로 창조된 사람에게 '만일 내가 너에게 명한 것에서 벗어나지 않으면 모든 것들이 너의 지배하에 있을 것이다'라고 가르쳤던 곳이다. 그러나 그는 나의 길에서 벗어났고, 뱀에게 유혹 받은 자신의 아내에게 설득되었다. 그리고 그 후 죽음이 인간의 세대들에게 제정되었다. 그리고 주께서 낙원의 길을 그(노아)에게 보이시며 말씀하셨다. 이 길이 인간이 잃어버린 길이다. 그들은 나에 대항하여 죄를 지었기 때문에 이 길을 걷지 못하게 되었다(13:8~9)

매우 흥미로운 전개이다. 본 문헌의 저자는 아담이 죄를 지어 하나님의 길에서 벗어났으며, 그렇게 아담과 그 후손들이 잃게 된 낙원의 길을 하나님이 노아에게 보여주었다고 말한다. 그리고 노아가 본 그 낙원의 길을 지금 모세가 그대로 보고 있는 것처럼 묘사하고 있다. 그러면서 저자는 인간을 구원하는 문제에 대해서 하나님이 모세에게 다음과 같이 말했다고 전한다.

그들이 내 길을 걸어간다면 나는 결코 그들을 버리지 않을 것이다. 오히려 언제나 그들에게 자비를 베풀 것이며, 그 후손들을 축복할 것이다. 그러면 땅은 열매를 생산하기를 재촉할 것이며, 그들을 이롭게 하는 비가 내릴 것이고, 땅은 결코 불모지가 되지 않을 것이다. 그러나 그들은 부패한 길을 가게 될 것이며 나는 그들을 버리게 될 것임을 나는 확실히 안다. 그들은 내가 그들의 조상들과 맺은 언약을 잊을 것이다. 그러나 나는 그들을 영원히 잊지는 않을 것이다. 마지막 날에 그들은 나의 길에 충실한 반면 그들의 후손들은 자신들이 범한 죄 때문에 버려졌다는 것을 알게 될 것이다(13:10)

여기서 아담과 노아 그리고 모세가 인과관계로 연결된다. 아담의 범죄로 인해 땅은 저주를 받아 생명력을 상실하고 가시덤불과 엉겅퀴를 내는 불모지가 되었다. 아담이 순종했었다면 인류에게 낙원의 길이 여전히 열려 있었을 것이다. 인류는 아담의 예를 따라 하나님의 길을 걷지 않음으로써 낙원의 길을 상실하였다. 그러나 중대한 반전이 일어났다. 노아의 제사를 흠향한 하나님은 다시는 인간의 악 때문에 땅을 저주하지 않겠다 다짐하며 우주의 질서를 원래대로 회복시켰고, 사계절의 변화와 이에 따른 풍성한 결실을 약속했다. 나중에 모세는 이스라엘의 종교제의와 이에 관련된 법을 정비하였다. 이는 하나님이 노아와 맺은 언약이 마침내 꽃을 피운 사건이다. 이로써 아담의 범죄로 땅에게 내려진 저주가 온전히 풀린다. 낙원의 길, 하나님의 길이 인간에게 다시 열리게 된 것이다. 홍수 후 노아가 올린 제사에서 비롯되고 모세가 보다 온전하게 제정한 종교적 제의를 철저히 준수함으로써 인간은 다시 낙원의 길을 찾을 수 있게 되었다.

이러한 이야기를 통해서 저자가 제시하고자 하는 바는 당연히 이스라엘 종교제의의 중요성이다. 저자가 종교제의와 관련하여 아담을 등장시킨 단 하나의 이유는 그가 바로 인류로 하여금 하나님의 길, 낙원의 길을 잃게 한 인물이기 때문이다. 그리고 인류가 다시 그 길을 찾아 걷게 만든 새 인류의 조상이요, 노아와 그가 시작한 제의를 완성하여 하나님의 길을 회복할 방법을 보다 분명히 제시한 인물 모세를 말하기 위해서다.

이를 극명하게 드러내기 위해 저자는 일종의 신학적 작업을 수행하였다. 그는 '나는 땅에 거하는 모든 것들을 파괴하기 위하여 너와 내 언약을 세울 것이다'라고 하나님이 노아에게 말했다고 전한다(3:4). 홍수는 노아와 그의 가족들을 제외한 모든 인간을 몰살하였다. 이는 〈창세기〉의 기록과 별반 다르지 않다. 그러나 《성서태고사》의 저자는 홍수가 인간과 동물들뿐만이 아니라 〈창세기〉가 언급하지 않는 나무와 식물들을 포함한 모든 생명체를 멸종시켰다고 묘사한다.

이를 통해 저자가 말하고자 하는 바는 분명하다. 과거와의 철저한 단절이다. 홍수는 노아 이전의 세계를 완전히 종결시킨 사건이 된다. 홍수 후 노아가 올린 제사를 흠향한 하나님은 그와 언약을 세운다. 노아의 제사와 하나님이 노아에게 맺은 언약은 새 시대의 개시를 알린다. 아담은 옛 세상의 첫 사람이다. 아담은 땅의 저주와 죽음을 가져왔다. 그는 하나님의 길을 떠난 옛 인류의 아버지다. 노아는 새롭게 열린 시대, 즉 신인류의 첫 사람이다. 노아의 제사는 우주에 내린 저주를 풀었다. 땅은 열매를 내고, 자연은 영구히 운행하게 되었다. 덕분에 노아의 후손인 새 인류는 아담이 상실한 낙원의 길, 하나님의 길을 걸어갈 수 있게 되었다.

《성서태고사》에서 아담이 두 번째로 의미 있게 등장하는 것은 26장이다. 이스라엘에 아직 왕정이 이루어지지 않았던 시대에 백성을 이끌었던 사람들을 사사라 부른다. 그들 중 한 명이었던 그나스(Kenaz)는 이스라엘의 각 지파들에게 비밀리에 지은 죄를 자백하라고 요구했다. 그러자 아셀 지파는 이스라엘의 적국인 아모리 족의 소유였던 황금 신상 일곱 개를 발견하여 보유하고 있다고 고백하였다. 이 신상에 사용된 보석들은 보통 보석들과는 달리 에덴의 하월라 땅(창세기 2:10~11)에서 온 것이다. 그 중의 하나는 반점들이 들어간 크리스탈 녹석영으로, 마치 바다의 심연을 보여주는 듯했다. 밤에는 휘황찬란한 자연광을 발했으며, 너무나 밝아서 소경의 눈을 뜨게 하는 힘을 발휘하기까지 했다. 그나스가 신상들을 몰수하여 산꼭대기의 제단에 올려놓고 이천 번제를 올리자, 천사가 나타나 이것들을 가져다가 바다의 심연에 던져버렸다. 그리고 하월라 땅에서 열두 개의 보석을 제단 위로 가져다주었다.

일곱 신상에 쓰인 보석들과 이를 대체한 열두 개의 보석들은 에덴의 정원에서 발원한 비손 강이 돌아 흐른 하월라 땅에서 온 것이다. 전설에 의하면 비손 강은 대제사장들의 의복 장식에 사용되는 보석을 공급한 지역이다. 밝은 빛을 발하는 이 보석들은 노아의 방주를 밝히는 데에도 사용되었다고 전하며, 또한 대제사장이 특정 문제들에 대한 하나님의 뜻을 물을 때 보석들에 새겨진 문자들이 빛을 발하는 것을 보고 신탁활동을 했다고도 전해진다.[12]

여기서 우리가 주목하려 하는 것은 아담에 대한 묘사이다. 아담은 에덴(낙원)을 떠나기 전에 이 모든 진귀한 보석들을 보았다. 그러나 그는 죄를 범했고 그 결과 이 모든 것들에 대한 지식을, 자의든 혹은 하나님의 강제든 포기해야 했다. 그의 자손들 중 누군가가 이 진귀한 보석들과 이것들의 활용 방식에 대한 지식을 습득하고 통제하는 것을 막기 위해서였다(26:6). 아모리 족의 일곱 악인이 홍수로 떠내려온 보석들을 취득하여 신상들을 만들고 우상숭배에 사용하였다(25:11). 하나님은 이렇듯 놀라운 효력을 발하는 보석들이 사악한 인간들의 손에 들어가 자기에게 대항하는 일에 사용될 것을 크게 우려했다. 이 보석들은 모세를 통해 완성된 종교적 제의를 위해서만 올바르게 사용할 수 있다.

아담이 잃어버린 것은 오직 모세가 제정한 종교적 제의를 통해서만 회복된다는 사상이 다시 등장한다. 결국 아담이 문제다. 아담은 낙원에서 보았던, 빛을 발하는 보석을 잃었다. 그리고 그의 후손들은 아담의 예를 따라서 스스로 범죄함으로써 죄를 쌓아 왔으며 '아무것도 아닌(nothing)' 존재로 삶을 살아왔다. 그나스는 이것을 한탄하며 보석들을 언약궤에 담는다(26:14~15).

《성서태고사》의 저자가 종교제의에서 대제사장들의 성의에 사용되는 보석의 상실과 회복이라는 나름의 신학적 주제를 다루면서 등장시키는 아담은 다시 한 번 부정적인 인물이 된다. 그의 범죄는 빛의 상실을 가져왔다. 그러나 그가 상실한 빛은 이스라엘의 종교적 제의를 통해서 어느 정도까지는 회복되었다. 낙원에서 온 보석으로 장식된 성의를 입은 대제사장의 신탁활동을 통해서 이따금씩 낙원의 빛이 세상에 비친다. 또한 현재 시대가 종결될 때 이 보석들의 빛이 더욱 밝아져 의인들에게 하늘의 태양처럼 비칠 것이다.[13]

 '빛'이라는 주제의 이야기를 전개하는 과정에서 저자가 결국 지향하는 것은 율법과 율법의 수여자 모세다. 저자는 율법과 빛을 여러 차례 연결한다. 이집트를 탈출하여 광야로 나와 석 달 즈음이 지난 후, 하나님은 자신의 말을 기억하고 '세상에 빛을 주겠다' 말씀한다(11:1). 그리고 이어지는 이야기는 모세를 통해 율법을 주는 일이다. 시내 산에서 이스라엘에게 율법이 주어질 때 번개가 치고 바람이 세차게 불었으며 땅이 기초부터 흔들렸다. 산들과 바위들이 떨었으며, 화염이 세상을 사르지 못하도록 구름이 파장을 일으켜 막았고, 심연이 깨어나면서 바다의 모든 파도들이 춤을 추었다. 그리고 바로 그 순간 '낙원이 그 열매의 향기를 발산하였다(32:8).' 율법이 이스라엘에게 수여되는 순간 엄청난 초자연적 현상과 함께 낙원이 잠시 동안 열렸다는 뜻이다.

 저자가 율법의 수여자인 모세를 다루는 방식을 보면 더욱 흥미롭다. 모세가 시내 산에서 율법을 받아 내려왔을 때의 장면을 다음과 같이 묘사한다.

> 모세가 내려왔을 때 그는 보이지 않는 빛에 덮여 있었다. 그는 태양과 달빛의 자리에 내려갔었기 때문이다. 그의 얼굴의 빛은 태양과 달의 빛보다 더 밝았지만 모세는 이를 알지 못했다…… 자신의 얼굴에 영광의 광채가 나는 것을 안 모세는 베일을 만들어 얼굴을 가렸다(12:1)

모세는 또한 임종을 맞이하면서 '형상이 영광스럽게 변했으며' 하나님이 손수 땅의 가장 높은 곳에, 그리고 온 세상의 빛 가운데 그를 묻었다(19:16). 모세는 이렇듯 아담이 잃은 것을 회복한 사람으로 그려진다. 그는 이스라엘의 종교제의를 제정함으로써, 율법의 수여자가 됨으로써, 그리고 자신이 죽는 자리에서조차 아담이 상실했던 것들을 회복한다.

《성서태고사》가 아담을 부정적으로만 그리고 있는 것은 아니다. 아담에 대한 세 번째 의미 있는 구절인 32장 15절에는 아담에 대한 부정적 태도가 상당히 완화되어 있다. 사사 드보라는 다음과 같이 노래한다.

> 오 땅이여, 그대 위에 거하는 이들로 인해서 기뻐하라! 네 위에서 향을 태우는 주의 성화가 있기 때문이다. 하나님이 너로부터 지음 받은 첫 사람의 갈빗대를 취하신 것은 온당하다. 그는 그 갈빗대로부터 이스라엘이 나올 것을 알고 있었다. 너(아담)의 형성은 하나님이 자신의 백성을 위해 행하신 일의 증거가 될 것이다.

아담은 낙원의 길을 상실한 것에 대한 책임이 있다. 땅에 저주를 가져오고 우주로 하여금 혼돈에 빠지게 한 책임이 그에게 있다. 낙원의 진귀한 보석들의 빛을 상실한 것에 대한 책임이 있다. 노아와 모세는 아담이 상실한 것들을 제의를 통해 어느 정도 회복을 이룬 사람들이다. 그리고 이들이 회복한 낙원의 길을 지금 이스라엘이라는 선민이 걷게 되었다. 여기에 아담의 긍정적인 기여가 있다.

본 문헌의 저자는 결국 모든 상실의 일차적인 책임이 아담에게 있지만, 그럼에도 그의 갈빗대를 통해서 이스라엘이 나온다고 분명히 밝힌다.

아담은 향기 나는 제물을 드린 사람이 아니었다. 그러나 그의 갈빗대에서 나온 거룩한 백성 이스라엘이 향내 나는 제사를 드린다. 동일한 선상에서 율법에 대해서도 이야기할 수 있다. 아담은 율법을 지킬 목적을 위해서 창조되었고 또 에덴정원에서의 삶이 허락되었다.[14] 그러나 그는 율법을 떠났다. 대신 그의 씨로부터 선과 악을 구별할 줄 아는 한 민족이 나와서 율법을 지키게 되었다.[15]

《성서태고사》가 마지막으로 아담을 의미 있게 언급하는 37장(요담의 우화, 사사기 9장)도 유사한 방식으로 아담의 가치와 의미를 재조명한다. 〈창세기〉 에덴 이야기는 범죄한 아담으로 인해 땅이 저주를 받아 가시덤불과 엉겅퀴를 내게 되었다고 기록한다(3:8). 그리고 〈출애굽기〉는 모세가 불이 붙었지만 타서 사라지지 않는 떨기(가시덤불) 속에서 하나님의 이름을 계시 받았다고 기록하였다(3:2~4). 《성서태고사》는 이 사건들을 상기하면서 다음과 같이 썼다.

> 나무들이 가시덤불에게 와서 말했다. '와서 우리를 다스려라' 그러자 가시덤불이 말했다. '가시덤불이 태어날 때 가시덤불의 형상과 유사하게 진리가 빛을 발했다. 첫 번째 지음 받은 사람이 죽음의 형벌을 받았을 때 땅은 저주를 받아 가시덤불과 엉겅퀴를 내게 되었다. 그리고 진리가 모세에게 지식을 알렸을 때 가시덤불을 통해서 그렇게 했다'(37:7)

이는 매우 흥미로운 설정이 아닐 수 없다. 아담은 마치 인류에게 병 주고 약 준 격으로 묘사되고 있다. 그는 하나님의 법을 어겨 죽음의 형벌을 받았고 그의 죄로 말미암아 저주 받은 땅은 가시덤불을 내게 되었다. 그러나 하나님은 그 쓸모없는 저주의 상징인 가시덤불을 이용해서 자신의 이름을 모세에게 알리며 이스라엘을 구원(애굽으로부터의 해방)할 계획을 계시하였다. 이때에 이스라엘은 율법의 선물을 받은, 하나님의 의가 다스리는 신의 나라로 가는 첫 걸음을 내딛게 된다. 이 나라가 아담의 갈빗대에서 나왔듯이 이스라엘에 대한 하나님의 특별한 구원은 아담이 받은 저주의 산물을 불사르는 것으로부터 시작되었다.

정리해보자. 《성서태고사》가 그리고 있는 아담은 인류가 잃게 된 것들에 책임을 물어야 할 옛 시대의 아버지다. 그로 인해서 인류는 낙원의 길을 잃게 되었고, 땅은 생산성을 잃게 되었으며, 우주는 질서 있는 운행을 잃게 되었다. 이에 대한 결과로 아담의 후손들은 하나님의 길에서 벗어나 자신들의 길을 걸어갔다. 하나님은 자기의 길에서 벗어난 인류를 깨끗이 청소하고 새롭게 시작하길 원했다. 노아가 시작하고 모세가 완성한 종교적 제의는 하나님과 인류 그리고 우주가 원래의 관계를 회복할 수 있는 방법이다. 노아의 예가 보여주듯, 온전하게 드리는 제사는 땅의 저주를 풀고 우주의 운행을 정상화하는 강력한 효력을 발휘한다. 아담이 상실한 낙원에서의 삶이 비로소 가능해졌다.

노아는 인류의 조상 아담이 지니는 상징성과 의미를 일정부분 취하게 된다. 그는 홍수 이후 새롭게 진행될 인류의 역사를 대표하는 새 인류의 아버지가 된다. 필로가 《모세의 생애2(On the Life of Moses II)》에서 묘사하고 있는 것처럼, 노아는 인류의 두 번째 세대의 시작[16]이다. 아담이 첫 사람이라면 노아는 '두 번째 첫 사람'이다(a second First Man). 그가 맺은 언약 위에서 우주는 질서를 회복하고 역사는 방향을 전환한다. 계절의 영구한 순환과 땅의 생산성에 대한 약속을 담고 있는 이 언약은 모세가 최종적으로 정립한 종교제의 속에서 온전한 모습을 드러낸다.

홍수 이후의 시대를 사는 사람들은 가뭄이 임하면 하나님께 비를 내려달라고 기도할 것이다. 그러면 비가 내리고 무지개가 떠오를 것이며 언약의 기념비를 바라보며 희생제를 드릴 것이다. 이 모든 것을 가능하게 한 것은 아담이 아니다. 노아가 시작했으며 모세가 완성한 일이다.

그러나 노아에게서 비롯된 새로운 세상은 완전한 세상이 아니다. 이 세상은 하나님이 미리 결정한 시간의 경로에 따라서 얼마간만 더 존재하게 될 것이다. 노아에게서 시작되었고 모세에게서 그 정점에 이른 새 시대는 아직 대단원을 보지 못했다. 아담이 누렸던 모든 특권은 아직 온전히 회복되지 않았다. 때가 올 것이다. 그때가 되면 하나님은 죽은 자들을 일으키고 인류를 심판할 것이다. 그때 죽음은 죽음을 맞이하게 될 것이고,[17] 지옥은 그 입을 닫게 될 것이다. '땅은 기름질 것이고 그 위에 거하는 이들을 위해 메마르지 않을 것이다(3:10).' 그때 또 다른 하늘, 또 다른 땅, 영원한 처소가 열릴 것이며, 하나님이 노아와 맺은 언약이 온전히 이루어질 것이다. 하나님이 자신의 백성들을 기억하게 될 때, 새 하늘과 새 땅이 열리는 그때가 되면 의인들은 눈이 보지 못했고 귀가 들어보지 못했으며 사람의 마음이 상상조차도 할 수 없었던 진귀한 낙원의 보석들이 발하는 빛을 받으며 살게 될 것이다.

그러나 그때가 이르기 전까지는 노아와 모세가 전해준 종교제의를 온전히 준수함으로써 인간은 아담이 상실한 낙원의 삶을, 비록 제한된 정도이긴 하지만 현재적으로 누리며 살 수 있다. 소의 메타포로 그리자면 《성서태고사》의 아담은 낙원의 길, 하나님의 길을 상실한 것에 대한 책임이 있다. 그렇지만 그 길을 회복할 수 있는 백성의 아비가 되었다는 점에서 보통 누렁이라 할 수 있겠다.

바울의 아담

《성서태고사》가 어떤 식으로든 바울의 글들과 문헌적인 관계가 있었을 것이라 가정하는 학자들이 있지만 이를 증명하기는 극히 어렵다. 그럼에도 지금까지 살펴본 것처럼 《성서태고사》는 그리스도를 둘째 아담으로 그린 바울의 신학적 상상력의 문헌적·문화적·종교사적 배경은 물론이거니와 그의 작업 과정을 이해하는 일에도 한줄기 빛을 비춰주는 중요한 자료다. 바울의 대표적인 저작이며 기독교의 교리적 신학적 형성에 가장 큰 영향을 준 문헌인 〈로마서〉와 위-필로의 《성서태고사》는 죄와 죽음의 지배에 놓인 인류를 향하여 하나님이 개입하실 것이라는 유대교의 묵시적 역사 이해(apocalyptic understanding of history)를 공유하고 있다.

《성서태고사》의 저자와 바울은 이러한 우주관을 공유하면서도 나름대로 목적에 따라 과거와 현재, 미래의 방향을 매우 상이하게 재구성하였다. 둘은 같은 듯 다른 아담을 그렸는데,《성서태고사》 저자가 노아와 모세를 드높이는 방식으로 아담을 활용한 것처럼, 바울은 그리스도를 무한히 드높이는 작업에 아담을 활용하였다. 바울의 아담을 이야기하기에 앞서, 그가 당대의 다른 작가들과 공유했던 역사관과 독특한 글쓰기 방식에 대해서 간단하게나마 언급하고자 한다.

기원전 586년에 바벨론이 예루살렘 성전을 파괴하고 유대의 왕족들과 유력한 귀족들 그리고 많은 유대인들을 포로로 잡아간 이래로 이스라엘은 오랫동안 외세에 유린되었다. 바울이 활동했던 1세기의 이스라엘은 로마의 식민지였다. 이러한 암울한 시대에는 회복에 대한 강한 열망과 함께 미래에 대한 예언적인 혹은 묵시적 이상을 가진 종교적 분파들이 창궐하고, 이들이 작성한 글들이 널리 유포되기 마련이다. 역사는 이를 묵시적 유대교(Apocalyptic Judaism)라 부른다.[18]

바울은 제2성전시대(The Second Temple Era, BC530~AD70, 느헤미아 등에 의해 재건되었던 성전이 로마에 의해 완전히 파괴되기 전까지의 시기)라 불리기도 하는 이 시기에 널리 퍼진 묵시적 역사관을 공유했던 인물이었다. 묵시적 유대교의 역사관을 담고 있는 문헌들을 보통 묵시문학이라 분류하는데 구약성서의 〈다니엘서〉(7~12장)와 신약성서의 〈요한계시록〉이 여기에 속한다. 다윗 왕국의 영화를 회복할 자이며 유대인들이 학수고대하던 메시아(그리스도)로 예수를 바라보는 시각이 담겨 있는 복음서들과 그 외의 다른 문헌들도 묵시적 사관의 영향 아래에서 기록되었다. 도래하는 새 시대를 설파한 예수도 묵시적 종교운동을 벌인 인물이었다고 할 수 있다.

위에서 살펴본 〈희년서〉와 〈에녹1서〉, 《성서태고사》를 비롯한 대부분의 문헌들은 정도의 차이는 있으나 묵시적 역사관을 공유하고 있다. 1947년 사해에서 다량의 문서들이 발굴된 이후 기독교의 기원에 대한 탐구는 완전히 새로운 전기를 맞이하게 되었다. 묵시문학이 예수와 바울을 비롯한 그의 추종자들이 행한 1세기 기독교 운동을 이해하는 주요 문화적 사상적 틀을 제공해주었기 때문이다.[19]

묵시문학의 문헌들은 각각 나름대로의 독특한 주제들과 내용들을 다루고 있지만 우주의 역사를 크게 두 단계로 보는 것에서 일치를 이룬다. 즉 역사를 '아담의 타락으로 시작된' 현 시대와 '하나님 개입으로 열리게 될' 새 시대로 구분하는 것이다. 현 시대는 인류의 과거와 현재를 포함한다. 악이 세상을 깊게 물들인 시대에서 인류는 죽음의 문화를 이루고 살면서 사탄과 악의 권세에 사로잡혀 악의 종 노릇을 한다. 유대인들은 인류의 악이 최고조에 달했을 때 하나님의 급진적인 개입이 있을 것이라 믿었다. 이러한 일이 발생하면 하나님은 악의 권세와 그 하수인들에게 최종적인 심판을 내리고, 새 하늘과 새 땅, 즉 새 시대를 열 것이라 고대했다.

하나님의 의가 지배하는 새 시대가 열리면 세상은 더 이상 죄로 부패하지 않게 되며, 죽음은 죽음을 맞이하고, 의로운 자들은 선과 생명의 문화를 향유하게 될 것이다. 이 같은 새 시대는 하나님 혹은 그의 대리자(메시아)가 사악한 자들을 심판하고 의로운 자들을 보상

하기 위해서 출현하게 될 때 시작된다. 그리고 새 하늘과 새 땅의 창조가 절정에 달하게 된다.[20]

당시에 기록된 각각의 묵시적 문헌들은 새롭게 열리게 된 세상에 들어가는 나름대로의 조건에 대해 말하고 있다. 앞에서 살펴본《성서태고사》는 노아가 개시하고 모세가 성취한 성전 제의와 율법을 온전하게 실천하는 사람을 의인으로 보며, 이러한 의인들이 새 시대에 들어가 영화를 누리게 될 것이라 제시하였다. 〈희년서〉는 복된 미래의 그림으로 '거룩한 나라'를 제시하였다. 모세의 정결법이 요구하는 바에 따라 현세를 순결하게 사는 의인들이 거룩한 나라의 주인이 될 것이다.

예수의 유대교 개혁운동에서 비롯된 기독교 역시 이러한 문화적 환경에서 자라난 종교이다. 특별히 바울은 랍비적 유대교를 유산으로 물려받았지만 또한 묵시적 유대교의 종교운동에서 큰 영향을 받았던 사람이었다. 예수의 추종자로 전향한 후 바울은 이 두 전통을 창의적으로 활용하여, 이스라엘에서 시작한 하나님의 구속의 은총이 온 세상으로 나아간다는 구원사관을 창출하였다.

《성서태고사》의 저자는 아담에서부터 비롯된 옛 시대, 노아에서 부터 비롯된 새 시대를 논하면서, 모세를 통해서 완성된 성전제의를 온전히 지킴으로써 낙원의 향기가 이따금씩 현 시대에 들어오고 진귀한 보석빛이 비쳐 새 시대를 미리 경험할 수 있다고 말한다. 그러나 바울은 아래에서 살펴보려는 바처럼 옛 시대(과거)와 새 시대(미래) 사이에 존재하는 현재를 보다 비중 있게 다루면서 예수에게서 낙원의 향기와 빛을 발견하였다.

바울에게는 예수의 죽음과 부활이 '이 시대'와 도래하는 '저 시대'를 구분하는 우주적이며 역사적인 사건이다(로마서 12:2, 고린도전서 1:20/ 2:6, 갈라디아서 1:4). 바울에 따르면, 아담의 불순종으로 시작되어 하나님의 진노와 죽음의 지배하에 놓였던 옛 시대는 인류로 하여금 하나님께로 돌아올 수 있는 순종의 길을 제시한 그리스도의 죽음으로 종결되었다. 그리고 하나님의 의가 다스리게 될 새 시대는 그리스도의 부활을 통해 이미 개시되었지만, 그의 재림을 통해서 완성될 것이다. 그리스도의 죽음과 부활을 통해 이미 개시된 새 시대는 그가 인류를 심판하기 위해 재림할 때 완성될 것이다. 바로 이것이 바울이 외치는 복음의 핵심이다.

바울의 아담을 보다 잘 이해하려면 그의 묵시적 역사관과 함께 그의 독특한 글쓰기 방식을 살펴야 한다. 방법론적인 면에서 볼 때 바울의 아담을 이해하려면 바울의 그리스도를 먼저 이해해야 할 것이다. 바울은 아담의 빛 아래에서 그리스도를 설명하는 것처럼 작업하였지만, 사실은 그리스도의 빛 아래에서 아담을 그렸기 때문이다. 다시 말해 바울은 과거를 들어 현재를 설명하는 방식을 취했지만, 실상 현재의 그림을 먼저 그려놓고 거기에 맞추어 과거를 재구성하였다. 그러다 보니 바울은 현대의 독자들이 보기에 이해할 수 없는 독특한(혹은 무리한) 방식으로 글쓰기를 진행하였다. 그 중 하나가 구약성경의 구절들을 활용하는 방식이다.

바울의 사상을 탐구하고자 할 때 가장 흥미로운 영역 중의 하나는, 당대 가장 존경 받는 랍비 가말리엘의 문하생이었던 그가 어떻게 구약성서를 다루고 있는지를 살피는 것이다. 그런데 이에 대한 연구는 매우 광범위하게 진행되었기 때문에[21] 여기에서는 한두 가지 대표적인 예만 들여다보자.

바울의 글쓰기 작업의 유일한 목적은 그리스도를 부각시키는 것이다. 이 목적을 위해서 바울은 구약성서의 구절들을 매우 자의적으로, 즉 원래의 문맥을 고려하지 않고 인용하거나, 필요에 따라 원래 구절의 단어나 문구를 수정하여 인용하기, 혹은 원래의 구약에는 나오지도 않지만 마치 나오는 것처럼 꾸며 사용할 때도 있다.

〈갈라디아서〉는 〈로마서〉와 함께 바울 사상의 핵심이라 할 수 있는 '믿음으로 말미암는 의'라는 교리를 매우 정밀하게 논한 대표 서신이다. 이 사상을 정당화하기 위해 바울은 구약성서의 구절들을 다량으로 인용하고 있다. 특히 〈갈라디아서〉 3장이 눈에 띈다. 여기에서 바울은 구원의 은총은 율법의 행함에서 나오는 것이 아니고 그리스노를 믿는 믿음에서 오는 것이라 논하며 아래와 같이 말한다.

13 그리스도께서 우리를 위하여 저주를 받은 바 되사 율법의 저주에서 우리를 속량하셨으니 기록된 바 나무에 달린 자마다 저주 아래에 있는 자라 하였음이라 14 이는 그리스도 예수 안에서 아브라함의 복이 이방인에게 미치게 하고 또 우리로 하여금 믿음으로 말미암아 성령의 약속을 받게 하려 함이라 15 형제들아 내가 사람의 예대로 말하노니 사람의 언약이라도 정한 후에는 아무도 폐하거나 더하거나 하지 못하느니라 16 이 약속들은 아브라함과 그 자손에게 말씀하신 것인데 여럿을 가리켜 그 자손들이라 하지 아니하시고 오직 한 사람을 가리켜 네 자손이라 하셨으니 곧 그리스도라 17

내가 이것을 말하노니 하나님께서 미리 정하신 언약을 사백삼십
년 후에 생긴 율법이 폐기하지 못하고 그 약속을 헛되게 하지 못하
리라 18 만일 그 유업이 율법에서 난 것이면 약속에서 난 것이 아
니리라 그러나 하나님이 약속으로 말미암아 아브라함에게 주신 것
이라 19 그런즉 율법은 무엇이냐 범법함으로 더하여진 것이라 천
사들을 통하여 한 중보자의 손으로 베푸신 것인데 약속하신 자손
이 오시기까지 있을 것이라

문맥 무시하기

이 구절들 바로 전에 나오는 구절에서 바울은 율법 체계 속에서 사
는 사람들을 '율법의 저주 아래 사는 사람들'이라 묘사하였다. '아
버지의 여자를 탐하지 말라'는 조항 등과 같은 법들을 어기면 죽음
의 형벌을 받게 된다는 율법 체계였기 때문이다. 그러면서 바울은
자연스럽게 그리스도가 그러한 율법의 저주 속에 사는 모든 인간들
을 속량했다는 논의로 나아간다. 그리스도가 감당한 십자가 죽음이
인류를 율법의 저주로부터 해방시켰다는 것이다. 이것을 말하는 과
정에서 바울은 놀랍게도 '나무에 달린 자마다 저주 아래에 있는 자'
라는 〈신명기〉 21장 23절을 인용한다.

　바울의 주장에 따르면 그리스도는 저주 아래 있는 인류를 해방시
키기 위해 나무(십자가)에 달려 죽었다. 바울은 〈신명기〉 21장 23절
이 이러한 자신의 주장을 증명해준다고 생각한다. 그러나 실제로
이 구절은 전혀 다른 이야기이다. 〈신명기〉 21장은 모든 인류의 저
주를 대신 지고 그리스도가 나무에 달려 죽는다는 사건에 대한 예

시가 절대로 될 수 없다. 바울이 인용하는 문구는 부모에게 거역하는 자와 같이 유대사회의 질서를 깨는 패악을 행한 자를 죽여 시신을 나무에 매달은 풍습에 일종의 수정을 가하는 맥락에서 나온 문구이다. 본문은 그렇게 죽은 자를 하나님의 저주를 받은 자로 보면서 그러한 시신이 오랫동안 나무에 매달려 있음으로 인해 사람들이 간혹 어두운 밤에 그 시신과 접촉하여 스스로를 불결하게 만들 수 있다는 것을 우려하고 있다.

〈신명기〉 저자의 우선적인 관심은 백성들의 정결법 준수에 있다. 모세의 법 사상과 제정 이유에 밝은 랍비였던 바울은 〈신명기〉 저자의 일차적인 관심이 시신을 오랫동안 나무에 매달아 두는 풍습을 제한하는 것에 있음을 알았다. 그러나 몰랐을 리 없겠지만 이를 무시한다. 나아가 이 문구를 "나무에 달린 자마다 저주 아래에 있는 자"라고 일반화시킨 후 그리스도의 대속과 죽음의 의미를 설명하는 증거로 사용한다.

〈신명기〉는 건전한 사회질서를 해쳐 죽임을 당한 이들을 가리켜 하나님의 저주를 받은 자라 말한다. 하지만 바울은 이를 인용하면서 저주를 내리는 주체로서의 하나님을 빼고 그 자리에 율법을 대신 올려놓는다. 하나님이 아니라 율법이 저주를 내리는 주체가 된다. 흥미롭다. 바울은 이렇게 율법을 살아있는 존재로 의인화한다. 구약의 율법은 분명 유대사회의 안녕과 존속에 해악을 끼치는 이들을 돌로 쳐 죽이라 명시한다. 그러나 율법을 지킴에 있어 유대인들이 동의하는 바는 율법의 당위성과 실효성 그리고 권위가 율법의 수여자인 하나님에게서 나온다는 것이다. 구약의 율법은 이스라엘 백성이 그들의 신인 야훼 앞에서 어떻게 살아가야 하는가를 기록한 신의 규례이다.

〈신명기〉의 저자는 율법에 따라 처형된 이들을 율법이 아니라 하나님의 저주로 죽은 것이라 명시한다. 여기에 바울의 문제가 있다. 바울은 율법이 마치 살아있는 존재처럼 활동하고 있다고 보았다. 율법의 문구들이 강력한 팔과 손을 펴 나약한 인간들을 옭아맨다고 보았다. 율법이 모든 인간 위에 군림하고, 인간은 율법에 속박된 노예가 된다고 보았다.

사회의 존속에 해를 끼쳐 율법에 따라 죽임을 당한 이의 시신을 나무에 매단 유대의 풍속을 제한하려는 율법의 문구를 바울은 분명 다르게 해석하고 활용한다. 이 문구는 바울의 손에서 원래의 맥락과 상황에 관계없이 모든 인간은 율법의 저주 아래 있으며, 이 저주를 풀기 위해서 바로 그 잔인한 율법을 대체하는 그리스도가 십자가(나무)에 달려 죽었음을 설명해주고 있다.

문구 변용하기

〈갈라디아서〉 3장 16절은 바울이 구약성경을 어떻게 인용하고 있는지를 가장 극명하게 보여주는 예이다. 이 구절을 통해 바울은 자신의 논점을 분명히 밝힌다. 율법이 제정되기 전에 아브라함에게 약속된 것들이 그의 씨앗인 그리스도에게 이루어진다는 것이다. 이를 위해서 바울은 〈창세기〉 여러 곳에 집합명사로 사용된 아브라함의 씨(후손)가 그의 무수한 자손을 가리키는 것이 아니고 오직 한 사람, 즉 그리스도를 가리키는 것이라 주장한다.

그러나 이 구절의 배경이 되는 〈창세기〉 본문들에는 전혀 다르게 기록되어 있다. 〈창세기〉 17장에서 야훼는 아브람의 이름을 아브라함으로 변경하면서 그가 여러 민족의 아버지가 될 것이라 약속한다. 그런 과정에서 야훼는 다음과 같이 말한다. "내가 내 언약을 나와 너 및 네 대대 후손 사이에 세워서 영원한 언약을 삼고 너와 네 후손의 하나님이 되리라. 내가 너와 네 후손에게 네가 거류하는 이 땅 곧 가나안 온 땅을 주어 영원한 기업이 되게 하고 나는 그들의 하나님이 되리라(17:7~8)." 이 구절은 '너와 네 대대 후손'에게 야훼의 약속이 유전된다고 분명히 기록하고 있다. 물론 아브라함과 그 이후의 모든 후손들을 가리킨다. 더욱이 야훼는 "나는 '그들의' 하나님이 되리라"고 말해, 복수적 개념의 후손을 분명히 명시한다.

율법의 디테일을 철저하게 파헤치는 랍비식 교육을 받은 바울이 이를 몰랐을 리는 없다. 그처럼 최고의 교육을 받지 않은 자라 할지라도 글만 읽을 수 있다면 누구나 알 수 있는 내용이기 때문이다. 바울의 인용구를 보면 바울도 이 사실을 잘 알고 있었음이 드러난다. 그는 아브라함 자손의 숫자에 매우 민감하게 반응한다. "아브라함과 그 자손에게 말씀하신 것인데 여럿을 가리켜 그 자손들이라 하지 아니하시고 오직 한 사람을 가리켜 네 자손이라 하셨으니 곧 그리스도라." 바울은 〈창세기〉의 본문들에 사용된 아브라함의 씨(후손)는 집합적으로 아브라함의 씨를 받은 이스라엘 전체를 가리킨다는 사실을 잘 알고 있다. 그러나 바울에게는 이 사실이 중요하지 않다. 정확한 문법과 단어를 지켜 읽는 것은 바울에게 의미가 없다. 지금 그에게 가장 중요한 것은 율법과의 관계에서 그리스도를 설명하는 것이다.

하나님의 약속이 모세의 율법으로 오기 전에 이미 아브라함에게 전해졌다. 그 이후에 온 율법은 인류를 망하게 했다. 그리스도는 아브라함의 특별한, 그리고 유일한 후손이다. 그 유일한 후손이 율법 이전에 아브라함에게 주어진 하나님의 약속을 성취하게 될 것이다. 그러면 답이 나온다. 바울에게 진정한 아브라함의 씨는 하나다. 비록 〈창세기〉의 본문이 아브라함의 씨를 '대대손손'이라 묘사하고 있더라도 상관없다. 아브라함의 자손은 오직 한 사람만을 가리킨다고 우기면 그만이다.

내용 첨가하기

위의 〈갈라디아서〉 본문에서 가장 흥미로운 구절은 단연코 19절이다. 율법이 저주를 불러왔고, 구원의 약속은 율법 이전에 믿음으로 의롭다 칭함을 받은 아브라함에 주어졌으며, 그의 유일한 후손인 그리스도를 통해서 이루어지는 것이다. 그렇다면 오랫동안 이스라엘의 선민 역사에서 가장 중요한 역할을 한 율법은 대체 무엇이란 말인가? 바울은 이에 대해서 "그런즉 율법은 무엇이냐 범법함으로 더하여진 것이라 천사들을 통하여 한 중보자의 손으로 베푸신 것인데 약속하신 자손이 오시기까지 있을 것이라"며 이토록 놀라운 말을 전한다.

바울은 여기서 세 가지를 답한다. 첫째, 율법이 제정된 이유. 바울에 의하면 사람들이 범법하기 때문에 율법이 제정되었다. 둘째, 누가 율법을 설립했는가? 바울에 따르면 한 중보자가 천사들을 통해서 제정하였다. 셋째, 율법은 언제까지 유효할 것인가? 바울에 의하면 그리스도가 올 때까지만이다.

여기서 첫째와 셋째는 논외로 하자. 한 중보자가 천사들을 통해서 율법을 전해주었다는 율법의 기원에 대한 바울의 이해는 어디에서 왔을까? 구약성서는 야훼가 모세를 통해서 이스라엘 백성에게 율법을 수여한 것으로 일관되게 기록하였다. 바울의 글에서 모세의 율법은 언제나 그리스도 복음의 대척점에 서 있다. 죄와 율법과 죽음은 언제나 한 묶음으로 등장한다. 이렇게 악한 율법이 사랑과 의의 신인 하나님에게서 나온 것이라 볼 수 없었을 것이다. 그러하다면 빛의 천사로 가장한 사탄이 부리는 악의 천사들과 함께 율법을 전해주었다고 보는 것이 바울에게는 가장 자연스런 선택이다.

그런데 이러한 그림은 어디에서 왔을까? 두 가지 중에 하나로 볼수 있다. 첫째, 천사가 율법을 중개했다는 개념은 바울 당시에 널리 유포된 개념이었을 수 있다.[22] 바울은 율법의 기원을 한 중보자(사탄)와 그의 천사들로 보는 어떤 문헌을 읽었을 가능성이 있다. 만일 그러한 문헌이 존재했다면 그 문헌은 타락한 천사들의 활동을 그리는 대단히 신화적인 책이었을 것이다.

둘째는 바울의 신화적 상상력의 산물일 가능성이다. 1세기의 저자들이 종종 그렇게 하는 것처럼, 자신의 글을 독자들에게 더 매력적으로 보이게 하거나, 자신이 말하고자 하는 내용을 보다 효과적으로 전달하기 위하여 바울이 허구적 사실을 고안했을 수 있다. 만일 자신의 독자들이 율법을 사탄이나 악의 천사들이 전해준 것으로 믿게 된다면, 그리스도를 율법의 저주를 푸는 유일한 열쇠로 제시하려는 수고는 한결 쉬워질 게 분명하다. 율법의 기원에 대한 바울의 이해는 구약성서 어디에도 나오지 않으며 이러한 이유에서 그의 신화적이거나 허구적인 고안물이라 할 수 있겠다.

이상과 같은 논의를 통해서 우리는 바울이 구약성서를 어떻게 활용했는지를 어느 정도 가늠해볼 수 있다. 우선적으로 우리가 할 수 있는 이야기는 이렇다. 바울은 현대의 학자들이 글을 읽고 쓰는 방식으로 구약성서를 다루지 않았다는 것이다. 그는 고대 유대교의 랍비들이 종종 그렇게 했듯 자기 나름대로의 목적에 따라 구약성서의 구절들을 자유롭게 인용하였다. 현대독자들은 따라서 바울에게서 가능하지 않은 것을 너무 기대해서는 안 된다. 그는 당대의 작가들처럼 해당 구절들이 원문에서 어떤 의도로, 어떤 문맥적 상황들에서 기록되었는지를 전혀 고려하지 않았다.

그는 그리스도가 죄와 죽음과 율법의 속박으로부터 인류를 구원할 유일한 자라는 그림을 이미 그려놓았다. 그리고 이 그림을 설명하는 데 도움이 된다고 느껴지는 구약성서의 구절들을 발견하면 원래의 의미나 문맥에 상관하지 않고 자유롭게 인용하였다. 인용하고자 하는 구절의 문법적 요소를 무시하거나, 심지어 주요 단어를 삭제하고 첨가하는 것도 대수롭지 않게 생각했다. 필요하다면 구약본문에 없는 내용을 허구적 및 신화적으로 고안하여 첨가하면서 마치 구약성서에 나오는 것처럼 제시했다. 이러한 구약 읽기는 바울에게만 해당되는 것은 아니다. 유대교가 제2성전시대로 부르는 시기에 나타난 일종의 문화적 현상이었다.

이렇듯 바울의 사상에 지대한 영향을 준 묵시적 역사관과 자신의 생각을 글로 표현하는 과정에서 그가 취한 독특한 방식을 보자면 바울이 아담을 어떻게 그려냈는지 알 수 있다.

첫째 아담과 둘째 아담

기독교 정경 중의 정경이라 불리는 바울의 〈로마서〉에 따르면 하나님은 죄와 죽음의 저주 아래에서 살아야 하는 인류로 하여금 의와 생명의 세계로 회귀할 수 있도록 새 길을 열어주기로 결정하였다. 그리고 이를 위해서 자신의 아들인 그리스도를 이 땅에 내려 보냈다. 그리스도는 십자가의 죽음을 통해서 모든 것을 돌려놓았다. 인류와 하나님이 화해할 수 있는 길을 활짝 연 것이다.

바울의 구속사적 역사 이해를 이용해서 말하자면, 인류가 아직 하나님의 원수였을 때(과거), 하나님의 아들이 죽었다가 다시 살아나는 사건이 발생했다(과거 시대의 종결). 그 결과 인류는 그리스도를 믿음으로 하나님과의 화해를 이룰 수 있게 되었다(현재). 하나님과 지금 화해를 이룬 이들은 그리스도가 재림하는 새 시대가 열릴 때 부활하여 영원한 생명을 누리며 살게 될 것이다(미래). 이 모든 역사의 열쇠는 그리스도다.

그러면 어떻게 해서 예수 그리스도만이 모든 것의 열쇠란 말인가? 인류가 그리스도를 통해서만 하나님과 화해를 이룰 수 있다고 믿어야 할 이유와 근거는 무엇인가? 이 질문에 대한 답을 찾는 과정에서 바울은 아담이 필요했다.

그러므로 한 사람으로 말미암아 죄가 세상에 들어오고 죄로 말미암아 사망이 들어왔나니 이와 같이 모든 사람이 죄를 지었으므로 사망이 모든 사람에게 이르렀느니라. 죄가 율법이 있기 전에도 세상에 있었으나 율법이 없었을 때에는 죄를 죄로 여기지 아니하였느니라. 그러나 아담으로부터 모세까지 아담의 범죄와 같은 죄를 짓지 아니한 자들까지도 사망이 왕 노릇 하였나니 아담은 오실 자의 모형이라. 그러나 이 은사는 그 범죄와 같지 아니하니 곧 한 사람의 범죄를 인하여 많은 사람이 죽었은즉 더욱 하나님의 은혜와 또한 한 사람 예수 그리스도의 은혜로 말미암은 선물은 많은 사람에게 넘쳤느니라. 또 이 선물은 범죄한 한 사람으로 말미암은 것과 같지 아니하니 심판은 한 사람으로 말미암아 정죄에 이르렀으나 은사는 많은 범죄로 말미암아 의롭다 하심에 이름이니라. 한 사람의 범죄로 말미암아 사망이 그 한 사람을 통하여 왕 노릇 하였은즉 더욱 은혜와 의의 선물을 넘치게 받는 자들은 한 분 예수 그리스도를 통하여 생명 안에서 왕 노릇 하리로다. 그런즉 한 범죄로 많은 사람이 정죄에 이른 것 같이 한 의로운 행위로 말미암아 많은 사람이 의롭다 하심을 받아 생명에 이르렀느니라. 한 사람이 순종하지 아니함으로 많은 사람이 죄인 된 것 같이 한 사람이 순종함으로 많은 사람이 의인이 되리라(5:12~19).

바울의 묵시적 역사관에 따르면, 아담 이후의 모든 사람들은 아담의 길을 걸어왔다. 아담의 길은 죄와 사망의 길이며, 따라서 아담의 모든 후손들은 죄와 사망이 지배하는 아담의 세계에 살아야 한

▶ 지옥에 내려간 그리스도(Harrowing of Hell, 1512)

독일 르네상스 화가 알브레히트 뒤러(Albrecht Dürer)의 작품. 부활한 그리스도가 죽은 자들의 세상에 내려가 죽은 자들을 일으키고 있다. 첫 번째로 죽음에서 일어나는 은총을 받고 아담과 이브가 그리스도 뒤를 따르고 있다다. 그러나 신이 개입했다. 새로운 아담을 이 땅에 보낸 것이다. 인류를 죄와 사망의 길에서 벗어나 의와 생명의 길로 가도록 하는 역사적 전환점이 마련되었다. 바울은 이런 이유에서 아담을 그리스도의 모형(a type of the one who was to come, NRSV성경)이라 말한다.

세부적으로 어떤 면에서 아담은 그리스도의 모형인가? 첫째 사람인 아담의 불순종을 통해서 죄와 죽음이 세상에 유입되었다. 그의 결과로 모든 인간은 자동적으로 죄수가 되었으며, 이에 따라 죽음의 형벌을 받게 되었다. 그런데 둘째 아담인 그리스도가 첫째 아담에서 연유된 이러한 인간적 삶의 조건과 실재를 창조의 때에 하나님이 의도했던 원래의 자리로 되돌려놓았다. 첫째 아담은 불순종함으로 모든 사람을 죄수가 되게 했지만, 둘째 아담인 그리스도는 순종함으로써 모든 사람이 의인으로 인정받을 수 있는 길을 열었다.

첫째 아담은 범죄하여 인류에게 죽음의 재앙을 가져왔지만, 둘째 아담은 자신의 죽음을 통해서 인류에게 드리운 죄의 형벌, 죽음을 제거하는 선물을 가져왔다. 이로써 첫째 아담에게서 비롯된 죄와 죽음의 지배는 둘째 아담인 그리스도에게서 비롯된 의와 생명의 지배로 대체되었다. 바울은 이를 고린도교회에게 보낸 편지에서 다음과 같이 간결하고 선명하게 밝힌다.

> 사망이 한 사람으로 말미암았으니 죽은 자의 부활도 한 사람으로 말미암는도다. 아담 안에서 모든 사람이 죽은 것 같이 그리스도 안에서 모든 사람이 삶을 얻으리라(고린도전서 15:21~22).

죽음이 아담 한 사람에게서 기원한 것처럼 죽음의 극복(부활)도 그리스도 한 사람에게서 기원한다. 인류 모두가 아담 안에서 죽음을 맞이한다면 인류 모두가 그리스도 안에서 죽음으로부터 벗어나 영원한 생명을 맞이하게 된다. 그런데 이어지는 아담-그리스도 대비는 흥미를 자아낸다.

> 기록된 바 첫 사람 아담은 생령이 되었다 함과 같이 마지막 아담은 살려주는 영이 되었나니 그러나 먼저는 신령한 사람이 아니요 육의 사람이요 그 다음에 신령한 사람이니라. 첫 사람은 땅에서 났으니 흙에 속한 자이거니와 둘째 사람은 하늘에서 나셨느니라(고린도전서 15:45~47).

여기서 바울은 첫 사람 아담을 생령(산 사람, living being, NIV)으로, 그리고 마지막 아담을 사람들에게 생명을 주는 영(a life-giving spirit)으로 제시한다. 그런 다음 이 두 아담의 내적 특질을 비교한다. 첫 아담은 흙으로 만들어져 흙에 속하는 자이고, 둘째 아담은 하늘에 속한 영이다. 바울과 동시대인인 유대 사상가 필로는, 첫 아담은 천상의 존재이고 둘째 아담은 흙으로 빚어진 지상의 존재라 했다.

바울은 반대로 첫째 아담을 지상의 존재로, 둘째 아담을 천상의 존재로 제시한다. 바울은 하늘에 속한 자의 영광이 따로 있고 땅에 속한 자의 영광이 따로 있다고 말한다(고린도전서 15:40). 그러면서도 땅에 속한 자가 하늘에 속한 자의 영광을 취득할 방법이 있음을 암시한다. "욕된 것으로 심고 영광스러운 것으로 다시 살아나는"것이 부활의 신비이다.

바울은 땅의 존재인 첫째 아담이 욕된 것으로 심은 것을 천상의 존재인 둘째 아담이 영광스런 것으로 다시 살아나게 했다고 말한다. 그리고 첫째 아담과 둘째 아담의 재료상의 특성과 소속에 근거하여 인류에게 임한 종말론적 미래를 예견한다. 그에 따르면 인간은 원래 흙에 속한 자의 형상을 입었지만 종국에는 천상에 속한 이의 형상을 입게 될 것이다(고린도전서 15:49).

그리스도를 유일한 구원의 길로 제시하기를 원했던 바울에게 모든 인간이 아담에서 연유된 죄와 죽음의 막강한 권세하에서 살게 되었다는 개념은 꼭 필요한 것이었다. 새로운 시대가 열리게 되면 죄와 죽음이 드리운 인간적 삶의 구조와 실재는 의와 생명이 넘쳐나는 하나님의 나라에서 완전히 말소될 것이다. 그리고 이 모든 급진적인 대전환을 이미 개시했으며, 임박한 미래의 어느 시점이 되면 이를 궁극적으로 완성할 한 사람이 있다고 바울은 믿는다. 둘째 아담이며 마지막 아담인 그리스도이다.

마지막으로 소의 메타포를 사용한다면, 바울의 아담은 100퍼센트 검정 소다. 그가 검으면 검을수록 둘째 아담인 그리스도는 더욱더 하얀 소가 되기 때문이다.

종교문화사적 배경에서 본 바울의 아담

지금까지 살펴본 바울 이전의 문헌들과 바울과 같은 세기에 저술된 문헌들, 그리고 여기서는 다루지 않았지만 신약성서의 다른 문헌들에 표현된 아담에 대한 이해를 한눈에 정리해서 보면 더 이해하기 쉬울 것이다. 이에 다음에 소개하는 도표로 간략히 정리해보았다.

해석 전통이 그리는 아담의 모습은 다양하다. 아담을 중요하게 다룬 문헌들의 전부를 다루었다고 할 수는 없지만, 이 장에서 우리는 고대 유대교와 기독교의 형성기에 저술되어 널리 읽혔던 주요한 문헌들을 거의 망라하여 다루었다 할 수 있다. 작업을 마치면서 우리는 이런 물음에 답할 수 있게 되었다. 원죄를 범한 죄수이며, 인류로 하여금 죄의 굴레에서 살다가 결국 죽음의 형벌을 받게 한 검정 소로 아담을 보는 견해를 고내 유내교인들과 기독교인들이 얼마나 넓게 공유하였을까 하는 물음 말이다.

문헌	기록 추정 연대	아담과 죽음의 관계 묘사
창세기	기원전 5세기 이전	1장의 창조 이야기 : 지상의 모든 생명체를 지배하는 인물. 신의 형상으로 창조됨. 아담은 죄인이 아님 2~3장의 창조 이야기 : 이브가 전해준 지식나무의 열매를 먹음. 아담은 즉각적인 죽음의 경고를 받았지만 죽지 않음. 흙에서 왔으니 흙으로 돌아갈 때까지 노동으로 생존해야 한다는 처벌을 받음(죽음이 아담과 이브의 범죄의 결과라는 해석 전통이 유래됨)

시락서	기원전 170년경	아담은 역사상 가장 영예로운 인물. 죽음은 자연의 순리로 죄의 형벌이 아님. 죄가 이브에게서 시작되어 인류에게 죽음이 내렸다는 전통을 유래시킴(해석 문제)
에녹1서 (꿈 비전의 책)	기원전 170년경	아담은 순결의 상징이며 미래의 하나님 나라 백성의 모델. 죄는 타락한 천사와 가인에게서 비롯
희년서	기원전 155년경	아담은 제사장적인 인물. 죽음은 자연의 일부. 아담은 범죄의 결과 예정된 천 년(하루)을 채우지 못하고 죽음을 맞이함. 아담의 범죄는 자신에게만 해를 끼치는 것이지 유전되는 것이 아님
지혜서	기원전 50년경	아담은 지혜의 도움으로 죄에서 구원받아 처벌받지 않고 원래의 자리로 복귀함. 의인의 육체적 죽음은 죽음이 아니라 평화의 세계로 들어가는 것임. 죽음은 자연의 일부
필로의 책들	서기 40년경	천상의 첫째 아담과 지상의 둘째 아담이 존재. 아담의 범죄가 모든 인간의 육체적 죽음의 원인이 아님. 육체적 죽음은 자연의 일부. 아담은 죄로 인해 장수할 기회를 상실. 아담이 처벌로 받은 죽음은 영/이성이 덕의 생애를 종결하고 사악함의 생애를 살게 되는 '영적 죽음'을 뜻함. 개개인은 자신의 영적 죽음에 대한 책임이 있음
바울의 서신들	서기 50~60년	아담은 죄와 죽음의 기원자. 둘째 아담인 그리스도가 죄와 죽음의 문제를 극복함
복음서들	서기 70~90년	아담의 죄에 대한 언급이 전혀 없음. 〈누가복음〉은 죄인의 원형으로 가인을 제시하고 있으며 예수의 족보에 아담을 넣음
유다서	서기 90년경	죄인의 대표자로 아담이 아니라 가인을 명시함
디모데전서	서기 90년경	죄는 아담이 아니라 이브에게서 유래됨

에스라4서	서기 90년경	아담의 범죄로 인해 신이 그와 인류에게 죽음을 지명함. 아담의 죄는 유전되지는 않으나 인간은 죄의 경향성을 갖게 됨
바룩2서	서기 90년경	아담의 범죄로 인류에게 죽음이 왔으나 죄는 유전되지 않음. 사람은 각각 자신의 죄에 책임이 있는 존재임
유대인들의 태고사	서기 95년경	아담은 범죄로 죽게 된 것이 아니라 노고와 고통의 삶의 상태로 들어감. 노고와 고통의 상태는 노령화를 가속하여 죽음을 앞당기게 됨. 죽음은 자연의 순리
성서태고사	서기 30~135년	아담의 범죄로 죽음의 형벌이 인류에게 미치고 땅에 저주가 내림. 아담은 옛 세대의 첫 인간, 노아는 둘째 세대의 첫 인간. 아담은 인류 낙원 상실의 주범이나 낙원의 회복을 가져올 씨가 그에게서 나옴. 아담이 상실한 것들을 노아와 모세가 부분적으로 회복함. 인류는 성전제의와 율법의 엄격한 준수를 통해서 낙원을 현재에 경험할 수 있으며, 종국에 신의 나라에 들어갈 수 있음

위의 도표가 보여주듯이 죽음의 기원을 아담의 범죄로 지정하는 전통은 바울 이전의 고대 유대교에서는 찾아보기 힘들다. 오히려 아담은 흔히 영화로운 존재로 찬미되거나 순결의 상징으로 묘사되었다. 대부분의 문헌들이 죽음은 인위적으로 부과된 것이기보다는 창조의 섭리 아래 설정된 자연현상으로 이해하였다. 기독교가 원죄라고 주장하는 바, 아담의 죄가 유전된다는 전통 역시 구약성서나 유대교 외경 전통에서는 찾아보기 힘들다. 죄의 유전과 형벌의 유전이라는 개념은 실상 구약성서의 율법과 반대되는 개념이다.

바울이 활동했던 1세기 초반의 다른 저술들에서도 바울처럼 죄의 기원을 아담에게서 찾고, 그 죄의 결과로 인류에게 죽음의 형벌이 임했다고 믿는 경우는 찾기 힘들다. 이 사상은 바울을 제외하면 기독교의 조직화와 교리화 작업이 시작되는 1세기 후반과 2세기 초반이 되어서야 나타난다. 유대교의 문헌 중 〈에스라4서〉와 〈바룩2서〉가 죄와 인간의 운명에 대한 바울의 신학적 체계에 가장 근접해 있다고 볼 수 있다.

여기서 잠시 〈바룩2서〉와 〈에스라4서〉에 나타난 인간에 대한 이해를 바울이 〈로마서〉에서 제시하는 인간 이해와 비교해보는 것도 흥미롭겠다. 물론 〈에스라4서〉와 〈바룩2서〉의 저술 연대는 바울의 〈로마서〉보다 앞서지 않는다. 그러나 두 문헌의 저자들과 바울은 한두 세대 정도의 차이만 있었을 뿐 거의 같은 세기를 산 사람들이다.

바울은 〈로마서〉 5장 12절에서 다음과 같이 말한다.

> 그러므로 한 사람으로 말미암아 죄가 세상에 들어왔고, 또 그 죄로 말미암아 죽음이 들어온 것과 같이, 모든 사람이 죄를 지었기 때문에 죽음이 모든 사람에게 이르게 되었다

아담의 죄 때문에 인류에게 부과된 죽음과, 그로 인해 인간의 마음에 배태되어 잘라낼 수 없는 악한 뿌리(죄의 경향성)를 강조하는 〈에스라4서〉의 비관적인 인간관과, 비록 아담의 죄의 영향을 받고는 있지만 각자가 자기에게 주어진 선과 악을 선택할 능력(자유의지)을 통해 자신의 미래를 결정할 수 있다는 〈바룩2서〉의 보다 낙관적

인 인간 이해…… 이들 사이 어디 즈음에선가 바울의 입장이 정립되었다는 느낌을 갖게 된다. 바울에 따르면 아담의 범죄로 죄와 죽음이 세상에 들어왔지만, 결국 모든 사람이 죽는 이유는 아담의 죄 때문이 아니라 개개인이 죄를 짓기 때문이다.

개인의 종말론적인 운명은 아담의 범죄에 영향을 받은 각 개인이 자기 스스로 짓는 죄의 굴레에서 벗어날 수 있는가에 달려 있다. 이 대목에서 〈바룩2서〉와 〈에스라4서〉는 보다 엄격한 토라(율법)의 준수를, 바울은 토라를 대체하는 그리스도를 선택하라고 제시한다. 〈에스라4서〉는 백성의 마음속에 있는 토라를 아담의 죄의 결과로 인류에게 영구히 배태된 '악한 뿌리'와 대조시킨다(3:22). 〈바룩2서〉는 아담을 이스라엘에게 토라를 전달한 모세의 반대편에 있는 인물로 등장시키면서 '아담의 흑암(the darkness of Adam)'을 토라에서 흘러나오는 광채와 내조시킨다(18:2).[23]

바울의 〈로마서〉는 토라와 계명이 의도한 생명이 아니라 죽음을 가져왔다고 말하며, 죽음과 율법의 굴레에서 인류를 해방시킬 자로 그리스도를 제시한다.

〈에스라4서〉와 〈바룩2서〉는 아담의 죄와 죽음의 기원, 인류에게 미치는 결과에 대한 바울신학사상의 형성을 이해하는 데에 도움을 주는 문헌이다. 반면에 위-필로의 《성서태고사》는 바울이 수행한 '아담 재창조' 작업을 문화적으로 이해하는 일에 도움을 주고 있다. 어떤 면에서 보면 바울과 위-필로의 《성서태고사》 저자는 동일한 문제에 대한 정반대의 대답을 내놓았다고 할 수 있다.

두 저자 모두 낙원에서 숭고한 복된 삶을 영위할 기회를 상실한 것의 책임과 인류에게 미친 죽음의 기원으로 아담의 죄를 지목한다. 두 저자 모두 '태고의 시간에 있었던 낙원'과 '미래 어느 순간에 회복될 낙원'이라는 우주적 관점에서 인류의 역사를 바라본다. 두 저자 모두 다가오는 마지막 때에 의인들이 누리게 될 영광을 기대하면서, 일정 정도로 정해진 현재의 시간을 보다 긍정적인 관점에서 이야기한다.

그러나 둘 사이의 차이점도 크다. 《성서태고사》의 저자는 아담이 상실한 낙원의 길이 노아와 모세를 통해서 어느 정도 회복이 되었다고 본다. '지금'이라는 시간은 노아가 개시하고 모세가 꽃을 피운 종교제의와 율법의 온전한 준수를 통해서 이따금 우리의 삶 속에 들어오는 '낙원의 향기'를 맡으며, 이따금 비치는 '진귀한 보석들의 빛' 속에서 사는 시간이다. 그 끝에서 새 하늘과 새 땅이 펼쳐지면, 의인들(종교제의와 율법을 온전히 준수한 이들)은 낙원에서의 복락을 누리게 될 것이다.

반면, 바울에게 지금의 시간은 그리스도를 영접해야 할 시간이다. 그리스도는 이스라엘의 성전을 대체하는 교회의 머리요, 백성을 죄로 이끈 율법을 대체하는 인물이다. 의인은 종교제의와 율법을 준수하는 이들이 아니라 그리스도를 믿는 사람들이다. 바울의 하나님은 그리스도를 믿는 믿음을 의로 인정한다. 그리고 미래의 하나님 나라는 바로 이 의인들의 것이다.

《성서태고사》는 바울의 신학뿐만이 아니라 그의 글쓰기 방식을 이해하는 데에도 도움을 준다. 이와 유사한 여러 문헌의 저자들 역시 각각의 신학적 재구성을 위한 자료들을 자신들의 목적에 따라

취사선택했다.《성서태고사》의 저자는 종교적 제의와 율법의 온전한 준수라는 자신의 신학적 관점을 극명하게 표현하기 위해서 아담에 대한 해석 전통들과 관련된 자료들을 '자유롭게' 사용하였다. 우리는 고대 유대인들이 구약성서의 원전들을 '다르게' 읽고 해석하여 글쓰기를 수행한 방식의 한 패턴을 이해할 필요가 있다. 다른 구약 외경 저자들과 마찬가지로《성서태고사》의 저자는 자신만의 특정한 목적과 관심을 가지고 자료들을 '넣고 빼고' 하면서 구약성서의 이야기들을 재구성하였다.

여기서 드러난 글쓰기 방식은 기존에 존재하는 자료들과 전승들을 자의적으로 활용하곤 한다. 그리하여 전해오는 해석 전통들과 일정 정도의 일관성과 연속성을 확보하는 한편, 개인적인 관심과 목적 실현을 극대화하는 방식으로 나아간다.

《성서태고사》의 저자는 보다 널리 알려신 전통들이 제시하는 바 아담을 제사장으로, 혹은 이스라엘의 대족장으로 표현하진 않았다. 그러면서도 기존의 전통들이 공유하고 있는 몇 가지 내용들은 기정사실로 받아들인다. 가령 대제사장들의 성의에 사용되는 보석들이 에덴에서 기원한 것이라는 전설, 아담이 범죄함으로써 빛을 상실했다는 전설 등은 〈창세기〉 원문이 전하지 않는 내용들임에도 아무런 설명 없이 수용하고 있다.

이 같은 역사 재구성 방식은 바울의 역사 재구성을 이해하는 데, 그리고 그가 어떤 인문학적 소양을 가진 사람이었는지를 아는 데에도 도움을 준다. 바울은 유대인들에게 매우 암울했던 1세기의 정치적, 문화적, 종교적 환경에서 유대인으로 활동하며 글을 쓴 사람이다. 그는 물론 랍비 유대교의 교육을 받은 사람으로 구약성서에 대한 해박한 지식을 가지고 있었다. 또한 헬라적 문화에서 자라난 지식인으로서 헬라어로 기록된 문헌들을 읽고 헬라어로 글을 썼다. 그의 아담 유형론은 탁월한 신화적 상상력과 높은 인문학적 소양이 없었다면 가능하지 않았을 것이 분명하다.

특히 바울의 편지들에는 그가 랍비적 유대교의 구약성서와 메시아를 대망하는 종교운동에서 나온 묵시문학의 흔적이 배어 있다. 뿐만 아니라 헬라 철학에 영향을 받은 서책들, 영지주의적 전통의 글들에도 정통해 있었다는 것을 보여준다.

바울은 자신의 목적에 따라서 다양한 자료들을 취해 섞고 때로는 문맥을 파괴하기도 하며 구약의 구절들을 창의적으로 인용하였다. 구약성서에 없는 신화적 소재를 도입하면서 그리스도를 인류의 죄와 죽음의 문제를 해결한 둘째 아담으로 제시했다. 물론 첫째 아담과 둘째 아담이라는 개념 역시 바울만의 독특한 것은 아니었다.

아담을 옛 시대의 첫 사람으로 묘사하는 것은 위-필로의《성서태고사》에서도 나타나지만 필로가 앞서서 이를 제시한 것이 사실이다. 또한 세대를 구분하면서 옛 세대의 대표로 아담을 지목하고 두 번째 세대의 대표로 그리스도를 가리키는 방식은 옛 시대의 첫 사람으로 아담을, 새 시대의 첫 사람으로 노아를 지목한 위-필로의《성서태고사》방식과 유사하다.

나가는 말

마지막으로, 아담을 그리스도의 모형으로 제시한 바울의 신학에는 기독교인들이 외면하고 싶어 하는 한 가지 중대한 문제를 안고 있다. 바울의 글을 제외한 신구약성서의 다른 문헌들이 바울의 신학적 구성을 지지해주는가 하는 점이다.

먼저 〈창세기〉 2~3장은 그리스도를 예시하는 텍스트로 읽히지 않는다. 〈창세기〉 3장 15절을 '원복음'이라 말하며 여자의 후손(그리스도)과 뱀의 후손(사탄) 간의 우주적 갈등이 창조의 때에 이미 예시되었다고 주장하는 학자들이 있다. 그러나 본문의 지지를 받지 못하는 교리적인 해석이며 또한 아담 관련성이 미미하다(뒤에 나올 10장에서 이에 대한 논의를 진행하게 될 것이다).[24] 그러니 바울은 〈창세기〉 본문 지체보다는 에덴 이야기 해석 전통에 더 의존하였을 가능성이 크다.

둘째, 구약성서 저자들 가운데 죄의 기원이나 죽음의 유래에 대하여 논하면서 아담에게 책임을 묻는 경우를 찾아보기 힘들다. 즉 구약성서 정경적 관점에서 볼 때, 아담으로 인해서 모든 인간이 자동적으로 죄인이 되었고, 또 그로 인해서 죽음이 세상에 들어왔다는 사상은 매우 이질적인 개념이다. 셋째, 바울을 제외한 신약성서 저자들 가운데 아담과 그리스도를 연결하여 구원론을 펼친 경우도 찾아보기 힘들다. 물론 바울을 제외한 신약성서의 어떤 저자도 아담을 죄와 죽음의 기원자로 거명하고 있지 않다.

넷째, 복음서들에 등장하는 예수는 하나님 나라와 보다 나은 인간의 삶에 대한 많은 가르침들을 주었지만, 아담에 대해서는 아무런 말도 남기지 않았다.[25] 다시 말해 그리스도의 자기 이해와 가르침은 아담을 그리스도의 모형으로 묘사하는 것을 좋아하지 않는 것 같다.

그럼에도 불구하고 바울의 아담 유형론이 기독교에서 갖는 중요성은 이루 말할 수 없다. 바울의 아담 유형론으로 인해 기독교의 교리체계에서 에덴 이야기의 중요성과 의의가 크게 부각되었다. 기독론(그리스도에 대한 교리)과 구원론(구원에 대한 교리) 그리고 종말론(미래에 대한 교리)은 에덴 이야기의 빛 아래에서 보다 분명하고 강력하게 선포될 수 있었다. 반대로 기독교의 기독론, 구원론과 종말론은 아담이 타락하여 죄와 죽음이 세상에 유입되었다는 내용을 골자로 하는 (바울이 이해한) 에덴 이야기를 기독교에서 결코 없으면 안 되는 요소로 만들어낸다.[26]

이런 면에서 바울은 역사상 누구보다도 뛰어난 식견을 갖춘 신학자였음에 논란의 여지가 없다. 특별히 그가 활동했던 시기의 기독교는 이제 막 형성되기 시작한, 적어도 지적이고 사상적인 측면에서 어린아이의 단계였다. 그런 점에서 그의 위대함이 더욱 드러난다. 그리스도의 복음을 논리적으로 보다 확고하게 전하려면 아담이 필요했다. 바울은 이를 간파한 첫 번째 기독교 신학자였다. 그리고 탁월한 신화적 상상력과 인문학적 소양을 바탕으로 태고의 정원 에덴의 남자를 (구원)역사 속으로 불러들였다.

아담은 이렇게 막 태동하기 시작한 기독교의 지적, 교리적, 신학적 근간을 세우는 일을 위해 바울의 손에서 재탄생되었다. 이 장의 탐구를 마치면서 우리는, 바울에게 아담은 역사적 인물이었지만, 바울이 그려낸 아담은 문학적 캐릭터였다고 말할 수 있게 되었다.

하나의 종교적 전통은 일종의 퍼즐 맞추기처럼 발전한다. 퍼즐 한 조각을 제자리에 놓지 못하면 전체 그림이 엉망이 된다. 매우 사소해 보이는 교리 하나 가지고 교단이 분열될 정도로 싸우고 볶는 것은 작은 퍼즐 하나가 전체 그림을 망칠 수 있다는 인식에서 비롯된 것이다. 아담에 대한 이해는 바울이 상상한 '한' 종교 전통의 밑그림에 있는 한 조각의 퍼즐이다. 한 조각이지만 그림 전체를 구성하는 일에 대단히 중요한 조각이다.

바울이 그린 검정 소 아담이라는 퍼즐 조각을 빼내면 기독교는 과연 어떤 모양새를 하게 될까? 이 조각을 빼내고 기독교의 사상적 틀을 재구성하는 일은 가능할까?

사람을
꿈꾸다

/

성장의 고통, 그리고 노동과 정의

에덴 이야기를 타락이나 죄라는 종교적, 교리적
관점에서 벗어나 읽게 된다면 무슨 이야기가 될
수 있을까? 기독교의 교리로부터 성서를 해방시
키면 어떤 지평이 새롭게 열리게 될까?

창세기 2~4장은 기독교가 배태되고 자라난 서양문화에서 주로 '죄와 벌'이라는 개념의 렌즈를 통해서 읽히고 해석되어 왔다. 인간의 타락과 신의 형벌이라는 비극으로 에덴 이야기를 읽는 전통 말이다. 그러나 이 텍스트로부터 직접적으로 소개되지 않은 몇 가지 개념들에 기초를 두고 있음을 아는지…… 실상 에덴 이야기를 읽는 방식은, 다소 과장하자면 수백 수천 가지가 넘을 것이다. 이번 3부는 그 중에서 엄선한 세 가지 관점의 에덴 읽기를 소개한다.

6장

성장의 통과의례를 겪는
아담과 이브

인간의 타락과 신의 형벌이라는 비극으로 에덴 이야기를 읽는 전통 외에, 이 텍스트로부터 나오지 않은 몇 가지 개념이 있다. 첫째, 사탄의 대리인인 사악한 뱀이 순진한 이브를 유혹해 불순종하게 했다. 둘째, 아담과 이브의 불순종 때문에 인류에 죽음과 노동 그리고 고통의 재앙이 왔다. 셋째, 에덴의 신은 전능하며 윤리적으로 완벽한 신이다. 넷째, 아담과 이브의 에덴 추방은 곧 인류의 실낙원을 의미한다.

물론 이러한 가정들은 모두 텍스트에서 나온 것이 아니다. 유대교와 기독교의 역사적 발전 과정에서 나온 해석 전통들에 기인한 것들이다. 이것이 전해져오면서 교리화되거나 문화 속에 각인된 결과물이다. 현대의 많은 성서 독자들은 이러한 가정들을 버리고 에덴 이야기를 읽고 있다. 실상 에덴 이야기를 읽는 방식은, 다소 과장하자면 수백 수천 가지가 넘을 것이다. 이번 3부에서는 그 중에서 엄선한 세 가지 관점의 에덴 읽기를 소개하려 한다.

고대인들의 에덴 읽기와 현대 해석가들의 에덴 읽기에서 가장 큰 차이점은 신화적 상상력과 인문학적 소양, 혹은 문해력의 차이라 하겠다. 고대의 해석가들이 신화적 상상력에 더 의존했다면, 현대의 작가나 해석가들은 인문학적 소양에 더 의존하여 읽는 경향이 있다. 따라서 고대 작가들이 신화적 세계관 안에서 작업을 한 것과 달리 현대의 작가들은 종교의 울타리를 과감하게 버리고 텍스트를 읽으려 한다. 그리고 나름대로의 전문적 지식을 토대로 에덴 이야기의 의미를 해석하여 현대 독자들에게 제시해준다.

인간성장에 관한 사회인류학적 관점

사회인류학(Social Anthropology)은 사회적, 문화적 존재로서의 인간을 탐구하는 분야다. 특별히 한 사회가 공유하고 있는 가치체계와 신념들이 학습과 소통을 통해서 확장되고 세대 간에 전이되어, 그 사회를 정의하는 틀로 구현되는 현상에 관심을 갖는다. 여기에는 한 사회나 집단이 공유하고 있는 초자연적인 것들에 대한 이해, 인간의 몸의 구분(성적 차이와 역할의 구분)과 관련된 행위들, 가족 관계와 사회적 관계의 형성에 관한 관습이나 금기들과 같은 삶을 구성하는 근본적인 요소들이 모두 망라된다.

사회인류학적 탐구는 기본적으로 '한 개인이 지니고 있는 신념이나 특정한 삶의 방식은 그 개인에게서 유래된 것이기보다는 그 개인이 속한 집단이나 사회의 것'이라는 관점에서 시작된다. 그리고 한 사회의 구성원들이 특정한 행동양식이나 의미를 공유하게 된 까닭 등을 탐구한다. 그렇게 함으로써 처음에는 이상하게 보였던 것들을 익숙하게 만들기도 하고, 반대로 익숙하고 진부하게 여겼던 것들을 완전히 새롭고 신비스런 것으로 보이게도 한다.

비록 사회인류학적 관점이라는 말을 사용하고 있지 않지만, 이 관점에서 에덴 이야기를 읽고 분석한 대표적인 연구결과가 있으니 바로 린 벡텔(Lyn. M. Bechtel)의 논문이다.[1] 벡텔이 주장하고 있듯이 사회인류학적으로 에덴 이야기를 읽는 작업은 전통적인 '죄와 벌'이라는 개념이 본 이야기가 의도하는 바가 아니라는 점을 인식하는 것에서 시작된다. 벡텔은 '죄와 벌'이라는 교리적 해석은 기원전 마지막 몇 세기 동안 천천히 형성된 것으로 본다. 그에 따르면 이스라엘은 로마제국의 지배를 받으며 헬레니즘의 영향하에서 매우 급진적인 사회적 경제적 정치적 그리고 지적 변화를 경험하게 된다. 이에 따라 공동체를 중시하는 성향이 강한 사회에서 개인 성향이 지배적인 사회로 변모하게 되었고, 이런 과정에서 '죄와 벌'이라는 개인주의적 관점이 주요한 해석학적 입장으로 자리 잡게 되었다.[2]

따라서 〈창세기〉 2~3장을 텍스트에 더욱 충실하게 읽기 위해서는 우선 개인적 성향의 '죄와 벌' 개념을 버리고, 공동체 성향의 관점을 회복할 필요가 있다. 그리고 이 관점으로부터 텍스트의 여러 상징들과 메타포들, 언어유희와 이야기의 주제들을 읽어내야 한다.

그러면 공동체를 지향하는 성격이 강한 사회란 무엇을 뜻하는가? 이는 일차적으로 사회를 구성하는 사람들 대부분이 자신들의 신원과 운명을 자기가 속해 있는 공동체로부터 찾는 사회를 말한다. 개인의 운명과 정체성이 공동체로부터 나온다는 생각을 대다수 구성원들의 삶과 생각 가운데 차지하도록 만들어야 한다.

따라서 이런 사회에서는 공동체에 대한 개인의 책임과 의무가 강조된다. 개인의 이해가 아니라 공동체 전체의 이해가 보다 중요하다고 대다수가 동의한다. 개인은 자신의 필요를 충족시키기 위해서 노력하지만 공동체 전체의 유익이라는 관점을 결코 잃지 않는다. 공동체의 안녕이 개인의 안녕과 직결된다고 믿기 때문이다. 벡텔은 이 같은 공동체 중심적 사고와 관련된 두 가지 중대한 요소가 〈창세기〉 2장과 3장의 읽기와 해석에 직접적인 영향을 준다고 믿는다. 죽음에 대한 관념, 그리고 사회통제 수단이 그것이다.[3]

공동체 중심의 사회에서는 자연이 삶의 패러다임이 되며, 삶은 생명과 죽음 사이의 지속적인 상호작용으로 이해된다. '생명' 혹은 '구원'은 세대에서 세대로 자녀들을 통해 이어지는 생물학적인 삶의 연속이라는 견지에서 또한 이해된다. 개인과 그 개인의 정체성은 그의 가계와 사회가 지속되는 한 계속된다고 믿는다. 개인보다는 공동체의 안녕을 중시하는 것은 따라서 너무나 당연한 일이다. 생명 혹은 구원이 자녀들을 통해 계속 이어지리라 믿는 사회에서는 결혼과 가정의 가치가 상당할 수밖에 없다. 자녀들을 생산하는 여성들은 생명의 생산자들이며 이런 의미에서 구원의 생산자들이라 할 수 있다. 이런 사회에서 여성은 상당한 힘과 지위를 누리게 마련이다. 여성을 하대하거나 여성의 권익을 빼앗는 것은 상상할 수 없는 일이다.

가계와 사회를 영구히 존속시키기 위해서 가정 안에서의 성교와 생산력은 따라서 대단히 중요하다. 성교는 본질적으로 악한 것으로 여겨지지 않으며, 또한 낭만적이거나 영적인 일로도 묘사되지 않는다. 단지 가족 공동체의 영속화를 위해 생명을 계속 이어가는 활동으로 여길 뿐이다. 이러한 문화적 환경에서 저술되었기에 〈창세기〉에 나오는 놀라운 상황들이 비로소 납득될 수 있다.

가령 소돔과 고모라 사건 이후 롯의 두 딸들이 아버지를 술로 잠재우고 번갈아 들어가 대를 잇고자 한 이야기(19장), 야곱이 외삼촌 라반의 두 딸과 혼인한 후 그의 아내들이 행한 아이 낳기 경쟁에 하나님이 관여한 이야기(29~30장), 가나안 여인들을 아내로 맞은 에서가 아버지 이삭이 기뻐하지 않는 것을 보고 큰아버지라 할 수 있는 이스마엘의 딸 마할랏을 새 아내로 들인 이야기(28장 6~9절), 야곱의 딸 디나가 세겜에게 강간당했을 때 세겜이 정중하게 사과하고 진정한 사랑을 표시하며 청혼했음에도 불구하고 야곱의 아들들이 행한 무자비한 보복 이야기(34장), 장남과 차남이 씨를 생산하지 못하고 죽자 유다가 며느리인 다말에게 막내아들을 주기를 꺼려하다가 결국 그녀와의 사이에서 자신의 씨를 생산하게 되었다는 이야기(38장) 등이 그것이다. 이런 상황을 아무런 윤리적 비평도 없이 소개하고 있다.

가족의 씨를 남기는 것이 곧 생명이며 구원인 사회에서 근친 간의 성교는 (적어도 모세의 율법이 이를 죄라고 명하기 전까지는) 죄가 아니었다. 뿐만 아니라 성교는 남성과 여성 사이의 강한 연대감과 책무를 조성하며, 공동체 중심의 사회를 유지하는 근간이 된다. 간단히 말해 이런 사회에서 죽음이란 씨의 흐름이 끊어지는 것을 의미한다.

공동체를 중시하는 사회의 주요 요소이며, 〈창세기〉 2~3장을 해석하는 데 중요한 역할을 하는 두 번째 것은 사회통제의 수단으로 사용되는 수치심이라는 기제다. 수치심이 공동체 중심의 사회에서 통제수단으로 사용되는 이유는 공동체에 대한 개인의 강한 연대감에 저해되는 행동이 사회적으로 큰 반감을 불러오기 때문이다. 수치심이라는 기제는 공동체적인 압력에 의존한다. 그리고 공동체의 목적이나 이상에 미치지 못할 때 생기는 불안과 연결되어 있다. 개인은 사회가 제시하는 목적이나 이상을 성취할 때 상당한 자부심을 느끼도록 사회화된다. 그러나 자부심을 깨는 행위에는 수치심을 느낀다. 그리고 이 수치심은 개인의 정체성을 흔들어놓는다.

수치심은 또한 일종의 공포를 조장한다. 수치심을 강하게 느끼는 개인은 공동체에서의 존경과 위치를 상실하거나 심리적, 물리적으로 추방당하는 공포감을 갖게 된다. 공동체로부터 거절당한다는 것은 자신의 정체성의 근원으로부터 잘려나가는 것을 의미하며, 또한 생명 혹은 구원으로부터 떨어져 나가는 것을 의미한다. 공동체 중심의 사회에서 성장하는 동안 개인은 이러한 수치심과 사회적 압력이라는 기제에 반응하도록 사회화된다.[4]

백텔은 생명과 죽음의 공동체적 의미, 그리고 공동체를 통제하는 기제로서의 수치심이라는 틀로 〈창세기〉 2~3장의 아담과 이브 이야기를 해석하였다. 여기에서는 백텔의 탁월한 연구를 다소 수정하여 소개한다. 먼저 이 같은 관점에서 보면 에덴 이야기 텍스트는 다음과 같이 구성된다.

자연에 예시된 인간 성장과정(2:4b∼6)

창조와 유아기(2:7∼9)

성장에 대한 전환적 예시(2:10∼15)

초기와 중기 아동기(2:16∼23, 사회적 차별화, 언어 습득, 사회적 정체성 획득)

성장에 대한 전환적 예시(2:24∼25)

사춘기(3:1∼19, 통과의례, 책임, 가정생활의 실재에 대한 인식, 성인여성의 삶
과 성인남성의 삶)

성인으로 전환(3:20∼24)

자연에 예시된 인간 성장과정(2:4b~6)

2장 4절의 하반절부터 6절은 몇 가지 대조적인 개념을 사용하면서
신의 자연 창조를 묘사한다. 자연의 창조는 인간 성장의 방향을 예
시해준다. 먼저 여호와 하나님(Yhwh Elohim)이 하늘(위)과 땅(아래)을
만들었다. 그리고 아직은 그가 위로부터 비를 내리지 않았으며, 아
래로부터 안개만 올라와 땅을 적셨다. 들의 야생 초목도 밭에 경작
한 채소도 아직 없다. 인간은 처음부터 야생식물과 경작한 식물을
인지하게 되어 있었다. 다른 말로 하면, 인간이 통제할 수 있는 영
역과 통제할 수 없는 영역이 처음부터 구별되었다는 말이다. 위와
아래라는 대조는 나중에 3장 15절의 의미를 이해하는 열쇠가 되며,
야생과 경작이라는 대조는 3장 18절과 이어진다. 자연은 이 같이
인간적인 삶을 담아내는 패러다임이 된다. 인간은 자신이 통제할
수 있는 것과 통제할 수 없는 것들이 있음을 수용해야 한다.

지상의 식물들이 풍성하게 자라 열매 맺기 위해서는 아래로부터

올라오는 통제되지 않는 물(우리말성경에서는 '안개'로 번역된 것)과 위로부터 내려오는 통제되지 않는 물인 비, 그리고 통제된 물인 에덴을 흐르는 강(2:10)이 필요하다. 모든 유형의 물(위와 아래에서 오는 것, 통제되지 않는 것과 통제된 것)이 있어야 땅은 비옥해지며 모든 유형의 식물들(통제된 것과 통제되지 않는 것)이 자라고 성장할 수 있다.

세 번째로 대조되는 것은 제한성과 잠재성이다. 지구가 처음 창조되었을 때 땅은 건조하고 비옥하지 못했다. 식물을 자라게 하거나 생산하는 데에 어떤 잠재력도 없는 상태였다. 그러나 여호와 하나님이 안개를 올라오게 했고 땅을 적셔 비옥하게 해 성장과 생산을 위한 잠재성을 유발했다. 이와 마찬가지로 인간도 제한되고 생산하지 못하는 어린아이에서 아이들을 생산하고 음식을 생산할 잠재력을 지닌 성숙하고 생산력이 풍부한 성인으로 자라가게 된다. 성장과 성숙, 생산능력과 생식력은 생명의 본질이다. 생명현상은 자연과 인간 모두에게 공통적으로 발생한다. 사람(아담, adam)이 아직 땅(아다마, adama)에서 분화되어 나오기 전에 설정된 자연의 이치다.

여기에 사용된 상반된 개념들은 일종의 적대적 힘들을 내포한다. 아담의 '타락'으로 인해서 삶의 어려움들이 초래되었다고 전통적인 해석가들이 선언하기 훨씬 이전에, 다시 말해 인간은 창조의 때부터 자신이 통제할 수 없는 일들과 통제할 수 있는 일들 사이에서, 자신의 힘이 미치지 못하는 영역과 자신이 할 수 있는 일의 영역 사이에서 갈등하며 살아가기로 되어 있었다. 인간은 처음부터 이 같은 적대적인 힘들의 존재를 인식하고 이를 수용하며 그 속에서 생존을 도모해야 했다. 결코 타락의 결과로 이런 비극이 유래된 것이 아니다.

인간 창조와 유아기(2:7~9)

본 텍스트가 그리고자 하는 것이 모든 사람들이 통과해야 하는 삶의 과정에 관한 것이라면 아담(사람)을 아다마(땅)로부터 분리해냄으로써 인간을 창조했다는 설정은 매우 자연스럽다. 아담과 아다마라는 언어유희는 연합과 분리라는 또 하나의 대조를 이루는 주제를 제시한다. 인간은 원래 땅과 연합되었던 존재였다. 땅에서부터 나와서(2:7, 분리) 땅을 경작하는 일을 하다가(2:5, 3:23) 결국 죽음의 때에 땅으로 돌아가게 될 것이다(3:19, 연합).[5]

인간을 만든 후 여호와 하나님은 에덴이라는 지역에 정원을 하나 조성했다. 이 정원은 상당한 상징성을 갖고 있다. 첫째, 지역적으로 에덴에 위치한다. 에덴이 지리학적으로 어디에 위치했었는가와 상관없이(이에 대해서 10장을 보라) 본 에덴 이야기 읽기에서 중요한 것은 '에덴'이라는 이름이 담고 있는 뜻이다. 에덴(eden)은 어원적으로 두 가지 의미를 갖고 있다. '즐거운/기쁜' 혹은 '평원/초원'을 뜻한다. 에덴의 정원에 보기 좋고 먹음직스러워 보이는 열매들을 내는 나무들이 풍성하게 자리를 잡고 있다는 묘사는 이 장소가 행복의 공간임을 강조하고 있다.

그런데 이 행복한 정원은 누구를 위한 것인가? 벡텔은 에덴의 정원이 신을 위한 공간은 아니라고 말한다. 에덴의 정원은 사람을 위해서 조성되었다는 것이다. 이 정원은 자라나는 아이에게는 순전한 기쁨의 공간이 되어줄 것이며, 이 환경에서 아이는 노동을 할 필요

없이 행복한 영유아기를 보낼 것이다.

둘째, 이 정원이 '동쪽을 향해' 있다는 것도 상징적이다. 동쪽은 하루의 시작이나 인생의 시작(유아기와 아동기)을 가리킨다. 셋째, 인간에게 자양분을 공급해주는 유일한 것으로 나무를 설정한 것도 상징적이다. 고대 근동의 문화에서 나무는 자라고 성숙해가며 성적인 재생산을 통해 세대에서 세대로 생명을 잇는 상징이었다.[6] 나무를 통해 남성성과 여성성을 상징화할 때 가장 본질적인 것은 대를 이어 생명을 생산하는 능력이다. 이 생산 능력이 성장과정을 통해서 발전되고 실현된다. 정원의 나무들은 아이가 이 정원에서 자라고 성장해가게 될 것을 가리킨다. 물론 이 정원은 부모가 만들어준, 여기서는 하나님이 창설한 행복한 아동기 세상이다.

정원의 중앙에 있는 두 나무는 더 특별한 상징성을 갖고 있다. 고대 근동의 문화에서 생명나무는 일정한 나이가 되면 죽음을 맞지 않고 다시 아동/청년기로 되돌아가는 특별한 성장과정(회춘)을 상징한다. 다시 젊어진다는 상징은 아직 적대적인 힘이나 죽음을 인식하지 못하는 아이의 생명에 대한 이해를 보여주기도 한다. 에덴 이야기에서 여호와 하나님은 생명나무의 열매를 먹는 것을 처음에는 금지하지 않았다. 아직 죽음의 개념이 없는, 그리고 회춘할 필요도 없는 어린아이만이 정원에 있었기 때문이다. 생명나무의 열매는 죽음을 의식하는 나이에 도달한 이에게만 의미가 있다. 벡텔은 이러한 관점에서 생명나무를 '생명에 대한 미숙한 지식의 나무(the tree of immature knowledge of life)'라 칭한다.[7]

선과 악을 알게 하는 나무가 상징하는 바는 '안다(yada)'라는 단어가 내포하는 바의 해석에 달려 있다. 이에 대한 여러 가지 입장이 있지만, 인간 성장과정에 대한 이야기로 본 텍스트를 읽는 사람들은 일반적이며 보편적인 지식 혹은 넓은 의미의 지적, 도덕적, 경험적, 그리고 성적 분별력을 뜻하는 것으로 읽기를 원한다. 선과 악을 아는 것은 삶의 과정에 작동하는 적대적인 힘들을 인식하고 무엇이 선이고 악인지를 결정하는 능력을 포함한다. 그러나 이 능력은 인간의 한계 그 너머에까지 이르는 지식이 아니다.

이 나무의 열매를 먹는 것은 상징적으로 사춘기의 성숙 과정의 시작을 알린다. 성적인 성숙의 시작과 적대적인 힘들(선과 악, 위와 아래, 통제와 통제불가, 잠재력과 제한성, 연합과 분리)에 대한 지각이 발전하게 되는 것이 이 성장과정의 특성이다. 이 나무는 따라서 '생명에 대한 성숙한 지식나무(the tree of mature knowledge of life)'라 칭할 수 있으며 어린아이들에게게만 금지된다. 지식나무의 열매를 먹고 삶에 대한 지식을 습득한 성인들에게는 대신 미숙한 지식을 주는 생명나무의 열매를 먹는 것이 금지된다.

생명에 대한 미숙한, 천진난만한 견해를 갖는 것은 아이들에게는 괜찮은 일이며 어찌 보면 본질적인 일이기도 하다. 생과 사에 대한 미숙한 지식을 갖고 있는 아이들이 동화 속에서와 같은 행복한 유년생활을 보내는 것은 결코 나쁜 일이 아니다. 따라서 이들에게 미숙한 지식나무의 열매를 먹는 것이 허락되었다. 그러나 아직 이들이 소화할 수 없는 성숙한 지식나무의 열매는 금지되어야 한다. 반면 성숙한 지식나무의 열매를 먹고 생과 사에 대한 성인의 지식을 습득한 이들이 다시 미숙한 지식나무의 열매를 먹는 것은 엄격히 금지되어야 한다. 이는 성장의 관점에서 보면 퇴행적인 일이며, 대를 걸쳐 생명을 이어가는 것이 구원이라 믿는 공동체 문화에서는 수용될 수 없는 사회악이 될 것이다.

에덴의 정원은 안팎을 나누는 담장이나 울타리로 둘러싸인, 경계선이 분명하게 그어진 공간이다. 정원 밖의 공간은 적대적인 힘들이 작용하는 공간이다. 따라서 선과 악의 지식나무의 열매를 먹는 것은 정원 밖으로 나가 살기를 준비해야 할 이들에게 대단히 중요한 일이 된다. 그러나 유년기 아동의 세계인 정원 안에 사는 아이는 그러한 적대적 힘들의 존재를 인식하지 못한다.

성장에 대한 전환적 예시 1(2:10~15)

벡텔은 에덴의 정원에 흐르는 강이 인간이 성장하는 과정의 연합과 분리를 예시한다고 본다. 이런 면에서 볼 때 강은 상싱성을 지닌다. 유년기의 세계인 정원 안을 흐르는 하나의 강은 공동체에 속하지 않고 홀로 사는 삶과 분화되지 않은 미숙한 유아를 가리킨다. 그런데 여호와 하나님은 사람이 혼자 거하는 것이 좋지 않다고 말한다(2:18).

그 다음 강은 네 개의 근원으로 갈라진다. 이는 인간사회가 점차 분화되거나 분리되는 것과 성장의 분화(differentiation of maturation)를 가리킨다. 네 개의 근원은 동서남북을 가리키며, 이는 상징적으로 전 세계를 감싸는 분화된 연합체를 상징한다. 다시 말해 에덴에서 나와 네 개의 근원으로 나뉘어 흐르는 강은 한 성숙한 인간의 분화된 연합을 가리킨다. 나아가 성숙한 인류가 그 중심지로부터 나와 재생산 과정을 반복하면서 온 세상에 퍼져나가 정주하게 되는 것을 예시적으로 보여준다.

금과 베델리엄과 호마노에 대한 언급은 결혼예물과 같은 관례를 예시하면서 2장 24절에 오면 결혼에 대한 언급으로 이어진다. 고대 근동에서 결혼은 사춘기에서 성인으로 넘어가는 사이의 한 지점에서 행해졌다. 결혼은 성인으로 가는 대단히 중대한 통과의례인 셈이다. 이어서 여호와 하나님은 사람에게 정원을 경작하고 지키는 임무를 부여했다. 정원은 유년기를 지나는 아동의 세계다. 현재 유년기 세계를 보호하고 가꾸는 일은 하나님이 하고 있다. 이런 임무는 가정을 보호하고 음식을 생산해야 하는 성인남성의 역할을 보여주고 있다. 이로써 본 단락은 성숙과 재생산, 결혼과 성인남성의 역할에 대한 예시를 완성한다.

초기와 중기 아동기(2:16~23)

① 행동반경

지금까지 하나님은 아직 유아단계인 사람에게 말을 건네지 않았다. 이 단락에 이르러 유아는 초기 아동기를 지나고 있다. 만일 그가 무엇인가를 하게 된다면 행동반경이 설정될 필요가 있다. 여호와 하나님은 이 아이에게 모든 나무의 열매들을 먹을 수 있다고 허락한다(잠재성). 그러나 성인 지식의 나무인 선과 악을 알게 하는 나무의 열매는 예외다(제한성). 이 제한성을 설정함으로써 여호와 하나님은 아이의 행동반경을 유년기와 유년기 아동의 생명에 대한 이해 범위 안으로 제한하여 아이를 보호하고자 한다. 아이는 성인 지식나무의 열매를 지나치게 일찍 먹음으로써 '너무 빨리' 자라지 말아야 한다.

하나님은 정원 안에다 아이의 성장을 위해 필요한 잠재성을 가득 채웠다. 아이는 자기에게 주어진 행복한 환경 속에서 적절한 과정을 따라 자라나야 한다. 선과 악을 알게 하는 나무열매를 금지하는 것으로 행동반경을 설정한 것은 아이를 유년기에 머물도록 제한하기 위해서다.

② 사회적 분화와 언어습득

가능한 행동반경이 설정되고 나면, 이제 관계들을 형성하는 과정으로 나아가야 한다. 관계를 만들어가는 것은 공동체 중심의 사회에서 더더욱 중요하다. 하나님은 먼저 동물들을 창조한다. 그 결과 사람은 자기를 다른 피조물로부터 구별하는 분화의 과정을 경험하며 자신의 정체성을 찾고 의사소통을 하고 (범주를 나누고 명명함으로써) 질서를 세우며 사회적 관계들을 발전시키는 일에 필요한 언어를 습득하게 된다.

동물들은 아담처럼 땅(아다마)으로부터 창조되지만 반면 아이에게 있어 동물은 '돕는 동반자(ezer kenegdo)'로 등장한다. 여기에 쓰인 단어 '에제르(ezer)'는 어려움이나 위험으로부터 구해주는 개인이나 그룹을 가리킨다. 영어로 'helper'라 번역할 수 있겠다. '케네그도(kenegdo)'는 본래 상대자의 의미로 동반자(partner)나 동료(companion)로 번역된다. 이 두 단어는 함께 상호적으로 도움을 주는 유익한 관계, 서로 상반되거나 다른 존재이지만 연합하고 평등을 유지하는 상호 호혜적인 관계를 표현한다. 우리말 성경에서 '돕는 배필'로 번역함으로써 동물 다음에 창조되는 이브에게만 해당되는 것처럼 오해되고 있지만, 하나님은 동물을 창조할 때 아담의 '돕는 동반자'로 창조하였음을 이곳 단락은 분명히 밝히고 있다.

아직 어린아이 단계에 있는 사람에게 동물들은 상호원조의 유익한 관계성을 맺도록 창조되었다. 동물들을 통해서 아이는 동반자 정신, 유대, 그리고 다른 존재들과 어떻게 관계를 맺어야 하는지를 배우게 될 것이다. 아이가 자라나 성인이 된 후에 동물들은 생명을 유지시켜주는 음식을 생산하도록 도와주는 인간의 동반자가 될 것이다.

③ 사회적 정체성 획득

동물들과 관계 맺는 것을 배운 아이는 이제 또 다른 인간과의 관계를 형성할 준비가 되었다. 하나님은 아이를 깊은 잠, 죽음과 같은 무의식 상태에 들게 하고 그의 몸으로부터 새 생명을 창조한다. 이는 매우 상징적인 사건이다. 생명이 죽음으로부터 나온다. 여성을 지으면서 하나님은 인간의 성장을 한 단계 더 나아가게 한다. 즉 성적인 분화다. 이제 아이는 말하기를 시작한다. '내 살 중의 살이요 내 뼈 중의 뼈다'라고 외친다. 그는 남성과 여성의 연합을 인식하게 되고, 그들 사이에 성적인 분화가 있음을 또한 지각하게 된다. '남자(ish)에게서 왔으니 여자(issha)라 부르겠다'고 말한다. 이 언어유희는 다른 두 성 사이에 있는 신체적 심리적 구별을 명백히 보여준다.

이제 아이는 또 하나의 돕는 동반자를 갖게 되었다. 둘 사이에는 연합과 평등을 그 특징으로 하는 상호 호혜적인 도움을 주며, 동시에 나름의 상반성과 차이를 유지하는 관계를 맺게 된다. 그녀는 아이를 낳게 될 것이며 그는 보호하게 될 것이다. 이로써 그들은 가정활동의 유지와 부양을 위해 협동하게 된다.

성장에 대한 전환적 예시 2(2:24~25)

24절은 앞으로 진행될 성장과정을 예시하는 구절이다. 성숙과 결혼, 재생산의 주제를 담고 있다. 사춘기에서 성인으로 성장하는 과정에서 이루어지는 결혼은 분리와 연합의 견지에서 이루어진다. 남자가 부모를 떠나 여자와 연합하고 그들은 한 몸이 된다. 남자가 부모를 떠난다는 설정은 3장 22~24절이 전하는 바 성인이 유년기 세계인 정원으로부터 분리되는 상황을 예시한다. 부모를 떠나 여자와 한 몸(one flesh)을 이루는 것은 남성과 여성 사이의 새로운 심리적 신체적 연대가 형성됨을 상징하며, 아이의 생산을 통해 이러한 과정(부모를 떠나 남자와 여자가 연합하는 과정)이 주기적으로 반복될 것을 예시한다.

이 이야기의 구조 속에서 남자가 부모를 떠나 여자와 연합하여 한 몸을 이루는 일은 미래의 사건이 될 것이다. 이를 강조하기 위해서 텍스트는 남자와 여자가 벌거벗고 있으나 부끄러움을 느끼지 못하고 있다고 말한다. 성장과정을 보여주는 신화로 이 텍스트를 읽고 있는 이들에게 이는 매우 중대한 언급이다. 사람이 공공장소에서 벌거벗은 것에 대해 부끄러워하지 않는 시절은 언제인가? 맞다. 아동기이다. 자기를 의식할 정도로 충분히 성숙하지 않은 단계에 있으며, 공공의 장소에서 벗었다는 것의 사회적 의미를 아직 터득하지 못한 아이들은 벗은 것을 부끄러워하지 않는다. 이 단락은 에덴의 첫 번째 남성과 여성이 아동기에서 사춘기로 가고 있음을 말해준다.

사춘기의 성장(3:1~19)

기독교 전통은 뱀을 악, 사탄, 유혹, 성적인 죄, 죽음 등을 상징하는 요물로 해석해왔다. 그러나 뱀이 이렇게 부정적인 상징으로 여겨지기 시작한 것은 기원전 3세기경이다. 에덴 이야기가 기록될 당시의 문화에서 뱀은 유익한 동물로 여겨졌다. 특히 농경문화에서 뱀은 곡식 재배와 저장에 큰 피해를 주는 들쥐의 천적이었다. 이런 현실적 차원에서 뱀은 사람들의 생명을 보호해주는 잠재력을 지니고 있다. 상징적인 차원에서 뱀은 남근과 비슷한 모양으로 인해 남성성을 상징하는 것으로, 또한 허물을 벗고 계속해서 새로운 생명을 이어가는 것으로 보였기에 생명을 생산하는 여성성의 상징으로도 여겨졌다.

그럼에도 어떤 뱀은 인간의 생명에 치명적인 독을 지녔기에 제한성을 가지고 있다. 생명에 해를 끼치는 제한성으로 인해 뱀은 종종 통제의 결핍을 뜻하는 혼돈, 악, 그리고 죽음과도 연결되었다. 이러한 상황에서 고대인들에게 필요한 것은 뱀에 대한 지식이었다. 내 주위에 있는 것이 생명을 보호해주는 유익한 뱀인지, 생명을 위협하는 치명적인 뱀인지를 알 필요가 있었다. 이런 이유로 뱀은 지혜 혹은 분별, 특히 선과 악을 분별하는 능력의 상징이 되었다. 고대 근동의 문헌들에서 뱀은 생명과 죽음, 선과 악이라는 적대적인 힘들을 이상적으로 구현하고 있는 상징으로 종종 등장하였다.

〈창세기〉의 에덴 이야기는 어떤 뱀을 등장시키는가? 3장 1절은 하나님이 지으신 들짐승 중 가장 영특한(arum, cleverly wise, 우리말성경에서는 가장 간교하다고 해석) 존재로 뱀을 소개하고 있다. 가장 영특하다는 말은 문맥적으로 다른 동물들과는 다르게 뱀은 선과 악을 알게 하는 나무의 실재를 알고 있으며, 또한 인간의 성장과정에 대해 알고 있다는 것을 뜻한다.

이 뱀을 통해서 정원 안의 두 아이는 사춘기 성장과정을 시작하게 된다. 사춘기는 생물학적으로 미숙하고 생식력이 없는 상태에서 성적으로 성숙해지고 생식력을 갖게 되는 변화가 일어나는 시기이다. 더불어 성인의 역할과 일을 인식하고 수행하는 시기이기도 하다. 신이 지은 현명한 뱀이 아담과 이브에게 사춘기 성장을 시작하게 했다는 설정은 이러한 변화가 자연스레 시작되었다는 것을 뜻한다.

뱀은 하나님이 창조한 자연을 대신한다. 인간의 성숙은 죄나 타락의 결과가 아니라 자연적으로 찾아오는 것이다.

뱀이 여성에게 찾아온다. 이는 생물학적 견지에서 사춘기 여성의 신체적 성숙이 남성보다 먼저 시작되기 때문이다. 텍스트는 여성이 먼저 성숙한다는 것을 성인여성의 이름인 하와/이브(hawwa/Eve), 즉 모든 생명의 어머니라는 이름을 전함으로써 증명하고 있다. 이브라는 이름은 성적으로 성숙한 여성에게만 해당되는 이름이다. 반면 아담이라는 이름은 그가 정원을 떠나기 전까지(4:1)는 계속해서 사람을 뜻하는 일반명사로만 쓰이고 있다.

① **통과의례**(3:1~10)

성장 과정을 이해하고 있는 뱀이 여자에게 성숙한 지식의 나무인 선과 악을 알게 하는 나무의 열매를 먹으라 권한다. 여기서 뱀은 속이지도 유혹하지도 악하지도 않다. 뱀은 단지 생명에 대해 알고 있으며, 선과 악을 알게 하는 나무의 열매가 '눈을 밝게 하여' 주는 능력, 즉 부모들이 가지고 있는 성인의 지각력(이 이야기에서는 부모를 대신하고 있는 여호와 하나님의 지각능력)인 새로운 인식능력을 준다는 것을 알고 있을 뿐이다. 그리고 자연 속에 내포된 제한성과 죽음은 신이 창조한 우주에 작용하는 적대적인 힘의 일부라는 인식도 포함된다.

사람이 이 금단의 열매를 먹었기 때문에 세상이 달라진 것이 아니다. 단지 이 과일을 먹음으로써 미숙한 어린아이의 눈이 아니라 장성한 성인의 눈으로 세상을 있는 그대로 보게 되었을 뿐이다. 뱀은 이 과일을 먹으면 즉각적으로 죽게 될 것이라 믿고 있는 소녀의 오류를 수정한다. 그러나 결국 죽게 된다는 사안에 대해서는 다루지 않는다. 아마도 죽음을 이해하기에 여자는 아직 너무나 미숙했기 때문일 것이다. 대신 뱀은 이 여자가 이해할 수 있는 내용을 다룬다. '선과 악을 아는 것'이다. 그녀의 부모인 여호와처럼 성숙한 지식을 갖게 될 것이라 말한다. 이것은 절대로 거짓말이 아니다.

여자는 사춘기에 있는 사람이 세상을 보듯이 세상을 이상적으로 보고 있다. 뱀은 여자에게 이 과일이 선과 악을 구별하는 능력을 줄 것이라고 말했지만 여자는 좋은 것만 본다(먹음직스럽게 보이고, 보기에 좋고, 지혜롭게 할 만큼 탐스러워 보인다). 좋고 잠재성이 있는 것들만 보고, 나쁘고 제한된 것을 외면한다.

먹으면 정녕 죽을 것이라는 하나님의 말은 상징적으로만 옳다. 과일을 먹는 것은 유년기에서 성인으로 넘어가는 일종의 통과의례이다. 통과의례는 새롭고 더 성숙한 삶의 단계로 나아가기 위해서 옛 삶의 방식에 대해 죽음을 선고하는 상징을 내포한다. 과일을 먹은 후 정원의 아이들은 자신들의 미숙한 삶의 옛 방식들을 (상징적으로) 죽이고 젊은 성인의 단계로 새롭게 태어난다. 이는 반역이나 죄 혹은 타락이 아니다. 성숙과 자유, 그리고 정체성 획득을 향한 자연스런 과정일 뿐이다. 그리고 이는 부모인 여호와 하나님으로부터 소외되는 과정이 아니다. 오히려 관계가 더 풍부해지고 성숙해지는 과정으로, 그들은 비로소 삶의 실재에 대해서 더 잘 이해하게 되고, 이 생명의 창조주인 하나님에 대해서 더 잘 이해하게 될 것이다. 자녀들이 자라면서 자녀들을 상대하는 부모들의 대우가 달라지듯, 하나님도 성인된 이들을 다르게 대우하게 될 것이다.

과일을 먹은 후 사람들의 눈이 열렸고 이들은 자신들이 벌거벗었음을 비로소 알게 된다. 생애 처음으로 자기를 의식하고 수치심을 경험하게 된 이들은 자신들을 가리게 된다. 사회를 통제하는 주요 수단이 수치심인 사회에서 막상 수치심을 처음 경험함으로써 사회화 과정을 거친다. 이윽고 정원에서 하나님의 음성을 들었을 때 이들은 두려워하며 숨는다. 수치심을 주요한 기제로 사용하는 사회에서 수치스런 상황에 대해 공포심을 느끼는 것은 수치스런 행동을 실제로 하는 것만큼이나 중요한 사회통제이다.

에덴의 신은 이들이 금단의 열매를 먹었다는 것을 즉각적으로 알아챈다. 이들에게서 성숙의 흔적들을 보았기 때문이다. 자의식, 수치심, 벗고 있는 것을 가리고 숨는 행위는 어린아이들의 행동이 아니다.

이러한 성장 과정을 여호와 하나님이 주도했다고 말할 수 있을까? 전통적으로 기독교는 죄나 타락의 이야기로서, 아담과 이브의 타락에 하나님의 책임이 없다는 것을 본 텍스트에서 분명히 하고자 노력했다. 그러나 인간 성장에 대한 신화로 이 이야기를 읽게 되면 신이 인간 성장에 깊게 관여했다고 말하는 것이 전혀 문제가 되지 않는다. 신은 결국 이 이야기에 등장하는 유일한 부모가 아닌가. 그는 아이가 행복한 유년기를 지낼 수 있도록 가장 좋은 환경(정원)을 꾸며주었다. 그리고 동물들과 여자를 시기적절하게 제공해주었다. 성숙한 지식을 습득하는 과정 역시 그가 지은 뱀을 통해서, 다시 말해 자연스런 과정을 통해서 발생하였다. 에덴 이야기는 인간의 성장이 삶의 다양한 경험들을 통해서 자연스럽게 진행된다는 것을 말해주고 있다.

② 책임(3:11~13)

이어지는 신의 탐문 과정에서 인간 성장 과정에 중요한 개념이 등장한다. 금단의 열매를 먹은 두 사람 모두 자신들의 행동에 대하여 책임을 지려하지 않는다. 둘 다 누군가에게, 궁극적으로는 신에게 책임을 전가한다. 자신의 행동에 대하여 책임을 지려는 자세야말로 성장의 척도다. 이것의 부재는 미숙함을 뜻한다. 이 구절들은 이 두 남녀가 여전히 성장 과정에 있음을 보여준다. 이들의 성장은 정원에서 시작하여 성인으로 세상을 살아가는 동안 계속될, 천천히 진행되는 과정이다.

③ 가정생활의 실재에 대한 이해(3:14~15)

전통적인 읽기에서 하나님의 형벌을 전하는 구절들로 이해되는 3장 14~19절의 단락은 '네가 이렇게 하였으니'라는 인과적 의미를 전달하는 문구로 틀이 짜였다(14절, 17절). 이는 이전의 상태로부터 변화가 생겼다는 것을 보여준다. 그러나 이 변화는 인간적 삶의 조건의 변화가 아니라 삶에 대한 이해 혹은 인식의 변화이다.

첫 번째 인식의 변화는 뱀에 대한 것이다. 인간의 성장 과정에서 뱀이 행한 역할을 묘사하기 위해 거의 동음이의어적인 두 개의 단어가 사용되고 있다. 영특한(arum, 아룸) 뱀은 사람으로 하여금 벌거벗음(arom, 아롬)과 성숙을 지각하게 했다. 그 다음 성숙해진 사람의 눈으로 볼 때, 뱀은 영특하면서(arum, 생명에 대해 알고 있으므로) 동시에 수치를 받은(arur, 아루르[8], ashamed, 배로 기어 다녀야 하므로) 존재이다. 뱀의 잠재성은 뱀을 다른 동물들보다 우월한(위에 있는) 존재로 만들어주지만 그의 제한성은 그를 보다 열등한(아래에 있는) 존재로 만든다. 뱀은 이렇듯 잠재성과 제한성 사이에 발생하는 역동적인 긴장을 보여준다. 이런 의미에서 인간적 삶의 실재를 그대로 보여주고 있다.

소위 '원복음'으로 해석하는 전통이 있는 3장 15절은 실상 뱀과 여자, 뱀의 후손과 여자의 후손 사이의 물리적 쟁투라 볼 수는 없다(10장의 논의를 보라). 흥미롭게도 벡텔은 이 구절을 하나님이 뱀이 아니라 남자에게 한 말로 읽는다.

15a "내가 너로 여자와 원수가 되게 하고"

→ 여기에 나오는 '너'는 2인칭 남성 대명사이며 여자는 명백히 여성이다. 이는 갈등이 남성들과 여성들 사이에 있을 것임을 알린다. 남성과 여성의 연합(내 살 중의 살이요 뼈 중의 뼈)을 말하고 있는 2장 24절의 빛 아래에서 보면 이 구절은 남성과 여성의 관계에 영구히 존재하게 될 조화와 다툼 사이의 역동적 긴장을 말하는 것으로 읽을 수 있다.

15b "네 후손도 여자의 후손과 원수가 되게 하리니"

→ '너(남성인칭)의 씨(zeraka)와 그녀(여성인칭)의 씨(zerah)'는 남성과 여성의 후손을 분명히 보며주며, 여기에 쓰인 단어 zera(씨, 후손)는 남성의 생식력을 상징하는 정액(semen)을 의미할 수 있고, 여성의 성적 생산능력을 가리키는 아이(a child)를 의미할 수도 있다. 따라서 남성과 여성 사이, 그리고 그 후손 사이에 발생하게 될 충돌은 남성과 여성의 성적능력 사이의 충돌일 수 있다.

두 번째로 가능한 해석은 zera가 자녀들을 가리키는 것으로 보는 것인데, 그러하다면 여기서 말하는 후손들 간의 충돌은 장자권이나 유산 문제 등으로 발생하는 형제들 간의 다툼을 가리킨다고 읽을 수 있다. 이 경우 '너의 후손'은 한 아들을 가리키고, '그녀의 후손'도 또 다른 아들을 가리킬 수 있다. 이에 대한 좋은 예가 야곱과 에서의 이야기(창세기 25장)다. 에서는 아버지 이삭의 사랑을 받았다(그의 씨). 반면 야곱은 어머니 리브가의 편애를 받았다(그녀의 씨). 결국 그의 씨와 그녀의 씨가 원수지간이 되는 일이 생긴 것이다.

15c "그는 네 머리를 상하게 할 것이요 너는 그의 발꿈치를 상하게 할 것이라"

→ 이 구절은 열등한 남성이 땅에 엎드려 있는 상황을 설정하고 있다. 이 자세에서 열등한 남성이 할 수 있는 일은 반듯하게 서서 자기보다 우위에 있는 우월한 남성의 발꿈치를 공격하는 것이다. 다행히 발꿈치(아킬레스건)는 매우 취약한 부분이다. 위협을 느낀 우월자는 아래 엎드려 있는 열등한 남성의 취약점인 머리를 밟아버리면 된다. 15절에 나오는 두 적대자의 성은 모두 남성이다. 따라서 이 구절은 한 집안에서 세력을 잡기 위한 투쟁이라는 개념을 이어가고 있다. 야곱과 에서의 갈등이 좋은 예가 된다. 에서는 장자인데다가 좋은 몸을 가진 우월한 자이다. 반면 이름의 뜻이 '발꿈치를 잡은 자'인 야곱은 열등한 동생이다. 이런 점에서 볼 때 15절은 성인이 된 후 가정에서의 갈등을 묘사하고 있으며, 이 이야기의 서두에서부터 사용된 '위'와 '아래'라는 주제가 계속되고 있다.[9]

④ 성인여성으로서 삶의 실재에 대한 지각(3:16)

성인으로 성장하는 과정에서 노동은 중대한 요소이다. 어른만이 할 수 있는 일을 하게 될 때 비로소 성인의 지위를 갖게 된다. 따라서 이 구절은 여자가 성인이 되어 수행해야 하는 역할과 그 일이 내포하는 잠재성 및 제한성에 대해 알게 되는 것을 말한다. 여성은 남편을 위한 성적욕구가 동반되는 생식능력과, 가족의 자급자족 활동을 위해 노동력을 제공해야 한다. 고대 농경사회의 높은 영아 사망률과 각종 질병, 전쟁 등으로 인해 가임기에 있는 여성들이 져야 했던 생식과 가족부양의 부담은 대단히 컸다. 결국 생식과 노동의 제공은 기본적으로 여성이 지닌 잠재성이지만 이에 상응하는 제한성도 따르게 된다. 즉 육체노동과 출산의 가중(여성은 쉼 없이 일하고 쉼 없이 아이를 낳아야 한다)과 이에 대한 남편의 통제다.

남자는 어떻게 여자를 다스리는가? 여기에 사용된 단어 '마샬(mashal, 다스리다)'은 하나님이 자연 세상과 인간을 다스리는 방식에서부터 개인이 자신을 통제하는 일을 묘사할 때도 사용되는 단어이다. 이런 다스림은 기본적으로 억압적이거나 지배하는 방식이 아니다. 그리고 남성이 다스리게 되는 것은 여성의 전체 인생이 아니라 그녀의 성적욕구에만 한정된다. 남자가 여자의 성적욕구를 통제한다는 사상은 여성의 욕구와 생식력이 가정의 테두리에서만 행사되도록 하려는 것인데, 이는 여성의 이런 능력이 외부가 아니라 가문만을 위해 유익하게 쓰이고자 함이다.

생명 혹은 구원이 대를 이어 생명을 잇는 것이라 믿는 문화에서 여성의 생식력은 대단히 중대하며 또 위험한 능력이 될 수 있다. 그 능력을 통제한다는 것은 여성을 복종케 하거나 여성의 열등성을 말하고자 함이 아니다. 단지 그 능력의 혜택이 그 여성이 속한 가문 안에만 머물도록 하기 위함이다. 이것이 곧 생명을 잇는 길이고 구원을 의미하기 때문이다.

⑤ 성인남성으로서 삶의 실재에 대한 지각(3:17~19)

땅(adama)에서 온 사람(adam)은 땅의 잠재성과 제한성, 즉 먹을 수 있는 식물과 먹을 수 없는 식물을 생산한다는 것을 배워야 한다. 신이 이렇게 땅을 만들었다(2:5). 엉겅퀴와 가시덤불은 형벌로 주어진 것이 아니다. 처음부터 에덴의 신은 먹을 수 없는 들의 초목들과 먹을 수 있는 밭의 채소들을 구별하였다.

농경문화에서 남성의 잠재성은 음식 생산과 가정을 보호하는 일로 나타난다. 제한성은 음식을 만들기 위해 엄청난 노동을 해야 한다는 것과 결국 죽게 될 것이라는 사실이다.

죽음은 생명현상의 연합과 분리과정의 일부이다. 처음에 아담은 땅과 연합해 있었다. 창조와 성장과정을 통해 점차로 땅으로부터 분화되었지만 그럼에도 원래의 단일체를 상당한 정도로 보유하고 있었다. 그는 죽음의 때에 땅과 연합하여 되돌아갈 것이다. 죽음은 제한성이지만 그럼에도 생명의 순환과정 내에서 긍정적인 가치를 지니고 있다. 생명과 죽음은 주기적인 양상을 지닌 하나의 지속직 과정이다. 죽음은 끝이 아니며 무도 아니다. 이것은 원래의 상태로 회귀함을 뜻하며, 생명의 근원인 땅으로 돌아가는 것을 뜻한다. 남성 아담이 여성성을 가진 땅으로부터 창조되었으므로 죽음은 자궁으로 되돌아가는 사건이다.

성인으로 전환(3:20~24)

이렇게 성인여성과 남성으로서 삶의 실재에 대한 지각이 이루어진 시점이 되자 여자의 이름이 하와(이브)라 명명된다. 그녀는 모든 생명의 어머니가 된다. 구원이 세대와 세대로 이어지는 생명을 통해 오게 된다고 믿는 사회에서 하와라는 이름은 대단히 영예로운 이름이다. 이 이름은 당연히 그녀가 성적으로 성숙해지고 유년기의 행복했던 세계와 이별할 준비가 된 이후에야 주어진다.

부모가 성년이 된 자녀들을 출가시켜 스스로 삶을 살도록 준비시키듯, 부모인 여호와 하나님이 이 젊은 남자와 여자를 유년기의 세계인 정원을 떠나도록 준비시킨다. 그들에게 제대로 된 옷을 입히는 것은 문명의 표시인 동시에 이들이 사회적으로 신체적으로 성적으로, 그리고 심리적으로 온전히 성인이 되었음을 알린다.

이들은 이제 선과 악을 분별할 수 있을 만큼 충분히 성숙했다. 그들의 부모처럼 자란 이들은 이제 적대적인 힘들이 작동하는 세상에서 살 준비가 다 되었다. 이들을 유년기의 세계인 정원에서 내보냄으로써 여호와 하나님은 생명나무로 이르는 길에 그룹들과 두루 도는 화염검을 설치한다. 이미 성인이 된 자녀들의 퇴행을 막기 위해서다. 생명나무의 열매는 어린아이들이나 먹는 것이 허락된, 미숙한 지식나무다. 성인이 이 나무의 열매를 먹는다는 것은 세상을 향해 공격하는 적대적 힘들에 대항할 지식이 결핍되었다는 것을 뜻한다. 그리고 신이 창조한 세계의 실재에 대한 지각이 부재한 상태로 되돌아가는 것을 뜻한다. 따라서 이는 금지되어야 한다. 에덴의 신은 이 일을 매우 단호하게 시행한다.

좋은 부모가 다 그렇게 하듯이, 그는 아담과 이브를 성인의 세상으로 떠나보낸다. 거기서 그들이 자신들의 잠재력을 충분히 실현하고 싶어 했기 때문이다. 사람은 때가 되면 어린 시절의 행복했던 공간(정원)을 떠나가야 한다. 때로는 떠밀려서 나가게 된다. '실낙원'은 아담과 이브가 어른이 된 것(선과 악을 아는 능력을 갖게 된 것)에 대해 아버지(신)가 질투하거나 분노해서 발생한 것이 아니다.

성년이 된 그들은 이제 순진무구했던 시절을 뒤로하고 세상으로의 첫 걸음을 내디뎌야 한다. 어느 드라마의 대사처럼 '첫 사랑에 대한 추억'을 가슴속 깊이 간직한 채로는 생존하기 힘겨운 성인들의 도시로 나아가야만 한다.

7장

정치적 알레고리로
신화 읽기

설화나 신화의 형태로 전해오는 모든 이야기는 역사적 과정의 산물이며, 그 속에서 발전한 사회관념과 실재들을 반영하기 마련이다. 모든 이야기는 실재들에 대한 특정 이데올로기를 암시하거나 지지한다고 주장한 마이어 스턴버그(Meir Sternberg)의 입장을 따르면서, 에덴 이야기를 특정의 정치적 알레고리로 읽으려 시도한 학자들이 있다. 누구보다도 제임스 케네디(James M. Kennedy)[1]가 이런 입장을 극명하게 보여준다.

하나의 이야기를 이데올로기적 관점에서 분석하는 것은 그 이야기를 생산한 집단의 문화적 사회적 정치적 종교적 정체를 드러내는 작업이다. 이데올로기는 한 사회를 지배하는 권력관계를 적법화하는 과정을 담아낸 사고체계라 할 수 있다. 하나의 텍스트를 이런 관점에서 읽는 작업은 이 텍스트가 표면적으로 말하고 있는 바를 해체하고 이 텍스트를 생산한 역사적 정치적 상황으로부터 새로운 텍스트를 쓰는 작업이다. 이런 관점을 에덴 이야기에 적용하고 읽는 다는 말은 이 텍스트를 하나의 이데올로기로 읽는 것이며, 이것이 어떻게 이 텍스트를 생산한 사회, 즉 고대 이스라엘 사회의 권력관계를 적법화하는 기능을 했는지 살피려 한다는 뜻이다.

고대 근동의 신화들이 전하는 우주 기원에 대한 모든 이야기들을 떠올려보라. 우주의 창조를 있는 그대로 묘사하는 것이 아니라 이 신화들을 생산한 문화의 사회·정치적 사안들을 적법화하려는 목적을 담아내고 있지 않은가. 케네디는 주장하는 바, 〈창세기〉의 창조 이야기는 내용상 고대 이스라엘 왕조의 사회적 경제적 가치체계를 상징적인 장치들을 통해 보여주는 알레고리적 문학[2]이라는 것이다. 다시 말해 〈창세기〉 2~3장이 그리고 있는 에덴 이야기는 세상이 어떻게 존재하게 되었는지를 공정하게 보여주는 글이 아니라, 이스라엘 엘리트 그룹의 정치권력과 특권보호를 목적으로 한다는 이야기다.

보다 특정적으로 본다면, 이 내러티브의 화자는 소작농들 사이에 일고 있는 반란의 움직임에 대해 일종의 해결책을 제시하고자 에덴 이야기를 들려준다. 에덴 이야기는 여호와 하나님이 왕조 엘리트의 역할을 맡고, 첫 인간인 아담과 하와가 소작농 역할을 맡아 연기하는 극과 같다. 아담과 하와가 여호와에게 불복한 것은 소작인들이 일으킨 사회적 소요와 폭동을 가리키는 문학적이며 신학적인 장치로 보는 것이다.

우주 기원에 대한 이야기 형식을 통해서 화자는 사회적 소요를 일으키는 소작인들의 행위를 자연적이며 고질적인 것으로 묘사하고 있다. 이러한 반란들을 통제하여 사회적 안정과 안녕을 보장할 수 있는 강력한 권력 계층의 필요성을, 인간은 여호와에게, 즉 소작인들은 국가의 안녕을 책임진 왕조 엘리트들에게 무조건적으로 복종해야 한다는 이야기로 웅변하고 있다.

신의 영지로서의 에덴

〈창세기〉 2장 4b~6절이 묘사하고 있는 창조 이전의 세계는 경작하지 않은 처녀지 상태에 있는 세계이다. 이는 물을 제공하는 단 하나의 샘밖에 없는, 마치 황무지 상태의 세상이다. 텍스트는 이 불모지를 묘사하는 일에 상당한 지면을 할애하고 있다.

땅이 불모지인 이유는 먼저 여호와 하나님이 땅에 비를 내리지 않았기 때문이며, 두 번째는 땅을 경작할 사람이 아직 없었기 때문이다. 그럼에도 하나의 물줄기(stream/spring, 안개로 번역되기도 함)가 땅에서 올라와 대지를 적셨다는 구절은 경작되기 이전의 땅이 지닌 비옥함과 생산력의 잠재성을 암시한다. 비록 텍스트는 이 물줄기를 여호와가 땅으로부터 끌어 올렸다고 말하고 있지 않지만 그럼에도 신이 땅의 생산력을 위해 이 원초적인 물을 제공해주고 있다는 읽기가 가능하다.

결국 여호와가 이 땅과 하늘을 창조한 것이 아닌가? 처녀지 상태의 땅이 가진 잠재적 비옥함을 말하면서도 아직 불모지인 이유를 설명하는 것에 상당한 지면을 할애하고 있다. 이는 여호와가 곧 창설하게 될 에덴의 정원이 이야기의 주 무대가 될 것이며, 화자의 관심의 대상이 될 것임을 시사해준다.

정원의 창설에 앞서 여호와 하나님은 정원에 노동력을 제공할 대상을 먼저 창조한다. 흙으로 사람을 빚고 생명의 호흡을 불어 넣는다. 이 장면은 백성이 왕에게서 생명을 얻는다는 고대 근동의 이데올로기적 관점을 반영하고 있다. 신의 숨결이 인간에게 들어간다는 것은 신이 상징하는 왕과 인간의 관계를 설정한다. 고대 이집트의 텍스트들에서 왕이 신에게 생명의 호흡을 받는 장면들을 볼 수 있다. 히브리 전통은 이를 수정하여 수용하면서 왕의 지배를 받는 백성들이 왕의 호흡을 받아 생명을 얻기를 원한다고 쓴다.[3] 노동력을 제공하게 될 인간을 창조한 후 여호와 하나님은 정원을 만들고 그것을 경작하도록 인간을 거기에 둔다.

이러한 설정은 두 가지 측면에서 생명을 수여하고 유지시키는 고대 근동의 이상적인 왕을 떠오르게 한다. 첫째, 여호와 하나님은 인간에게 정원의 나무들을 음식으로 제공한다. 둘째, 여호와 하나님은 이 정원을 위해 물을 공급한다. 사람에게 음식을 제공하는 신의 이미지는 소작제도의 후원체제(patronage system)를 반영하고 있다. 후원체제는 힘이 동등하지 않은 두 집단 간에 물자와 업무의 분배에 관해 일종의 계약을 체결하여 제도화된 관계를 이루는 것이다. 막강한 힘을 지닌 소수의 계층이 힘이 없는 다수의 사람들에게 생명 보호와 유지를 약속하고, 그 대가로 이들로부터 노동력을 공급받는 식의 체제를 말한다. 고대 로마의 대토지소유제(latifundium)나 동양의 소작제도 등이 여기에 해당한다.

국가로부터 엄청난 토지를 하사 받은 귀족들은 소작인들을 고용하여 일을 시킨다. 흥미로운 것은 에덴 이야기와 문헌적인 관계가 있는 메소포타미아 신화들에 나오는 신들은 휴식을 취할 때 신전과 신전에 속한 부동산들을 관리하는 영주들처럼 행한다는 것이다. 그들은 밭을 갈고, 씨를 뿌리고, 추수하는 일들이 제때에 이루어지도록, 그리고 영지에 속한 마을과 성읍들이 잘 수리되고 관리되도록 하는 일에 상당한 관심을 기울인다. 〈창세기〉 2~3장이 그리는 비옥한 에덴의 정원은 마치 여호와가 관리하는 대토지나 영지처럼 묘사되고 있다. 그는 영주가 자신의 영지를 순회하며 이것저것 확인하는 것처럼 저녁나절에 정원을 거닌다(3:8).

에덴 이야기에서는 물의 공급과 관련하여, 에덴에서 발원한 하나의 강이 정원을 적시고 흘러 나가 갈라져서 4대강의 근원이 되었다고 묘사한다. 이는 관개사업의 총책임자가 되곤 했던 왕의 역할을 반영하고 있다. 고대 근동에서 왕이 수행했던 중요한 역할 중의 하나가 관개체계를 만들고 유지하는 것이었다. 메소포타미아의 신화들에서 신들은 강을 내는 데 필요한 노동을 대신할 존재로 인간을 창조한다.

에덴 이야기 텍스트는 여호와 하나님이 이 강들을 건설했다고 묘사하진 않지만 그가 창설한 에덴에서 하나의 강이 흘러 나와 지구 전체로 흘러가는 4대강의 근원이 되었다고 설정한다. 이는 결국 여호와가 궁극적인 물의 근원임을 시사한다.

생명과 지식의 정치학

선과 악을 알게 하는 지식나무는 엘리트 왕족과 소작인들의 지적능력을 현저하게 차별화하려는 의도로 설정되었다. 통치 이데올로기적 차원에서 보면 지식나무는 지식과 관련하여 지배층이 누리는 특권을 상징적으로 보여준다.

농경사회에서 소작인들이 향유하는 지식은 농사와 관련된 가장 기초적인 정보로 제한된다. 문명이라든가 철학, 과학, 역사, 경영기술, 예술 등과 관련된 지식은 모두 사회적 엘리트 집단의 향유물이다. 자신들이 누리는 권력을 지속시키기 위해 엘리트 집단이 취하는 통치기술들 중에 가장 효과적인 것은 자신들과 피지배계층의 사람들 사이에 있는 지식의 차이를 가능한 한 가장 크게 하는 것이다. 백성들 사이에 무지를 강화시키는 것이 통치의 기술인 것이다. 이런 이데올로기 관점에서 보면 에덴의 정원을 경작하는 노동자는 무지한 존재여야 한다. 무지한 존재로서의 소작인은 자연의 결정임을 보이고자 하는 것이다.

소작인의 무지는 창조질서의 일부다. 소작인이 무식한 것은 자연의 이치라는 말이다. 교육은 통치자의 적이다. 소작인들의 눈을 뜨게 하여 자신들에게 주어진 지식의 영역 그 이상을 보게 한다면 영주의 통치에 저해될 게 분명하다. 따라서 영주나 후견인은 소작인들에게 '가장 좋은 삶의 방식은 현상을 유지하는 것'이라 말해야 한다. 현상 유지가 가장 좋은 것이며, 이를 수용하는 것이 가장 바람직한 일이며, 이를 벗어나는 것은 생명 유지에 큰 위험이 된다고 말해야 한다.

이 통치의 기술은 에덴의 노동자인 첫 번째 남성과 여성에게 일종의 최후통첩이나 지엄한 명령처럼 주어진다. "선과 악의 지식나무의 열매는 먹지 마라. 먹는 날에는 정녕 죽을 것이다." 여호와 하나님은 이 명령을 하면서 금지의 이유를 설명하지 않는다. 지식나무의 열매를 먹지 말라는 명령은 신의 일방적인 선언이다. 이를 정치적으로 읽으면, 왕의 절대적 명령은 이 명령을 받는 자의 개인적인 의견이나 옳고 그름의 이성적 판단이나 사회의 법 그 위에 군림하는 것을 가리키는 것으로 볼 수 있다. 군주는 자신의 정책에 대한 정당성을 다른 데에서 찾을 필요가 없다. 단지 복종만을 기대하면 된다. 소작인들을 이성적으로 설득할 필요가 없다. 그들에게는 명령이면 충분하다.

선과 악을 알게 하는 지식나무라 할 때 여기에 나오는 지식이 어떤 지식을 가리키는지에 대해 다양한 식견이 있지만, 정치적 알레고리로 이 이야기를 읽을 경우 일반적인 지식 전체를 가리킨다. 이는 인간적 삶의 조건과 상황의 통달을 향해가는 지식이다. 물론 사회를 통제하는 엘리트 집단이 볼 때 매우 위험한 지식이다. 소작인들로 하여금 자신의 삶의 둘레에 그려진 금 밖 너머 더 크고 더 좋은 기회들을 추구하게 한다.

여호와 하나님이 에덴의 남자와 여자에게 이 지식나무의 열매를 먹는 것을 금했다는 이야기를 정치적으로 읽으면 지식에 대한 군주의 통제를 신학적으로 물상화(reification)하고 있는 것으로 볼 수 있다. 다시 말해 선과 악의 지식나무에 대한 신의 배타적인 소유는 엘리트 집단이 지식을 통제하여 자신들의 이득을 극대화하기 위해 피지배계층의 노동력을 착취하는 정치적인 기제를 신화적 물상화를 통해 보여주는 것이다.

생명나무는 생명의 수여자인 왕의 독특한 지위를 강조하는 신화적 상징이다. 정치적으로 읽으면 생명은 단순한 생물학적 기능을 넘어 인간의 신체적 활력을 가능하게 해주는 모든 것을 가리킨다. 이는 생명의 수호자인 왕이 인간의 생명유지에 지대한 영향을 주는 정의와 사회적 의의 수호자[4]가 된다는 말이다.

지식나무의 열매를 엄격히 금한 것과 달리 생명나무의 열매를 먹는 것에 대해서는 아무런 금지조항이 내려지지 않는다. 그럼에도 불구하고 에덴의 남자와 여자는 생명나무의 열매에 손을 대지 않는다. 이는 상당히 흥미로운 설정이다. 정치적 및 이데올로기적 차원에서 두 가지를 말할 수 있다. 첫째, 아담과 이브는 왕이 보유한 생명을 주는 능력을 부러워하지 않고 있다. 고분고분하고 착한 소작인들에게 왕은 정의롭고 의로운 생명의 근원이다. 생명의 유지를 위해서 공의롭고 자애롭기까지 한 왕만을 의존하면 된다. 다른 것에 마음을 쓸 필요가 없다.

둘째, 이 이야기는 영원히 살 수 있는 기회가 주어졌음에도 이를 인식하지 못하고 기회를 상실하는 무지한 소작인의 이미지를 강화한다. 자애로운 왕이 큰 혜택을 베풀었지만 그들은 태생적으로 무지하여 자신들에게 유익한 것이 무엇인지도 알지 못한다. 강력한 지도자가 나서서 이들을 이끌어주어야 한다는 사상이 강화된다.

절대권력과 소작인들의 반란

'사람이 혼자 있는 것이 좋지 않다'(2:18)는 여호와 하나님의 인식에 대한 해석은 애초에 정원의 경작자로 사람을 창조했다는 것에서 단서를 찾을 수 있다. 정치적 관점에서 이를 읽으면, 여호와는 사람이 제공하게 될 노동력이 그가 혼자 일할 때보다는 일가를 꾸려 행할 때 더 생산적이게 될 것임을 인식한 것으로 볼 수 있다. 그래서 여호와 하나님은 사람을 도와 함께 노동할 대상들을 창조하게 된다.

먼저 동물들을 창조한다. 동물들을 창조함에 있어 사람과 동일한 흙을 사용했다는 이야기는 소작인과 동물이 서로 간 도움을 주는 방식으로 일하게 될 것임을 시사해준다. 이 동물들 가운데서 이 남자가 정말로 필요로 하는 파트너를 찾지 못했다고 텍스트는 말하고 있지만, 그럼에도 이 남성은 동물들을 길들여 여호와의 영지인 정원을 가꾸고 경작하는 일을 함께 하게 될 것이라 추측할 수 있다. 이후 남성의 갈비뼈 하나로 창조된 여성은 이 남자의 노동 생산성을 분담하고 대를 이어 노동력을 제공할 이들을 생산할 존재로서 등장하였다.

이러한 정치적 읽기의 견지에서 보면 〈창세기〉 2~3장을 종종 여성학자들이 주장하는 바처럼 여성이 그 가치에 있어 남성과 동등하다는 식으로 읽는 것은 불가능하다. 여성을 남성과 동등하게 창조되었다고 읽거나, 여성이 창조의 왕관이라는 식으로 읽는 것은 본 텍스트에서 나온 것이 아니라 해석자가 텍스트에 주입시킨 신학적 이해다. 독자들은 이브에게서 '페미니스트'가 아니라 고대 이스라엘 왕조의 가부장적인 통제 아래에 놓인 한 소작농의 아내로 보아야 한다. 이 이야기에 내재된 가치체계는 평등주의와는 상극에 있다. 여성이 남성에게 종속되고 남성과 여성이 엘리트 왕족에 종속되는 권력관계가 이야기 속에 깊게 뿌리 내리고 있다. 이야기 속의 여성은 심지어 동물 다음에 창조되었다.

뱀이 등장하여 여성에게 금단의 열매를 먹으라고 설득한다는 설정은, 사회학적 견지에서 볼 때 특정의 지식인 그룹이 등장하여 사회에서 가장 억눌린 계층인 소작인들을 교육함으로써 반란을 유도하는 상황을 반영한다. 이 이야기를 극으로 꾸민다면 뱀은 사회에 불만을 품은, 혹은 사회의 부조리를 이해하고 있는 자로서 소작인들로 하여금 사회적 소요를 일으키도록 조장한다. 그리하여 사회질서를 무너뜨리려는 위험한 혁명가의 역할을 하게 될 것이다.

화자는 고대 근동의 문화적 환경에 풍부히게 전헤오는 신화나 설화들에서 지혜와 악, 혼돈을 상징하는 뱀을 택해 사회에 불만을 품은 자들을 상징하는 인물로 등장시킨다. 뱀은 정원 밖에서부터 찾아오지 않았다. 여호와 하나님이 사람에게 협력하도록 지은 동물들 중의 하나로 처음부터 정원에서 살고 있었다. 뱀은 사람의 눈길이 닿지 않은 한적한 곳이나 구멍에 들어가 살아간다.

어느 날 불현듯 여자를 찾아와 그간 당연시해 왔던 신의 절대명령에 대한 의심의 씨앗을 뿌리고 사라진다. 이로써 여자는 삶의 한계로 그어졌던 금 밖으로 나온다. 새로운 가능성을 욕망하게 된다. 이런 전개를 통해 군주가 진정으로 두려워해야 할 대상은 실상 외부의 적들이 아니라 내부에서 군주의 통제를 와해시키려 하는 이들임을 알린다.

선과 악의 지식나무 열매를 먹게 되면 '하나님처럼 될 것'이라는 뱀의 대사는 매우 흥미롭다. 에덴 이야기의 저자 혹은 화자는 지금까지 신의 이름으로 '여호와 하나님'이라고 말해왔다. 그런데 이 대목에서 저자는 '여호와 하나님처럼'도 '여호와처럼'도 아니고 '하나님처럼' 된다는 뱀의 말을 전한다. 왜 야훼가 아니고 엘로힘인가?

이는 면밀한 편집과정과 히브리적 신학화의 과정[5]을 거쳤음에도 고대 근동의 우주관이 여전히 히브리인들의 문화적 전통에 자리하고 있었음을 보여준다. 여호와는 기본적으로 시내산을 지배한 산신이다. 반면 하나님/엘로힘은 창조주로서 천상의 신이다. 여호와의 신전은 산에 있지만, 고대 근동의 신화들은 엘로힘의 신전이 천상에 있다고 말한다.

뱀은 지식나무의 열매를 먹으면 왜 엘로힘처럼 된다고 말하는가? 만약 이것이 이야기의 저자가 의도적으로 한 선택이라면, 천상의 존재인 신과 지상의 존재인 인간의 차이를 극명하게 보이기 위해서라는 것이 이에 대한 가장 유력한 설명이다. 두 신의 이름을 병합해 하나의 신을 가리키는 이름으로 발전시킴으로써, 즉 야훼와 엘로힘을 나란히 씀으로써 이야기의 화자가 의도하는 바는 야훼가 곧 창조주라는 신학적 개념을 각인시키는 일이다(여기서는 부차적이지만 구약 이스라엘 종교의 발전과정에서 대단히 중요한 사안이다).

나아가 지역 산신에 불과했던 야훼가 우주의 창조를 수행한 천상의 존재로 드높아졌다. 이로써 기대되는 정치적 이득은 막대하다. 절대 지존인 왕조 엘리트들과 무지한 소작인들 사이에는 하늘과 땅

만큼 멀리 떨어진 존재의 차이가 있다. 그리고 그 차이를 줄이는 것 또한 가능하지 않다는 것이 분명해진다.

그런데 이 극에 등장하는 뱀은 여자에게 지식나무의 열매를 먹게 되면 그 차이를 줄일 수 있다고 말했다. 이는 대단히 위험한 발상이 며 도전이다. 정치적인 측면에서 본다면 모든 지식의 최종 결정권 자이며 절대권력인 왕의 고유한 영역을 위협하는 말이 된다. 따라 서 화자는 왕족 엘리트들과 소작인 사이의 거리를 유지할 필요성에 대해서 강력하게 말하고자 한다. 〈창세기〉 2~3장의 에덴 이야기는 왕족과 소작인들의 신분적 차이가 세상 창조의 때에 이미 결정된 것이라 못 박고 이를 구체화하는 기능을 수행하는 것으로 읽을 수 있다. 구약성서의 다른 본문들에서 찾아보기 힘든 이상한 방식으로 '야훼'와 '엘로힘'이라는 두 신의 이름을 나란히 쓴 것은 이스라엘 의 계층 구별에 대한 신학적 적법성을 제공하려는 이 이야기의 정 치적 목적에 잘 부합된다.

뱀이 여자에게 접근한 이유는 무엇인가? 화자는 자신이 살고 있 는 시대의 사회적 틀 속에서 말하고 있다. 그의 사회는 남성이 통제 하는 사회였다. 가부장제 사회에서는 필연적으로 여성에 대한 공포 가 자양되기 마련이다. 여성이 된다는 것은 비존재가 된다는 말이 다. 남권주의적 관점은 여성의 몸을 자연(이성의 반대개념)으로 구현 하고 아이를 생산하고 죽는 과정을 여성성과 연계시킴으로써 여성 을 죽음의 관념과 연결한다. 여성은 비존재와 죽음의 공포를 일으 키는 존재이다.

〈창세기〉 2~3장의 주인공으로 등장하는 여성은 이 공포가 제도화된 예이다.[6] 심지어 짐승들보다도 늦게 창조된 여성은 자연에 가장 가까이에 있는, 다시 말해 이성적 능력이 현저하게 떨어지는 존재이기 때문에 쉽게 속고 자주 미혹된다. 에덴 이야기는 세대를 거쳐 계속 전해지면서 남성들은 여성들로 인해 언제든 위험에 빠질 수 있음을 경고한다. 여성주의자들의 기대와는 달리 〈창세기〉의 두 번째 창조 이야기가 그려내고 있는 최초의 여성은 해방자가 아니라 쉽게 속고 쉽게 조종 당하는 존재였다. 따라서 사회와 남성들에게 해악을 끼칠 수 있는 대단히 위험한 존재이다.

반란 진압과 왕의 선택

여호와 하나님은 자신의 절대권력에 반기를 든 첫 번째 사람과 그의 여자를 심문한 후 경고한 것과는 달리 그들을 처형하지 않는다. 대신 그들에게 노동의 고통을 형벌로 내린다. 일반적으로 하나님의 형벌로 읽히고 있는 3장 14~19절의 내용은 소작인들의 가혹한 삶의 실재들을 반영한다. 남자는 생존을 위해서 자연의 막강한 힘과 계속적으로 싸워야 한다. 그는 땅을 갈며 노동하는 내내 독을 품은 뱀의 위협을 받아야 한다. 자신의 노동에 대항하여 가시덤불과 엉겅퀴를 내는 땅으로부터 더 좋은 결실을 얻어내기 위해 종신토록 일해야 한다.

여자는 남편의 종으로 살아야 한다. 아이들을 생산하여 소작인 경제활동에 기여해야 하는데 이는 상당한 고통을 수반하는 일이다.

화자는 태고시의 첫 번째 소작인 부부 이야기를 통해서 소작인들이 처한 냉혹한 삶의 현실을 추적하고(이는 이들에게 운명적으로 주어진 것이다), 왕과 소작인들 사이에 넘을 수 없는 사회 경제적 거리가 있음을 들려주고자 한다.

그런데 여호와 하나님은 왜 이들을 살려서 정원 밖으로 내보내는 선택을 하는가? 지식나무의 열매를 먹는 것은 곧 죽음이라 했지만 이들은 죽지 않았다. 만일 이야기의 등장인물 중 하나인 여호와 하나님이 왕의 역할을 하는 것이라 한다면, 자신의 통치에 반역을 꾀한 이들을 죽여 없애는 것이 마땅하지 않을까? 왕은 이들과의 관계가 다시 복원되기를 원하는가? 정치적인 관점으로 읽을 때, 처형 대신에 정원에서의 축출을 선택한 이유는 아마도 왕을 강력하며 동시에 자애로운 존재로 그리려 했기 때문임이 가장 유력한 대답이다. 이 이야기의 신은 반역을 꾀한 이들에게 냉정한 심판을 내리지만 그럼에도 이들이 생존할 수 있게 배려한다.

신이 이들을 정원에서 내보내면서 동물의 가죽으로 옷을 지어 입히는 장면은(3:21) 반역이 아무런 소득 없이 진압되었음을 보여준다. 이들이 금단의 열매를 먹은 후 처음 한 일이 나뭇잎으로 옷을 만들어 입는 것이었다. 이는 지식나무의 열매를 먹었음에도 이 남성과 여성은 삶의 고된 현실들을 통달할 정도의 지식을 얻지 못했다. 지식에 대한 왕조 엘리트들의 통제는 전혀 손상되지 않았다. 소작인들은 사회의 통치에 필요한 문화와 경영 등에 관련된 일체의 지식을 전혀 손에 넣지 못했다. 이것은 여전히, 그리고 영구히 왕조 엘리트들의 전유물이 될 것이다.[7]

지식의 세계를 여전히 통제하게 된 여호와 하나님은 생명나무로 가는 길을 막아 신들만이 이를 향유할 수 있도록 한다. 그룹들을 세우고 회전하는 화염검을 설치하여 반역 도당이 생명나무에 접근하는 것을 영구히 막아버린다. 이 설정은 왕과 소작인들의 신분적 차이를 다시금 부각시킨다.

그러면 앞으로 더 이상은 이런 반란이 일어나지 않게 될까? 여호와 하나님은 인간이 이 생명나무의 열매를 먹어 자신처럼 될 것을 염려하고 있다. 소작인들은 앞으로도 기회만 있으면 반란을 꾀하게 될 것이다. 그러나 이들은 그룹들과 화염검을 결코 넘어가지 못할 것이다. 반란은 계속 일어나겠지만 결과는 언제나 왕조 엘리트가 승리하는 것으로 끝나게 되어 있다.

8장

입헌경제학으로
에덴을 보다

70인역 헬라어 성서가 에덴의 정원을 파라다이스로 번역한 이후, 서양문화에서 에덴은 낙원과 같은 의미로 이해되어 왔다. 낙원은 말 그대로 모든 것이 풍성하며 고통과 눈물이 없는 복락의 공간이다. 그런데 그 지고한 행복의 공간에서 신과 인간 사이의 관계가 좌초되는 사건이 벌어졌다. 낙원에서 왜 이러한 불행한 사건이 발생해야만 했던 것일까?

최근에 나온 한 연구가 이에 대한 대답으로 매우 흥미롭다. 입헌경제학적 관점에서 구약성서의 신과 이스라엘 백성의 관계 발전을 조명한 지그문트 와그너-수카모토(Sigmund Wagner-Tsukamoto)[1]의 연구다. 에덴정원의 신과 인간의 관계는 처음부터 좌초될 위험성을 내포하고 있었기에 전혀 놀라운 것이 아니라 한다. 와그너-수카모토가 이렇게 주장한 이유는 명확하다. '자본 출자와 분배'에 관련된 갈등을 해결할 수 있는 법이 명료하게 제시되지도 동의되지도 않은 상태에서 신과 인간의 불안한 동거가 시작되었기 때문이다.

에덴의 정원은 낙원이었을까?
자본 출자와 분배의 문제

에덴의 정원은 처음부터 낙원의 공간은 아니었다. 에덴의 정원은
모두가 무제한적인 여가와 자유시간을 누릴 수 있도록 생산이 풍성
한 곳으로 창조되지 않았다. 비록 아담과 이브는 정원 안에서 자라
는 거의 모든 식물들의 열매를 소비할 수 있었지만 공짜는 아니었
다. 신은 그들에게 어느 정도의 자본을 출자하도록 요구했고 이에
아담과 이브는 에덴에서의 삶에 대한 경제적 비용을 부담해야 했
다. 즉 신은 아담과 이브에게 자신의 정원을 갈고 지키는 노동력을
제공할 것을 기대했다(2:15).

만일 1장의 창조 이야기에 속하는 2장 1~3절을 연결하여 읽는다
면, 아담과 이브가 정원의 나무들이 제공하는 과일을 먹기 위해서
지불해야 할 비용이 만만치 않게 컸음을 알 수 있다. 신은 그들에게
6일간 노동하고 하루를 쉴 것을 기대했다. 한가롭게 여가를 즐기거
나 게으르게 시간을 보낼 여유가 이들에게 주어지지 않았다. 경제
학적 관점에서 말하자면, 아담과 이브는 인적 자본을 출자해야 했
다. 물론 땅을 가는 육체적 노동을 수행하고 더 나은 생산을 위해
경작에 대한 지식과 기술을 익히는 일에도 시간을 할애해야 했으므
로 그들이 여가를 즐길 시간은 상당히 부족했을 것이다.

이 같은 자본 출자 문제와 더불어 에덴정원의 신과 인간 사이에는 원초적인 자본 분배 형평성의 문제가 있었다. 아담과 이브는 자산 생산의 기여에도 불구하고 결코 분배 받지 못할 생산물이 있었다. 지식나무의 열매, 그리고 명확하게 제외된 것은 아니지만 생명나무의 열매이다. 와그너-수카모토는 몇몇 학자들의 연구를 토대로, 그리고 경제학적 선택의 측면에서 볼 때 아담과 이브는 처음부터 생명나무도 섭취가 금지되었을 것이라 읽는다.

실제로 〈창세기〉 2~3장이 생명나무를 다루는 방식은 명료하지 못한 부분이 있다. 2장 9절은 정원의 중앙에 생명나무와 선악의 지식나무가 있음을 밝힌다. 2장 16~17절은 지식나무의 열매를 먹는 것을 분명히 금한다. 여기서 생명나무는 언급되지 않는다. 3장 2~3절에서 뱀의 질문에 대해 답하면서 이브는 "동산 나무의 열매를 우리가 먹을 수 있으나 동산 중앙에 있는 나무의 열매는 먹지도 말고 만지지도 말라 너희가 죽을까 하노라"고 하나님이 말씀했다고 전한다. 정원 중앙에 선악의 지식나무와 생명나무 두 그루가 있었다는 2장 9절에 비추어보면 이브가 가리킨 '동산 중앙에 있는 나무의 열매'는 지식나무뿐만이 아니라 생명나무를 가리키는 것처럼 보인다. 3장 22~24절에서 신이 아담과 이브를 에덴의 동산에서 추방해야 하는 이유, 그리고 화염검과 그룹들을 설치하는 이유는 생명나무의 열매를 이들의 손에서 지키기 위해서이다.

생명나무가 처음부터 사람이 소비하지 못하도록 금지되었는지에 대해서는 명료하지 않지만, 만일 아담과 이브가 영원히 살 수 있는 존재로 창조된 것이라 한다면 정원에 생명나무가 존재해야 하는 이유 자체가 불분명해진다. 영원히 살 수 있는 존재들의 정원에 생명나무가 있어야 할 이유가 무엇인가? 지식나무와 더불어 생명나무 역시 처음부터 아담과 이브에게 소비가 금지되었을 것이라 가정하는 것이 자연스럽다. 여하간 와그너-수카모토는 생명나무 역시 아담과 이브에게 처음부터 금지되었다는 전제하에 이야기를 재구성한다.

신성한 나무들의 열매를 먹지 말라는 금지는 중대한 경제적 개념을 반영하고 있다. 이는 신만이 이 나무들에 대한 재산권을 배타적으로 행사할 수 있다고 규정한다. 이 금지조항을 어길 경우 죽음이라는 대가를 치러야 한다는 '협박'이 가해졌다. 우리는 여기서 아담과 이브가 직면한 경제학적 상황을 잘 이해할 필요가 있다. 이들은 상당한 자본을 출자해야 함에도 정원의 생산물들에 대해서는 제한된 권리만을 갖는다. 아담과 이브가 자산 분배의 불균형을 느끼게 될 가능성이 처음부터 열려 있었다는 말이다. 분배의 불균형으로 인한 사회적 갈등이 폭발할 수 있는 여건이 바로 에덴정원에 조성되었다.

아담과 이브가 경험한 것처럼, 낙원에서의 출자와 분배에서 기인된 결핍은 이들이 신에게 충실했는가 안 했는가 하는 문제와는 완전히 별개다. 신이 이들에게 신성한 나무의 몫을 분배할 가능성은 전혀 없었다. 따라서 신이 이렇게 신성한 나무들을 독점하는 상황에서 과도한 자산을 출자하고 있는 아담과 이브로서는 순간순간 유혹을 받을 수밖에 없다. 이 나무들을 유용함으로써 신처럼 되려는, 즉 신만이 향유하는 특별한 자산을 소유하고 싶은 유혹은 일견 자연스런 일이다.

와그너-수카모토는 경제학적 관점에서 볼 때 생명나무는 시간 자본의 결핍과 관계가 있다고 본다. 즉 생명나무는 생산활동에 참여하는 인간이 직면한 수명의 한계성과 관계된다. 반면 지식나무는 부족한 인적 자원 분배에 필요한 철학적 지식과 지혜, 즉 세상의 진정한 상태를 이해하는 지식과 관련되어 있다고 본다. 특히 이 같은 지식은 도덕률을 개발하는 데 필요하다. 지식의 습득을 통해 사람은 현재의 사회적 질서와 계약상태를 분석하고 갈등과 무질서의 문제들을 극복할 길을 찾는다.

이러한 면에서 아담과 이브가 금지된 두 나무들 중 지식나무에 먼저 손을 댄 것은 우연이 아니다. 지식나무의 열매를 훔쳐 먹은 인간은 '눈이 열려' 무엇이 선이고 무엇이 악인지 이해하게 되며, 사회적 질서 속에 내재하는 불평등의 문제들을 해결하고, 나아가 사회를 자유와 평등이 보장되는 공간으로 만들고자 한다. 사회적 질서의 문제는 제헌경제학의 입장에서 볼 때, 생명나무의 사안(인간의 수명 제한)을 다루는 것보다 훨씬 시급하고 중요하다.

와그너-수카모토는 에덴 이야기의 작가 역시 이러한 측면을 잘 이해하고 있었을 것이라 보고 있다. 그는 에덴 이야기 작가가 열매를 먹지 말라는 조항을 처음엔 명시하지 않았다고 했는데, 아마도 이런 의도를 반영했기 때문이리라. 즉 생명나무를 금하는 조항을 처음부터 명시했다면 구약성서의 열쇠를 이해하는 데 상대적으로 덜 중요하고 관련성이 적은 사안에 지나친 관심이 쏠릴 것이므로 작가가 의도적으로 이를 뺐다는 것이다. 구약성서를 이해하는 데

열쇠가 되는 소재는 신과 이스라엘 백성 간의 협력이 붕괴되고 이로 인해 발생하는 무질서 문제를 다루고 극복하는 것이다. 생명나무는 이런 사회에 대한 관심을 분열시킬 우려가 있기에 작가가 이것이 이야기의 전면에 등장하는 것을 막았다고 볼 수 있다.

에덴의 정원은 낙원이었을까? 입헌경제학 분석에 따르면 에덴의 정원은 낙원이었다고 볼 수 없다. 에덴의 정원은 인간이 거주하기에 좋은 공간이 아니었을 것이다. 지식나무의 열매를 먹고 눈이 열린 아담과 이브는 자신들이 벌거벗고 있다는 사실을 발견하고 이를 좋게 여기지 않는다. 에덴의 정원은 인간의 존엄성을 보장해주는 공간이 아니었다는 뜻이다. 주택의 문제를 거론하기는 힘들지만, 아담과 이브는 적어도 먹고 사는 문제에 있어, 그리고 입는 문제에 있어 그리 행복하지 않은 상태였음이 틀림없다.

신의 눈에는 모든 것이 보기에 좋았지만, 태초의 인간에게 에덴에서의 삶은 그리 좋지 않았다. 그리고 아담은 '타락 이전에' 이미 낙원에서 자산 출자와 분배의 불균형을 경험하고 있었다. 낙원의 붕괴는 이렇게 처음부터 예견되어 있었다. 입헌경제학 관점에서 보면 낙원의 질서가 최종적으로 붕괴된 것은 그리 놀라운 일이 아니었던 것이다.

무질서의 등장

와그너-수카모토의 입헌경제학적 관점은 노벨상을 수상한 경제학자 제임스 뷰캐넌(James Buchanan)의 이론에 의존하고 있다. 뷰캐넌이 제기한 입헌경제학의 중심 문제는 입법가나 통치자를 포함하여 상호작용을 하는 이해집단들이 어떻게 '자연적 분배상태'를 극복할수 있는가 하는 점이다. 자연적 분배상태는 헌법적-정치적 질서가 정립되지 않았거나 붕괴된 상태를 말한다. 이러한 상태는 정치철학자 홉스(Hobbes)가 말하고 있듯 '모든 것의 전쟁'이 시작되는 파괴적 무질서의 시작점과 유사한 상태다.

와그너-수카모토에 따르면 기독교의 전통적인 읽기와 이해와는 달리 에덴의 정원은 낙원이 아니었다. 오히려 뷰캐넌이 '자연적 분배상태'라 말하고 홉스가 '모든 것의 전쟁이 시작되는 파괴적 무질서의 시작 단계'라 말한 것과 유사하다. 신과 인간 사이에 누가 어떤 자본을 출자하고, 어떤 자산이 어떻게 분배되어야 하는지에 대한 갈등이 고조되있다. 신은 재산권과 생산물의 할당과 분배에 대한 정치사회적 질서를 인간에게 부과했으며 그대로 수용하도록 강제 협박하였다. 작금의 질서를 창출함에 있어 어떤 민주적인 절차도 거치지 않았다.

이러한 상황에서 발생 가능한 일 가운데 하나는 한 집단이 다른 집단에게 속한 재산을 유용하려 시도하는 것이다. 경제학적 언어로 말하자면, 자본 소유의 차이는 약탈의 여지를 열어놓는다. 헌법적인 계약을 통해서 그러한 갈등을 해결하지 않는다면 당사자들 모두 엄청난 손실을 입게 될 것이라는 게 입헌경제를 주장하는 뷰캐넌의 요점이다. 왜냐하면 약탈을 시도하고 또 약탈을 방어하려는 노력에는 상당한 경제적 비용이 들어가기 때문이다. 이 맥락에서 뷰캐넌은 군비 투자의 개념을 피력한다.

뷰캐넌은 약탈을 유도하며 소유 차이가 큰 자본을 '경쟁 중에 있는 재화X(good x)'라 부른다. 보다 공정히 분배되기 위해 입헌경제학적 계약을 통해 해결해야 한다. 그렇지 못하면 재화X에 대한 경쟁은 그나마 불안정하게라도 평형을 유지하고 있던 상태를 보다 악화된 '자연적 분배상태'로 돌려놓게 된다. 와그너-수카모토는 재화X를 두고 경쟁하는 두 집단 간에 벌어지는 갈등과 이 갈등을 해결하는 과정의 이야기로 에덴 이야기를 읽는다. 그러면 이 갈등을 완화시키는 방법으로 뷰캐넌이 제안하는 것은 무엇인가?

뷰캐넌에 따르면 자연적 분배상태에서 상호작용하는 집단들은 경쟁 중에 있는 재화X를 제외한 모든 재화들을 쉽게 손에 넣을 수 있다. 에덴 이야기에서 재화X는 신성한 나무들의 열매이다. 이를 두고 경쟁하는 두 집단은 신과 인간이다. 에덴 이야기에서 재화X는 그 어떤 사회 경제적 상황에 등장하는 재화X보다도 일방적으로 분배되고 있다. 신이 이 재화X를 100퍼센트 독점하면서 인간에게는 단 1퍼센트도 분배하지 않았다. 다른 모든 재화는 양자가 언제든 접근할 수 있다. 자신이 독점하고 있는 재화X를 조금 내주었을 뿐, 신이 취득하고 싶어 할 만한 어떤 재화도 인간은 갖지 못했다. 인간이 합리적인 방식으로 재화X를 취득할 길은 없다는 말이다.

아무리 선하다고 해도 에덴의 신이 이 재화를 자발적으로 아담과 이브에게 분배할 가능성 역시 0퍼센트다. 이 재화를 그들과 나누게 되면 그들은 신의 경지에 오르게 되고, 당연히 재화X의 가치는 떨어지기 때문이다. 따라서 아담과 이브가 재화X에 대한 결핍을 경험하면서 이것을 유용해야겠다는 유혹은 점점 커질 뿐이다.

이토록 재화X가 일방적이고 독점적으로 소유되었을 때, 각 이해 집단은 이것을 취득하려 노력하거나 혹은 이를 방어하려 노력하게 된다. 취득하려는 자는 자신들의 능력에 따라 물리적 힘, 감언이설, 잠행 등의 방식을 이용한다. 와그너-수카모토에 따르면 일종의 메타포로 사용된 뱀이 상징적으로 나타내는 것은 바로 감언이설과 잠행의 방식으로 재화X를 약탈하고자 한 인간이다. 신은 재화X를 지키기 위해 무엇을 하였는가?

뷰캐넌은 다른 집단으로부터 재화X를 지키기 위해서 군비 투자와 같은 고비용의 장치가 필요하다고 주장한다. 그러나 재화X를 100퍼센트 소유하고 있는 신은 이것을 지키는 문제의 중요성을 심각하게 고려하지 않는다는 게 와그너-수카모토의 의견이다. 다시 말해 신은 단순히 금지 명령을 내린 뒤 이를 어기면 죽게 될 것이라 협박하면 재화X를 향한 인간의 욕구가 제어될 것이라 순진하게 생각했다는 것이다.

입헌경제학적 입장에서 볼 때, 재화X인 신성한 나무들의 열매를 소유하고 지키는 데 있어 신은 헌법적 질서를 마련하고(헌법적 계약), 그렇게 마련된 헌법적 질서를 수호하고(법률 집행과 치안유지), 그리고 공공사회에서 사적 소유 질서를 유지하는 일을 분명하게 제시해야 한다. 하지만 그렇게 하지 못했다. 첫째, 룰 메이커(rule-maker)로서의 신은 자신의 통치를 받게 될 이들을 협상의 자리에 참여케 하는 민주적 방식으로 헌법적 질서를 마련하지 못했다. 대신 자본 출자와 자산 분배, 이에 관련된 권리에 대한 일방적인 명령을 아담과 이브에게 강제적으로 부과하였다.

둘째, 아담과 이브의 약탈이 거행되기 이전에 신은 재화X인 신성한 나무를 보호하는 일에 아무런 투자도 하지 않았다. 치안 유지나 군비 투자 같은 일에 관심을 기울이는 대신 아담과 이브를 죽음으로 협박하였다. 이는 물론 매우 불충분하며 비합리적인 조치였다. 만일 신의 정원을 가꾸는 인간이 있는데 그를 죽인다면 이는 신 스스로 자신의 경제활동의 가치를 훼손하는 일이 된다. 그는 엄연히 신께 노동력을 제공하는 인간이기 때문이다. 신이 소유한 경제에 자본을 출자할 투자자를 잃는 것은 물론이며 재화X를 향한 경쟁이 사라지기 때문에 이것의 가치도, 이것을 독점하는 신의 위치도 현격히 떨어질 뿐이다. 결국 신은 법을 집행해야 하는 통치자로서 자신의 임무를 충실하게 수행하지 못했으며, 이는 아담과 이브의 약탈을 방조하는 결과를 낳았다.

셋째, 재화X를 100퍼센트 소유한 신은 이를 공적 재산으로 전환하는 것을 극도로 꺼려하였다. 이에 신과 인간의 사회적 상호작용에 큰 갈등 국면이 형성되었다. 어떤 형태로든 교환이 가능하지 않은 자산을 특정인이 배타적으로 사유하게 되면 사회의 안녕이 종종 위태로워진다. 에덴의 신은 공공사회에서의 사적 재산권 행사에 아무런 이해관계가 없었으며 당연히 아무런 조치도 하지 않았다.

근본적으로 에덴의 신은 자신의 통치를 받는 인간에 대한 이해가 부족하였다. 신은 자본을 출자한 아담과 이브가 처음부터 자산 분배와 소유에 관한 일정 정도의 권리를 가지고 있었다는 측면과, 이들이 재화X의 분배와 관련하여 엄연히 선택권이 있는 존재였다는 사실을 간과하였다.

에덴 이야기에서 법을 제정하여 헌법적 질서를 세우는 과정과, 법을 수행하여 헌법적 질서를 유지하는 일에 있어 신의 역할은 대단히 모호하게 묘사되어 있다. 와그너-수카모토는 이러한 모호성이 아담과 이브의 일탈(혹은 경제적 선택)에 기여하였다고 본다. 또한 이 모호성은 이어지는 구약성서의 이야기 전개를 위해서도 반드시 필요한 부분이라 말한다.

결국 태초 낙원에서의 신의 경제는 이 같은 모호성 위에서 세워졌다. 성서의 저자들은 이어지는 이야기들을 통해 신과 인간의 관계를 보다 공정하고 민주적인 새 계약에 근거하여 제시할 수 있게 되었다.

누구의 실패인가?

아담과 이브는 결국 약탈을 선택하여 현재의 공정하지 않은 체제에 도전을 가한다. 이로써 에덴의 낙원은 '자연적 분배의 상태' 혹은 '모든 것들의 전쟁' 국면을 맞이하였다. 이로 인해 발생한 일련의 사건들은 상당히 불안하고 위태로운 일들이지만, 제헌경제학의 입장에서 본다면 이 국면은 보다 공정하게 협상하여 상호적인 이해를 도모하도록 도와준다.

재화X를 얻기 위해 공격하고 이를 방어하기 위해 들이는 투자에 근거한 '자연적 분배'는 계약적 합의를 통해 상호이득을 추구할 수 있는 여건이 된다. 즉 새 계약이 가능한 계약이전상태(pre-contract state)가 열린 것이다. 계약이전상태는 이야기의 끝이 아니다. 오히려 이는 헌법질서 정립을 위한 기반이 된다. 그 위에서 자산 출자와 분배, 재산권, 특히 재화X에 대한 권리 할당 등과 관련한 보다 자유롭고 공정한 협상이 열릴 수 있다. 상호이득을 가져다줄 새로운 질서도 창출할 수 있다.

이 점에 있어 뷰캐넌은 홉스의 입장과 견해를 달리하게 된다. 홉스는 파괴적인 무질서가 발생할 때 이를 해결하기 위한 방식으로 군주가 시민들의 모든 권리를 제한하는 '강압적 리바이어던(oppressive leviathan)'을 제안하였다. 이에 반해 뷰캐넌의 제헌경제학은 민주적 절차를 통해서 무질서를 극복하고 국가와 시민들의 질서를 회복하도록 제안한다. 결국 개인들은 헌법적 계약 속에서 자유를 보장받고 권리를 행사하게 된다.

자연적 분배상태 혹은 계약이전상태는 체제를 불안정하게 하고, 관계된 모든 이들의 이득을 저해시킨다. 재화X를 취득하거나 방어하는 일에 각각 상당한 비용을 써야 하기 때문이다. 아담과 이브의 첫 번째 공격 이후 신은 즉각적으로 방어태세를 정비한다. 나머지 재화X인 생명나무를 지키기 위해서 그룹들을 수호병으로 세우고 화염검을 설치한다. 늦었지만 일종의 군비투자를 한 셈이다. 이는 제헌경제학적 입장에서 볼 때 당연한 움직임이다.

신의 이러한 조치에 아담과 이브는 이제 어떤 대응을 할 것인가? 경제적 관점으로 보자면 아담과 이브에게는 두 가지 길이 있다. 첫 번째는 신이 설치한 병력과 무기를 제압할 수 있는 강력한 군비증 강에 나서는 것이다. 이는 사실상 신이 예상했을 가능한 시나리오였다. 이 가능성을 고려하지 않았다면 신 역시 상당한 비용을 들여 강력한 전사와 무기를 배치할 필요가 없었을 것이다. 두 번째 길은 신과의 군비 경쟁에 들어가는 비용과 재화X의 가치를 비교하는 것이다. 만일 군비 경쟁에 투자할 비용이 재화X를 손에 넣는 것(그래서 정말로 신처럼 되는 것)보다 높으면 이 선에서 신과 화친하는 길을 모색하는 것이 보다 합리적이다.

에덴에서의 사건은 신이 아담과 이브를 자신의 경제 체계인 에덴의 정원에서 내보내는 것으로 일단 일단락된다. 아담과 이브는 신이 구축한 방어벽을 허물 수 있는 무기를 만들 비용과 시간이 없었을 것이다. 여하간 태초의 낙원에서 펼쳐진 신의 경제는 최초의 자산 출자자인 아담과 이브가 에덴에서 추방되면서 행복하지 않게 막을 내린다.

여기서 초기의 질문이 다시 제기된다. 구약성서 〈창세기〉의 편저자는 왜 성서의 세계를 여는 의미 있는 첫 번째 이야기로 신과 인간의 공존이 실패로 끝난 이야기를 들려주려 한 것일까? 입헌경제학적 관점은, 에덴은 처음부터 낙원이 아니었으며 결국 '자연적 분배 상태' 혹은 '모든 것들의 전쟁' 국면으로 치닫는다고 한다. 신은 적절하게 조치하지 못했으며, 인간은 자신의 몫을 찾고자 신의 재산을 탈취하였다. 만일 이러한 부정적인 혹은 실패한 상호관계를 그려내는 것이 성서의 첫 몇 장을 쓴 작가의 의도였다면, 그 이유는 무엇이었을까?

이에 대한 와그너-수카모토의 대답은 매우 간결하고 설득력 있다. 신과 인간의 관계가 더욱 공정해진 새로운 계약을 통해, 태초의 '자연적 분배상태' 혹은 '모든 것들의 전쟁' 상태의 쓰디쓴 경험을 이후 이스라엘이 어떻게 극복했는가…… 성서 저자의 관심은 바로 이것을 보여주고자 함이다. 구약에서 이스라엘 역사의 방향은 '자연적 분배상태'에서 신과 이스라엘 사이의 보다 공정한 분배를 약속하는 새로운 계약으로 나아가게 될 것이다. 이 새 계약은 양자 모두의 이득을 위해 필요한 수단이다.

이로써 인간은 신의 자산을 공격할 비용을 절감하고 신은 인간의 공격을 방어할 비용을 절감하게 된다. 상호적 파괴를 피하고 상호적 이득을 취하는 쪽으로, 이를 위해 협력적 윤리적 행위를 도모하는 쪽으로 역사는 진행될 것이다. 이러한 역사의 흐름을 위해서 성서의 작가는 신과 인간의 첫 번째 의미 있는 상호작용으로서 신이 수행한 역할의 모호성과 이로 인해 유발된 인간의 약탈행위를 그릴 필요가 있었다.

뱀과 아담, 경제적 인간을 보여주는가?

종교적인 관점에서 보면 아담은 신의 명령에 반기를 든 죄인이다. 기독교 역사가 그리스도의 죽음의 의미를 극대화하기 위해서 아담의 '죄성'을 극대화한 것은 당연한 일이다. 아담은 뼛속까지 탐욕에 물든 죄인일 필요가 있다. 경제학적 관점에서 보면 아담은 자신의 이득을 극대화하기 위해 약탈까지 동원한 일차원적인 인간, 즉

경제적 인간이 된다. 공통점은 종교의 영역이든 경제학의 영역이든 아담에게 어두운 이미지가 투영되고 있다는 것이다. 종교와 경제학에서 아담을 이 같이 부정적인 모델로 사용하는 이유는 이것이 사회적 문제를 해결하는 데에 도움이 되기 때문이다.

경제학적 측면에서 아담 모델은 헌법과 같은 제도적인 장치들이 사적인 이득을 공적인 이득으로 전환시키는 일을 제대로 수행할 수 있는지를 진단하는 목적으로 사용된다. 이런 면에서 아담은 죄인이기보다는 자신의 이득을 추구하는 '경제적 인간(homo economicus)'이라 할 수 있다. 만일 아담을 경제적 인간으로 본다면, 에덴 이야기의 또 다른 주인공인 뱀은 무엇이라 해석해야 하는가? 전통적인 방식으로 읽을 때, 뱀은 인간을 유혹해 하나님에게 반기를 드는 죄에 빠지게 한 사악한 사탄을 상징한다.

그렇다면 경제적 관점에서 읽을 때 뱀은 무엇인가? 와그너-수카모토는 뱀을 두고 인간의 잠재적 약탈 능력을 가리키는 메타포라 말한다. 〈창세기〉 2~3장의 작가는 아담을 '경제적 인간'으로 추상화할 수 있었고, 그러한 경제적 인간이 가진 상징적인 능력을 뱀에게 투영하였다. 그 증거로 뱀에게 말하는 능력을 준 것이다. 말은 인간의 고유 능력이다. 성서에 나오는 피조물 중 여기에 등장하는 뱀만이 말하는 능력을 갖고 있다(〈민수기〉 28장에 말하는 나귀가 나오지만 그 중요성은 현저히 떨어진다).

와그너-수카모토는 이해하기를, 말하는 뱀을 등장시킨 에덴 이야기 작가는 패러디 기법을 활용하여 자신이 하고자 하는 말을 전하고 있다. 보통 드라마나 연극에서 우스꽝스런 등장인물이 나와 작금의 권력적 허위의식이나 억압적 요소 등을 조롱하거나 비판하는 말을 내뱉는다. 극중 패러디의 요소는 비록 간접적이지만 작가의 말을 효과적으로 전달하는 장치로 활용된다. 대부분의 전통적인 읽기가 뱀을 욕망과 같은 인간의 비이성적 측면을 나타낸다고 해석하지만, 경제학적 읽기에서 보면 뱀은 경제학적 개념의 이득과 손해를 이해하는 인간의 합리적이고 계산적인 측면을 대리한다고 볼 수 있다.

인간은 모든 피조물의 영장으로, 말하고 생각하는 동물이다. 에덴 이야기에서 뱀은 모든 들짐승 중에 가장 영특하며 말할 수 있는 동물로 등장한다. 그는 인간에게 무엇이 유익이 되는지, 재화X가 어떤 가치를 지니는지를 잘 이해하고 있다.

경제적인 인간인 아담과 그의 경제학적 능력을 대변하는 뱀은 삶의 조건이 제도와 헌법에 토대를 둔 경제질서 위에 세워져 있는지를 분석한다. 물론 성서의 저자는 이러한 인간의 능력에 어두운 그림자를 투영한다. 인간의 어두운 면들을 부각시킴으로써 신의 어두운 면 또한 부각시킨다. 약탈하는 아담은 그러한 약탈을 유도하거나 방조한 신을 긴장케 한다. 인간의 조건에 대한 신의 무지가 부각되고, 참다운 의미에서의 인간적 삶의 조건을 위해서 청산해야 할 문제들이 드러난다.

자신의 이득을 위해서라면 약탈도 서슴지 않는 등 '이성적' 결정을 내리는 경제적 인간을 전면에 내세운다. 그럼으로써 성서의 저자는 사회에 잠재되어 있는 갈등들을 해결하고 상호이득을 가져올 사회적 질서를 창출할 방도를 모색한다. 나중에 이스라엘의 족장들과 신 사이에 새롭게 만들어질 계약은 헌법적 질서 위에서 상호이득을 보장하는 공동체를 세우는 밑거름이 될 것이다.

결론적으로 에덴 이야기를 제헌경제학적 관점에서 읽을 때 전통적인 읽기가 해결하지 못하는 한 가지 '신학적' 문제를 해결할 수 있다. 에덴의 신은 왜 전능하지도, 전지하지도 않는가 하는 문제이다. 에덴의 신은 이상한 신이다. 그는 아담과 이브의 범죄를 미리 알지도, 이를 방지하지도 못했다. 그는 동생을 죽이려는 가인을 설득하지도 못했다. 종교적인 관점에서 보면 신의 무지와 무능에 대해 참담한 심정을 갖게 된다.

제헌경제학적 관점으로 설명하자면 이것은 이야기의 작가에 의해 의도된 것이다. 신은 경제적 인간인 아담과 이브가 재화X인 신성한 나무들에 대한 권리를 원하리라는 것을 몰라야 한다. 그는 아담과 이브가 자신을 출자하였기에 이에 상응하는 공정한 분배를 요구할 권리가 있음도 이해하지 못해야 한다. 그는 또한 자신이 독점하는 재화X를 지키는 일을 소홀히 해야 한다. 낙원에서의 경제활동에 대한 그의 역할과 이해는 최대한 모호하게 그려질 필요가 있다. 그의 말과 행위는 문제를 유발하고, 모호하며 부정적이어야 한다. 그래야만 독자들이 미래에 다가올 더 공평하고 자유로운 세상에 대해 생각해볼 여지가 열리기 때문이다.

결국 제헌경제학적 관점에서의 에덴 이야기는 인간의 타락이나 인간의 해방 이야기로 보기 힘들다. 에덴 이야기는 신과 인간의 공존을 위한 첫 번째 실험이 어떻게 실패로 끝나게 되었는지를 가감 없이 보여준다. 더욱 공정하고 자유로운 협상을 통해 헌법적 질서를 마련하고 그 위에 신과 인간 모두가 행복을 영위할 공동체를 세워야 한다. 그런 점에서 에덴 이야기는 새로운 가능성 내지 과제를 독자들에게 알리는 교육모델이다.

지식나무와
포도주의 역설

/

다른 시선으로 옛이야기 읽기

죄와 벌 혹은 인간의 타락이나 실낙원을 빼버리면 에덴 이야기에 남는 것이 도대체 무엇이란 말인가? 아담을 죄인으로 규정하지 않는다면, 이브를 창녀로 부르지 않는다면 무엇이라 할 것인가? 살인자 가인은 오늘날 우리에게 누구인가? 타락의 길이 아니라면 도대체 인간은 어떤 길을 걷고 있는가?

오랫동안 걱정을 했다. 바울의 말이 다시 일어설 수 있을지, 이미 완전히 죽은 것은 아닌지. 그 말에 채찍질을 가하면 다시 설 수나 있게 될지, 다시 달릴 수 있게 될지, 너무 늦은 것은 아닌지.

그러나 기독교의 미래는 바울의 말을 살리는 것이 아니라 오히려 죽이거나 버리는 작업 속에 있는 건 아닐까 싶다. 바울의 말은 소명을 다했다. 바울이 들려준 아담의 타락 이야기와 이제는 작별을 고할 때가 되었다. 진정으로 기독교를 사랑하고 교회의 미래를 염려하는 사람들은 이제라도 새로운 말을 준비해야 할 것이다.

마지막 4부를 시작하기에 앞서

비유하자면, 현대의 기독교는 죽어가는 말을 타고 있다. 혹시 그 옛날 바울이 멀고 긴 자신의 선교여행에서 말을 이용했는지 모르지만, 그가 교회를 위해 준비한 사상의 말은 거반 죽어가고 있다. 바울은 최선의 작업을 했고 그 결과를 물려주었다. 그는 누구도 흉내내기 힘든 신화적 상상력과 탁월한 인문학적 소양으로 넓게 열린 세상과 미래를 내다보았다. 그리고 그가 전해준 사상의 말은 적어도 그 후 이어지는 1500~1600년간은 쉼 없이 질주할 수 있었다. 사실 너무나도 잘 달려주었다.

그러나 그의 신화적 상상력의 세계가 공유될 수 없는 세상이 열렸고, 그의 탄탄해 보였던 지식체계에 너무나 허술한 점이 보이는 새 우주가 열렸다. 신세계를 달렸던 그의 말은 이미 오래 전 한계에 도달했다. 그 말은 더 이상 달리지 못하고 있다. 그간의 역주로 인한 피로감 속에서, 혹은 더 이상 평탄하게 닦인 고속도로가 아닌 험

난한 길을 달려야 했기 때문에, 혹은 예상치 못했던 장애물들이 너무 많고 높아서인지 더 전진하지 못한 채 쓰러져 있다. 그 말에 올라탄 교회는 아직 이것을 알지 못하고 있는 듯하다. 이상 징후들이 끊임없이 나타나고 있는데도 말이다. 바울의 말이 달리지 못하고 있다는 것을, 더 이상 달릴 수도 없다는 사실을 교회는 오래 전 깨달았어야 했다.

오랫동안 걱정을 했다. 바울의 말이 다시 일어설 수 있을지, 이미 완전히 죽은 것은 아닌지. 그 말에 채찍질을 가하면 다시 설 수나 있게 될지, 다시 달릴 수 있게 될지, 너무 늦은 것은 아닌지…… 그러나 지금은 다른 생각을 하게 되었다. 그리고 만약에 있다면 기독교의 미래는 바울의 말을 살리는 것이 아니라 오히려 완전히 죽이거나 버리는 작업 속에 있다고 믿게 되었다.

바울의 말은 소명을 다했다. 이젠 영예스럽게 보내주어야 한다. 바울이 들려준 아담의 타락 이야기와 이제는 작별을 고할 때가 되었다. 진정으로 기독교를 사랑하고 교회의 미래를 염려하는 사람들은 이제라도 새로운 말을 준비해야 할 것이다.

새 시대가 열렸는데 새 포도주는 어디에 있는가? 죄와 벌, 인간의 타락이나 실낙원을 빼버리면 에덴 이야기에 남는 것은 대체 무엇인가? 아담을 죄인으로 규정하지 않는다면, 이브를 창녀로 부르지 않는다면 대체 이들을 뭐라 불러야 할까? 살인자 가인은 오늘 우리에게 누구인가? 타락의 길이 아니라면 도대체 인간은 지금 어떤 길을 걷고 있는가?

마지막 4부는 이 물음에 대한 필자의 답변이다.

9장

메소포타미아 신화 속의 에덴
텍스트 밖의 세계 읽기

1932년 고대 메소포타미아 도시 니느웨 인근 테페 가우라(Tepe Gawra Mound)에서 기원전 3500년경에 주조되었을 것으로 보이는 작은 돌 인장 하나가 발굴되었다. 직경이 2~3센티미터에 불과한 이 작은 돌 인장에는 벌거벗은 몸을 앞으로 숙이고 있는 남자와 여자, 그리고 그들 뒤로 뱀이 새겨져 있다. 학자들은 이 인장에 새겨 있는 그림을 두고 아담과 이브, 그리고 뱀이 주요인물로 등장하는 에덴 이야기의 원형일 수 있다고 추정하였다.

〈창세기〉는, 특히 인류의 태고사를 다루는 2장부터 11장까지는 탁월한 신화적 상상력과 인문학적 문해력을 지녔던 작가(들)의 작품이다. 아마도 물려받은 풍부한 문화적 유산이 있었기에 작성이 가능했을 것이다. 〈창세기〉 2~4장의 본문을 읽고 해석함에 있어 텍스트 안에만 머물러 있으면 안 되는 이유이다. 하나의 고전문학을 이해함에 있어 우리는 텍스트 안의 세계뿐만이 아니라 그 텍스트

앞에 펼쳐져 있던 문화적 환경을 읽는 작업을 수행해야 한다. 그리고 문화적 환경을 읽는 작업은 그 환경에서 생산된 여러 이야기들의 탐구를 필연적으로 수반한다.

영구한 시간 동안 가만히 있던 신은 왜 갑자기 사람을 창조하게 되었을까? 왜 흙이어야 하는가? 왜 코로 숨을 불어넣는가? 왜 정원인가? 생명나무가 있어야 하는 이유는 무엇인가? 지식나무의 존재 이유는 무엇인가? 뱀은 정말로 말을 할 수 있었을까? 이브는 어떻게 모든 생명의 어머니가 되었는가? 이 모든 것들의 의미는 무엇인가?

에덴 이야기는 이런 질문들에 대해서 어떤 즉답도 주지 않는다. 단지 이런 요소들로 구성된 흥미로운 이야기만 들려줄 뿐이다. 에덴 이야기 저자는 어디에서 이 소재들을 가져 왔으며, 이 소재들은 원래의 자리에서 어떤 의미들을 지니고 있었을까? 그리고 마침내 저자의 손을 통해서 새로운 이야기 속으로 유입되었을 때 이 소재

©The University Museum of Pennsylvania

▶ 아담과 이브와 뱀을 새긴 테페 가우라 인장
1932년 펜실베이니아대학교 고고학박물관 E.A.스파이저(Speiser) 박사가 니느웨에서 약 19킬로미터 떨어진 테페 가우라에서 발굴함. 현재 펜실베이니아대학교 박물관에 소장되어 있음.

들은 어떤 역할과 의미 변화를 거치게 되었을까? 아래의 고대 메소포타미아 신화들을 탐구하는 일은 이러한 물음에 답을 찾으려는 시도다.

독자들은 위와 같은 물음들을 던지면서 지금부터 아래에 소개되는 고대 메소포타미아의 신화들을 읽기 바란다. 그러면 이 신화들 속에서 에덴 이야기의 원형을 재구성할 수 있는 풍부한 소재들을 만나게 될 것이다.

──────── 첫 번째 신화 ────────

길가메시 서사시

〈길가메시 서사시(The Gilgamesh Epic)〉는 기원전 약 2600경 수메르 우르크(Uruk)의 왕으로 현존했던 인물인 길가메시의 이야기다. 길가메시를 자신들의 조상으로 여긴 우르의 제3왕조 궁전 시인들이 탁월한 신화적 상상력을 발휘하여 작시하면서 전승되었다. 옛 바벨론 시대가 끝날 무렵인 기원전 1600년경이 될 때까지 이 서사시의 에피소드들이 작시되고 개작되고 첨가되는 과정을 거치면서 마침내 느슨한 형태지만 전체적인 이야기가 구성되었다. 기원전 600년에 이르기까지 개정되거나 첨가되는 과정이 계속되었으며 여러 고전어 버전들(아카디안 언어로 된 것들과 시리아 버전들)이 존재한다.

이 서사시의 주인공인 길가메시는 3분의 2 정도는 신이며 나머지는 인간의 성정을 지녔던 존재 ─ 그의 어머니는 야생소의 여신 닌선(Ninsun)이다 – 로 등장한다. 그러나 그의 이야기는 엄밀히 말하자면 인간의 세계에 관한, 즉 인간적 삶의 조건에 대한 이야기이다.[1]

길가메시로 인한 소란과 엔키두의 창조

기본적으로 한 영웅의 일대기를 시로 묘사하는 서사시에 걸맞게, 〈길가메시 서사시〉는 땅의 모든 것을 보고, 바다를 알고, 모든 것을 경험한 길가메시가 '기억할 수 없는 시간부터' 존재하였고, 인간에게 모든 특별한 기술들과 도구들을 가져다준 신들인 '일곱 현자들'이 터를 닦은 우르크의 성벽을 쌓았다 말한다. 그렇게 장엄한 우르크를 찬미하면서 이야기의 문을 연다.

젊은 혈기와 열정이 가득한 왕 길가메시는 백성들을 징병하여 성을 지키게 하였고, 그들이 한시도 한가롭게 지내지 못하도록 엄청난 노동을 부과하였다. 이에 젊은이들은 지쳐 쓰러져갔지만 길가메시는 그들에게 귀가하여 쉬거나 연애를 할 시간도 주지 않았다. 우르크의 시민들은 이렇게 진행되는 것에 대해 불평하며 결국 신들에게 길가메시가 '일 중독'에서 벗어나도록 조치를 취해달라고 탄원한다.

시끄러운 것을 극도로 싫어하는 신들은 문제의 근원이 길가메시의 엄청난 에너지에 있다는 결론을 내리게 된다. 홀로 있는 그가 엄청난 힘과 에너지를 분출할 곳이 없으니 도성 건축에 몰두한다는 것이다. 이에 길가메시에게 그처럼 엄청난 힘과 열정을 지닌 친구를 만들어주어 시간을 보내게 하면 되겠다 생각하였고, 조물주 아루루(Aruru)에게 길가메시의 상대자를 만들어달라며 다음과 같이 요청했다.

아루루, 당신이 그 야생소(길가메시)를 만들었소

이제 폭풍 같은 가슴이 길가메시와 동일한

그의 형상을 하나 만드시오

그들을 서로 겨루게 합시다

그러면 우르크는 다시 평화롭게 될 것입니다.[2]

이에 아루루는 진흙을 이겨 천상의 신의 정신적 형상을 따서 모델로 만들고 손을 씻은 후 사막으로 던졌다. 이렇게 길가메시의 상대자인 엔키두(Enkidu)가 창조되었다. 엔키두는 자연상태의 인간이다. 그는 엄청난 힘을 지녔고, 벌거벗고 다녔으며, 온 몸에 털이 가득 했다. 그는 도시와 인간에 대해서 아무 것도 알지 못했으며, 영양들과 함께 사막을 배회하면서 풀들을 뜯어 먹고, 저녁에는 동물들이 물을 마시는 곳에 와서 자기도 마른 목을 축였다.

매춘녀 샴핫과 엔키두

엔키두는 동물들의 친구로서 사람들이 동물들을 잡으려 파놓은 함정을 메우고 덫을 제거했다. 이러는 과정에서 한 사냥꾼은 자신의 생계가 엔키두로 인해 위협 받고 있다고 생각하여 이 사실을 아버지에게 알렸다. 그의 아버지는 아들에게 우르크의 왕 길가메시에게 가서 이를 보고하고 매춘녀를 하나 보내달라고 요청하라 권했다. 매춘녀를 이용하여 엔키두를 동물들로부터 유혹해내려는 묘책이었다. 이에 그는 우르크로 가서 왕을 알현하였고, 길가메시는 매춘녀 샴핫(Shamhat)을 데리고 가도록 허락했다.

샴핫과 엔키두가 만나는 이야기를 놓고 두 가지 버전이 존재한다. 첫째는 기원전 1800~1600년경에 작시되었을 옛 바벨론 시대의 것이고, 하나는 이보다 600~700년 후에 개작되었을 아시리안 버전이다. 옛 바벨론 버전에서 샴핫은 엔키두와 동물들이 물을 마시러 온다는 곳에서 3일간을 기다린다. 마침내 엔키두가 오자 옷을 벗고 그를 유혹하였으며 그 후 6박 7일을 함께 지낸다.

7일 밤이 지난 후 성욕이 완전히 해소되었을 때 엔키두는 일어나 동물들에게 갔지만 웬일인지 동물들이 도망을 간다. 그는 동물들을 따라 잡으려 달려보았지만 더 이상 자신에게는 그럴 힘도, 속도도 사라졌다는 것을 알게 된다. 7일간 화끈한 밤을 보낸 것에서 오는 피로감 때문이라 단순하게 생각할 일이 아니다. 무언가 마술적이고 결정적인 일이 그에게 생겼다. 아이와 동물들의 자연적인 연대감이 사라진 것이다. 그 연대감은 엔키두가 아이로 남아 있는 한 계속될 것이다. 그러나 엔키두는 이제 여자를 알았다. 그는 더 이상 성적인 면에서 천진난만한 아이가 아니다. 사람의 세계로, 남자의 세계로, 성인의 세계로 이동하였다. 동물들은 이제 성인이 된 엔키두를 두려워하고, 전처럼 무언의 대화를 통해 의사를 교환할 수 없게 되었다. 엔키두는 천천히 이러한 변화를 인식하게 된다.[3] 서사시의 시인은 이를 다음과 같이 쓴다. "그는 자라났고 그의 이해는 넓어졌다."

동물들이 자신을 더 이상 반기지 않는 것을 인식한 엔키두는 샴핫에게 돌아왔다. 그를 보자 그녀는 "내가 보니 엔키두, 너는 신처럼 되었다"고 말한다. 성적 경험을 통해서 엔키두가 일종의 신적인 특성을 갖게 되었다고 인식한 것이다. 그리고 그녀는 엔키두에게 더 이상 무가치한 야생동물들의 세계에서 살지 말고 아누(Anu)의 거룩한 성전이 있는, 그리고 길가메시가 제례의식들을 주관하고 있는 우르크로 가자고 제안하였다. 엔키두가 이를 좋게 여기자 그녀는 자신이 준비해온 두 벌의 옷 중 하나를 엔키두에게 입히고, 나머지 옷은 자기가 입는다. 그리고 그의 손을 잡고 목자들의 야영지로 그를 이끌어 간다.

목자들은 이들을 환대하며 음식과 맥주를 엔키두에게 주었다. 인간이 먹는 빵과 맥주를 처음 보는 엔키두는 어떻게 먹고 마시는지 알지 못했지만 샴핫의 도움으로 한껏 먹고 마셨다. 그는 이렇게 문화적 인간이 된다. 기분이 좋아졌으며, 얼굴에는 빛이 났다. 그는 털로 뒤덮인 자신의 몸을 물로 씻고 기름을 발랐다. 이 대목에서 시인은 '내가 보니 너는 신과 같다'는 샴핫의 말과는 대조적으로 그가 '한 사람이 되었다'고 말한다. 그리고 그가 의복을 입으니 마치 젊은 귀족처럼 되었다고 말한다. 엔키두는 이윽고 무기를 들고 나가 사자들을 쫓고 늑대들을 잡는다. 이에 목자들은 밤에 편히 쉴 수 있게 되었다. 엔키두는 이제 동물들의 영웅이 아니라 사람들의 영웅이 되었다.

엔키두와 샴핫의 만남에 관한 후대의 버전인 아시리안 버전은 샴핫과의 관계에서 성적인 욕구를 만족시킨 다음 엔키두가 동물들에게 돌아간 이야기를 상세하게 기록한다. 이 버전에 따르면 우선 엔키두는 자신에게 생긴 변화를 전혀 알아채지 못하고 동물들에게 간다. 그런데 그를 보자마자 산양들이 도망치고 야수들도 그를 피했다. 이에 놀라 그들을 따라가려 했지만 그의 무릎은 움직이지 않았다. 엔키두는 자신의 상태가 '전과 같지 않다'는 것을 알게 된다. 그리고 이에 대해서 이 버전의 시인은 "그는 이제 지혜, 보다 넓은 이해를 가졌다"고 적었다.

엔키두는 이렇게 자신의 변화에 대해 인식하게 되었다. 그런데 이 변화에 대한 인식을 이끈 것은 그가 새롭게 얻게 된 것(성의 경험)이 아니라 잃게 된 것에 대한 인식이다. 자신의 몸에 힘이 빠졌고, 다리를 전처럼 빠르게 움직일 수 없게 되었다는 것을 알면서 자신에게 찾아온 변화를 알게 된 것이다. 이 변화의 경험은 일단 자연적인 능력의 상실이지만 이러한 상실은 그가 얻게 된 지혜와 더 넓은 이해로 상쇄된다.[4]

길가메시와 엔키두의 만남

목자들과 함께 있을 때 길가메시 결혼 소식이 전해지자 엔키두와 샴핫은 급히 우르크로 상경하였다. 엔키두의 등장으로 온 도성에 동요가 일어났다. 길가메시가 결혼예식을 위해 장인의 집으로 들어가고자 할 때 엔키두가 길을 막아 세웠고 둘 사이에는 젊은 황소들이 싸우는 것처럼 치열한 싸움이 벌어진다. 결국 싸움은 엔키두의 승리로 끝나지만 엔키두는 길가메시에게 높은 경외와 존경을 보내는 말을 하였다. 이에 감명을 받은 길가메시는 그를 자신의 집으로 데려갔으며 길가메시의 어머니 닌선은 엔키두를 아들로, 즉 길가메시를 위한 동생으로 그를 환대하였다. 이러는 과정에서 길가메시는 흥미롭게도 엔키두가 자신에게 오는 것에 대한 상징적인 꿈을 꾸게 되었는데, 닌선은 이 꿈을 다음과 같이 해몽한다.

강력한 동반자, 친구의 생명을 구할 수 있는 그가 너에게 올 것이다

그는 이 땅에서 가장 강력한 팔의 힘을 가졌다

그의 능력은 아누의 천둥 번개와 같이 위대하다

너는 그를 아내로 사랑하게 될 것이다, 너는 그에게 홀딱 빠지게

될 것이다.[5]

길가메시를 남편으로, 엔키두를 아내로 받는다는 설정은 고대사회의 문화적 상황과 관계가 있을 수 있다. 〈길가메시 서사시〉의 원래의 문화적 공간은 청동기와 철기시대다. 강력한 전사 연대가 부족의 생존과 직결된 사회에서 가장 가치 있게 평가된 인간관계는 남성과 남성의 관계였다. 이 관계가 성적인 측면들과 연결되었는가와 별도로 길가메시와 엔키두를 현대적인 개념으로 동성애를 나누었던 사이라 단정할 필요는 없다.[6]

그러나 남성과 남성의 연대가 부족의 생존에 직결된, 어떻게 보면 적자생존의 생물학적 기능에 기반을 둔 관계였다면 엔키두의 경우처럼 남자가 여자를 통해 동물의 모습을 벗는다는 설정은 문화적인 개념 위에 서 있다고 할 수 있다.[7]

7일간 여자와의 만남을 통해 엔키두는 몸이 반질반질하게 바뀌고 깨끗하게 변했다. 이에 그가 동물의 세계로 돌아갔을 때 동물들은 그를 피했다. 이렇게 비동물화된 엔키두는 인간의 옷을 입고 인간의 음식을 먹고 인간의 사회인 도시로 향했다. 그리고 강력한 남성인 길가메시와의 우정의 세계로 들어온 것이다.

한편 매춘부 샴핫은 엔키두를 길가메시에게 이끄는 것을 마지

막으로 무대에서 사라진다. 이 여인은 단순한 매춘부라기보다는 우르크의 여신인 이쉬타르신전의 거룩한 매춘녀였을 것이다. 생식과 번성의 신인 이쉬타르의 신전에는 신을 예배하는 예식의 일부로 대제사장과 거룩한 매춘녀 사이의 성교 의식이 진행되었다. 〈길가메시 서사시〉는 이 신전이 우르크에 있음을 밝혔으며, 샴핫은 우르크의 왕인 길가메시와 그의 어머니가 나누는 길가메시의 꿈에 대한 대화를 가까이에서 들을 정도로 큰 명망을 가진 여인이었다.

엔키두의 죽음

길가메시와 엔키두는 이렇게 부부보다 더 깊은 우정을 맺었고 서로를 목숨을 걸고 지켜주기로 맹세한다. 그러나 문명세계로 들어온 엔키두는 점점 힘을 잃게 된다. 이에 길가메시는 많은 역경을 동반하는 모험이 엔키두가 원래의 힘을 회복하는 데 도움이 될 것이라 믿고 말로만 들었던 끔찍한 괴물인 후와와(Huwawa)를 죽이는 모험을 떠나자고 제안하였다. 그러나 전에 후와와를 직접 본 적이 있는 엔키두는 그에 대한 경외심을 갖고 있었기에 찬성하지 않았다. 그럼에도 길가메시는 엔키두를 어르고 달래 결국 모험을 떠나게 된다.

후와와와의 전투 장면에 대한 기록은 상당 부분 소실되었지만 고대의 수메르 이야기에 의하면 길가메시는 후와와의 상대가 되지 못했다.[8] 그는 후와와 앞에서 꼼짝도 못하고 기겁하였다. 그러나 그 위험한 순간에 길가메시는 재치를 발휘한다. 후와와에게 싸우러 온 것이 아니고 그가 사는 산을 구경 왔으며, 자신의 누나를 아내로 주고 여동생을 몸종으로 주겠다고 거짓 제안을 한다. 이에 마음이 풀린 후와와는 모든 경계심을 풀었다. 이때 길가메시는 후와와를 쳐 제압하였다. 그러자 후와와는 목숨을 살려달라 간청하였고 길가메시도 그럴 마음이 서서히 생겼다. 그 때 엔키두가 개입하여 후와와를 반드시 죽여야 한다고 말하였다. 화가 난 후와와는 엔키두에게 동료를 뒤에서 배반하는 품꾼이나 진배없다고 모욕을 주었고 이 모독에 분노한 엔키두가 후와와의 목을 잘라버린다.

후와와를 죽이고 돌아왔을 때 길가메시는 너무나 매력적인 남성이 되어 있었다. 어찌나 매력적이었던지, 우르크의 여신인 이쉬타르가 연모하여 청혼을 할 지경에 이르렀다. 이쉬타르는 길가메시에게 만일 자기의 남편이 되어주면 금과 청금석 한 수레를 주고, 왕들이 그에게 무릎을 꿇게 될 것이며, 그의 염소들은 세 배가 되고 양들은 두 배가 될 것이라 약속하며 청혼한다. 길가메시는 이를 정중하게 거절하는 대신, 이쉬타르를 일컬어 바람을 차단하지 못하는 미완의 문이고, 운반하는 자를 더럽게 하는 역청이며, 운반하는 자위에 새는 물보이며, 주인의 발을 상하게 하는 신발과 같다는 등의 모욕적인 언사를 퍼붓는다. 나아가 그녀의 이전 애인들을 모두 일일이 거명하면서 그들 모두 불행한 결말을 맞이했다고 말한다.

자신의 약점들에 대한 길가메시의 끝없는 비난을 들은 이쉬타르는 천상의 신인 아버지 아누(Anu)에게 올라가 길가메시가 자신을 모독했으니 하늘의 황소를 데려가 그를 죽이게 해달라고 간청한다. 그러나 아누는 자신의 딸이 스스로 그런 모독을 자초했다고 생각하며 이를 허락하지 않는다. 이쉬타르는 만일 자신의 청을 들어주지 않으면 지하세계의 문을 깨부수어 죽은 자들이 올라와 산 자들을 먹게 할 거라고 협박하였다. 그럼에도 아누는 하늘의 황소는 너무나 파괴적인 짐승이라서 일단 풀려나면 땅에는 7년간의 기근이 있을 것이라 주장하며 주저한다. 이에 이쉬타르는 인간들과 동물들이 7년간 먹을 곡물과 건초를 충분히 준비해 놓았다고 말해 아누를 안심시킨 후 마침내 허락을 받아낸다.

우르크로 온 하늘의 황소는 실로 엄청난 파괴력을 발휘하였지만 길가메시와 엔키두는 소를 치는 탁월한 능력이 있어 그 황소를 도살하였다. 이로써 길가메시와 엔키두는 권력과 명예의 최고점에 서게 된다. 그들은 이미 끔찍한 괴물인 후와와를 죽였고, 이쉬타르와 하늘 황소를 능가하는 힘을 발휘하였다. 더 이상 두려워할 것이 하나도 없게 된 것이다. 그러나 서사시는 바로 이 지점에서 비극의 시작을 알린다. 하늘 황소의 죽음은 이쉬타르뿐만 아니라 모든 천상의 존재들을 놀라게 했다. 특히 일전에 자신의 숲을 수호했던 후와와를 잃은 엔일(Enlil)의 분노가 극에 달했다. 천상 회의가 소집되었고 엔일은 당연히 길가메시와 엔키두에게 죽음의 형벌을 내리자고 요구한다. 그러나 공평의 신인 태양신이 중재에 나서 길가메시에게는 죽음의 형벌을 거두어준다. 하지만 엔키두는 후와와를 죽인 장본인이었기 때문인지 죽음을 면치 못한다. 결국 그는 병에 걸려 죽어간다. 병상에 누운 엔키두는 과거를 회상하면서 자신을 이러한 길로 인도한 여인 샴핫을 저주한다. 다음의 말에서 그 이유를 알 수 있다.

내가 순결했을 때 네가 나를 더럽혔기 때문이며,
내가 순결했을 때 네가 나를 들에서 유혹했기 때문이다.[9]

그러나 공평의 신인 태양신이 엔키두에게 길가메시와의 우정을
나누면서 얻게 된 새 삶에 대해서도 생각해보라고 한다. 이를 따라
엔키두는 긴 축복의 말을 덧붙여 샴핫에게 했던 저주의 말과 균형
을 맞춘다. 엔키두는 여자와의 만남을 통해 잃게 된 것과 얻게 된
것 사이를 오가면서 죽음을 맞이한다.

죽음의 문제

엔키두의 죽음으로 길가메시는 엄청난 슬픔과 충격에 싸이게 된다.
특별히 당시의 문화가 가장 높게 평가하는 가치에 따라 영웅적인
인생을 살아온 길가메시에게 죽음은 이전과는 다른 현실적인 문제
로 다가왔다. 엔키두의 죽음 이전에 길가메시는, 인간은 바람처럼
언젠가는 죽게 되어 있다는 죽음에 대한 추상적인 이해에 머물러
있었다. 후와와를 치러 가자는 제안에 망설이던 엔키두에게 길가메
시는 '죽음은 자연의 일부이고 우리는 여하간 언젠가 죽게 될 것이
니 죽음의 가치에 걸맞는 적을 골라 싸우는 가운데 영예로운 죽음
을 죽어 후대에 이름과 명예를 남기자'고 말하며 설득하였다. 그러
나 엔키두의 죽음 앞에서 죽음은 이제 현실적인 문제가 되었지만,
길가메시는 이를 수용하지 않으려 한다. 그 상실의 고통이 너무나
커서 그는 혼신을 다해 이 현실을 거부하고자 애쓴다.

> 나와 함께 그 모든 위험들을 통과한 그
> 내가 극진히 사랑한 엔키두
> 나와 함께 모든 위험을 통과한 그에게

인간의 운명이 불시에 닥쳤다.

나는 모든 낮과 밤 동안 그를 위해 울었다

그리고 혹 내 친구가 내 우는 소리에 일어날까 하여,

일곱 낮과 밤을,

구더기가 그의 코에서 떨어질 때까지

그를 장사 지내지 않았다.[10]

　친구의 상실로 찾아온 죽음이라는 개념이 길가메시를 떠나지 않았다. 그 자신도 언제가 죽게 될 것이라는 생각이 그를 밤낮으로 괴롭혔으며 한시도 평화롭게 놓아주지 않았다. 이런 상황에서 그는 영원한 생명을 얻어 지금도 세상의 끝 어디엔가에서 살고 있다는 자신의 조상 우타나피쉬팀(Utanapishtim)에 대해 듣게 된다. 그리고 불멸의 비밀을 배우기 위해서 그를 찾아 길을 나선다. 그를 찾아 나선 여정은 세상의 모든 지역을 통과해서 태양이 지는 서쪽의 산들로 길가메시를 이끌었다. 태양이 들어가는 문은 거대한 스콜피온 인간과 그의 아내가 지키고 있었다. 길가메시는 그들에게 엔키두의 죽음에 대해서 들려주며 영원한 생명을 찾고 있다고 말한다. 동정심이 발한 그들은 이는 불가능한 것이라고 말하면서도 그 산들을 관통하는 터널로 들어가도록 허락해 주었다.

　길고 어두운 터널을 지나 그 끝에 해 뜨는 지역의 문(세상의 동쪽)에 도달하였다. 그 문을 통과하자 울창한 수풀과 나무들이 온갖 보석들을 열매 맺는 놀라운 정원이 있었다. '사랑스럽고' '보암직도 하였지만'[11] 길가메시는 죽음을 피할 방법을 찾아야 한다는 일념이 가득했기에 그 풍성하고 부유한 정원의 유혹에 넘어가지 않고 다시금 길을 떠났다. 여행의 끝에서 길가메시는 지구를 둘러싸고 있는 해안가에 도착하였고 에일와이프(alewife)의 주막을 발견한다. 에일와이프는 길가메시의 범상치 않은 용모를 보고 놀라 몸을 숨기고 주막의 문을 잠근다. 이에 길가메시는 자신이 사랑한 친구 엔키두가 흙으로 돌아간 것,[12] 죽음에 대한 공포, 그리고 영원한 생명에 대해 알기 위해 우타나피쉬팀을 찾아 긴 여행을 했다고 말한다. 에일와이프는 우타나피쉬팀과 그의 아내가 '신처럼' 살고 있는 딜문(Dilmun)의 정원으로 가야한다고 했지만, 이번 여행의 무모함과 불가함에 대해서 말하며 길가메시에게 다음과 같이 권면한다.

길가메시, 어디로 배회하려는가?
네가 찾고 있는 영원한 생명을
너는 결코 찾지 못할 것이다.
(왜냐하면) 신들이 인간을 창조했을 때
그들은 죽음을 인간의 몫으로 정했고
생명은 자신들의 손으로 움켜잡았기 때문이다.
너 길가메시여, 네 배를 채우라
낮과 밤으로 즐겨라
매일 축제를 열어라
낮과 밤으로 춤추고 노래하라.
그리고 깨끗한 옷을 입으며,
네 머리를 씻고 목욕을 하라.

네 손을 잡고 있는 아이를 바라보라,

그리고 네 아내로 하여금 네 넓적다리 위에서 즐기게 하라

이러한 일들만이 인간의 것이다.[13]

그러나 길가메시는 인간의 길에 대한 에일와이프의 권면을 듣지 않고 우타나피쉬팀에게 가는 길을 거듭 알려달라 요청한다. 이에 에일와이프는 마침 나무를 가지러 뭍에 와 있는 우타나피쉬팀의 뱃사공을 소개해주었고, 우여곡절 끝에 결국 길가메시는 죽음의 바다를 건너 우타나피쉬팀이 사는 섬에 도착하게 된다. 길가메시가 볼 때 우타나피쉬팀은 전혀 특별한 것이 없었다. 크기도 용모도 자신과 같이 한 명의 인간에 불과해 보였다. 길가메시는 이 여행의 목적에 대해 궁금해하는 그에게 지금까지의 모든 일들을 이야기하며 죽음에서 벗어날 방도를 알려달라 청한다.

이에 우타나피쉬팀은 삶과 죽음은 신들이 정해놓은 것이며 인간의 삶에서 죽음은 지울 수 없다고 말한다. 그러면서 자신이 영원한 생명을 얻게 된 대홍수 이야기를 들려준다. 그가 어떻게 자기가 에아(Ea)의 경고에 따라서 방주를 만들고 가족과 모든 동물들의 쌍을 구했는지, 그리고 인류와 동물들의 생명을 보존한 것에 대한 보상으로 영원한 생명을 수여받았는지를 들려준다.

그런데 그 이야기의 결론은 이것이 결코 반복될 수 있는 일이 아니라는 것이다. 인간에게 영원한 생명을 주는 비밀 요법이나 가르침은 존재하지 않는다. 영원한 생명을 수여받은 자신의 예는 다른 사람들에게 어떠한 영향도 끼치지 못한다는 것이다. 영원한 생명을

얻기 위해 엄청난 모험을 감행한 길가메시에게 이 말은 모든 희망을 앗아갔다.

회춘초와 뱀

이 대목에서 반전이 일어난다. 우타나피쉬팀은 신들의 세계에 대한 한 가지 비밀을 길가메시에게 들려준다. 죽음을 이기고 영원히 살수 있는 길을 찾기 위한 길가메시의 인간적인 노력은 실패했다. 이에 길가메시에게 동정심을 느낀 우타나피쉬팀의 아내는 그 많은 고통을 감내했음에도 아무 소득 없이 귀향해야 하는 그에게 무언가를 해주길 남편에게 청한다. 이에 우타나피쉬팀은 배에 오르는 길가메시에게 다시 젊어지게 하는 신비의 약초가 압수(Apsu)의 깊은 물 속, 단물에서 자란다고 알려준다.

너무나 흥분한 길가메시는 배를 재촉하여 압수에 도착하였고, 돌을 자신의 발에 묶어 깊은 물 속 단물이 나는 곳에 들어가 그 식물을 채취한다. 그는 이 식물을 우르크로 가져가 훗날 자신이 늙어 힘을 못 쓰게 될 때 먹고자 하였다. 그렇게 다시 어린아이로 돌아갈 계획을 세우며 가슴 벅차게 귀향길에 오르게 되었다.

집으로 돌아가는 길은 길었고 날씨는 무더웠다. 길가메시는 시원해 보이는 연못을 보고 옷을 벗고 뛰어 들어가 목욕을 하며 몸을 식혔다. 그 사이에 뱀이 특별한 식물의 향기를 맡고 구멍에서 나와 그 회춘초를 먹어버린다. 다시 구멍으로 들어가는 사이 뱀은 옛 허물을 벗고 새롭고 빛나는 젊은 몸으로 변하였다. 이로써 영원한 생명을 얻기 위한 길가메시의 피나는 노력과 모험은 허무하게 끝이 난다. 이제 길가메시에게 남은 것은 자신의 실패(혹은 인간적 삶의 조건)를 인정하는 것뿐이다. 길가메시는 그렇게 주저앉아 눈물을 흘리며 자신의 귀향에 동행하고 있는 우타나피쉬팀의 뱃사공 우르샤나비에게 다음과 같이 이야기한다.

> 누구를 위하여, 우르샤나비, 내 팔이 힘을 썼는가?
> 누구를 위하여 내 심장의 피를 사용했는가?
> 난 내 자신에게 어떤 이득도 가져오지 못했다.
> 땅 속의 뱀을 위해서 좋은 일을 하였도다![14]

그러나 이 패배의 인정은 공포와 절망에서 나온 것이 아니다. 이는 유머러스하며 반어적인 현실에 대한 수용이며, 평정심을 잃지 않고 내뱉는 일종의 체념이다. 이와 함께 서사시의 시인은 서사시의 시작점으로 길가메시를, 그리고 독자들을 데리고 간다. 우르크로 돌아온 길가메시가 처음으로 한 일은 우르샤나비에게 우르크의 웅장함을 구경시켜 주는 것이었다.

> 일어나라, 우르샤나비, 우르크의 성벽을 걸어보아라!
> 테라스를 검사해보라, 벽돌이 얼마나 잘 쌓아졌는지
> 면밀하게 살펴보라!
> 구운 벽돌로 기초를 놓은 것이 아닌가?
> 일곱 현인이 그 토대를 놓은 것이 아닌가?
> 한 에이커의 도시와 한 에이커의 과수원

한 에이커의 강바닥

또한 이쉬타르신전의 넓은 구역

삼 에이커와 그 구역이 우르크를 구성한다.[15]

길가메시는 불멸을 손에 넣지 못했다. 그에게도, 모든 사람들에게도 언젠가 죽음이 찾아온다. 여기서 길가메시는 인간적 삶의 조건과 영역을 인식하고 수용해야만 한다. 서사시의 시인이 들려주고자 하는 이야기의 요점은 분명하다. 반신반인(半神半人)이었던 영웅 길가메시도 온갖 어려움과 희생을 극복하며 얻고자 했지만 결국엔 손에 넣지 못했다. 그러니 영원한 생명을 헛되이 구하면서 인생을 낭비할 필요가 없다. 신들만이 움켜쥔 불멸성은 인간의 손이 닿을 수 없는 곳에 있다.

인간에게는 인간의 길이 있다. 길가메시의 최대 업적인 우르크 성이 그의 죽음 이후에도 그의 명성과 함께 웅장하게 남아 있듯이, 사람은 죽으나 그의 이름과 그가 한 일은 남게 된다. 인간은 자신이 한 일 속에 불멸을 남긴다.[16] 신들에게 불멸의 은총을 받은 유일한 인간 우타나피쉬팀의 뱃사공 우르샤나비는 장엄하게 서 있는 우르크를 보면서 인간이 추구하는 불멸의 방식에 감탄하지 않을까?

〈길가메시 서사시〉에 숨은 에덴 이야기

〈창세기〉의 에덴 이야기보다 최소한 2,000년 앞서 작시되기 시작한

〈길가메시 서사시〉는 에덴 이야기 구성에 사용된 수많은 문학적 모티브들을 제공해 주었다.

첫째, 창조된 인간. 길가메시의 친구로 등장하는 엔키두는 흙으로 신의 형상을 따라 창조된다. 그는 완전한 자연상태에 있는 동물과 같은 존재로 털이 잔뜩 났으며, 벌거벗은 몸으로 숲을 누볐다. 서사시는 초기의 엔키두가 자기 자신이나 인간세계에 대한 아무런 지식이 없는 무지 상태에 있었다고 묘사한다. 에덴의 아담도 흙으로 창조되었다. 〈창세기〉 1장의 첫 번째 창조 이야기는 그가 신의 형상을 따라 지음 받았다고 밝힌다. 지식나무의 열매를 먹기 전까지 아담은 자신이 벌거벗고 있다는 것조차 인식하지 못하는 순진무구한 자연의 상태였다.

둘째, 섹스 모티브. 엔키두와 매춘녀 샴핫은 여러모로 아담과 이브의 모델이 된다. 샴핫은 옷을 벗고 엔키두를 유혹하였다. 그리고 이들이 나눈 7일간의 뜨거운 정사는 엔키두에게 큰 변화를 가져온다. 다른 동물들과는 질적으로 다른 파트너인 여자와의 성교를 통해서 엔키두는 동물의 세계에서 벗어나 인간이 된다. 동물과의 의사소통이 더 이상 가능하지 않게 되었다. 이 현상을 두고 옛 바벨론 버전은 엔키두가 "자라나 이해의 폭이 넓어진" 사건으로 묘사했으며, 또한 그 결과 엔키두는 "신처럼 되었다"고 평했다. 엔키두는 샴핫이 마련한 옷을 입고 자연의 세계에서 인간의 세계로 나아간다.

아시리아 버전은 샴핫과의 성교 후에 엔키두에게 찾아온 변화를 상실과 취득의 관점에서 묘사한다. 자연 상태에 있을 때 동물들과 성교를 하며 살던 엔키두는 샴핫에게서 진정한 성 파트너를 발견하였다. 그 결과 엔키두는 동물의 자연 능력을 상실하지만 "지혜, 즉 보다 넓은 이해"를 갖게 되었다. 나중에 신들의 저주로 죽음을 맞이하면서 엔키두는 자신의 순결을 앗아간 여자 샴핫을 저주하며 "네가 나를 들에서 유혹했다"고 말한다.[17]

에덴 이야기는 아담과 이브의 성교에 대한 직접적 묘사를 하고 있진 않다. 그러나 랍비들의 해석전통이 보여주듯이, 에덴 이야기는 아담과 이브의 성교와 관련된 풍부한 이미지들을 담아내고 있다. 에덴 이야기에서 동물들은 홀로 거하는 아담을 위해 그의 돕는 배필로 창조되었다. 고대의 어떤 해석가는 이브가 창조되어 아담에게 인계되고 아담이 기쁨의 탄성을 외치기 전까지 아담은 동물들과 성교를 했다고 읽는다. 그러나 아담은 그들 중에서 자신의 성적 욕구를 만족시켜주는 진정한 짝을 아직 찾지 못했다. 이에 신은 아담의 갈비뼈로 이브를 만들어 그에게 인계하였고, 아담은 자신의 욕구를 완벽하게 만족시켜준 여인을 경험한 후 "마침내 내 살 중의 살, 뼈 중의 뼈"를 찾았노라고 탄성을 질렀다.

셋째, 성과 지식, 그리고 신처럼 된다는 모티브. 에덴 이야기의 작가는 민망한 소재인 성교를 대체할 탁월한 장치를 마련하였다. 엔키두는 샴핫과의 성교를 통해 자기를 인식하고 세상을 이해하는 지식을 얻는다. 아담은 이브가 전해준 지식나무의 열매를 먹고 자신이 벗고 있다는 것을 인식하고 신들만이 소유한 세상에 대한 지식을 얻게 된다. 엔키두는 여자와의 성교를 통해 "신처럼" 된다. 아담은 여자가 전해준 지식나무의 열매를 먹음으로써 "신처럼" 된다. 성과 지식과 신처럼 된다는 모티브가 얽혀 있다.

넷째, 옷 모티브. 엔키두는 샴핫이 마련해온 옷을 입고 동물의 세계에서 벗어나 인간 세상으로 나간다. 아담은 나중에 야훼가 만들어준 가죽옷을 입고 신들의 정원을 벗어나 밖의 세상으로 나간다.

다섯째, 남자의 원망. 엔키두는 신들의 벌을 받아 죽음을 맞이하면서 자신의 순결을 앗아간 샴핫을 원망한다. 아담은 자신의 범죄에 대한 책임을 이브에게 돌린다.

여섯째, 정원 모티브. 길가메시는 대홍수의 유일한 생존자가 영원한 생명을 누리고 있는 딜문으로 향한다. 아름다운 섬이며 정원인 딜문으로 가는 통로의 입구는 해가 지는 곳(서쪽)에 있다. 그 통로를 따라 끝까지 가면 동쪽 끝에 있는 딜문의 정원이 나오고, 이 통로의 입구를 신수인 스콜피온이 지키고 서 있다. 아무나 들어갈 수 없다. 생명나무가 있는 에덴의 정원도 동쪽에 있다. 나중에 신들이 아담과 이브를 정원에서 내보낸다. 정원이 동쪽에 있다는 것을 감안하면 이들은 결국 서쪽으로 나가야 한다는 말이다. 그리고 신들은 서쪽에서 동쪽으로 난 길 위에 신수인 그룹을 세워 생명나무를 지키게 한다. 정원을 찾아 나서는 도중에 길가메시는 "보기에 사랑스럽고 보암직도 한" 진귀한 열매들을 내는 나무들이 풍성히 자라는 정원을 통과한다. 물론 이 정원은 에덴의 정원과 유사하다. 에덴의 정원 역시 "보기에 아름답고 먹음직스런" 과일들을 내는 나무들이 풍성히 자라는 곳이었다.

일곱째, 죽음과 불멸의 모티브. 〈길가메시 서사시〉와 에덴 이야기의 중심 주제는 물론 불멸성 혹은 죽음이다. 길가메시는 친구 엔키두의 죽음 이전에는 죽음에 대한 이상적인 생각만을 가지고 있었다. 죽음은 자연의 일부로 누구도 피할 수 없으니 영예롭게 죽어 이름을 남기는 것이 인간이 택할 수 있는 최고의 선택이라 그는 믿었다. 그러나 엔키두의 죽음을 경험하면서 죽음을 피할 수 있는 방법을 찾게 된다. 영원한 생명을 찾아 나선 여정에서 길가메시는 죽음을 "흙으로 돌아가"는 것으로 묘사한다. 에덴 이야기 역시 죽음을 "흙에서 온 존재가 흙으로 돌아가는 것"으로 묘사하고 있다.

우여곡절 끝에 만난 우타나피쉬팀은 길가메시에게 인간의 삶은 죽음과 뗄 수 없으며 영원한 생명은 인간에게 가능한 일이 아니라고 말한다. 신들이 인간에게 죽음을 정했고 생명은 자신들만이 향유할 수 있도록 했기 때문이다. 에덴의 아담은 지식나무의 열매를 먹었지만 생명나무의 열매는 먹지 못한다. 신들이 원치 않는 일이기 때문이었다. 신들은 그룹들과 화염검을 설치하여 인간의 손이 생명나무 열매에 닿지 못하도록 하였다.

여덟째, 생명초와 뱀, 그리고 벌거벗음. 귀향하는 길에 길가메시는 회춘초를 손에 넣는다. 그런데 벌거벗고 목욕을 즐길 때 뱀이 나와서 회춘초를 먹어 치운다. 온갖 위험을 이겨내며 마침내 손에 넣은 불로의 가능성을 이처럼 허무하게 잃게 된다. 시인은 영원한 생명을 찾으려는 인간의 모든 노력이 이처럼 허사로 끝나고 만다는 것을 패러디처럼 처리하여 보여주었다. 허물을 벗어 매년 생명을 갱신하는 것처럼 보이는 뱀이 인간에게서 회춘의 가능성을 가져갔노라고 농을 한다. 에덴의 작가도 아담과 이브를 생명의 길에서 벗어나게 할 자로 뱀을 등장시킨다. 결국 뱀의 유혹에 이끌린 아담과 이브는 지식나무 열매를 먹은 후 자신들이 벌거벗고 있다는 사실을 발견한다. 뱀은 길가메시에게서 회춘초를 먹을 기회를 앗아간다. 에덴의 뱀 역시 결국은 아담에게서 생명나무의 열매를 먹을 수 있는 기회를 앗아간다.

— 두 번째 신화 —

아트라하시스

아트라하시스(Atrahasis)는 고대 메소포타미아의 문헌에서 신들의 저주로 대홍수가 발생했을 때 방주를 지어 인류와 동물들의 멸종을 피하게 한 현자이다. '보다 현명한(Extra-wise)'이라는 뜻을 지닌 아트라하시스는 〈길가메시 서사시〉에서 '그가 생명을 발견했다(He found life)'를 뜻하는 이름인 우타나피쉬팀으로 등장한다. 우타나피쉬팀이라는 이름의 축어 형태인 (Uta)-na'ish(tim)은 매우 이른 시기부터 팔레스타인에서는 '노아(Noah)'라고 발음되었으며, 이는 〈창세기〉 대홍수 사건의 주요인물로 등장하는 노아와 직접 관련된다.[18]

서사시 〈아트라하시스〉의 텍스트는 기원전 1700년경 옛 바벨론 버전의 흙판에 기록된 것이 전해지지만 후기 아시리안 버전으로 된 단락들도 발견되었으며, 기원전 3000~2000년경 생식과 번성을 중시하는 농경사회의 문화종교적 환경에서 기원한 것으로 연구되고 있다.

대홍수 생존자로서 인류와 동물들을 구하고 신들에게 불멸을 허락 받은 아트라하시스의 일대기를 그리고 있는 서사시 〈아트라하시스)의 중심소재는 물론 대홍수이다. 그리고 구약성서 〈창세기〉 2 장부터 11장에 이르는 인류 태고사의 구성에 지대한 영향을 주었 다.[19] 그러나 본 연구의 관심은 〈창세기〉 2~4장의 에덴 이야기이므 로 여기에서는 〈아트라하시스〉의 인간창조에 관련된 부분만을 소 개하고자 한다.[20]

신들의 노역과 인간의 창조

가장 높은 신들인 아누(Anu), 엔일(Enlil), 엔키(Enki)는 우주를 나누 어 가지게 된다. 이들 가운데 아버지이며 가장 높은 신인 아누는 천 상을 취했고, 전사인 엔일은 지상을, 그리고 영특한 엔키는 지하세 계의 물과 바다를 받았다. 지상을 분깃으로 받은 엔일은 하급의 신 들인 아이기기(Igigi)들에게 유프라테스와 티그리스 강을 파는 노동 을 밤낮으로 쉬지 않고 여러 해 동안 계속하게 하였다. 인간이 창조 되기 전, 신들은 수로를 파고 밭에 물을 대는 관개사업에 동원되어 3,600년간 고된 노동을 감당해야 했다.[21] 노역에 지친 신들이 불평 하기 시작했다. 그리고 몇몇 신들은 그들의 담당관이며 엔일의 아 들 닌누르타(Ninurta)에게 이러한 고된 현실을 개선해달라 요청하자 고 제안했다.

그러나 이 신들 중의 하나는 이러한 순진한 제안으로는 아무런 효과가 없을 것이라 말하며 엔일의 집을 직접 공격하자고 제안했 다. 신들은 그의 제안에 따라 연장을 불사르고 엔일의 집으로 몰려 가 둘러싼다. 소란에 놀란 엔일은 아누와 엔키에게 자문을 구한다. 아누는 엔일의 가신인 누스쿠(Nusku)를 보내 이 공격을 주도한 이가 누군지를 알아오라고 했지만, 성난 신들은 이 결정은 중노동에 시달린 신들이 합의하여 내린 것이며, 결코 일터로 복귀하는 일은 없을 것이라 단호하게 알린다.[22]

이 소식을 들은 엔일은 울음을 터뜨리며 지상을 다스리는 일에서 물러나 천상으로 돌아가 아누와 머물겠다고 말한다. 이 때 현명한 엔키가 개입하며 중재안을 내놓았다. 소요를 일으킨 신들의 노동이 너무나 무거운 것은 사실이니 출생의 신으로 하여금 인간을 만들게 해서 그들에게 노동의 짐을 지우고 신들은 노동으로부터 자유롭게 하자는 것이었다.[23]

이에 출생의 신 닌투(Nintu)가 소환되었고, 닌투는 엔키가 돕는다면 인간을 만들겠다고 동의했다. 엔키는 신들 중 하나(아마도 소요를 주도한 신[24])를 살해해 닌투로 하여금 그 살과 피에 진흙을 섞게 하면서 다음과 같이 말한다.

닌투가 진흙을
그의 살과 피로 섞을 것이다.
그러면 한 신과 한 인간이
진흙 속에서 섞이게 될 것이다.
이 후에 북 치는 소리를 들어보자
그 (살해당한) 신의 살로부터 영이 생겨나게 하자
그녀(닌투)에게 이것이 그가 살아있다는 표시라고 외치게 하자
그리고 (살해당한 그 신을) 잊지 않기 위해 그 영이 존재토록 하자[25]

이 행들에 따르면 신의 살과 피 그리고 흙이 인간의 주조에 사용되었다. 그리고 진흙 반죽 속에 신의 특질과 인간의 특질이 고루 섞여 나오게 될 인간은 신의 특질과 인간의 특질이 완전하게 융화된 존재가 될 것이다. 인간은 신의 피뿐만이 아니라 몸을 물려받았다. 그 후에 이어지는 네 개의 행은 신의 죽음에 관한 것이다. 북소리는 장례 예식을 연상시키며, 나머지 행들은 죽은 몸에서 영이 나오는 것을 말한다. 흥미롭게도 이 서사시의 시인은 죽은 신의 몸에서 나온 영은 그의 이야기와 그의 죽음의 의미를 잊지 않게 해주는 표시(영어의 sign, token, 혹은 memorial)라 말하고 있다.

여러 견해들이 있지만 이 구절의 의미는 여전히 수수께끼 같다. 이 행들의 의미는 불명확하지만 이 서사시가 제시하는 인간의 운명과 한계에 대해서 시사하는 바는 분명하다. 나중에 인간이 자신의 출생을 위해 죽은 신을 기리는 예식에 참여하게 되면 북소리를 듣게 될 것이다. 그리고 그 예식을 주관하는 여신 혹은 그의 대리인은 그 때 죽은 신의 영이 존재한다고 외칠 것이며, 그 영이 그의 죽음과 의미를 잊지 않게 해주는 기념비로 오늘까지 살아 활동한다고 말할 것이다. 그러니 그의 죽음을 헛되게 하지 말라고 외칠 것이다. 인간은 그 신의 희생을 통해서 존재하게 되었으며, 그리고 그 존재의 이유는 신을 위한 노동이라고 힘주어 말하리라.[26]

신들은 이를 반기며 닌투에게 '위대한 신들의 부인(Mistress of the Great Gods)'을 뜻하는 '벨리틸리(Belet-ili)'라는 이름을 수여한다. 이윽고 닌투와 엔키는 '운명의 방'에 들어가 새로 태어날 존재들의 형성과 운명을 결정한다. 살해된 신의 피와 살이 섞인 진흙을 지혜로운 자궁의 신들이 잘 밟아 반죽한다.[27] 닌투는 주문을 외운 후 그 반죽을 열네 조각으로 나누고 그 중 일곱을 오른쪽에 나머지 일곱을 왼쪽에 놓고는 진흙을 구워 만든 벽돌로 그 사이를 갈라놓았다. 이로부터 일곱 쌍의 자궁 신들이 각각 한 남성과 한 여성의 배아를 만들게 된다. 이 맥락에서 닌투는 미래의 출생예식과 결혼에 대한 규정들을 다음과 같이 전해준다.

결혼과 출산

이 규정들은 상당 부분이 소실되어 이해하는 데 어려움이 있지만 〈창세기〉 2장 18~25절과 관련성이 있기에[28] 간략하게나마 살펴볼 필요가 있다.

> 출산을 하는 여성의 집에는
> 흙 벽돌이 7일간 놓여 있어야 한다.
> 벨리틸리, 지혜로운 마미(Mami)에게 영예를 돌려야 한다.
> 이 산파가 출산하는 여성의 집에서 기쁨을 누려야 한다.
> 그리고 그 여성이 아기를 낳을 때
> 그 아기의 어머니는 스스로를 끊어야 한다.
> 한 남성이 한 여성에게 [   ]
> [   ] 그녀의 젖가슴
> 한 젊은 남성의 뺨에서
> 수염이 보일 때
> 정원들과 노상에서

한 아내와 한 남편은 서로를 선택한다.[29]

이윽고 자궁의 신들이 소환되었다. 그들이 개월수를 세니 10개월
이 지났다. 이에 닌투는 자궁을 열었다. 그녀는 기쁘고 즐거운 얼굴
로 머리에 수건을 두르고, 허리띠를 차고 산파의 일을 수행하며 다
음과 같이 탄성을 발하며 말한다.

내 자신이 (이것을) 창조했다, 내 손이 만들었다.
이 산파가 아이를 낳는 여성의 집에서 기쁨을 누려야 한다.
여성이 출산을 하는 곳마다
아기의 어머니는 스스로를 끊는다
흙 벽돌이 9일간 놓여 있어야 한다.
자궁의 여신 닌투가 영예를 받아야 한다.
......
침대 천을 깔아라
침대가 그들의 집에서 준비되었을 때
한 아내와 한 남편은 서로를 선택할 것이다.
이쉬타르(닌투의 다른 이름)가 아내와 남편의 관계에서 기쁨을 누
릴 것이다
장인의 집에서
축하연이 9일간 지속되어야 한다.[30]

이렇게 하여 남자 일곱과 여자 일곱이 태어났다. 신들을 노동의

부담에서 자유롭게 하기 위해 인간을 창조한 일은 계획대로 너무 잘 이루어졌다. 불태웠던 도구들을 대신할 만한 연장들이 곧 만들어졌고 강을 파고 물을 끌어오는 일은 다시 시작되었으며, 이로 인해 신들과 인간들이 먹기에 충분한 과실들이 생산되었다. 인간들은 매우 빠르게 증식되었고, 600년이 지났을 때에는 지상에 인간의 수가 너무 많아졌으며, 이들이 만드는 소음으로 인해 신들은 숙면을 취하지 못할 지경에 이르렀다. 이에 엔일과 다른 신들은 전염병을 보내 인간의 수를 지상에서 줄이고자 한다.

이 때 현명한 인간인 아트라하시스는 엔키의 종이었다. 그는 자신의 주인인 엔키에게 이 질병을 멈출 방도를 구하고 엔키는 그에게 장로들과 상의하여 백성들로 하여금 소음을 줄이게 하고 그간에 각자가 섬기는 가신들에게 바쳤던 매일의 예배와 제물을 전염병의 신인 남타라(Namtara)에게 바치라고 알려준다. 엄청난 제물과 관심을 받게 된 남타라는 더 이상 전염병을 퍼뜨리지 않게 되었다.[31]

그러나 그 후 600년이 더 지났을 때 인간의 수는 다시 엄청나게 불어나 있었고, 이들이 만드는 소음으로 인해 신들은 역시 잠을 이룰 수 없었다. 이에 엔일은 다른 신들과 협의하여 가뭄을 일으킨다. 아트라하시스는 다시 엔키에게 간청하였고 엔키는 이번에는 비의 신인 아다드(Adad)에게 예배와 제물을 집중하여 바치라고 알린다. 이에 아다드는 다시 비를 내리기 시작한다.[32]

그러나 시간이 더 흘러 인간의 수가 기하급수적으로 불어나고 소음이 끝간 데 없이 증폭되자 잠을 잘 수 없게 된 신들이 인간을 싹쓸이할 방도를 모색하게 된다. 결국 대홍수를 일으켜 인간을 몰살

할 계획을 세운다. 이어지는 이야기에서 아트라하시스는 대홍수를 반대한 엔키의 경고에 따라 방주(큰 배)를 만들어 자신의 가족과 각 동물들 한 쌍씩을 구원하게 된다.[33]

〈아트라하시스〉에서 본 에덴 이야기

〈아트라하시스〉는 에덴 이야기와 관련하여 흥미로운 점 몇 가지를 보여주고 있다. 첫째, 인간은 신들을 대신하여 땅을 일구고 물을 대는 노동자로 창조되었다. 에덴의 남자는 본래 땅을 가는 자로 창조되었고, 신의 정원인 에덴을 (신을 대신하여) 가꾸고 지키게 된다. 둘째, 자신들의 노동을 대신하게 될 인간을 창조한 출산의 신 닌투에게 신들은 '모든 위대한 신들의 부인'이라는 이름을 선사한다. 에덴의 남자(아담)는 여자(이브)에게 '모든 생명의 어머니'라는 뜻인 하와/이브라는 이름을 준다.[34]

셋째, '아기'의 생산과 관련된 장면에서 미래의 선남선녀로 하여금 (여성은 젖가슴이 오르고, 남성은 수염이 나는 때가 되면) '정원'과 길에서 서로를 아내와 남편으로 선택하게 하라는 설정이 나온다. 이는 에덴의 '정원'에서 남자의 뼈를 가지고 여자를 막 생산한 신이 여자를 남자에게 인계하였고, 이것을 남자가 부모를 떠나 여자와 합하는 사건, 즉 결혼의 유래라고 설명하는 장면을 연상케 한다.

넷째, 결혼 예식의 완성은 신부와 신랑의 합방을 통해서이다. 그런데 첫 합방의 자리는 신부의 집에서 준비된다. 이는 결국 남자는 부모의 집을 떠나 여자와 한 몸이 되라는 〈창세기〉 2장의 결혼 규정 유래에 대한 배경이 된다. 실상 전통적인 유대의 결혼은 여자가 남자의 집으로 오는 것이다. 그러나 길게 진행되는 결혼예식은 남녀가 성적 결합을 이룸으로써 완성된다. 이 사건은 남자가 자기 부모의 집을 떠나 신부의 집에 준비된 침대에 누워 신부를 맞이하는 사건이다. 물론 고대 메소포타미아 문화에서는 생식과 출산의 여신인 닌투(이쉬타르)가 존귀하게 예배되는 사건이기도 하다.

다섯째, 〈아트라하시스〉는 인간의 성적 욕망과 기능은 자연의 일부임을 분명히 한다. 인간의 죄와는 아무런 관련성이 없다. 〈창세기〉 본문 역시 남자가 여자를 맞이해 누리는 (성교의) 기쁨은 자연의 일부임을 지지한다.[35] 여섯째, 성이 자연의 일부이듯 죽음도 자연의 일부다. 인간은 죽은 신의 피와 몸을 가지고 태어났기에 인간이 창조되기 위해서 죽음은 이미 존재해야 한다.

본 연구와 관련하여 가장 흥미로운 것으로, 산파의 일을 하지만 결국 인간의 어머니 신이라 할 수 있는 닌투가 큰 희열에 싸여 "내 자신이 이것을 창조했다. 내 손이 만들었다"고 탄성을 지른 장면이다. 물론 닌투는 엔키의 도움을 받아 인간을 창조하였다. 이 장면은 '모든 생명의 어머니'인 하와가 "내가 여호와로 말미암아 득남하였다"며 탄성을 지르는 장면인 〈창세기〉 4장 1절의 이해와 해석에 있어 큰 도움을 준다. 문헌적인 관계에서 볼 때 이브의 전신은 여신이었다 볼 수 있다.

엔키와 닌후르사그

물의 신 엔키와 생명의 여신이며 땅의 신인 닌후르사그(이 이름의 문
자적 의미는 거룩한 산의 여신(Lady of the Sacred Mountain)이며, 〈아트라하
시스〉의 닌투와 동일한 신이다)가 주인공으로 등장하는 이 신화는 자연
의 순환을 소재로 한 서사시라 할 수 있다. 이 이야기의 지리적 배
경은 고대 수메르의 딜문(Dilmun)이다. 역사적으로 딜문은 기원전
4000년에서 800년경에 이르기까지 메소포타미아 문명과 상업의
중심지였다(현재의 쿠웨이트 바레인부터 사우디아라비아의 동쪽 지방에 이
르는 지역). 이 신화는 엔키의 동선에 따른 장면의 변화를 토대로 진
행된다.[36]

처녀지 딜문

딜문은 성스럽고 순전하고 밝은 땅 혹은 도시이다. 딜문에는 어떤
자연적인 악도 죽음도, 두통을 호소하는 이도, 눈병에 걸린 이도,
그리고 다른 어떤 질병도 없다. 사자들도 사납지 않으며, 늑대들도
양을 해치는 일이 없다. 늙어가는 것을 한탄하는 이도 없으며, 목욕
하는 소녀들도 없고, 강을 타는 뱃사공도 없고, 기쁨의 노래도, 슬
프게 곡하는 소리도 없다. 딜문은 그야말로 깨끗하고, 흠 하나 없는
처녀지였다. 살아있는 것들의 땅이며 위대한 신들의 정원인 거룩한
딜문, 바로 여기가 지혜와 물의 신인 엔키와 생명의 어머니이며 땅
의 여신인 닌후르사그가 몸을 포갠 곳이다.

어느 날 닌후르사그는 딜문에 물이 부족하다고 엔키에게 불평한다. 이에 엔키는 다음과 같이 외친다. "우투(태양의 신, 샤마쉬와 동일함)가 하늘로 걸음을 내디딜 때, 담수가 너를 위해 땅으로부터 흘러나오게 하라…… 물줄기들이 이 땅 속에서 일어나 너의 큰 유역으로 흘러가게 하라. 너의 도시로 하여금 그로부터 풍성히 마시게 하라. 딜문으로 하여금 너로부터 풍성히 마시게 하라……"(40~49행)

바로 그 날, 우투가 하늘로 올라 섰을 때 땅 아래를 흐르던 물이 입을 통해 솟아올라 나와 온 땅을 적셨다. 딜문이 풍성하게 마셨으며, 소금물이었던 호수는 담수호로 바뀌었다. 이로 인해 딜문은 거대한 천연적 상업중심지가 되었다. 땅은 세 배의 곡물을 생산해냈으며, 원근각지에서 온 진귀한 나무와 보석들, 광물들, 향료와 고급 옷감들이 풍부하게 유통되었다.

습지

땅 아래의 물을 끌어 올려 딜문을 옥토로 만든 엔키는 이어서 자신의 성기를 땅에 박아 수로를 파고 습지를 조성한다. 그는 옷을 찢고 나온 자신의 거대한 성기를 습지에 박아 넣고 갈대밭에 물을 대면서 닌후르사그에게 성적접근을 시도하였다. 그러나 닌후르사그는 쉽게 몸을 주지 않았다. 그녀는 엔키의 성기를 밀어 내치며 "어떤 남성도 나를 습지로 데리고 갈 수 없다"고 외쳤다(64~68행). 이에 엔키는 "하늘의 생명의 숨을 걸고 네게 간청하나니, 나와 함께 늪지에서 눕자, 나와 함께 늪지에서 눕자, 이는 즐거울 것이다"라고 말한다. 이 같은 간청에 닌후르사그는 몸을 허락하였다.

엔키는 그녀의 자궁 속으로 정자를 힘껏 쏟아 부었고 그 결과 닌후르사그는 임신을 하게 되었다(69~74행). 그녀는 9일(사람의 한 달이 신들에게는 하루) 뒤 닌사르(Ninsar)라는 딸을 낳았다. 기름을 바른 것처럼 아무런 고통 없이 쑥 빠져 나오는 순산이었다(75~87행).

강둑

어느 날 닌사르가 강둑을 거닐 때, 강 너머 저쪽 늪지에 있던 엔키가 그녀를 보게 되었다. 엔키는 닌후르사그를 꼭 빼닮은 닌사르를 보고 성적욕구가 발동했다. 이에 집사로 부리는 이시무드(Isimud)에게 "입맞춤 받지 못하기에는 너무나 근사한 소녀가 아니냐?" 묻고 그에게 배를 몰게 해서 강둑으로 이동한다. 그는 닌사르에게 다가가 그녀의 가슴을 움켜쥐고 입을 맞추었다. 그리고 그녀의 자궁 속으로 정액을 쏟아 부었다. 닌사르는 9일이 지난 후 닌쿠라(Ninkura)라는 딸을 낳았다. 역시 기름을 바른 듯 아무런 고통 없는 순산이었다(88~107행). 닌쿠라가 강둑을 거닐고 있을 때 맞은편 습지에서 그녀를 보게 된 엔키는 다시 성욕을 갖게 된다. 엔키는 이시무드의 자문과 도움을 받아 강둑으로 이동했다. 닌쿠라에게 다가가 그녀의 가슴을 움켜쥐고 입을 맞추었다. 그리고 자신의 정액을 그녀의 자궁 속으로 부었다. 닌쿠라는 임신을 하였고 9일이 지난 후 닌이마(Ninimma)를 낳았다. 닌이마가 강둑을 거닐고 있을 때, 습지에서 그녀를 본 엔키는 이시무드의 자문과 도움을 받아 다시 강둑으로 와서 그녀와 성교를 한다. 닌이마는 기름을 바른 것처럼 순산하여 우뚜(Uttu)를 낳았다(108~126행).

자신의 딸과 이어지는 손녀, 증손녀가 엔키에게 강간당하는 것을 지켜본 닌후르사그는 마침내 엔키의 만행을 참지 못하고 개입하게 된다. 닌후르사그는 우뚜에게 엔키의 접근에 대해서 경고한다. 그리고 엔키가 접근해 오면 오이와 사과 그리고 포도를 섹스에 대한 값으로 요구하라고 조언한다(126~149행). 우뚜는 닌후르사그의 조언에 따라 자기를 갖기 원한다면 오이와 사과와 포도송이들을 가득 담아 집으로 가져오라고 요구하였다.

정원

우뚜가 요구하는 것들을 준비하기 위해서였는지 엔키는 다시 한 번 땅 속에 흐르는 물을 끌어 올려 땅을 비옥하게 한다. 이에 정원사가 기쁨 속에서 흙으로부터 일어나 엔키를 영접한다. 정원사는 엔키가 공급한 물로 인해 풍성해진 정원에서 그가 필요로 하는 오이와 사과와 포도송이를 한아름 가져와 엔키에게 답례하였다(152~167행).

우뚜의 집

엔키는 먼저 얼굴을 매력적으로 치장한 후 과일 바구니를 들고 우뚜의 집으로 갔다. 우뚜의 집 문을 두드리며 엔키는 흥미롭게도 자신을 정원사라고 밝히고는 오이와 사과와 포도를 가져왔으니 문을 열라고 외친다. 이에 우뚜는 문을 열어 엔키를 맞이하였다. 엔키는 그녀를 가슴에 안고 키스한 후 그녀의 자궁 속으로 정액을 부었으며 우뚜는 임신을 하였다. 그런데 이 과정에서 우뚜는 "아 내 넓적다리야, 아 내 간이야, 아 내 가슴이야" 하며 고통을 호소한다.

이 맥락에서 웬일인지 닌후르사그가 나타나 우뚜의 넓적다리에 흥건한 엔키의 정액을 제거해간다(186~189행). 성교 때문에 생긴 고통인지 해산의 고통인지 텍스트상으로는 분명치 않다. 우뚜 이전의 여신들이 성교 시는 물론 해산을 할 때에도 기름을 바른 것처럼 '순풍순풍' 아무런 고통을 경험하지 않은 것과는 대조적이다. 이야기의 흐름상 성교 시의 고통이었을 가능성이 크다. 물론 텍스트는 엔키가 그녀의 자궁 속으로 정액을 넣었고 그 결과 우뚜가 임신하였다고 쓰고 있지만, 이내 닌후르사그가 다가와 우뚜의 넓적다리에서 (혹은 몸속에서) 정액을 가져갔다고 쓰고 있다.

그리고 이어지는 이야기는 우뚜가 해산하는 이야기가 아니고, 닌후르사그가 가져간 정액들이 여덟 가지 식물로 자라나는 이야기다 (190~197행). 우뚜의 몸에서 가져간 엔키의 정액을 자신의 몸속에 집어넣었는지, 혹은 습지에 뿌렸는지 알 수 없지만, 어쨌건 닌후르사그는 여덟 개의 식물을 길러낸다.

강독

강 저편 습지로부터 엔키는 이상한 식물들이 강변에 자라고 있는 것을 보게 된다. 그리고 이 식물들이 무엇인지를 궁금해하며 이시무드에게 자문을 구한다. "나는 이 식물들의 운명을 아직 결정하지 않았다. 이건 무엇이고 저건 무엇인가?"(200~201행). 이에 이시무드는 각 식물들의 이름을 하나씩 하나씩 부르면서 이를 잘라서 엔키에게 주었고, 엔키는 각 식물들을 받아 먹었다. 이로써 엔키는 각 식물들의 "운명을 결정"하고 이들의 "심장(본질)을 알게" 되었다

(202~219행).

여덟 개의 식물을 엔키가 먹어 치운 것을 안 닌후르사그는 크게 노하였다. 그녀는 "그가 죽는 날까지 결단코 생명을 주는 눈으로 그를 바라보지 않을 것이다"라 말하며 엔키를 저주하고는 어디론 가 사라졌다(220행). 이에 엔키는 병이 들어 나날이 쇠약해져 갔다.

엔일의 신전

물의 신의 질병은 세상의 모두에게 엄청난 재앙이 되었다. 따라서 이 문제를 해결하기 위해 천상의 신 아누나키(Anunnaki, 아누와 동일)가 내려와 엔일의 신전에서 회의를 주관했다. 그러나 뾰족한 방안이 없었다. 그 때 여우가 등장하여 자기가 닌후르사그를 데려오겠다고 제안하였다. 그러면서 만일 이 일을 성공시키면 대가로 무엇을 해주겠는가 물었고, 이에 엔일은 "닌후르사그를 내게 데려오면 두 그루의 자작나무를 내 도시에 심어 너를 영예롭게 해주겠다"고 대답하였다(220~227행). 여우는 잘 치장하고 닌후르사그에게 접근하였다. 그리고 특유의 영특한 말재주로 설득하여 그녀로 하여금 즉각적으로 엔일의 신전으로 가게 하였다. 학수고대하던 신들은 닌후르사그의 옷을 벗긴 후 엔키를 그녀의 생식기 옆에 (혹은 속에) 데려다 놓았다(247~253행).

닌후르사그의 생식기

엔키가 닌후르사그의 생식기 옆에 놓였는지 아니면 그 안에 들어 갔는지는 번역자에 따라 다르다. 옆이라 한다면 엔키를 닌후르사그의 생식기에 맞대어 놓았다고 할 수 있다. 여하간 〈엔키와 닌후르사그〉 신화의 마지막 장면은 생명과 땅의 여신 닌후르사그의 생식기이다. 여기에서 닌후르사그는 엔키에게 어떤 부위가 아픈지를 묻는다. 이에 엔키는 머리, 머리카락, 코, 입, 목, 팔, 갈비뼈들, 그리고 옆구리 순으로 대답한다. 닌후르사그는 이 아픈 부위를 떼 내어 여덟 명의 신들을 탄생시킨다. 각각의 신들의 이름이 등장한다. 각 신들의 이름은 엔키가 아프다고 말한 신체 부위의 이름과 연결된다 (254~280행).

이들 중에서 가장 흥미를 끄는 이름은 닌티(Ninti)다. 직역하자면 '갈비의 여신'. 텍스트는 닌티를 달들의 여왕으로 소개하고 있다. 닌티는 또한 '생명을 만드는 여자'라는 뜻을 지닌다. 이렇게 여덟 신이 탄생함으로써 엔키의 병은 완전히 치료되었다.

〈엔키와 닌후르사그〉에서 본 에덴 모티브

〈엔키와 닌후르사그〉는 기본적으로 고대 농경문화에서 중요하게 다루어졌던 계절의 변화와 관계된 일종의 창조신화다. 엔키는 물을 상징하고, 닌후르사그는 땅을 상징한다. 따라서 엔키와 닌후르사그의 정사는 인간의 외설적 정사와는 거리가 멀다. 땅과 물이 만나야 자연의 모든 생명체들이 존재하게 된다. 본 서사시는 물과 땅이 만나 풍성한 결실을 내는 창조 과정을 엔키와 닌후르사그의 성교라는 신화적 상상력을 발휘하여 묘사하였다.

엔키와 닌후르사그의 성교를 통해 태어난 신의 이름이 닌사르이다. 이는 초목의 여신이다. 물과 땅이 만나서 처음 내는 것이 초목이다. 이어진 엔키와 닌사르의 성교는 물이 초목에 물을 주는 격이다. 이렇게 해서 탄생한 신은 닌쿠라, 즉 초원의 여신이다. 초목들이 충분한 물을 받아 넓게 펼쳐진 들이나 언덕에 번식하여 생기는 곳이 바로 초원이다. 그 다음에 탄생한 신이 닌이마이다. 여성 생식기인 외음부의 여신이다. 우주의 생명현상을 여성의 생식기 없이 이어갈 방도가 있는가? 따라서 종교적 교리에 사로잡혀 문자적으로만 읽는다면 이교의 신들이 펼치는 혐오스런 근친 간의 강간 이야기이지만, 신화적 상징적인 관점에서 보면 물과 흙이 만나서 펼치는 아름다운 생명현상의 드라마다.[37]

그런데 자연의 생명현상을 신화적 상상력으로 그린 〈엔키와 닌후르사그〉에서 우리는 어떤 에덴 모티브를 읽게 되는가? 처녀지 딜문은 과연 에덴의 원형이었을까? 엔키와 야훼는 상관이 있을까? 닌티는 에덴의 이브의 원형이었을까? 사무엘 크래머(Samuel N. Kramer)의 1945년 논문 〈엔키와 닌후르사그 : 수메르 '낙원' 신화〉는 이 신화에서 에덴 이야기의 흔적을 체계적으로 지적한 대표적인 연구서이다. 이 논문에서 크래머는 〈엔키와 닌후르사그〉가 다음과 같은 이유로 에덴 이야기의 원형이 된다고 말한다.

첫째, 엔키가 딜문의 땅 아래에서 물을 끌어 오는 것과 야훼가 창조한 에덴에 아직 비가 내리지 않았을 때 물(안개)이 아래에서 올라와 지면을 적셨다는 설정이 유사하다. 둘째, 엔키가 식물을 먹었을 때 그 결과로 치명적인 병에 걸렸다는 설정과 아담과 이브가 금단의 열매를 먹은 결과 세상에 노동과 해산의 고통, 그리고 죽음이 도래하게 되었다는 설정이 유사하다. 셋째, 닌티의 창조는 마치 이브의 기원을 설명해준다.[38]

이와 함께 우리는 여기서 몇 가지를 더 지적할 수 있다. 첫째, 두 이야기 모두 먹는 것과 성교, 지식의 획득, 그리고 저주와 죽음이라는 개념이 면밀하게 연결되어 있다. 초기에 엔키는 성교에 대한 지배적인 관심을 가지고 있었다. 그러나 닌후르사그가 자라게 한 식물들을 보면서 지식에 대한 관심으로 바뀐다. 엔키는 이들의 운명이 아직 결정되지 않은 것을 보고 이들을 보다 자세히 알고 싶어 한다. 결국 자기 조력자의 도움을 받아 이 식물들을 먹음으로써 운명을 결정했을 뿐만 아니라 이들의 본질까지 알게 된다. 먹는 것과 아는 것이 이처럼 밀접하게 연결되어 있다. 에덴 이야기에서 아담과 이브는 금단의 열매인 선과 악의 지식나무 열매를 먹는 문제에 부딪힌다. 결국 조력자(뱀)의 자문을 받아 금단의 열매를 따먹음으로써 신들만이 소유하고 있는 우주에 대한 지식을 알게 된다.

그리고 흥미롭게도 그 지식의 첫 번째 내용이 성적인 것이다. 아담과 이브는 자신들이 벌거벗고 있다는 사실에 화들짝 놀란다. 그리고 크래머의 지적처럼 이 먹는 범죄의 결과, 엔키는 생명신의 저주를 받아 치명적인 병에 걸려 죽어가고, 아담과 이브는 야훼의 처벌을 받아 노동과 고통의 삶을 살다 죽음의 순간만 기다리는 신세가 된다. 엔키의 경우 '섹스-식물을 먹음-지식-질병과 죽음의 저주'로 옮겨가지만, 아담과 이브의 경우 '과실을 먹음-지식-섹스에 눈을 뜸-노동과 산고 그리고 죽음의 형벌' 순으로 진행된다.

둘째, 두 이야기 모두 생명의 숨이라는 신화적 이해를 공유하고 있다. 엔키는 닌후르사그에게 구애하면서 "하늘의 생명의 숨"을 두고 간청한다. 이에 닌후르사그는 엔키의 정액을 자신의 몸속으로 받는다. 에덴 이야기에서 야훼는 진흙으로 사람을 빚은 다음, 생기(생명의 숨)를 코로 불어 넣는다. 이에 사람은 산 사람이 된다.

셋째, 두 이야기 모두 정원사가 신의 조력자로 등장한다. 엔키는 우뚜에게 성교에 대한 값으로 줄 과일들을 마련하기 위해 다시 한번 물을 끌어 올려 지면을 적신다. 이로 인해 정원에 과일들이 풍성하게 열렸다. 정원사가 흙에서 일어나 엔키를 기쁘게 환대하며 그에게 필요한 과일들을 준다. 에덴 이야기의 정원사는 야훼가 흙으로 창조한 사람이다. 야훼는 정원을 창설한 후 그를 정원사로 일하도록 하였다. 야훼는 그 정원사의 생존에 필요한 과일들이 정원에 풍성히 자라도록 물을 내었다. 그리고 그 정원에는 물론 그에게 필요할 것 같지 않은 과일 나무도 두 그루 있었다. 〈엔키와 닌후르사그〉에서는 정원사가 신에게 필요한 과일을 공급하지만, 에덴 이야기에서는 신이 정원사에게 필요한 과일을 - 그리고 필요하지 않은 과일도 - 공급한다. 물론 두 정원사 모두 흙에서 일어난 존재들이다.

넷째, 말 잘하는 동물이 등장한다. 〈엔키와 닌후르사그〉에 등장하는 여우는 영특하며 말 잘하는 동물이다. 여우는 막강한 능력을 가진 천상의 신들도 감히 하지 못한 일을 단지 입을 잘 놀려서 성공한다. 화가 치밀어 엔키에게 저주하고 사라진 닌후르사그를 신전으로 보내 엔키를 치료하고 세상에 드리운 재앙을 피하게 만든 것도 여우였다. 이에 대한 보상으로 엔릴은 여우를 기념하는 나무 두 그루를 세워 그를 영예롭게 한다.

에덴 이야기의 뱀 역시 영특하고 말을 잘한다. 그는 감히 세상의 모든 것을 다 아는 신인 야훼보다 더 현란하게 혀를 움직여 이브의 마음을 사로잡고 그녀로 하여금 금단의 열매를 먹게 한다. 이로써 신을 화나게 하고 피조세계에 저주와 파괴를 가져온다. 아담과 이브는 이 일의 결과로 신들의 정원을 나가게 된다. 뱀은 대가로 저주를 받아 다리를 잃고 땅을 기며 살게 된다. 여우는 높아지고 영예로운 동물로 기념되지만 뱀은 낮아지고 저주스런 동물로 전락한다.

다섯째, 벌거벗음이라는 개념이 주요하게 사용되었다. 〈엔키와 닌후르사그〉에서 신들은 신전으로 돌아온 닌후르사그의 옷을 벗긴다. 신들은 그렇게 나체가 된 그녀의 생식기에 엔키를 밀착시켰다. 벗은 몸은 부끄러움의 개념이 아니라 생명을 살리는 방식으로 이해되고 있다. 에덴 이야기에서 아담과 이브는 생명력이 풍성하고 어떤 질병도 없는 정원을 벗은 몸으로 누비고 있었다. 그러나 금단의 열매를 먹은 후 이들은 부끄러움을 경험하게 된다. 몸을 가리고 숨어버린 이들에게 나타난 신은 이들이 어떤 연유로 벗고 있다는 사실을 알고 숨었는지 의아하게 생각한다. 정원을 내보내면서 야훼는 이들에게 제대로 된 가죽옷을 지어 입힌다.

〈엔키와 닌후르사그〉의 신들은 땅의 신 닌후르사그의 몸을 열고 그녀의 생식기를 내보임으로써 상처 난(저주 받은) 신을 치유하지만 에덴의 신은 땅에서 온 사람의 몸에 옷을 입히고 생식기를 가리게 한 후 상처 난(저주 받은) 땅에 나가 그 땅을 갈며 살라고 한다.

여섯째, 위의 첫 번째와 연결된 것으로, 과일이 성의 메타포로 사용되었다. 엔키는 우뚜와 살을 섞기 위해서 과일을 손에 넣어야 했다. 오이와 사과, 포도송이이다. 모두 남성의 성기를 상징하는 과일들이다. 우뚜는 과일을 받은 대가로 자신의 처녀성을 엔키에게 바친다. 그런데 그 과정에서 우뚜는 극심한 고통을 경험한다. 처녀가 경험하는 첫 성교의 고통일 수도 있고 산고의 고통일 수도 있다. 그에 앞섰던 여신들이 성교 및 해산 시에 아무런 고통을 겪지 않았다는 대목과 대조된다. 이브는 신처럼 되기 위해서 먼저 선과 악의 지식나무 열매(흥미롭게도 고대와 중세의 기독교 해석가들은 이 나무의 열매를 종종 사과로 묘사했다)를 손에 넣어야 했다. 이 열매를 먹었을 때 이브는 성적인 눈을 뜨게 되었지만 그 대가로 산고(흥미롭게도 우리말 성경은 이를 '임신하는 고통'으로 번역하였다)의 벌을 받게 되었다.

───────── 네 번째 신화 ─────────

에타나

〈에타나(Etana)〉 전설은 대홍수 이후 키쉬(Kish)의 첫 번째 왕으로 알려진 에타나에 대한 설화이다. 이 설화는 수사(Susa)와 텔 하르말(Tell Harmal)에서 나온 고대 바벨론 버전, 아수르(Assur)에서 나온 중기 아시리아 버전, 그리고 니느웨에서 나온 표준 버전, 이렇게 세 가지 버전이 있다. 표준 버전을 기준으로 보면 에타나 이야기는 모두 세 개의 흑판에 450개의 행으로 되어 있다. 이야기의 주요 장면 중 에타나가 독수리의 등을 타고 승천하는 장면이 있다. 이를 새긴 아카디안 시기(기원전 2390~2249)의 원통인장으로 보아 매우 오래 전부터 전해오던 설화였을 것이 분명하다.[39]

뱀과 독수리 그리고 탄생초

키쉬 시를 세운 신들은 시의 왕으로 에타나를 세운다. 에타나의 아내는 아이를 낳을 수 없었다. 이에 에타나는 아내가 꿈에서 본 탄생초를 찾고자 한다. 이 대목에서 갑자기 다른 장면이 소개된다. 이야기를 하는 중에 또 다른 이야기를 들려주는 일종의 액자식 기법이 사용되었다. 이 이야기 속의 이야기는 후에 이솝우화에 나오는 독수리와 여우 이야기의 원형이었을 것인데, 그 주인공은 뱀과 독수리이다.

뱀 한 마리와 독수리 한 마리가 어느 포플러나무의 뿌리와 꼭대기에 각각 집을 짓고 상주하게 되었다. 이들은 서로 도우면서 사냥도 함께하며 공존을 꾀하기로 동의하고는 이 계약을 준수하겠다고 태양의 신인 샤마쉬(Shamash)에게 맹세한다. 이 계약을 위반하는 자를 샤마쉬가 처벌할 것이며, 근처에 있는 풍요로운 산에 들어가는 것도 금지될 것이라고 이들은 맹세했다. 이 대목은 다음과 같다.

> 샤마쉬가 설정한 한계를 넘어서는 자를
> 샤마쉬가 매질하는 자의 손에 넘겨 해를 입게 할 것이다.
> 샤마쉬가 설정한 한계를 넘어서는 자에게
> 산이 그 길을 열어주지 말지라
> 돌아다니는 무기가 그를 겨냥할지라

샤마쉬의 맹세 위에 쳐진 올가미가

그를 넘어뜨려 잡을지라.[40]

독수리와 뱀은 먹이가 풍성한 인근 산에서 각자 사냥한 먹이를
나누고 서로를 지켜주었다. 이렇게 한동안 둘은 계약을 잘 지켰으
며 평화롭고 조화로운 시간을 보냈다. 그러나 결국 독수리의 마음
에 간악한 생각이 들게 되었다. 독수리는 뱀의 새끼들을 먹어 치울
계획을 세우고 자신의 새끼들에게 이를 알린다. 그러자 독수리 새
끼 중에 특별히 지혜로운 새끼가 아버지 독수리를 말리며 다음과
같이 말한다.

아버지, 먹지 마! 샤마쉬의 그물이

아버지를 잡을 거야.

샤마쉬의 맹세 위에 쳐진 올가미가

아버지를 넘어뜨리고 잡을 거라고.

샤마쉬가 설정한 한계를 넘어서는 자를

샤마쉬가 매질하는 자의 손에 넘겨 해를 입게 할 것이라 (했잖아.

생각 안 나?)[41]

독수리는 이 말을 듣지 않고 내려가 뱀의 새끼들을 먹어 치웠다.
저녁에 집에 돌아와 사태를 파악하게 된 뱀은 분노하였고, 공평한
신 샤마쉬에게 독수리에 대한 보복을 요구한다. 샤마쉬는 뱀에게
산에서 야생 소를 죽이고 그 시체 속에 들어가 숨어 있다가 독수리

가 그 고기를 먹으러 내려올 때를 기다려 공격하라고 제안한다. 계획은 샤마쉬의 예상처럼 진행되었다. 뱀은 죽은 소의 몸에 숨어 있다가 독수리를 공격하여 샤마쉬가 지시한 바대로 두 날개를 자르고 몸에서 모든 깃털을 뽑아버린 후 깊은 땅 속 구덩이에 던져 넣는다. 구덩이 속에서 독수리는 샤마쉬에게 날마다 용서의 기도를 올렸다.

나는 정녕 이 구덩이에서 죽어야 합니까?
내가 지고 있는 이것이 당신의 벌이라는 것을 누가 알겠습니까?
내 생명을 구원해 주십시오,
그러면 나는 당신의 명성을 영원토록 알리겠습니다!

샤마쉬는 독수리에게 다음과 같이 답했다.

너는 사악하다 그리고 내 마음을 슬프게 했다.
너는 용서받지 못할, 신들이 가증스러워하는 행동을 했다.
너는 죽어가고 있다 그리고 나는 네 옆으로 가지 않을 것이다.
그러나 내가 한 사람을 네게 보낼 것인데,
그로 하여금 너를 돕게 하라.[42]

에타나와 독수리는 이렇게 만나게 된다. 독수리가 용서를 구하는 기도를 하고 있는 동안 에타나는 샤마쉬에게 탄생초를 구하는 기도를 하고 있었다.

오, 샤마쉬여, 당신은 내가 바친 양의 최상질 부위를 즐겨왔고

땅은 내 양들의 피를 마셔왔습니다.

나는 신들을 경외해 왔으며, 죽은 이들의 영을 존중했습니다.

……

오, 주여, 당신의 입으로부터 말씀이 나오게 하소서

그리고 내게 탄생초를 주십시오,

내게 탄생초를 보여주십시오!

내 수치를 제거하시고 내게 아들을 하나 주십시오![43]

샤마쉬는 에타나에게 응답하여 독수리를 소개하면서, 그가 탄생초가 있는 곳을 알려줄 것이라 말한다. 이에 에타나는 웅덩이에 빠져 있는 독수리를 구한다. 그리고 7개월 동안 독수리가 다시 날 수 있도록 가르쳤고, 마침내 8개월이 되었을 때 독수리는 날개를 완전히 회복하고 사자같이 강해져 다시 날아오를 수 있게 되었다. 이에 에타나는 그와 함께 탄생초를 찾는 여행을 하게 된다. 이들은 탄생초를 찾아 천상의 세계에까지 날아오른다.

그러나 결말 부분이 소실되어 에타나가 탄생초를 얻었는지는 알 수 없다. 다만 수메르의 왕 명단 등의 사료 전통이 그에게 아들(Balih, 발리)이 있음을 알리고 있다는 점에 근거하여 에타나가 결국은 탄생초를 손에 넣었을 것이라 상상할 뿐이다.[44]

〈에타나〉에서 읽는 에덴 이야기

에덴 이야기의 저자는 〈에타나〉를 매우 적극적이며 광범위하게 사용했음이 분명하다. 두 이야기 사이에는 다음과 같이 많은 교차점이 존재한다. 첫째, 생명과 관계된 신화적 나무가 등장한다. 에타나에는 탄생초가, 에덴 이야기에는 생명나무가 나온다. 둘째, '준수해야 할 규범'이라는 개념이 등장한다. 〈에타나〉에서는 뱀과 독수리가 신이 설정한 한계 내에서 살아야 했다. 에덴 이야기에서 아담과 이브는 신의 명령을 준수해야 했다. 셋째, 정해진 규범을 지켰다면 주요 등장인물들이 평화롭고 풍요로운 삶을 영위할 수 있었다.

넷째, 정해진 규범은 먹는 행위와 관련이 있다. 〈에타나〉 전설에서는 독수리가 뱀의 새끼들을 먹음으로 신이 설정한 한계를 넘어선다. 에덴 이야기에서는 아담과 이브가 선과 악의 지식나무 열매를 먹음으로 그 한계를 넘어선다. 다섯째, 신이 설정한 한계가 무너졌을 때 기존에 누렸던 평화와 풍요로운 삶은 상실되고 신의 형벌이 내려지며, 형벌의 내용에는 육체적 고통이 포함된다. 〈에타나〉 전설의 주범인 독수리는 날개를 잃는다. 그리고 땅 속에 파인 구덩이 속에서 흙을 먹고 살아야 하는 형벌을 받는다. 에덴 이야기의 주범인 뱀은 다리를 잃고 배로 기면서 흙을 먹고 살아야 하는 형벌을 받는다.

여섯째, 형벌의 내용 중 풍성한 삶의 자리를 빼앗기는 내용이 포함된다. 〈에타나〉의 독수리는 풍성한 먹이를 제공해준 인근의 산에 더 이상 접근할 수 없다. 에덴 이야기의 아담과 이브는 먹을 것이 풍성한 에덴에서 추방된다. 일곱째, 말하는 동물이 등장한다. 〈에타나〉에서는 독수리가 말을 하고 에덴 이야기에서는 뱀이 말을 한다. 여덟째, 매우 영특한 존재가 권면하는 내용이 나온다. 〈에타나〉 전설에서는 아버지의 계획을 알게 된 독수리 새끼 중에 '특히 현명한' 새끼 하나가 아버지를 만류한다. 그러나 아버지 독수리는 이 권면을 듣지 않는다. 에덴 이야기에서는 모든 들짐승 중에 '가장 영특한' 뱀이 이브에게 선과 악의 지식나무 열매를 먹으라 권한다. 이브는 이를 듣는다.

아홉째, 벌거숭이의 개념이 등장한다. 〈에타나〉 전설의 독수리는 범죄 후 털이 뽑혀 벌거숭이가 된다. 에덴의 아담과 이브는 범죄 후 자신들이 벌거숭이로 있는 것을 알게 된다. 열째, 범죄자들이 삶의 보금자리로 돌아오지 못하도록 특별한 장치가 마련된다. 에덴정원의 신인 야훼 엘로힘은 아담과 이브가 생명나무에 손을 대지 못하도록 길목을 지키는 그룹들을 세우고 두루 도는 화염검(3:24)을 설치한다. 〈에타나〉 전설의 신인 샤마쉬는 올가미와 돌아다니는 무기를 길에 설치하여 독수리가 산에 접근하는 길을 막는다. 위와 같은 둘 사이의 접촉점들과 아래에서 논의할 내용에 근거해 볼 때, 에덴의 두루 도는 불칼은 〈에타나〉 전설의 '돌아다니는 무기'에서 유래되었을 것이 분명해 보인다.

에덴 이야기의 저자가 〈에타나〉의 내용들을 매우 적극적으로 이용하고 있다는 것과, 이 두 무기를 설치하게 된 이유와 목적이 동일하다는 것은 부인하기 어렵다. 야훼 엘로힘은 풍요로운 에덴의 정원에 아담이 접근하지 못하도록 하였다. 마찬가지로 샤마쉬는 신들

이 혐오하는 일을 한 이에게 풍성한 양식이 있는 산의 진입로를 막는다.[45]

이상에서 언급한 에덴 이야기와 〈에타나〉 전설 사이의 분명한 접촉점들보다 더 흥미로운 것은 두 이야기에 등장하는 주범이 바뀌는 과정과 여기에 사용된 언어유희다. 〈에타나〉 전설에서 악역은 독수리가 맡았으며, 뱀은 피해자로 등장한다. 에덴 이야기에서는 뱀이 악역을 담당한다. 에덴 이야기의 저자는 어떤 과정을 거쳐 독수리의 역할을 뱀이 하도록 했을까? 이에 대한 대답은 에덴 이야기의 저자가 〈에타나〉 전설의 악역을 맡은 독수리와 관련된 언어유희를 어떻게 이용하고 있는지를 살펴보면 쉽게 찾을 수 있다.

우선 〈에타나〉 전설의 '독수리'라는 단어는 고대 아카디안 어에서 에루(erû)이다. 이 단어는 두 가지 뜻을 더 가지고 있다. 하나는 옷을 벗고 있는 상태를 가리키는 영어의 nude/naked이다. 다른 하나는 임신하다(to conceive)라는 뜻이다. 그러니까 에루는 독수리를 가리키는 단어면서 이 두 가지의 다른 개념까지 지닌 동음이의어이다. 〈에타나〉 전설에서 독수리(erû)는 뱀의 새끼들을 먹어 치워 신들이 혐오하는 일을 저지른 벌로 털이 뽑혀 벌거숭이(erû, naked)가 된다. 그리고 에타나의 아내가 임신을 하는 것(erû, to conceive)을 돕는 수단이 된다.[46] 〈에타나〉 전설의 작가는 이러한 언어유희를 활용하여 흥미로운 이야기를 전달하고 있다. 그런데 이러한 언어유희는 이 이야기를 이용하여 히브리어로 이야기를 구성하려는 작가에게 문제가 된다. 히브리어의 독수리라는 단어는 이러한 언어유희를 허락하지 않기 때문이다. 그러나 에덴 이야기의 작가는 매우 창의적으로 이 문제를 해결한다. 그는 독수리를 제거하고 그 자리에 뱀을 등장시키면서 〈에타나〉 전설의 언어유희를 그대로 활용할 수 있었다.

에덴 이야기에서 뱀은 들짐승들 중에서 가장 '교활한/영특한' 동물로 소개된다. 여기에 사용된 단어 '영특한'의 히브리어 음역은 앞의 논의들에서 여러 차례 나왔듯이 '아룸(arum)'이다. 금단의 열매를 먹고 난 아담과 하와는 자신들이 벌거벗고 있다는 것을 인식하게된다. '벌거벗은'의 히브리어 음역은 '에롬(erom)' 혹은 '아롬(arom)'이다. 에덴에서 나가게 된 이들은 곧 임신을 하게 된다. 임신에 해당하는 히브리어 음역은 '헤라욘(herayon)'이다.[47] 〈에타나〉 전설에서 독수리가 벌거벗음과 임신의 동음이의어로 사용된 반면, 에덴이야기에서 '영특한' 뱀은 발음상 약간의 차이를 가지고 있지만 거의 완벽하게 언어유희를 구현한다. 영특한 뱀은 아담과 이브가 벌거벗은 것을 알게 하고 결국 이브가 임신하게 되는 것을 돕는 도구가 된다.

독수리를 뱀으로 대체하면서도 거의 완벽하게 언어유희를 구현한 에덴 이야기의 작가는 더욱 놀랍게도 또 다른 언어유희를 창조해낸다. 뱀의 히브리어 음역은 '나하스(nahas)'이다. 이 단어는 신적인 세계에 대한 지식을 알리는 개념을 가진 동사와 관련이 있다. 이브는 지식나무의 열매에 손을 댄다. 이는 뱀이 일종의 신탁 활동을 했기 때문이다. 즉 신적 세계에 대한 지식이 있는 뱀이 여자에게 "너희가 결코 죽지 아니할 것이며, 그것을 먹는 날에는 너희 눈이 밝아져 하나님과 같이 되어 선악을 알 줄 하나님이 아심이라"(창세기 3:4~5)고 지식나무에 대한 비밀을 누설했기 때문이다. 이런 신탁

활동을 가리키는 기본동사가 니헤스(nihes) 혹은 나하스(nahas)이며 뱀과 동음이의어이다.[48]

그러면 〈에타나〉와 에덴 이야기는 같은 이야기인가? 고대 메소포타미아 문화에서 〈에타나〉 전설은 죽음과 탄생이라는 인간적 삶의 조건에 대한 이야기로 작시되었다. 인간이 자기에게 주어진 한계를 넘어서려 (헛된) 노력하는 갈등의 과정을 거치며 결국 우주 속에서 자신의 자리를 찾는 이야기이다. 에덴 이야기 역시 동일한 주제를 지녔다. 그러나 에덴 이야기의 저자는 〈에타나〉 전설 등의 고대 메소포타미아 신화들을 이용하면서 이를 자신의 상황에 맞게 이야기를 재구성하였다.

가령 〈에타나〉 전설은 신에게 맹세한 약속을 깨고 친구의 자식들을 먹어 치운 독수리 이야기를 '금기(taboo)를 먹는다'는 말로 표현하고 있다. 뱀의 새끼들의 죽음이 보여주듯이 '금기를 먹는 행위'는 죽음이라는 즉각적인 결과를 가져온다.[49] 이런 혐오스런 일을 저지르고 벌을 받아 죽어가는 독수리에게 샤마쉬는 접근하지 않겠다고 말한다(창세기 4:14과 비교해보라. 동생 아벨을 죽인 가인은 신의 면전을 떠나 유리하는 자가 된다). 이는 이런 금기를 어긴 사람을 전염병을 가진 자로 여기고 격리시켜야 한다는 사회적 상황을 반영하고 있다.

그러나 에덴의 이야기를 작성하고 있는 히브리 저자의 상황은 고대 메소포타미아 문화적 환경과는 사뭇 달랐다. 메소포타미아 문화에서는 뱀의 새끼들을 먹은 것을 두고 '금기를 먹는다'라고 표현하고 있는데, 당시 히브리 문화에서는 이런 관용어를 찾아볼 수 없다. 금단의 열매를 먹는 것은 금기를 먹는 것이라고 말할 수 있는 문화적 환경이 아니었으며, 더욱이 금기를 먹는 행위가 곧 죽음을 초래하게 된다는 개념도 없었다. 물론 에덴 이야기 역시 (신과 인간 사이에) 협약된 규범을 지키는 문제를 매우 신중하게 다룬다. 그럼에도 '먹는다'라는 메타포가 금기를 깨는 의미로 이해되는 환경이 아니었으므로 '먹으면 먹는 그날 죽게 될 것이라'는 규정도 지켜지지 않는다.

〈창세기〉의 본문에서 야훼 엘로힘은 '먹는 날에 정녕 죽으리라'고 말하고 있지만 아담과 이브는 열매를 먹은 그날 죽지 않았다. 뱀의 신탁처럼 그들은 죽지 않았고, 오히려 반대로 (성에 눈을 뜨게 되어, 씨를 잇는 방법을 터득함으로써) 영원히 살 수 있는 인간의 길을 얻게 된다. 즉각적인 죽음의 결과를 가져오는 '금기를 먹는다'라는 메타포는 에덴 이야기 저자의 문화적 환경에서는 사장된 개념이나 다름 없었다.[50] 이에 에덴의 저자는 '먹는다'라는 메타포를 새로운 개념으로 재구성하게 된다. 금단의 열매를 먹은 아담과 이브는 눈이 밝아져 자신들이 벌거숭이로 살고 있는 것을 보고 옷을 만들어 입는다. 죽음 대신에 (성에 대한) 지식이 이들에게 왔다.

에타나는 신들의 세계에 있는 탄생초를 손에 넣어 대를 이어가지만, 아담은 지식나무의 열매를 먹고 대를 이어간다. 에타나는 신에게 적극적으로 탄생초를 구하고 신의 권고에 따라 이를 구하지만, 아담은 먹지 말라는 신의 권고를 거역하고 지식을 얻는다. 그리고 이렇게 터득한 지식을 통해 대(생명)를 이어간다. 에타나는 신의 도움을 수용함으로, 아담은 신의 도움을 거절함으로 (그리고 개인으로서의 인간이 불멸할 수 있다는 꿈을 포기함으로써) 동일한 목표를 달성한다.

〈에타나〉와 에덴 이야기는 이렇듯 같지만 다른 이야기다.

마지막으로, 에덴 이야기의 뱀은 〈에타나〉의 피해자로 나오는 뱀이 아니다. 그러면 에덴의 작가는 어디에서 독수리를 대체할 뱀을 데려왔을까? 그에게 이는 매우 간단한 문제였다. 에덴 이야기의 저자는 〈에타나〉뿐만 아니라 앞서 살펴본 〈길가메시 서사시〉, 〈아트라하시스〉, 〈엔키와 닌후르사그〉 그리고 다음에 살펴볼 〈아다파〉 전설을 손에 넣고 있다. 〈길가메시 서사시〉에 등장하는 뱀은 길가메시에게서 회춘초를 훔쳐 먹고 허물을 벗는다. 에덴 이야기의 저자는 이 뱀을 등장시키면서 〈에타나〉의 독수리 역할을 하게 했다. 그리고 〈엔키와 닌후르사그〉의 여우처럼 말 잘하는 인물로 그렸다.

--- 다섯 번째 신화 ---

아다파

기원전 14세기경 바벨론에서 유래된 서사시 〈아다파(Adapa)〉는 대홍수 이전에 존재했던 일곱 현인(sage) 중 첫 번째 현인으로 알려진 아다파의 이야기를 다루고 있다.

아다파와 남쪽 바람 이야기

에리두(Eridu) 시의 신인 에아(Ea, 수메르 시기의 신인 엔키와 동일한 신)는 아다파를 창조하면서 그에게 완벽한 이해력과 지혜를 주었지만 영원한 생명은 주지 않았다. 에아의 아들 아다파는 누구보다 뛰어난 지혜와 깨끗한 손으로 에아 신전의 제례를 주관하는 제사장으로 일했다. 그는 신전 제의에 사용되는 빵을 손수 구웠으며, 바다에 나가 고기를 잡았다. 아다파는 이렇게 제사장이며 어부로 등장한다.

어느 날 그는 고기를 잡으러 바다에 나갔다. 그런데 남쪽바람이 강하게 불어와 배가 뒤집혀 바다에 빠지고 만다. 이에 화가 치민 아다파는 남쪽바람의 날개를 꺾어버렸다. 그러자 7일간 남쪽바람이 육지를 향해서 불지 않았다. 이에 천상의 신인 아누가 남쪽바람이 불지 않는 이유를 알아오게 하였고, 에아의 아들인 아다파가 남쪽바람의 날개를 꺾어버렸기 때문이라는 보고를 받았다. 이에 아누는 자연의 질서를 어지럽힌 아다파를 심문하고 처벌하기 위해 천상으로 소환하였다.

이러한 상황을 지켜보던 에아는 아다파에게 천상에 소환되었을 때 어떻게 해야 하는지를 조언하게 된다. 이것을 이 서사시의 시인은 에아가 그를 '만졌다(touch)'고 표현하며[51] 에아의 조언 내용을 기록한다. 첫째, 그는 아다파에게 상복을 입고 가라고 말한다. 아다파가 아누의 궁전 문에 이르게 되면 얼마 전에 죽은 신들인 두뮤지(Dumuzi)와 기지다(Gizzida)를 만나게 될 텐데 그들의 환심을 사기 위함이다. 에아는 그들이 상복을 입은 이유를 물어오면 얼마 전 지상에서 사라진 두 신인 두뮤지와 기지다를 기리기 위해서라고 답하라고 아다파에게 일러준다. 지상의 사람들이 아직도 자신의 죽음을 애도하고 있다는 것을 알게 된 이들이 아누의 앞에 아다파가 서게 될 때 좋은 말을 해줄 것이기 때문이다.

두 번째, 에아는 아다파에게 아누가 베푸는 빵과 물을 먹지 말라 조언한다. 아누는 그것을 가리켜 생명의 빵이며 생명의 물이라 하겠지만 실은 죽음의 빵이며 죽음의 물이기 때문이라는 것이다. 셋째, 아누가 제공하는 기름은 몸에 바르고 옷은 받아 입으라 조언한다. 이러한 조언을 마치면서 에아는 "내가 네게 한 이 말들을 지키라"고 아다파에게 다시 한 번 당부하였다.

아다파가 천상에 있는 아누의 궁전에 도착했을 때 정말로 에아가 예견한 바대로 모든 일들이 진행되었다. 아다파는 상복을 입어 두뮤지와 기지다의 환심을 샀다. 그리고 아누 앞에 서게 되었다. 아누는 그를 보자 "왜 남쪽바람의 날개를 꺾었느냐?"고 버럭 소리를 질렀다. 이에 아다파는 남쪽바람이 갑자기 거센 바람을 일으켜 바다를 출렁이게 만들고 배를 뒤집어 자기를 고기들의 집(바다) 속으로 들어가게 했기에 화가 나서 그랬다고 답한다. 이 때 옆에 섰던 두뮤지와 기지다가 아다파를 위해 아누에게 좋은 말(무슨 말을 했는지 나오지 않지만)을 했고, 이에 아누의 마음이 누그러지고 조용해졌다. 아다파에 대한 감정이 호감으로 변한 아누는 이제 그를 범죄자가 아니라 손님으로 대접하려 한다. 그리고는 에아가 어찌 인간에게 하늘과 땅의 길을 알렸는지 의아해하면서 문제는 아다파가 아니라 에아에게 있다고 생각하게 된다.

그리고는 아다파를 위해 '우리(천상의 존재들)'가 무엇을 해줄 수 있는가를 고민하다가 생명의 빵을 주자고 제안한다. 그리고 아누는 곧 "생명의 빵을 가져다가 그가 먹게 하라"고 명한다. 생명의 빵이 제공되었으나 에아의 조언에 따라 아다파는 이것을 먹지 않는다. 이어서 생명의 물이 제공되었지만 역시 마시지 않는다. 옷이 제공되자 받아 입었고, 기름이 제공되자 역시 받아서 몸에 바른다. 이러한 아다파를 보면서 아누는 웃는다. "왜 생명의 빵도, 생명의 물도 마시지 않느냐?"고 아누가 묻자 "에아, 내 주께서 내게 말하기를 '너는 먹지 말라! 너는 마시지 말라!' 했기 때문"이라 답한다. 그러자 아누는 아다파를 다시 지상으로 내려 보내라고 명한다. 아다파는 땅으로 돌아와 자신에게 주어진 인간의 시간을 살게 된다.

표준 버전의 〈아다파〉 서사시는 여기에서 끝난다. 세 번째 흙판이 있지만 훼손이 너무 커서 읽어내기 어렵다. 그러나 이야기의 전개상 결론 부분은 두 가지 중 하나로 진행되었으리라 상상할 수 있다. 첫째, 아누가 에아를 소환해 아다파에게 베푼 생명의 빵과 생명의 물을 죽음의 빵과 물이라 속여 이를 먹지 못하게 한 일에 대해 추궁하거나 벌을 내리는 장면이다. 이 시나리오대로라면 에아는 자신에게 충직한 종이며 이미 하늘과 땅의 길을 아는 아다파가 영원한 생명까지 얻어 신적인 존재가 될 것을, 그리하여 자신을 위한 봉사마저 그만두게 될 것을 걱정해서 일을 벌인 것이 된다. 이런 이기적인 신인 에아에게 아누가 벌을 내릴 수도 있다.

둘째, 이와는 반대로 아누 역시 인간에게 불멸성이 생기는 것을 원치 않았기에 일을 '지혜롭게' 처리한 에아를 칭찬하는 장면이 나올 수도 있다. 어떤 장면이 나올 것인지는 아무도 확실하게 말할 수 없다. 이는 전적으로 여기까지의 이야기를 어떻게 읽느냐에 달려 있다. 해석의 문제가 제기되는 것이다.

〈아다파〉에서 보는 에덴 이야기

결국 〈아다파〉 서사시의 해석 문제는 이것이다. 생명의 빵과 생명의 물을 먹지 말라고 한 에아의 조언이 아다파를 살리기 위한 진심에서 나온 것인지, 아니면 자신의 신전을 섬기는 충실한 종인 아다파를 잃게 될 것을 염려하여 거짓으로 조언한 것인지를 가늠하는 문제이다. 이에 대해 학자들의 견해가 분분한 가운데, 여기에서 우리의 관심은 이에 대한 견해를 밝히는 데에 있지 않다. 오히려 에덴의 저자가 어떻게 〈아다파〉를 읽었을까를 가늠해보는 것에 있다.

흥미롭게도 에덴의 저자는 아다파 이야기의 두 가지 해석 가능성을 잘 이해하고 있었으며, 이를 자신의 이야기에도 반영하고 있다는 것이 필자의 견해다. 〈아다파〉 서사시를 기록한 흙판이 발굴되면서 학자들은 〈창세기〉 아담 이야기의 원형을 발견했다고 생각하였다. 아다파 이야기와 아담의 이야기가 여러 가지로 닮았기 때문이다. 그러나 두 텍스트에 대한 상세한 관찰은 에덴 이야기의 저자가 아다파 이야기를 단순히 베끼거나 일방적으로 수용한 것이 아니라는 점을 보여준다. 〈에타나〉의 예처럼, 에덴 이야기의 저자는 〈아다파〉를 매우 창의적으로 재구성하였다. 다음은 두 이야기 속에서 발견되는 공통된 주제들과 접촉점들에 대한 관찰과 사색이다.

우선 아다파와 아담 모두 먹는 것과 관련된 시험을 받는다. 아다파는 천상의 신인 아누가 제공한 생명의 빵과 생명의 물을 먹고 마실 것인지를 결정해야 하는 시험대에 서게 된다. 아다파가 섬기는 신으로 모든 것을 아는 총명한 신인 에아는 '이것은 죽음의 빵이며 죽음의 물이니 먹고 마시지 말라'고 미리 명했다. 아다파는 에아의 명에 순종하였다. 아담은 선과 악의 지식나무 열매를 먹을 것인지 말 것인지를 결정해야 하는 시험대에 서게 된다. 에덴의 신인 야훼 엘로힘은 이것을 먹으면 죽게 된다고 경고하며 절대로 먹지 말라고 말했다. 그런데 창조된 세계에서 누구보다 총명한 뱀이 등장하여 먹으라 설득했다. 먹으면 결코 죽지 않을 것이며 오히려 선과 악을 알게 되고 신처럼 된다고 했다. 아담은 자신이 섬겨야 할 신의 명을 어기고 과일을 먹는다. 먹으라 하는 이(아누와 뱀)와 먹지 말라는 이(에아와 야훼 엘로힘)가 두 이야기 모두에 등장한다. 이로 인해 둘 중에 하나를 선택해야 하는 상황과 이에 대한 이중적 해석의 문제가 두 이야기에 동일하게 등장한다.

에아는 과연 진심으로 조언한 것인가? 아니면 자신의 이득(신전의 어부와 제사장인 아다파의 노동)을 위해서 아다파를 속인 것인가? 야훼 엘로힘은 진심으로 명한 것인가? 아니면 자신의 이득(신의 정원인 에덴을 가꾸고 지키는 정원사인 아담의 노동)을 위해서 아담을 속인 것인가? (에덴 이야기는 결국 뱀의 천기누설이 맞는 것으로 진행된다) 아다파는 자신이 섬기는 신의 권면을 충실히 따름으로써 살게 된 것인가, 아니면 죽음의 길을 선택한 것인가? 그는 다시 지상에 내려와 인간으로 수명이 다할 때까지 살 것이나 영원히 살 수 있는 길을 잃었다. 아담은 자신이 섬기는 신의 명을 거역함으로써 살게 된 것인가, 아니면 죽음의 길을 선택한 것인가? 그는 생명나무의 열매를 잃게 됨으로써 영원히 살 기회를 잃었지만 금단의 열매를 먹은 즉시 죽는 것은 아니었다. 그는 에덴의 정원 밖으로 나와 자신에게 주어진 천

수(930년)를 누린다. 그리고 어떤 면에서는 씨의 물림을 통해 영원히 사는 방식을 터득했다고 말할 수 있다.

만일 에아의 권고와 야훼 엘로힘의 명이 진심에서 나온 것이라한다면 이야기의 해석은 어떻게 달라지는가? 〈아다파〉를 창조설화로 읽는다면 에아는 최초의 인간으로, 그리고 자신을 섬길 사람으로 아다파를 창조한 것이다. 그리고 그에게 땅과 하늘의 길을 아는 지혜를 부여했으나 영원한 생명을 주지는 않았다. 영원한 생명은 신들만이 향유하는 것이기 때문이다. 천상에서 아다파에게 주어진 생명의 빵과 물은 따라서 인간인 아다파에게는 진정한 유혹이된다. 그러나 천상의 음식은 신들의 음식이다. 인간이 먹을 수 있는 것이 아니다. 실제로 신들에게는 영원한 생명의 빵이며 물로 작용하지만 인간에게는 독이 될 수도 있다.

지혜로운 신인 에아는 이를 알고 있다. 아다파를 천상의 궁전으로 소환한 이유는 남쪽바람의 날개를 꺾어 땅에 시원하고 습한 바람을 불지 않게 하여 피해를 입힌 아다파에게 상을 주기 위해서가아니라 심문하고 벌을 주기 위해서였다. 이러한 상황을 잘 이해했으며, 신들의 음식을 먹을 것인가 말 것인가를 결정하는 일이 아다파에게 매우 큰 유혹이 될 것이라는 사실 또한 잘 알고 있었다. 자신의 아들이나 다름없는 아다파를 살리고 싶어 하는 에아가 진심으로 먹지 말라고 권고했다고 읽는 것은 전혀 이상한 일이 아니다. 이런 관점에서 보면 이 이야기는 자기 아버지이며 자신이 섬기는 신인 에아를 온전히 신뢰한 아다파가 자신을 신적 존재로 만들어줄수도 있는 음식 앞에서 유혹을 뿌리치고 인간의 길을 선택한 이야기로 읽힌다. 이를 신의 경지에서 인간의 경지로 떨어진다는 의미인 '타락(the Fall)'으로 읽는 것이 타당할까? 아누는 자신의 시험대에 선 지혜로운 인간의 선택을 보고 웃으며 그를 다시 그의 자리인 땅으로 돌려보낸다.

동일한 관점으로 본다면 에덴 이야기는 어떻게 읽힐 수 있는가? 〈아다파〉의 아누가 바람이 시원하게 불지 않게 된 연유를 심문하기 위해서 아다파를 소환한 것과는 달리, 에덴의 야훼 엘로힘은 바람이 시원하게 부는 정원을 산책하던 중 아담을 불러 그가 행한 일에 대해서 심문한다. 창조의 신인 야훼 엘로힘은 첫 번째 사람이며 자신의 정원을 가꾸게 될 아들로 아담을 창조했다. 그리고 그가 행복한 삶을 영위할 수 있는 풍성하고 평화로운 여건을 마련해주었다. 정원의 중앙에는 생명나무와 선과 악의 지식나무가 있는데, 이 두 그루의 나무는 에덴정원이 천상의 존재가 거주하는 신성한 곳임을 보여주는 상징물이다. 즉 에덴의 정원은 아누의 궁전처럼 신의 영역이란 말이다.

여기에 아담이 신의 아들로 살게 된 것이다. 그의 아버지인 야훼 엘로힘은 신들의 영역과 인간의 영역이 서로 다르다는 것을 알고 있다. 지식과 생명이 신과 인간을 구별해주는 선이다. 이 두 가지 모두에 완전한 존재가 신이다. 인간이 이 두 영역에서 신과 같이 되겠다 하는 것은 매우 위험한 발상이므로 야훼 엘로힘은 자신의 아들인 아담에게 선과 악의 지식나무에 손을 대지 못하게 한다.[52]

인간이 신의 영역으로 들어가려 하는 것은 죽음을 부르는 일이 될 수도 있다. 이에 야훼 엘로힘은 자기의 아들이 이러한 위험에 처하는 것을 미연에 방지하기 위해서 그 선을 넘지 말라고 경고했으며, 이를 더 강조하기 위해서 그 선을 넘는 날 그 즉시로 죽음이 임하게 될 것이라 허위 협박을 했다. 그러나 아버지의 뜻을 잘 이해하지 못한 아담은 아버지의 명을 듣지 않았고 그 선을 넘어버렸다. 물론 아담에게 죽음은 임하지 않았으며 대신 '지식'을 얻게 되었다. 이 지식은 아다파가 창조될 때부터 부여되었던 것이다.

신이 인간을 속였는가?

그리고 이제 남은 것은 생명나무의 열매이다. 이것마저 아담이 먹는다면 아담은 살게 될 것인가 아니면 죽게 될 것인가? 생명나무의 열매는 신들의 음식이다. 신들에게는 생명으로 작용하지만 아담에게는 독으로 작용할 수도 있다. 아누가 생명의 떡과 생명의 물로 아다파를 시험한 것과는 달리, 에덴에서 야훼 엘로힘은 생명나무에 아담이 접근하는 것을 아예 차단하게 된다. 어떤 독자들은 생명나무를 뽑아버리면 더 좋지 않았을까 하겠지만 이는 신화적 세계에서 가능한 일이 아니다. 생명나무는 야훼 엘로힘의 소유라 볼 수 없고 천상의 존재들이 먹는 음식이다.

따라서 아버지인 야훼 엘로힘이 할 수 있는 가장 좋은 선택은 우선 아담을 정원에서 내보내고, 이 열매에 (나쁜, 즉 인간에게 어울리지 않는, 의도를 가지고) 손을 대지 못하도록 생명나무로 이어지는 길을 차단하는 것이다. 이렇게 읽으면 에덴을 떠나게 한 것은 형벌이 아

니라 그렇게라도 해서 아들을 살리려는 슬픈 부성애가 된다. 천상
의 세계에서 아다파가 특별한 옷을 받듯이, 아담도 에덴을 나오기
전 가죽옷을 받는다. 사람의 세계에서 사람으로 살기 위해서 절대
적으로 필요한 것이며, 마지못해 아들을 내보내야 하는 아버지의
마음이 담겨 있는 옷이다. 아누는 웃지만, 야훼 엘로힘은 걱정한다.

물론 이렇게 읽기 위해서는 아다파 이야기의 본문과 에덴 이야기
본문 자체에 대한 약간의 조절 내지 왜곡이 필요할 수도 있다. 우선
〈아다파〉 본문은 에아가 아다파를 창조하면서 지혜를 주었지만 영
원한 생명을 주지 않았다고 처음부터 밝힌다. 이는 앞으로 전개될
이야기가 영원한 생명과 관계된 것임을 알려주는 복선이다. 하지만
무엇보다 에아가 의도했다면 처음부터 아다파를 하늘과 땅의 길을
아는 지식이 있으며 또한 영원한 생명을 지닌 신적인 존재로 창조
할 수도 있었다는 예상도 가능하다. 그는 신과 같은 존재를 창조하
기보다는 신보다 다소 부족한 존재를 창조해 자신의 신전 노동자로
삼으려 했다는 말이다. 그런데 아다파가 자신이 주길 꺼려했던 영
원한 생명을 얻게 될 기회를 갖게 되었다. 이를 예견하면서 에아는
아다파를 만진다.

아다파 전설의 해석학적 상황에서 가장 중요한 단어가 '만지다'
라는 단어이다. 중도적 개념의 '만지다'로 읽을 수 있고, 나쁜 의도
를 가지고 누군가를 속인다는 의미로 읽을 수 있는 단어다. 고대 근
동의 문화에서 이 단어는 후자의 관점에서 종종 사용되었다. 〈아다
파〉의 작가는 이 단어가 두 가지 다른 방향으로 이야기를 이끌 수
있을 것이라 이해했을 가능성이 있다. 그러나 처음부터 영원한 생

명을 아다파에게 주지 않았던 에아의 의도를 반영한다면 이 단어를 나쁜 의도를 가지고 상대를 현혹하거나 조정하는 개념으로 읽는 것이 보다 자연스럽다. 이렇게 읽는 것이 아다파 이야기가 지닌 극적인 국면을 보다 선명하게 드러내주기 때문이다.

일 잘하는 아다파를 신전 노동자로 더 부리기 원했던 에아는 놀랍고도 교활한 예지력을 발휘하여 그가 생명의 빵과 물을 먹고 마시는 것을 막았다. 이에 아다파는 자신이 섬기는 신의 말을 광신한 나머지 신적인 존재가 될 수 있는 기회를 상실하게 되었다. 아다파 이야기의 전반적인 내용들이 이런 읽기를 지지한다. 천상의 존재인 아누는 아다파에게 일종의 감명을 받고 그를 범죄자가 아니라 천상의 손님으로 대한다. 그에게 생명의 빵과 생명의 물을 가장한 죽음의 빵과 죽음의 물을 섭취하게 하려 했다는 어떤 단서도 텍스트에서 발견할 수 없다. 그럼에도 불구하고 에아가 자신의 아들을 살리려는 진심 어린 부성애로부터 권고한 것이라 읽는다면 위와 같은 텍스트상의 내용들을 무시하거나 왜곡해야 한다.

에덴 이야기에도 동일한 문제가 등장한다. 야훼 엘로힘이 자신의 아들인 아담을 살리려는 의도로 지식나무의 열매를 먹지 말라는 진심 어린 명을 내렸다면 본문의 내용을 수정하거나 다소간 왜곡해야 한다. 먼저 관찰해야 할 것은 야훼 엘로힘이 아담을 정원에서 내보내는 일을 처리하는 과정이다. 천상의 아누가 아다파를 위해서 '우리가' 무엇을 할 수 있을까 하고 다른 천상의 존재들과 상의하는 것처럼, 야훼 엘로힘은 "보라 이 사람이 선악을 아는 일에 우리 중 하나 같이 되었으니 그가 그의 손을 들어 생명나무 열매도 따먹고 영생활까 한다"(3:22) 하면서 다른 신적 존재들의 동의를 얻어 아담을 정원에서 내보낸다. 이 문구를 야훼 엘로힘이 아담의 생명을 보전하기 위해서 정원에서 내보낸다는 식으로 읽기는 어렵다.

오히려 야훼 엘로힘은 지식을 이미 획득한 아담이 생명나무 과실에도 손을 대 자신을 포함한 다른 신적인 존재들처럼 영생하게 될 것을 염려하고 있다고 보는 것이 자연스럽다. 신들의 음식인 생명나무의 과실을 먹는 것이 아담에게는 죽음을 맞게 되는 일일 수도 있으니 이를 미연에 방지하려는 아버지의 마음이 여기에 담겨 있다고 볼 수 있을까? 그럴 것 같지는 않다. 그렇게 읽기 위해서는 최소한 '그가 그의 손을 들어 생명나무의 열매도 따먹고 영생할까 한다'는 문구를 '생명나무의 열매를 따먹으면 영생을 얻을 줄 알고 그가 그의 손을 들게 될까 한다'는 식으로 번역하여 읽어야 한다. 히브리어법이 이것을 허락하는지 여부와 상관없이 신화적 상상력을 발휘하여 읽는다면 이렇게 읽을 수 있다. 그러나 이런 읽기가 가능하더라도 에덴 이야기 전체의 텍스트가 이를 지지하는가의 문제는 여전히 숙제다.

야훼 엘로힘의 명령이 진심어린 조언이 아니었다고 생각되게 만드는 또 다른 내용이 있다. 지식나무의 열매를 먹으라 조언한 뱀의 말이 완전히 속이는 말이 아니라 적어도 부분적으로는 진실로 드러났으며, 먹지 말라고 말한 당사자인 야훼 엘로힘도 이를 인정하고 있다. 뱀이 여자를 설득하면서 엘로힘의 말과는 달리, 먹으면 절대로 죽지 않을 것이며 그가 이를 금한 이유는 이것을 먹게 되면 선과 악을 알게 되는 것에서 엘로힘(하나님)과 같아지기 때문이라고 말했다. 이 신탁의 말은 그대로 현실이 되었다. 먹는 날 그 즉시 죽을 줄 알았지만 아담은 죽지 않았고, 야훼 엘로힘은 다른 신적 존재들에게 "보라! 이 사람이 선악을 아는 일에 우리 중 하나 같이 되었다"라고 말한다. 이는 속인 자가 뱀이 아니고 야훼 엘로힘이라는 것이며 스스로도 이를 인정하였다는 말이다. 에아가 아다파를 '만진' 것이 나쁜 의도로 상대를 조종하려는 시도였다고 읽는 것이 텍스트 전체의 전개에서 자연스럽듯이, 야훼 엘로힘이 아담을 이런 식으로 만졌다고 읽는 것이 에덴 이야기 전체의 전개상 상당히 자연스럽다.[53]

그의 명령이 거짓이 아니었다는 것을 증명할 단 한 가지 방법이 있다. 아다파와는 달리 처음부터 지식(이해력)을 가지고 태어나지 않은 아담에게 야훼 엘로힘은 자신의 말을 효과적으로 전하기 위해 '선한' 거짓말을 하였다 주장하는 것이다. 자식의 안전을 너무나 걱정하는 자상한 아버지가 '너 이렇게 하면 죽어, 정말 죽어'라고 과장하여 종종 말하게 되는 것처럼, 하늘과 땅의 길에 대해서 아무런 지식이 없는 아들 아담에게 아버지 야훼 엘로힘은 이런 식으로라도, 즉 거짓(그러나 그 의도는 진실)을 통해 다가올 위험에 대해 경고할 수밖에 없었다는 것이다.

물론 그럼에도 불구하고 야훼 엘로힘의 명령이 아담을 위한 진심 어린 명령이었다는 식으로 읽기 위해서는 텍스트의 내용을 어느 정도 외면하거나 왜곡하는 것을 피하기 어렵다. 야훼 엘로힘은 사람을 창조하면서 땅을 갈 노동자가 필요했다. 사람은 에덴정원의 정원사로 임무를 부여 받는다. 그런 신이 자신을 위해 일해주는 노동자를 잃게 될 것을 그냥 보고만 있을 수 없었다고 읽는 것이 더 자연스럽다.

이상과 같이 두 이야기 모두에 이중적 해석의 가능성이 열려 있지만 그럼에도 불구하고 두 이야기의 결론은 동일하다. 창조 시부터 '지식'을 갖고 있었던 아다파는 아버지 신에게 순종함으로써 (그의 권면이 진실이었든 속임수였든 간에) 생명의 빵과 물의 유혹을 이겨내고 죽음의 운명을 받아들이지만 여전히 천상의 세계에서 인간의 세계인 땅으로 내려와 자신에게 주어진 인간으로서의 시간을 살게 된다. 아담은 아버지 신의 명령(그 명령의 의도가 진실이었든 속임수였든 간에)에 불순종하여 창조 시에 자신에게 주어지지 않았던 '지식'을 획득하게 되었다. 하지만 신이 생명나무에 대한 유혹을 차단하고, 신들의 정원에서 인간의 세계로 내보냈기에 거기서 자신에게 주어진 인간으로서의 삶을 시작하였다.

아다파와 아담 모두 신이 태초의 인간에게 생존을 위해 절대적으로 필요한 '지식'은 허락했지만, 인간이 신이 되도록 만드는, 혹은 그에게 정말로 독이 될 수 있었던 영원한 생명의 음식은 먹지 못하도록 하였다.[54]

10장

무엇을 읽을 것인가,
무엇을 읽지 말 것인가?

대홍수와 노아의 방주 이야기를 전하는 〈창세기〉의 텍스트(6:9~9:29)를 정독해본 독자라면 이 텍스트 안에 존재하는 여러 모순들을 발견하고 혼란스러워했을 것이다. 도대체 얼마 동안 비가 내렸다는 말인가? 40일인가 아니면 150일인가? 대체 각 동물의 몇 쌍씩을 방주 안으로 데리고 갔다는 말인가? 암수 일곱 쌍씩인가 아니면 한 쌍씩인가? 노아의 가족들과 동물들은 얼마나 방주 안에 머물러 있어야 했는가? 50여 일(비는 40일간 내렸고 노아는 비가 그친 후 14일 정도 물이 빠지기를 기다렸다가 나왔다) 정도인가? 아니면 1년(홍수는 노아가 600살이 되던 해 2월 17일에 시작되었고, 601살이 되던 해 2월 22일이 되어서야 물이 완전히 말랐다)을 꼬박 채워야 했는가? 이러한 숫자의 불일치가 뜻하는 바는 무엇인가? 여기에 무슨 신비하고 비밀스런 가르침이 숨어 있을까?

혹은 성경이 말하는 천지창조 때보다 적어도 수만 년 앞서서 존재했던 공룡들의 화석을 두고 이를 '세상을 창조한 조물주에 대한 신자들의 믿음을 테스트하기 위해 하나님이 던져놓은 것'이라 주장하는 사람들처럼, 세상을 다스리고 심판하는 하나님의 주권에 대한 신자들의 믿음 상태를 테스트하기 위해서 모세가 이렇게 다른 숫자들을 고의적으로 써넣은 것일까? 이러한 명백한 모순들에도 불구하고 참된 신자라면 무조건 믿어야 한다고 말이다. 백 번을 읽어도 천 번을 읽어도 우리가 할 수 있는 대답은 단 하나, 이 텍스트를 최종적으로 편집하여 구성한 사람의 손에는 대홍수와 노아의 방주에 관하여 전해오는 적어도 두 가지 다른 자료가 들려 있었다는 것이다.

〈창세기〉에서 구약 이스라엘의 신은 엘로힘(하나님), 야훼(주), 혹은 야훼 엘로힘(주 하나님) 등의 이름으로 등장한다. 첫 번째 창조 이야기를 기록한 1장의 창조신의 이름은 엘로힘이다. 두 번째 창조 이야기를 기록한 2~3장의 신의 이름은 야훼 엘로힘이다. 〈창세기〉 4장의 가인과 아벨의 이야기에 등장하는 신의 이름은 야훼다. 〈창세기〉에 따르면 인류의 역사에서 야훼의 이름을 가장 먼저 부른 사람은 이브이다. 가인을 낳은 이브는 "내가 여호와(야훼)로 말미암아 남자를 낳았다"(4:1)고 외쳤다. 신의 이름이 야훼라는 사실을 이브는 알고 있었던 것이다. 나중에 아담은 세 번째 아들인 셋을 낳게 되고, 셋은 에노스를 낳게 된다. 〈창세기〉 4장의 저자는 아담의 손자인 에노스 때부터 사람들이 "야훼의 이름을 부르기 시작했다"(4:26)고 밝힌다. 그런데 〈창세기〉를 충실히 읽은 다음 이어 나오는 〈출애굽기〉를 읽기 시작한 독자는 얼마 지나지 않아 머리를 긁게 될 것이다. 다음의 구절을 만나기 때문이다.

하나님이 모세에게 말씀하여 이르시되 "나는 여호와이니라 내가 아브라함과 이삭과 야곱에게 전능의 하나님으로 나타났으나 나의 이름을 여호와로는 그들에게 알리지 아니하였고 가나안 땅 곧 그들이 거류하는 땅을 그들에게 주기로 그들과 언약하였더니 이제 애굽 사람이 종으로 삼은 이스라엘 자손의 신음 소리를 내가 듣고 나의 언약을 기억하노라"(출애굽기 6:2~5)

출애굽은 구약 이스라엘의 역사에서 가장 중요한 사건으로, 애굽 (이집트)에서 종살이를 하던 이스라엘 백성을 신이 해방시켰다는 이야기이다. 어릴 때 강에 버려졌지만 애굽 왕실의 공주가 건져내 양육한 히브리 사람 모세. 신은 그를 택해 출애굽을 이끌 사명을 준다. 위의 구절들은 출애굽 사건에 이르는 일련의 장면들 중 하나로 신이 모세에게 자신의 이름을 계시하는 유명한 장면이다. 여기서 신은 자신의 이름을 야훼라고 밝힌다. 그런데 아브라함과 이삭과 야곱에게는 야훼라는 자신의 진짜 이름을 밝히지 않고 '전능의 하나님' 즉 엘 샤다이(El Shaddai, 엘로힘과 동일)로만 나타났다고 말한다.

이 텍스트의 작가는 구약의 신이 자신의 진짜 이름인 야훼를 역사상 처음으로 모세에게 밝혔다고 믿고 있다. 그러나 〈창세기〉를 주의 깊게 읽지 않은 독자라 할지라도 많은 등장인물들이 구약 신의 이름으로 엘로힘과 야훼를 번갈아 쓰고 있다는 사실을 알 수 있다. 1~4장의 예를 앞에서 들었지만, 이후에 발생하는 많은 사건들에서도 신은 야훼나 엘로힘으로 등장하며 또 그렇게 불려진다. 《성서태고사》가 기록하고 있는 마지막 사건은 유명한 바벨탑 사건이다(11:1~9). 언어가 하나였던 시대에 인간들은 탑을 쌓아 하늘에 닿고자 했다. 천상에서 이를 지켜보다가 내려와 언어를 여러 개로 갈리게 하여 의사소통을 불가하게 함으로써 인간의 계획을 파기한 신의 이름이 야훼이다.

이 사건 바로 이어서 이스라엘 조상이 된 아브라함에게까지 이르는 족보가 나온다. 그리고 이어지는 〈창세기〉 12장에는 바벨론의 우르를 떠나 가나안으로 갈 계획을 세운 아브라함에게 나타나 자신이 지시할 땅으로 가라고 명한 신이 등장한다. 물론 그 신의 이름도 야훼이다. 이에 그 신의 지시를 따라 아브라함은 긴 여행을 거쳐 가나안으로 이주한다.

> 아브람이 그 땅을 지나 세겜 땅 모레 상수리나무에 이르니 그 때에 가나안 사람이 그 땅에 거주하였더라 여호와께서 아브람에게 나타나 이르시되 "내가 이 땅을 네 자손에게 주리라" 하신지라 자기에게 나타나신 여호와께 그가 그곳에서 제단을 쌓고 거기서 벧엘 동쪽 산으로 옮겨 장막을 치니 서쪽은 벧엘이요 동쪽은 아이라 그가 그곳에서 여호와께 제단을 쌓고 여호와의 이름을 부르더니 (12:6~8)

신은 아브라함에게 야훼로 나타났으며 아브라함은 당연히 그 신을 야훼로 알았다. 야훼에게 제단을 쌓고 야훼라는 그의 이름을 불렀다. 이 외에도 이어지는 많은 갈래의 이야기들에서 구약의 신은 야훼와 엘로힘으로, 그리고 엘 사다이처럼 수식어가 첨가된 '엘' 계열의 이름으로 등장한다.

그러면 갑자기 모세에게 나타나 자신의 진짜 이름은 야훼지만 이스라엘 조상인 아브라함과 이삭과 야곱에게는 야훼라 알리지 않고 단지 엘 샤다이로만 나타났다고 말하는 구절은 무엇을 뜻하는가? 〈출애굽기〉 6장의 작가는 신이 야훼의 이름으로 족장들에게 나타났던 이야기들을 읽지 못했다는 말인가? 아니면 엘로힘은 신의 가짜 이름이라고 우기고자 하는 것인가? 〈창세기〉와 이어지는 문헌들은 한 사람, 혹은 한 전통의 글이 아니라 여러 가지 갈래에서 내려온 것들을 모아 편찬한 것이다. 이 사실이 가장 강력하고 간결한 해결책 아닐까.

〈창세기〉는 적어도 신의 이름으로 야훼를 일관되게 쓰는 전통의 문헌과 엘로힘을 쓰는 문헌을 이용하여 작성되었다. 학자들은 야훼의 이름을 사용한 문헌을 야훼의 독일어 단어인 'Jahweh'의 첫 알파벳을 따서 'J문서'라 부르며 이 문서의 작가를 편의상 J기자(혹은 the Yahwest/야훼스트)라 부른다. 〈창세기〉와 〈출애굽기〉, 〈민수기〉의 많은 내용들이 이 전통에서 왔다. 창세기 2~4장의 에덴 이야기는 기본적으로 J의 작품이다.

그리고 신의 이름으로 엘로힘을 쓰고 있는 전통의 문헌은 Elohim의 E를 따서 'E문서'라 칭한다. 대표적으로 아브라함이 이삭을 묶어 제물로 바치는 이야기가 여기에서 왔다. 학자들은 여기에 이스라엘의 제사장 전통에서 왔을 것으로 보이는 문헌들을 'P문서'(Priestly Writings의 약자)라 칭했다. 신의 이름으로 엘로힘을 쓰며 〈창세기〉 1장의 첫 번째 창조 기사와 〈레위기〉의 거의 모든 내용이 P

문서로 분류된다. 또한 〈신명기〉와 신명기적 사관이 드러나는 문서들에 대하여 'D문서(신명기를 뜻하는 Deuteronomy의 약자)'라 칭하고 있다. 〈창세기〉에는 이러한 주요 자료들 외에 독립적으로 전승된 자료들과, 최종적인 형태의 문헌을 만드는 과정에서 편집자가 추가한 문구들('R', 편집자를 뜻하는 Redactor의 약자)이 산재한다.[1]

텍스트 해체와 재구성의 실험

이러한 고전적인 학설인 '문서설'의 관점에서 볼 때, 노아의 방주 이야기에 나오는 모순들의 이유는 쉽게 설명된다. 이 모순들은 홍수를 40일로 기록한 J문서와 150일로 기록한 P문서를 짜깁기 식으로 섞어놓았기에 생겨난 것이다. 그러면 〈출애굽기〉에서 모세에게 나타나 자신의 원래 이름은 야훼지만 과거 족장들에게는 엘 샤다이로만 나타났다는 구절의 의미는 어떻게 이해할 수 있을까? 문서설의 관점에서 본다면, 이 구절의 저자 혹은 편집자는 전대에는 다양하게 불렸던 이스라엘의 신의 이름들을 '야훼'라는 단일명으로 통합하려 했다고 볼 수 있다.

신을 엘로힘이나 엘 신 계열의 이름으로 부르며 믿었던 각 족장들(특히 아브라함, 이삭, 야곱은 각기 다른 신을 섬겼다)의 다양한 신앙전통과 야훼로 부르며 믿었던 전통, 그리고 이로 인한 혼란을 인지한 편집자는 이 구절을 첨가함으로써 이 전통들을 야훼 숭배 전통 중심으로 통합하고자 했을 것이다. 부족들 간의 정치적 연합이 이루어지고 나면 각 부족의 신들이 연합하는 현상은 고대세계에서 매우 보편적으로 발생하였다. 야훼는 여기서 이스라엘 역사의 가장 중대한 사건인 출애굽의 신이며 그 이후 이스라엘의 유일신의 이름으로 탄생하게 된다. 구약의 신은 야훼나 엘로힘 둘이 아니라 야훼(이스라엘 경전은 이 거룩한 신의 이름을 마음대로 부르는 것을 불경하다 여겨 이를 아도나이, 즉 '주'라 번역함)라는 개별적인 신명을 가진 엘로힘(신성을 나타내는 보다 보편적인 이름)이 된다.

〈창세기〉가 구전을 포함한 복잡한 전승과 편집의 과정을 통해 지금의 최종적인 문헌으로 태어나게 되었다는 것에는 의심의 여지가 없으며 더 이상 비밀도 아니다. 그런데 이런 전승과 편집의 과정은 원래의 텍스트를 상당 부분 변형시키는 작업이기도 했다.

이러한 점을 고려해 볼 때, 전승과 편집 그리고 후대의 번역 과정에서 무엇이 첨가되었는지, 어떤 구절과 문구의 자리가 어떻게 재배열되었는지를 확인해보고, 전승과 편집 과정 이전에 존재했었을, 다시 말해 원작에 보다 가까운 형태의 텍스트를 구현해보는 것 또한 의미 있는 일이다.

이 책의 주제인 에덴의 정원 이야기로 이제 우리의 관심을 되돌려보자. 에덴 이야기는 일종의 설화, 즉 이야기 형태로 전해졌기에 오랜 전승과 편집의 과정을 통과했음에도 불구하고 원작의 형태가 비교적 잘 유지될 수 있었다. 하나의 이야기에 다른 이질적인 요소들을 첨가하여 글을 써본 사람이라면 그 이질적 요소가 어떻게 원래 이야기의 흐름을 부자연스럽게 만들게 되는지를 잘 알 것이다. 이야기의 구조와 전개가 매우 잘 짜인 글에 이질적인 요소를 첨가하는 작업은 보통 어려운 일이 아니다. 다행스럽게도 〈창세기〉 2~4장의 텍스트는 여러 가지 내부적인 모순들과 불일치들에도 불구하고 분명한 이야기의 선을 유지하고 있다. 이 이야기의 전체적인 흐름을 중단시키거나 교란시키는 요소들을 찾는 작업은 어렵긴 하지만 불가능한 일은 아니다.

이번 10장은 에덴 이야기 원작에 조금 더 가깝게 다가가는 시도이다. 여기서 원작이라 할 때, 이는 J기자의 작품을 가리킨다. 아래에서 논의하겠지만, J기자 역시 그에게 전해진 전통들과 자료들에 의존하여 에덴 이야기를 작성하였으며 이는 의심의 여지가 없는 사실이다. 그러나 대단히 창의적인 작가였을 그의 손에서 다양한 전설이나 신화적 자료들이 에덴 이야기라는 하나의 독특하고 아름다운 이야기로 재탄생되었다. 그가 작성한 에덴 이야기의 전체적인 틀을 가늠해보고 그가 활용한 다양한 신화적 소재들과 의미를 그 틀 안에서 들여다보는 것이 이번 장과 다음 장에서의 할 일이다.

J의 에덴 이야기를 읽으려면 우선 후대의 편집 과정에서 첨가되거나 변형된 요소들을 파악하고 걸러내야 한다. 또한 기독교가 전통적으로 주입한 교리적 요소들을 텍스트에서 걸러내어 이 요소들이 J의 에덴 이야기 읽기에 영향을 끼치지 못하도록 막는 어려운 작업을 수행해야 한다. 뿐만 아니라 오역이거나 뜻이 명료하지 않게 번역된 부분들을 찾아 설명하고 수정하여 다시 번역하는 작업도 해야 한다. 따라서 이 작업은 이 책을 쓰고 있는 필자에게나 이 글을 읽게 될 독자들에게 일종의 도전이 되겠다. 신학수업을 받지 않은 일반독자들이 읽을 수 있도록 최대한 노력하겠지만, 어떤 부분들은

지나치게 세부적이고 학문적인 논의로 읽힐 수도 있다.

그럼에도 독자들에게 이 장의 정독을 권하는 바이다. 이 책의 대단원이 될 다음 장을 위해 꼭 필요한 내용들이 담겨 있기 때문이다. 전 장에서 논의한 고대 메소포타미아 신화들이 텍스트 '밖'에 펼쳐진 문화의 세계를 이해하기 위한 작업이었다면, 여기에서의 논의는 다음 장에서 다루게 될 텍스트 '안'에 펼쳐진 의미의 세계를 보다 잘 이해하기 위한 사전 작업이다. 에덴 이야기를 잘 이해하기 위해서 무엇을 읽을 것인지, 혹은 무엇을 읽지 말아야 할 것인지를 우선적으로 살피는 작업이라 하겠다. 이 작업의 결과, 우리는 다음 장 서두에서 읽게 될 원작에 '보다 가까워진' '에덴의 정원 이야기' 텍스트를 얻게 될 것이다.

10장을 위한 안내

후대에서 첨가한 것이 분명한 어구나 구절들 혹은 단락은 줄을 그어 표시할 것이다. 번역상, 표기상, 혹은 문법적인 오류가 분명한 것들은 줄을 그어 표시하고 괄호 안에 대안을 제시할 것이다. 원문 텍스트에 나오지만 구절마다 필요 없이 반복되는 주어 등의 문구는 우리말 어법상 꼭 필요하지 않으면 줄을 그어 표시할 것이다. 각 단락의 아래에 이러한 내용들에 대한 설명이 주어진다. 또한 기독교의 교리가 주입되어 오해되고 있는 문구나 단락에 대해서는 보다 상세한 논의가 행해질 것이며, 이 외에도 다음 장의 논의를 위해 필요한 구절들에 대한 재해석도 추가하고자 한다.

보다 상세한 정보들을 원하는 독자들은 책의 말미에 있는 '주'를 참고하기 바란다. 이 글에서 다루지 못하지만 더 고려해볼 만한 가치가 있는 연구들도 '주'를 통해 소개하겠다. 마지막으로 아래의 논의는 2~4장을 구성하는 모든 구절들에 대한 상세한 주석이 아님을 알린다. 에덴 이야기 원작의 모습을 파악해 보고자 하는 일종의 실험적 노트이다.

첫 번째 창조 이야기(1:1~2:3)

첫 번째 창조 이야기(P문서)는 두 번째 창조 이야기를 포함하고 있는 에덴 이야기(2:4~4:26, J문서)와 전혀 다른 전통에서, 그리고 보다 후대에, 예전에 쓰인 일종의 찬양시로 작시된 것이기 때문에 우선적으로 빼야 한다. 두 창조 이야기 사이에는 다음과 같은 많은 차이점들이 존재한다.

	창세기 1:1~2:4a/ P문서	창세기 2:4b~4:26/ J문서
문학 장르	시	설화
창조주의 이름	엘로힘	야훼 엘로힘, 혹은 야훼
창조에 걸린 시간	6일	하루(?)
창조의 규모	우주	지구와 에덴의 정원

창조 이전에 있던 물	혼돈의 상징, 창조의 적대자	창조의 조력자
창조의 순서	별, 식물, 동물, 인간 (남녀 구분 없음)	남자, 식물, 동물, 여자(물고기는 창조되지 않았고, 나무는 에덴정원 안에만 자람)
창조된 인간의 수	여러 명(인간은 집합명사)	남자 하나, 여자 하나
인간의 창조에 쓰인 재료	신의 형상	흙, 남자의 갈비뼈, 호흡
인간 창조의 방법	말로써	손으로 빚어
인간 창조의 목적	동물 세계(자연)의 지배자	땅을 가는 노동자 혹은 정원사
동물의 자리	우주의 일원	남자를 돕는 배필
종교적 예식이나 제도	안식일	결혼(?)

이상과 같은 차이점들은 두 이야기가 서로 다른 전통에서 나온 것임을 분명히 보여준다. 비록 〈창세기〉의 마지막 편집자가 이 둘을 이어서 배치하였지만 결코 하나의 이야기로 읽기에는 큰 어려움이 있다. 따라서 에덴 이야기를 제대로 읽기 위해서는 첫 번째 창조 이야기를 빼야 한다. 에덴 이야기를 〈창세기〉의 첫 번째 창조 이야기의 조명 아래서 읽으려는 모든 시도는 위와 같은 불일치들이 존재하는 이유를 설득력 있게 설명하지 못하는 이상 실패할 것이다. 두 텍스트는 전혀 다른 의미 세계를 전하는 전혀 다른 장르의 문학이다. 첫 번째 창조 이야기를 읽지 않음으로써 이것이 에덴 이야기 읽기에 영향을 주는 것을 막을 필요가 있다.

창조 이전의 세계

창세기 2:4~6

4 ~~이것이 천지가 창조될 때에 하늘과 땅의 내력이니~~

~~여호와 하나님~~(야훼 엘로힘)이 땅과 하늘을 만드시던 날에

5 ~~여호와 하나님이~~ 땅에 비를 내리지 아니하셨고 땅을 갈 사람도

없었으므로 들에는 초목이 아직 없었고 밭에는 채소가 나지 아니

하였으며

6 안개만 땅에서 올라와(혹은 물이 아래에서 솟아나) 온 지면(땅의

얼굴)을 적셨더라

2장 4절 상반절은 1장의 창조 이야기(P문서)에 속하는 구절로 이
해되어 왔다. 〈창세기〉의 마지막 편집자는 〈창세기〉의 전체를 톨레
도(toledo, generation of, 세대)라 알려진 문구를 사용하여 여러 세대의
기원을 알리는 단락들로 시작하고 있다.[2] 이를 수용하여 이 상반절
을 '하늘과 땅'의 기원을 알리는 문구로 보고 두 번째 창조 이야기
의 오프닝 멘트로 여길 수도 있으나, 여기서는 전통적인 이해를 따
라 첫 번째 창조 이야기를 다루는 1장에 속하는 문구로 분류하였다.

따라서 에덴 이야기는 '여호와 하나님'이라는 창조신의 이름으로
시작된다고 볼 수 있다. 여호와는 야훼(Yhwh)의 자음과 아도나이
(Adonay)의 모음을 합성하여 만든 독일어식 음역이며 '하나님'이라
는 명칭은 엘로힘(Elohim)을 번역한 표현이다. 야훼와 엘로힘을 합
쳐 신의 이름으로 쓰는 예는 여기 〈창세기〉 2~3장 외에 모세오경

(전통적으로 모세가 지었다고 하는 창세기, 출애굽기, 레위기, 민수기, 신명기 등 다섯 권의 책)에서 찾아보기 힘들다. 〈출애굽기〉 9장 30절에 딱 한 번 더 나올 뿐이다. 이를 설명하는 학설들이 많지만 편집자의 손을 거쳤다는 것을 부인하기 힘들다.[3] 이렇듯 특이하게 조합된 이름은 사실상 번역이 거의 불가능하다.[4] 이 논의에서는 히브리 단어의 우리말 음역을 그대로 유지하기로 하였다.

위의 단락과 이어지는 텍스트에는 '땅'과 관련하여 세 가지 단어가 사용되고 있어 번역에 어려움을 준다. 우선 4절의 하늘의 상대격인 땅은 에레츠(erets)라는 단어이다. 이 단어는 실상 땅이라 번역하기보다는 땅덩어리 전체를 가리키는 지구 혹은 그 전체의 표면인 지상을 뜻하는 단어다. 그럼에도 우리말에서, 그리고 고대인들의 우주관에서 하늘의 상대자를 땅이라 부르는 것이 자연스럽기에 땅이라 번역하였다.

'땅에 비를 내리지 않았고 땅을 갈 사람이 없었다'에 나오는 첫 번째 땅은 에레츠다. 두 번째 나오는 땅은 아다마(adamah)다. 이는 지상의 표면에 쌓여 있는 물질인 흙을 가리키는 단어로서 농부가 갈아 뒤집는 바로 그 흙을 말한다. 세 번째 땅은 우리말 성경에서는 '들'과 '밭'으로 다르게 번역하고 있지만 모두 동일한 단어인 사데(sadeh)를 쓰고 있다. 이는 영어의 land나 field의 개념으로서 평원이나 들처럼 한정된 지역의 토지를 가리키는 말이다. "들에는 초목이 아직 없었고 밭에는 채소가 나지 아니하였다"는 먹을 수 없는 야생 식물이 나는 지역과 재배하여 먹을 수 있는 식물이 나는 지역을 들과 밭으로 구분한 번역이다. 에덴 이야기 원작을 구성하는 데에 쓰인 자료가 고대 농경문화를 배경으로 하고 있음을 보여준다. 농경보다 수렵과 채집이 많이 앞선다는 고고학과 인류학적 이해에서 벗어나 있다.

한편, 6절의 '지면'이란 단어는 '땅의 얼굴'을 탈신화화한 번역이다. 독자들은 야훼를 비롯한 에덴 이야기의 모든 등장인물들이 의인화되어 있음을 주지해야 한다. 땅도 그 중 하나이다. 사람에게 얼굴이 있고 야훼 엘로힘에게 얼굴이 있듯이 땅에게도 얼굴이 있다(아래의 4장 14절에 대한 설명을 보라). 바다를 물고기들의 집으로 묘사하는 신화적 상상력으로 본 텍스트를 읽어야 한다.

안개(ed, 에드, 고대 메소포타미아의 아카디안 어에서 차용된 단어라면 '솟아나는 물'로 번역하는 것도 가능하다. 많은 번역본들이 샘물로 번역함)가 땅(에레츠)에서 올라와 온 지면을 적셨다는 문구는 하늘 위의 물과 땅 아래의 물을 나눈 고대 우주관을 반영하고 있다. 문맥을 살피면, 야훼 엘로힘이 아래에서 솟아나는 이 신비스런 물(안개)을 창조한 것이 아님을 알게 된다. 그는 하늘의 물인 비를 주관하고 있지만 아직 내리지 않고 있다. 1장의 창조 이야기에서 물은 혼돈의 상징이자 창조주의 방해물로 등장하는 것과 달리, 2장에 등장하는 이 신화적 물은 야훼 엘로힘의 창조활동을 돕는다.

이 물이 흙을 적시고 야훼 엘로힘은 이 흙을 이겨 사람을 창조하게 된다. 창조 이전 상태에 대한 이 단락의 묘사는 하늘에서 오는(혹은 신이 내리는) 비에 식량과 생존에 관련된 모든 것을 의존해야 했던 고대 메소포타미아와 시리아, 팔레스타인 지역의 사막 기후를 배경으로 하고 있다.

"아직 땅을 갈 사람이 없었다"는 문구는 땅을 갈 사람의 등장이 임박했음을 알린다.

인간과 에덴정원의 창조

창세기 2:7~17

7 ~~여호와 하나님~~(야훼 엘로힘)이 땅의 흙으로 사람을 지으시고 ~~생기~~(생명의 숨)를 그 코에 불어넣으시니 ~~사람이 생령이~~(그가 산 사람이) 되니라

8 ~~여호와 하나님~~(야훼 엘로힘)이 동방의 에덴에 ~~동산~~(정원)을 창설하시고 ~~그 지으신 사람을 거기 두시니라~~

9 ~~여호와 하나님이~~ ~~그~~ 땅에서 보기에 아름답고 먹기에 좋은 나무가 나게 하시니 ~~동산~~(정원) 가운데에는 생명나무와 선악을 알게 하는 나무도 있더라

(수정 : 또한 생명나무가 정원 가운데 있었다. 그리고 선과 악을 알게 하는 나무도)

10 ~~강이 에덴에서 흘러 나와 동산을 적시고 거기서부터 갈라져 네 근원이 되었으니~~

11 ~~첫째의 이름은 비손이라 금이 있는 하윌라 온 땅을 둘렀으며~~

12 ~~그 땅의 금은 순금이요 그 곳에는 베델리엄과 호마노도 있으며~~

13 ~~둘째 강의 이름은 기혼이라 구스 온 땅을 둘렀고~~

14 ~~셋째 강의 이름은 힛데겔이라 앗수르 동쪽으로 흘렀으며 넷째~~

~~강은 유브라데더라~~

15 ~~여호와 하나님~~(야훼 엘로힘)이 그 사람을 이끌어 에덴~~동산~~(정원)

에 두어 그것을 ~~경작하며~~ (갈고) 지키게 하시고

16 ~~여호와 하나님~~어 그 사람에게 명하여 이르시되

"~~동산~~(정원) ~~각종~~(모든) 나무의 열매는 네가 ~~임의로~~(자유로이) 먹되

17 선악을 알게 하는 나무의 열매는 먹지 말라 네가 먹는 (그) 날에

는 반드시 죽으리라" 하시니라

우선 이 단락의 10~14절은 에덴이 사방(온 땅)으로 흐르는 강들의
수원지가 있었던 옥토(낙원)였으며 고대세계에서 진귀하게 여겨진
여러 가지 보석이 나온 곳이라는 가상의 지리 정보를 주고 있다.[5]
하지만 에덴의 정원이 신성한 곳이라는 기본개념을 내포하는 것 외
에 에덴 이야기의 내용과는 큰 관계성이 없다.[6] 또한 에덴의 정원이
동방(Eden in the east)에 있다고 한 바로 앞의 8절과 충돌을 일으킨다.
여기에 나온 강들이 한 곳에서 만나는 지도를 그리는 것은 절대로
가능하지 않지만, 그럼에도 군이 한 장소를 정한다면 티그리스 강
(본문의 힛데겔)과 유프라테스 강이 있는 (화자/작가가 살았던 팔레스타인
지역에서 본다면) 북방이기 때문이다.[7]

또한 이전 단락은 아래에서 솟아나는 물(안개)만이 땅의 얼굴을
적셨다고 말하였다. 그런데 여기서는 에덴의 정원 밖에서 하나의
거대한 강이 발원하여 정원을 통과한 후 세계 전역에 물을 대는 4
대강으로 갈라졌다고 말한다. 야훼 엘로힘이 아직 하늘의 비를 내
리지 않았던 때임을 생각해 볼 때 온 세상에 물을 대는 큰 수원지와

강들의 존재는 자연스럽지 않다. 후대에 첨가된 것이 분명하거니와 이 부분을 빼고 읽으면 이야기의 전개가 훨씬 자연스러워진다.[8]

7절은 야훼 엘로힘이 땅의 흙으로 사람을 빚었다 밝힌다. 여기서 히브리 단어 '땅(adamah)'과 '사람(adam)'의 언어적 연관 관계를 주시해야 한다. 에덴 이야기의 작가는 사람은 땅에서 온 존재이며 땅을 가는 일을 하다가 땅으로 돌아가게 된다는 고대의 인간 이해를 가지고 있다. 3막으로 된 드라마인 2~4장의 에덴 이야기를 하나의 이야기로 만들어주는 대단히 중요한 소재가 바로 땅이다.[9] '빚다'라는 문구는 토기장이가 진흙으로 그릇을 빚을 때 쓰는 단어이다(이사야 29:16, 예레미야 18:4을 참고하라). "생령"은 '카히 네페쉬(chay nephesh)'를 번역한 것으로 '산 혼(living soul, KJV)'이나 '산 존재(living being, NIV)' 등으로 풀이된다. 하지만 "사람이 생령이 되었다"의 가장 자연스런 읽기는 "그가 산 사람이 되었다"이다.[10]

8절의 '동방의 에덴'이라는 문구는 정원 위치에 대한 지리적 정보를 주기보다는, 인간의 발이 결코 닿을 수 없는 먼 곳에 정원이 있음을 말하고자 한 것이다.[11] 전설을 들려주는 화자가 "멀고 먼 옛날 해 뜨는 동네에서……"와 같이 이야기를 시작할 때 쓰는 고정된 형식의 문구이다. 이를 근거로 인류가 동쪽에서 서쪽으로 이주했다고 주장할 수 없다. 정원의 위치를 찾으려 하는 모든 노력이 결국 허사로 끝나게 될 것이다. 동방은 결국 신화 시적, 즉 문학적 표현에 불과하기 때문이다.

우리말 '동산'은 작은 산을 가리킨다. 에덴의 정원을 산의 개념으로 읽는 것은 이 본문 안에서도, 이를 정원으로 읽은 수많은 해석

전통에서도, 그리고 고대 근동의 왕들이 궁전에 만들었던 '정원'이
이 이야기의 문화적 배경이 된다는 것에도 문제를 일으킨다. 보다
합당한 번역은 '정원'이다. 정원은 담이나 울타리가 쳐진 인위적으
로 조성된 공간이다.

8절과 15절은 야훼 엘로힘이 최초의 사람을 에덴에 두 번에 걸쳐
배치하였다고 말하고 있다. 이는 지리적 정보를 주는 10절부터 14
절을 첨가하느라 이야기에 단절이 생겨 이를 다시 잇는 과정에서
생긴 것이다. 두 번에 걸쳐 사람을 에덴에 배치했다고 읽기보다는 8
절의 하반절(첫 번째 배치)을 지우고 15절을 그대로 유지하면 이 문제
는 자연스럽게 해결된다.

독자들은 9절에서 정원의 중앙에 성스런 두 그루의 나무가 있다
는 것을 알게 된다. 생명나무와 선과 악의 지식나무이다. 학자들은
정원 가운데 처음부터 있었던 나무가 한 그루였는지 두 그루였는
지, 한 그루였다면 그것이 생명나무였는지 선과 악의 지식나무였는
지, 두 그루였다면 처음부터 금단의 열매라고 지정된 것이 지식나
무뿐이었는지, 아니면 생명나무 역시 금해졌었는지 등에 대한 논쟁
을 오랫동안 해왔다. 물론 이에 대한 최종적인 결론은 아직 내려지
지 않았다.

나중에 논의하겠지만(3장 22절, 24절) 생명나무는 여기서 소개된
다음 에덴 이야기 전체에서 아무런 역할도 하지 않다가 마지막에
갑자기 등장한다. 더욱이 3장에서 뱀의 유혹을 받은 이브는 정원
중앙에 한 그루의 나무만 있는 것처럼 말한다. 이 논쟁은 에덴 이야
기의 중심소재가 지식의 문제인지 아니면 불멸의 문제인지를 결정

하는 것과도 연결된 중대한 것이다. 흥미롭게도 "정원 중앙에는 생명나무와 선과 악을 알게 하는 나무도" 있었다는 표현은 히브리 어법상 대단히 어설프거나 이상스럽다. 어법을 따라 읽자면 "또한 정원 중앙에는 생명나무가 있었다. 그리고 선과 악을 알게 하는 나무도"라는 식으로 읽어야 한다.[12] 두 나무 중 하나가 후대에 삽입된 것처럼 읽힐 수 있다.

가령, 정원 안에서 벌어진 사건이 아담과 이브가 신의 명을 어기고 지식나무의 열매를 따먹은 사건이었으므로, 처음에 있었던 유일한 나무는 지식나무였으며, 이야기의 종결 부분에 가서 신들이 생명나무를 보호하는 이야기가 삽입되면서 이를 뒷받침하기 위해서 이 구절에도 생명나무를 삽입했다고 볼 수 있다. 반대로 인간에게 불멸을 준다는 식물에 대한 고대 메소포타미아 신화들이 널리 유포되었다는 점과, 불멸성을 신의 특성으로 보는 이스라엘 종교의 이해를 반영한다면, 처음에 있었던 나무는 생명나무였으며 지식나무는 극적 전개를 위해서 삽입된 것으로 볼 수 있다.[13]

이에 대하여 필자는 두 나무가 에덴 이야기의 전개에 반드시 필요한 소재라 본다. 물론 J는 인간에게 불멸을 주는 식물에 대한 메소포타미아 신화들을 익히 알고 있었다. 뿐만 아니라 그는 아다파 이야기에서처럼 '지식'과 '불멸성'이 신들이 가진 특권임을 알고 있었다. 신들의 배타적인 전유물인 지식과 불멸성을 상징하는 나무들이 신들의 정원 중앙에 있었다는 설정은 이야기의 전개에도, J기자의 고대신화에 대한 지식에도 잘 어울린다. J는 물론 지식나무를 중심으로 하는 이야기 전통과 생명나무를 중심으로 하는 이야기 전통을 이용하여 작업하였을 것이다. 정원 안에서 발생한 사건에 대한 묘사는 지식나무가 지배적인 소재로 사용된 것이 분명하다.

그러나 가령 베스터만(Westermann)이 지적했듯이, J는 지식나무 이야기를 통해서 생명나무 이야기를 들려주기를 원했다고 볼 수 있다. 지식나무와 생명나무의 기본적 모티브는 전혀 다른 두 전통에서 왔겠지만 에덴 이야기 원작자의 손에 의해 하나의 이야기로 녹아졌다는 것이다.[14]

이렇게 본다면 2장 9절에 나오는 두 그루의 나무는 처음부터 원작자의 손에 의해 구성된 것이라 볼 수 있다. "정원 가운데에는 생명나무가 있었다. 그리고 선과 악을 알게 하는 나무도"라는 어색한 문구는 한 나무가 삽입된 흔적이기보다는 독자들에게 두 나무가 처음부터 존재했다는 것을 환기시키는 문학적 장치로 볼 수 있다.

이후로 지식나무가 이야기 전개에 중대한 역할을 하는 반면, 생명나무는 아무런 존재 의미도 갖지 않게 될 것이다. 이야기의 끝에 이를 때면 독자들은 생명나무를 기억조차 하지 못하게 될 것이다. 그런데 대단원에 이르러 생명나무가 갑작스럽게 전면에 등장한다. 이 대목에서 독자들은 "아, 생명나무가 있었지!" 하며 이야기의 급박한 반전에 놀라게 될 것이다. 어색한 문장 스타일을 통해서 작가는 처음부터 자신의 이야기의 주요소재를 알렸다. 이를 현대어의 어법에 맞게 번역하면 안 된다.

17절의 '먹는 날에는'은 '먹는 그 날에'로 번역해야 한다. 먹는 즉시 죽음이 임하게 된다는 의미로 읽어야 하기 때문이다.[15] 베스터만은 처벌이 즉각적으로 내려질 것을 의미하는 것으로 읽으면서도,

실제로 즉각적인 죽음의 형벌이 내릴 것이라 위협하기보다는 '신과 관계하는 인간의 행동에 한계를 설정하는 금기'의 개념이 내포되어 있다고 본다.

먹을 수 있는 많은 나무들 가운데 유독 한 나무만은 먹는 것도, 심지어 만지는 것도(3:3) 금기시된다. 이 같이 인간과 신의 관계설정이나 사회의 기본적 틀의 유지에는 금기들이 결부되기 마련이다.[16] 어떤 금기가 왜 설정되는지에 대한 이성적인 설명은 신화 읽기에서 어울리지 않는다. 이러한 금기를 이성적으로 설명하려는 노력은 이야기의 본질을 상당히 훼손시키기 마련이다.

독자들은 모든 지식의 신인 야훼 엘로힘이 인간에게도 얼마든지 가능한 지식의 습득을 왜 금했는가 묻지 말아야 한다. 대신 신과의 관계에서 인간의 자리가 그렇게 정해졌으며, 신은 인간이 자신의 명령에 철저히 순종할 것을 기대했다고 말하는 화자의 이야기를 따라가야 한다.[17]

독자들은 또한 17절을 읽으면서 아담과 이브가 범죄하지 않았다면 그들이 정원에서 영원히 살며 불멸하였을 것이라 상상하지 말아야 한다.[18] 기독교 교리에 입각한 상상이다. 에덴 이야기 전체의 본문이나 구약성서 전체는 영원히 사는 인간의 개념을 지지하지 않는다(또한 이들이 신의 명령을 어긴 것을 너무 안타까워할 필요도 없다. 교리적으로 읽어야 한다면 이들의 범죄 덕분에 인류가, 현재의 우리가 존재하게 된 것이라 읽어야 하는 것 아닐까? 오히려 고맙게 여겨야 할 일이 아닌가).

남자의 배필을 찾아주기

창세기 2:18~24

18 ~~여호와 하나님~~(야훼 엘로힘)이 이르시되 "사람이 혼자 사는 것이 좋지 아니하니 내가 그를 위하여 돕는 배필을 지으리라" 하시니라

19 ~~여호와 하나님~~(야훼 엘로힘)이 흙으로 각종 들짐승과 공중의 각종 새를 지으시고 ~~아담~~(사람)이 무엇이라고 부르나 보시려고 그것들을 그에게로 이끌어가시니 ~~아담~~(사람)이 각 생물을 부르는 것이 곧 그 이름이 되었더라

20 ~~아담~~(사람)이 모든 가축과 공중의 새와 들의 모든 짐승에게 이름을 ~~주니라~~(주기를 마쳤다) (그러나) ~~아담아~~(사람을 위한) 돕는 배~~필이 없으므로~~(을 찾지 못했다)

21 ~~여호와 하나님~~(야훼 엘로힘)이 ~~아담~~(사람)을 깊이 잠들게 하시니 잠들매 그가 그 갈빗대 하나를 취하고 살로 대신 채우시고

22 ~~여호와 하나님~~(야훼 엘로힘)이 ~~아담~~(사람)에게서 취하신 그 갈빗대로 여자를 만드시고 그를 ~~아담~~(사람)에게로 이끌어 오시니

23 ~~아담~~(사람)이 이르되 "이는 내 뼈 중의 뼈요 살 중의 살이라 이것을 남자에게서 취하였은즉 여자라 부르리라" 하니라

24 ~~이러므로 남자가 부모를 떠나 그의 아내와 합하여 둘이 한 몸을 이룰지로다~~(이렇게 해서 남자가 부모를 떠나 여자와 합하여 둘이 한 몸을 이루게 된 것이다)

우선, 일반명사 '사람'을 특정한 개인의 이름인 '아담'으로 번역한 것은 편리하기는 하지만 좋은 번역이 아니다. 사실상 〈창세기〉 5장의 족보에서 '아담'이라는 이름이 거명되기 전까지 '아담'이라는 히브리 단어는 '사람'으로 번역하는 것이 옳다.[19] 이브는 창조 시부터 여자다. 그리고 여자(ish-sha, 이샤)가 창조됨으로써 사람(adam)은 드디어 남자(ish, 이쉬)가 된다(23절). 이브는 '그의 아내'로도 '그의 여자'로도 번역이 가능하다. 24절 "남자가 부모를 떠나 그의 아내와 합하여"의 '아내'라는 단어는 여자와 동일한 단어인 이샤다. 따라서 "남자가 부모를 떠나 그의 여자와 합하여"로 읽어도 무방하다. 그러나 결혼관계를 문맥으로 하고 있기에 여자를 아내로 번역하는 것도 합당해 보인다. 여자(아내)의 등장으로 인해 그는 남자(남편)가 되기 때문에 이를 반영하여 여기부터는 문맥에 따라 사람이나 남자(남편)로 번역하는 것이 가능해졌다.

18절에 따르면 야훼 엘로힘은 사람을 '돕는 배필(ezer kenegdo, 에제르 케네그도, a helper fit for him)'로, 들짐승들과 하늘의 새들을 흙으로 창조하였다. 우리말 '배필'은 결혼관계에서 신부를 뜻하는 단어다. 결혼관계는 물론 성교를 공식적으로 하는 관계를 내포한다. 이러한 설정은 고대 해석가들의 상상력을 자극했다.

앞에서 논의한 것처럼 어떤 랍비 전통에 따르면, 사람은 동물들과 성교를 나누다가 자기에게 맞는 배필을 찾으려 했지만 결코 만족스런 상대를 찾지 못했다. 그 결과 야훼 엘로힘이 여자를 만들어 데려왔고, 이에 여자를 경험한 사람은 '마침내' 원했던 배필을 찾았노라고 탄성을 질렀다. 사람에게 배필을 만들어주기 위해 동물을 창조했다는 내용은 피조물들이 인간의 성적 대상물이라는 해석이 된다. 그리고 그 피조물들 중의 하나인 뱀이 매우 특별한 성적 대상물인 여자를 남자가 홀로 독점하는 것에 질투를 느껴 여자에게 접근하여 유혹했다는 해석을 낳았다.

이러한 읽기를 가능하게 하는 것은 동물들을 창조하기 전(18절)과 여자를 창조하기 전(20절), 두 번에 걸쳐 독처하는 사람을 위해 배필을 지어야겠다는 야훼 엘로힘의 뜻이 표명되었기 때문이다. 야훼 엘로힘의 첫 번째 시도는 실패했고, 두 번째 시도가 성공하여 남자를 만족시킨 배필이 탄생하게 된 것이다.

독자들은 이 같은 내용을 너무 진지하게 읽으면 안 된다. 에덴 이야기 같은 설화에는 화자의 해학과 유머가 담겨 있기 마련이다. 곰이 마늘을 먹고 여자가 되는 것이 설화의 세계다. 야훼 엘로힘이 모든 들짐승들과 공중의 새들까지도 남자의 성적 파트너로 적당한지 테스트했다는[20] 화자의 농을 너무 진지하게 들을 필요는 없다. 단지 고대 메소포타미아 신화에서 보다 자유스럽게 등장하는 소재인 섹스 모티브를 에덴 이야기의 저자는 제거하고자 했지만 그 흔적이 여전히 남아 있다는 점은 주목할 일이다.

20절 상반절 "아담이 모든 가축과 공중의 새와 들의 모든 짐승에게 이름을 주니라"는 문맥상 19절의 반복이므로 불필요하지만 하반절을 위해서 썼을 것이 분명하다. 모든 짐승들에게 이름을 주는 일이 다 끝나도록 아담을 위한 적당한 배필이 나타나지 않았다는 뜻을 전달한다. 이를 보다 분명히 제시하려면 '이름을 주니라'를 '이름 주기를 마쳤다'로 읽어야 한다.

23절 "이는 내 뼈 중의 뼈요 살 중의 살이다"의 우리말 번역은 남자가 터뜨린 기쁨의 탄성을 제대로 표현하고 있지 못하다. 1장에서 논의했던 것처럼, 우리말로 단순하게 '이는'으로 표현된 이 문구는 영어의 "This one, at last"(이 사람, 마침내)를 뜻하며, 오래 기다리고 찾았던 이를 드디어 만나거나 찾게 되었을 때 지르는 탄성이다. 따라서 이를 우리말로 자연스럽게 옮긴다면 '아! 드디어 찾던 이를 찾았구나!' 혹은 '아! 마침내 기다리던 이를 만났구나!'라는 식이 된다. 물론 이 탄성은 문맥상 결혼의 완성을 의미하는 남자와 여자의 첫 성교를 전제로 한다. 랍비들이 그렇게 해석하듯이 성적 결합을 통해 결혼예식을 완결한 남자가 외친 기쁨의 탄성으로 읽을 수 있다. (동물들의 이름을 짓는 장면은 화자의 대사로 처리되었기에)[21] 에덴 드라마에서 인간이 최초로 한 공식적인 말이 바로 여자(아내)를 얻는 기쁨을 표현한 것이어서 흥미롭다.

한편 결혼의 기원에 대해 말하는 24절은 아담의 대사가 아니라 화자의 대사다.[22] 이 구절을 야훼 엘로힘이 (전통적으로 창세기의 저자로 여겨진) 모세에게 계시하여 신성한 결혼제도를 창설한 것으로 읽거나, 일부일처제를 제도화한 것 혹은 태고 시대의 유대사회가 모계사회였음을 보여주는 흔적으로 읽는 것은 대단한 오류다. 이는 인류문화에 보편적으로 존재하는 현상, 즉 남자가 자기를 낳고 길러준 부모에게서 독립하여 여자를 선택해 그와 연합하게 된 연유에 대한 대답이라 할 수 있다.[23]

또한 우리말 성경의 "이러므로 남자가 부모를 떠나 그의 아내와 합하여 둘이 한 몸을 이룰지로다"는 화자를 야훼 엘로힘으로 가정하고 있으며, 지나치게 명령적인 어조의 번역이다. 자연스런 번역은 "이것이 남자가 부모를 떠나 그의 아내와 합하여 둘이 한 몸을 이루게 된 연유이다"이다. 즉 이야기를 전하는 화자가 바로 전에 생긴 사건에서 결혼이 유래된 것이라 부연설명하는 구절인 것이다.

남자가 부모를 떠나 여자에게 달라붙는다는 것은 고대의 가부장적 유대사회의 결혼풍습과 어울리지 않으며, 3장 16절이 밝히는 바 여자가 남자의 지배를 받아야 한다는 형벌 내용과도 충돌을 일으킨다. 전 장에서 살펴본 것처럼, 신랑이 신부의 집으로 가서 성교를 함으로써 결혼을 완성하는 고대 메소포타미아의 결혼문화를 배경으로 한다고 볼 수 있다.

남자와 여자의 원초적 상태

창세기 2:25
25 아담(남자)과 그의 아내(여자) 두 사람이 벌거벗었으나 부끄러워하지 아니하니라

남자와 여자가 벌거벗고 있었다는 것을 알리는 25절은 지금까지의 이야기를 종결하면서 앞으로 올 이야기의 성격을 알리는 전조다. 여기에서 에덴 드라마의 제2막이 올라간다.[24] '벌거벗다'에 해당하는 히브리어 음역은 앞에서 여러 번 나왔듯이 아롬(arom)이다. 벗고 있지만 수치감을 느끼지 않았다는 것은 에덴정원에서의 남자

와 여자의 삶이 갓난아이의 순박한 혹은 백치적(pure, pristine) 상태였음을 알린다.[25] 혹은 희열에 가득 찬 막 결혼한 신혼부부에 대한 묘사일까?[26]

그런데 독자들은 여기서 한 가지 질문을 던질 수 있다. 이 구절의 앞 단락은 남자와 여자가 성교를 행함으로써 결혼을 완성한 부부로 묘사하고 있음을 고려할 때, 이들이 지금 즈음이면 성에 대한 어느 정도의 지식을 가지게 되었거나 적어도 상대의 벗은 몸을 보면서 성적인 흥분을 경험하지 않았을까 하는 것이다. 만일 남자와 여자가 이미 적법한 부부가 되어 성교를 나누는 관계가 되었다면 나중에 3장 7절이 묘사하는 것처럼, 서로의 벗은 몸을 보고 돌연 수치감을 느껴 몸을 가렸다는 설정은 왠지 부자연스럽지 않은가?

독자들은 이 단계에서의 남자와 여자는 순수 자연인이었다는 사실을 상기해야 한다. 이들이 자연적인 본능에 따라 성교를 했을 것이라는 상상은 유효하다. 단지 성적 수치심을 느끼지 못하고 있을 뿐이다. 성과 관련된 수치심은 문화적인 개념이다. 성교가 '나쁜 짓'으로 규정될 수 있는 조건하에서 경험되는 것이다. 남자와 여자는 아직 성이 나쁜 목적으로 사용될 수 있다는 사회적 문화적 개념을 가지고 있지 않다. 이들에게는 손과 발이 몸의 일부인 것처럼 성기도 단순히 몸의 일부에 지나지 않았다. 손과 발을 놀리는 것이 부끄럽지 않은 행위이듯 성기를 사용하는 것도, 상대의 성기를 바라보는 것도 전혀 부끄러운 일이 아니었다는 말이다.[27]

뱀, 여자, 그리고 지식나무의 열매

창세기 3:1~7

1 그런데 뱀은 ~~여호와 하나님~~(야훼 엘로힘)이 지으신 들짐승 중에 가장 ~~간교~~(영특)하니라 뱀이 여자에게 물어 이르되 "~~하나님~~(엘로힘)이 참으로 너희에게 동산 모든 나무의 열매를 먹지 말라 하시더냐"

2 여자가 뱀에게 말하되 "~~동산~~(정원) 나무의 열매를 우리가 먹을 수 있으나

3 동산(정원) 중앙에 있는 나무의 열매(에 대해서)는 ~~하나님~~(엘로힘)의 말씀에 '너희는 먹지도 말고 만지지도 말라 너희가 죽을까 하노라' 하셨느니라"

4 뱀이 여자에게 이르되 "너희가 결코 죽지 아니하리라

5 너희가 그것을 먹는 (그) 날에는 너희 눈이 ~~밝아져~~(열려) ~~하나님~~(엘로힘 신들)과 같이 되어 선악을 알 줄 ~~하나님~~(엘로힘)이 아심이니라"

6 여자가 그 나무를 본즉 먹음직도 ~~하고 보암직도~~ (하고 지혜롭게 할 만큼 탐스럽기도) 한 나무인지라 여자가 그 열매를 따먹고 자기와 함께 있는 ~~남편~~(남자)에게도 주매 그도 먹은지라

7 이에 그들의 눈이 ~~밝아져~~(열려) 자기들이 벗은 줄을 알고 무화과나무 잎을 엮어 ~~치마~~(가리개)로 삼았더라

3장 1절에서 에덴 이야기의 저자는 뱀을 야훼 엘로힘이 지은 들

짐승들 중의 하나로 소개한다. '간교하다'는 단어는 히브리어 아룸 (arum)의 번역으로, 뱀에게서 사탄적 역할을 찾고자 하는 기독교 교리적 가치판단이 지나치게 투영되어 있다. 에덴 이야기의 저자나 화자의 마음속에는 사탄적 존재로서의 뱀은 자리하고 있지 않다. 에덴 이야기의 작가가 야훼 엘로힘에게 적대적인 사탄적 존재나 가나안의 이교 신앙을 상징하는 것으로 뱀을 고안하고 등장시켰다면, 그는 결코 뱀을 야훼 엘로힘이 창조한 동물로 소개하지 않았을 것이다.[28]

신이 자신에게 적대적인 존재를 창조할 이유가 무엇인가? 메소포타미아 신화에 등장하는 말하는 동물들처럼, 여기서 뱀은 우화적 캐릭터(영특하고 말 잘하는 동물)로 등장하여 주어진 역할(대부분 신화에 등장하는 말하는 동물들처럼 단역)을 하고 사라진다. 뱀은 인류에게 신처럼 될 수 있다는 희망의 메시지를 전달하지만 이는 결코 이루어질 수 있는 것이 아니다. 뱀을 신에게 적대적인 사탄으로 보는 모든 해석들에 대해서 텍스트는 어떤 지지도 단서도 주지 않는다.[29] 따라서 '간교하다'라는 문구는 보다 중도적인 뜻을 전하는 '현명하다' 혹은 '영특하다'로 번역되어야 한다.

뱀은 여자에게 다가가 "엘로힘이 정말로 정원의 모든 나무들의 열매를 먹지 말라고 했느냐?"라고 묻는다. 여자 스스로 금기에 대해 의문을 제기하고 정해진 선을 과감히 허물 수 있도록 철저히 계산된 명민한 질문을 던진다. 이에 여자는 "정원의 다른 나무 열매를 먹을 수 있으나 중앙에 있는 나무의 열매는 엘로힘이 먹지도 말고 만지지도 말라 하셨고 너희가 죽을까 한다"고 말했다고 답한다

(3:3). 여자가 신의 명령을 거역했다고 믿는 근본주의나 복음주의 계열의 해석가들은 여자가 감히 하나님의 원래의 말씀에 "만지지도 말라"는 말을 첨가하여 변형시켰다는 것에 주목한다. 그러나 이는 에덴 이야기 텍스트의 작성에 여러 전승과 전통에서 온 이야기들이 사용되었다는 것을 고려하지 않은 견해다. 그리고 여자에게서 죄의 기원을 찾고자 한 교리적 시선 때문에 생긴 곡해다.

현재의 에덴 이야기로 작성되기 전에 전해진 전통에는 야훼 엘로힘의 명령이 적어도 두 가지 형태로 존재했을 가능성이 있다. 첫 번째 것은 "정원 모든 나무의 열매는 네가 자유로이 먹되 선악을 알게 하는 나무의 열매는 먹지 말라. 네가 먹는 그 날에는 반드시 죽을 것이다"는 2장 16~17절의 명령이다. 두 번째 것은 3장 2~3절에 여자의 대답에 나오는 '만지지도 말라'라는 문구가 포함되고, 금단의 열매로 '정원의 중앙에 있는 나무'를 가리키는 명령이다.

우선 야훼 엘로힘이 선과 악의 지식나무 열매를 먹지 말라고 사람에게 명했을 때 여자는 아직 존재하지도 않았었다(2:16~17). 그리고 정원 중앙에는 두 그루의 특별한 나무가 있었다. 그런데 3장 2~3절의 여자는 중앙에 오직 한 그루의 나무만이 있다고 알고 있다. 그리고 이를 먹는 것은 물론 만지는 것조차 엘로힘이 금했다고 말한다.

물론 중앙의 나무가 어떤 나무인지는 확실치 않지만 금지 명령이 죽음의 형벌과 결부되었다는 점에서 〈아다파〉 서사시가 연상된다. 천상의 신들이 먹는 음식인 생명의 빵이 인간인 아다파에게는 죽음을 가져오게 될 수 있다고 그의 신 에아가 경고하였다. 문헌적으로 이와 연결된다면 두 번째 형태의 신이 금지한 것은 신들의 음식인 생명나무의 열매에 인간이 손을 대는 것일 수 있다. 이는 나중에 신들이 사람을 에덴의 정원에서 내보내기로 결정한 가장 큰 이유가 되었다는 점과 연결된다(3:23).

그러나 이어지는 뱀의 천기누설에 의하면, 금단의 열매는 이들의 눈을 열어주어 이를 먹은 인간은 지식을 획득하여 신처럼 된다. 그렇다면 중앙의 나무는 문맥상 선과 악의 지식나무를 가리킨다. 텍스트 작성 과정에서 발생한 이야기의 층들과 일치되지 않음을 고려한다면 "만지지도 말라"는 어구 또한 마찬가지다. 야훼 엘로힘의 원래 명령을 여자가 의도적으로 변형시킨 것이며, 여자가 하나님의 말씀에 토를 달기 시작함으로써 인류의 죄가 비롯되었다는 교리적인 읽기는 전혀 타당하지 않다는 얘기다.

이 같은 교리적 읽기를 배제한 후, 등장인물로서의 여자의 말을 이야기 구조 속에서 읽게 되면 나름대로 중요한 의미가 찾아진다. 폰 라드가 잘 지적했듯이, 여기서 여자는 사실을 약간 과장함으로써 자신을 위한 자신만의 법을 만들고 싶어 하는 것처럼 보인다.[30] '만지지도 말라 했다'는 여자의 문구는 엘로힘의 원래의 명령을 보다 엄격하게 강화시키고 방어하는 것처럼 보이지만, 실상 이미 흔들리기 시작한 여자의 마음을 보여준다. 그녀는 잠시 후 아주 빠른 속도로 금단의 열매에 손을 댈 것이다. 영특한 유혹자로서 뱀의 역할은 이로써 쉽게 완수된다.

5절의 "엘로힘과 같이"의 '엘로힘'은 복수로서 '신들처럼'으로 읽어야 한다.[31] 복수로 사용되는 엘로힘은 고대 근동의 신들을 가리키는 말로, 에덴의 정원에 상주하고 있는 다른 신적인 존재들 (3:22)도 모두 엘로힘이라 할 수 있다.

3장 6절의 나무에 대한 묘사 중 "지혜롭게 할 만큼 탐스러웠다 (the tree was desirable for acquiring wisdom)"라고 번역된 문구는 에덴 이야기가 지닌 간결한 문체와 잘 어울리지 않는다. 뱀은 지식나무의 열매가 지식을 줄 것이라 말했다. 그리고 지식은 실제로 눈으로 보아서 알 수 있는 성질의 것이 아니다.[32] 이야기 전체 관점에서 볼 때, 이 문구는 2장 9절의 "보기에 아름답고 먹기에 좋은"이라는 원래의 문구에 불필요하게 첨가된 것이라 할 수 있다.[33]

여자가 선과 악의 지식나무 열매를 따 먹을 때 남자는 어디에 있었을까? 6절은 이에 대해서 분명한 대답을 준다. 남자는 여자와 내내 '함께 있었다'. 남자가 없는 사이에 여자가 단독으로 범행을 저지르고 그 열매를 남자에게 주어 그를 단순한 공범으로 만든 것이 아니다. 비록 주도적인 역할을 하지 않았다 하더라도 남자가 그 자리에 있었던 것은 분명하다.

3장 7절은 금단의 열매를 따먹은 남자와 여자에게 찾아온 첫 번째 변화를 묘사하고 있다. 그들의 눈이 열렸다. 뱀이 약속한 것은 신들만이 소유하는 지식을 얻게 된다는 것이었다. 남자와 여자가 얻게 된 (첫 번째) 지식의 내용은 자신들이 벌거벗고 있다는 것이다. 2장 25절이 유아기적 의식 상태의 남자와 여자에 대한 묘사였다면, 3장 7절은 적어도 성의 분별 측면에서 성인의 인식능력을 갖춘 남자와 여자를 묘사한다. 독자들은 이러한 변화를 아담과 이브의 죄의 결과로 읽지 말아야 한다. 죄의 결과가 아니라 금단의 열매를 먹은 효과이다.

독자들은 또한 이 단락이 성적인 수치심과 죄를 연결하고 있다고 가정하지 말아야 한다. 스키너가 지적했듯이 금단의 열매가 일종의 최음제 효과를 냈다고 추론하는 것은 에덴 이야기 작가가 전달하고자 하는 바를 상당히 왜곡하는 것이다. 이야기의 작가는 남자와 여자가 금단의 열매를 먹음으로써 새로운 지식의 세계를 얻게 되었다는 것의 예로서 성적 지식과 수치심에 대한 인식을 소개하고 있을 뿐이다.[34]

이야기의 내용뿐만이 아니라 화자의 어조를 주의 깊게 읽어내는 독자들은 남자와 여자의 첫 '범죄'에 대한 이야기에 대해 화자 혹은 저자가 아무런 평가나 비난을 하고 있지 않는다는 사실에 놀라게 된다. 인류의 첫 커플이 자신들의 창조주에게 반역을 일으킨 타락 사건과 원죄의 기원에 대한 것인지, 성장과정에서 아이들이 반드시 거처가는 통과의례에 대한 것인지, 아니면 인류 해방의 이야기인지, 혹은 다른 무엇에 대한 이야기인지에 관한 판단은 독자들에게 맡겨졌다. 이어지는 이야기 역시 그렇게 들린다.

한편, 에덴 이야기의 저자는 이야기를 이끌어가는 화자의 대사에서 신의 이름으로 야훼 엘로힘을 쓰고 있지만, 등장인물인 뱀과 여자의 대화에서는 흥미롭게도 엘로힘이라는 이름을 사용한다. 편집의 흔적일까, 아니면 원작자의 깊은 의도가 있는 것일까?

야훼 엘로힘의 질의문답

창세기 3:8~13

8 그들이 그 날 시원한 바람이 불 때 동산(정원)에 거니시는 ~~여호와 하나님~~(야훼 엘로힘)의 소리를 듣고 ~~아담~~(남자)과 그의 ~~아내~~(여자)가 ~~여호와 하나님~~(야훼 엘로힘)의 낯을 피하여 동산(정원) 나무 사이에 숨은지라

9 ~~여호와 하나님~~(야훼 엘로힘)이 ~~아담~~(사람)을 부르시며 그에게 이르시되 "네가 어디 있느냐"

10 이르되 "내가 동산(정원)에서 ~~하나님~~(엘로힘)의 소리를 듣고 내가 벗었으므로 두려워하여 숨었나이다"

11 이르시되 "누가 너의 벗었음을 네게 알렸느냐 내가 네게 먹지 말라 명한 그 나무열매를 네가 먹었느냐"

12 ~~아담~~(남자)이 이르되 "~~하나님~~(엘로힘)이 주셔서 나와 함께 있게 하신 여자 그가 그 나무열매를 내게 주므로 내가 먹었나이다"

13 ~~여호와 하나님~~(야훼 엘로힘)이 여자에게 이르시되 "네가 어찌하여 이렇게 하였느냐" 여자가 이르되 "뱀이 나를 ~~꾀므로~~(부추겨) 내가 먹었나이다"

여기에 나오는 야훼 엘로힘에 대한 묘사는 종교학에서 말하는 신인동형론(anthropomorphism)의 전형이다.[35] 그는 인간이 알아들을 수 있는 말을 하며, 시원하게 바람 부는 저녁나절에 정원에서 산책을 즐긴다. 사람이 숨으면 어디에 있는지 알지 못하며 발생한 사건의

전모를 알지 못해 오히려 사람에게 묻는다. 독자들은 에덴 이야기에 등장하는 신은 기독교가 교리적으로 제시한 전능하고 전지하며 전재하는 신과 다르다는 사실을 기억해야 한다. 이 단락은 정원을 산책하던 야훼 엘로힘이 남자와 여자가 보이지 않자 어디 있느냐고 소리 내어 찾고, 나무 뒤에 숨은 남자가 숨은 상태에서 대답하는 식으로 진행된 질의문답을 소개하고 있다.

남자와 여자가 선과 악의 지식나무 열매를 먹은 것을 정황적으로 알게 된 야훼 엘로힘이 이들을 심문한다. 뱀과 여자의 대화에서 신의 이름이 엘로힘으로만 나오는 것처럼, 남자 역시 여기서 신의 이름으로 엘로힘만을 사용한다. 야훼 엘로힘의 말(명령)을 듣지 않았던 이들은 그의 목소리에 놀라 숨는다. 남자는 엘로힘이 자기와 함께 있게 한 여자에게 화살을 돌리고, 여자는 뱀에게 화살을 돌린다. '뱀이 나를 꾀었다'는 변명이 여자가 뱀의 신탁(천기누설)을 거짓으로 인식하고 있음을 보여주는 것인지는 분명하지 않다. 그녀는 열매를 먹은 후 눈이 밝아졌음을, 즉 자신의 상태가 달라졌음을 이미 의식하였다. 따라서 일단 피하고 보자는 면피용 발언에 가깝다고 볼 수 있다.

실제로 전체적인 텍스트는 뱀의 신탁이 사실로 실현되었음을 보여준다. 여기에 사용된 히브리 단어 나샤(nasha)가 '속이다'의 의미를 전달하는 단어이기에 대부분의 번역자들이 속이다(deceive), 미혹하다(mislead), 혹은 유혹하다(seduce) 등으로 번역하고 있다. 이에 대조적으로 로젠버그(David Rosenberg)는 "말 잘하는 뱀이 내게 주어서 내가 먹었다(the smooth-tongued snake gave me, I ate)"라고 보다 중도적

으로 번역한 바 있다.[36]

여기서는 '꾀므로' 대신에 '설득해서'나 '부추겨'를 사용할 것을 제안한다. 꾀다, 속이다, 미혹하다, 유혹하다 등의 단어들은 여기 사용된 히브리 단어의 일차적 의미를 따르고 있기는 하지만, 뱀의 사탄적 역할을 기정사실화한 기독교의 교리적 발상이 투영된 단어들이다. 이러한 읽기는 에덴 이야기의 저자가 활용하고 있듯이 하나의 단어를 통해 두 가지 혹은 그 이상의 의미 세계를 이끌어내어 독자들에게 아이러니와 뜻밖의 놀라움을 선사하는 것을 막아버린다.

반면 '설득해'나 '부추겨'는 나쁜 의도의 가능성과 그 반대의 가능성을 모두 가진 단어이다. 뱀이 나쁜 의도를 가지고 접근해 여자를 타락의 길로 부추겼다고 읽을 수도 있고, 반대로 뱀이 신으로부터의 인간 해방을 도우려는 의도를 가지고 여자를 이끌었다는 식으로도 읽기가 가능해진다. 이런 어휘의 선택은 독자가 이야기 전체의 흐름과 그 빛 아래에서 나름대로의 신화적 상상력을 발휘하여 이 장면을 읽도록 해준다.

원치 않았던 결과들

창세기 3:14~19

14 ~~여호와 하나님~~(야훼 엘로힘)이 뱀에게 이르시되 "네가 이렇게 하였으니 네가 모든 가축과 들의 모든 짐승보다 더욱 저주를 받아 배로 다니고 살아 있는 동안 흙을 먹을지니라

416

15 내가 너로 여자와 ~~원수가~~(적이) 되게 하고 네 후손도 ~~여자~~(그녀, her)의 후손의 ~~원수가~~(적이) 되게 하리니 ~~여자의 후손은~~(그들이) 네 머리를 상하게 할 것이요 너는 그(들)의 발꿈치를 상하게 할 것이니라" 하시고

16 또 여자에게 이르시되 "내가 네게 ~~암신하는 고통을~~(산고를) 크게 더하리니 네가 고통 가운데 자식을 낳을 것이며 너는 남편을 ~~원하고~~(에게 순복하고), 남편은 너를 다스릴 것이니라" 하시고

17 아담(남자)에게 이르시되 "네가 네 ~~아내~~(여자)의 말을 듣고 내가 네게 먹지 말라 한 나무의 열매를 먹었은즉 땅은 너로 말미암아 저주를 받고 ~~너는 내 평생에 수고하여야 그 소산을 먹으리라~~

18 ~~땅어~~ 네게 가시덤불과 엉겅퀴를 낼 것이라 네가 먹을 것은 밭의 채소인즉

19 네가 흙(땅)으로 돌아갈 때까지 ~~얼굴~~(코)에 땀을 흘려야 ~~떡을 것~~(밥)을 먹으리니 네가 그것에서 취함을 입었음이라 너는 흙이니 흙으로 돌아갈 것이니라" 하시니라

사건의 전모를 파악한 야훼 엘로힘이 내린 형벌과 저주들을 기록하고 있는 이 단락에서 우선적으로 눈에 띄는 것이 있다. 남자와 여자와는 달리 (말을 잘 할 수 있는) 뱀에게는 소명(변명)할 기회를 주지 않고 바로 저주가 내려졌다는 사실이다. 그리고 남자와 여자에게는 형벌만 내려지고 저주가 내려지지 않은 대신 땅에게 저주가 내려졌다는 것이다. 금단의 열매를 먹으라 부추긴 뱀은 다리를 잃게 된다. 그리고 일생을 배로 기어 다니며 흙을 먹고 살아야 한다. 모든 동물

중에서 가장 현명한 동물이었던 뱀은 이렇게 모든 동물 중에서 가장 비참한 존재가 되었다.

교부 이레니우스가 이를 처음으로 지적한 후 뒤에 이어지는 3장 15절은 더욱 주의해서 읽어야 할 구절이 되었다. 이 구절은 많은 보수적 해석가들이 동정녀의 아들인 그리스도와 사탄의 싸움을 예언하는 '원복음(Protevangelium)'이라 칭해진다. 우선 '여자의 후손(woman's seed)'은 히브리 원전의 '그녀의 후손(her seed)'이라는 문구를 문법에 따르지 않은 채 번역한 표현이다. 이레니우스가 이 문구를 '여자의 후손'으로 인용한 이후 전문적 신학용어로 정착되면서 이 구절은 뱀에게 내려진 저주의 말이기보다는 그리스도에 대한 약속의 말로 해석되었다.[37]

씨(seed)나 자손(offspring)을 뜻하는 '후손'의 히브리 단어 제라(zera)는 집합명사이다. 한 사람을 특정적으로 가리키는 것이 아니라 후손으로 오는 모든 이들을 가리킨다. 뱀의 후손 역시 집합명사이다. 거의 모든 성경 번역본들이 '너의 후손과 그녀의 후손'으로 옳게 번역하고 있으며, 세 번째 행에 '여자의 후손'을 복수로 받아 "그들이"로 정당하게 번역하고 있다. 그런데 히브리 원전은 물론 그리스어 70인역 성경, 라틴어 불가타 성경, 독일어 루터 성경, 그리고 권위 있는 모든 영어 성경들에 나오지 않는 문구인 '여자의 후손'을 유독 우리말 성경은 두 번에 걸쳐 사용하여 특별한 의미를 부여하고 있다. 이 구절의 바람직한 번역은 다음과 같이 집합명사인 후손(씨)을 복수로 받는 것이다.

"내가 너로 여자와 적이 되게 하고, 네 후손도 그녀의 후손의 적이 되게 할 것이다. 그들이 네 머리를 상하게 할 것이요, 너는 그들의 발꿈치를 상하게 할 것이다"

이 외에도 이 구절이 그리스도와 사탄의 싸움을 예언하는 것이라 볼 수 없는 많은 이유들이 있다. 그 중 가장 큰 이유는 뱀이 사탄이라 한다면 결과적으로 뱀을 창조한 야훼 엘로힘이 사탄의 아버지가 되기 때문이다. 3장 1절에 대한 설명에서 언급한 것처럼, 〈창세기〉본문은 뱀을 소개하면서 '야훼 엘로힘이 지은 들짐승들 중 가장 영특한 동물'이라 묘사하고 있다. '원복음'을 주장하는 이들이 맞다면 야훼 엘로힘은 여자의 후손의 기원자가 될 뿐만이 아니라 사탄의 기원자가 된다. 그러나 이 해석 전통과는 다르게 〈창세기〉본문 어디에도 뱀이 사탄의 아들이라는 증거나 흔적은 없다.[38]

원복음 사상은 사탄을 창조해 인류를 죄와 죽음의 재앙 속에 빠지게 하고는 이 인류를 구원하겠다고 자신의 아들을 세상에 보내 죽게 하는 신을 칭송하는, 그런 납득하기 힘든 이야기 구조를 가지고 있다. 또한 바울이 주장하고 있듯이, 죽음은 신의 궁극적인 원수이며 이 '죽음을 작살내야'(고린도전서 15:26) 모든 드라마가 종결되는 것 아닌가? 죽음을 창조한 이도, 죽음을 이용한 이도, 결국 죽음과 싸워 이겨야 할 이도 신이라는 논리는 전혀 이성적이지 않은 설정이다. 성 어거스틴은 이 모순을 해결하기 위해서 하나님이 아담과 이브가 죄를 짓도록 그냥 둔 것이라 한다. 그리하여 이를 통해 더 나은 유익을 인류에게 전해주기 위해서라는 것이다. 하지만 이

는 어불성설이다.[39]

전능하고 전지하다는 신이 왜 이렇게 복잡하고 힘들게 일을 처리해야 하는가? 만일 죄를 범한 아담(인류)에게 신이 벌로 죽음을 부과했다면 그냥 거두어들이면 되지 않는가? 자신의 아들을 내어주는 것도 모자라 마지막 날에 궁극적으로는 본인이 나서서 무력화시켜야 할 적이라면 애초에 그리 막강한 상대를 왜 존재하게 했다는 말인가? 상대하기 힘든 적을 만들고 이를 힘겹게 물리쳐야 하는 이유가 무엇인가? 창조의 자리에서 인류 멸망의 길을 기획하고 종말의 때에 극적인 반전을 이루어낼 사건을 꿈꾼 조물주를 과연 선하다고 볼 수 있는가?

원복음 사상은 텍스트 해석의 오류에 근거할 뿐만이 아니라 이렇게 대단히 불행하며 불경스런 생각이다. 14절은 많은 동물들 중에 유독 뱀은 왜 다리가 없이 배로 다니게 되었는가를 설명하고자 하는 기원론적(aetiological) 관심이 반영되었다. 15절 또한 뱀에 대한 공포와 적개심을 반영하고 있는 구절로 읽는 것이 가장 자연스럽다.[40] 사막을 많이 여행해야 하는 유목민들의 발꿈치를 물어 때론 치명적인 피해를 입히는 뱀 말이다.

16절 '임신하는 고통'은 다소 어색한 번역이다. '해산하는 고통'이나 산고로 옮겨야 한다.[41] 고통을 '크게 더한다'는 문구는 남자와 여자가 신의 명령을 어기기 전에도 고통이 존재했음을 알린다. "너는 남편을 원하고 남편은 너를 다스릴 것이니라"에 나오는 '원하고'로 번역된 히브리 단어 '테슈콰(teshuwqah)'는 일차적으로 '바란다(desire, longing)'의 뜻을 가지고 있다. 그러나 이 구절의 맥락과 4

장 7절의 예에서 볼 때 무엇을 '바란다'의 의미를 내포한다고 보기는 힘들다. 이 두 가지 사례 모두에서 이 단어는 한 대상이 다른 대상을 다스리고 지배하는 맥락에서 사용되었다. 따라서 복종을 의미하는 단어로 번역하는 것이 보다 자연스럽다.

이 문구의 맥락이 임신과 출산에 관한 구절이므로 '원하다'로 번역할 경우, 여자의 성에 대한 지배권이 남자에게 있다는 의미를 뜻한다. 가령 여성은 성교에 있어, 혹은 보다 광의로 해석하여 성과 임신 그리고 출산의 과정에서 남성의 지배(돌봄)를 받아야 한다는 뜻이 된다. 이로써 성적인 주도권을 제외한 영역에서 남성과 여성은 평등하다는 해석이 가능해지지만 에덴 이야기의 텍스트가 기록될 당시 가부장적 문화환경을 생각한다면 이는 꿈 같은 이야기이다. 에덴 이야기의 작가는 혹 여성이었을까?

17절의 남성에게 내려지는 형벌은 남자의 노동(경제활동)에 한 가정의 생계가 달려 있다는 인상을 받게 된다. 고대 이스라엘 왕국이 가정뿐만 아니라 사회와 문화, 정치 일반에 걸쳐 남성이 주도하는 사회였다는 것을 생각해보라. 여자는 모든 면에서 남자의 결정에 따라야 한다는 것이 인류 기원 때부터 신의 형벌로 결정된 것이라고 알림으로써 가부장 제도를 강화하는 구절이라고 이해하게 된다.[42]

17절 "너는 네 평생에 수고하여야 그 소산을 먹으리라"는 구절은 후대의 편집자가 첨가한 것으로 19절과 중복되며, 이 구절을 삭제하고 읽으면 "땅은 너로 말미암아 저주를 받아 (18절) 땅이 네게 가시덤불과 엉겅퀴를 낼 것이라"라고 보다 자연스럽게 이해할 수 있다. 19절의 "얼굴에 땀을 흘려야"의 얼굴은 '아프(aph)'를 번역한 것으로 이마나 얼굴보다는 코로 번역하길 제안한다. 모든 번역가들과 주석가들이 이를 놓치고 있다. 2장 8절에 야훼 엘로힘이 생명의 숨을 불어넣은 곳이 동일한 단어 '아프'이며 이 구절에서는 모든 성경들이 이를 코로 번역하고 있다. 얼굴이라는 단어는 이 텍스트에 여러 번 나오지만 '파님(paniym)'이라는 단어가 일관되게 나온다. 얼굴 대신에 코를 사용한다면, 땅의 흙에서 나와서 그 콧속으로 생명의 숨이 들어가 살게 된 사람이 평생 땅을 갈며 콧등에 땀을 흘리다가 땅으로 돌아가야 한다고 자연스럽게 읽힐 수 있다.

"먹을 것을 먹으리니"의 '먹을 것'은 일반적인 음식을 뜻하는 말로 영어성경에서는 food(음식)나 bread(빵)로 번역되지만 밥을 주식으로 하는 우리 문화적 상황과 에덴 이야기의 농경문화 배경을 고려해 "밥을 먹으리니"로 번역해도 좋을 듯하다. '흙에서 왔으니 흙으로 돌아갈 것이다'는 문구가 제시하듯, 인간의 '자연적 불멸성'은 에덴 이야기 작가가 그리고자 한 인간의 본질이 결코 될 수 없다. 에덴 이야기의 작가는 2장 17절의 경고에 나오는 "너는 정녕 죽을 것이다"의 의미를 여기에서 상세히 설명한다. 지식나무의 열매를 먹기 전 사람은 죽음의 개념을 이해할 수 없었다. 그러나 지식나무의 열매를 먹은 그에게 이해의 눈이 열렸다. 그는 정녕 죽게 될 것이다. 죽음이 그의 현실적 문제가 될 것이다. 흙에서 온 존재는 반드시 흙으로 돌아가게 될 것이다.[43]

이브, 살아 있는 모든 것들의 어머니

창세기 3:20

20 ~~아담~~(남자)이 그의 ~~아내~~(여자)의 이름을 ~~하와~~(이브)라 불렀으니 그는 '~~모든 산 자~~(살아 있는 모든 것들)의 어머니'~~가 됨이라라~~(였기 때문이었다)

에덴 이야기를 현재의 텍스트로 읽을 때 흥미로운 것이 있다. 잘 못한 것에 비해 지나치게 무거운 형벌을 받은 다음에 남자가 보인 반응이다. 야훼 엘로힘의 저주와 형벌 선고가 끝나자마자 남자는 이에 전혀 개의치 않는 듯 '이름 짓기의 달인' 능력을 발휘하여 자신의 여자에게 이름을 지어준다. 그것도 매우 거창하며 영예로운 '살아 있는 모든 것들의 어머니'라는 뜻이 담긴 하와(이브)라는 이름 으로. 자신의 선택에 대한 일말의 반성이나 후회도 보이지 않는다. 당연히 이야기의 진행에 어울리지 않는 설정이다.

문법적인 측면에서 이 구절에는 두 가지 문제가 있다. 첫째는 시 제의 문제다. 이 구절은 문법에 따라 "남자가 자신의 여자의 이름 을 이브라고 불렀다. 이는 그녀가 살아 있는 모든 것들의 어머니였 기 때문이다"로 번역된다. 독자들은 이브라고 부르게 된 이유를 말 하는 자리에 과거 시제가 사용되고 있다는 점을 주의해서 읽어야 한다.[44] 남자는 이브가 살아 있는 모든 것들의 어머니였다는 것을 과거부터 알고 있던 것처럼 말한다. 그녀가 아직 아이를 낳는 생명 활동을 하기 전인데도 말이다. 그런데 그는 어떻게 그녀가 살아 있는 모든 것들의 어머니'였던' 사실을 알게 되었단 말인가?

따라서 이 구절은 남자의 대사가 아니고 화자의 대사로 보아야 한다. 남자의 대사였다면 미래 시제를 써서 "이는 그녀가 살아 있는 모든 것들의 어머니가 될 것이기 때문이라"고 말해야 했다. 둘째로, '이브=살아 있는 모든 것들의 어머니'라는 등식이다. 영어로 이브라 번역되는 히브리 단어 '하와'의 뜻은 '살아 있는 자(the living)' 혹은 '생명(life, 라틴어 성경은 Zoe로 번역, Eve는 영어식 음역)'이다. 이름과 타이틀이 정확하게 일치하지 않는다.[45] 이 문제는 "이는 그녀가 살아 있는 모든 것들의 어머니였기 때문이다"라는 문구를 에덴 이야기의 작가가 고대문헌에서 차용하여 화자의 대사로 만들었다고 보면 간단히 해결된다.[46]

신화적 관점에서 볼 때 '살아 있는 모든 것들의 어머니'는 실상 땅의 여신, 생명의 여신의 타이틀이다. 죄에 대한 형벌이 내려지는 장면과 에덴에서 추방되는 장면 사이에 남자가 자신의 여자에게 이러한 영예로운 이름을 주었다는 설정은 대단히 부자연스럽다. 내용적으로 볼 때도 여자가 아직 임신하고 해산하는 생명 활동을 하기 전이다. 이 같은 이름을 주는 것은 아이를 생산하는 장면에서만 주어질 수 있다.[47] 더군다나 주인공인 남자 이름이 여전히 공개되지 않은 상태에서 여자에게만 이러한 이름을 붙여주는 것은 다소 뜬금없는 일이다.[48] 따라서 학자들은 편집을 거치기 전의 에덴 이야기 원작에서 이 구절은 이브가 가인을 생산한 것을 알리는 4장 1절의 앞이나 후에 나왔을 것이라 가정한다.[49] 여기에서는 4장 1절 다음으로 옮기고자 한다.

신의 후속 조치

21 ~~여호와 하나님~~(야훼 엘로힘)이 ~~아담~~(사람)과 그의 ~~아내~~(여자)를
위하여 가죽옷을 지어 입히시니라

22 ~~여호와 하나님~~(야훼 엘로힘)이 이르시되 "보라 이 사람이 선악
을 아는 일에 우리 중 하나 같이 되었으니 그가 그의 손을 들어 생
명나무 열매도 따먹고 영생할까 하노라" 하시고

23 ~~여호와 하나님~~(야훼 엘로힘)이 에덴동산(정원)에서 그를 내보내
어 그의 근원이 된 땅을 갈게 하시니라

24 이같이 ~~하나님~~(야훼 엘로힘)이 그 사람을 쫓아내시고 에덴동산
(정원) 동쪽에 그룹들과 두루 도는 불칼을 두어 생명나무의 길을
지키게 하시니라

'범죄'의 주범자들에게 가혹한 저주와 형벌을 내린 야훼 엘로힘
은 두 가지 후속조치를 취한다. 하나는 나뭇잎으로 엉성하게 옷을
만들어 성기를 가리고 있는 남자와 여자에게 짐승의 가죽으로 된
옷을 지어 입힌 것이다. 물론 진행되고 있는 이야기 맥락에서 볼 때
다소간 생경한 느낌을 준다. J의 원작에서는 아마 다른 곳에 위치했
을 가능성이 있다.[50] 이 구절에는 모든 문물이 신들에게서 유래되
었다는 고대인들의 관점이 배어 있다. '입혔다'는 문구는 엄마가 아
기에게 옷을 입히는 것처럼 야훼 엘로힘이 직접 남자와 여자에게
옷을 입혔다는 뜻이다. 독자들은 작가가 야훼 엘로힘을 자상한 어

머니의 모습으로 그리고 있다고 생각할 필요는 없다.

J의 태고사에 등장하는 신인 야훼는 자신의 손으로 진흙을 이기고, 코에 입을 대고 숨을 불어 넣고, 저녁나절 선선한 때에 산책을 즐기며, 사람이 안 보이면 소리 질러 찾고, 대홍수 때는 노아의 식구들과 동물들이 모두 방주에 들어가자 손수 방주의 문을 닫아준다. 그가 남자와 여자에게 손수 옷을 입히는 장면은 마찬가지로 신인동형론적 표현의 예이다.[51] 제대로 된 옷을 입게 됨으로써 남자와 여자는 이제 진정한 인간이 되었다.

짐승의 가죽을 벗겨 옷을 만드는 과정에 동물들의 죽음이 초래되었을 것이다. 성서가 소개하는 인류의 첫 번째 살인자는 〈창세기〉 4장의 주인공인 가인이지만, 창조된 우주에서 처음으로 살생을 한 이는 창조주인 야훼 엘로힘이 된다. 신이 동물의 가죽을 벗겨 인간에게 옷을 만들어 입혔다는 것을 어떻게 해석하든 간에 이 사건은 죽음의 현상이 자연에 내재하고 있다는 사실을 보여준다. 타락 이전에도 고통이 존재했듯이 죽음은 자연의 일부로 존재했으며, 동물을 죽여 인간에게 옷을 만들어 입힌 신의 행위나 아래에 나오는 것처럼 가인의 아우 아벨이 기르던 동물을 잡아 기름진 부위를 잘라 신에게 바치는 이야기 역시 이러한 자연의 원리에 토대를 두고 있다.[52] 사람에게 옷을 만들어주는 과정에서 희생당한 동물이 예수 그리스도의 죽음을 예견한다는 해석도 있고, 이 옷의 재료로 사용된 것이 다름 아닌 뱀의 가죽이었다고 주장하는 이들도 있지만 이는 얼토당토아니한 교리적 해석이다.

야훼 엘로힘의 두 번째 후속조치는 사람을 에덴의 정원에서 내보내고, 정원 밖에서 생명나무에 이르는 길을 차단하는 것이다. 그런데 이 장면을 전하는 3장 22~24절은 이야기의 전개 측면에서 상당히 부자연스럽다. 우선 에덴 이야기의 핵심 사건과는 전혀 관련이 없는 생명나무가 갑작스럽게 등장한다. 위에서 살폈듯이 2장 9절은 정원의 중앙에 생명나무와 지식나무가 함께 자라났다고 말한다. 그중 지식나무만이 금단의 열매로 지정되었다. 그런데 3장에서 뱀과 대화를 나누는 여자는 정원의 중앙에 한 그루의 나무만이 있다고 알고 있다. 어떤 나무인지 직접적으로 가리키지는 않지만 문맥적으로 볼 때 지식나무다(3:3, 11, 17). 이 단락에 이르기 전까지 생명나무는 따로 언급되거나 등장하지 않았기 때문이다.

생명나무 역시 처음부터 금단의 열매로 지정되었을 것이라는 가정도 가능하지만, 그렇다면 에덴 이야기의 저자가 이에 대한 아무런 언급도 하지 않는 것은 이해하기 힘들다. 따라서 에덴의 정원에서 발생한 중심 사건과 관련 없는 생명나무가 갑자기 전면에 등장하는 이 단락에서 학자들은 편집의 흔적을 발견하였다.[53]

스키너와 베스터만이 지적했듯이 "사람이 에덴을 나가서 땅을 갈게 되었다" 말하는 23절은 "땅에서 왔으니 땅을 갈라"는 형벌을 내리는 19절을 바로 이어서 읽을 때 가장 자연스럽다. 그리고 사람을 에덴의 정원에서 내보내 생명나무에 손을 대지 못하게 하자고 모의하는 22절과, 정원을 나온 사람이 생명나무의 열매를 먹기 위해 다시 돌아오지 못하도록 특별장치를 마련하는 24절을 이어서 읽어도 자연스럽다. 하지만 사이에 23절이 끼어 있어 흐름이 단절된다. 물론 이러한 부자연스런 작성은 생명나무를 갑작스럽게 등장시키는 과정에서 초래되었을 것이라 추정된다. 스키너는 따라서 이 대목에 등장하는 신들의 '생명나무 지키기' 미션은 원작자의 작품으로 보기 힘들다고 생각한다.[54] 그러나 이 문제와 더불어 20절과 21절의 첨가로 인해 이야기의 흐름이 생뚱맞게 끊기는 문제는 23절을 24절 다음으로 옮기면 다소간 해소될 수 있다.

우선 23절을 24절 뒤로 옮길 경우 두 구절 사이에 존재하는 모순이 상당부분 해결된다. 두 구절 모두 화자의 대사인데, 23절은 '야훼 엘로힘'이 에덴의 정원에서 그를 '내보냈다'고 밝히지만, 24절은 '엘로힘'이 그를 '쫓아냈다'고 쓰고 있다. 23절의 '내보내다'는 에덴의 정원을 나가게 된 것을 중도적으로 표현하는 반면, 24절의 '쫓아내다'는 강제성을 보다 강조하는 표현이다. '내보내다'는 돌아올 수 있는 가능성을 열어두고 있지만, '쫓아내다'는 완전한 추방을 말함으로써 귀향 가능성을 전적으로 차단한다. 더욱이 24절은 엘로힘이 스핑크스 같은 신수(神獸)인 그룹들을 세워 지키게 하고 또한 '두루 도는 불칼'을 배치해 정원 밖에서 생명나무로 이르는 길을 차단하였다고 전한다.[55]

23절은 정원을 나가게 된 사람이 밖에서 하게 될 일에 관심을 보이고 있지만(사실 땅을 갈게 하기 위해 밖으로 내보내는 것처럼 보인다), 24절은 정원 밖으로 나가게 될 사람이 딴 마음을 품고 돌아와 생명나무의 열매를 약탈할 가능성에 관심을 보이고 있다. 이러한 이유들을 고려한다면, 23절에서 이미 근사하게 종결된 이야기를 다시 부연함으로써 자연스런 읽기를 깨뜨리는 24절을 후대에 추가한 것이라고 생각된다. 하지만 23절을 24절 뒤로 옮길 경우 이러한 문제는 크게 부각되지 않는다. 22절과 24절이 하나의 구성단위로 잘 어울리고, 24절 다음으로 옮긴 23절이 에덴 이야기 1막과 2막 전체의 훌륭한 결론이 되기 때문이다.

22절에서 야훼 엘로힘은 정원에 있는 다른 신적 존재들과 사람을 어떻게 처리할지 의논한다. "우리 중 하나 같이"라는 문구는 에덴의 정원이 신들의 세계임을 보여준다.[56] 22절에 이어 읽으면 24절에서 독자들은 신들이 자신들의 결정을 단호하게 시행했노라는 화자의 목소리를 듣게 된다. 또한 그룹들과 화염검의 설치에 대한 이야기도 부가적으로 듣게 되면서 사건을 더욱 생생히 그리게 된다. 그런 다음 24절 뒤로 옮겨온 23절에서 이렇게 진행된 사건에 대한 화자의 결론적 해설을 듣게 된다. 그 해설이란 야훼 엘로힘이 이렇게 일을 처리하여 사람은 에덴의 정원에서 나와 땅을 가는 일을 하게 되었다는 이야기다.

24절 다음으로 옮겨서 읽을 때 23절은 에덴의 정원 안에서 발생한 이야기 전체의 훌륭한 결론이 될 수 있다. 창조 이전 세계에 대한 묘사에서 에덴 이야기의 작가는 아직 '땅을 갈 사람이 없었다'(2:5)고 말한다. 흙으로부터 온 사람(2:7)은 에덴의 정원 안으로 들어와 에덴의 땅을 '갈게'(2:15) 된다. 에덴의 정원 밖으로 나간 사람이 해야 할 일은 당연히 땅을 가는 일이다(3:23). 에덴 이야기 1막과 2막을 하나의 이야기로 묶어주는 이 같은 구조는 대단히 자연스럽고 탁월하다.[57]

한편, 에덴정원 안에서의 사건을 다루는 2~3장의 등장인물들은 엘로힘을 단독적인 신의 이름으로 사용하였지만 이 이야기의 얼개가 되는 모든 구절들, 즉 화자가 들려주는 해설과 진행 부분에 나오는 신의 이름은 예외 없이 야훼 엘로힘이라고 썼다. 24절은 화자의 목소리로 들려질 대사임에도 엘로힘만을 단독으로 사용함으로써 그간의 글쓰기 규칙에서 크게 벗어났다. 더욱이 이 구절 바로 뒤에 나오는 4장 1절에서 가인을 낳은 이브는 신의 이름을 야훼라 부른다. 가인과 아벨의 이야기에서 신의 이름은 한 곳(4:25)을 제외하고 언제나 야훼이다. 화자의 대사라는 점과 이야기의 앞과 뒤를 고려할 때, 신의 이름으로 갑자기 엘로힘만을 단독으로 사용하는 것은 자연스런 흐름을 깬다. 편집이나 필사 과정에 발생한 단순한 오류로 보고 엘로힘 앞에 야훼를 첨가하는 것도 좋겠다.

여자에게 이브라는 이름을 주는 3장 20절은 이브가 아들을 낳는 4장 1절 다음으로 옮기고, 야훼 엘로힘이 남자와 여자에게 가죽옷을 만들어 입히는 장면인 21절의 자리는 현재의 자리에 두기로 한다. 그 이유는 베스터만의 제안에서 알 수 있다. 여전히 부자연스럽지만 19절에 이어서 바로 읽을 경우 '남자와 여자는 신의 애정이 담긴 형벌을 받는다'는 읽기가 가능해지므로 현재 자리도 적당하기 때문이다.[58] 이 같은 재구성을 토대로 이 단락을 다시 읽으면 다음과 같이 된다.

19 ……너는 흙이니 흙으로 돌아갈 것이다.

20 (4장 1절 다음으로 옮김)

21 야훼 엘로힘이 사람과 그의 여자를 위하여 가죽옷을 지어 입혔다.

22 그리고 야훼 엘로힘이 "보라 이 사람이 선과 악을 아는 일에 우

리 중 하나 같이 되었다. 이제 그가 손을 들어 생명나무 열매도 따 먹어 영원히 살게 되는 일은 없어야 한다" 말하며

24 (23절과 자리를 바꿈)그 사람을 쫓아내고 에덴정원 동쪽에 그룹들과 두루 도는 불칼을 두어 생명나무의 길을 지키게 하였다.

23 이같이 (야훼) 엘로힘이 그를 에덴정원에서 내보내어 그의 근원인 땅을 갈게 했다.

4장

1 사람이 그의 여자와 동침하니 그가 임신하여 가인을 낳고 외쳤다. "내가 야훼와 마찬가지로 남자를 창조하였다!"

(3:20) 남자가 자신의 여자 이름을 하와라 불렀다. 이는 그녀가 '살아 있는 모든 것들의 어머니'가 되었기 때문이었다.

2 그가 또 가인의 아우 아벨을 낳았다.

가인과 아벨의 출생

창세기 4:1~2

1 아담(사람)이 그의 아내(여자) 하와와 동침하매 하와(그녀)가 임신하여 가인을 낳고 이르되 "내가 여호와로 말미암아 득남하였다" (내가 야훼처럼 남자를 창조하였다!) 하니라

3:20 아담이 그의 아내의 이름을 하와라 불렀으니 그는 모든 산 자의(살아 있는 모든 것들의) 어머니가 됨이더라

2 그가 또 가인의 아우 아벨을 낳았는데(다) 아벨은 양 치는 자였

정원 밖으로 나온 사람과 그의 여자는 가인과 그의 동생 아벨을 낳는 것으로 에덴 이야기 3막이 시작된다. '동침하매(knew)'의 시제는 많은 주석가들이 그다지 신경쓰고 있지 않지만 대과거 혹은 과거완료 시제이다.[59] 이는 남자와 여자의 동침이 이미 과거에, 즉 에덴의 정원 안에서 (여자를 처음 인계 받은 후, 아니면 금단의 열매를 먹은 후?) 행해졌다는 말이 된다.[60] 이 시제의 선택은 에덴 이야기 작가의 탁월한 이야기 구성력을 보여준다. 에덴의 정원 안에서 발생한 일과 밖에서 발생하게 될 일이 하나의 이야기로 묶인다.[61]

고대 해석가들은 아벨의 출산에 대한 묘사는 동침, 임신, 출산의 과정에 대한 언급이 없는 것으로 미루어 가인과 아벨은 쌍둥이였을 가능성을 제시하였다. 그러나 3장 20절을 4장 1절과 2절 사이에 위치시키면 가인과 아벨을 쌍둥이로 보는 문제는 간단하게 해결된다. 하와(이브)라는 이름이 여자가 가인을 낳은 후에 주어진 것으로 본다면 1절에 사용된 이브라는 이름은 여자라는 말로 대체될 필요가 있다.

가인을 낳은 여자가 외친 기쁨의 탄성 "내가 여호와로 말미암아 득남하였다"는 폰 라드(Von Rad)가 '이 작은 문장의 모든 단어가 어렵다'[62]고 말한 것처럼 상당한 번역의 어려움을 주는 구절이자 동시에 매우 흥미로운 부분이다. 대부분의 번역성경들이 옳게 관찰하고 있듯이(아래를 참고하라) "내가 여호와로 말미암아 득남하였다"는 일반적인 출산을 뜻하지 않는다. '득남'은 남자아기를 낳았다는 의

미이지만 여기에 사용된 단어는 성인남성을 가리키는 '남자(ish, the man)'이다. 여자는 여기서 사내아이를 낳은 것이 아니라 성인남성을 창조·생산했다고 외친 것이다.[63]

'여호와로 말미암아(개역개정)'의 영어식 표현은 'with the help of Yahweh'로 '야훼의 도움으로'라는 뜻이다. 이는 여자에게 내려진 형벌 중 하나가 출산의 고통이었음을 상기할 때 납득하기 힘든 설정이다. 남자와 여자는 형벌을 받아 에덴에서 추방되었고 여자가 산고를 겪고 있다면 이것 역시 형벌의 일부다. 야훼가 신들의 정원인 에덴을 걸어 나와 여자가 몸을 풀고 있었을 인간의 주거지로 와서 산파 일을 하는 모습은 상상하기도 힘들다.

"야훼로 말미암아"의 원전 문구는 '에쓰 야훼(e'th Yahweh)'이다. 현대의 성서 번역가들은 대략적으로 다섯 가지 방향으로 이 문구를 번역하였다.

첫째, 그리스어 70인역 성경이나 라틴어 불가타 성경의 예를 따라 이를 'with Yahweh(야훼와 함께)'나 'from Yahweh(야훼로부터)'로 번역하는 것이다.

"I have gotten a man from the Lord." _ King James Version

"I have acquired a man from Adonai." _ Complete Jewish Bible

"I have acquired a man with Jehovah." _ Darby Bible Translation

둘째, '야훼'와 '함께' 사이에 '도움으로(the help of)'를 첨가하여 이를 '야훼의 도움으로'라고 번역하는 것이다. 많은 번역본들이 이러한 방향으로 번역하였다.

"I have produced a man with the help of the Lord."

— New Revised Standard Version

"With the help of the Lord I have brought forth a man."

— New International Version

"I have gotten a man with the help of Jehovah."

— American Standard Version

"With the Lord's help, I have produced a man!"

— New Living Translation

"I have gotten a man with the help of the Lord."

— English Standard Version

"I have had a male child with the Lord's help."

— Holman Christian Standard Bible

"I have given birth to a man with the help of Yahweh."

— Lexham English Bible

"With the Lord's help I have had a baby boy."

— New International Reader's Version

"Look, I have created a new human, a male child, with the help of
the Eternal."   — The Voice

"내가 여호와로 말미암아 득남하였다."   — 개역개정판

"주님의 도우심으로 내가 남자 아이를 얻었다"   — 새 번역

"내가 여호와의 도움으로 남자 아이를 얻었다"   — 공동번역

셋째, 'from'이나 'with' 대신에 'by' 등의 전치사를 사용한 번역이다. 이 번역에 따르면 야훼가 가인의 생물학적인 아버지처럼 읽힐 수 있다.

I have gotten a man by Jehovah

-Young's Literal Translation

I have gained a man by the Lord

-Jubilee Bible 2000

넷째, 종교개혁자 루터의 예를 따라 한 번역이다. 루터는 "Ich hab vberkomen den man des Herren(I have aquired the man of the Lord, 내가 주의 남자를 획득했다)"라고 번역하였다. 가인을 3장 15절에 약속된 여자의 후손(즉 하나님의 아들)이라고 해석한 것이다.[64]

"I have given birth to a male child of the Lord."

-International Standard Version

"I have gotten the man that the Lord promised."

-God's Word Translation

다섯째, 히브리어 전치사 '에쓰(eth)'가 영어의 with나 from, 혹은 by뿐만이 아니라 'equally as(~와 마찬가지로)'로 읽힐 수 있다는 언어적 측면을 고려하여 번역하는 것이다.

"I have created a man just as the Lord did!"

- New English Translation

　'야훼와 함께'나 '야훼로부터'로 번역할 경우, 이브와 야훼가 가인의 임신과 출산에 동역(?)하였다는 말이 될 수 있다. '야훼에 의해서'는 보다 직접적으로 야훼를 가인의 생물학적 아버지로 명시하는 번역이 될 수 있다. 대부분의 성서 번역본들은 이를 수용할 수 없기 때문에 원어에 나오지 않는 문구를 첨가하여 야훼의 '도움으로(the help of)'로 의역하는 것을 선호한 것이다.[65] 가인의 생물학적 아버지로 야훼를 암시하거나 명시하는 번역을 신학적 교리적 이유로 수용할 수 없다면 대안은 NET성서처럼 'just as(~와 똑같이)'로 번역하는 것이다. 이렇게 읽으면 '야훼가 한 것처럼 그렇게 나도 남자를 창조했다!(I have created a man just as the Lord did)'로 번역할 수 있다.

　J문서만을 번역하여 《Book of J》를 편찬한 로젠버그도 이 구절을 "I have created a man as Yahweh has"로 번역했으며, 〈창세기〉에 사용된 각 문서를 분류하고 번역한 스테판 미첼(Stephen Mitchell)도 NET성서와 동일하게 번역하였다.[66] 현대의 저명한 주석가들 중에도 이 같은 식으로 번역한 이들이 많다.[67]

　특별히 '모든 생명의 어머니'인 이브는 전 장에서 살펴보았듯이 고대 메소포타미아 신화들에 등장하는 출산의 여신 닌투나 닌티를 모델로 한다. 단순한 여자가 아닌 것이다. 따라서 이브에게는 생명을 창조하는 여신의 잔영이 작가의 탈신화화 작업에도 불구하고 여전히 스며있다고 볼 수 있다. 이브는 야훼가 남자(아담)를 창조한 것처럼 자신도 남자를 창조했다고 외쳤다.[68] 이 대목에서 여자의 신비스런 생명 창조를 지켜본 남자가 그녀에게 '살아 있는 모든 것들의 어머니'라는 영예로운 이름을 주게 된 것 또한 전혀 이상하지 않게 읽힌다.

〈창세기〉4장에서 신의 이름으로 '야훼'가 단독으로 사용되고 있다는 것을 주목하라. 가인이라는 이름은 일차적으로 '창조된 자(He who is created)' 혹은 '내가 습득했다(I got it, I gained it)'라는 뜻이며, 금속과 불을 다루어 무기나 연장을 만드는 대장장이를 뜻하기도 한다. 아벨은 짧게 있다 사라지는 입김이나 안개라는 뜻이다. 가인의 출생이 어머니 이브의 대단한 기쁨과 자부심의 탄성 속에 이뤄진 것에 비해 아벨의 존재감은 대단히 미미하다. 그는 처음부터 '그의 아우'로만 등장하며 자신의 이름처럼 말 한마디 남기지 않고 사라진다.

2절 하반절 "아벨은 양 치는 자였고 가인은 농사하는 자였더라"는 가인과 아벨이 다른 음식을 신에게 바치게 된 것에 대한 설명인데, 이는 후대에 첨가되었을 것이 분명해보인다. 특히 동생 아벨의 이름을 먼저 거명한다는 점, 가인은 농사를 하는 자였다는 불필요해 보이는 설명(땅을 가는 직업은 고대사회 모든 사람들의 공동직업이다), 더욱이 이 어절의 첨가로 인해 2절과 3절의 자연스런 읽기가 방해받고 있다는 점 등은 이 문구가 후대에 첨가된 것임을 보여준다.[69]

야훼에게 바친 선물과 결과

창세기 4:3~5

3 세월이 지난 후에 가인은 땅의 소산으로(중에서) 채물(선물)을 삼아 여호와(야훼)께 드렸고(가져왔고)

4 아벨은 자커도 양의 첫새끼와 그 기름(진 부위)으로(를) 드렸더니(가져왔더니) 여호와(야훼)께서 아벨과 그의 채물(선물)은 받으셨으나(바라보았으나)

5 가인과 그의 채물(선물)은 받저(바라보지) 아니하신자라(니) (이에) 가인이 몹시 분하여 안색이 변하너(했다)

이 구절 읽기에 있어 주의를 기울여야 할 부분은 제물이라는 단어이다. 여기서 독자들은 동물을 태워서 향기를 하늘로 올려 보내는 유대교의 제사법을 연상하면 안 된다. 야훼는 하늘에 있지 않다. 양이나 소를 잡아 그 고기를 태워 하늘로 올려 보내면 신이 흠향한다는 개념은 신이 더 이상 가까이에 있지 않다는, 즉 이 땅에 우리와 함께 거주하지 않고 우리 손이 미치지 않는 하늘 높은 곳 어디엔가 있다는 신화적 상상력에서 나온 것이다. 그러나 신의 처소인 에덴의 정원은 가인과 아벨이 쉽게 접근할 수 있는 가까운 곳에 있다.

'야훼께 제물을 드렸다'는 문구는 대부분의 성경 버전이 번역하고 있듯이 야훼에게 '가져왔다(brought)'로 수정되어야 한다. 가인과 아벨은 야훼에게 바칠 음식을 어깨에 메고 와서 에덴의 정원 출입문 앞에 내려놓았을 것이다. 제물이기보다는 고대 메소포타미아 신화들에서처럼 신에게 바치는 음식 혹은 선물이라고 하는 것이 더 옳다. 제물로 번역된 히브리어 '민카(minchah)'는 신에게 바치는 제물이라는 뜻을 가지고 있지만 일차적으로 '선물(gift, tribute)'이라는 뜻을 가진 단어이다. 이 단어는 형 에서의 장자권을 탈취하고 도망갔다가 돌아오는 야곱이 에서에게 주려고 가져온 많은 동물들(창세기 32:14, 19, 21~22, 33:10, J문서)과, 야곱이 애굽으로 베냐민을 함께 보내면서 총리(요셉)의 마음을 얻기 위해 아들들에게 가져가라고 한 것들(창세기 43:11, 15, 25~26, 초기 자료)을 표현하는 데 쓰였다. 반면 제사와 관련된 상황에서 제물을 가리키는 단어로는 한 번도 사용된 적이 없다.

'받으셨다'고 번역된 단어 '샤아(shaah)'의 일차적인 뜻은 '~을 주시하다' 혹은 '눈여겨보다(gaze at)'이다. 이를 '받다'로 해석한 많은 주석가들 중에 루터는 '과연 가인과 아벨은 하나님이 자신들의 제물을 받았는지 받지 않았는지를 어떻게 알았을까?' 하는 다소 엉뚱한 질문을 한 후 아벨의 제단에는 하늘에서 불이 내려와 제물을 불살랐지만, 가인의 제단은 그대로 있었기에 이들이 제물의 열납 여부를 알 수 있었다는 대단히 시대착오적인 답을 하기도 했다.[70] 가인과 아벨이 야훼에게 가져온 것이 '제물'이었다는 번역은 여러 가지 불필요한 논쟁을 불러왔다.[71]

거듭 지적하지만, 독자들은 에덴 이야기의 등장인물들이 모두 의인화되어 있다는 점을 늘 인식해야 한다. 가인과 아벨은 야훼가 먹을 음식을 가져왔다. 등장인물인 야훼는 아벨과 아벨이 가져온 음식만을 물끄러미 바라보았다. 고대 메소포타미아 신들은 잔치를 벌이고 술과 음식을 즐겼다. 신들은 자신들을 대신해서 노동을 하고 음식을 준비해줄 사람들이 필요했다. 에덴 이야기의 저자는 이러한 고대신화들에 등장하는 신들과 야훼는 근본적으로 다르다는 것을 보이고자 했을 것이다. 따라서 그는 야훼가 음식을 받아 먹었다고 쓰지 않고 단지 바라만 보았다고 썼다. 고대전설과 신화들을 자료로 사용하여 에덴 이야기를 쓰고 있는 저자에게, 이 자료들에 나오는 먹고 마시고 자고 노는 신은 도저히 참을 수 없는 가벼운 존재로 보였을 테니.

에덴 이야기의 전체적인 구성면에서 보면 가인과 아벨이 야훼 앞으로 가져온 것은 제물이 아니라 선물, 구체적으로 음식 선물이었음이 분명히 드러난다. 2~3장의 아담과 하와 이야기는 야훼가 인간에게 제공한 음식이 문제를 일으켰고, 4장의 가인과 아벨 이야기에서는 인간이 신에게 제공한 음식이 문제를 일으킨다.[72] 먹고 사는 문제는 결국 인간의 가장 근본적이며 보편적인 관심의 대상이다. 이를 인간 기원에 대한 신화적 이야기를 쓰는 작가가 다루는 것은 당연한 일이다.

더욱이 이야기 전체의 구성적인 측면에서 봐도 가인과 아벨의 행위가 제의적 행위가 아니라는 보다 분명한 이유가 있다. 이것이 제의적인 행위라 한다면 4장 26절이 기록하고 있는 것처럼 아담의 손자인 에노스의 때가 되어서야 사람들이 '야훼의 이름을 불렀다'는 문구와 상충한다. 이브는 가인을 낳은 후 야훼의 이름을 이미 불렀다. 따라서 4장 26절은 문자적으로 이때가 되어서야 사람들이 야훼의 이름을 부르기 시작했다는 의미가 아니다. 일종의 종교적 제의를 행하면서 야훼의 이름을 부르기 시작했다는 뜻이어야 한다. 이에 앞서 가인과 아벨이 일종의 제의적 활동으로 야훼에게 제물을 바쳤다는 설정은 이 같은 이야기 전개에 충돌을 일으킨다.

야훼가 가인의 선물은 받지 않고 아벨의 선물만을 받은 이유에 대한 많은 해석들이 존재하지만 텍스트는 어떤 설명도 제공하지 않는다.[73] 야훼는 피 흘린 제물을 불에 태워 올리는 것을 더 좋아한다거나, 고기를 바치는 유목문화(이스라엘)가 곡물을 바치는 농경문화(가나안)보다 우월함을 보여주는 것이라거나, 아벨은 믿음의 제물을 드렸지만(히브리서 11:4) 가인의 제물은 사악한 마음에서 온 정성 없는 제물이라는 식의 해석은 모두 정당하지 않다. 앞선 이야기에서 야훼는 인간이 먹어야 할 음식을 '밭에서 나는 곡물'(3:18)이라고 밝혔다. 어린 양을 잡아 특히 기름진 부위를 잘라온 아벨은 이미 동물의 고기를 음식으로 섭취하고 있었음을 보여준다. 먹어보지 않았다면 어떤 부위를 야훼가 좋아할지 알 수 없었을 것이다.

그러하다면 야훼가 인간에게 지정한 땅의 소산인 음식, 바로 이 음식으로 야훼에게 줄 선물을 장만한 가인이 야훼의 뜻에 더 충실한 것이 된다. 더욱이 야훼에게 음식을 바치기로 한 것은 가인의 자발적인 행동이었으며 아벨은 형을 따라했다. 강요나 규정에 의한 것이 아니고 자발적으로, 그리고 아벨보다 먼저 바치기로 한 가인의 선물에는 정성이 결여되었다고 보아야 할 하등의 이유가 없다.[74] 제물로 무엇을, 어떻게 드려야 하는지는 후대 이스라엘 민족의 제의적 관심사였을 뿐이다. 이것을 가인과 아벨에게 강요하는 것은 온당한 일이 아니다. 믿음의 여부는 더더욱 관련성이 없다. 기독교

인들이 널리 공유하고 있는 이러한 곡해는 기본적으로 그리스어 70인역 성서의 영향이라 할 수 있다.[75]

가인의 분노와 야훼의 조언

창세기 4:6~7

6 여호와께서 가인에게 이르시되 "네가 분하여 함은 어찌 됨이며 안색이 변함은 어찌 됨이냐

7 네가 선을 행하면 어찌 낯을 들지 못하겠느냐 선을 행하지 아니하면 죄가 문에 엎드려 있느니라 죄가 너를 원하나 너는 죄를 다스릴지니라"

후대에 첨가되었을[76] 이 두 구절의 온전한 번역과 이해는 거의 불가하다. 7절 하반절 "죄가 너를 원하나 너는 죄를 다스릴지니라"는 3장 16절의 "너는 남편을 원하고 남편은 너를 다스릴지니라"를 인위적이고 기계적으로 이용한 것이다. "네가 선을 행하면 어찌 낯을 들지 못하겠느냐? 선을 행하지 아니하면 죄가 문에 엎드려 있느니라"로 번역된 7절 상반절은 매우 이질적이다. J의 간결하고 분명한 글쓰기 스타일과 어울리지 않는 '죄가 악마처럼 문을 두드린다'는 알레고리적 표현이 등장하니 말이다. 다시 말해, 신이 흙을 빚어 사람을 만들고 뱀이 나와서 이야기하는 간결하고 아름다운 동화 같은 이야기에 갑자기 심오한 철학자의 말이 툭 하고 던져진 것과 같다.

스키너는 가인의 제물이 받아들여지지 않은 것에 대한 나름의 대답을 주고자 고민하다가 후대 편집자가 이 구절을 첨가했노라고 보았다. 베스터만은 이 본문에 대한 모든 설명들과 이를 수정하려는 모든 노력들은 실패했다고 선언한다. 복원이 가능하지 않도록 너무나 훼손되었기 때문이다. 그러면서 그는 이 구절의 복원과 이해가 에덴 이야기를 읽고 이해하는 일에 있어 반드시 필요한 것도 아니라고 평한다.[77] 여기서는 이 구절들을 배제하지만, 그대로 유지하기를 원하는 독자들에게 다음과 같이 생각할 것을 권한다. 이 구절들은 가인이 바친 음식이 거절된 것에 대한 이유를 제시하는 것보다는, 분노한 가인이 앞으로 보여주게 될 비극을 막기 위해서 야훼가 훈계나 조언을 하는 장면을 그리고 있다고 읽는 것이 문맥적으로 더 자연스럽다고 말이다.

그러나 아담과 이브에게는 일방적인 명령을 주었던 것과는 달리 자상한 조언과 훈계를 주었음에도 가인은 아벨을 죽이게 된다. 야훼의 명령이 지켜지지 않은 것처럼 그의 조언과 훈계 역시 결국 실패로 끝나게 된다.[78]

가인이 그의 아우를 죽이다

창세기 4:8

8 가인이 그의 아우 아벨에게 ("산책 나가자") 말하고 그들이 들에 있을 때에 가인이 (일어나) 그의 아우 아벨을 쳐 죽이니라

"가인이 그의 아우 아벨에게 말하고"는 해석가들에게 많은 상상력을 유발시킨 문구다. 가인이 아벨에게 무어라 말했을까? 여러 번역성경들이 '아벨에게'와 '말하고' 사이에 "Let's go out to the field(NIV, NET, '들로 나가자')"나 이와 유사한 문구를 넣어 번역하고 있다. 이는 "Let's go into the plain(평원으로 가자)"을 첨가해 번역한 그리스어 70인역, 또한 이와 유사한 어구들을 첨가한 여러 아람어 해석 전통을 따른 것이다.

카수토는 언어적 분석을 통해 이에 대한 대안으로 "가인이 그의 아우 아벨을 만나기로 한 장소를 약정했다(Cain appointed a place where to meet Abel his brother)"로 번역하였다.[79] 미첼은 "산책 나가자(Let's go for a walk)"를 넣어 번역하면서 지상의 모든 땅이 아직 '들'인 태고의 시점을 생각한다면, 여기에 사용된 단어 '사대(sadeh)'를 문자적으로 읽기보다는 외딴 곳, 즉 지나가는 사람 하나 없어 비명을 질러도 아무도 도울 수 없는 장소를 뜻하는 것으로 읽어야 한다고 제안한다.[80] 가인은 부모들로부터 멀리 떨어져 나와 자신과 아벨만이 있을 곳으로 동생을 유인했다는 말이다.

눈에 띄는 점은, 가인이 아벨을 살해하는 장면인 하반절에서 우리말 성경은 '일어나(rise up)'라는 단어를 번역하지 않고 있다는 것이다. 어떤 해석 전통은 아벨의 선제공격을 받고 넘어졌던 가인이 말 그대로 '일어나' 아벨을 공격한 장면으로 읽기도 했지만 문맥상 타당하지 않다. 아우 아벨을 살해할 것을 계획하고 장소를 정해서 알린 후, 약정된 장소에 먼저 와서 몸을 숙여 숨어 있던 가인은 아벨이 도착하자 불시에 일어나 그를 공격한 것으로 읽는 것이 더 자연스럽다. '일어나 쳐 죽였다'는 문구는 언어로 표현할 수 있는 가장 간결한 살인 장면 묘사이다. 어떤 감정도, 잠시의 망설임도 없이 일이 진행되었음을 보여준다.[81] 우발적으로 발생한 것이 아니라 사전에 계획된 의도적인 범행이었음을 알린다.

아벨이 가인의 동생임을 서두에서 밝혔기 때문에(4:1) 더 이상 이를 명시할 필요가 없음에도 작가는 아벨의 이름 앞에 계속해서 '그의 아우'라는 수식어를 달고 있다. 사건의 중심 장면이 되는 이 짧은 구절에서도 이 문구를 두 번이나 사용한다. 이로써 가인의 행위는 일반적인 살인이 아니라 가장 사랑하고 돌보아야 할 자신의 형제를 죽이는 사건이었음을 강조한다.

베스터만의 관찰처럼 이 이야기는 가인과 아벨의 이야기가 아니라 가인의 이야기이다. 아벨은 그의 이름처럼 조용히 왔다가 조용히 사라져갔다. 그에게는 살인의 피해자로서의 역할만 주어졌을 뿐이다. 그 이상도 이하도 아니다. 여느 드라마의 '행인 1'처럼 그는 수동적인 역할만을 하기로 되어 있으며, 따라서 그에게 주어진 대사는 한 마디도 없다.[82] 그러나 또 다른 등장인물인 '그의 피'가 하늘에 호소하게 될 것이다.

야훼의 심문과 형벌

창세기 4:9~12

9 ~~여호와~~(야훼)께서 가인에게 이르시되 "네 아우 아벨이 어디 있느냐?" 그가 이르되 "내가 알지 못하나이다 내가 내 아우를 지키는 자이니까?"

10 이르시되 "네가 무엇을 하였느냐? 네 아우의 핏소리가 땅에서부터 내게 호소하느니라."

11 땅이 그 입을 벌려 네 손에서부터 네 아우의 피를 받았은즉 네가 땅에서(게서) 저주를 받으리니

12 네가 밭(땅)을 갈아도 땅이 다시는 그 효력을 네게 주지 아니할 것이요 너는 땅(이 지상)에서 ~~피하며 유리하는 자~~(도망자와 부랑자)가 되리라

9절의 '내가 내 아우를 지키는 자이니까?'라는 가인의 반문은 가축을 지키는 일을 했던 아벨의 직업을 상기시킨다. 혹은 피조물들을 자상하고 공정하게 돌보고 지키는 일에 실패하고 있는 야훼를 비꼬는 말일 수 있다.[83] 금단의 열매를 따먹은 것에 대한 책임을 야훼 엘로힘에게 돌린 아담과 이브처럼, 가인은 아벨의 죽음에 대한 책임소재를 자신이 아니라 야훼에게서 찾고 있는 것은 아닐까?

'나는 모른다' 그리고 '나는 지키는 자가 아니다'라는 가인의 대답은 에덴의 정원 안에서 아담에게 주어진 업무와 연관성이 있다. 아담에게는 정원을 지키는 일이 직업으로 부여되었다. 그리고 선과

악의 지식나무 열매는 먹지 말라는 명령이 주어졌다. 그가 정원을 지키는 일을 잘 수행했는지에 대해서는 텍스트가 전하고 있지 않아 알 길이 없다. 한 가지 분명한 것은 그가 신들만이 알고 있는 내용을 '알게' 되었다는 것이다. 그런데 정원 밖에서 첫 번째로 태어난 인간의 아들 가인은 '나는 알지 못하며, 나는 지키는 자가 아니'라 말한다. 흥미로운 전개가 아닐 수 없다. 지식과 보호는 정원 안에서의 사건과 밖에서의 사건을 하나의 이야기로 묶어주는 소재이기도 하다.[84]

11절 하반절 '땅에서'는 '땅에게'나 '땅으로부터(from the ground)'로 번역해야 한다. 이것은 아담으로 인해 땅이 저주를 받은 것에 상응한다(3:17). 드라마라는 차원에서 본다면 아벨이 흘린 말하는 피도, 입을 벌려 그 피를 받고는 아담으로 인해 자신에게 임했던 저주를 가인에게 돌려주는 땅도 말하는 뱀처럼 등장인물들 중 하나다. 땅의 입으로 들어간 피가 소리를 질러 호소했기 때문에 야훼는 아벨의 죽음에 대해서 알게 되었다.[85] '땅이 그 입을 벌려…… 피를 받았다'는 문구는 땅을 망자들의 세계(Sheol)로 보는 고대 근동의 신화적 상상력의 산물로 볼 수 있다.[86] 이 문화적 배경에서 읽으면, 이 구절은 가인이 아벨을 살육하자 지하세계가 그의 용기 있는 행위를 기쁨으로 화답하며 그 입을 탐욕스럽게 열어 형의 손에 죽은 아우의 피를 들이마셨다는 뜻이다.[87]

12절의 '밭'은 원문대로 '땅(adamah)'으로 번역해야 한다. 그리고 하반절의 땅은 땅의 전체 덩어리를 뜻하는 '지상(에레츠, erets)'으로, '피하며 유리하는 자'는 '도망자와 부랑자'로 번역해야 한다. 이렇게 번역해야 땅의 저주를 피해 도망하며 정처 없이 떠도는 생을 살아야 하지만 어딜 가나 땅과 대면해야만 하는 가인의 이중적 고통을 다소나마 읽어낼 수 있다(다음 내용의 14절에 대한 설명을 보라).

이 구절들에 따르면 아담으로 인해 저주를 받았던 땅이 이번에는 그의 아들인 가인에게 저주를 돌려준다. 아담은 땅에서 온 자로 땅을 가는 것이 그의 천명이다. 가인 역시 아버지의 대를 이어 땅을 가는 자가 된다. 그는 땅의 소산으로 야훼에게 음식을 대접하려 했으나 야훼는 이를 쳐다보지도 않았다. 그러자 분노한 가인은 땅에게 동생의 피를 주어 마시게 했다. 이에 땅의 입으로 들어간 동생의 피가 그에 대항하여 소리를 지른다. 이를 들은 야훼는 땅에게 가인을 저주하라 명한다. 땅은 그에게 다시는 소산을 내어주지 않는 저주를 내린다.[88] 땅에서 온 아담이 땅으로 돌아가는 운명을 받지만, 가인은 땅을 피해 떠돌아 다녀야 하는 신세가 된다.

하지만 땅을 피해 도망한 가인은 나중에 도시를 건설하게 된다.

가인의 반응과 야훼의 후속조치

창세기 4:13~15

13 가인이 ~~여호와~~(야훼)께 아뢰되 "내 죄가(벌이) 지기가 너무 무거우니이다

14 주께서(혹은 당신이) 오늘 이 ~~지면~~(땅의 얼굴)에서 나를 쫓아내시온즉 내가 주의 낯(얼굴)을 ~~뵈옵지 못하리니~~ (해석 : 주께서 오늘

나를 쫓아내시니 나는 땅의 얼굴과 주의 얼굴로부터 숨을 곳을 늘 찾아야 할 겁니다) ~~내카~~(나는) 땅에서 ~~피하며 유리하는 자~~(도망자와 부랑자)가 ~~될자라~~(것인즉) 무릇 나를 만나는 ~~자마다~~(모든 이들이) 나를 ~~죽어겠나이다~~(죽이려 할 것입니다)"

15 ~~여호와~~(야훼)께서 그에게 이르시되 "그렇지 아니하다 가인을 죽이는 자는 벌을 칠 배나 받으리라" 하시고 가인에게 표를 주사 그를 만나는 모든 사람에게서 죽임을 면하게 하시니라

14절 번역에는 상당한 주의를 기울여야 한다. '지면'의 문자적인 번역은 '땅의 얼굴'이다. '주의 낯'은 '당신의 얼굴'이다. 우리말에서 당신은 '너'의 높임말이지만, 성서 번역자들은 '당신'이 하나님을 가리키는 말로 적절하지 않다고 판단하여 이를 대신할 말로 '주'를 택했다. 문화적 상황을 고려한 이러한 번역은 훌륭한 시도이다. 그럼에도 주라는 말은 구약성경에서 야훼를 대신하여 쓰이는 단어이기에 주의를 요한다.

14절의 '주'는 야훼의 번역이 아니라 '너' 혹은 '당신'을 대신할 마땅할 인칭대명사가 없기 때문에 채용된 것임을 이해하고 읽어야 한다. '뵈옵지 못하리니'라는 문구 역시 한국적 상황을 고려한 번역이다. 대부분의 번역성경들이 이 문구를 'I shall be hidden(나는 숨겨질 것이다)'으로 번역하고 있지만, 수동태가 어색한 우리말의 문맥상 '나는 숨을 곳을 찾아야 할 것이다'로 번역하는 것이 자연스럽다.

14절을 읽음에 있어 독자들은 이 이야기의 저자와 동일한 신화시적(mythopoetic) 언어를 사용해야 한다. 땅도 한 명의 등장인물이다.

뱀이 말을 하는 것처럼 땅도 입을 가지고 있으며, 당연히 얼굴도 가지고 있다. 땅의 얼굴을 '지면'으로 읽고, 주의 얼굴을 '주의 낯'으로 읽는 것은 현대인들의 삶이 더 이상 신화적 상상력과 신화시적 표현력을 필요로 하지 않게 되었기 때문이다. 그러나 가령 'A Face of Korea'를 '한국의 면'이라 하지 않고 '한국의 얼굴'이라 읽듯이 지면은 '땅의 얼굴'로, 주의 낯은 '주의 얼굴'로 읽는 것이 바람직하다. 이 같은 내용들을 반영하여 이 구절을 다시 읽자면 이렇게 된다. "당신이 오늘 나를 쫓아내니, 나는 땅의 얼굴과 당신의 얼굴로부터 숨을 곳을 (늘) 찾아야 할 것입니다." 야훼와 땅을 피해 달아나야 하지만 어딜 가나 그들을 대면하게 될 것이라는 두려움이 담겨있다.

독자들은 가인이 쫓기는 신세가 된다는 것을 기억하고 읽어야 한다. 그를 쫓는 이는 야훼뿐만이 아니다. 땅도 그에게 저주를 주기 위해서 그를 계속 따라 다닐 것이다. 가인은 땅을 피해 어디든 가겠지만 어딜 가나 땅을 대면해야 할 운명에 처해 있다.[89]

14절 하반절의 '무릇 나를 만나는 자마다 나를 죽이겠나이다'라는 문구는 논란을 일으킨다. 가인의 부모인 아담과 이브 외에도 많은 사람들이 살고 있다고 암시하기 때문이다.[90] 가인은 '오늘' 받게될 처벌이 미래에 자기에게 미칠 화의 원인이 될 것을 걱정하고 있다. 억울하게 죽은 자가 흘린 피의 호소를 누군가가(아무도 없다면 신이) 듣게 될 것이고, 반드시 그를 위해 보복해줄 것이라 믿는 고대인들의 정의관에서 보면 가인이 염려하는 것은 당연하다. 그는 야훼의 얼굴과 땅의 얼굴로부터 숨을 곳을 찾아야 할 뿐만 아니라, 만나는 모든 이들의(비록 이들이 누굴 가리키는지는 분명하지 않지만) 얼굴로부터도 숨을 곳을 찾아야 한다. 무엇보다도 그가 피해야 할 첫 번째 그룹의 사람들은 아벨과(그리고 자신과도) 피를 나눈 친족들이 될 것이다.

아담과 이브에게 형벌을 내린 다음 에덴을 곧 따나가게 될 이들에게 옷을 만들어 입힌 것과 유사하게, 야훼는 곧 자신의 얼굴 앞을 떠나게 될(4:16) 가인에게 특별한 표(mark)를 준다. 이는 내용상 가인이 살인자라는 것을 알리는 표가 아니라 그가 신의 특별한 보호를 받는 자라는 표이다.[91] 이 표는 가인이 받아야 하는 형벌과 이로 인해 그가 처하게 된 인생의 곤고함을 덜어줄 것이다. 그를 죽이려 하는 자는 일곱 배, 즉 자신의 가족들 중 일곱 목숨을 내놓을 각오를 해야 하기 때문이다. 야훼는 여기서 살인자 가인의 심판자가 아니라 보호자로 등장한다.

이러한 전개는 독자들이 기대하고 있듯이, 신이 선한 자에게 상을 내리고 악한 자에게는 벌을 준다는 고대인들의 상식에서 크게 벗어나는 설정이다. 에덴 이야기의 작가는 대체 무슨 생각으로 형제를 살해한 천인공노할 사건으로부터 독자들이 수용하기 힘든 이런 결말을 도출하고자 했던 것일까?

이에 대한 한 가지 가설적인 설명이 가능하다. 모든 신화는 그 신화를 작성한 사람의 시대적 사관이나 역사적 관심을 반영하기 마련이다. 이스라엘의 창조신화를 작성하면서 J기자는 이스라엘의 정치적 흥망성쇠 과정을 숙고했을 것이다. 그러는 가운데 그는 이스라엘 역사에서 형성된 이스라엘과 이방민족인 겐 족속(the Kenites) 간의 특이한 관계를 주목했으리라. J기자가 지대한 관심을 갖고 있는 야훼 숭배(Yahweh Cult)의 기원과 관련이 있기 때문이다. 독자들의 이해를 돕기 위해서 여기서 잠시 이 특이한 관계에 대한 이야기를 조금 나누어보고자 한다.

겐 족속은 구약성서에 등장하는 가장 신비스런 부족이다. 학자들은 구리와 불을 다루는 대장장이 부족에서 야훼 종교가 유래되었을 것이라 본다.[92] 겐 족속은 야훼를 숭배했던 대장장이들의 종족이었다. 어원학적으로 금속을 다루는 사람인 'Smith'를 뜻하는 가인이 겐 족속의 조상이다. 야훼 신앙의 기원에 대한 유력한 학설인 겐 학설의 주인공이 바로 대장장이 가인의 후예인 겐 족속이다. 이 가인의 후예들은 가인이 표를 받은 것처럼 야훼와의 특별한 관계를 나타내는 일종의 문신과 같은 특별한 표를 하고 다녔다(열왕기상 20:41, 스가랴 13:6, 에스겔 9:4).[93]

겐 족속이 이스라엘의 역사에서 처음으로 의미 있게 등장하는 곳은 모세의 출애굽 이야기이다. 모세는 어느 날 애굽 사람을 죽이고 도망자의 신세가 되었다. 그 때 그를 거둔 사람이 미디안 사람 이드로이다. 그는 미디안에 거했던 겐 족속의 제사장이었다. 모세는 그의 딸인 십보라와 혼인하였다(출애굽기 2장). 장인 이드로의 양을 치던 모세는 어느 날 인근 호렙산에서 야훼를 만나 이스라엘을 애굽에서 해방하라는 사명을 받게 된다(출애굽기 3~4장). 그런데 이 사명을 수행하러 가는 길에 야훼가 나타나 돌연 모세를 죽이려 하는 사건이 발생하였다. 이 급박한 상황을·어떻게 알았는지, 그의 아내 십보라가 급히 개입한다. 그녀는 돌칼로 아들에게 할례 의식을 행하고는 모세를 자신의 피 남편이라 불렀다. 그러자 이를 좋게 여긴 야훼가 모세를 살려준다(출애굽기 4:24~26).

이 사건에 대한 해석은 다양하지만 이야기의 구조는 단순하다. 자신이 내린 특별 명령을 수행하고자 길을 떠난 모세에게 나타난 야훼는 다짜고짜 그를 죽이려 하였다. 그런데 그의 아내인 겐 족속의 여자 십보라가 개입하여 그를 살린 것이다. 야훼는 십보라를 봐서 모세를 살려주었다는 말이 된다. 야훼와 히브리인 모세의 관계보다 야훼와 이방인 여인 십보라의 관계가 더 깊었다는 것을 보여준다.

열 가지 재앙을 통해 마침내 출애굽에 성공한 모세와 백성들이 광야에 들어가 진을 치자 모세의 장인 이드로가 방문하였다. 여기에서 두 가지 흥미로운 사건이 발생한다. 첫째는 야훼가 어떻게 이스라엘 백성을 도와 출애굽을 성공했는지에 대한 모세의 이야기를 들은 이드로가 야훼를 찬미하며 그에게 번제와 희생제를 올린 것이다. 제사가 끝나자 모세와 아론, 그리고 이스라엘의 장로들이 와서 함께 떡을 먹는다(출애굽기 18:9~12). 이방인인 겐 족속의 제사장이 제사를 주관하는 자리에 이스라엘의 지도자들이 초대되어 참석한 것이다. 이스라엘 지도자들은 여기서 야훼에게 제사 드리는 법을 배우게 되었다.

둘째, 모세가 백성들의 사소한 문제를 해결하는 재판까지 맡아서 하는 것을 본 이드로는 모세에게 일종의 통치조직과 제도를 제안하였고 모세도 이를 수용하였다. 이드로는 야훼의 "율례와 법도를 가르쳐서" 백성들에게 "마땅히 갈 길과 할 일"을 알게 할 사명이 모세에게 있다고 말하며, 이 일을 보다 잘 수행하기 위해서 "온 백성 가운데서 능력 있는 사람들 곧 하나님을 두려워하며 진실하며 불의한 이익을 미워하는 자"들을 뽑아 백성들을 다스리게 하라고 권고하였다(출애굽기 18:13~26). 이로써 고대 이스라엘의 법과 통치제도의 근간이 마련되었다. 겐 족속은 이렇게 이스라엘에게 야훼 신앙과 이에 적합한 통치제도를 세우는 일에 기여하였다.

모세와 그를 이어 이스라엘을 이끈 지도자 여호수아가 죽은 후, 이스라엘은 소위 사사시대를 맞이한다. 유다 지파가 가나안 정복전쟁을 수행할 당시 겐 족속인 모세의 장인 후손들은 유다 지파 사람들과 함께 거주하였다(사사기 1:16). 학자들은 겐 족속이 유다 지파에 야훼 종교를 소개했다고 본다. 그 후 여 선지자 드보라가 사사로 활동할 당시, 이스라엘을 괴롭힌 가나안 하솔의 군대장관 시스라를 죽여 이스라엘이 가나안을 점령하는 데에 혁혁한 공을 세운 야엘은 겐 사람 모세의 장인 후손 헤벨의 아내라 소개된다(사사기 4장).

사사 시대가 끝나고 이스라엘의 첫 번째 왕이 된 사울은 아말렉을 진멸하는 전쟁을 벌이기 전 아말렉 영내에 거하는 겐 족속의 사람들을 미리 피신시키며 "이스라엘 모든 자손이 애굽에서 올라올 때에 너희가 그들을 선대하였기" 때문이라 밝힌다(사무엘상 15:6). 사울에 이어 왕이 된 다윗은 아말렉을 진멸하고 얻은 전리품을 분배할 때 겐 족속의 성읍에 있는 사람들을 포함시킨다(사무엘상 30:29). 다윗 이후 이스라엘 왕조가 몰락의 길을 가는 동안에도 겐 족속은 이스라엘 역사에서 매우 긍정적인 역할을 하게 된다.

특히 겐 족속의 한 갈래인 레갑 가문의 사람들(Rechabites)을 구약의 저자들은 야훼에 대한 열정이 가장 뜨거웠던 이들로 묘사한다. 이들은 바알 선지자들을 몰살하였으며(열왕기하 10장~11장), 야훼의 명령과 법을 쉽게 저버리는 이스라엘 사람들과는 달리 포도주를 마시지 말라는 조상의 규례를 끝까지 준수하여 야훼 백성의 본으로 제시되었다. 그런가 하면 이 가문에는 야훼 앞에 서게 될 자가 끊어지지 않을 것이라는 축복을 받기도 한다(예레미아 35장). 또한 야훼의 말씀을 기록하고 탐구하는 서기관이 된다(역대상 2:5).

구약성경에 나오는 거의 모든 이방 족속들이 이스라엘의 생존을 위협하는 적으로 묘사되었으며 당연히 이스라엘은 이들을 박멸하는 정책을 펼쳤다. 그런 가운데 유독 겐 족속이 이스라엘과 맺은 위와 같은 관계는 미스터리가 아닐 수 없다. 이스라엘은 민족적 국가적 차원에서 겐 족속에 대한 우호정책을 시종일관 견지하였다.

그러면 야훼가 가인에게 표를 주어 보호한다는 설정을 어떻게 읽을 수 있을까? 야훼 신앙의 기원과 전승에 관심을 갖고 있는 J기자가 야훼 신앙을 이스라엘에게 소개하고 발전시킨 역사적 사실을 고려한 것으로 읽을 수 있다. 결국 가인이 야훼에게 받은 표에 대한 이야기는 에덴 이야기의 작가가 이스라엘 종교발전 과정에 상당한 기여를 한 겐 족속을 평가해준 것으로 읽어도 좋다. 흥미롭게도 에덴의 작가는 이브가 가인을 낳은 후 (엘로힘이나 야훼 엘로힘이 아니라) 야훼라는 신의 이름을 불렀다고 기록하고 있다(4:1). 그러니까 역사상 야훼의 이름을 처음으로 부른 사람은 가인을 낳은 이브다.

야훼의 '발견'과 가인의 탄생 사이에 모종의 관계가 있다. 사람들이 처음으로 야훼의 이름을 부르며 기원을 올린 때는 에덴 이야기 작가에 의하면 아담의 3대손 에노스 때이다(4:26). 그런데 5장이 전하는 아담의 족보에 의하면 에노스는 게난(Kyenan)을 낳는다. 게난은 가인과 동일 이름이며 동일 인물일 가능성이 크다. 5장의 족보에 따르면 아담의 장남은 셋이다. 이 족보에 따르면 가인(게난)은 실제로는 아담의 4대 손이었다. 그런데 에덴 이야기의 작가는 자신이 쓰는 드라마의 극적 필요성으로 인해 그를 아담의 첫째 아들로 등장시켰다(독자들은 이를 놀랍게 여길 필요가 없다!). 이 같은 내용을 토대로 재구성해보자면, 게난(가인)을 낳은 에노스의 때에 사람들이 야훼의 이름을 부르기 시작했다는 문구는 야훼 신앙과 가인의 후예들인 겐 족속의 관계에 대한 기억이 희미하게나마 서려 있다고 할 수 있다.[94]

비록 J는 인류의 기원에 대한 이야기를 들려주려는 의도에서 가인을 동생 죽인 살인자로 등장시켰지만, 이스라엘과 겐 족속의 특별한 인연을 잘 알고 있는 자로서 그들의 조상을 그토록 부정적으로만 묘사하고 끝내는 것은 피하고 싶었을 것이다. 비록 동생을 죽인 살인마로 등장시켰지만, 그럼에도 마지막에 가서는 가인을 태곳적에 야훼의 특별한 보호를 받았던 인물로 묘사하였다. 아마도 작가가 야훼 신앙을 이스라엘에게 전해준 겐 족속에 대해 (극적으로 꼭 필요한 것은 아니었지만) 최소한의 예의를 표현한 것이라 할 수 있다.

(혹은 유다 왕조가 쇠락의 길을 가던 작가의 당대에도 야훼와의 특별한 관계를 나타내는 표를 달고 다니며, 선민인 자신의 동족들보다도 더 극진하게 야훼를 숭배하던 이들에 대한 질투심이 발동했던 건 아닐까? 그리하여 이들의 조상은 살인자였지만 야훼의 특별한 은총을 입어 오늘에 이르렀다고 넌지시 말하

며 유대 민족의 자존심을 세우고자 한 것일까?)

여하간 이 같은 역사적 문학적 환경을 이해하지 못하는 독자들이라면 이후에 벌어진 일들에 대해 소스라치게 놀랄 수밖에 없다. 아벨을 죽인 가인의 후예들은 구약 이스라엘의 종교 역사에서 극진한 선대를 받았고, 그에 반해 가인이 죽인 아벨을 대신하여 태어난 셋은 훗날 모압 종족의 조상이 되었는데(민수기 24:17) 모압은 나중에 이스라엘의 철천지원수가 되니 말이다.

가인의 후손 에녹과 노아

창세기 4:16~18, 5:28~29

16 가인이 여호와(야훼) 앞을 떠나서 에덴 동쪽 놋 땅에 거주하더니

17 아내(여자)와 동침하매 그가 임신하여 에녹을 낳은지라 가인이 성(도시)을 쌓고(건설하고) 그의 아들의 이름으로 성(그 도시)을 이름하여 에녹이라 하니라

18 에녹이 이랏을 낳고 이랏은 므후야엘을 낳고 므후야엘은 므드사엘을 낳고 므드사엘은 라멕을 낳았더라.

(5:28 라멕이 아들을 낳고/ 29 이름을 노아(He Who Brings Comport)라 하여 이르되 여호와(야훼)께서 땅을 저주하시므로 수고롭게 일하는 우리를 이 아들이 안위하리라 하였더라)

아버지 아담이 야훼의 정원에서 떠나가야 했듯이 가인은 야훼의 앞(얼굴)을 떠나간다. '놋 땅'은 지명으로 사용되고 있지만 놋(Nowd)은 '떠돌다'는 뜻을 지니고 있다. 따라서 가인이 야훼를 떠나 정착한 곳은 부랑아들이 모이는 곳일 가능성이 크다. 이는 도망자와 부랑아가 될 것이라는 형벌이 실행된 것으로 볼 수 있다. 어느 땅에 정착했다는 문자적 의미에 치중해서 가인이 야훼의 명을 어겼다고 해석해서는 안 된다. 그는 정착했지만 여전히 떠도는 삶을 살아야 했고 여전히 숨을 곳을 찾아야 했다.

그곳이 에덴 '동쪽'에 있다는 문구는 다소 어색한 측면이 있다. 야훼의 정원이 있는 곳이 동방이다. 그리고 야훼는 아담과 하와를 내보내면서 동쪽에 난 길을 차단했다. 정원이 동쪽에 있고 정원의 입구도 동쪽에 있으며, 가인이 정착하게 되는 놋 땅도 동쪽에 있다면 야훼의 앞을 떠나 멀리 간다는 설정과 맞지 않는다. 그럼에도 불구하고 놋 땅이 에덴 동쪽에 있다고 쓴 것에는 가인의 이야기를 에덴 전체 이야기 속에서 들려주려는 작가의 의도가 담겨 있다고 할 수 있다.

가인이 누구와 결혼했는지 우리는 알지 못한다. 창조의 첫 가정이 아담과 하와이고 그 아들로 유일하게 남아 있는 것이 가인이라 한다면 가인은 동침할 여자가(어머니 이브가 아니라면) 없는 것이 맞다. 그러나 독자들은 신화의 세계를 읽고 있다는 것을 잊지 말아야 한다. 가인의 아내는 아직까지 기록되지 않은 아담의 딸들 중 하나로[95] 상상할 수도 있고, 이미 에덴의 지경 어딘가에 존재하는 사람 중 하나로 상상하는 것도 독자들 자유다. 부랑자들이 모이는 놋 땅에서 만난 여자라고 보는 것도 가능하다. 그녀가 누구든 그녀와의 사이에서 아들 에녹을 낳았다. 그 후 가인은 도시를 건설하여 지명을 아들의 이름을 따서 붙였다.

에녹은 '시작하다'라는 의미를 지닌 동사에서 파생된 이름이다. 땅(자연)의 저주를 피해 몸을 숨겨야 하는 가인이 땅에서 벗어나 인간의 세계를 건설했다는 것은 탁월한 선택일 수 있다. 그는 야훼의 땅을 벗어나 인간의 집으로 들어간 것이다. 인류의 역사에 새로운 장이 열린 것으로 볼 수 있다. 에덴의 정원이 그 안(신의 세계)과 밖(자연의 세계)을 나누는 울타리가 쳐진 신들의 주거지였다면, 가인이 건설한 도시도 안(인간의 세계)과 밖(자연의 세계)을 나누어주는 벽이 있는 인간을 위한 주거지가 될 것이다. 이렇게 해서 에덴의 동쪽에는 신의 정원과 인간의 도시가 병존하게 되었다.[96]

18절에 이어서 라멕의 아들로 노아를 소개하는 구절은 5장의 족보에서 따온 것이다. 이 구절은 5장에 나오는 아담의 계보(P문서)에 편입되어 있지만, 학자들은 거의 만장일치로 이 구절이 J의 것임에 동의하고 있으며, 원래의 자리를 4장 18절 다음으로 보고 있다.[97] 이름의 뜻을 부연 설명하는 이 구절들은 단순히 누가 누구의 아들인지만을 기계적으로 밝히는 P문서의 족보와 어울리지 않는다. 또한 내용면에서 볼 때, 노아는 아담과 가인 때에 땅에게 내려진 신의 저주로 인해 고단한 삶을 살아야 할 인간들에게 위안과 기쁨이 될 사람으로 소개되고 있다.[98]

J의 태고사에서 노아는 원래 가인의 후손이었을 것이다. 그러나 이스라엘의 고대사와 종교사에 중요한 인물인 노아를 살인자 가인

의 후예로 기록하는 것에 부담을 느낀 편집자가 셋의 후손으로 편입한 것으로 보인다. 가인 이야기의 훌륭한 결론이기에 이 구절들을 원래의 자리에 돌려놓았다.

라멕의 자손들과 칼의 노래

창세기 4:19~24

19 라멕이 두 아내를 맞이하였으니 하나의 이름은 아다요 하나의 이름은 씰라였더라

20 아다는 야발을 낳았으니 그는 장막에 거주하며 가축을 치는 자의 조상이 되었고

21 그의 아우의 이름은 유발이니 그는 수금과 퉁소를 잡는 모든 자의 조상이 되었으며

22 씰라는 두발가인을 낳았으니 그는 구리와 쇠로 여러 가지 기구를 만드는 자요 두발가인의 누이는 나아마였더라

23 라멕이 아내들에게 이르되 "아다와 씰라여 내 목소리를 들으라 라멕의 아내들이여 내 말을 들으라 나의 상처로 말미암아 내가 사람을 죽였고 나의 상함으로 말미암아 소년을 죽였도다

24 가인을 위하여는 벌이 칠 배일진대 라멕을 위하여는 벌이 칠십칠 배이리로다" 하였더라

문명이 라멕의 자손들을 통해서 전해졌음을 알리는 단락, 그리고

가인을 연상케 하는 라멕의 용감성과 잔인성을 노래하는 시 〈칼의 노래〉는 모두 후대의 첨가가 분명하다. 후대 편집자는 가인-라멕 전통에서 온 이 단락이, 가인에게서 유래된 문화가 결국 악을 지향하고 인류의 죄악이 점점 증가하여 (나중에 홍수를 통한) 야훼의 심판을 받게 될 것이라는 개념을 전하는 데 가치가 있다고 보아 첨가했을 것이다.[99] 혹은 살인자 가인을 야훼가 보호하였다는 원작에 동의할 수 없었던 후대 편집자가 가인 후손의 잔인성을 전하는 내용을 집어넣어 원작의 결론에 저항한 흔적일 수도 있다.

그럼에도 이 구절들은 흥미로운 내용들을 담아내고 있다. 첫째, 야발, 유발, 두발(가인)을 각각 유목문화, 음악, 청동기문화의 조상으로, 즉 문명의 기원으로 전하고 있다. 그런데 이 단락의 원저자나 편집자는 대홍수 이야기를 알지 못했을 가능성이 크다. 대홍수가 인류를 멸종시켰다는 이야기를 알았다면 문명은 노아나 그의 후손에게서 시작된 것으로 기술했을 것이다.

둘째, 문명의 발달과정에 대한 이해에서 문화의 첫 단계로 유목문화를 소개한 것은 역사적으로 볼 때 유목이 농경보다 앞서지 않는다는 사실에 어긋난다. 분명 유목문화를 우월하게 보는 관점이 서려 있다 하겠다. 유발을 수금과 퉁소를 연주하는 이들의 아버지로 소개하는 것도 재미있다. 수금과 퉁소는 가장 고전적인 악기들이고 무엇보다 가축을 치는 목동들이 즐긴 음악과 연결된다. 흥미로운 점은 야발과 유발이 가인의 피를 받은 잔인한 라멕과 새벽을 뜻하는 이름인 아다라는 여인과의 사이에서 태어난다는 것이다. 이 단락이 J의 원작으로 볼 수 없는 이유가 된다. 이스라엘은 가나안에 정착하기 전까지 가축을 몰고 다니며 텐트 생활을 하던 유목민이었다. 이스라엘의 역사와 명예를 존중하는 그가 자기 조상들의 원초적인 삶의 방식이 라멕과 같은 잔인한 자의 아들에게서 유래되었다는 내용을 주장할 리 만무하다.

셋째, 라멕의 셋째아들은 두발가인이라 소개되고 있지만 실제로 두발이었을 가능성이 크다. 어원학적으로 볼 때 대장장이의 조상은 가인이다. 본 고전시의 저자는 라멕의 셋째아들을 청동기문화의 조상으로 이야기하면서 가인을 연결시키고 있다.

아담의 후손 셋과 에노스

창세기 4:25~26

25 아담이 다시 자기 아내(여자)와 동침하매 그(녀)가 아들을 낳아 그의 이름을 셋이라 하였으니 이는 "하나님(엘로힘/야훼)이 내게 카인아 죽인 아뻴 대신에 다른 씨(아들)를 주셨다" 함이며(말하며) (해석 : 아담이 다시 자기 여자와 동침하매 그녀가 아들을 낳았다. 그리고 그녀는 "야훼가 내게 다른 씨를 주셨다" 말하며 그의 이름을 셋이라 하였다)

26 셋도 아들을 낳고 그의 이름을 에노스라 하였으며 그때에 사람들이 비로소 여호와(야훼)의 이름을 불렀더라

여기에 등장하는 아담은 문법적으로 사람이라 번역하여야 하지

만 생식 활동을 할 수 있는 또 다른 사람(가인)이 존재한다는 것을 감안하여 아담이라는 고유명사로 번역하는 것이 자연스럽다. 이 단락은 에덴 이야기의 종결로 매우 인상적이다. 가인을 낳은 후 "내가 야훼처럼 남자를 창조했다"고 탄성을 지르며 자부심을 드러냈던 하와는 이번에는 "엘로힘이 내게 다른 아들을 주셨다"고 보다 겸허하게 말한다. 가인을 낳을 때 '야훼'라는 이름을 단독으로 사용한 것과는 달리 셋을 낳은 후에는 '엘로힘'이라는 신의 이름을 단독으로 사용한다.

문맥적으로 볼 때 여기서 엘로힘의 이름을 쓴 것은 자연스럽지 않다. 가인을 낳을 때 역할을 한 것이 엘로힘이 아니고 야훼였다면, 여기서 가인과 아벨 외에 다른 아들을 준 이도 야훼라고 해야 자연스럽다. 이에 대한 두 가지 설명이 가능하다. 하나는 신의 이름을 다르게 사용하는 두 전통의 이야기를 하나로 묶는 과정에서 문맥에 충분히 주의를 기울이지 않은 단순 착오일 수 있다. 이 착오를 수정하여 엘로힘 자리에 야훼라 쓰면 읽기가 훨씬 자연스럽다.

둘째는, 셋의 후예들을 적대시하였던 후대 역사가 여기에 반영되었다고 볼 수 있다. 이스라엘의 신은 야훼이다. 엘로힘으로 대표되는 엘 계열의 신은 실상 가나안 종교의 신이다. 셋은 〈민수기〉(24:17)에 따르면 이스라엘의 원수가 된 모압 족속의 조상이다. "엘로힘이 내게 다른 아들을 주셨다"는 이브의 외침이 이를 반영하고 있는지는 확실치 않지만 흥미를 자아내는 것은 분명하다.[100] 여기서는 여러 자료를 갖고 이야기를 작성하는 가운데 생긴 단순 착오라 보고 엘로힘 대신에 야훼를 쓰고자 한다.[101]

한편 "가인이 죽인 아벨 대신에"라는 문구는 후대의 첨가이다.[102] 아벨은 죽었지만 장자인 가인이 살아 있는 상태에서 아벨을 '대신하여' 아담의 대를 이을 자로 셋이 태어났다고 설정된 것이다. 이는 살인자 가인을 아담의 적통으로 인정할 수 없다는 후대의 윤리적 해석이 투영된 문구이다.

에노스 때가 되어서야 사람들이 야훼의 이름을 알고 불렀다[103]는 마지막 구절은 야훼의 이름을 처음으로 부르기 시작하였다는 의미가 아니다. 기원이나 제사의 형식에서 이름을 부르기 시작했다는 말이다. 이 구절은 가인과 아벨이 야훼에게 바친 것이 제물이 아님을 보여준다. 고대 종교적 의미의 제사는 멀리 있는 신적 존재에게 잘 보이기 위한 행위였다. 가인과 아벨은 가까운 거리에 있는 신의 처소인 에덴의 정원에 음식을 메고 가서 야훼에게 선물로 바치려 했다. 에노스의 때에 사람들이 야훼의 이름을 부르기 시작했다면 이는 에덴의 정원이 더 이상 지상에 있지 않게 되었다는 뜻이 된다.

동물을 잡아 불살라 연기를 하늘로 올려 보내는 식으로 발전된 제사의식은 신이 인간의 세계가 아니라 저 멀리 위에 있다는 상상력의 산물이다. 우리 가운데 가까이 있는 신에게는 기름진 고기를 선물로 바칠 수 있지만, 멀리 있는 신에게는 기름진 고기가 맛있게 타는 냄새를 올려 보내서 정성을 보여야 한다. 가까이 있는 신에게는 찾아가서 얼굴을 맞대고 말하면 되지만, 멀리 있는 신에게는 기원을 해야 한다. 말 그대로 소리를 높여 신의 이름을 부르며 목소리가 상달되기를 바라야 한다.

에노스라는 이름의 뜻은 기본적으로 '사람'이다. 아담과 동일한 이름이다. 또는 '죽을 운명을 가진 자(He Who is Mortal)'로 이해된다. 그러나 이 이름은 인간의 죽을 운명을 비극적이며 비관적으로 여기기보다는 이를 긍정적으로 수용하는 의미의 'Sweet Mortal'이다. 죽을 운명을 덤덤히 수용하고 이를 자연의 일부로 여기는 이들이 비로소 야훼의 이름을 부르기 시작한 것이다.

11장

〈에덴 이야기〉 다시 읽기

문학으로 만나는 새 텍스트

그간의 탐구를 뒤로하고 이젠 정리해야 할 때가 되었다. 이 마지막 장은 실험적이며 가상적인 성격의 글이다. 독자들은 우선 앞 장에서 행한 해체와 재구성 작업의 결과로 얻은 '원작에 보다 가까워진 실험적인 텍스트'를 읽게 될 것이다. 이 텍스트에 〈에덴 이야기〉라는 제목을 달아보았다. 그리고 성경의 장, 절 구분 대신에 이야기의 흐름에 따라서 3막으로 나누고 편의상 단락을 구분하는 번호를 매겼다. 여전히 논란의 여지가 많고 미완의 텍스트지만, 필자는 이야기의 자연스런 흐름이 다소나마 복구되었다는 사실 하나에 큰 위안을 받는다.

다음으로 독자들은 필자의 〈에덴 산보 노트〉를 읽게 될 것이다. 물론 상상의 나래를 펴서 쓴 가상적인 기행문이다. 서사 드라마

〈에덴 이야기〉의 막이 내려진 후 뿔뿔이 흩어진 등장인물들을 찾아가 인터뷰하여 기록한 후기(postscript)라 할 수 있겠다. 에덴정원의 이야기는 문학적인 완성도가 매우 높은 텍스트다. 이런 이야기를 읽는 작업에 어울리는 문학적 기법과 글쓰기 방식을 찾는 일에 필자는 적잖은 시간을 들여야 했다.

에덴 산보에서 돌아온 필자는 마지막으로 학자들이 편의상 J라 칭하는 에덴 이야기 작가를 서재로 초대하여 가상 대담을 펼쳤다. 독자들은 J와 필자가 나눈 가상의 담소 노트를 읽게 될 것이다. 필자는 에덴 이야기 내용뿐만 아니라 그 작가의 글쓰기 과정에 대해서도 궁금한 점이 참 많다. 이 담소 노트는 깊은 상상력과 탁월한 문해력를 지닌 어느 '저자와의 대화'라 보면 좋겠다.

에덴 이야기

1막

(1) 야훼 엘로힘이 땅과 하늘을 창조하던 날에
　　 비를 내리지 않았고
　　 땅을 갈 사람도 없었으므로
　　 들에는 초목이 아직 없었고
　　 밭에는 채소가 나지 않았다.
　　 다만 물이 아래에서 솟아 올라와
　　 땅의 온 얼굴을 적셨다.

(2) 야훼 엘로힘이 땅의 흙으로 사람을 빚고
　　 그 코에 생명의 숨을 불어넣으니
　　 그가 산 사람이 되었다.

(3) 야훼 엘로힘이 동방의 에덴에 정원을 창설하고
보기에 아름답고 먹기에 좋은 나무가 나게 하였다.
거기 정원 중앙에 생명나무가 있었다. 그리고 선과 악의 지식
나무도.

(4) 야훼 엘로힘이 사람을 이끌어 에덴의 정원에 두고
그것을 갈고 지키게 하며, 그에게 명했다.
"정원의 모든 나무의 열매를 네가 자유로이 먹어도 되지만
선과 악의 지식나무 열매는 먹지 말라
먹는 그 날에 네가 반드시 죽게 될 것이다."

(5) 야훼 엘로힘이 말했다.
"사람이 혼자 사는 것이 좋지 않으니
내가 그를 위하여 돕는 배필을 지어야겠다."
그리고 흙으로 모든 들짐승들과 공중의 모든 새들을 지었다.
사람이 무엇이라 부르는지 보려고 그들을 이끌어 데려오니
사람이 각 생물을 부르면 그것이 곧 그의 이름이 되었다.
사람이 모든 가축과 공중의 새와 들의 모든 짐승에게 이름 주
는 일을 끝냈다.
그러나 사람은 아직 돕는 배필을 찾지 못했다.

(6) (이에) 야훼 엘로힘이 사람을 깊이 잠들게 하였다.
그리고 그가 잠들어 있는 동안

그의 갈빗대 하나를 빼내고 살로 그 자리를 메웠다.

야훼 엘로힘이 사람에게서 취한 갈빗대로 여자를 만들고

그녀를 사람에게로 이끌어 데려왔다.

(7) 사람이 외쳤다.

"(아 드디어 찾았구나!) 이는 (진정) 내 뼈 중의 뼈요 살 중의 살이다

남자에게서 빼내었으니 여자라 부르겠다."

이렇게 해서 남자가 부모를 떠나 여자와 합하여

둘이 한 몸을 이루게 된 것이다.

2막

(8) 사람과 그의 여자 모두 벌거벗고 있었으나

부끄러워하지 않았다.

(9) 그런데 뱀은 야훼 엘로힘이 지은 들짐승 중에 가장 영특하였다.

뱀이 여자에게 물었다.

"엘로힘이 정말로 너희에게 정원 모든 나무의 열매를 먹지 말라 하더냐?"

여자가 뱀에게 말했다.

"정원 나무들의 열매는 우리가 먹을 수 있다.

그러나 정원 중앙에 있는 나무의 열매에 대해서는

엘로힘이 말하기를 '너희는 먹지도 말고, 만지지도 말라

너희가 죽을까 한다' 했다."

"너희가 결코 죽지 않을 것이다."

뱀이 여자에게 말했다.

"그것을 먹는 그 날로 너희의 눈이 열려

신들처럼 되어

선과 악을 알게 될 것을 알기에

그가 그리 말한 것이다."

(10) 여자가 그 나무를 보니

먹음직스럽고 보기에도 좋은 나무였다.

여자가 그 열매를 따먹고

자기와 함께 있던 남자에게도 주니

그도 먹었다.

이에 그들의 눈이 열려

자신들이 벗고 있다는 것을 알게 되었고

무화과나무 잎을 엮어 가리개를 만들어 걸쳤다.

(11) 그 날 시원한 바람이 불 때,

남자와 그의 여자는

정원을 산책하는 야훼 엘로힘의 소리를

듣게 되었다.

(이에) 그들은 야훼 엘로힘의 얼굴을 피하려고

정원 나무 사이에 숨었다.

야훼 엘로힘이 사람을 불렀다.

"네가 어디 있느냐?"

그가 답했다.

"내가 정원에서 엘로힘의 소리를 들었습니다.

그리고 벗고 있었기에 두려워 숨었습니다"

(12) 그가 물었다.

"누가 네가 벗고 있다고 알려주었느냐?

내가 네게 먹지 말라 명한 그 나무 열매를

네가 먹었느냐?"

남자가 대답했다.

"엘로힘이 내게 주어 나와 함께 있게 한 여자가

그 나무열매를 내게 주길래

내가 먹었습니다"

(13) 야훼 엘로힘이 여자에게 물었다.

"네가 어찌하여 이렇게 하였느냐?"

여자가 답했다.

"뱀이 나를 부추겨 내가 먹었습니다."

(14) 야훼 엘로힘이 뱀에게 말했다.

"네가 이렇게 하였으니
네가 모든 가축과 모든 들짐승보다 더욱 저주를 받아
배로 다니고 살아 있는 동안 흙을 먹게 되리라.
내가 너로 여자와 적이 되게 하고
네 후손도 그녀의 후손의 적이 되게 할 것이다.
그들이 네 머리를 상하게 할 것이고
너는 그들의 발꿈치를 상하게 할 것이다"

(15) 또 여자에게 말했다.
"내가 네게 산고를 크게 더할 것이다.
네가 고통 가운데 자식을 낳게 될 것이며,
너는 남자에게 복종하고,
남자는 너를 다스릴 것이다."

(16) 그리고 남자에게 말했다.
"네가 네 여자의 말을 듣고
내가 네게 먹지 말라 명한 나무의 열매를 먹었으니
땅이 너로 인해 저주를 받아
네게 가시덤불과 엉겅퀴를 낼 것이다.
네가 먹을 것은 밭의 채소이므로
네가 땅으로 돌아갈 때까지
콧등에 땀을 흘려야만 밥을 먹게 될 것이다.
이는 네가 거기에서 취해졌기 때문이다.

너는 흙이니 흙으로 돌아갈 것이다.”

(17) 야훼 엘로힘이 사람과 그의 여자를 위하여
가죽옷을 지어 입혔다.

(18) 야훼 엘로힘이 말했다.
“보라 이 사람이 선과 악을 아는 일에
우리 중 하나 같이 되었다.
이제 그가 손을 들어 생명나무 열매도 따먹고
영원히 살게 될까 걱정된다.”
그러고는 그를 쫓아내고,
에덴정원 동쪽에 그룹들과 두루 도는 불칼을 배치하여
생명나무에 이르는 길을 지키게 하였다.
(이렇게) 야훼 엘로힘이 사람을 에덴정원에서 내보내고
그의 근원인 땅을 갈게 한 것이다.

3막

(19) (전에) 사람이 그의 여자와 동침했었다.
여자가 임신하여 가인을 낳고 외쳤다.
“내가 야훼처럼 남자를 창조하였다!”
(이에) 남자가 자기의 여자 이름을 이브라 불렀다.

이는 그녀가 '살아 있는 모든 것들의 어머니'였기 때문이었다.
그녀는 또 가인의 아우 아벨을 낳았다.

(20) 세월이 지난 후에
가인은 땅의 소산 중에서 야훼에게 선물을 가져왔고
아벨은 양의 첫 새끼와 기름진 부위를 가져왔다.
그런데 야훼가 아벨과 그의 선물은 바라보았으나
가인과 그의 선물은 바라보지 않았다.
(이에) 가인이 몹시 분노하며 안색이 변했다.

(21) (다음 날) 가인이 그의 아우 아벨에게 ("산책 나가자") 말했다.
그들이 들에 있을 때에
가인이 일어나 그의 아우 아벨을 쳐 죽였다.

(22) 야훼가 가인에게 물었다.
"네 아우 아벨이 어디 있느냐?"
그가 답했다.
"나는 알지 못합니다.
내가 내 아우를 지키는 자입니까?"
야훼가 말했다.
"네가 무엇을 했느냐?
네 아우의 핏소리가 땅에서부터 내게 호소한다."

(23) "땅이 입을 벌려

네 손으로부터 네 아우의 피를 받았으니

네가 땅에게 저주를 받을 것이다.

네가 땅을 갈아도 땅이 다시는 그 효력을 네게 주지 아니할 것

이며

너는 이 지상에서 도망자와 부랑자가 될 것이다"

(24) 가인이 야훼에게 말했다.

"내 벌이 너무 무겁습니다.

주께서 오늘 나를 쫓아내시니,

나는 (어딜 가나 늘)

땅의 얼굴과 주의 얼굴로부터

숨을 곳을 찾아야 할 겁니다.

나는 이 땅에서 도망자와 부랑자가 될 것이고

나를 만나는 모든 이들이 나를 죽이려 할 겁니다."

(25) 야훼가 말했다.

"그렇지 않다.

가인을 죽이는 자는 벌을 칠 배나 받게 될 것이라."

그리고 가인에게 표를 주어

만나는 모든 사람에게서 죽임을 면하게 했다.

(26) 가인이 야훼 앞을 떠나서

에덴의 동쪽 놋 땅에 거주하였다.

그가 자신의 여자와 동침하니 그녀가 임신하여 에녹을 낳았다.

가인이 도시를 건설하고

아들의 이름을 따서 그 도시를 에녹이라 했다.

에녹이 이랏을 낳고, 이랏은 므후야엘을 낳고, 므후야엘은 므드사엘을 낳고, 므드사엘은 라멕을 낳았다.

라멕이 아들을 낳고 이름을 노아라 하며 말했다.

"야훼가 땅을 저주하여 고통스럽게 일하는 우리를

이 아들이 안위할 것이다."

(27) 아담이 다시 자기 여자와 동침하니 그녀가 아들을 낳았다.

그녀는 "야훼가 내게 다른 씨를 주셨다" 외치며,

그의 이름을 셋이라 하였다.

(시간이 흘러) 셋이 아들을 낳고 그의 이름을 에노스라 하였다.

그리고 그때에 사람들이 야훼의 이름을 부르기 시작했다.

그들을 만나러 가는 길

에덴 이야기에서 읽지 말아야 할 것들을 파악하여 마지막 채비를
끝낸 독자들은 이제 에덴으로 산보를 떠나야 한다. 에덴 이야기는
'열린' 텍스트이다. 에덴 이야기 작가의 문학적 탁월성은 독자들이
이야기 속에 참여하여 각기 자기만의 의미세계를 구축할 수 있도록
넓은 공간을 비워두었다는 점이다.

'에덴의 정원'은 한 가지 대답만을 허용하는 교리문답서처럼 읽
으면 안 된다. 거의 3천 년이 지난 오래된 이야기지만 여전히 새로
운 이야기다. 각 시대의 독자들을 초대하여 옛 이야기를 들려주고
는 이를 새로운 언어로 말하게 한다. 독자들은 지금까지 읽고 탐구
한 것들을 출발점으로 삼아 나름대로의 상상력을 발휘하여 에덴의
정원으로 저녁산책을 떠날 수 있기를 바란다.

이번 파트의 글은 필자의 산보 노트이다. '에덴 이야기' 원작자가
남긴 여백을 나름대로 채워보면서 에덴으로의 산보를 인터뷰 형식

으로 정리해 보았다. 물론 이 상상의 산보 노트를 기록함에 한 가지 원칙을 정했다. 최선을 다해 이야기 안에서만 머물러야 한다는 것이다. 이야기와 관계없는 이질적인 개념들을 가지고 들어가면 절대 안 된다. 이야기 전개의 논리적 여백이 크면 클수록 이야기 속에서만, 즉 등장인물들의 상호작용이라는 관점에서만 사색해야 한다.

이것을 마음에 두고 이제 산보를 떠나려 한다. 필자가 맨 처음 만나고 싶은 사람은 단연코 가인이었다. 에덴 드라마에서 가인이 수행한 역할을 보면 정말로 이해하기 어려운 가장 큰 논리적 여백이 있기 때문이다.

가인

그를 만나려면 에덴의 동쪽에 있는 놋 땅의 에녹 시로 가야 한다. 에녹 시는 가인이 야훼의 얼굴과 땅의 얼굴을 피해 도망자의 삶을 살다가 건설한 인류 최초의 도시이다. 에녹 시에는 조금 거칠어 보이지만 나름대로 질서를 유지할 줄 아는 여러 갈래의 사람들이 모여 살고 있었다. 가인을 어떻게 찾나 내내 걱정했지만 이내 괜한 걱정이었음을 깨달았다. 얼굴에 신비로운 표식이 있는 그를 쉽게 찾을 수 있었다.

전해 들은 이야기와는 달리 그는 대단히 평범한 사람이었다. 험한 인상을 갖고 있지 않았으며 말투도 사납지 않았다. 그가 악수하기 위해 내민 손에는 굳은살이 두껍고 거칠게 나 있었다. 그리고 무엇엔가 쫓기는 듯 사방을 살피며 경계심을 풀지 않았다. 많은 질문 들을 준비했지만 나는 그가 야훼에게 가져간 선물 이야기를 먼저 꺼내들었다.

"가인, 당신은 당신이 가져간 선물을 야훼가 쳐다보지 않은 이유 가 무엇이라 생각합니까?" 그는 "잘 모르겠소"라고 고개를 저으며 대답하였다. 그러고는 말을 이었다.

"나는 내가 할 수 있는 최선의 선물을 준비했는데 야훼가 이를 거들떠보지도 않았소. 그런데 야훼가 내 아우의 선물에는 오랫동안 눈길을 주었소. 그 이유를 난 아직도 모르오."

그에게 두 번째 질문을 했다. "선물이 거절된 후 당신은 왜 그렇 게 화가 나서 아우를 죽여야 했습니까?" 그가 평생 잊고 싶어 하던 옛 사건을 떠올리게 해서 미안했지만 할 수 없었다. 가인은 이 물음 에 대해서도 처음엔 "잘 모르겠다······ 그냥 화가 치밀어 올랐다"고 간단히 대답하였다. 그러나 잠시 후 그는 덤덤히 다음과 같은 이야 기를 들려주었다.

"나는 내게 너무도 무관심해 보이는 신에게 크게 실망했소. 사실 말이지, 내 아버지 아담의 대를 이어 야훼의 명대로 땅을 가는 농부 의 일을 하면서, 아버지로 인해 저주받은 땅과 씨름하는 사람은 바 로 나 아니오? 신의 저주로 인해 가시덤불과 엉겅퀴만을 내려는 땅 을 어르고 달래며 어렵게 곡식과 과일, 채소를 거두어 가족의 생계 를 꾸려나가는 책임을 받은 게 나 가인 아니오? 동생은 그저 여기 저기 소나 양을 몰고 다니며 한가롭게 소일하지 않소? 그런데 이런 내 고생을 몰라주는 야훼에게 순간적으로 화가 치밀어 올랐지. 더욱이 일도 별로 하지 않을뿐더러, 그가 허락하지 않은 음식인 육식을 일삼는 동생이 가져간 '고기 선물세트'에 그가 오랫동안 눈길을 준 것을 이해할 수 없었소. 또 너무나 분했고."

마지막으로 가장 궁금한 질문을 가인에게 물어보았다. "야훼가 가져오라고 요구한 것도 아니고, 또 그렇게 해야 할 중대한 이유가 있었던 것도 아닐 텐데, 당신은 도대체 왜 그에게 선물을 가져다줄 생각을 하게 되었을까요?" 가인은 이 질문에 대해서는 망설임 없이 대답하였다. "그 선물은 난생 처음으로 야훼에게 인사하러 가기 위해서 준비한 것"이라고.

그는 성년이 될 때까지 야훼를 본 적이 없었다. 야훼는 신들의 정원에 거한다고 들었고, 자기가 태어나 자란 곳은 정원 밖의 세상이었다. 신은 한 번도 정원 밖으로 나오지 않았으며, 자기를 비롯한 모든 가족들도 무서운 화염검과 거대한 신수들이 지키고 있다는 정원 근처에 갈 용기가 없었다. 그러나 아버지 어머니가 가끔 나누는 대화를 들으면서 가인은 정원 안의 세계에 대해서, 그리고 그 정원의 주인인 야훼에 대해서 궁금해졌다. 그를 보고 싶은 마음이 문득문득 들었다. 야훼는 자기와 동생 그리고 아버지 아담과 어머니 이브 외에 아무도 살지 않는 곳에서, 아버지 어머니가 때론 칭송하며, 때론 두려워하며, 때론 원망하는 존재가 아닌가? 이야기를 들어보니 그간 자기의 생존을 지켜준 아버지보다 훨씬 더 큰 존재가 아닌가?

가인은 "가까이 있지만 너무 멀리 있는 그 존재를 한번 보고 싶었다"고 말했다. 그리고 가능하다면 그에게 좋은 인상을 남기고 싶었을 뿐이라고, 솔직히 말하자면 처음 만나게 될 그에게 잘 보이고 싶었다고 말했다. 결국 아버지 어머니 말대로라면 그에게 자신과 가족의 생사가 달려 있다는 것 아닌가? 그래서 그에게서 저주를 받아 가시덤불과 엉겅퀴만을 내는 땅을 열심히 갈고 가꾸어 추수한 열매들을 선물로 가지고 가야겠다는 생각을 했단다. 그러면 그가 이를 대견하게, 아니면 적어도 흥미롭게 여기지 않겠는가?

그는 이 계획을 그의 아우 아벨에게 말했다. 그리고 가축을 몰고 여기저기 돌아다니느라 지리에 밝은 그에게 불칼과 신수들이 막고 있는 길을 피해 야훼의 정원이 있는 곳으로 갈 수 있는 길을 물었다. 형의 계획을 안 그의 아우 아벨은 길을 알려주면서 자기도 야훼에게 선물을 바치겠다고 따라 나섰다.

야훼

가인을 만난 다음 찾아가야 할 인물은 당연히 야훼였다. 나는 그를 만나기가 쉽지 않을 것이라 생각했다. 그가 여전히 동방에 있는 에덴의 정원에 거하고 있는지 알 수 없기 때문이다. 아담의 증손자인 에노스 때에 사람들이 그의 이름을 부르며 기원을 올리기 시작한 것으로 보아, 아마도 그는 이 땅에 있는 신들의 정원을 떠나 저 멀리 있는 천상의 신전에 거할 것이다.

다행스럽게도 세상을 둘러보러 내려온 그를 만날 수 있었다. 그리고 세상을 살피느라 시간이 없다는 그에게 다짜고짜 "도대체 왜 가인이 가져온 선물은 거들떠보지도 않았습니까?" 하고 물었다. 이는 가인을 위해서도 꼭 물어야 할 질문이었다. "대체 가인과 그의 선물에 무슨 문제가 있었던 겁니까?" 이에 대한 야훼의 대답이 날 깜짝 놀라게 했다.

야훼는 얼굴에 쓴 웃음을 지으며 "가인과 가인의 선물에는 아무런 문제가 없었네" 하고 대답하였다. 그는 "내가 피 흘리는 제물을 더 좋아하기 때문이라거나, 가인과 달리 아벨은 믿음이 출중한 사람이었기 때문이라거나, 아벨과 달리 가인은 최선의 선물을 가져오지 않았기 때문이라는 의견들이 있는 것으로 아는데, 모두 잘 모르기에 하는 말들"이라고 말했다. 그러면 도대체 무엇 때문인가? 무엇 때문에 가인의 선물에는 눈길을 주지 않고 아벨의 선물에만 그윽한 눈길을 주었다는 말인가?

야훼는 놀랍게도 "아벨이 나 먹으라고 가져온, 피가 뚝뚝 떨어지는 고기는 사실 더럽게 징그러웠지만 꾹 참고 바라보았네"라고 대답하였다. 그러고는 말을 이었다. "아벨을 총애해서가, 아벨의 선물이 더 좋아서가 아니라 단지 가인과 가인의 선물을 외면하기 위해서 아벨의 징그러운 음식을 오랫동안 바라보아야 했지."

그러면 대체 왜 가인과 가인의 선물을 그토록 외면하고자 했냐고 그에게 물었다. 그러자 야훼는 대답했다. "이 모든 것이 아담의 여자, 이브에게 교훈을 주기 위해서였네. 나는 그녀를 길들이기 원했지." 깜짝 놀라서 반문했다. "이브에게 큰 교훈을 주기 위해서라니?" 그러자 그는 사실상 가인이 자기에게 가져온 선물은 흥미롭고 기특한 것이었다 하며 말을 이었다. "내가 아담의 범죄 때문에 땅에 큰 저주를 내렸는데, 그의 아들이 그 땅을 어르고 달래 훌륭한 열매들을 생산해서 가져왔으니 어찌 놀랍고 기특하지 않았겠는가? 그러나 나는 이브에게 교훈을 줘야 한다고 오랫동안 생각해 왔으며, 가인이 선물을 가지고 나를 찾아 왔던 그때에 그렇게 할 수 있는 가장 좋은 기회를 보았지."

이브에게 교훈을 주기 위해서 가인과 그의 선물을 외면했다고? 대체 이브에게 왜, 그리고 어떤 교훈을 주려고 야훼는 결국 형제 간의 살인까지 야기된 일을 시작했다는 말인가? 야훼는 이브가 뱀의 혀에 속아 자신의 말을 어기고 금단의 열매를 따먹은 것을 수십 년이 지난 지금까지도 마음에 두고 있다는 것인가? 그렇다고 해서 가인의 선물을 외면하는 것이 어떻게 이브에게 교훈이 될 수 있다고 생각하는가? 금단의 열매를 먹은 것에 대한 형벌은 이브가 이미 치르고 있지 않은가? 이것이 아니라면 대체 야훼가 마음을 쓰고 있는 바, 이브에게 주려는 교훈은 무엇인가?

이렇게 궁금해 미칠 지경이 된 내게 야훼는 즉답을 하는 대신 "이브가 교훈을 제대로 받은 것 같으니 그녀에게 물어보라" 하고 말했다. 그러고는 인사를 나눌 겨를도 없이 어디론가 바쁘게 가버렸다.

이브

이브를 만나려면 동방에 있는 에덴의 정원보다 더 동쪽으로 가야 하는 것인지, 아니면 서쪽으로 가야 하는 것인지 잘 알지 못하고 길을 나섰다. 먼저 동쪽으로 길을 잡았다. 그녀를 만나면 묻고 싶은 말들이 많이 있었지만, 지금은 한 가지 질문만이 중요해졌다.

그녀를 만났다. 중년이 된 이브는 매우 현숙한 여인이 되어 있었다. 여러 번 임신하고 출산을 했음에도 신이 깎아 만든 미모는 여전했으며, 삶의 많은 것들을 이해하는 깊은 눈을 가지고 있었다. 그녀에게 물었다. "야훼에게 물으니 이브 당신은 야훼로부터 한 가지 중대한 교훈을 받았다고 하는데 그것이 무엇인가요? 대체 야훼가 가인의 선물을 외면한 것과 이로 인해 당신이 받았을 것이라는 교훈은 무슨 연관이 있는거죠?"

"당신도 알지만 내 둘째아이가 큰아이의 손에 죽었어요. 그리고 큰아이는 내 곁을 떠나가야만 했구요." 이것을 말하는 이브의 눈에는 어느새 눈물이 고여 있었다. "나처럼 불행한 여자가 세상에 또 있을까요? 하루아침에 두 아들을 모두 잃었으니…… 그런데 눈물로 사는 나를 불쌍히 여겼는지 야훼가 내게 다른 아들 하나를 더 주셨습니다. 그래서 지금은 그나마 숨 쉴 만하지요. 이 모든 불행이 모두 내 오만 때문에 생긴 것임을 나는 잘 알고 있어요. 두 아이를 잃고 나서야 이것을 깨달아 알게 되었지요. 그 날 정원에서 남편과 함께 있을 때에 따먹은 나무의 열매 효력이 신통치 않았나봐요. 미리 알았더라면 좋았을 텐데…… 일이 모두 끝난 후에야 알게 되었으니."

"모두 당신의 오만 때문이라니 무슨 말인가요?"

"야훼와 함께 거했던 정원을 나오게 된 이야기는 당신도 잘 알고 있을 것입니다. 어느 날 난 야훼의 손에 이끌려 한 남자에게 인계되었지요. 그는 나를 보자마자 나와 사랑에 빠졌습니다. 우린 밤낮이 바뀌는 것도 모르고 깊은 사랑을 나누었지요. 그 후에 그가 탄성을 질렀어요. 나를 보고 '내 살 중의 살이요 뼈 중에 뼈'라고 했지요. 그가 그렇게 기뻐하던 모습도, 그와 나누었던 사랑도 돌이켜보니 참 좋은 시절이었지만 이제는 아픈 기억이 되었네요. 그런데 '그 일'이 있고 나서 나와 남편은 정원에서 쫓기듯 나오게 되었습니다. 그리고 얼마 지나지 않아 내 몸에 이상한 변화가 생기기 시작했어요. 갑자기 배가 불러오기 시작한 겁니다. 직감적으로 내 속에 무엇인가가 자라고 있다고 느꼈어요. 내 남편 아담도 이를 너무나 신기하게 생각했는지 하루에도 몇 번씩 내 배에 귀를 대보고 만져보곤 했습니다. 그러던 어느 날 아랫배가 심하게 아프더니 한 남자가 머리를 내밀고 내 몸에서 나왔어요. 너무나 충격적이었습니다. 너무나 아팠지만, 그 고통 때문이 아니라 내 몸에서 한 남자가 나왔다는 것이 충격 자체였어요. 지금까지는 남편과 나 둘만이 있었는데 다른 남자가 세상에 나온 게 아니겠어요? 나는 내가 생명을 지닌 사람을 만들어냈다는 사실에 놀라고 기뻤습니다. 그래서 소리를 질렀지요. '나도 야훼처럼 사람을 생산했다!'고. 그 때 옆에서 이 놀라운 생명의 탄생을 지켜보던 남편은 내게 '이브'라는 이름을 주었습니다. 나중에 알고 보니 거창한 이름이었나봐요. '살아 있는 모든 것들의 어미'라나……

그날 나는 정말로 내가 야훼와 같은 급의 여신이 된 줄 알았습니다. 야훼가 내 남편을 만들었다고 들었는데, 나는 남편과 같은 남자를 생산한 것이잖아요. 그때 낳은 아이가 가인입니다. 내가 직접 이름을 지어주었지요. '내가 만들었다'는 뜻을 담았어요. 그런데 이러한 내 생각과 말이 야훼의 마음을 불편하게 한 것 같아요. 내 생산 능력을 야훼의 창조 능력과 비교했으니 당연한 일이었을 테죠. '그 일'이 있은 후 야훼가 정원의 신들과 상의한 끝에 남편과 나를 정원에서 내보내기로 결정했습니다. 그러한 이유를 생각해보면, 가인을 낳은 다음 나는 야훼가 가장 원하지 않은 생각을 품고 또 그것을 당당하게 외친 것이에요.

그리고 솔직히 말하자면 나는 야훼가 남편과 나를 어느 날 갑자기 정원 밖으로 쫓아낸 것에 대해서 서운한 마음을 품고 있었습니다. 비록 내 잘못이 있었지만 왠지 부당하게 처벌 받았다는 생각을 떨칠 수가 없었거든요. 물론 정원 밖의 세상은 정말로 지옥이 따로 없었어요. 남편과 나는 맹수들의 공격을 받아 죽을 고비를 넘긴 적이 한두 번이 아니었고, 땅은 또 어쩌면 그렇게 딱딱한지 남편은 그 척박한 땅을 일구어 식량을 만들기 위해 죽도록 일해야 했습니다. 그러던 차에 한 남자가 내 배에서 나왔으니, 내 딴에는 야훼에게 한 방 먹였다고 생각했지요. 사람을 만들어내는 내 능력이 진흙을 이겨야만 사람을 만들 수 있는 야훼의 창조 능력보다 더 낫다는 것을 내 아들 가인이 증명해준다고 생각했더랬습니다. 가인은 그래서 내 자부심의 상징이었어요. 나는 그를 애지중지했지요. 물론 그의 아우인 아벨도 사랑했지만, 가인에 대한 내 애정은 거의 절대적이었거든요."

여기서 내가 말을 끊었다. "말을 끊어서 미안하지만 이브, 난 당신을 조금은 이해할 수 있을 것 같아요. 당신의 몸에서 전대미문의 현상이 일어났으니 당신의 외침은 당연한 것이 아니었을까 생각해요. 그런데 그것과 가인의 선물을 야훼가 거절한 것에는 무슨 상관이 있다는 건가요?"

"내가 '야훼처럼'이라고 한 말은 야훼가 극도로 싫어하는 사상을 담고 있다는 것을, 나는 가인이 그의 아우 아벨을 죽이는 사건을 보고서야 깨달았습니다. 실제로 야훼와 나 사이에는 오랫동안 일종의 적대감 같은 것이 있었나봐요. 그 날 정원에서 뱀으로부터 나도 '신처럼' 될 수 있는 길이 있다는 이야기를 들은 다음, 나는 조금도 망설이지 않고 그 길을 택했습니다. 정원 안에서의 삶이 평안하긴 했지만 내 남편과 나는 신들이 누리는 복지를 증진하기 위해서 정원을 가꾸는 정원사에 불과했지요. 물론 대부분의 신들은 우리에게 친절했지만 나는 늘 왠지 모를 무력감과 답답함을 느끼고 있었습니다. 그러던 차에 현명한 뱀이 내게 신들의 세계에 대한 비밀을 알려주었습니다. 내겐 망설일 이유가 하나도 없었지요. 당신도 알듯이 '그 일'이 있고 나서 신들의 회합이 있었는데, 야훼는 신들의 중론을 모아 나와 남편을 정원 밖으로 내쳤습니다. 신처럼 될 수 있는 두 번째 조건을 나와 남편이 충족시키지 못하도록 하기 위해서였지요.

내가 먼저 금단의 열매에 손을 댔고, 그러니 야훼가 나를 위험한 인물로 여긴 것을 나는 이해합니다. 그러던 차에 가인을 낳고 내 생산 능력을 야훼의 창조 능력과 비교하며, 나도 이제 어엿한 여신의 반열에 올랐다고 외쳤습니다. 이때부터 야훼는 나를 더 경계하게 되었을 것입니다. 그러면서 그는 내 콧대를 납작하게 해줄 때를 기다렸을테죠. 어느 날 내가 애지중지하던 큰아들 가인이 야훼에게 선물을 가지고 갔어요. 물론 나와 남편에게 상의하지 않고 그렇게 했더군요. 미리 알았다면 나는 적극적으로 말렸을 것입니다. 내 생각으로는 야훼가 내 큰아이의 마음에 상처를 주는 선에서 내게 교훈을 주려고 그랬을 것으로 보입니다.

아버지 아담과 어미인 내가 그렇게 두려워하는 대상인 야훼에게 가인은 잘 보이고자 애를 썼을 것입니다. 가인은 원래 책임감이 강하고 성실한 아이였어요. 뭐든 하면 죽든 살든 끝을 보아야 직성이 풀리는 아이거든요. 그는 또한 나처럼 자존심이 강한 아이였어요. 아니 내가 그렇게 키웠는지도 모르죠. 현명한 신 야훼도 이를 잘 알고 있었습니다. 그리고 이것을 이용하여 내게 한방 먹이고자 했을 거예요. 나나 제 아비보다 크고 두려운 존재임을 알고 정성을 다해 준비해간 선물을 내려놓은 가인에게 야훼는 눈길 한번 주지 않음으로써, 더군다나 내가 그리 큰 애정과 관심을 쏟지 않은 아우 아벨의 고기선물에는 오랫동안 눈길을 줌으로써 야훼는 가인의 마음에 상처를 주고자 했을 거예요. 그리고 그 상처는 가인의 마음이 아니라 그의 어미인 내 가슴에 내고자 한 상처였습니다. '이브, 네가 그토록 아끼는 네 아들 가인을 내가 대수롭지 않게 여긴다'는 메시지를 주고 싶어 한 것은 아닐까 싶어요. '네가 나보다 능력이 좋은 양 외치며 생산한 네 아들을 내가 아무것도 아닌 존재로 여긴다'…… 아마도 이런 메시지를 내게 주고자 했을 것입니다.

그런데 거기서 끝났으면 좋았을 것을…… 야훼는 예나 지금이나 사람의 속을 잘 알지 못하는 것 같아요. 그는 내 큰아이의 성정을 잘 알지 못했습니다. 그는 분명 내게 교훈을 주었지만 그 대가는 너무나 크고 잔인했어요. 세상에 존재하는 최고의 남성으로 길러진 내 아들 가인의 자존심을 야훼는 계산에 넣지 않고 일을 벌인 것이죠. 가인이 거기서 멈추지 않을 것이라는 사실을 야훼는 알지 못했어요.

결과적으로 나는 두 아들 모두를 잃었습니다. 가인이 자기 아우 아벨을 무참히 살해하였습니다. 어찌되었든 무고한 자의 피를 땅에 떨어뜨린 자를 야훼가 그냥 둘 리 없었지요. 그리고 전에 땅의 아들(아담)로 인해 저주를 받았던 땅 역시, 이런 만행을 저지른 땅의 아들의 아들을 그냥 두고자 하지 않을 것이 분명했습니다. 가인이 야훼의 형벌을 받고는 작별인사도 못하고 우리 곁을 떠나가야 했던 날, 나와 내 남편은 멀리 서서 주체할 수 없이 흘러내리는 눈물을 가슴에 담아내야 했습니다. 그 날 멀리 사라져가는 가인의 뒷모습을 하염없이 바라보면서, 나는 모든 것이 내 오만에서 시작된 것임을 뼛속 깊이 느꼈습니다. 몇 날을 울고 또 울었지요. 나는 신처럼 되고자 했던 여자입니다. 두 아이를 잃고 나서야 나는 이것이 허황된 꿈이었다는 사실을 알게 되었습니다. 나는 그저 한 여자일 뿐입니다.

야훼는 그렇게 매우 거친 방식으로 내게 교훈을 주었습니다. 그리고 나는 이를 받을 수밖에 없었고요. 시간이 조금 지나자 나와 아담 사이에 아들이 하나 더 태어났습니다. 나는 그에게 셋이라는 이름을 주었습니다. '수여받았다'라는 뜻인데, 나는 가인을 낳았을 때처럼 그렇게 당차게 외칠 수 없었습니다. 결국 가인이나 아벨 그리고 셋 모두 야훼가 내게 허락하신 씨임을 겸허히 인정하게 되었습니다."

이브의 이야기가 진행되고 있던 말미에 그의 남편 아담이 들어와 잠잠히 서 있었다. 감정이 격해진 이브를 진정시키고자 조금 쉬게 하였고, 대신 아담에게 궁금했던 몇 가지 질문을 하게 되었다.

아담

아담은 채소를 한아름 들고 돌아왔다. 그에게 진한 땀 냄새가 났다. 땀 속으로 보이는 얼굴은, 특히 그의 콧등은 뜨거운 볕으로 검붉게 익어 있었고, 발과 손에는 아직 흙이 묻어 있었다. 그는 자신에게 내려진 야훼의 형벌을 성실하게 받고 있는 것이 분명했다. 그에게 야훼가 야속하지 않은지 물었다. 이에 대해 그는 껄껄 웃으며 고개를 저었다. "처음에는 그랬지만 이제는 여기서도 살 만해. 문득문득 좋았던 정원에서의 삶이 떠오르지만 후회나 원망은 더 이상 없어." 다소간 의외의 대답이었다. 왜 그런지 궁금했지만 말이 나온 김에 정원에서의 삶이 어땠는지를 먼저 물어보기로 했다. "아담, 정원에서의 삶 중에서 기억나는 것 몇 가지를 들려줄 수 있을까요?"

"물론 내 인생을 바꾸어준 내 아내의 등장이 가장 큰 사건이었지. 이제 생각하면 조금 황당한 이야기지만, 야훼가 내게 짝을 만들어준다고 온갖 동물들을 만들어가지고 왔어. 하늘의 새들까지 말이지. 그런데 원, 내게 딱 맞는 놈(?)을 찾을 수가 있어야지. 어떤 놈은 너무 크고, 어떤 놈은 너무 작고, 어떤 놈은 자세가 불편하고……
새들은 정말로 힘들었어. 동물들과의 짝짓기 실험이 성과 없이 그
렇게 끝나고 말았어. 그런데 그 날 야훼가 내게 깊은 잠을 내렸지.
한참 자고 깨어났는데 야훼가 한 여자를 데려온 것이 아니겠어? 한
눈에 알아 봤지. 바로 이거다…… 그녀를 품에 안았어. 그리고 몇
날 며칠을 그녀와 보냈어. 내 몸과 마음에 딱 맞는 배필을 찾은 거
야. 작가 양반, 당신도 알잖아. 내가 얼마나 좋아서 탄성을 질렀는
지. 그 이후로 나는 동물들과의 생활을 청산했지. 더 이상 그들을
돌아보지 않았어. 나는 정말로 그때 남자가 되었다고. 그래서 내 몸
에서 온 그녀를 여자라고 부른 것이지. 그녀를 처음 만나고 보낸 며
칠이 내 인생의 황금기였어. 참 행복했던 시절이었지."

　　좋았던 시절에 대한 회상에 잠긴 아담에게 나는 "혹시 에덴 중
앙에 있었던 특별한 나무를 기억하세요?" 물었다. 순간 얼굴이 다
소 굳어지면서 아담은 고개를 끄덕였다. "물론이지. 두 그루의 나무
가 있었어. 하나는 생명나무였고, 다른 하나는 선과 악의 지식나무
였지. 내가 정원 일을 하게 되었는데, 야훼는 그 대가로 정원에 자
라는 모든 나무의 열매들을 먹게 했어. 그런데 유독 선과 악의 지식
나무 열매는 먹지 말라고 명했어. 먹으면 즉시로 죽게 될 것이라는,
그 때에는 이해하기 어려웠던 말도 덧붙이면서. 생명나무에 대해서
야훼가 어떤 말을 했는지는 내 기억에 없어. 내 관심거리도 아니었
고. 나는 그 때 젊고 활력 있던 나이였다고. 죽는다는 것이 무슨 말
인지 이해하기도 어려웠지만 팔팔하게 살고 있는 내가 생명나무의
열매에 관심을 가질 이유가 있었겠는가? 지혜로운 신인 야훼도 아

마 이러한 정황을 잘 알고 있었을 거라고. 먹을 게 널려 있었는데 굳이 신이 금지한 나무 옆에 서 있는 생명나무의 열매를 먹을 필요가 내겐 없었다고.

많은 사람들이 만약에 내가 신의 명을 어기지 않았다면 인간은 영원히 살 수 있었을 것이라 생각한다는데 내 생각은 달라. 나는 땅에서 왔잖아. 땅에서 온 내가 땅으로 돌아가는 것은 자연의 이치라고. 야훼는 처음부터 나를 영원히 살 수 있는 존재로 만들지 않았어. 지금 생각해보면 지식나무의 열매를 금하면서 야훼가 내게 했던 말에 이미 대답이 있잖아. '먹은 그 날로 죽는다'고 했지 않는가? 그가 창조한 자연의 세계에, 아직은 발생하지 않았지만 죽음이라는 현상이 처음부터 존재했던 것이지. 그리고 만일 내가 불멸의 존재였다면 정원에 생명나무가 있어야 할 이유도 없잖아. 모든 피조물들이 불멸의 존재로 창조되었다면 생명나무야말로 가짜 약초 아니겠어? 혹 내가 생명나무의 열매를 먼저 먹지 않은 것을 아쉬워하는 이들이 있는지 모르겠는데, 말했잖아. 팔팔하게 건장한 청년이었던 내가, 그리고 죽음이라는 현상을 전혀 경험해보지 못했던 내가 이 나무의 열매에 관심을 가질 이유가 전혀 없다는 걸. 혹시 야훼가 이것도 금했다면 내가 관심이라도 보였겠지만 말이지……."

이 대목에서 나는 대뜸 물었다. "아담, 당신은 야훼 엘로힘의 명을 어긴 것을 죄로 인식하십니까?" "지금 말인가, 아니면 그 때 말인가?" 그가 반문하며 말을 이었다.

"나는 그 날 이전에는 죄라는 의식을 가져본 적이 없었어. 아니

죄라는 개념이 아예 내겐 없었다고 해야겠지. 내가 야훼 엘로힘의 명령을 깨는 역할을 두고 '원죄'라고 말하는 사람이 있다는데, 나는 그 논리를 이해할 수 없다네. 나는 그 때 죄를 알지 못했어. 그의 명령을 지키는 것이 좋은지, 깨는 것인 좋은지 알지 못했지. 내가 한 일을 죄라고 정의하려면 그렇게 하는 것이 나쁜 일이라는 것을 미리 알면서도 했다는 말인데, 그 땐 선과 악의 지식나무를 내가 먹기 전이잖아? 내가 이 일이 죄라는 것을 어찌 알았겠나? 사람들이 이것을 죄라고 부른다면 그렇게 부르게 내버려두라고! 그러나 이것을 원죄라 부르는 사람들의 논리를 나는 이해할 수 없어. 잘못이라면 내가 한 것인데 이것 때문에 내 후손들 모두가 죽음의 저주를 받는다니…… 야훼를 그렇게 고약한 신으로 만들어서는 안 되지. 몰라도 한참을 모르는 사람들의 말이야."

"그렇다면 아담, 당신은 당신의 여자가 준 금단의 열매를 받아 먹은 것에 대한 후회가 없나요?" "지금 말인가 그때 말인가?" 또 반문하며 그는 말을 이었다. "왜 없었겠는가? 그러나 지금은 조금의 후회나 원망도 없소." "정말요?"

"정말 그렇다니까. 당신도 잘 알지 않는가? 많은 사람들이 나는 단지 내 아내가 준 것을 받아 먹었다고 보고, 내 아내에게 온갖 나쁜 말들을 다 갖다 붙인다는 것을…… 그런데 이는 사실과 다르네. 그날 뱀이 내 아내에게 다가왔을 때도, 내 아내가 지식나무의 열매를 따는 순간에도 나는 거기에 그녀와 함께 있었다네. 어떤 사람들은 뱀이 금단의 열매에 정욕의 독을 발랐다고 하는데, 이것도 사실이 아니지. 뱀과 내 아내 사이에는 어떠한 육체적 접촉도 없었다오. 내가 바로 증인이지. 사람들이 이를 왜 정욕이라고 부르게 되었는지 모르겠지만, 나와 내 아내는 금단의 열매를 먹기 전에도 뜨겁게 사랑을 나누곤 했어. 금단의 열매를 먹고 나서 성에 눈을 떴다는 말은 단연코 말하지만 틀렸소.

그 사건 이후 달라진 게 있다면 우리가 성기를 내놓고 살고 있었다는 사실을 알았다는 것뿐이라오. 전에는 모든 것이 자연의 일부였고, 그래서 모든 것이 자연스러웠지. 아내의 가슴에 손을 대는 것이나 그녀의 손을 잡는 것이 모두 자연스럽게 느껴졌다오. 그런데 그 날 우리 속에 새로운 의식이 생겼단 말이지. 왠지 벗고 있는 것이 부끄럽게 느껴졌어. 처음으로 부끄럽다는 감정을 갖게 되었지. 죄의식처럼 이런 감정도 전에는 아예 없었거든. 한마디로 세상을 보는 눈이 달라졌다는 말이야. 전에는 모든 것이 아름답고 모든 것이 그냥 평안하고 모든 것이 다 좋게 보였는데, 이제는 세상에, 심지어 낙원인 신들의 정원에도 위계질서가 있고 갈등이 있고 고통이 있고 죽음과 죽어가는 과정과 또 불평등이 있다는 사실을 알게 되었지.

작가 양반의 질문에 대답하자면, 딱 한 번 후회를 했소. 아니 두 번. 첫 번째는 그 날, 바람이 시원하게 부는 저녁나절에 야훼가 산책을 하다가 우리가 보이지 않자 나를 불러내고는 심문을 하였을 때였소. 그 때 나는 야훼의 심문이 두려워 조금 비겁하게 아내에게 책임을 전가했지. 사실은 아내를 내게 준 야훼에게 화살을 돌리려 한 거지만. 하여간 이 일에 대해서 나는 아직까지도 아내 앞에서 고개를 들 수가 없다오. 비겁한 자식, 아내를 팔아먹다니…… 두 번째는 아내와 내가 정원 밖으로 쫓겨나왔을 때였어. 막막했거든 그 때는…… 어떻게 살아야 할지…… 그때 아내를 원망했네. 아내가 준 과일을 버리지 않고 먹어버린 것이 후회스러웠지. 그러나 그 때가 마지막이었어.

여기에 이렇게 정착을 하게 되면서 나는 다시 지나간 시간들을 돌이켜 보았지. 그리고 내 아내 이브는 나를 두 번에 걸쳐 새로운 세상에 살도록 도운 여자라는 생각을 하게 되었어. 첫 번째는 나를 동물의 세계에서 벗어나게 해준 것이고, 두 번째는 나를 신들의 세계에서 벗어나게 해준 것이지. 내 아내 이브가 없었다면 나는 아직 동물들과 어울려 거시기나 하며 살고 있었겠지. 그리고 아내가 없었다면 나는 여전히 신들이 명령하면 무조건 따르는 생각 없는 동물로 살고 있었을 거라고. 야훼는 나를 흙에서 나온 '땅의 아들'로 만들었지만 아내는 나를 진정한 사람으로 만들어주었어. 여기에서의 생이 많이 고된 것은 사실이지만, 그리고 겪어내야 하는 아픔들이 많이 있지만 나는 여기가 좋고, 내 아내에게 늘 감사하고 있다네."

전혀 예상 밖의 대답이었다. 이브가 전해준 금단의 열매를 먹은 것에 대해서 아담이 전혀 후회를 하고 있지 않다니. 아니 오히려 고마워하고 있다니, 믿을 수가 없었다. 그래서 물었다. "아담, 그러면 당신은 생명나무의 열매를 먹지 않은 것에도 일말의 후회가 없는지요?" 이에 대한 그의 대답은 빠르고 간결했다. "없네."

"생명나무는 나나 내 아내 이브, 혹은 당신 같은 사람들의 음식이 아니었다고 나는 믿네." 그가 말을 이었다. "사실 내가 먹은 선과 악의 지식나무의 열매보다 야훼가 내 손으로부터 지키고자 한 것은 생명나무의 열매였을 것이라 나는 생각해. 그 날 내가 정원을 나오기 전에 열렸던 신들의 회합에서 신들이 나눈 대화를 듣게 되었는데 특히 야훼는 내가 생명나무에 손을 댈 것을 무척이나 염려하였지. 다른 신들 중에는 기왕 이렇게 된 것, 내게 생명나무의 열매를 먹는 것을 허락하자 하는 이도 있었어. 그런데 야훼는 끝까지 밀어붙여 자신의 의견을 관철시켰지. 야훼는 내가 선과 악의 지식나무 열매를 먹고 지식의 차원에서 이미 신의 경지에 이르렀는데, 생명나무의 열매마저 손을 대어 영원한 생명을 얻어 '엘로힘'의 반열에 오를까 염려한다고 말하며 신들을 설득했지.

나는 그 이유를 생각해 보았어. 야훼는 정원의 신들 가운데 가장 지혜로운 신이었소. 그는 자기보다 조금 지혜롭지 못한 신들에게 피조물인 내가 자기들과 같은 반열에 오르는 꼴을 보기 싫으면 나를 정원에서 내보내는 일에 동조하라고, 거의 강요하다시피 했지. 사실 야훼의 본의는 이것이 아니었을 것이 분명해. 야훼는 생명나무의 열매가 나 같은 인간에게는 독이 된다는 사실을 알고 있었던 거야.

신들 중에서 가장 지혜로운 신인 야훼는 신들이 듣기에 좋은 말을 하면서 다른 의도를 가지고 있었던 것이지. 나에게 이 열매도 먹게 하자는 무지한 신들도 있었지만, 야훼는 그 결과를 예상하며 내가 먹는 바로 그 순간 죽게 될 수 있다는 것을 염려했던 것이네. 나는 야훼의 판단을 믿어. 생명나무의 열매는 신들의 음식이지 인간의 음식이 아니라는 것을. 미우나 고우나 나는 엘로힘의 아들 아닌가? 나는 그의 최고의 걸작이지. 재료가 다른 아내보다는 조금 못할 수도 있지만.

엘로힘은 나를 살리고 싶어 했어. 그리고 나를 살릴 수 있는 유일한 방법은 나를 에덴의 정원에서 나가게 하는 것이라 생각했을 것이고. 자신의 경고를 쉽게 무시하는 철부지 같은 나와 내 아내를 본 야훼에게는 다른 방도가 없었을 게지. 아예 내보내서 돌아오지 못하도록, 생명나무에는 얼씬도 못하도록 하는 수밖에. 야훼는 신들을 설득하고 나와 아내를 (강제로 혹은 내키지 않게) 내보낸 후 생명나무에 이르는 동쪽 길목을 차단해버렸네. 무서운 병기인 두루 도는 불칼을 설치하고 거대한 신수들을 배치하여 지키게 하였지. 생명나무는 죽음의 나무였음이 분명해. 나는 현명한 신인 야훼를 아버지로 둔 덕에 살게 된 것이지.

그러니 생명나무 열매를 먹지 않은 것을 내가 후회하거나 아쉬워할 이유가 없지 않겠는가? 오히려 야훼의 지혜롭고 자상한 배려에 감사를 해야겠지. 그는 나와 내 아내가 앞으로 처하게 될 위험을 알고 내가 지금도 이렇게 입고 다니는 튼튼한 가죽옷을 손수 지어 입혀주었어. 이 옷을 만져보라구. 야훼의 따뜻한 손길이 느껴지지 않은가? 야훼가 손수 들짐승을 잡아 가죽을 벗겨내어 나와 내 아내에게 딱 맞는 크기로 재단하여 이처럼 훌륭한 옷을 지어 입혀주었어. 이 옷을 입고 있는 한 나는 야훼를, 그리고 나를 위해 희생당한 동물들을 떠난 것이 아니야. 이 옷은 내가 동물들과 신들의 세계에서 벗어난 사람이 되었다는 상징이면서, 결코 동물들과 신으로부터 완전히 독립된 존재가 될 수 없다는 상징이기도 하지. 나는 땅에서 온 사람이고 땅으로 돌아가는 날까지 땅 사람으로서의 생애를 살게 되겠지. 그러나 신이 지어준 옷을 입고 다닐 것이네. 나를 위해 희생당한 동물들을 기억하면서."

화제를 조금 돌려서 나는 그가 나중에 자신의 아내에게 이브라는 이름을 선사하게 된 연유를 물었다. 아담은 가인의 탄생이 자신에게는 너무나 신비스럽고 놀라운 광경이었다고 말했다.

"사실 나는 야훼가 나를 어떻게 만들었는지 알지 못한다네. 보지 못했으니까. 다만 야훼가 흙을 빚어 동물들을 만드는 광경을 보고 나도 그렇게 빚어 만들었겠구나 상상을 했지. 말하자면 생물을 존재하게 하는 방법으로 내가 유일하게 목격하여 아는 것은 야훼가 흙에 물을 섞어서 만드는 것뿐이었네. 그런데 내 아내의 배가 하루가 다르게 불러오더니 어느 날 남자를 쑥 낳았지. 이 광경은 내게 야훼가 흙으로 동물들을 빚었던 광경보다 더 놀랍고 신비스러웠어. 내 아내가 사람을 만들어냈으니 말이야.

나는 너무 흥분했고, 내 아내가 보통 사람이 아니라 생각했어. 그래서 '살아 있는 모든 존재의 어미'라는 뜻으로 이브라는 이름을 내 아내에게 선사했네. 아내도 나도 그때 우리 눈앞에서 펼쳐진 현상을 묘사할 언어를 찾고 있었어. 지금 생각해보면 '내가 야훼처럼 사람을 생산했다'고 한 아내의 외침이나, 내가 그녀에게 생명의 여신 이름을 선사한 것은 다소간 문제가 있다고 생각하지만, 그 때에는 정말로 이렇게밖에는 생각할 수가 없었거든.

그러나 이제는 다른 각도에서 내 아내의 생식 능력을 이해하고 있어. 나는 내가 영원히 살 수 있는 존재로 창조되지 않았다는 것도 잘 알고 있고. 다시 말하지만, 땅에서 왔기에 땅으로 돌아가는 것이 내 운명이라는 것을 나는 한시도 잊은 적이 없어. 그러나 나는 또한 영원히 살 방도를 터득했어. 내 아내는 나를 닮은 아이들을 낳을 것이고, 그 아이들은 또 자신들을 닮은 아이들을 낳을 테지. 나는 이렇게 내 생명을 이어갈 것이라 믿네. 나는 언젠가 땅으로 돌아갈 것이지만 내 속에 있던 생명은 대를 이어나갈 것이야. 이것이 내게 허락된 바 영원히 사는 길이고, 내 아내의 존재가 이 모든 일을 가능하게 해주었다 믿고 있네. 그러니 내가 내 아내에게 준 이름은 여전히 의미가 있다고 난 생각해."

"아담, 마지막으로 묻겠소. 당신이 조금 전에 말한 것처럼, 야훼가 당신을 보호하기 위해서 신들의 정원으로부터 나가게 하여 여기에서 살게 한 것을 고맙게 생각한다면, 당신은 어찌하여 야훼에게 제사를 드리거나 하면서 그를 경배하는 일을 하지 않습니까? 당신의 증손자 때에 이르러야 사람들이 야훼에 대한 기원을 드리기 시작했다는 것이 사실이라면 당신은 그간 어찌하여 야훼를 잊고 살았단 말입니까?" 이 질문에 대해 아담은 한참을 생각한 후 입을 열었다.

"내 생애 동안 난 한 번도 야훼를 잊은 적이 없다면 믿겠나? 나는 정말로 야훼를 잊은 적이 없어. 그가 지어준 옷이 나에 대한 그의 쓴 사랑의 표시였어. 나는 늘 이 옷을 입고 다녔으며, 비록 내가 그의 정원에서 멀리 떠나왔지만 야훼가 나를 지키고 보호한다는 것을 느끼며 살았지. 구태여 야훼의 이름을 부르며 제사 같은 형식을 차릴 필요가 내겐 없었어. 그러나 내 후손들은 야훼를 가까이에 있는 신으로 대하지 못하게 되었을거야. 사실 이젠 신들의 정원이 여기

에덴에서 사라진 지 오래 되었지. 야훼는 가인처럼 선물을 들고 찾아가 문을 두드리면 만날 수 있는 그런 가까운 곳에 있지 않다고 사람들은 믿게 되었지. 사람의 영역과 신들의 영역이 비로소 구별된 것이 아닌가? 그러니 내 후손들은 저 멀리 천상에 존재한다고 믿는 그 신의 이름을 부르며 기원을 드려야 했겠지. 신들은 천상에서, 인간은 땅에서 각자의 길을 가게 된 것이지."

신들은 천상에, 인간은 땅에 살게 되었다는 아담의 말을 들으며 나는 다시 가인이 생각났다. 그가 '새로 시작한' 인간의 세상인 도시에 다시 한 번 가보아야겠다 마음먹고 아담과 이브와 작별을 고했다.

다시 만난 가인

에녹 시를 다시 찾아가 보았다. 그리고 가인을 만났다. 그에게 지금까지의 산보를 통해 알게 된 내용들을 들려주었다. 특히 그가 아직도 영문을 모르고 있는 것처럼, 야훼가 자기의 선물에 눈길을 주지 않은 이유에 대해서 말해주었다. 그는 긴 숨을 뿜어냈다. 그러고는 오랫동안 말이 없었다. 한참이 지나서 나는 가인에게 그가 만들고 있는 세상에 대해서 질문하였다. 그리고 그의 후손들에 대해서도 물어보았다.

"가인, 당신은 야훼와 땅의 저주를 피해 도망자가 되었는데, 여기 놋 땅에 도시를 세우고 정착하게 된 이유는 무엇이오?"

"나는 당신 말대로 야훼와 땅의 저주를 피해 도망자의 삶을 살기로 되어 있었소. 비록 여기에 정착했지만 나는 여전히 도망자로 살고 있소. 야훼가 내게 은총을 베풀어 표식을 해주는 바람에 목숨을 보전하고 있지만 나는 여전히 숨을 곳을 찾고 있다오. 그러던 중 나는 아내에게서 아들을 낳았다오. 나는 이를 매우 특별하다고 생각했소. 도망자라는 내 천명에 새로운 시작이 열린 것이 아닌가 생각하게 되었다고. 그래서 내 아들의 이름을 '시작하다'는 뜻을 가진 에녹이라 지었던 거지. 그런데 아들을 낳고 보니 여기저기를 떠돌아 다니는 것이 더 이상 쉽지 않게 되었소. 아내와 어린아이를 거느리고 몇 날 며칠을 걷고 달리고 하는 것은 너무나 비참하고 어려운 일이었지.

그런데 주변을 살펴보니 여기에는 나 외에도 부랑자로 떠도는 이들이 아주 많았거든. 나는 그래서 그들과 힘을 합쳐 정착할 수 있는 곳을 건설하기로 했소. 우선 주변 경계를 정하고, 담장을 쌓고, 그 안에 집들을 만들고 하면서 나는 지금의 이 도시를 만들었다오. 저기 저 거칠어 보이는 사람들 모두 고향을 잃고 여기저기를 떠돌던 사람들이지. 이곳은 그래서 떠돌이 인생들의 마지막 종착지라 할 수 있지. 정착했다기보다는 더 이상 갈 곳을 찾지 못하는 사람들이 모여들 뿐이라오. 나 역시 그런 사람 중에 하나고. 이곳은 여전히 내가 야훼의 얼굴과 땅의 얼굴을 피해 찾은 숨을 곳에 불과하오.

그런데 난 나름대로 여기에서의 삶을 즐기고 있소. 저기 보라고, 저 담장을. 제법 튼튼하게 잘 올라갔지 않았소? 여긴 그야말로 사람들의 세상이오. 땅의 얼굴과 신의 얼굴을 피할 수 있는 공간이고,

대신 수없이 지나가는 사람들의 얼굴을 만나게 되는 공간이라 할 수 있소. 언제부터인가 나는 저 담장 밖에 나가는 것을 좋아하지 않게 되었어. 다소 거칠지만 여기서 만나는 사람들과 함께 사는 것이 이젠 편안하게 느껴지기도 하오."

"가인, 당신은 당신의 자손들 중에 몇몇 유명한 사람들이 나왔다는 것을 알고 있습니까?" 그에게 물었다. 가인이 활짝 웃으며 답했다. "알고 있소. 특히 내게는 6대손이며 내 아비 아담에게는 7대손인 노아에 대해서 들어 알고 있다오. 그가 포도원을 차렸다지. 그리고 거기에서 나온 포도주가 내 아비 아담과 나로 인해 받은 땅의 저주 때문에 고단한 인생을 사는 이들에게 큰 위안이 된다고 들었소. 내게는 물론 더 말할 나위 없는 큰 위안이오. 다소나마 평안하게 눈을 감을 수 있게 되었으니 말이지. 그런데 고된 노동과 그 노고를 잊게 해주는 포도주는 정말이지 잘 어울리는 짝이 아니오? 나는 사람의 길이 거기에 있을 것이라 생각한다오."

다시 야훼에게로

다시 야훼를 만날 수 있었다. 한 가지 질문을 꼭 하고 싶었는데 다행이었다. 그에게 물었다. "아담은 당신이 에덴의 정원에 있던 다른 신들에게, 사람을 정원에서 내보내어 그로 하여금 생명나무에 손을 대지 못하게 하자고 했던 말이 자신을 살리기 위한 궁여지책이었다고 알고 있습니다. 당신은 정말로 아담을 살리기 위해 기지를 발휘하여 신들을 속였습니까?" 야훼는 다음과 같이 대답했다.

"나는 사실 에덴의 정원에서 두 번에 걸쳐 '거짓말'을 해야 했네. 한 번은 아담에게, 그리고 다른 한 번은 아담이 알고 있듯이 신들에게…… 나는 아담에게 선과 악의 지식나무 열매를 먹으면 그 즉시 죽는다고 말했네. 그러나 이는 당신도 알듯이 사실이 아니었어. 뱀도 이를 잘 알고 있었지. 아담은 내 아들이나 마찬가지였어. 나는 그가 어떤 경우에든 내 슬하에서, 풍요로운 정원에서 안전하고 행복하게 살기를 바랐어.

그런데 에덴의 정원은 신들의 정원이었고, 거기엔 나 혼자 독단적으로 처리할 수 없는 신비한 나무들이 있었네. 생명나무와 선과 악의 지식나무. 그 중에서 내가 정말로 우려했던 것은 생명나무였어. 내 아들 아담이 이를 먹는 것을 나는 허용할 수가 없었지. 이는 단연코 신들의 음식이었거든. 땅에서 온 아담이 이를 먹을 경우 어떻게 될지 나는 알 수 없었네. 신들처럼 영원히 살 수 있게 될 수도, 아니면 그 자리에서 죽을 수도 있다고 생각했지. 정원에는 아담이 먹기에 좋은 맛나고 보기 좋은 열매들이 풍성하게 있었어. 나는 아담이 생명나무에 관심을 갖지 않을 것이라고 생각했네. 아직 죽음의 실재를 경험하지 못한 어린 나이의 그가 생명을 연장해준다는 나무의 열매에는 관심을 갖지 않을 것이라고.

그런데 혹시라도 정원의 중앙에 있는 이 특별한 나무들에게 아담이 관심을 갖게 된다면, 생명나무보다는 선과 악의 지식나무의 열매를 먹게 하는 것이 차선책이라고 생각했네. 아담은 자라면서 호기심이 생길 것이고, 많은 관찰과 시행착오를 경험하면서 우주의 이치를 배워나가게 되어 있었지. 지식나무의 열매는 이 과정을 한 번에 단축시키는 효력을 발휘하는 열매였고…… 어린아이가 이를 먹으면 엄청난 지식 체계를 일시에 터득하게 됨으로 한동안 혼란스러워지는 것 외에는 그렇게 위험한 나무는 아니지. 내 생각이 좀 짧았었을 수도 있겠지만, 그래서 아담에게 생명나무에 대한 말은 일절 삼가고 지식나무에 대해서만 금지명령을 내렸어. 사실 죽게 될 것이라는 거짓 위협이었지.

아차, 내가 아담을 잘 몰랐을까? 내가 그에게 배필로 만들어준 여자가 내 예상보다 빠르게 자라나 상당한 지적 호기심을 갖게 될 것을 고려하지 못한 것이 내 불찰이었을까? 아니면 신들의 세계에 대한 지식을 갖고 있는 총명한 뱀을 만들었던 것이 내 불찰이었을까? 여하간 아버지로서 나는 아담이 어떤 위험에라도 처해지는 것을 사전에 차단하고 싶었네. 지식나무를 금한 것 역시 아들을 둘이나 키우는 자네는 이해할 수 있지 않나? 충분히 소화할 수 있는 나이가 되기 전에 사물의 이치를 너무 많이 알게 되어 혼란에 빠지는 것이 사람에게 좋지 않다고 나는 생각했어.

동시에, 만에 하나 호기심이 발동하여 내 아들 아담이 신성한 나무들에 관심을 갖게 된다면, 지식나무 열매를 우선 먹게 하여 그 열매의 효력으로 인해 생명나무의 열매는 자기에게 독이 될 수도 있다는 사실을 알게 되리라 기대했던 거지. 그러니까 지식나무를 금한 것은 일종의 안전장치였어. 아이들은 하지 말라 한 것을 더 하고 싶어 하지 않는가? 여하간 아담을 보호하려던 이 같은 내 초기 전략은 절반은 성공한 셈이 아닌가?

그리고 그 날, 사건이 있었네. 아쉽게도 아담과 그의 아내는 내가 경고한 것을 마음에 두지 않고 지식나무의 열매를 따 먹었지. 그리고 하루아침에 그들이 감당할 수 없을 만큼의 지식을 갖게 되었지. 그들은 혼란에 빠졌어. 너무 어린 나이에 성인을 넘어 신들의 경지에 달하는 지식체계를 갖게 되었으니 당연한 일 아니겠나. 그들에게 찾아온 변화를 보라고. 그들은 서로를 어떻게 바라보아야 할지도, 그리고 나를 어떻게 대면해야 할지도 혼란스러워했다고. 전에는 너무나 자연스런 일이었는데…… 혼란 속에서 어찌 할 바 몰라 하면서 그들이 처음 한 일은 일단 몸을 가리고 숨고 보는 것이었네.

상황을 다 파악한 나는 갑자기 해야 할 일이 많아졌어. 내 마음도 너무나 분주해졌지. 먼저 나는 그들을 불러내어 갑자기 커버린 그들에게 삶의 고단한 현실을 가르쳐야 했네. 알려야 했지. 앞으로 그들의 생애 앞에서 펼쳐질 인간적 삶의 실재에 대해서 말이야. 그리고 무엇보다도 정원에 있던 다른 엘로힘들이 이 사실을 알게 된다면 어떻게 반응하게 될지도 예상하고 계획을 세워야 했어. 아담과 그의 아내를 정원에 계속 거하게 하는 것이 좋을지, 그렇게 한다면 이들에게 생길 수 있는 위험에 대해서도 생각을 해야 했지. 나는 아담과 그의 아내가 정원에서 성실하게 일했기 때문에 몇몇 신들은 이들을 정원에 두고 더 부리고 싶어 할 것임을 알고 있었네. 이들은 아담이 눈이 열려 이해의 폭이 넓어졌으니 자신들을 위해 더 나은 서비스를 제공하게 될 것이라 생각을 했지.

그런데 나는 확신할 수가 없었네. 아담과 그의 아내가 아직도 신성한 생명나무에 대한 관심을 가지고 있는지를…… 혹 내가 진실을 말해준다면 이들이 이제부터는 내 말을 지킬 것인지, 그리고 무엇보다도 내가 알 수 없었던 것은 나 같은 신들에게는 생명나무가 좋은 음식이 되지만, 흙에서 온 아담에게도 동일하게 좋은 음식이 될 수 있을까 하는 것이었네. 지식나무의 열매가 가져온 충격을 이들이 이겨내지 못하고 있는 상황을 보면서 내 마음은 점점 기울어져 갔어. 그리고 어떤 경우에든 아담과 그의 아내가 생명나무의 열매에 손을 대는 것을 막아야 하겠다고 다짐했네.

먼저 아담과 그의 아내를 준비시켰어. 죽음의 실재에 대해서, 노동에 대해서, 그리고 임신과 출산의 고통에 대해서 정신이 번쩍 나도록 훈계를 했어. '이게 다 내 말을 어긴 벌이다' 이렇게 말하면서…… 그리고 정원 밖 세계에서의 생존에 필요한 옷을 지어 입혔지. 이를 위해서 호랑이 두어 마리를 잡았네. 그 다음에 신들의 회합을 소집했지. 그리고 나는 신들을 '만져야' 했네. 그들을 속여야 했지. 나는 신들 가운데 아담과 그의 아내를 정원에 붙잡아두려는 이들의 의견이 중론이 되지 못하도록 하기 위해서 선수를 쳤네.

나는 우리가 이 시점에서 가장 두려워해야 할 일은 아버지인 내 말조차 헌신짝처럼 버리는 아담이 생명나무에도 손을 대는 날 어떤 일이 벌어질지 아무도 알 수 없다고 신들을 위협하는 말을 했어. 그가 우리 위에 군림하는 신이 될 수도 있다고 한 거지. 내 전략은 잘 먹혔나보네. 그들은 내가 아담의 아버지라는 사실을 알고 있지 않은가. 그런 내가 아들보다 자신들의 신변을 더 걱정해주는 말을 한 셈이지. 그러니 다수가 내 제안에 동의하게 되었고 나는 여세를 몰아 한 번에 밀어붙였네. 조금도 망설임 없이 아담을 추방하기로 선언하고 곧바로 행동에 옮겼지. 조금도 지체할 겨를이 없었거든.

이들을 내보낸 후에도 나는 안심을 할 수가 없었어. 이들이 내 뜻을 이해하지 못하고 혹시라도 몰래 들어와 생명나무에 손을 대는 것은 아닌지 걱정이 되어 잠을 잘 수가 없었네. 그래서 신들에게 천상의 신전을 수호하는 불칼과 그룹들을 불러와 정원의 동쪽에 난 길에 세우자고 했지. 이렇게 해서 나는 생명나무에 이르는 길을 완전히 차단할 수 있었네.

지금 생각해보니 그땐 마음이 아팠지만 참 잘한 결정이었다는 생각이 들어. 내 마음을 아는지 모르는지, 아니면 그 날 따먹은 지식나무의 열매가 효력을 발휘해서 그 위험성을 알게 되었는지, 아담은 그 날 이후로 생명나무가 있는 정원 근처에는 얼씬도 하지 않거든."

여기서 말을 멈춘 야훼는 잠시 후 내게 물었다. "작가 양반, 당신은 알고 있나? 내가 그렇게 고약한 아비는 아니라는 사실을? 내가 아담과 그의 아내로 인해서 얼마나 가슴 졸였는지를?" 그의 눈에는 눈물이 고여 있었다.

돌아오는 길에 뱀을 만나다

에덴 산보를 마치고 돌아오는 길에 우연히 뱀을 만났다. 다리가 없었지만 그는 배로 빠르게 다니는 법을 터득했기에 큰 불편이 없어 보였다. 야훼가 그에게 부여했던 영특함이 여전히 그에게 있었기 때문일 것이다. 그에게 이브에게 한 천기누설에 대해서 물어보았다. "뱀, 당신은 그 날 에덴의 정원에서 이브에게, 야훼가 금한 선과 악의 지식나무를 먹으면 신처럼 된다고 말했다. 당신은 이 정보를 어디에서 얻었으며, 이를 이브에게 알린 이유가 무엇인가? 당신은 정말로 이브를 속여 그녀를 차지하려고 했는가?"

뱀이 답했다. "나는 절대로 이브에게 '대쉬'하지 않았다. 나는 그녀를 속이려 하지도 않았다. 나는 단지 내가 처음부터 알고 있던 정보를 그녀에게 알게 했을 뿐이다. 당신도 알지 않는가? 야훼가 나를 가장 영특한 동물로 만들었다는 것을. 내 이름 자체가 '신들의 세계의 비밀을 알린다'라는 뜻을 가지고 있지 않은가? 나는 내게 주어진 역할을 충실하게 했을 뿐이다. 나는 아담과 그의 여자가 천진난만한 아이처럼 노는 것이 한편으로는 좋아 보였지만 한편으로는 답답해 보였다. 그래서 그들이 눈을 떠 세상이 돌아가는 이치를 보다 더 잘 이해할 수 있도록 돕고 싶었다.

내가 그녀에게 한 말에는 한치의 거짓도 없었다는 것을 나중에 야훼도 인정하지 않았는가? 사실 그 속을 내가 알 수는 없지만 야훼가 아담에게 거짓부렁을 한 것이 아닌가? 나는 지금도 생각한다. 내가 이브와 아담이 보다 빨리 눈을 떠 사람의 길을 가는 일에 도움을 주었다고 말이다. 도움을 준 이유로 야훼에게 벌을 받아 다리를 잃고 가장 비참한 동물이 되었지만, 그리고 사람들이 가장 혐오하는 동물로 전락해 그들과 사투를 벌여야 하는 힘든 관계가 되었지만, 나는 괜찮다. 적어도 이브와 아담은 나를 그렇게 나쁘게 여기지 않을 것이라 믿는다.

야훼 앞에서 이브가 나에게 책임을 전가하는 말을 들었다. 그런데 문제를 일으킨 장본인이 나라면, 나를 신들의 세계까지 이해하고 전달하는 지혜로운 동물로 만든 야훼에게도 절반의 책임이 있는 것 아닌가? 이브도 지금쯤이면 이 사실을 잘 이해하고 있을 것이라 나는 믿는다.

내가 이브를 속여 그녀를 차지하고자 했다고? 당신도 정말로 그렇게 생각하는가? 이무기가 아담의 아내를 탐했다고? 당신은 꽃뱀이 예쁘다고 해서 성욕을 느껴본 적이 있는가? 이브가 강림한 여신의 몸매를 지녔다고 내가 그녀에게 성욕을 느낄 것 같은가? 당신은 내 거시기를 본 적이 있는가? 내 몸 형체가 사람의 남근을 닮기는 했지만 왜 내가 당연히 수컷일 거라 생각하나? 내가 수컷이라면 내 거시기가 인간 여자의 생식기에 쏙 들어갈 것이라 상상하는가? 그러면 당신은 정말로 야훼도 치료할 수 없는 변태다. 농담이라도 다신 그런 말 입에 담지 마라.

인류는 내게 신세를 지고 있지 않나? 당신들의 조상이라는 아담을 동물의 세계에서 벗어나고 신들의 세계에서 해방되어 인간의 길로 가게 하기 위해서 나는 내 손과 다리가 잘려나가는 고통을 감내해야 했다. 다소간 빠르게 그 길을 가게 한 것이 내 잘못이라면 잘못이겠지만, 더 이상 배은망덕한 말로 나를 모욕하지 마라."

예나 지금이나 변함없이 말 잘하는 뱀은 이 같이 일갈하고 유유히 사라졌다.

part 3 작가와의 대담

J를 만나다

에덴으로의 산책을 다녀온 다음 날 저녁, 선선한 가을바람이 불어올 때 J를 서재로 초대했다. 그리고 그가 돌아간 후 그와 나누었던 대화를 기록한 노트를 다시 꼼꼼히 읽으며 아래와 같이 정리해 보았다(대담에서 필자는 실제이름의 앞글자(민) 이니셜을 따서 M으로 표기한다).

M: J, 외람된 질문이지만, 당신은 한 사람인가 아니면 여러 사람인가? 아니면 정말로 역사상 존재한 인물이기는 한 것인가?

J: 나는 솔로몬 왕국 말기에 살았던 유대의 문필가다. 역사적으로 나는 분명 한 사람이었지만 문학적으로는 몇 명이 될 수도 있다. 내가 쓴 글을 가지고 내 글쓰기 정신과 전통에 입각한 후학들 중에 조심스럽게 내 글에 손을 대어 내가 남긴 여백을 채우고자 했던 사람들이 있었기 때문에 내가 여럿으로 느껴질 수도 있다.

M: 당신은 문인인가 역사가인가? 아니면 어떤 특정한 종교적 전통에 속했던 서기관인가?

J: 나는 나를 기본적으로는 문인이라 생각한다. 그러나 나는 또한 이스라엘의 역사적 발전 과정에 관심이 많은 사람이다. 그래서 내가 쓴 글들은 대부분 역사적 사건들을 배경으로 하고 있다. 나는 유대교의 특정 전통에 속한 사람은 아니다. 그런 구분은 내게 익숙하지 않다. 단지 말할 수 있는 것은, 당시의 여느 유대인들처럼 나 역시 이스라엘의 신인 야훼를 숭배하는 전통을 매우 중요하게 여겼으며, 이 신앙이 유대를 다른 민족과 구별시켜준다는 생각을 강하게 품고 있었다.

M: 당신을 이스라엘의 종교와 역사에 남달리 관심이 많았던 문인이라 규정한다면, 당신이 쓴 글들의 성격을 당신은 어떻게 규정하는가? 가령, 당신이 남긴 글은 역사가적 관심이 보다 중요하게 작동한 역사책인가? 아니면 문인으로서의 관심이 더 반영된 역사소설 같은 것인가? 이것도 아니면 순수 종교적 목적을 지닌, 다시 말하자면 당신이 섬기는 신의 계시를 받아 적은 글인가? 어떤 유의 글이든 역사에 관심이 많은 당신은 글을 작성함에 있어 역사적 사건이나 사실들을 고려하고자 했을 텐데, 객관적으로 검증이 가능한 역사적 사실들을 당신은 얼마나 충실하게 글에 반영했는가?

J: 나는 글쓰기 작업을 함에 있어 자료들을 수집하는 일에 몰두하

는 편이었다. 그리고 나는 내가 확보한 모든 종류의 자료들을 ‑ 그
것이 기록된 형태든, 입을 통해서 전달되는 이야기든 ‑ 비교하고 분
석하는 과정을 철저하게 수행했다. 그렇기 때문에 나는 일종의 역
사가로서 글을 썼다고 할 수도 있다. 당신이 말한 신의 계시 부분에
대해선 할 말이 거의 없다. 신은 내게 어떤 계시도 한 적이 없다. 나
는 신탁 활동을 하는 예언자나 제사장이 아니었다.

　그럼에도 내 글에는 나름대로의 ‘종교성’이 내재한다고 나는 믿
는다. 왜 그런가 하면, 내가 이용한 자료들 중에는 신의 계시를 받
았다고 생각하는 부류의 사람들이 남긴 것들이 다수 있기 때문이
다. 그리고 나 역시 내 삶을 야훼 신앙 전통에서 분리해낼 위치에
있지 않았다. 예언 활동이나 제사장의 직무를 수행하는 일과는 거
리가 멀지만, 그 문화를 먹고 사는 한 사람이었다. 당연히 내 글에
는 당시 종교인들의 세계관이 반영되어 있으며 이는 곧 내 세계관
이기도 했다. 나는 내 글이 문자 그대로 신의 계시를 받아 적은 글
이 아님을 분명히 말할 수 있다. 그러나 나와 내 당대의 종교적 사
상들을 상당히 담아내고 있기 때문에 후대의 신앙인들에게는 ‘성스
런 문헌’으로 읽힐 수도 있다고 생각한다. 물론 후대의 사람들이 내
글을 어떤 용도로 읽게 될 것인지는 내가 결정할 수 있는 성격의 사
안이 아니다.

　또 한 가지 내가 분명하게 말할 수 있는 것은, 내 글은 나 개인의
순수 창작물로 규정하기 어렵다는 것이다. 말했지만 자료를 모으고
분석하는 일에 나는 내가 할 수 있는 모든 노력을 기울였다. 그리고
당대의 사람들이 공감할 수 있는 사실들에 충실하고자 했다. 따라

서 비록 내 글들이 정통 역사책은 될 수 없을지라도 허무맹랑한 소설은 아니라고 나는 생각한다. 물론 매우 중요한 사안이지만 이에 대해 전해 내려오는 자료가 거의 없거나 의견이 갈라지는 경우에는 나 나름대로의 지식과 상상력을 발휘하여 구성해야 했다. 에덴 이야기나 노아의 방주 이야기 같은 것 말이다.

M: 에덴 이야기에 대한 언급이 나왔으니 이제부터 이 주제에 대해서 질문을 하겠다. 당신에게 에덴 이야기는 어떤 장르의 글인가? 당신은 당신의 글이 신의 직접적인 계시를 기록한 글은 아니지만 당대의 종교성이 담겨 있다고 했다. 그리고 수집한 자료에 충실한 역사가적 관점에서 쓰고자 했지만 자료가 부족한 사안의 경우 상상력과 지식을 동원하여 재구성하였다고 했다. 에덴 이야기의 역사적, 지리적 환경은 기본적으로 이스라엘의 것이 아니니 자료가 부족했을 것이라 생각된다. 신의 계시도 없었고 이에 대한 충분한 자료도 없었다고 한다면, 당신은 어떻게 인류 태고사의 첫 장면을 작성할 수 있었는가? 내가 볼 때, 당신이 남긴 글들 가운데 작가로서의 역량과 창의력이 가장 돋보이는 부분이 바로 에덴 이야기이다. 그렇다면 이 글의 종교성과 역사성에 대해서 당신은 무슨 말을 할 수 있는가?

J: 에덴 이야기는 사실 내가 기록한 태고사의 첫 장면은 아니다. 내가 쓴 태고사의 첫 장면은 야훼가 혼돈의 물, 그리고 바다괴물과 전투를 하는 장면이었다. 나는 지금 기독교인들과 유대인들이 가

지고 있는 구약성경을 정경으로 분리해서 묶는 작업이 시작되기 600~700년 정도 앞서서 살았던 사람이다. 나는 지금의 〈창세기〉 1장에 나오는 아름다운 창조시를 읽어보지 못했다. 엘로힘이 6일 만에 거대한 우주를 창조했다는 이야기 또한 나는 생소하다. 대신 내가 태고사를 쓴 이후에 많은 사람들은 '창조의 첫 장면' 하면 조물주와 바다괴물 간의 우주적 전투를 생각했다. 후대의 누군가가 이 부분을 잘라버렸지만, 이 장면은 지금의 구약성서를 기록한 여러 저자들의 기억에 생생하게 남아 있다. 가령 다음의 신앙시를 보라.

> 하나님은 옛적부터 나의 왕이시며 이 땅에서 구원을 이루시는 분이십니다. 주님께서는 주님의 능력으로 바다를 가르시고, 물에 있는 타닌들(the monsters)의 머리를 깨뜨려 부수셨으며, 리워야단(Leviathan)의 머리를 짓부수셔서 사막에 사는 짐승들에게 먹이로 주셨으며, 샘을 터뜨리셔서 개울을 만드시는가 하면, 유유히 흐르는 강을 메마르게 하셨습니다. 낮도 주님의 것이요, 밤도 주님의 것입니다. 주님께서 달과 해를 제자리에 두셨습니다. 주님께서 땅의 모든 경계를 정하시고, 여름과 겨울도 만드셨습니다(시편 74편 12~17절).

또는 다음의 시를.

> 주님께서는 땅의 기초를 든든히 놓으셔서 땅이 영원히 흔들리지 않게 하셨습니다. 옷으로 몸을 감싸듯 깊은 물로 땅을 덮으시더니,

물이 높이 솟아서 산들을 덮었습니다. 그러나 주님께서 한 번 꾸짖으시니 물이 도망 치고, 주님의 천둥소리에 물이 서둘러서 물러갑니다. 물은 산을 넘고 골짜기를 타고 내려가서, 주님께서 정하여주신 그 자리로 흘러갑니다. 주님은 경계를 정하여놓고 물이 거기를 넘지 못하게 하시며, 물이 되돌아와서 땅을 덮지 못하게 하십니다 (시편 104편 5~9절).

한편 이 시는 어떤가?

주님, 하늘은 주님이 행하신 기적을 찬양하게 하여 주십시오. 거룩한 회중은 주님의 신실하심을 찬양하게 하여 주십시오. 저 구름 위의 하늘에서 주님과 견줄 만한 이가 누가 있으며, 신들 가운데서도 주님과 같은 이가 누가 있습니까? 하나님은 하늘에 있는 무리 모임에서 심히 엄위하시며, 주님을 모시는 자들이 모두 심히 두려워하는 분이십니다. 주 만군의 하나님, 누가 주님 같은 용사이겠습니까? 오, 주님! 주님의 신실하심이 주님을 둘러싸고 있습니다. 주님은 소용돌이 치는 바다를 다스리시며 뛰노는 파도도 진정시키십니다. 주님은 라합(Rahap)을 격파하여 죽이시고, 주님의 원수들을 주님의 강한 팔로 흩뜨리셨습니다. 하늘은 주님의 것, 땅도 주님의 것, 세계와 그 안에 가득한 모든 것이 모두 주님께서 기초를 놓으신 것입니다. 자폰 산과 아마누스 산을 주님이 창조하셨으니 다볼 산과 헤르몬 산이 주님의 이름을 크게 찬양합니다(시편 89편 5~12절).

혹은 욥의 고백을 보라.

무엇이 땅을 버티는 기둥을 잡고 있느냐? 누가 땅의 주춧돌을 놓았느냐? 그 날 새벽에 별들이 함께 노래하였고, 천사들은 모두 기쁨으로 소리를 질렀다. 바닷물이 땅 속 모태에서 터져 나올 때에 누가 문을 닫아 바다를 가두었느냐? 구름으로 바다를 덮고, 흑암으로 바다를 감싼 것은 바로 나다. 바다가 넘지 못하게 금을 그어놓고, 바다를 가두고 문빗장을 지른 것은 바로 나다. "여기까지는 와도 된다. 그러나 더 넘어서지는 말아라! 도도한 물결을 여기에서 멈추어라!" 하고 바다에게 명한 것이 바로 나다(욥기 38장 6~11절).

이 텍스트들을 기록한 이들은 모두 내가 작성한 창조 이야기를 읽었거나 내가 이용한 고대 자료들과 유사한 전통을 알고 있었던 것이 분명하다. 모두 창조에 대해 이야기하면서 태고의 시간에 야훼와 혼돈의 세력 간에 전투가 있었음을 전제로 하고 있지 않나? 신의 천지창조는 반대에 부딪혔으며 신은 혼돈의 세력인 깊은 물과 괴물들을 제어해야만 했다. 물론 여기 나오는 리워야단과 라합은 고대 근동의 신화에 나오는 바다괴물들이다. 나는 이 소재를 이용하여 야훼가 전투를 벌이는 장면을 내 태고사의 첫 장면으로 기록하였다. 위의 텍스트들 외에도 예언자 이사야를 비롯한 구약성경의 여러 신앙인들이 세상의 창조 시에 있었던 원초적인 전투를 기억하고 있다.

깨어나십시오! 깨어나십시오! 힘으로 무장하십시오, 주님의 팔이
여! 오래 전 옛날처럼 깨어나십시오! 라합을 토막 내시고 용을 찌
르시던 바로 그 팔이 아니십니까?(이사야 51장 9절)

이 원초적인 전투에 대해서 당신이나 기독교인들이 읽을 수 없다
는 것은 조금 아쉽다. 물론 후대의 누군가가 이 부분을 잘라내기로
결정한 것에 대해서 나는 어느 정도 이해할 수 있다.

이제 당신의 질문으로 다시 돌아가보자. 나는 에덴 이야기를 인
류 고대사 드라마의 두 번째 장면으로 작성했다. 물론 여기에 사용
된 자료는 대부분 이스라엘에서 자생된 자료가 아니다. 우리의 역
사와 문화에는 천지창조와 관련된 전통이 존재하지 않았기 때문이
다. 그런데 내 관심은 이스라엘의 역사를 쓰는 것이 아니었다. 나는
이스라엘이 인류보다 앞선다고 믿지 않는다. 우선 인류가 등장하고
여러 민족으로 갈라졌다고 믿는다. 그러하기에 나는 인류의 태고사
를 작성하고, 그 태고사가 어떻게 이스라엘의 족장들에게 이어지는
지 쓰길 원했다. 그러했기에 이 부분의 자료를 선택함에 있어 반드
시 이스라엘에서 자생된 것을 찾아야 할 이유나 필요는 없었다.

이스라엘은 근동의 지리적 요충지에 위치해 있고, 메소포타미아
에서 발생한 거대 문명권에 속한다. 우리의 조상 아브라함이 고대
바벨론의 거대도시였던 우르 시 출신이 아닌가? 좁게는 인근 가나
안의 신들에 대한 이야기로부터, 멀게는 우리보다 역사가 오래되고
문명이 크게 번창했던 메소포타미아에서 유래된 신들의 이야기가
널리 유포되어 있었다. 당신은 이 이야기들을 당신의 기준에서 신

화로 부르며 순수한 창작에 불과하다고 볼 수도 있겠지만, 당시 우리 문화에서는, 그리고 그보다 2~3천 년 앞선 메소포타미아에서는 우주와 인간의 존재에 대한 가장 신뢰할 만한, 심지어 가장 과학적인 이해를 담은 글들로 수용되었다.

나는 그 자료들을 모아 비교하고 분석하는 과정을 거쳐 내 글쓰기에 적극적으로 이용하였다. 그러나 내가 마음에 둔 독자들은 내 동족 유대인들이고, 우리는 나름대로의 종교와 문화전통을 구축해 왔기 때문에 메소포타미아에서 유래된 신들의 이야기들을 여과 없이 쓸 수는 없었다. 내 민족의 종교적 전통과 역사를 반영하지 않을 수 없었다. 따라서 비록 태고의 이야기로 작성했지만 후대 이스라엘의 상황과 관점이 투영될 수밖에 없다. 당신이 질문한 역사성과 종교성은 그 정도 선에서 확보되었다고 나는 생각한다.

우주의 기원을 알리는 신화들을 이용했다. 그러나 이것이 역사성의 결여를 뜻한다고 생각하지 않는다. 적어도 내겐 역사적이고 과학적인 자료였다. 그리고 여기에 고대 이스라엘인들의 종교적 감수성을 고려했다. 이렇게 해서 유대의 종교성이 에덴 이야기에 깃들게 되었다.

M: 매우 흥미로운 이야기가 아닐 수 없다. 그렇다면 에덴 이야기의 내용으로 조금 더 들어가 보자. 나 같은 기독교인들은 에덴 이야기를 '죄의 기원'이나 '원죄'에 대한 텍스트로 읽어왔다. 서양문화는 인간이 불멸의 존재에서 죽을 수밖에 없는 존재로 떨어졌다는 뜻인 'The Fall'로 읽는 전통을 발전시켰다. 당신은 당대 유대인들

의 종교성을 이 이야기에 주입했다고 했는데, 에덴 이야기를 한 마디로 무슨 이야기라 말할 수 있는가? 원래 오랫동안 유목민 문화에서 전쟁의 신으로만 숭배되었던 야훼가 알고 보니 사실은 우주를 창조한 신이었다는 신학을 제시하는 것이 당신의 목적이었는가?

J: 내 생각에 당신은, 지금 당신이 어딘가에서 '에덴 이야기를 교리적 혹은 신학적으로 읽는 것을 피해야 한다'고 한 말을 잊은 것 같다. 야훼를 창조의 신으로 제시하기 위한 것이 내 목적이었는가 하는 물음은 너무나 '진지하게' 에덴 이야기를 읽는 해석 전통에서 나온 것이 아닌? 아마도 그 질문은 내가 작성한 창조 이야기 첫 장면을 잘라내고 그 자리에 위대한 조물주를 찬미하는 시로 채운 사람에게 물어보면 좋을 것 같다. 그는 분명 이스라엘의 민족신인 야훼가 우주와 인류의 창조신인 엘로힘과 동일한 신이라는 것을 천명하려 했을 것이다. 신학적으로 탁월한 선택이었다고 본다. 그러나 에덴 이야기를 작성할 때 나는 그 같이 '높은 견지'의 신학적 고려를 하지 않았다.

M: 그렇다면 무엇인가? 다시 장르에 대한 질문을 해야겠다. 에덴 이야기는 정확히 무슨 장르의 글인가? 역사 교과서인가? 일종의 대하소설인가? 아니면 '이스라엘의 창조신화'인가? 이것도 아니면 어린아이들을 위해서 쓴 일종의 아동문학인가?

J: 앞에서 나는, 에덴 이야기는 역사적인 글이 아니지만 나름대로

의 역사성을 보유하고 있다고 말했다. 물론 내가 말하는 역사성은 당신의 현대적 개념과는 다른 것이다. 역사가 기억할 수 없는 시대의 사람들이 쓴 신들에 대한 이야기를 당신은 신화라고 부르겠지만, 내겐 일종의 역사이다. 그런데 당신이 말하는 현대적 의미의 역사성이라는 관점에서 말한다면, 나는 역사적으로 발생한 사건에 대한 확고한 근거 위에서 기록된 신화는 없다고 본다. 그런 것이 있다면 그건 신화가 아니다. 내가 쓴 에덴 이야기도 물론 역사 교과서에 나올 법한 글이 아니다.

신화는 '있었던' 이야기가 아니라 '있었을 법한' 이야기 혹은 '있어야 하는' 이야기가 아닌가? 그리고 정확히 나는 그러한 글들을 이용해서 에덴 이야기를 작성했으니, 이를 이스라엘의 창조신화라 불러도 큰 문제는 없다. 그런데 에덴 이야기를 '이스라엘의' 창조신화라고 규정함에 있어 한 가지를 더 고려해주길 바란다.

앞에서 말했지만 나는 에덴 이야기를 인류의 태고사의 일부로 하면서 이 태고사가 자연스럽게 이스라엘의 역사와 연결되도록 글을 썼다. 유대인의 종교성과 역사적 관점의 틀에서 작업했다고 말했지만, 나는 에덴 이야기를 우선적으로 '인류'의 이야기가 되도록 의도했다. 이를 위해서 나는 당시의 유대인들이 이미 상당히 발전시켰던 야훼에 대한 종교적 신학적 이해를 버리고 지극히 초보적이고 너무나도 원시적인 신 개념을 활용했다. 다윗과 솔로몬의 시대를 거치면서 야훼 숭배는 웅장한 예루살렘 성전과 그 안에서 거행된 예전의식들이 말해주듯이 대단히 조직적인 종교로 발전되어 있었다. 더 이상 그는 모세 시대에 작은 시내 산에 거하던 산신이 아니었다.

당신이 사는 현대의 개념을 빌리자면, 야훼숭배 신앙은 고등종교의 틀을 이미 갖추기 시작하였다. 그러나 인류의 태초에 활동했던 신들의 이야기를 쓰는 내게 그런 고등종교가 주창하는 '고등신학(High Theology)'은 잘 맞지 않는 불편한 옷처럼 보였다. 나는 분명 나보다 2~3천 년 전에, 혹은 그보다 더 오래 전에 살았던 사람들이 이해한 신과는 전혀 급이 다른 신을 알고 섬기던 사람이다. 그러나 이스라엘의 창조신화가 아니라 인류 태고사의 한 이야기로 에덴 이야기를 쓰면서 가장 원시적인 형태의 신으로 야훼를 꾸며야 했다. 당대 유대인들의 '신' 개념과는 아주 다르게 말이다.

나는 전혀 다른 수준의 신으로 야훼를 내 이야기 속에 등장시켰다. 쉽게 말해 에덴 이야기의 야훼 캐릭터는 내 창작품이다. 그리고 이 이야기에 등장하는 모든 캐릭터들이 내 창작물이다. 에덴 이야기는 표면상 이스라엘의 창조신화지만 단순한 창조신화가 아니라 문학적으로 '의도된' 혹은 잘 꾸며진 창조신화이다.

에덴 이야기를 아동문학으로 보는 것은 재미있는 생각이다. 이 이야기만을 따로 떼어내어 읽는다면 아동문학처럼 읽힐 수도 있겠다. 뱀이 말을 하고, 신이 손에 흙을 묻혀 사람과 동물들을 만들지 않나? 딱 아동문학의 이야기로 들린다. 혹은 성장기 소설 같기도 할 것이다. 아담과 이브가 천진난만한 유년기에서 삶의 무게를 알게 되는 청년기로 가면서 겪는 통과의례로 읽을 수도 있겠다. 그러나 내가 아동문학으로 에덴 이야기를 구성하지 않았다는 것은 분명하다. 나는 아이들이 이해할 수 있는 내용보다는 조금 더 깊은 의미의 세계를 다루려 했다.

M: '고등신학'의 신 이해를 버리고 보다 원시적인 신 개념을 활용했다는 당신의 말을 들으니 에덴 이야기를 읽고 탐구하면서 품게된 의문이 조금 풀리는 것 같다. 나는 오랫동안 기독교 신앙인으로 살아왔다. 나는 내가 믿는 신을 창조주, 전능자, 전지자, 완전자와 같은 개념으로 이해해왔다. 당연히 당신이 활용했다는 보다 원시적인 신 개념과는 다르다. 내가 신앙인으로서 당신의 에덴 이야기를 읽으며 느꼈던 내적 당혹감을 당신은 이해할 수 있는가?

J: 이해할 수 있다. 그리고 당신과 기독교인들에게는 다소간 미안한 마음이 든다. 그러나 바로 이 이유 때문에 독자들은 에덴 이야기를 종교적으로 혹은 교리적으로만 읽으려 하는 습관에서 벗어나야 할 것이다. 내 글에서 신의 전능함이나 완전성, 전지성, 혹은 초월성 같은 개념을 찾으려 한다면 독자들은 상당한 배반감과 좌절감을 경험하게 될 것이 분명하다.

나는 당신과 같은 한국의 기독교인들이 에덴 이야기를 지나치게 교리적으로 읽고 있다고 생각한다. 그러나 에덴 이야기를 인간의 윤리적 삶의 근원이나, 우주를 창조한 신은 전능하고 전지한 신임을 신학적으로 보여주는 텍스트로 읽는 것은 처음부터 가능하지 않은 일이다. 내가 이런 목적으로 글을 쓰지 않았기 때문이다. 내가 알기로 기독교인들에게 윤리적인 인간은 신이 세운 법을 무조건적으로 준수하는 이들이다. 그러나 에덴 이야기는 선과 악을 이해하고 선택하기 위해서는 먼저 신의 명령을 깨야 하는 상황에 대해서 말하고 있다.

더욱이 내가 등장시킨 야훼는 절대로 전능하거나 전지하거나 윤리적으로 완벽한 존재가 아니다. 그는 경우에 따라서는 거짓을 말하고, 의도한 바를 한 번에 이루지 못해 재차 시도해야 하며, 발생하는 사건의 추이를 관찰하고 탐문해야만 알 수 있는 존재이다. 야훼 엘로힘이 아담의 배필로 들짐승들과 새들을 먼저 창조해 (아담으로 하여금 자기 앞에서 '수간'을 하게 하여) 그에게 맞는 짝을 찾아보게 했으나 실패했다는 해학적 모티브를 보라. 에덴 이야기를 지나치게 종교적 교리적으로 읽고자 하는 이들에게 텍스트가 그러한 읽기를 허용하지 않는다는 항구적인 경고가 될 것이다.

그런데 비록 내가 의도한 것은 아니지만 내가 쓴 글의 많은 양이 현재 구약성경의 정경으로 편입되어 읽히는 일이 벌어졌다. 내 글을 이렇게까지 높이 사준 것에 대해서 감사하는 마음이 있지만, 우려가 되는 부분도 크다. 구약성경의 많은 지면이 신화나 전설, 민담 같은 설화 형식으로 전해진 것들로 채워지지 않았는가? 그런데 '정경'이라는 성스럽고 공식적인 문헌이 되면서 이 설화들을 단 하나의 목적으로만 읽고 해석하는 경향이 생겼다. 특히 기독교인들은 구약성서를 '하나님의 말씀'과 동일시할 뿐만 아니라, 신약성서에서 성취될 사건들을 예시한다고 보는 사관을 가지고 있다. 그렇기에 어떤 장 어떤 절을 읽어도 단 하나의 목적만을 갖고 읽는 경향이 크다.

당신이 더 잘 알겠지만, 말로 전달되는 하나의 설화는 전달하고 듣는 이들의 창의력과 상상력에 기반을 두고 자유롭게 발전하는 이야기이다. 이를 문자로 기록하게 되면 그 설화는 더 이상 확장되거나 자라는 것을 멈춘다. 그러면서 기록되기 바로 이전 단계에 지녔던 의미 구성의 유연성과 문학적 상상력을 영구히 보유하게 된다. 물론 입으로 전해지던 때와는 비할 바가 아니지만 이로써 기록된 이야기에도 독자들이 참여할 수 있는 다양한 읽기와 해석의 공간이 열리게 된다. 여러 갈래의 전승들과 자료들을 이용하여 에덴 이야기를 작성할 때 나는 내 글이 '막힌 글'이 되지 않도록 주의를 기울였다.

나는 기독교인들이 에덴 이야기를 막힌 글로 읽는 경향이 너무나 크다고 생각한다. 구원사관의 관점에서만 읽음으로서 에덴 이야기를 대단히 배타적인 이야기로 만들었다. 더 이상 다양한 읽기를 허락하지 않게 되었다는 말이다. 나는 독자들의 상상력이 왕성하게 활동할 수 있는 여유로운 공간을 가진 열린 이야기로 내 글을 구성했다고 생각한다. 그런데 한 가지 교리적 관점에서만 읽으려 하는 이들은 이를 꽉 막힌 이야기로 만들었다. 나는 '막힌 이야기'는 곧 '죽은 이야기'라고 생각한다.

M: 문학적으로 의도된 창조신화인 에덴 이야기는 여느 아동문학보다는 깊은 의미의 세계를 다룬다고 했는데 이에 대해 조금 더 설명해줄 수 있겠는가? 당신이 정말로 '의도한 의미의 세계'는 무엇을 말하는가?

J: 대부분의 신화들이 그러하듯이 에덴 이야기 역시 신화의 형식을 띤 인간의 이야기이다. 나는 독자들이 내 이야기를 읽으면서 신에 대한 고차원적인 개념을 생각하기보다는 가장 근원적인 방식의 인간적 삶에 대해 생각해보도록 의도했다. 에덴 이야기의 모든 등장인물들과 사용된 소재들이 모두 인간적인 삶의 실재들을 표현하기 위해서 고안되거나 차용되었다. 가령 앞에서 언급한 바, 야훼의 동물 창조 과정을 생각해보라. 그는 사람을 먼저 만들어놓고는 혼자 사는 것이 외로워 보인다 하며 그를 도울 수 있는 배필로 동물들을 만든다. 그리고 '일련의 과정'을 통해서 사람은 자기에게 맞는 배필이 그 중에 없음을 깨닫게 된다.

야훼는 자신의 계획이 실패로 끝나게 될 위기에 봉착했으나 다행히 두 번째 시도를 통해 남자에게 맞는 배필을 만들어냈다. 그리고 여자의 등장이 사람을 남자로 만들어준다. 야훼가 행한 일종의 시행착오 과정과 남자의 짝 찾기 과정, 그리고 이브의 등장으로 인한 갈등의 해결이라는 모티브는 사람이 동물의 세계로부터 분리되는 과정을 그린다. 이 과정에서 행한 신의 창조는 일종의 코미디 아닌가? 신이 남자에게 짝을 만들어주겠다고 동물들과 심지어 하늘의 새들까지 만들었다니, 당신도 이를 너무 진지하게 읽지 말라고 독자들에게 경고했지 않았는가?

이 장면은 당신이 수행한 에덴 이야기 재구성과 구분에 따라 말한다면, 에덴 이야기의 1막에서 가장 중요한 사건이다. 바로 이 장면에서 나는 역사상 존재했던 최초의 사람의 목소리를 독자들에게 처음으로 들려주었다. 여자를 품은 남자의 탄성으로 말이다. 그리고 나는 화자의 몫이 된 대사에서 이를 남자가 부모를 떠나 여자와 한 몸이 되어 살게 된 것의 유래라고 각설했다. 많은 독자들이 다음에 나오는 중대한 사건들로 인해 이 장면에 큰 의미를 부여하지 않는다. 그러나 아담과 이브가 금단의 열매를 따먹은 이야기와 가인이 그의 아우를 죽인 이야기가 끝나고 나면 독자들은 행복했던 정원 안에서의 삶을 다시 돌아보아야 할 때가 온다. 그 때 이브가 아담의 배필로 등장한 이야기가 새롭게 조명될 수 있을 것이다.

인간 사회의 질서와 관습, 그리고 법이 설립되기 이전에, 형제의 살해가 상징적으로 제시하는 삶의 비극과 슬픔, 그 이전에 남자와 여자의 만남이 있다. 사랑이 있다. 인간의 희로애락은 여기서 시작된다. 사랑이 모든 것의 시작이다. 나는 이 같이 해학적인 장치들과 희극적이고 비극적인 모티브들, 그리고 신화적 상징물들을 등장시켜 인간적 삶의 실재를 묘사하고자 했다.

M: 너무도 흥미로운 설명이다. 말이 나왔으니 물어보겠다. 당신이 말한 '해학적 장치'는 이 장면에서는 야훼가 아담의 배필로 모든 들짐승들과 하늘의 새들을 만들어 데려왔다는 설정을 가리킨다고 본다. 그런데 장면은 아담이 동물들에게 이름을 주는 것으로 돌연 바뀌게 된다. 그러더니 이름 주기를 마쳤는데도 아담은 여전히 자신의 배필을 찾지 못했다는 원래의 이야기로 돌아왔다. 이러한 장면의 예상치 못한 전개로 인해 이 단락에 대한 해석에 있어 많은 혼선이 빚어졌고, 갖가지 상상력을 동원한 작품들이 나오게 되었다. 내가 보기에 당신은 당신이 사용했던 고대신화의 내용에 약간의 손을

댄 것 같다. 아닌가?

J: 좋은 지적이다. 당신 말대로 나는 이 장면의 구성을 위해서 메소포타미아 신화에서 소재를 빌려왔다. 그러나 앞에서 말했듯이 나는 내 독자들의 종교적 감수성을 고려해야 했다. 나는 고대신화들에서 널리 나오는 신들의 성적 행위들에 대해서 일종의 검열을 하였다. 원래의 신화들에서는 자연스럽게 읽힐 수 있는 내용들이지만, 당시 우리 민족이 발전시킨 종교적 문화에서는 신들의 섹스라든가 하는 내용들은 절대로 수용될 수 없었다. 신이 동물들을 만들어 남자의 성적 파트너가 될 수 있는지를 실험하였다는 설정은 유대인의 종교적 감수성에서는 결코 수용될 수 있는 성격의 것이 아니었다. 따라서 나는 내가 사용한 원 자료의 내용과 내 글을 읽게 될 독자들의 지적 및 종교적 수용 가능성 사이에서 줄다리기를 해야 했다.

　물론 여기에서 사용된 소재는 〈길가메시 서사시〉의 엔키두 이야기다. 자연인으로 창조되어 동물들의 세계에서 살던 엔키두가 여자를 만나면서 전혀 질이 다른 성적 대상에 매료되었고, 그 결과 동물의 세계에서 나와 인간의 세계로 들어갔다. 나는 내 독자들이 수용할 수 있을 정도로 이 내용을 각색하였다. 그래서 '이름 주기'라는 생각을 해낸 것이다. 〈엔키와 닌후르사그〉를 보면 물의 신인 엔키가 특별한 식물들을 먹으며 이름 주기 하는 장면이 나온다. 난봉꾼처럼 여신들과의 섹스를 일삼던 엔키가 자신의 씨에서 나온 이 식물들에게 이름을 붙이는 대목을 이 서사시의 시인은 '엔키가 이 식물들을 마음속에서 알고 그들의 운명을 결정하는 장면'이라 묘사한다.

당신이 만일 고대 근동의 문화에 대해서 친숙하게 알고 있다면 '이름 주기'라는 작업이 단순히 이름을 붙이는 일이 아님도 알고 있을 것이다. 이름을 준다는 것은 그 대상의 겉(몸)과 속(마음), 심지어 미래의 운명까지 다 안다는 것을 뜻한다. 남녀의 성적 행위는 서로를 알고 확인하는 과정이 아닌가? 그리고 서로 통하게 된다는 것, 모든 것을 알고 공유한다는 것, 그렇게 해서 미래를 결정한다는 것 아닌가? 아담이 동물들에게 이름 주기를 했다는 것은 작가로서 내가 행한 사전 검열로 고안한 것이지만, 이 메타포를 통해 어느 정도까지는 원 자료에도 충실하였다고 생각한다.

M: 아담이 동물들에게 이름을 준 것이 일종의 메타포라면, 말하는 뱀은 당신에게 무엇인가? 그 역시 메타포인가? 에덴 이야기에서 뱀에게 준 역할은 정확히 무엇인가?

J: 뱀은 내가 보기에 에덴 이야기에서 가장 매력적이며 신비스럽지만 오해를 가장 많이 받는 캐릭터이다. 뱀을 고안함에 있어 나는 메소포타미아에서 유래된 신화들에 끼어들어간 우화들을 참고했다. 당신은 먼저 길가메시에게서 회춘초를 앗아간 뱀을 생각할 수 있다. 그리고 에타나 정원에 등장하는 자식을 잃은 뱀과 신의 저주로 날개를 잃게 된 독수리, 엔키에게 저주를 내린 여신 닌후르사그를 설득한 지혜롭고 말 잘하는 여우 등을 떠올릴 것이다. 이 동물들은 생명이나 출산과 관계된 이야기에서 나름대로 매우 중요한 역할

을 수행하는 캐릭터이다. 그리고 실상 어떤 면에서는 신들보다 더 뛰어난 지략과 언변을 갖추고 있는 것처럼 보인다.

물론 독립적으로 존재했었을 우화적 혹은 아동문학적 이야기들을 각 신화의 저자들이 이용했을 가능성이 크다고 하겠다. 여하간 옛 신화들은 어찌 보면 신화와는 어울리지 않는 우화적 요소들을 이렇게 포함시켜 이야기를 풀어나갔다. 나 역시 에덴 이야기에서 이 같은 전통을 유지하였다. 내 이야기의 등장인물인 뱀에 대한 많은 오해들이 있다고 알고 있다. 분명한 것은 뱀은 에덴정원의 이야기 전개를 위해서 내가 창의적으로 고안하여 등장시킨 캐릭터라는 사실이다.

그는 절대로 악한 인간의 마음을 상징하는 것이 아니며, 야훼에게 적대적인 어떤 존재를 대리하는 메타포도 아니다. 뱀은 에덴 이야기의 극적 갈등과 긴장을 조성하는 중요한 역할을 맡은 캐릭터이다. 비록 말하는 동물이라는 우화적인 요소를 가지고 있지만, 그는 에덴 이야기의 주제를 가장 선명하게 드러내주는 역할을 하였다. 뱀은 이브에게 다가가서 인간이 '신과 같이 되는 길'이 있다고 알린다. 그러나 인간이 신처럼 된다는 사상은 에덴 드라마가 대단원에 이르게 되면 신과 같이 되고자 하는 노력을 통해서 사람은 참다운 인간의 길을 찾게 된다는 사상으로 전환하게 된다.

뱀은 신에게 반기를 든 캐릭터처럼 나오지만 사실상 신으로 하여금 인간을 인간이 되게 하라고 재촉하는 일을 한다. 매우 더디게 진행되는 인간의 성장과 배움의 과정을 단축시키고 돕는 일에 있어 신의 협력자가 된다. 부모는 자신들의 아이가 생각보다 더 어른스럽다는 사실을 종종 알지 못하고 보호만 하려 할 때가 많지 않은가? 뱀은 '애를 그렇게 어리게 키우면 안 돼'라며 훈수를 두고 몰래 돈 몇 푼 아이 손에 쥐어주면서 '하고 싶은 것 마음대로 하라'고 한 친구처럼 행한다. 그 친구가 내 아이를 망치게 했다고 부모는 처음에 반감을 품을 수 있지만, 시간이 지나고 나면 아이가 생각했던 것처럼 그렇게 어리지 않았다는 것을 알게 된다. 친구 말이 맞았다는 것도.

M: 그러하다면 당신은 내가 그렇게 읽은 것처럼 뱀을 '좋은 인물'로 이해한 것인가? 뱀의 역할을 다르게 읽을 가능성도 있지 않은가?

J: 물론 나는 뱀이 이중적으로 읽힐 수 있는 여지를 충분히 남겨놓았다. 가령 독자들은 뱀을 나쁜 의도를 가지고 좋은 역할을 한 캐릭터로 읽을 수 있고, 좋은 의도를 가지고 나쁜 역할을 맡은 캐릭터로도 읽을 수 있다. 후자의 경우, 뱀은 아담과 이브를 진정으로 도우려는 마음을 가지고 신의 뜻에 저항한 악역이다. 전자의 경우, 신의 총애를 받는 아담과 이브를 망치게 하려는 의도에서 그들의 눈을 뜨도록 돕는 역할이다.

나쁜 의도를 가지고 나쁜 역할을 하였거나 좋은 의도를 가지고 좋은 의도를 하였다고 읽을 수도 있다. 전자의 경우, 뱀은 아담과 이브를 망치게 하려고 신에게 저항하도록 선동한 주동자이다. 후자의 경우, 뱀은 아담과 이브의 삶을 보다 윤택하게 하기 위해서 이들이 가야 할 바른 길을 알려준 선각자가 된다. 어떤 각도에서 뱀을 읽고자 할지는 독자들이 결정할 수 있다. 그러나 내 이야기 안에서, 즉 이야기의 발단과 전개 그리고 결말이라는 흐름 속에서 진행되었으면 좋겠다.

M: 같은 원리가 다른 캐릭터에도 적용될 수 있는가? 가령 에덴 이야기의 신은 좋은 신일 수도, 나쁜 신일 수도 있는가? 아담은 좋은 사람일 수도, 나쁜 사람일 수도, 이브 또한 좋은 여자일 수도, 나쁜 여자일 수도 있는가?

J: 기본적으로는 그렇다. 내 이야기는 에덴정원의 신을 '절대 선'의 개념으로 보고 있지 않다. 그는 시행착오를 하고, 때론 잘 알지 못하고, 때론 정당한 판단을 내리지 못하는 신이다. 보기에 따라서 그는 강압적인 아버지 같은 신이다. 아이들이 따르기 힘든 엄격한 규율을 마음대로 정해놓고 지키라고, 지키지 않으면 죽일 거라고 위협하는 나쁜 아버지처럼 보인다. 나쁜 신이다. 그러나 도처에 있는 위험으로부터 아이를 지킬 수 있는 유일한 방법이 그렇게 하는 것이었다면, 그는 일견 나쁘게 보이지만 좋은 신이다. 의도가 선했지만 어떻게 하는 것이 좋을지 모르는 신일 수 있고, 어떻게 할지는 알지만 의도가 좋지 않은 신일 수도 있다.

물론 의도도 나쁘고 나쁜 방식을 택하는 신으로도 만들 수 있다. 반대로 의도도 좋고 가장 좋은 방식을 택할 줄 아는 현명한 신으로 그를 묘사하는 것도 가능하다. 내가 보기에 당신은 앞서 '에덴 산보 노트'에서 의도도 좋고 또 어떻게 할지 아는 현명한 신인 야훼를 만나고 왔다. 아닌가? 좋은 의도로 아담과 이브를 '만지고' 또 그들을 구하고자 다른 신들을 효과적으로 '만지는' 야훼 말이다.

아담도 이브도 마찬가지이다. 특히 이브의 경우가 그렇다. 이브는 나쁜 의도로 나쁘게 행동한 나쁜 여자로 보일 수도, 좋은 의도로 정당하게 행동한 이상적인 여자로도 보일 수 있다. 이를 결정하는 것은 독자들의 몫이 되겠지만, 다시 한 번 말하고 싶다. 내 에덴 이야기의 전체적인 전개가 허용하는 선에서 독자 자신이 보고 싶은 이브를 보기를…… 그런데 당신의 '에덴 산보 노트'는 당신이 이브를 어떤 여자로 보았는지 다소간 불분명하다. 당신은 내 에덴 이야기의 캐릭터 이브를 좋아하는가?

M: 아! 영광이다. 당신이 내 '에덴 산보 노트'를 읽었다니…… 기본적으로 나는 이브를 매력적인 여성 캐릭터로 이해하고 있다. 물론 '에덴 산보 노트'에서 나는 이브의 성격을 판단하기보다는 이야기의 전개 과정에서 그녀가 수행한 역할과 의미에 치중하였다. 나는 그녀가 맡은 역할에 마음이 많이 끌린다. 그녀는 천진난만한 소녀에서 시작하여 인간의 한계 밖에 있는 것들에 대한 지적 호기심에 이끌렸다. 그리고 자신이 보고 듣고 느낀 것에 충실하게 행동했다. 그녀의 행동은 위험할 정도로 과감했으며, 자신의 능력 그 이상의 세계에 대한 불가능한 꿈을 간직한 젊은 시절을 보냈다.

그리고 마침내 인간적 삶의 질고를 맛보고 세상에 대한 진정한 눈을 뜨게 되었다. 그 이후로는 여신이 아닌 여자로서의 일생을 살

왔다. 이것이 내가 이해한 이브의 인생이다. 이것을 당신이 의도했는지는 모르겠지만, 나는 당신의 독자로서 당신의 이브를 이렇게 읽었다. 그녀가 나쁜 사람이었는지 좋은 사람이었는지는 당신의 관심이 아니었을 것이라 나는 믿는다.

　에덴 이야기의 내용과 관련하여 한 가지만 더 묻겠다. 정원 중앙에 있는 나무들 중 지식나무는 전적으로 당신의 창작물인가? 내가 보기에 생명나무라는 상징적인 모티브만으로도 에덴 이야기는 충분히 매력적인 이야기이다. 그런데 당신은 어떤 이유에서 지식나무라는 모티브를 사용하게 되었는가? 그리고 이를 사용함으로써 얻을 것이라 기대한 효과는 무엇인가?

J: 　지식나무는 에덴 이야기가 신들의 세계에 대한 이야기가 아니라 인간에 대한 이야기임을 말하기 위해서 꼭 필요한 장치다. 지식나무는 전적으로 내 창작물이라고 볼 수는 없다. 당신이 읽었는지는 모르지만, 이것 역시 고대 근동의 신화들에 종종 등장하는 진리의 나무를 차용한 것이다. 지식나무라는 장치를 마련함으로써 나는 에덴 이야기에서 고대신화들에 여과 없이 등장하는 성적인 묘사들을 제거하는, 혹은 최소화하는 동시에 성욕과 마찬가지로 대단히 원초적이며 보편적이지만 보다 고상한 인간의 욕구를 주요 소재로 사용하는 효과를 기대했다.

　'선과 악의 지식나무'에서 수식어로 붙은 '선과 악'을 당신이 가진 윤리적 기준으로 읽으면 안 된다. 선과 악을 이해한다는 말은 윤리적 차원을 넘어 우주의 구조와 삼라만상의 이치를 알게 된다는 고대식 표현이다. 이 문구를 윤리적이고 법적인 차원에 국한하여 이해하는 것은 따라서 에덴 이야기에 담고 싶었던 인류의 원시적이며 보편적인 지식에의 욕구를 읽어내지 못하게 방해한다. 지식에의 욕구는 한 개인의 성장 과정을 표현하기도 하지만, 인류라는 피조물을 정의하는 가장 중대한 잣대이다. 그런데 에덴 이야기는 인류의 가장 큰 장점이며, 인류의 생존과 번영에 가장 중요한 것인 지식을 신이 금했다고 말하고 있다.

가령 〈아다파〉 이야기에서 에아는 아다파를 우주의 질서를 이해하는 존재로 창조한다. 그러나 나는 아담이 그 같은 지식을 갖는 것을 야훼가 금했다고 썼다. 당신은 당신의 산보 노트에서 이것을 다소간 미화하였다. 아담이 자라면서 자연적으로, 그리고 점차적으로 사물의 이치를 알게 되는 것이 아버지로서의 야훼의 뜻이었다고 했다. 이는 당신의(혹은 현명한 당신 아내의) 교육학적인 관점이 투영된 읽기이다. 그런데 여기서 내가 하고자 하는 말은 우주의 질서와 실재에 대한 지식욕이야말로 인간적 삶의 영역을 가장 극명하게 보여주는 소재라는 것이다. 신이 이것을 금했다는 설정은 대단히 이해할 수 없는 일이다.

그런데 이렇게 설정함으로써 지식이 인간의 삶에 있어 가장 중대한 요소라는 것임을 강조해서 말해준다. 다시 말해, 신이 지식나무의 열매를 못 먹게 했다는 것은 극적 장치일 뿐이다. 신이 이것을 막고 싶어 하면 할수록, 그럼에도 불구하고 인간은 이것을 손에 넣고 말 것임을 암시하는 극적 효과를 낸다.

M: 그렇다면 이야기 내내 큰 역할을 하지 않는 생명나무는 당신에게 무엇인가? 지식나무가 인간 사회를 규정하는 개념의 상징이라면, 생명나무는 무엇을 규정하는 상징인가? 이룰 수 없는 인간의 꿈을 상징하는가?

J: 인간의 이룰 수 없는 꿈을 상징하기보다는 인간의 이룰 수 없는 꿈이 있음을 알려주는 상징이다. 나는 당신이 잘 수정하여 번역하였듯 다소간 투박하게 썼다. "정원 중앙에는 생명나무가 있었다. 그리고 선과 악의 지식나무도." 두 나무가 정원의 중앙에 언제나 함께 있다. 이로써 정원의 중앙에서 예상치 않은 극적 긴장감이 조성된다. 지식나무에 손을 댄 아담과 이브는 다시 손만 뻗으면 닿을 수 있는 생명나무에 손을 댈 것인가? 상당히 짧은 시간이고 대부분의 독자들도 그다지 주목하지 않지만, 에덴 이야기의 극적 전개에서 대단히 중요한 순간이다. 물론 아담과 이브는 생명나무에는 손을 대지 않는다. 아예 손을 댈 생각도 않는다.

생명나무의 열매는 습득이 언제든 '가능해 보이지만 불가능한 것(possible impossibility)'으로 존재한다. 손에 잡힐 듯하지만 결코 잡히지 않는다. 내 이야기에서도 마치 처음부터 아담에게 섭취가 허락된 것처럼 등장한다. 그러나 생명나무는 우리에게 이루지 못할 꿈의 영역이 있음을 알리는 장치이다. 인간은 결코 생명나무에 손을 대지 못할 것이다. 이는 인간적 삶의 실재와 한계 너머의 일이기 때문이다. 기독교인인 당신은 인간에게 영원한 생명의 길이 있다고 믿겠지만, 인간의 불멸성이라는 개념은 에덴 이야기에서는 물론 이스라엘 사람들에게 전혀 타당하지 않은 개념이다. 불멸은 아담에게 처음부터 어울리지도, 허락될 수도 없는 삶의 방식이다. 나는 이것을 신이 아담을 에덴의 정원에서 내보내고 생명나무로 접근하지 못하도록 신수들을 세우고 두루 도는 불칼을 설치하였다는 식으로 묘사하였다. 신이 인간에게 불멸성을 허락하기를 꺼린다는 표시라기보다는, 불멸이 인간의 길이 아니라는 것을 보다 명백히 하고자 한 상징적 장치다.

그런데 이 나무 옆에 습득이 '불가능해 보이지만 가능한(impossible possibility)' 지식나무가 서 있다. 이 나무는 우리에게 이루지 못할 꿈의 영역은 없다고 알린다. 사람이 먹어야 할 열매는 분명 지식나무에서 온다. 아담과 이브는 지식나무에 손을 댄다. 이는 당연한 일이다. 지식에 대한 인간의 갈증은 해소되지 않는다. 또한 지식은 통제의 벽을 거부하는 본질을 가지고 있다. 지식은 때로 위험하지만, 지식을 통제하려는 사회는 더 위험하다. 에덴의 신도 이것을 배워야만 했다.

인간은 유사 이래 우주만큼이나 큰 무지의 세계를 정복하고자 하는 욕망을 키워왔다. 인간의 생존에 직결되는 문제였기 때문이다. 그렇게 습득한 지식은 인간의 생명을 연장시키는 유일한 수단이 되었다. 그 지식의 한계를 무한대로 확대하여 결국 터득하고자 하는 것이 있다면, 혹 하고자 하는 일이 있다면 그것이 무엇이겠는가? 당신이 살고 있는 이 시대의 과학자들이 그렇게 알고 싶어 죽을 지경인 일이 생명의 신비 아닌가? 생명은 언제나 지식과 가까운 거리에 있다. 많이 알면 알수록 생명을 연장할 가능성이 증가한다. 정원의 중앙에 생명나무가 있고 바로 그 옆에 지식나무가 존재하게 된 연유도 여기에 있다.

독자들은 당신이 신들의 음식이라 규정한 생명나무가 인간의 음식인 지식나무와 함께 정원의 중앙에, 매우 가까운 거리에 서 있다는 사실을 주목해야 한다. 신이 신수들과 불칼을 세워 지키고자 했던 생명나무 바로 그 옆에 지식나무도 있지 않았나? 나는 "정원 중앙에 생명나무가 있었다. 그리고 지식나무도"라고 어색하게 씀으로써 독자들의 눈을 불편하게 하지 않았나? 이야기를 읽는 내내 이 문구에 마음이 쓰이도록 하지 않았나? 대단원에 이르러 갑자기 생명나무를 등장시키더니, 신이 생명나무를 중무장시켜 지키고자 하면서도 지식나무는 더 이상 아무것도 아닌 양 방치하고 있다는 설정이 흥미롭지 않은가?

생명나무에 손을 대려는 욕구가 조금이라도 있는 한 야훼와 이브(혹은 그 누구라도) 사이의 긴장과 경계심은 사라지지 않을 것이다. 당신의 에덴 이야기 읽기를 이용하여 말하자면, 가인을 낳았을 때 이브는 여전히 생명나무의 길에 마음을 두고 있었다 할 수 있다. 그러나 셋이 태어났을 때 그녀는 지식나무의 길이, 그리고 이 길만이 그녀의 길임을 잘 알고 있었다.

나는 신화적 소재를 사용해서 이야기를 구성했기에 신과 이브 사이의 긴장이 신과 신이 되고자 꿈꾼 여자 사이의 적대감으로 읽힐 수도 있다. 하지만 사실 이는 인간이 아무리 노력해도 성취할 수 없는 것과 어떤 어려움이 있어도 결코 포기하지 말아야 할 것 사이의 긴장과 갈등이라 할 수 있다. 생명나무와 지식나무가 우리의 삶 중앙에서 서로를 마주하고 자라고 있기 때문에 발생하는 항구적인 현상이다.

결국 신은 신의 길을 가고 아담은 아담의 길을 가야 할 것이다. 그러나 신과 아담이 각기 선택한 오솔길을 홀로 걸어야만 하는 고독한 여행자가 될 것인지, 아니면 함께 하나의 대로를 걸으며 멀어졌다 가까워졌다 하며 이따금씩 서로의 안부를 묻고 염려하는 동반자가 될 것인지에 대해 에덴 이야기는 아무런 결론도 내리지 않았다. 인간의 길 속에 신이 등장하고 신의 길 속에 인간의 모습이 보이는 것, 정원의 중앙에 생명나무와 지식나무가 가까운 거리에서 서로 마주보고 서 있다는 것, 에덴의 동쪽에 신의 정원과 사람의 도시가 병존하게 되었다는 것, 나는 '에덴 이야기'에서 이러한 소재들이 보다 주목을 받을 수 있기를 바란다.

당신이 다음에 산보를 하다가 에덴의 동쪽 어딘가에서 땅을 갈고 있는 사람을 보게 된다면, 그의 콧등을 타고 흘러내리는 땀과 함께 그 아래 콧구멍 통해 여전히 들고 나는 뜨거운 신의 숨결에, 그리고 그가 입고 있는 가죽옷에도 오랫동안 눈길을 주길 바란다.

기독교인들을 위한
에필로그

인간의 길을 모색한 아담

이 책의 내용들은 역사적인 아담의 존재 가능성에 대해서 회의적인 시선을 보내고 있다. 아니 보다 솔직하게 말하자면 〈창세기〉의 아담은 일종의 문화적 창조물이며, 그에 대하여 바울을 비롯한 허다한 주석자들이 그린 그림들 역시 각각의 시대적, 문화적 창조물에 불과하다고 말한다. 역사적 아담은 없다. 언젠가는 존재했었을 최초의 사람을 종교적인, 문학적인 혹은 다른 필요에 따라서 아담이라 부른 문헌만이 있을 뿐이다. '원죄'의 상황도 존재하지 않았다. 인류 최초의 인간으로 설정된 사람이 처음 행한 일을 원죄라 읽었던 전통이 존재할 뿐이다.

역사적 아담은 존재하지 않았으며 원죄의 상황도 애초부터 없었다고 한다면, 인류를 원죄의 저주로부터 해방시키기 위해서 하나님의 아들 그리스도가 십자가에 달려 죽었다는 기독교 신앙은 어떻게 되는 걸까? 기독교의 그림에서 아담을 깨끗하게 지워야 하는 걸까? 본 필자를 포함해서 현대의 여러 해석자들이 나름의 인문학적 문해력에 입각하여 제시한 에덴 이야기 읽기들에서 종교적 관련성과 적절성을 찾지 못해 심란해진 기독교인들은 어디에서 마음의 위안을 찾아야 할까? 필자는 이에 대한 충분한 대답을 준비하지 못했다. 그러나 만약 궁색한 대답이라도 해보라 한다면, 다시 에덴 이야기로 돌아갈 수밖에 없다고 말할 것이다.

에덴 이야기를 역사적으로 실존했던 최초 인간이 자신을 창조한 신에게 반기를 든 타락 이야기로 읽지 않도록 해보자. 대신, 인류가 짊어지고 씨름해온 보편적인 문제들을 진지하게 다룬 한 편의 문학으로 읽을 수 있다면 우리는 에덴의 동쪽에서 또 다른 아담을 만날 수 있으리라. 원죄를 범해 인류에게 죽음을 선사한 인물로서의 아담은 없다. 그러나 동물의 세계와 신들의 세계 그 사이 어디엔가에서 인간의 길을 모색한 아담은 있다. 유혹에 빠진 아내에게 이끌려 신의 길에서 벗어난 아담은 없다. 그러나 자신의 아내와 함께 사람의 길을 모색한 아담은 있다.

아담과 이브가 선택한 인간의 길은 신에게 대항하는 반역자의 길이 아니다. 에덴의 동쪽에서 우리가 새로 만나게 될 아담과 이브는 물론 완전한 사람들이 아니다. 태고의 상황에서 신의 명령과 마음을 이해하지 못했던 것처럼, 여전히 그릇된 판단을 내리고 크고 작은 실수들을 범한다. 그러나 그 속에서 보다 나은 선택이 무엇인지 고뇌하기를 멈추지 않는다. 신은 그들에게 지식을 통해 인간의 길을 가라고 제시했다. 그리고 에덴 이야기는 바로 그 길이 결국 생명의 길과 만나게 될 것이라 말하고 있다. 그들은 오늘도 탐구한다. 우주보다 넓고 한계가 없는 무지의 세계를 정복하기 위해서 쉼 없이 노동한다. 이것이 그들이 안락한 신들의 정원에 머물러서는 안 되는 이유이다.

그의 후손들은 신들의 정원과 인간의 도시가 병존하게 된 에덴의 동쪽으로 가야 한다. 거기서 참된 지식(진리)의 길을 찾는 작업이 곧 생명의 길을 찾는 거룩한 노동임을 믿으며 이마와 콧등을 타고 내리는 땀을 연실 닦아내야 한다. 어떤 사상가는 아예 아담 없는 기독교의 가능성을 모색하지만, 필자는 아담은 여전히 기독교에 필요하다고 생각한다. 원죄와 죽음의 기원자가 아니라, 지식의 길을 통해 살 길을 찾아 나서는 인류 모두의 아버지와 모델로서의 아담은 기독교에 절대적으로 필요하다.

그렇다면 우리가 신들의 정원 밖 에덴의 동쪽 어디에서인가 다시 만나게 될 아담은 그리스도와 어떤 관련성을 맺겠는가? 필자는 이에 대해서는 보다 분명한 그림을 가지고 있다. 실은 필자의 그림이 아니다. 그리스도보다 70~80년 정도 후대에 살았던 〈요한복음〉의 저자가 그린 그리스도의 그림인데, 우리가 새롭게 만난 에덴의 아담과 너무도 잘 어울리는 것을 보고 크게 놀랐다. 이 '불경한' 책으로 인해 다소 마음이 상했을 기독교인들에게 조금이나마 위로가 되길 바라며 아래의 에필로그를 적어본다.

정원의 무덤에서 만난 사람, 그리스도

〈요한복음〉은 십자가에 달려 죽음을 맞이한 예수가 근처에 있던 어느 이름 모를 정원 안 무덤에 묻혔다고 알린다. 그리고 부활의 아침에 그 무덤을 찾아온 한 여인이 부활한 예수를 알아보지 못하고 그를 동산지기, 즉 정원사(gardener)로 인식했다는 장면을 소개한다. 이는 문학적 상상력이라는 측면에서 대단히 흥미로운 내용이 아닐 수 없다. 〈요한복음〉은 신약성서의 여러 문헌들 중에서 예수 그리스도의 고난과 죽음 그리고 부활에 관련된 이야기를 전하는 과정에서 '정원' 상징주의를 활용하고 있는 유일한 문헌이다.

정원 모티브는 역사적으로 많은 주석가들의 주목을 받지 못했지만, 최근 요하킴 샤퍼(Joachim Schaper) 같은 학자에 의해 그 중요성이 잘 간파된 바 있다.[1] 다른 저자들과는 달리 〈요한복음〉의 저자는 예수 그리스도를 왕으로 그리려는 노력의 일환으로서 에덴의 정원을 상기시키는 상상력을 발휘하여 예수의 수난사화를 밀도 있게 구성하였다. 요한이 활용하고 있는 정원 모티브의 중요성과 독특성을 간파하기 위해서 독자들은 우선 고대 근동에서 정원이 지닌 사회적, 문화적, 정치적, 그리고 종교적 의미를 이해해야 한다. 그리고 이 중요한 모티브를 신약성서의 다른 기록자들이 외면하거나 충분히 고려하지 않게 된(또한 대부분의 후대 해석자들이 정원 상징주의의 중요성을 간과하게 된) 배경을 이해할 필요가 있다.

언급한 바 있지만, 고대 근동의 세계에서 정원은 왕의 신분과 관련되어 있다. 왕을 정원사로 묘사하는 많은 문헌들이 있기 때문이다. 구약성서의 문헌들은 메소포타미아에서 나온 문헌들에 비해 그 경우가 적지만, 그럼에도 왕과 정원을 연결하는 문화적 전통을 충분히 수용하고 있음을 볼 수 있다.

우선 에덴정원에서의 아담의 역할과 기능은 고대 근동의 문헌들에서 왕들이 왕실 정원에서 수행한 역할과 기능면에서 닮았다.[2] 이를 보여주는 가장 좋은 예가 고대 세계의 7대 불가사의 중 하나로 전해오는 '바벨론의 매달려 있는 정원(The Hanging Gardens of Babylon)'이다. 아시리아의 수도였던 니느웨의 아슈르바니팔(Ashurbanipal) 궁전 터에서 흥미로운 정원을 묘사한 돌판이 발굴되었다.

이 돌판은 아슈르바니팔 왕이 자신의 증조부였으며 기원전 704

▶ **바벨론의 매달려 있는 정원**
현재 대영박물관에 소장된 돌판의 판화

년에서 681년까지 아시리아를 통치했던 세나체립(Sennacherib)이 건설한 궁전 정원을 묘사하고 있다. 세나체립은 약 50마일 정도 떨어진 곳으로부터 니느웨 왕궁의 정원으로 물을 끌어오는 수로와 수로교 시스템을 건설하였다. 오른쪽의 큰 수로교를 통해 정원의 사방으로 물이 공급되고 있으며, 중앙에 성전, 그리고 왼편에는 왕을 묘사하는 기념물이 있고, 진귀한 나무들이 풍성하게 자라고 있다. 학자들에 의하면 이 그림은 에덴정원의 기원과 원형을 간접적으로 알려주는 사료이다.

에덴 이야기의 작가가 이야기를 구성함에 있어 참고했을 것이 분명해 보이는 구약성서 〈에스겔〉 28장의 신탁은 바벨론 왕조의 전통을 꿰뚫고 있는 사람이 쓴 글이다.[3] 이 텍스트는 태곳적에 온갖 진귀한 보화들로 가득한 신의 정원 에덴에 두로 왕이 거주했었다고 밝힌다. 〈열왕기하〉 21장을 보면 유대왕 므낫세가 죽어 궁궐 정원에 장사되었다고 기록하였다(18절). 그를 이어 왕이 된 암몬 역시 동일한 정원에 있는 무덤에 장사되었다(26절). 정원이라는 단어는 구약성서에 매우 적게 사용되고 있지만, 사용될 때는 언제나 왕실과의 관련성을 내포하고 있다. 〈느헤미아〉 2장 8절에 왕실의 숲으로 묘사된 정원이나 〈아가서〉 4장 12~16절에 왕의 신부가 들어가는 정원 등이 그 예이다.

구약성서의 몇몇 저자들이 왕의 지위를 묘사함에 있어 정원을 중요하게 사용하는 것에 비해 신약성서의 저자들과 이들이 쓴 문헌들의 후대 해석자들은 정원 상징주의의 중요성을 간과하였다. 그 이유 중 하나는 헬라어 70인역 성서가 〈창세기〉 2장에 나오는 에덴의 '정원(헬라어로 케포스(kepos))'을 에덴의 '낙원(헬라어로 파라데이소스(paradeisos))'으로 번역하였기 때문이다.[4] 이 성경은 로마가 유럽과 근동 세계를 지배할 당시 그리스-로마 문화 속에서 교육을 받고 자란 디아스포라 유대인들에게, 그리고 기독교 형성기의 신약성서 저자들에게 지울 수 없는 영향을 끼쳤다. 물론 정원을 낙원으로 읽은 이들을 통해서 태초에 신이 창설한 곳을 에덴의 낙원으로 묘사하는 전통이 시작되고 널리 보급되었다.

기독교 전통에 있어 헬라어 70인역만큼 큰 영향을 준 것이 라틴어 불가타 성경이다. 이 성경은 종교개혁을 일으킨 루터가 독일어로 성서를 번역하기 전 천 년간 중세 기독교에서 독보적이며 권위 있는 성경으로 군림하였다. 라틴어 불가타 성경도 헬라어 70인역 성경의 전통을 따라 에덴의 정원을 에덴의 '파라디섬(paradisum)', 즉 낙원으로 번역하였다. 70인역으로 구약의 문헌들을 읽었던 신약성서 저자들이 정원 상징주의의 중요성을 간과한 것이나, 라틴어 불가타 성경으로 구약과 신약의 문헌들을 읽는 후대 주석가들이 이를 외면한 것은 당연한 귀결이라 하겠다.

그럼에도 불구하고, 아니 그러했기 때문에 더더욱 현대의 성서 독자들에게 정원 모티브 혹은 정원 상징주의의 회복은 중요할 수밖에 없다. 이런 의미에서 〈요한복음〉의 존재는 현대 기독교인들에게 큰 축복이 아닐 수 없다. 다른 복음서 저자들은 물론 신약성서의 모든 저자들이 간과하고 있는 정원 상징주의를 통해서 왕으로서의 그리스도를 만나도록 독자들을 초대해주기 때문이다.

예수가 체포되기 전의 마지막 몇 시간을 겟세마네 동산(정원)이라는 곳에서 기도하며 보냈다는 사실은 한국 기독교에서는 상식으로 통한다. 그러나 이 같은 상식은 이 장면을 묘사하고 있는 네 개의 복음서들을 마치 '짬뽕처럼' 읽은 결과이다. 복음서들 어디에도 '겟세마네 정원'이라는 정확한 문구는 나오지 않기 때문이다. 마태와 마가는 겟세마네라는 지역명을 언급하지만 '정원'을 뜻하는 '케포스' 대신에 '곳'을 뜻하는 단어인 '코리온(Korion)'을 쓰고 있다. 마태나 마가와는 달리 누가는 '감람산'을 언급하지만 이 역시 어떤 정원을 특정으로 가리키지 않는다. 이러한 공관복음서들과는 달리 〈요한복음〉은 비록 그 정원의 이름을 밝히지는 않았지만 정원을 뜻

▶ **정원에서의 고뇌(The Agony in the Garden, 1889)**
후기 표현주의, 혹은 클로와조니즘(Cloisonnism, 색면의 경계를 분명히 한 것이 특색)의 프랑스 화가 폴 고갱(Paul Gauguin)의 작품으로, 정원에서 고뇌 가운데 기도하는 예수를 그리고 있다. 멀리서 제자들이 함께 하고 있다. 미국 플로리다 팜비치 노튼갤러리에 소장됨

하는 단어인 '케포스'를 예수의 고난사화와 관련된 중요한 공간적 개념으로 사용한다.

첫 번째 정원은 예수가 체포되기 전 밤을 보낸 곳으로 예수와 제자들이 종종 모였던 장소이다.

> 예수께서 이 말씀을 하시고 제자들과 함께 기드론 시내 건너편으로 나가시니 그 곳에 동산(정원)이 있는데 제자들과 함께 들어가시니라. 그곳은 가끔 예수께서 제자들과 모이시는 곳이므로 예수를 파는 유다도 그곳을 알더라. 유다가 군대와 대제사장들과 바리새인들에게서 얻은 아랫사람들을 데리고 등과 횃불과 무기를 가지고 그리로 오는지라…… 이에 시몬 베드로가 칼을 가졌는데 그것을 빼어 대제사장의 종을 쳐서 오른편 귀를 베어버리니 그 종의 이름은 말고라(18:1~10)

예수의 수난사화에 감초처럼 등장하는 베드로의 배반 장면에서 다음과 같이 〈요한복음〉의 저자만이 정원을 언급한다.

마태복음

베드로가 바깥뜰에 앉았더니 한 여종이 나아와 이르되 너도 갈릴리 사람 예수와 함께 있었도다 하거늘, 베드로가…… 나는 네가 무슨 말을 하는지 알지 못하겠노라 하며…… 다른 여종이 그를 보고 거기 있는 사람들에게 말하되 이 사람은 나사렛 예수와 함께 있었도다 하매, 베드로가 맹세하고 또 부인하여…… 섰던 사람들이 나아와 베드로에게 이르되 너도 진실로 그 도당이라 네 말소리가 너를 표명한다 하거늘, 그가 저주하며 맹세하여 이르되 나는 그 사람을 알지 못하노라 하니 곧 닭이 울더라(26:69~74)

마가복음

베드로는 아래 뜰에 있더니 대제사장의 여종 하나가 와서, 베드로가 불 쬐고 있는 것을 보고 주목하여 이르되 너도 나사렛 예수와 함께 있었도다 하거늘, 베드로가 부인하여…… 여종이 그를 보고 곁에 서 있는 자들에게 다시 이르되 이 사람은 그 도당이라 하되, 또 부인하더라 조금 후에 곁에 서 있는 사람들이…… 말하되 너도 갈릴리 사람이니 참으로 그 도당이니라. 그러나 베드로가 저주하며 맹세하되 나는 너희가 말하는 이 사람을 알지 못하노라 하니, 닭이 곧 두 번째 울더라(14:66~72)

누가복음

……한 여종이 베드로의 불빛을 향하여 앉은 것을 보고 주목하여 이르되 이 사람도 그와 함께 있었느니라 하니, 베드로가 부인하여…… 조금 후에 다른 사람이 보고 이르되 너도 그 도당이라 하거늘 베드로가 이르되…… 나는 아니로라 하더라. 한 시간쯤 있다가 또 한 사람이 장담하여 이르되 이는 갈릴리 사람이니 참으로 그와 함께 있었느니라. 베드로가 이르되 이 사람아 나는 네가 하는 말을 알지 못하노라고 아직 말하고 있을 때에 닭이 곧 울더라(22:56~60)

요한복음

시몬 베드로가 서서 불을 쬐더니 사람들이 묻되 너도 그 제자 중 하나가 아니냐 베드로가 부인하여 이르되 나는 아니라 하니, 대제 사장의 종 하나는 베드로에게 귀를 잘린 사람의 친척이라 이르되 네가 그 사람과 함께 동산(정원)에 있는 것을 내가 보지 아니하였 느냐, 이에 베드로가 또 부인하니 곧 닭이 울더라(18:25~27)

다른 세 복음서 저자들은 베드로가 예수와 함께 있는 것을 보았 다는 인물들을 등장시키지만 〈요한복음〉의 저자만이 베드로와 예 수가 함께 있던 것을 본 구체적인 장소를 명시한다. 그리고 그의 증 언은 다른 세 복음서의 등장인물들의 증언보다 강력한 증거에 근거 를 두고 있다. 정원에서 베드로는 칼을 뽑아 예수를 체포하는 일에 동원된 대제사장의 종 말고의 귀를 잘랐다. 그리고 현장에서 그 장 면을 목격한 말고의 친척이 "네가 그 사람과 함께 정원에 있는 것 을 내가 보았다"고 강력히 주장한다. 이로써 예수가 마지막 시간을 정원에서 보냈다는 것을 〈요한복음〉의 저자는 증인을 등장시켜 마 치 그림을 그리듯 선명하게 제시하고 있다.

두 번째 정원은 예수가 십자가에 달린 곳과 가까운 거리에 있으 며 예수의 시신을 안치하게 될 무덤이 있는 정원이다.

아리마대 사람 요셉은 예수의 제자이나 유대인이 두려워 그것을 숨기더니 이 일 후에 빌라도에게 예수의 시체를 가져가기를 구하 매 빌라도가 허락하는지라 이에 가서 예수의 시체를 가져가니라.

일찍이 예수께 밤에 찾아왔던 니고데모도 몰약과 침향 섞은 것을 백 리트라쯤 가지고 온지라. 이에 예수의 시체를 가져다가 유대인의 장례법대로 그 향품과 함께 세마포로 쌌더라. 예수께서 십자가에 못 박히신 곳에 동산(정원)이 있고 동산(정원) 안에 아직 사람을 장사한 일이 없는 새 무덤이 있는지라. 이 날은 유대인의 준비 일이요 또 무덤이 가까운 고로 예수를 거기 두니라(19:38~42)

▶ 체포되는 예수 혹은 유다의 키스(The Arrest of Jesus, The Kiss of Judas, c.1306)
이탈리아 원 르네상스(Proto Renaissance) 화가 지오토(Giotto)의 프레스코(Scrovegni Chapel, Padua, Italy). 유다가 배반의 키스를 하고 있고, 왼편에 베드로가 말고의 귀를 자르고 있다.

예수가 잡히기 전 시간을 보낸 곳이 어느 정원이었다고 밝히는 일에 상당히 마음을 쓴 〈요한복음〉의 저자는 예수의 무덤이 어디에 있었는지를 밝히는 일에도 심혈을 기울이고 있다. 다른 복음서들의 기록과 비교해보면 보다 선명히 드러난다.

마태복음

저물었을 때에 아리마대의 부자 요셉이라 하는 사람이 왔으니 그도 예수의 제자라. 빌라도에게 가서 예수의 시체를 달라 하니 이에 빌라도가 내주라 명령하거늘, 요셉이 시체를 가져다가 깨끗한 세마포로 싸서, 바위 속에 판 자기 새 무덤에 넣어두고 큰 돌을 굴려 무덤 문에 놓고 가니, 거기 막달라 마리아와 다른 마리아가 무덤을 향하여 앉았더라(27:57~61)

마가복음

이 날은 준비일 곧 안식일 전날이므로 저물었을 때에 아리마대 사람 요셉이 와서 당돌히 빌라도에게 들어가 예수의 시체를 달라 하니…… 빌라도는 예수께서 벌써 죽었을까 하고 이상히 여겨 백부장을 불러 죽은 지가 오래냐 묻고, 백부장에게 알아본 후에 요셉에게 시체를 내주는지라. 요셉이 세마포를 사서 예수를 내려다가 그것으로 싸서 바위 속에 판 무덤에 넣어두고 돌을 굴려 무덤 문에 놓으매, 막달라 마리아와 요셉의 어머니 마리아가 예수 둔 곳을 보더라(15:42~47)

누가복음

공회 의원으로 선하고 의로운 요셉이라 하는 사람이 있으니……
그는 유대인의 동네 아리마대 사람이요 하나님의 나라를 기다리는
자라. 그가 빌라도에게 가서 예수의 시체를 달라 하여, 이를 내려
세마포로 싸고 아직 사람을 장사한 일이 없는 바위에 판 무덤에 넣
어두니, 이 날은 준비일이요 안식일이 거의 되었더라. 갈릴리에서
예수와 함께 온 여자들이 뒤를 따라 그 무덤과 그의 시체를 어떻게
두었는지를 보고, 돌아가 향품과 향유를 준비하더라(23:50~56)

예수의 장례와 관계된 〈요한복음〉의 보도는 다른 복음서들의 내
용보다 상당히 구체적이며, 장례절차 역시 유대의 전통에 따라 적
절하게 진행된 것을 보여준다. 두 가지가 우선적으로 눈에 들어온
다. 첫째, 예수의 무덤이 그가 십자가에 달린 골고다라는 곳에서 멀
지 않은 어느 정원 안에 있다는 것과, 둘째, 몰약과 침향을 섞은 향
료 백 근을 사용해 장례를 치렀다는 점이다. 다른 복음서들은 예수
의 무덤이 어디에 있는지를 밝히지 않을 뿐만 아니라 예수의 시신
을 단지 세마포로 싼 후 돌 무덤에 안치했다고 보도함으로써 장례
가 격식에 따라 치러지지 않았음을 보여준다.

〈요한복음〉이 전하는 바, 예수의 무덤이 정원 안에 있었다는 사실
과 예수의 장례를 위해 백 근이나 되는 향료를 사용했다는 것은 대
단히 중요한 상징적 의미를 지닌다. 주지했듯이 고대 근동의 문화
에서 정원은 왕의 상징이다. 구약성서의 몇몇 구절들이 보여주듯이
왕의 주검은 왕실 정원에 있는 무덤에 안치된다. 예수의 무덤은 정

▶ 매장(Entombment, 1440)

초기 르네상스 화가 프라 안젤리코(Fra Angelico)가 제작한 이탈리아 베니스의 성 마르코성당
(San Marco Cathedral)의 재단 장식그림 중 하나이다. 예수가 나무가 우거진 정원 안에 있는 무
덤에 안장되고 있다. 현재 독일의 알테피나코테크박물관(Alte Pinakothek Munich)에 소장됨

원에 있다. 그리고 그의 주검에는 백 근이나 되는 어마어마한 향료
가 사용되었다. 왕의 장례식에 맞는 적당한 격식이 차려진 것이다.

예수가 제자들과 마지막 시간을 보낸 정원과 예수의 시신이 안치
된 정원은 동일한 정원이었을까? 그렇게 볼 수 있는 구체적인 단서
가 없기 때문에 확증할 수는 없다. 그럼에도 그렇게 볼 수 있는 개
연성은 확보된다. 18장 1절에서 〈요한복음〉의 저자는 예수가 "기드
론 시내 건너편"에 있는 '정원'에 제자들과 함께 들어갔다고 말한
다. 이 정원은 예수와 제자들이 종종 회합을 가졌던 곳이고 예수가

마지막 시간을 제자들과 보낸 곳이기도 하다. 여기에 나오는 '기드론 시내'는 기드론 골짜기(the Kidron Valley)를 가리킨다.

학자들의 연구에 따르면 다윗 왕가의 정원은 기드론 골짜기, 여부스 성(the Jebusite citadel, 여부스는 예루살렘의 옛 지명)의 외곽 남동쪽에 있었다. 발굴된 고고학적 유물들에 따르면 기혼(Gihon)으로부터 수로와 수로교들을 통해 정원까지 물을 끌어올 수 있었다. 흥미롭게도 〈요한복음〉의 저자를 포함한 신약성서 저자들이 읽었을 70인역 성경의 〈느헤미아〉 3장 15~16절은 왕의 정원(King's Garden)과 다윗의 묘실을 연결하고 있다. 앞에서 언급한 유다왕 므낫세와 암몬의 무덤이 있는 정원(〈열왕기하〉 21장 18, 26절), 그리고 바벨론에 의해 예루살렘이 함락될 당시를 묘사하며 언급한 왕의 정원(〈열왕기하〉 25장 4절, 〈예레미야〉 39장 4절) 등이 모두 동일한 왕실의 정원이었을 것으로 보인다. 〈사도행전〉 2장에서 베드로는 설교 중에 "다윗이 죽어 장사되어 그 묘가 오늘까지 우리 중에 있다"(29절)고 말한다. 이러한 내용들을 종합하여 볼 때 왕의 정원이 역사적으로 기드론 골짜기에 위치했을 가능성이 매우 크다.[5]

예수가 마지막 시간을 제자들과 함께 보낸 곳이라고 〈요한복음〉의 저자가 말한 기드론 골짜기 저편에 있는 정원은 따라서 매우 중요한 상징성을 지닌다. 우선 이 정원은 예수의 시신이 안치된 묘가 있는 정원과 동일한 정원일 가능성이 크다. 만일 그러하다면 〈요한복음〉의 저자는 이러한 공간의 재구성을 통해서 다윗 왕을 비롯한 유대의 여러 왕들의 예처럼 예수의 시신이, 성서가 전통적으로 왕의 정원이라 칭하는 어느 정원 안에 있는 묘실에 안치되었다는 것을 말하고자 했을 것이다. 언급했듯이 니고데모가 가져와 예수의 장례에 사용한 향료의 양은 전통적인 왕의 장례예식에 사용되기에 적절한 양이다. 이로써 〈요한복음〉의 저자는 예수가 다윗 왕가의 적통이며 이스라엘의 메시아임을 간접적으로 진술하고자 한 것으로 보인다.[6]

정원사 그리스도

정원이라는 상징을 활용하여 왕인 예수의 죽음을 묘사한 〈요한복음〉의 저자는 예수의 부활을 알리는 장면에서 부활한 예수를 '정원사'로 인식한 여인을 등장시킨다.

> 마리아는 무덤 밖에 서서 울고 있더니 울면서 구부려 무덤 안을 들여다보니 흰 옷 입은 두 천사가 예수의 시체 뉘었던 곳에 하나는 머리 편에, 하나는 발 편에 앉았더라. 천사들이 이르되 "여자여 어찌하여 우느냐?" 이르되 "사람들이 내 주님을 옮겨다가 어디 두었는지 내가 알지 못함이니이다." 이 말을 하고 뒤로 돌이켜 예수께서 서 계신 것을 보았으나 예수이신 줄은 알지 못하더라. 예수께서 이르시되 "여자여 어찌하여 울며 누구를 찾느냐?" 하시니, 마리아는 그가 동산지기(정원사)인 줄 알고 이르되 "주여 당신이 옮겼거든 어디 두었는지 내게 이르소서 그리하면 내가 가져가리이다."
> (20:11~15)

막달라 마리아가 자신에게 나타난 부활한 예수를 정원사(케푸로스)로 인식했다는 묘사는 고대 근동의 세계에서 왕을 정원사로 묘사한 전통과 맥을 같이한다. 그리고 독자들에게 〈창세기〉 2~3장 에덴의 정원을 상기시켜 준다. 에덴 정원의 아담은, 어떤 해석 전통에 따르면 왕실 정원인 에덴의 정원사였다. 예수의 묘실이 정원에 있었고 그의 주검을 안치하면서 백 근의 향료를 사용하였다는 요한의 묘사는 그가 그리스도의 죽음을 '왕 같은 정원사'의 죽음으로 이해하고 있다고 볼 수 있다.7 그리고 부활의 아침에 그의 묘를 찾은 여인이 자기 앞에 서 있는 사람을 정원사로 인식하였다는 설정은 정원사로서의 그리스도 이해에 정점을 찍는다.

예수가 받은 고난과 죽음 그리고 부활의 이야기를 정원이라는 공간을 사용하여 그려내고 있는 〈요한복음〉의 저자는 에덴의 정원사였던 아담에게 무엇을 보았을까? 그리고 그것이 그리스도에 대한 그의 상징적 이해와 어떤 관련성이 있을까? 〈요한복음〉에서 울려 퍼진 예수의 음성 중에 가장 강력한 울림을 주는 것은 "내가 곧 길이요 진리요 생명이라"(14:6)는 예수의 자기 이해이다. 예수는 자신을 사람의 길과 진리와 생명으로 이해하였다. 우리는 에덴 이야기에 대한 탐구를 통해서 새롭게 만난 아담을 지식의 길을 통해서 생명의 길을 찾고자 하는 모든 사람의 전형으로 묘사했다.

사람의 길을 찾고자 한 에덴의 아담은 지식나무의 열매를 양식으로 삼았다. 생명나무에 가장 가까이에 있는 나무의 열매였다. 그리고 〈요한복음〉의 예수는 자신이 바로 그 길이라 선포하였다. 자신이 바로 사람의 길이라고, 자신이 바로 사람이 찾는 진리(지식)라고,

▶ **부활한 그리스도와 성 막달라 마리아(Christ and St. Mary Magdalen at the Tomb, 1638)**
바로크 예술의 거장 렘브란트(Rembrandt)의 작품으로, 부활한 그리스도가 손에 삽을 든 정원사로 나타나 막달라 마리아를 만나는 장면이다. 현재 영국왕실 소장품이다

자신이 사람이 찾고자 하는 바로 그 생명이라고 말한 것이다.

인간의 길을 모색한 에덴의 정원사 아담이 '내가 바로 인간이 걸어야 할 길'이라 말했던 정원사 그리스도를 만난다는 상상은 기독

▶ 가나의 혼인잔치(Marriage at Cana, c.1500)
르네상스 화가 헤라르트 다비드(Gerard David)의 작품으로, 예수가 물로 포도주를 만드는 장면을 그리고 있다. 프랑스 루브르박물관에 소장됨

교의 인간론과 그리스도론을 새롭게 쓸 수 있는 흥미로운 모티브가 되지 않을까? 아담에게 '돕는 배필'로 선사된 이브는 그에게 지식의 길을 안내하였다. 예수는 성령을 진리의 영이라 소개하면서 배움의 과정에 있는 사람들을 참된 진리의 세계로 이끌어줄 '또 다른 보혜사(돕는 자)'로 선사한다(14:16).

예수는 또한 인류의 가슴 속에 영구히 기억될 명언 즉 "진리를 알지니 진리가 너희를 자유케 하리라"고 선포하였다(8:32). 진리를 통한 인간 해방을 외친 예수의 가르침은 곧 무엇을 의미할지 생각해보자. 에덴의 정원사 아담이 지식나무의 열매를 먹은 것을 죽음에 이르는 길, 타락과 원죄로 간주한 기독교였다. 그런 기독교가 지난 2천 년간 견고하게 발전시킨 바, 지식의 추구는 곧 타락의 지름길이라는 오류, 인류의 지성을 너무도 잔인하고 효과적으로 유린해 온 질병에 예수의 가르침은 칼끝을 겨누고 있는 것이 아닐까?

〈요한복음〉의 저자는 예수가 행한 첫 번째 기적으로 가나의 어느 혼인 잔치에서 물로 포도주로 만든 사건을 소개한다(2:1~9). 이 책의 앞에서 이야기했던 것처럼 혼인잔치는 새 시대의 상징이다. 예수는 아직 자기의 때가 되지 않았음에도 포도주를 만들어내라는, 즉 새 시대를 열어달라는 요청을 거절하지 못한다. 이렇게 어느 이름 모를 선남선녀의 혼인잔치를 위해 포도주를 만든 예수와 함께 새 시대가 동트게 된다.

결국 안락한 신의 정원을 떠나 인간의 도시로 와서 진리와 생명을 찾는 노동을 쉬지 못하게 된 아담(사람)은 누구에게 와서 쉼을 얻고 또 나아가야 할 길을 물어야 할까? 인류를 위한 첫 번째 선물로 포도주를 만들어 신랑과 신부를 축하하고 위로하며 새 시대를 연 가슴이 따뜻한 그 남자가 아니겠는가?

주

프롤로그

1 크라나흐의 아담과 이브에 대한 그림들을 종교개혁적인 전통에 입각하여 흥미롭게 논의한 참고서적으로 다음을 보라. Wayne Martin, "The Judgment of Adam : Self-Consciousness and Normative Orientation in Lucas Cranach's Eden" in Art and Phenomenology, edited by J. D. Parry (New York : Routledge, 2011), 105-137

1부

1장 에덴의 정원에서 정말 섹스를 했을까?

1 《바바 바쓰라(Baba Bathra)》, 144b-145a. 고대 유대 랍비문헌은 크게 두 가지로 분류된다. 첫째는 탈무드에 속하는 문헌들이고, 둘째는 미드라쉬에 속하는 문헌들이다(아래의 3번 주석을 보라). '교훈' 혹은 '탐구'를 뜻하는 탈무드는 크게 기원지에 따라 예루살렘 탈무드와 바벨론 탈무드로 분류되고 그 외에 소책자(Minor Tractates)로 분류되는 문헌들도 모

주 561

두 63권에 이르는 방대한 문헌집이다. 랍비문헌 중 가장 고전적인 문헌들로, 대략적으로 고대로부터 서기 600년 어간까지가 기록 연대로 추정되지만 대부분 구전으로 전해진 율법과 관습법을 나중에 수록한 것이기 때문에 각 문헌이나 그 속에 수록된 내용들의 정확한 기록연대를 정하는 것은 어려운 문제이다. 탈무드에 속하는 문헌들을 내부적으로 다시 분류할 경우 미쉬나(Mishna), 바라이타(Baraita), 게마라(Gemara)로 나눈다. '미쉬나'는 랍비들의 법적 견해와 논의들을 모은 문헌들로, 다시 후손을 뜻하는 제라임(Zeraim), 축제를 뜻하는 모에드(Moed), 여성을 뜻하는 나쉼(Nashim), 파손을 뜻하는 네찌킨(Nezikin), 거룩을 뜻하는 코다쉼(Kodashim), 그리고 순결을 뜻하는 토호롯(Tohorot) 등 여섯 가지 범주로 분류된다. '그 외(outside)' 혹은 '외부(external)'를 뜻하는 '바라이타'는 미쉬나의 여섯 가지 범주에 속하지 않지만 유대의 구전율법을 다룬 책자들을 따로 분류하여 묶은 것이다. '완성(completion)'을 뜻하는 '게마라'는 미쉬나의 편집 작업이 완료된 다음의 2~3세기 동안 랍비들이 미쉬나에 속하는 문헌들을 분석하고 논의한 일종의 부차적인 문헌들이다. '마지막 문(The Last Gate)'을 뜻하는 《바바 바쓰라》는 《바바 카마(Baba Kamma)》, 《바바 메찌아(Baba Mezi'a)》와 함께 바벨론 포로기를 거치면서 바벨론에 정착하게 된 랍비들의 가르침을 수록한 세 시리즈의 마지막 문헌이다. 손해배상 등의 재산권 분쟁을 다룬 '네찌킨'에 속한다. 결혼관계에 따른 의무나 권리, 재산소유권, 유산상속이나 배분과 같이 삶에서 발생하는 현실적이고 세속적인 문제들에 대해서 랍비들이 일종의 민사소송 조정관처럼 역할을 수행하는데, 이 책은 그 과정에서 나눈 자유로운 의견 교환을 수록한 글이다. 〈누가복음〉이 소개하는 한 장면이 고대 랍비들에게 유대인들이 기대했던 역할의 예를 보여준다. 어느 날 한 사람이 예수에게 와서 유산을 독차지하려는 형을 타일러 자기와 분배하도록 도와달라 요청하였다. 이에 대해 예수는 "누가 나를 너희의 재판관이

나 분배인으로 세웠느냐?"고 반문하며 재산에 대한 탐욕을 버리라고 대답한다(누가복음 12:13-15). 《바바 바쓰라》는 이러한 문제들을 랍비들이 중재하여 판결하는 내용이라 보면 되겠다. 다음을 번역하여 인용하였다. Baba Bathra, edited by I. Epstein, translated by M. Simon, I. W. Slotki(London: The Soncino Press, 1935)

2 Maimonides, The Code of Maimonides : Book 4, the Book of Women, translated by I. Klein(New Haven: Yale University Press, 1972, 61). 육체적인 성교를 거행해야만 합법적인 결혼의 효과가 발효된다는 사상은 고대 유대교의 기본적인 결혼법 사상이었다. 이에 대한 최근의 연구로 다음을 보라. David Rothstein, "Sexual Union and Sexual Offences in Jubilees" in Journal for the Study of Judaism 35:4(2004), 363-384

3 《창세기 라바》 18:1 구절. 탈무드와 함께 랍비문헌의 중추적 문헌 《미드라쉬 라바》이다. '미드라쉬'의 뜻이 '성서 텍스트의 세부적인 내용들을 읽는 방법'을 의미하듯이 구약성서 문헌들에 대한 랍비들의 해석을 모아 편찬한 문헌들을 가리킨다. 현대적 개념으로 볼 때 구약성서 문헌들의 주석서라 할 수 있다. 그중 《창세기 라바》는 서기 6세기 어간에 편찬된 가장 고전적인 미드라쉬 문헌으로 〈창세기〉의 각 장과 절에 대해 남긴 고대 유대랍비들의 견해들을 모아 수록하고 있다. 텍스트는 다음을 번역했다. Midrash Rabbah : Genesis I, translated by H. Freedman and M. Simon(London: The Soncino Press, 1961).

4 《창세기 라바》 18:3

5 《창세기 라바》 18:1. "물론 그(하나님)는 그녀에게 24개의 보석들로 장식된 예복을 입혀 그에게로 데려왔다! 기록된 바 '네가 옛적에 하나님의 동산 에덴에 있어서 각종 보석 곧 홍보석과 황보석과 금강석과 황옥과 홍마노와 창옥과 청보석과 남보석과 홍옥과 황금으로 단장하였었음이여, 네가 지음을 받던 날에 너를 위하여 소고와 비파가 예비되었었도

다'⋯⋯"

6 Gary Anderson, "Celibacy or Consummation in the Garden? : Reflections on Early Jewish and Christian Interpretations of the Garden of Eden" in Harvard Theological Review 82:2(1989), 125. 앤더슨이 주목하듯이, 이와 유사한 용례로 〈창세기〉 29:34, 35, 30:20, 46:30이 있다. 이 예들 중 앞의 세 개는 성공적인 자녀 생산과 관계가 있다. 이 번역본들과 상대적으로 몇몇 번역본들은 다음과 같이 번역하고 있다. "This is now bone of my bones⋯"(American Standard Version, King James Version, New International Version). 이 번역본들은 사건의 '마침내' 성격보다는 현재 발생한 '사건' 자체에 관심을 기울이고 있다. 따라서 원문 문구의 '죠트(this time, now)'의 의미를 부각시킨다. 이 장의 논의에 유익한 정보와 흥미로운 관점들을 제공해준 게리 앤더슨의 이 논문과 읽을거리가 풍성한 그의 책《The Genesis of Perfection》(Adam and Eve in Jewish and Christian Imagination, Louisville, KY: Westminster John Knox Press, 2001)을 권한다.

7 Anderson, 126에서 인용

8 《창세기 라바》 17:4

9 《창세기 라바》 18:6

10 《창세기 라바》 19:3

11 〈희년서〉는 50장으로 된 고대 유대교의 문헌으로, 가톨릭과 개신교는 위경으로 분류하지만, 에티오피아 정교회와 에티오피아 유대교가 정경으로 인정하는 책이다. 저스틴 마터나 오리겐 등의 여러 고대 기독교 작가들 사이에서 널리 유통되고 인용되었다. 〈희년서〉는 기본적으로 유대의 대 축일인 희년이 49년에 한 번씩 돌아오는 것에 착안하여 인류의 역사가 49년을 단위로 단계적으로 진행된다는 역사관을 발전시켰다. 텍스트로 The Apocrypha and Pseudepigrapha of the Old Testament by

R.H. Charles(Oxford: Clarendon Press, 1913)에 수록된 'The Book of Jubilees'를 이용하였다.

12 〈희년서〉에 대한 최근의 연구서로 마이클 시갈(Michael Segal)이 쓴 《The Book of Jubilees: Rewritten Bible, Redaction, Ideology, and Theology》(Boston:Brill, 2007)를 권한다. 특별히 본 논의와 관련하여 1장 'The Entry into the Garden of Eden' 47-58을 보라. Todd Russell Hanneken의 박사 논문《The Book of Jubilees Among the Apocalypses》(The University of Notre Dame, 2008)도 훌륭한 입문서가 될 것이다.

13 〈레위기〉는 구약성서의 세 번째 책으로, 레위는 모세의 형인 아론의 후손들로 된 제사장 부족을 가리킨다. 〈레위기〉는 이스라엘이 출애굽을 한 후 광야 생활을 할 당시 모세에게 계시되었다는 주로 종교적 예전과 정결법에 관계된 율법을 담고 있다. 이동식 신전인 성막과 이에 관련된 예전의식을 중점으로 한 원시적 형태의 유대교의 모습을 담아내고 있지만, 현대 구약학은 이 문헌의 내용들이 모세 당시보다는 훨씬 후대의 상황을 보이고 있다 하여 이르면 기원전 7세기 후반 유다왕국의 마지막 시기나 바벨론 포로기 이후인 기원전 6~5세기에 편찬된 것으로 보고 있다.

14 에덴의 정원을 이스라엘의 역사에서 후대에 오게 되는 성소인 성막과 성전의 원형으로 보는 많은 연구물들이 출간되고 있다. 이에 대한 자세한 논의는 이 장의 관심이 아니므로 여기서는 에덴을 성전으로 보고 연구한 몇몇 논문들을 소개하는 것으로 대신하고자 한다. 가장 최근의 연구로 〈창세기〉 2~3장의 묘사들과 구약의 여러 텍스트들이 에덴을 최초의 성소로 묘사하거나 인지하고 있다는 연구를 보여주는 Lifsa Schachter, "The Garden of Eden as God's First Sanctuary," in Jewish Biblical Quarterly 41:2(2013), 73-77; 에덴의 정원을 인류를 위한 원초적 성전 혹은 성스런 공간으로 심도 있게 논하는 연구물을 포함하고 있는 Daniel T. Lioy, Axis of Glory: A Biblical and Theological Analysis of the

Temple Motif in Scripture(Peter Lang, 2010); 고고학적 관점에서 예루살렘 성전이 에덴정원의 모체임을 주장하는 논문인 Lawrence E. Stager, "Jerusalem as Eden," in Biblical Archaeology Review 26:3(2000), 36-66 등이 있다.

15 〈희년서〉에 담긴 거룩한 시간과 공간의 회복으로서의 미래에 대한 이해를 정밀하게 탐구한 연구서로 다음을 보라. James M. Scott, On Earth as in Heaven : The Restoration of Sacred Time and Sacred Space in the Book of Jubilees (Leiden and Boston: Brill, 2005)

16 〈희년서〉의 정결과 부정의 개념에 대한 탐구로 다음을 보라. Liora Ravid, "Purity and Impurity in the Book of Jubilees," in Journal for the Study of the Pseudepigrapha 13:1(2002), 61-86

17 Richard Huntington and Peter Metcalf, Celebrations of Death : The Anthropology of Mortuary Ritual(New York: Cambridge University Press, 1979), 64-65. Anderson, 131-132. 대부분의 종교가 경건과 거룩의 경지를 추구하며, 종종 성적욕구를 제어하는 금욕 수행과 연결짓는 것과는 달리, 랍비 유대교는 왕성한 생육 활동의 상태를 거룩하다고 보았으며 또한 인간의 숭고한 의무로 여겼다. 나아가 독신으로 사는 것이나 성교를 금하는 것은 인간에게 수여된 신의 형상을 손상시키는 무거운 죄를 범하는 것이라 간주하였다(Carl Olson, Celibacy and Religious Traditions, New York: Oxford University Press, 2007, 42).

18 The Epic of Gilgamesh : Old Babylonian version in Myths from Mesopotamia, translated by Stephanie Dalley(New York: Oxford University Press, 2008), 150. 아카디안어의 관용어인 'ulsam epesu'는 문자적으로 '즐거운 일을 하다(to do a joy)'이지만 관용어로 '사랑(성)을 나누다(to make love)'는 뜻으로 사용된다. Ulsam과 동일한 어근을 사용한 사마리아 탈굼(Samaritan Targum)은 〈창세기〉 2:24절 '그는 아내와

합하여 한 몸을 이루라'를 '그는 자신의 아내와 기뻐하라'고 번역하였다 (Anderson, 133).

19 〈신명기〉는 영어로 Deuteronomy, 즉 '두 번째 법(Second Laws)'을 뜻하지만, 히브리어로는 '말씀(Words)'을 의미하는 드바림(D'varim)으로 불린다. 모세가 지었다는 다섯 권의 토라(율법책) 가운데 마지막 책으로 출애굽한 이스라엘 백성을 이끌고 가나안을 향해 가던 모세가 모압 광야에서 신의 계시를 받아 일련의 연설을 기록한 것이다. 모세는 야훼에게 받은 율법을 선포하고 야훼와 이스라엘의 언약을 갱신하여 이스라엘이 가나안으로 들어가기 전 새로운 율법을 수여한다. 그러나 그 자신은 가나안에 들어가지 못한 채 멀리 가나안 땅을 바라보며 죽음을 맞이하고, 그를 대신할 리더로 여호수아가 선정된다. 전통적으로 모세의 작품이라 여기지만 현대 구약학은 앞선 네 권의 책과 마찬가지로 유다왕국 말기나 바벨론 포로기 이후에 일단의 편찬자들이 전승된 자료들을 모아 편집하여 최종본을 구성하였다고 본다.

20 랍비문헌들 중 아람어로 쓴 구약 해설서들을 탈굼(Targum)이라 부른다. 일반대중들이 사용하는 언어가 아람어로 바뀌고 히브리어를 이해할 수 있는 사람의 수가 줄어들면서 랍비들은 대중의 언어로 토라를 설명해야 하는 문제에 직면하게 된다. 탈굼은 이때 생산된 책들이라 할 수 있다. 논란의 여지가 여전히 있지만 예수의 언어 역시 1세기 유대의 공용어였던 아람어라는 것이 중론이며, '달리다 굼(소녀야 일어나라, 마가복음 5:41)' '에바다(열려라, 마가복음 7:34)' '아바(아버지, 마가복음 14:36),' '엘리 엘리 라마사박다니(나의 하나님 나의 하나님 어찌하여 나를 버리시나이까?, 마태복음 27:46)' 같은 아람어 문구들이 복음서에 나오게 된 이유이다. 탈굼은 이스라엘 영토나 팔레스타인 지역에서 랍비들이 쓴 것과 바벨론의 랍비들이 쓴 것으로 분류된다. 《위-요나단》은 이스라엘의 영토에서 쓰인 탈굼으로, 중세까지 알려진 원래의 이름은 《예루살렘 탈

굼(Targum Yerushalmi)》이었다. 힐렐의 제자였던 랍비 요나단 벤 우찌엘(Jonathan ben Uzziel)이 이 탈굼의 저자라 생각한 중세의 한 인쇄업자의 실수로 현재까지 이 이름으로 불린다. 대략적으로 8세기에서 10세기 경에 현재의 판본이 제작되었을 것이라 추정되지만, 많은 랍비문헌들이 그렇듯이 《위-요나단》은 보다 고전적 자료인 탈무드나 《미드라쉬 라바》의 내용들을 다수 수록하고 있다.

21 Gilah Langner, "Seven Wedding Blessings" in Kerem : Creative Explorations in Judaism Vol 1(1992/93).

22 Anderson, 136.

23 '에덴'의 어원에 대한 언어학적 연구로 다음을 보라. A.R. Millard, "The Etymology of Eden" in Vetus Testamentum 34:1(1984), 103-106. 관련된 문헌에 등장하는 신 하다드(Hadad)는 생명을 수여하는 물(life-giving water)의 신이다. 하늘과 땅의 물을 통제하며, 풍성한 비를 내려 모든 땅에 녹지와 습지들을 공급하고 생산과 생식이 풍성하게 발생하도록 하는 신으로 묘사되어 있다.

24 〈레위기〉 26:9, 21-22, 〈신명기〉 28:4, 18을 보라.

25 이에 대한 예로 앤더슨은 Genesis Apocryphon이 묘사하고 있는 노아의 탄생과 관련하여 이야기한다(Anderson, 137-8). 라멕이 노아의 범상치 않은 용모를 보고 아내 비테노쉬의 외도를 의심하자 그녀는 노아가 자신과 라멕과의 성교의 결과임을 말하는 과정에서 "내 기쁨······ 내 몸이 헐떡거렸던 것을 기억하라"고 답한다. 여기에 사용된 단어 '내 기쁨(my pleasure)'에 해당하는 아람어 단어는 'dynty'로 그 어근은 '-d-n'이라 볼 수 있다.

26 Anderson, 138-139.

27 Anderson, 139.

2장 예수는 왜 그녀를 사랑하지 않았을까?

1 속칭 〈예수 아내의 복음서(The Gospel of Jesus' Wife)〉에는 이 파피루스
   에 "예수가 그들에게 말하기를 내 아내……"라는 예수가 자신의 아내를
   가리키는 문구가 있다고 하였다. 2012년 이 문헌의 존재를 처음으로 공
   개한 하버드대 교수 카렌 킹(Karen King)이 편의상 이 문헌을 지칭하는
   말로 사용하면서 논란이 되었다. 학자들의 연구에 따르면 이 문헌은 서
   기 2세기에서 4세기경에 작성되었을 것으로 보인다. 킹 교수는 이 문헌
   의 존재가 역사적 예수가 결혼했다는 주장의 근거가 되지는 않는다고 분
   명히 밝혔다. 그러나 이 문헌은 초기 기독교 교회에서 독신이나 처녀로
   사는 것이 결혼하여 아이를 낳는 것보다 더 나은 삶의 방식인지에 대한
   논란이 있었음을 보여주는 증거다. 이에 대한 자세한 논의는 웹사이트를
   참고하라(http://gospelofjesusswife.hds.harvard.edu/testing-indicates-
   gospel-jesuss-wife-papyrus-fragment-be-ancient).

2 예수의 정인이 막달라 마리아라는 설은 고대 기독교 외경들에 등장하는
   막달라 마리아가 예수와 매우 밀접하고도 특별한 관계로 묘사되는 것에
   서 유래했다. 특히 3세기 문헌인 《빌립복음서》가 막달라 마리아가 지닌
   우월성을 묘사하는 과정에서 기록한 다음의 구절들이 예수의 결혼을 주
   장하는 글에 중요한 근거로 제시된다. "구세주의 동반자는 막달라 마리
   아다. 그리스도는 모든 제자들보다 그녀를 더 사랑했고 그녀의 입에 종
   종 입을 맞추었다. 나머지 제자들은 이를 불쾌하게 여겼고 이를 인정하
   려 하지 않았다"(The Gospel of Philips, 63). 예수가 결혼했을 것이라 주
   장하는 대표적인 연구로 William E. Phipps(NewYork : Harper&Row,
   1970)를 보라.

3 Elaine Pagels, "Adam, Eve, and the Serpent"(New York: Vintage Books,
   1988), 14

4 앞장에서 논의한 것처럼 유대 랍비적 관점에서 볼 때, 결혼은 자녀생산

을 목적으로 한다. 오랫동안 유대인들은 아브라함을 축복의 상징으로 여기는 것에도 나타나듯이 씨의 번창을 위해 유리한 제도이기 때문에 일부다처제를 유지했다. 이런 관점에서 보다 자유로운 이혼은 씨의 번창에 유익할 수 있다. 유대의 법은 결혼한 지 10년이 지나도록 무자한 남자에게 이혼하여 다른 여성과 결혼하거나, 불임을 겪는 현재의 아내를 유지하되 둘째 아내를 들여 자녀를 생산하라고 요구한다. 유대의 율법은 자녀 생산으로 이어지지 않는 모든 남녀의 성적활동(동성애, 수간, 피임을 위한 설정, 낙태, 매춘 등)을 혐오스런 일로 정죄한다. 심지어 불결법(impurity law)에 따라 성교를 금해야 되는 경우에도 임신이 될 확률이 가장 높은 날은 예외로 한다(Pagels, 10-12). 종족(나중에는 국가)의 안녕과 생존을 위해 이러한 제도의 법제화는 대단히 중요한 사안이었다.

5 Pagels, 14. 브란트 피트래(Brant Pitre)는 구약의 신과 이스라엘 백성과의 관계를 신랑과 신부의 관계로 묘사하며 이를 신의 사랑 이야기라 평한다. 그에 따르면 신약성서의 저자들 역시 이러한 구약의 개념을 이어받아 예수를 신랑으로, 교회를 신부로 이해하는 메타포를 발전시켰다(Jesus the Bridegroom : Greatest Love Story Ever Told, New York: IMAGE, 2014), 161.

6 바울이 성과 결혼, 이혼, 그리고 독신들에 대한 예수의 가르침을 그대로 따르고 있는지에 대한 훌륭한 비교 논의로 데이비드 웬햄의 《바울 : 예수의 추종자인가 기독교의 창시자인가?》(박문재 역, 크리스챤 다이제스트) 339~350을 보라.

7 결혼예식을 미래에 대한 메타포로 사용한 것은 비단 바울만이 아니다. 사실 복음서들과 예수는 결혼예식의 비유 등을 통해 도래하고 있는 하나님 나라의 잔치에 대해서 여러 차례 가르쳤다. 이에 대한 최근의 연구로 《Jesus the Bridegroom》(Ritre)을 보라.

8 Pagels, 18

9   Acts of Paul and Thecla, 6. Pagels, 18에서 인용

10   Pagels, 19에서 인용

11   Pagels, 20

12   Pagels, 21

13   아프라하트의 《논증집》에 대한 연구서로 《Aphrahat's Demonstrations, A Conversation with the Jews of Mesopotamia》(Lovanii, In Aedibus Peeters, 2012)를 보라. 초기 시리아 기독교에 대한 탐구는 이 지역이 서구 기독교의 문화적, 정치적 영향권에서 벗어나 있었기에 원시 기독교의 전통을 보다 순수하게 유지할 수 있었다는 점에서 연구의 가치가 있다.

14   Aphrahat, Demonstrations 7:18, Anderson, 141에서 인용

15   아프라하트는 독신을 기독교인의 가장 숭고한 상태라 보고 있다. 그럼에도 세례의 조건으로 독신이 요구되었는지에 대해서는 논란의 여지가 있다(Anderson, 142).

16   Edward Johnson, "First Harmony of the Gospels : Titian's Diatessaron and it's Theology" in The Journal of The Evangelical Theology Society 14:4(1971), 233

17   Johnson, 233

18   Johnson, 234

19   Clement of Alexandria, Stromata 3.91

20   Clement, Stromata 3.101

21   Clement, Stromata 3.92

3장   임신한 아내는 여자가 아니다?

1   웨인 믹스(W. Meeks)의 표현이다("Paul : the Domesticated Apostle," in The Writings of Saint Paul, New York, 1972).

2   예를 들어 《아담과 이브의 생애》는 창세기 3장 6절을 확장하면서 뱀

으로 둔갑한 사탄/타락한 천사가 금단의 열매에 사악의 독(poison of wickedness)을 넣었다고 말하며 이 독을 곧 욕망(에피튜미아, desire)이라 지칭한다(그리스어 버전, 19:3). 그리고 이 욕망이 모든 죄의 시작이 되었다고 설명한다. 성적인 정욕을 내포하고 있는 욕망으로 죄의 기원을 이야기하는 이러한 발전은 이브와 타락한 천사/사탄/뱀 간에 성적인 관계가 있었다는 것을 암시한다. 이에 대한 자세한 논의는 4장에서 다시 하게 될 것이다.

3 〈디도서〉의 저자 역시 동일한 문제를 다루면서 바울의 입을 통해 권면한다. "내가 너를 그레데에 남겨둔 이유는 남은 일을 정리하고 내가 명한 대로 각 성에 장로들을 세우게 하려 함이니 책망할 것이 없고 한 아내의 남편이며 방탕하다는 비난을 받거나 불순종하는 일이 없는 믿는 자녀를 둔 자라야 할지라"(1:5-6). 저자는 디도에게 "남편과 자녀를 사랑하며 신중하며 순전하며 집안일을 하며 선하며 남편에게 복종"하도록 젊은 여자들을 가르치라고 권한다(2:5).

4 새로운 시대의 도래를 상징하는 개념으로 해산을 바라본 묵시사상에 대한 연구로, Kindalee Pfremmer De Long, "'Ask a Woman' : Childbearing and Ezra's Transformation in 4 Ezra" in Journal for the Study of the Pseudepigrapha 22:2(2012), 114-145.

5 '해산하여 구원을 이루라'는 구절에서 낳아야 할 자녀는 정숙, 믿음, 사랑 등과 같은 기독교인의 덕목들을 가리키는 '알레고리'로 해석해야 한다는 주장이 있다. Kenneth Walters, "Saved Through Childbearing : Virtues as Children in Timothy 2:11-15" in JBL 123:4(2004), 703-735. 여성신학적 관점에서 이 구절의 해석 역사를 살펴보고 여성을 억압하는 이 단락의 해석 방향을 제시한 논문으로 다음을 보라. Bridget Gilfillan Upton, "Can Stepmothers be Saved? Another Look at 1 Timothy 2,8-15," in Feminist Theology 15:2 (2007), 175-185

6 Pagels, 26.

7 Clement, Stromata 3.49.

8 Clement, Stromata 3.50-51. 아뫼베우스(Amoebeus)라는 선수는 신혼이었음에도 신부를 멀리했다. 또한 키레네의 아리스토틀(Aristotle of Cyrene)이라는 선수는 라이스(Lais)라는 여자의 사랑을 기상천외한 방법으로 거부했다. 아리스토틀은 자신이 경기에서 이길 수 있도록 그녀가 어떻게든 도움을 준다면 결혼하겠다고 맹세하였다. 그녀는 그가 승리하도록 도움을 주었다. 그런데 경기가 끝나고 그는 그녀를 집에 들여 부부관계를 맺는 대신 그녀의 성기 모양을 가장 가깝게 그린 그림을 자신의 집에 들이고는 맹세한 바를 지켰다고 주장하였다. 클레멘트는 이러한 사례들을 언급하면서 결혼을 삼가는 것은 어떤 유익도 주지 않는다고 말했다.

9 Clement, Stromata 3.51.

10 클레멘트는 빌립이 결혼하여 딸들을 낳았다고 말한다(Stromata 3.52).

11 Clement, Stromata 3.53. 클레멘트는 바울이 아내가 있음에도 동반하지 않은 이유는 선교 활동에 불편을 초래할 것을 우려했기 때문이라 하였다.

12 Clement, Stromata 3.100.

13 Clement, Stromata 3.102.

14 Clement, Stromata 3.103.

15 Clement, Stromata 3.103.

16 Clement, Paidagogos 2.83.

17 Clement, Paidagogos 2.95.

18 Clement, Paidagogos 2.84.

19 Clement, Paidagogos 2.84.

20 Clement, Stromata 3.57-58.

21 Clement, Stromata 6.100.

2부

4장   가인, 이브와 뱀의 하이브리드

1   Pirke de Rabbi Eliezer, trans. G. Friedlander(London: Kegan Paul, Trench, Trubner, 1916), 150-151

2   John Milton, Paradise Lost, An illustrated edition with an introduction by Philip Pullman(Oxford: Oxford University Press, 2005), 10

3   Vita Daphna Arbel, Forming Femininity in Antiquity : Eve, Gender, and Ideologies in the Greek Life of Adam and Eve(New York: Oxford University Press, 2012), 18. 위의 그림들을 포함한 윌리엄 블레이크의 삽화들을 연구한 책은 Geoffrey Keynes, Drawings of William Blake : 92 Pencil Studies(New York: Dover, 1970). 특별히 이브의 유혹과 죄라는 주제와 관련된 블레이크의 작품에 대한 연구는 Bette Charlene Werner, Blake's Vision of the Poetry of Milton : Illustrations to Six Poems(Lewisburg, PA: Bucknell University Press, 1986), 86-90

4   미국 10대들의 성적활동에 종교가 미치는 영향에 대한 사회과학적 탐구로, 텍사스대학교 마크 레그너러스(Mark D. Regnerus)가 쓴 책(New York: Oxford University Press, 2007).

5   〈시락서〉는 기원전 180~170년경에 유대교의 현자이며 서기관이었던 벤 시라(Ben Sira)가 쓴 것으로, 구약성서의 〈잠언〉과 유사한 지혜 문학에 속하는 책이다. 〈벤 시라의 지혜서(Wisdom of Ben Sira)〉라 불리기도 하며, 라틴어로 번역되어 〈집회서(Ecclesiasticus)〉라는 이름으로 가톨릭교회의 외경에 포함되었다.

6   Jack Levison, "Is Eve to Blame? A Contextual Analysis of Sirach 25:24," in Catholic Biblical Quarterly 47:4 (1985), 617-623

7   Levison, 618.

8   히브리어 원어로 이 구절을 읽으면 내용이 보다 분명해진다. 여기에 '죽

는다'라고 번역된 원래의 히브리 단어는 '죽는다(die)'는 동사가 아니라 '버려진다(waste away)'는 동사이다. 이에 근거하여 테레사 엘리스는 "아내로부터 부당성(iniquity)이 시작된다 - 그리고 그녀 때문에 우리 모두(남편들)가 버려진다"고 번역하면서, 이 구절이 결코 이브를 가리킬 수는 없다고 주장한다(Teresa Ann Ellis, "Is Eve the 'Woman' in Sirach 25:24," in Catholic Biblical Quarterly 73:4, 2011, 723-742). 켈리의 연구도 동일한 견해를 피력하고 있다(Henry A. Kelly, "Adam Citings before the Intrusion of Satan : Recontextualizing Paul's Theology of Sin and Death," in Biblical Theology Bulletin 44:1, 2014, 17).

9   St. Augustine, Against Julian, translated by M.A. Schumacher(Washington, DC: Catholic University of America Press, 1974), 389

10 〈에스라4서〉와 〈바룩2서〉는 이스라엘 역사에서 가장 충격적인 사건 중 하나였던 로마에 의한 예루살렘 성전의 파괴(서기 70년)에 대한 반응으로 기록된 묵시문학이다. 두 문헌 모두 기원전 6세기에 있었던 바벨론에 의한 예루살렘 파괴를 시대적 배경으로 다루면서 예언자적 대화와 선포, 기도문과 상징적인 꿈(환상) 등의 장르를 통해 역사를 조명하고 있다. 〈바룩2서〉와 〈에스라4서〉의 역사적, 문헌적 관련성에 대한 연구로 다음을 보라. Matthias Henze, "4 Ezra and 2 Baruch : Literary Composition and Oral Performance in First-Century Apocalyptic Literature," in Journal of Biblical Literature 131:1(2012), 181-200

11 〈에녹1서〉는 기원전 3세기에서 기원전 1세기 사이에 작성되었을 5권의 독립된 문헌들을 모아 아담의 7대손인 에녹에게 저작권을 귀속시킨 유대 위경이다. 신약성서의 〈유다서〉(1:14~15)가 이 책을 인용하고 있으며, 〈베드로전서〉(3:19~20)와 〈베드로후서〉(2:4~5)에서도 이 책의 내용이 발견된다. 초기 교부들 중 알렉산드리아의 클레멘트, 이레니우스(Irenaeus), 그리고 터툴리안(Tertullian) 등이 이를 성서로 인정하였으

며, 신약의 외경인 〈바나바 서신서(the Epistle of Barnabas)〉(16:4) 또한 이를 성서로 인정하였다.

유대교의 위경인 〈에녹1서〉가 고대 유대교와 초기 기독교에 어떻게 수용되었는지를 보여주는 탁월한 연구서로 다음을 보라. Annette Yoshiko Reed, Fallen Angels and the History of Judaism and Christianity : The Reception of Enochic Literature(New York: Cambridge University Press, 2005). 특별히 제4장 "The Parting of the Ways? Enoch and the Fallen Angels in Rabbinic Judaism and Early Christianity"와 제6장 "The Interpretation of Jewish and Christian Traditions : The Exegesis of Genesis and the Marginalization of Enochic Literature"를 보라. 타락한 천사들에 대한 신화가 고대 유대교와 기독교의 형성 과정에 영향을 미쳤는지를 다방면에서 연구한 최근의 논문집으로 다음을 보라. The Watchers in Jewish and Christian Traditions, edited by Angela Kim Harkins, Kelley Coblentz Bautch, and John C. Endres(Minneapolis, Minn: Fortress Press, 2014). 또한 〈에녹1서〉가 기독교로 전승되어 이용된 과정을 추적한 논문으로 Michael A. Knibb, "Christian Adoption and Transmission of Jewish Pseudepigrapha : The Case of I Enoch," in Journal for the Study of Judaism 32:4(2001), 396-415

12 타락한 천사들에 대한 세 가지 묘사에 대한 상세한 비교분석과 논의는 다음을 참고하라. Reed, "Angelic Descent and Apocalyptic Epistemology : The Teachings of Enoch and the Fallen Angels in the Book of the Watchers," in Fallen Angels and the History of Judaism and Christianity. 〈에녹1서〉 6~11장에서의 셰미하자와 아자젤의 역할에 대한 논의는 다음을 보라. Corrie Molenberg, "A Study of the Roles of Shemhazai and Azazel in I Enoch 6-11," in Journal of Jewish Studies 35:2(1984), 136-146

13 Arbel, 21.

14 〈희년서〉는 〈창세기〉 6:1~4를 각색해 들려주면서 〈파수꾼의 책〉의 타락한 천사들 이야기와는 전혀 다른 방향으로 나아간다. 〈희년서〉의 저자는 최초의 죄는 아담과 이브에게서 유래된다고 본다. 따라서 파수꾼들(천사들)을 처음부터 부정적으로 묘사하지 않는다. 파수꾼들이 지상으로 내려온 것은 천상의 신에 대한 반역 때문이 아니다. 〈희년서〉의 저자는 이들이 천상의 신의 명을 받아 지상의 인간에게 의를 가르치기 위해서 하강한 것으로 기록한다(4:15). 이들이 인간의 딸들에게 정욕을 갖게 된 것은 나중의 일이다(4:22). 〈희년서〉는 죄의 기원을 천사들이 아니라 아담과 이브에게서 찾음으로써 악의 문제를 인간의 책임을 강조하는 윤리 전통에서 다루고 있다. 파수꾼들을 묘사한 방식에 대한 상세한 논의로 Reed(86~95)를 참고하라. 죄의 기원을 아담과 이브에게서 찾는 전통에 속하는 〈바룩2서〉도 천사들에 대한 묘사에 있어 매우 긍정적이다. 〈바룩2서〉의 저자는 천사들이 타락하고 인간에게 죄의 길을 가도록 한 것이 아니라 인간이 먼저 타락하여 천사들까지 죄의 길을 가게 하였다고 말한다(56:9~16). Reed, 110-113

15 Reed, 113-116

16 《아담과 이브의 생애》가 기독교 작가에 의해 기록된 것인지 아니면 고대 유대교의 손에서 나온 것인지에 대한 논의가 여전히 진행되는 가운데, 그 기록연대도 기원전 1세기부터 기원후 5세기에 이르기까지 다양한 견해들이 피력되었다. 내용적으로 볼 때 바울의 묵시적 사상과 연관성이 있으며, 라틴어를 비롯한 여러 가지 언어로 번역되어 읽혔다. 중세 서양에 널리 유포되어 천사론과 악마론 등 기독교의 우주관 형성에 지대한 영향을 끼쳤다. 그리스어로 기록된 《아담과 이브의 생애》는 라틴어, 아르메니아어, 조지아어, 슬라브어 버전으로도 존재하지만 그리스어 버전이 원전이며, 다른 버전들은 이에 내용들을 추가하거나 빼면서 작성되었다. 그리스어 《아담과 이브의 생애》로만 한정할 경우에도 추가, 축소 등의

편집 과정을 통해 생산된 여러 가지 문헌이 존재한다.《아담과 이브의 생애》의 각 언어 버전들의 관계에 대한 연구로 다음을 보라. de Jonge and J. Tromp, The Life of Adam and Eve and Related Literature(Sheffield, 1997). 특히 그리스어 버전들의 발달 과정에 대한 연구서로는 다음을 참고하라. J. Tromp, The Life of Adam and Eve in Greek : A Critical Edition(Pseudepigrapha Veteris Testamenti graece 6, Leiden: 2005). 이 문헌의 초기 연구가 중 하나인 웰즈(L.S.A. Wells)는 가정하길, 바울과 〈에녹2서〉의 저자는 《아담과 이브의 생애》의 저자와 동시대인이며 동일한 환경에서 작업했을 것이라 했다("The Books of Adam and Eve" in The Apocrypha and Pseudepigrapha of the Old Testament in English, Volume 2, edited by R.H. Charles, Oxford: Clarendon, 1913, p.130). 최근 연구로서 이 문헌이 초기 기독교인의 작품이라 주장하는 다음의 논문이 있다. Rivka Nir, "The Aromatic Fragrances of Paradise in The Greek Life of Adam and Eve and The Christian Origin of The Composition" in Novum Testamentum 46:1(2004), 20-45. 이 책의 라틴어 버전은 중세 서양 기독교 세계에 광범위하게 유포되었으며, 각 국가의 언어로 번역되어 읽혔으며 종교개혁 이후 많은 시간이 흐르기까지 서양 기독교의 묵시적 세계관 형성에 지대한 영향을 주었다. 이에 대한 도서는 다음과 같다. Brian Murdoch, The Apocryphal Adam and Eve in Medieval Europe : Vernacular Translations and Adaptations of the Vita Adae et Evae(New York: Oxford University Press, 2009). 한편 종종 묵시문학 목록에서 《모세의 묵시록》으로 표기되는 문헌은 그리스어 《아담과 이브의 생애》와 동일한 책이다.

17 이에 대한 비타 아르벨(Vita Arbel)의 연구는 가장 탁월한 안내서이다. 아르벨의 책, 특히 1장 'Eve and the Fallen Angels : Traditions of the First Sin'을 참고하라. 리드(Reed)의 책 《Fallen Angels and the History

of Judaism and Christianity》 제3장 'Primeval History and the Problem of Evil : Genesis, the Book of the Watchers, and the Fallen Angels in Pre-Rabbinic Judaism'을 보라.

18 Arbel, 25.

19 Dale Basil Martin, "When Did Angels Become Demons?" in Journal of Biblical Literature 129:4(2010), 657-677. 이 저서는 유대교와 기독교 전통에서 언제부터 타락한 천사를 악마와 동일시하는 개념이 등장하게 되었는지 상세하게 논의하는 탁월한 연구다. 신구약성서와 여러 가지 외경과 위경에 등장하는 사탄에 대한 학문적 연구들을 개괄적으로 소개하는 논문으로 다음을 보라. Derek R. Brown, "The Devil in the Details : A Survey of Research on Satan in Biblical Studies" in Currents in Biblical Research 9:2(2011), 200-227.《아담과 이브의 생애》가 전하는 사탄의 타락에 관한 연구로 다음을 참고하라. Michael Stone, "The Fall of Satan and Adam's Penance : Three Notes on the Books of Adam and Eve," in Literature on Adam and Eve : Collected Essays, edited by G. Anderson, M. Stone, and J. Tromp(Boston: Brill, 2000), 3-42; "The Exaltation of Adam and the Fall of Satan, in Literature on Adam and Eve, 83-110; Antonio s. Pinero, "Angels and Demons in the Greek Life of Adam and Eve,"in Journal for the Study of Judaism 24:2(1993), 191-214. 〈창세기〉에덴 이야기의 저자가 참고했을 텍스트인 〈에스겔〉 28장과 사탄의 타락이라는 입장에서 아담과 이브의 생애와 연결하여 연구한 논문은 Gary A. Anderson, "Ezekiel 28, The Fall of Satan, and the Adam Books" in Literature on Adam and Eve, 133-148. 유대교의 천사와 사탄들의 세계를 메소포타미아 신화의 세계와의 영향 관계에서 논한 흥미로운 연구로 Amar Annus, "On the Origin of Watchers : A Comparative Study of the Antediluvian Wisdom in Mesopotamian and Jewish Traditions" in

Journal for the Study of the Pseudepigrapha 19:4(2010), 277~320

20 그리스어 버전에서는 악마가 "천사의 형상"으로 티그리스 강에서 참회
    수행을 하는 이브에게 다가와 "우리 천사들이 너를 위해서 신께 간청을
    올렸다"고 말하며 이브를 속인다(29:12~13).

21 그리스어 《아담과 이브의 생애》, 29:12~13.

22 Arbel, 27.

23 Arbel, 28.

24 그리스어 《아담과 이브의 생애》(14:2), 라틴어 《아담과 이브의 생애》
    (44:2). 제2바울서신들에도 죄를 이브에게만 전가하려는 경향이 나타났
    다(디모데전서 2:11~14).

25 Arbel, 30.

26 "Tractate Sotah, Folio 9," in Soncino Babylonian Talmud. 바벨론 탈무
    드의 각종 문헌들을 http://www.come-and-hear.com에서 얻을 수 있다.

27 Pirke de Rabbi Eliezer, 150

28 The Targum of Jonathan Ben Uzziel On the Pentateuch With The
    Fragments of the Jerusalem Targum, IV, Translated by J. W. Etheridge
    (1862). http://www.utom.org/library/books/Targum.pdf에서 인용

29 Targum Pseudo-Jonathan : Genesis, translated with Introduction and
    Notes by Michael Maher, M.S.C.(Collegeville, Min: The Liturgical
    Press, 1987), 31

30 Anderson, The Genesis of Perfection, 91

31 Tromp, "Cain and Abel in the Greek and Armenian/Georgian
    Recensions of the Life of Adam and Eve" in Literature on Adam and
    Eve, 280

32 Tromp, "Cain and Abel," 290

33 Michael D. Eldridge, Dying Adam with his Multiethnic Family :

Understanding the Greek Life of Adam and Eve(Leiden, Netherlands: Brill, 2001), 122

34 Arbel, 32

35 《아담과 이브의 생애》가 가인을 잔인한 거인으로 묘사하게 된 배경을 탐구한 논문으로 다음을 보라. Silvia N. Bunta, "Cain the Giant : Watchers Traditions in the Life of Adam and Eve" in The Watchers in Jewish and Christian Traditions, 181-198

36 Arbel, 33

37 〈Questions of Bartholomew〉 4:59. 이 문헌의 저작연대는 알려지지 않았으나 교부 제롬(Saint Jerome, 347~420)의 글에 언급되어 있는 것으로 보아 2~3세기경에 그리스어로 저술된 기독교 위경이라 할 수 있다. 여러 형태로 확장된 라틴어 번역본과 슬라브어 버전이 현존한다 (The Apocryphal New Testament, translated by M. R. James, Oxford: Clarendon Press, 1924).

38 The Gospel of Philip in The Gnostic Gospel of Jesus : the Definitive Collection of Mystical Gospels and Secret Books About Jesus of Nazareth, Edited and Translated by Marvin Meyer(New York: HarperOne, 2005), 60

39 The Secret Book of John in The Gnostic Gospels of Jesus, 179

40 Tertullian, De Cultu Feminarum, The Fathers of the Church Series, vol. 40, trans. E. A. Quain(Washington, DC: Catholic University of America Press, 1959), Book I. Chapter. 1

41 Tertullian, On Patience, translated by S. Thelwall, Chapter 15. 터툴리안의 주요 저작물들은 http://www.earlychristianwritings.com/text/tertullian에서 읽을 수 있다.

42 이에 대해서 천사가 언제 악마가 되었는가를 문헌적으로 연구한 논

문으론 다음이 있다. Dale Basil Martin, "When Did Angels Become Demons"

43 〈요한1서〉 외에 〈베드로전서〉 〈베드로후서〉 〈유다서〉 등의 신약성서 보
편서신들에서 발견되는 타락한 천사들에 대한 흔적을 탐구한 흥미로운
논문은 Eric F. Mason, "Watchers Traditions in the Catholic Epistles" in
The Watchers in Jewish and Christian Traditions, 69-80

44 New International Version과 New Living Translation은 이 문구를 의
역하여 "belonged to the evil one"으로 번역하였다. English Standard
Version과 New American Standard Bible은 "of the evil one"으로,
King James Bible은 "of the wicked one"으로 번역하였다. International
Standard Version은 "from the evil one"으로 번역하고 있다.

45 〈요한복음〉과는 대조적으로 〈마가복음〉은 타락한 천사들의 특성을 가
진 자들로 베드로 및 예수의 제자들을 묘사하고 있다. 이에 대해 참고할
연구논문으로 다음을 보라. Rick Strelan, "The Fallen Watchers and the
Disciples in Mark," in The Journal for the Study of the Pseudepigrapha
20(1999), 73-92

46 바울은 〈창세기〉의 뱀을 사탄과 동일하게 생각했을 가능성이 크다. 그
는 〈로마서〉에서 사탄이 로마 교인들의 발에 밟히는 때가 속히 오기
를 기원하고 있다(16:20). 이는 〈창세기〉에서 이브의 자손들의 발에 머
리가 밟히게 될 것이라는 뱀이 받은 신의 처벌을 연상시킨다(3:15). 한
편 《아담과 이브의 생애》와 바울의 서신들 사이에 직접적인 문헌적 관
련성을 찾기는 어렵다. 그러나 동일한 문화적, 종교적 유산과 전통
을 물려받아 활동했기에 이 둘 사이에는 적지 않은 공통점이 발견된
다. 이 문헌과 바울의 사상 사이의 관계에 대한 연구로 다음의 논문들
을 보라. John R. Levison, "Adam and Eve in Romans 1.18-25 and the
Greek Life of Adam and Eve" in New Testament Studies 50:4(2004),

519-534; Johannes Tromp, "The Story of Our Lives : The qz-Text of the Life of Adam and Eve, the Apostle Paul, and the Jewish-Christian Oral Tradition concerning Adam and Eve," in New Testament Studies 50:4(2004), 205-223

47 바울의 서신들에서 〈파수꾼의 책〉의 흔적을 추적한 논문으로 Scott M. Lewis, S.J., "'Because of the Angels' : Paul and the Enochic Traditions," in The Watchers in Jewish and Christian Traditions, 81-90

5장 아담은 검정 소인가, 하얀 소인가?

1 〈꿈 비전의 책〉은 세계의 역사를 천사들의 타락에서 시작하여 메시아적 왕국의 설립까지로 제시하고 있다. 학자들은 본 문헌이 바라본 메시아적 왕국이 로마에 대항해서 행해진 마카비안 혁명(The Maccabean Revolt, 167~160BC)이 성공한 후 성전이 정화되고, 전통적인 성전제의가 회복되었던 20여 년간을 가리킨다고 본다. 따라서 〈꿈 비전의 책〉은 마카비안 시대(163~142BC)에 기록되었을 것으로 보이며, 당대의 종교적 이상과 역사관으로 바라본 이스라엘의 태고사라 할 수 있다. 참고로 '마카비'는 히브리어로 '망치'를 뜻하는 단어로, 유다 마카비(Judah Maccabee)를 따라서 혁명에 가담한 유대 전사들을 마카비안 인이라 부른다. 유대인들이 지금도 기념하는 축제 하누카(Hanukah)는 마카비안들이 성전을 다시 헌당하고 이스라엘의 종교를 회복한 것을 기념하는 메시아적 잔치이다.

2 대표적으로 예수의 형제 야고보가 주도한 '예수 운동(Jesus Movement)'이 바울이 주도한 '그리스도 운동(Christ Movement)'에 의해 주도권을 잃게 되었다. 이렇게 기독교가 역사적 예수의 가르침에서 바울이 제시한 그리스도의 죽음과 부활 교리 중심으로 발전하게 된 과정을 탐구한 Barrie Wilson의 《How Jesus Became Christian(Random House Canada,

2008)》을 보라. 예수 운동과 바울의 그리스도 운동의 차이를 부각하는 입장에 대해서 체계적인 반론을 제기한 탁월한 연구서로 데이비드 웬햄 의《바울 : 예수의 추종자인가 기독교의 창시자인가?》를 보라.

3   아담을 역사적 인물로 보는 문제의 교리적 측면에서의 중요성을 균형 있게 논의한 최근의 책으로 Four Views on the Historical Adam, edited by A. B. Caneday(Grand Rapids : Zondervan, 2013). 그리고 Denis O. Lamoureux의 에세이인《"Was Adam a Real Person?"》(Christian Higher Education 10, 2011)은 바울이 인류의 기원에 대한 고대의 과학적 견해에 근거하여 아담을 역사적 인물로 보았다는 견해와 함께 아담 없는 복음주의 신학의 가능성을 제안하고 있다. 탁월한 복음주의 신학자 J. P. Versteeg가 1977년에 출간한 책인《Adam in the New Testament》를 최근에 Richard Gaffin Jr.가 새로운 서론을 쓰고 영어로 개정판을 냈다. 이를 번역한《아담의 창조》(개혁주의 신학사, 2013)는 아담의 역사성을 강변하는 좋은 연구서다.

4   〈창세기〉의 창조 이야기에 대한 벤 시라 나름의 재구성, 특히 지식과 관련한 그의 이해에 대한 연구로 다음을 보라. Shane Berg, "Ben Sira, the Genesis Creation Accounts and the Knowledge of God's Will," in Journal of Biblical Literature 132:1(2013), 139-157

5   아담을 죄인으로 보는 전통과 대조적으로 그를 높이는 전통과 이를 반영하고 있는 문헌들에 대한 연구로 Eric Noffke, "Man of glory or first sinner? Adam in the book of Sirach," in Zeitschrift fur die Alttestamentlische Wissenschaft 119:4(2007), 618-624

6   Kelly, 18-19. Zvi Ron, "The Book of Jubilees and The Midrash on The Early Chapters of Genesis," Jewish Bible Quarterly 41:3(2013), 148-9.

7   〈솔로몬의 지혜서〉로도 알려졌으며 가톨릭교회와 동방 정교회에서는 제2정경으로 분류하여 정경에 준하는 지위를 부여하였으나 개신교는 외경

으로 여긴다. 70인역 성경은 〈욥기〉〈시편〉〈잠언〉〈전도서〉〈솔로몬의 노래〉 그리고 〈시락서〉와 함께 지혜 문서의 하나로 〈지혜서〉를 포함하였으며, 2세기 역사가 유세비우스(Eusebius)도 이 문헌을 구약성경의 일부로 보았다.

8   Kelly, 19.

9   두 아담의 특성에 대한 필로의 묘사로 그의 《세계창조에 대한 모세의 설명》 2:69과 46:135~138을 보라.

10 《유대인들의 태고사》는 요세푸스가 93~94년경에 저술한 것으로, 아담과 이브의 창조로부터 예루살렘 성전의 파괴(70AD)로 끝이 난 유대 전쟁(Jewish War)까지의 역사를 모두 20권에 나누어 다루고 있다. 이 책은 그가 지은 또 다른 역사책 《유대 전쟁》과 함께 1세기 유대교와 기독교 형성기의 연구에 매우 중대한 내용들을 수록하고 있다.

11 위-필로의 《성서태고사》는 구약성서 〈창세기〉부터 〈사무엘상〉까지에 나오는 주요한 사건들을 논평하고, 해석하고, 첨가하는 등 일련의 각색과 확장 작업을 통해서 이스라엘 고대사를 기술한 문헌이다. 이 문헌의 기록연대는 학자들 사이에서 여전히 논란이 되고 있는 가운데 예수 그리스도가 활동했던 때부터 서기 135년까지 다양한 의견이 개진되었다. 본 문헌의 저작연대를 1세기 후반으로 보는 것이 중론이지만, 이렇게 잡아도 바울의 활동기에서 그리 멀지 않다. 이 섹션의 논의와 관련하여 많은 통찰력과 정보를 제공해준 논문으로 C.T.R Hayward의 "The Figure of Adam in Pseudo-Philo's Biblical Antiquities"(Journal for the Study of Judaism 23:1, 1993)를 보라. 여기서 다루는 주제와 관련하여 보다 상세한 연구를 원하는 독자들에게 이 논문의 일독을 권한다.

12 《위-요나단 : 출애굽기》 6, 28, 35장을 보라.

13 노아를 통해서 시작되고 모세를 통해서 보다 분명하게 제시된 종교적 제의는 일정 정도의 시간이 지나면 종결될 것이다. 하나님이 '세상을 기억

하시는 때'가 온다. 하나님이 그나스에게 말씀하신다. "내 백성의 죄들이 쌓이고, 그들의 적들이 내 백성의 집을 다스리는 때가 되면, 나는 이 보석들과 그 전의 것들을 (모세가 받은 계명의) 돌판과 함께 이들이 처음 있었던 곳에 놓을 것이다. 이것들은 내가 세상을 기억하고 땅에 거하는 이들을 방문하게 될 때까지 거기 있을 것이다. 그 후에 나는 이것들과 그리고 이것들보다 더 좋은 다른 많은 보석들을, 세상을 사는 내내 눈이 보지 못했고 귀가 들어보지 못했으며 사람의 마음이 생각해보지 못했던 그곳에서 가져올 것이다. 이 보석들의 빛이 자기 것이 될 것이므로, 의인들은 태양의 빛이나 달빛이 필요 없게 될 것이다."(26:13)

14 《위 - 요나단 : 창세기》 2:15, "주 하나님이 사람을 그가 창조된 자리인 예배의 산(the mountain of worship)에서 데려와 에덴의 정원에 거하게 하시며 율법 안에서 섬기며 그 계명들을 지키게 하셨다."

15 탈굼 《네오피티 : 창세기》 3:22과 비교하라. "보라, 내가 창조한 첫 사람은 내가 가장 높은 하늘에서 독특하듯(Unique), 세상에서 독특한 (unique) 존재이다. 그로부터 많은 나라들이 나오기로 되어 있다 ; 그리고 그로부터 선과 악을 구별할 줄 아는 한 나라가 나올 것이다……."

16 필로, 《모세의 생애 II》 60

17 유대교가 발전시킨 죽음과 죽음 이후의 세상에 대한 훌륭한 연구서로 다음을 보라. Neil Gillman, The Death of Death : Resurrection and Immortality in Jewish Thought(Woodstock, Vermont : Jewish Lights : Publishing, 1997)

18 묵시문학에 대한 입문서로 John Collins의 《The Apocalyptic Imagination : An Introduction to Jewish Apocalyptic Literature(Grand Rapids, Michigan : Wm B. Eerdmans, 1998)》을 권한다.

19 기독교의 기원을 묵시적 유대교와 연결하여 탐구한 논문집으로 The Jewish Apocalyptic Heritage in Early Christianity, edited by James

VanderKam and William Adler(Minneapolis, Minn : Fortress Press, 1996). 그리고 간략한 연구논문으로 David E. Aune, "Understanding Jewish and Christian Apocalyptic," in Word & Word 25:3(2005)

20 Aune, 236

21 이에 대한 보다 상세한 논의로 피터 엔즈의 《아담의 진화》(239-290)를 보라.

22 천사를 신과 인간 사이의 대화통로나 메신저로 등장시키는 것은 신약 성서 시대에 널리 공유된 신화적 상상력의 소산이다. 〈히브리서〉 2:2, 12:18~24, 〈사도행전〉 7:53과 비교하라.

23 Henze, 192

24 '원복음' 사상을 대변하는 국내 신학자의 글들 중 윤영탁 교수의 '창세기 3:15에 나타난 원복음'을 읽도록 권한다(《구약신학과 신앙》, 도서출판 엠마오, 1991).

25 서기 40~50년경에 작성된 예수의 어록집으로, 역사적 예수의 가르침에 가장 근접한 말씀들을 수록했다고 평가 받는 것이 〈도마복음〉이다. 여기에는 예수가 아담의 이름을 언급하는 장면이 있다. 학자들이 편의상 《Q 문서》라 칭하는 가상의 문헌을 원 자료로 공유한 〈마태복음〉과 〈누가복음〉은 "여자가 낳은 자 중에 요한보다 큰 자가 없다"(누가복음 7:28, 마태복음 11:11)는 예수의 말씀이 있다. 이와 병행하는 구절로 〈도마복음〉은 "아담으로부터 세례 요한에 이르기까지, 여자에게서 난 자들 가운데 세례 요한보다 큰 자가 없다"(46:1)고 기록한다. 요한은 예수와 동시대 인물로 예수 앞에 와서 그의 길을 예비하고, 예수에게 세례를 베푼 사람으로 복음서에 등장한다. 따라서 〈도마복음〉의 예수가 "아담으로부터 요한에 이르기까지"라고 했을 때, 그는 아담 역시 요한처럼 역사적 인물로 인식하고 있었다는 가정이 가능하다. 흥미롭게도 "아담에서 요한에 이르기까지"라는 문구와 "여자에게서 낳은 자들 중에서"라는 문구를 나란히

사용함으로써 〈도마복음〉의 저자는 '여자에게서 난 자들'에 아담이 포함될 수 있는 가능성도 은연중에 열어놓았다. 〈도마복음〉 텍스트로 "The Gospel of Thomas in The Gnostic Gospels of Jesus"를 보라.

26 Grant Macaskill, "Paradise in the New Testament," in Paradise in Antiquity, 67

3부

6장 성장의 통과의례를 겪는 아담과 이브

1 Lyn M. Bechtel, "Genesis 2.4B-3:24: A Myth about Human Maturation" in the Journal for the Study of the Old Testament 67(1995), 3-29

2 Bechtel, 4

3 Bechtel, 5-6

4 Bechtel, 7

5 인간 성장이라는 관점에서 본 텍스트를 읽으려 할 때 생기는 문제 중 하나는 최초의 인간인 아담이 유아가 아니라 성인 남성으로 창조되었다는 설정이다. 최초의 인간을 유아가 아니라 남성으로 부른 것에 대해서 두 가지 정도의 이유가 있다. 첫째, 유아나 아이로 했을 경우 땅(아다마)과 사람(아담) 사이의 언어유희가 성립되지 않는다. 땅과 인간의 연합은 공동체 중심의 사회에서 대단히 중요한 주제이다. 둘째, 본 텍스트는 개인이 유아기에서 성인으로 성장해가는 과정을 넘어서 인간사회 전체로 퍼져나가 세상에 정주하게 되는 인류 전체의 성장 과정을 묘사하는 것에도 관심을 보이고 있다(2:10-14). 따라서 인류를 대표하는 성인 남성을 뜻하는 아담으로 인류의 첫 인간을 묘사하는 것이 더 나은 설정이 될 수 있다(Bechtel, 10).

6 공동체 성향이 강한 문화에서 나무는 생명/구원의 성숙이라는 상징을 갖는다. 나무는 알아보지 못하게 서서히 자란다. 인간의 성장도 서서히 이루어진다. 나무는 남근의 형태를 지닌 몸통줄기로 인해 종종 남성성을 상징하는 것으로 여겨진다. 씨나 열매의 생산으로 인해 또한 여성성의 상징이 되기도 한다(아이들을 종종 씨로 표현한다). 계절의 순환에 따라 잎이 떨어지고 다시 소생하는 것으로 인해 나무는 죽었다가 새로운 생명을 시작하는, 다시 말해 한 세대에서 다른 세대로 생명이 전달되는 것을 상징한다(Bechtel, 11).

7 Bechtel, 12.

8 아루르(Arur)는 전통적으로 '저주를 받은(cursed)'으로 번역된다. 벡텔은 이를 '수치를 받은(ashamed)'으로 번역하며 다음과 같이 설명한다. 뱀이 배로 기어 다니는 모습은 누군가에게 수치를 주는 기술과 관련되어 있다. 예를 들어 전쟁에서 패한 왕이나 장수는 배로 기면서 땅의 먼지를 먹어야 했으며 이를 수치를 당하는 일이라 표현하고 있다(이사야 49:23, 미가 7:17). 배로 기며 먼지를 먹는 것은 자신의 사회적 지위를 낮추고 약함을 드러내는 행위이다. '저주를 받은'이라는 단어는 이러한 사회적 함의를 제대로 표현해주지 못한다(21).

9 그러나 벡텔의 이러한 읽기는 수용하기 힘든 몇 가지 문제를 일으킨다. 우선 문맥상 이 구절이 남성, 즉 아담에게 주어진 말이라는 설정이 자연스럽지 않다. 하나님은 선과 악을 알게 하는 나무의 열매를 따먹은 사건과 관련된 이들에게 차례로 탐문하며 말하고 있다. 14절은 '여호와 하나님이 뱀에게 이르시되'라고 분명히 밝히고 있고, 16절 서두에 '또 여자에게 이르시되'라고 말씀의 상대를 분명히 밝히며, 마지막으로 17절에 '아담에게 이르시되'라고 명시한다. 15절의 가장 자연스런 읽기는 14절에 이어 뱀에게 주어지는 말로 읽는 것이다. 만일 아담에게 주어진 말이라 한다면 14절 다음보다는 17절 다음에 나오는 것이 문맥상 자연스럽다.

15절의 '너'가 남성인칭대명사로 사용되었을지라도 이것이 반드시 인간 남성을 가리켜야 하는 것으로 볼 필요는 없다. 에덴 이야기에 등장하는 모든 이들은 일종의 의인화된 인물로 등장한다고 볼 수 있다. 땅도 등장 인물이며, 뱀도 하나의 등장인물이며, 심지어 여호와 하나님도 한 명의 등장인물이다. 뱀이 남성성과 여성성을 모두 상징할 수 있었다는 점으로 미루어보아 이 구절에 나오는 2인칭 남성대명사는 뱀을 가리키는 것이 라 읽어도 아무런 문제가 되지 않는다. 셋째, 야곱과 에서의 예는 상당히 흥미로운 것이 되겠지만 가령 15c의 갈등은 벡텔의 해석을 따른다 해도, 미래에 여자가 낳을 후손과 지금 하나님의 말씀을 듣는 자인 아담 사이 에 일어나는 것으로 읽어야 한다. 다시 말해 아버지와 아들의 갈등이지 형제 사이의 갈등이 아니다.

7장 정치적 알레고리로 신화 읽기

1   James M. Kennedy, "Peasants in Revolt : Political Allegory in Genesis 2-3" in The Journal for the Study of the Old Testament 47(1990), 4-14.

2   Kennedy, 4.

3   〈예레미아 애가〉 4장 20절은 기름 부음 받은 왕을 우리의 콧김(breath of our nostrils)이라고 묘사하고 있다. 이 주제에 대한 연구로 W. Wifall, The Breath of His Nostrils: Gen. 2.7b, in CBQ 36 (1974), 237-240

4   히브리인들의 이러한 신앙고백에 대해서 〈시편〉 45:4, 72:12-14을 참고 하라.

5   여호와라는 이름은 현대의 우리말로 '주(Lord)'라고 번역될 수 있는 구약 이스라엘의 신의 이름이다. 엘로힘은 고대 근동의 농경문화에서 숭배되 었던 창조의 신을 가리키는 이름이다. 천지 창조를 시로 노래하는 〈창세 기〉 1장은 창조의 신으로 엘로힘이라는 이름을 일관되게 사용하고 있다.

여호와는 구약의 여러 곳에서 밝히고 있듯이 유목민들의 신으로, 기본
적으로는 전쟁의 신이다. 저명한 구약학자 베스터만에 의하면 〈창세기〉
2~3장의 이야기가 '야훼 엘로힘'을 창조주의 이름으로 사용하게 된 것
은 야훼가 창조주라고 강조하기 위함이다. 흥미롭게도 가인과 아벨의 이
야기를 전하는 〈창세기〉 4장은 신의 이름으로 여호와만을 사용하고 있
다. 이에 대한 가장 유력한 설명은 서로 다른 전통(신의 이름으로 하나
님/엘로힘을 사용하는 E문서와 여호와의 이름을 사용하는 J문서)에서
온 글들을 합치고 편집하는 과정에서 편집자들의 신학적인 입장이 개입
되었다는 것이다. 이에 대한 자세한 논의는 10장에서 하게 될 것이다.

6   이에 대한 연구로 Sheila Ruth, "Bodies and Souls/Sex, Sin and the Sense
in Patriarchy : A Study in Applied Dualism,' Hypatia 2 (1987), 149-63

7   텍스트 이해라는 관점에서 볼 때, 이와 같은 정치적 읽기는 몇 가지 중
대한 문제를 야기한다. 먼저 모든 내용이 정치적 이데올로기를 부각하
는 방향으로 해석되고, 이에 부합되지 않는 것들에 대해서는 충분한 주
의를 기울이지 않거나 이를 왜곡하는 방향으로 가게 된다. 가령 텍스트
는 여호와 하나님이 아담과 하와를 정원에서 내보내고 생명나무로 가는
길을 막으면서 '이 사람이 선과 악을 아는 일에 우리와 하나같이 되었다'
고 분명히 말하고 있다. 텍스트는 아담과 하와가 선악과를 따먹고 신들
의 경지와 동일한 지식의 세계를 확보하였다고 말하고 있으나 정치적 읽
기는 지식나무의 열매를 먹었음에도 사람은 여전히 무지의 세계에 머물
러 있으며, 이는 결국 지식에 대한 왕의 통제는 전혀 손상되지 않았음을
뜻한다고 말한다. 이 구절이 보여주듯이 여호와 하나님의 우려의 중심에
는 '이 사람'이 있다. 남성인 아담을 가리킨다. 이는 텍스트가 지식나무
의 열매를 먹은 것, 즉 반역을 꾀한 주체로서 남자의 책임을 매우 중요하
게 다루고 있다는 것이다. 물론 여자가 선취적인 행위를 수행했지만 텍
스트는 이것을 이 여자의 문제가 아니라 '이 남자'의 문제로 여기고 있다

는 것이다. 따라서 전승하는 과정을 통해 남성에게 여성에 대한 공포심을 심어주고 경고한다는 식으로 이 이야기를 읽는 것은 매우 부당하다. 이야기의 남성은 자신의 뼈에서 나온 여자를 보고 내 살 중의 살이요 뼈 중의 뼈라고 하지 않는가? 여성에 대한 공포와 혐오증을 텍스트는 지지해주지 않는다. 여성을 죽음이라는 관념과 연결하는 것도 텍스트에서 나온 것이 아니다. 텍스트는 여자에게 하와라는 이름을 주고 있다. 모든 생명의 어머니라는 뜻이다. 텍스트는 여성을 죽음이라는 관념이 아니라 생명이라는 관념에 더 가까운 존재로 소개하고 있다.

8장 입헌경제학으로 에덴을 보다

1   여기에서는 와그너-수카모토의 논문 〈The Paradise Story : A Constitutional Economic Reconstruction〉(Journal for the Study of the Old Testament 34:2(2009), 147-170)을 소개하지만, 제헌경제학적 관점에서 구약의 신과 이스라엘의 계약관계를 체계적으로 다룬 연구서로는 그가 펴낸 《Is God an Economist? An Institutional Economic Reconstruction of the Old Testament》(Basingstoke : Palgrave Macmillan, 2009)를 추천하는 바이다.

4부

9장 메소포타미아 신화 속의 에덴

1   〈길가메시 서사시〉에 대한 상당한 연구서들이 출간되었다. 그 중 탁월한 학문적 연구에 기초하면서도 현대 독자들을 위해 전체 내용을 고대 메소포타미아의 문화적 상황 속에서 알기 쉽게 설명해주는 입문서로 다음의 것들을 참고하라. Thorkild Jacobsen, The Treasures of Darkness : A History of Mesopotamian Religion(New Haven and London:

Yale University Press, 1976), 제7장 "Second Millennium Metaphors. 'And Death the Journey's End' : the Gilgamesh Epic", 193-220; Jean Bottero, Every Day Life in Ancient Mesopotamia(Edinburgh: Edinburgh University Press, 2001), 제14장 "The Epic of Gilgamesh" 231-246; Liesbeth Korthals Altes, "Gilgamesh and the Power of Narration," in Journal of the American Oriental Society 127:2(2007), 183-193. 이 글의 〈길가메시 서사시〉 인용은 Stephanie Dalley(Myths from Mesopotamia : Creation, the Flood, Gilgamesh, and Others, New York: Oxford University Press, 2009)와 Jacobsen의 것을 비교하며 번역한 것임을 알린다.

2 Dalley, 52.

3 Jacobsen, 197.

4 John A. Bailey, "Initiation and the Primal Woman in Gilgamesh and Genesis 2-3" in JBL 89:2(1970), 138.

5 Dalley, 58.

6 〈길가메시 서사시〉 등의 고대 메소포타미아 문학에 나타난 동성애 관련 장면들에 대한 최근의 논의는 다음을 보라. Martini Nissinen, "Are There Homosexual in Mesopotamia Literature," in Journal of the American Oriental Society 130:1(2010)

7 Thomas Cahill, The Gifts of the Jews : How a Tribe of Desert Nomads Changed the Way Everyone Thinks and Feels(New York: Nan A. Talese, 1998), 29.

8 Jacobsen, 200.

9 Dalley, 87.

10 우리말 어법에 맞게 행을 수정하여 번역함

11 Dalley, 99.

12 Dalley, 101.

13 Dalley, 150. Jacobsen, 205와 비교하라

14 Dalley, 119. 그리고 Jacobsen, 207-8

15 Jacobsen, 208.

16 Jacobsen, 208.

17 〈길가메시 서사시〉의 초기 연구가들 중에는 엔키두가 여자를 만나기 전에 동물들과 성교를 했다고 주장하는 이들이 있다. 이 해석에 따르면 여자를 알게 된 엔키두는 더 이상 동물들과 관계할 필요가 없어졌다. 자스트로우(Jastrow)는 엔키두가 전에 동물들을 통해서 자신의 욕구를 충족시켰지만 샴핫에게서 성교 파트너로서의 가치를 발견하였고 따라서 그녀에게 합하기 위해서(to cling to her) 이전에 관계했던 동물들을 포기했다고 해석했다. 이것이 서사시의 시인이 다음과 같이 적은 이유라는 것이다. "그는 양보하고 그녀의 명에 순응한다. 마음의 지혜로 그는 한 동반자를 인식하였다."

〈길가메시 서사시〉의 이야기 구성은 엔키두가 길가메시의 동반자가 되는 것이다. 그러나 자스트로우는 동반자라는 타이틀이 원래 샴핫의 역할이었지만 서사시의 발전 과정에서 그녀의 상대자인 엔키두에게 전이되었을 것이라 가정한다. 동물의 세계에서 엔키두를 벗어나게 한 것이 그녀다. 그로 하여금 자신이 동물들보다 훨씬 가치 있는 존재임을 알게 한 것이 그녀다. 따라서 동반자는 이 여인에 대한 묘사로 잘 어울린다. 이런 맥락에서 자스트로우는 샴핫과 엔키두의 관계가 〈창세기〉 하와와 아담의 관계와 동일함을 주목한다. 엔키두가 그녀에게 합하듯이(to cling), 아담은 하와가 자신에게 인계된 후 그녀에게 합한다. 샴핫이 엔키두의 동반자(companion)가 되듯이 하와는 아담의 배필(helpmate)이 된다 (Morris Jastrow, The Religion of Babylonia and Assyria, Boston: Ginn, 1898, 478).

18 Stephanie Dalley, "Atrahasis : Introduction" in Myths from Mesopotamia, 2.

19 〈아트라하시스〉와 〈창세기〉의 문헌적 관련성에 대한 상세한 논의는 다음의 연구서들을 참조하라. Tikva Frymer-Kensky, "The Atrahasis Epic and Its Significance for Our Understanding of Genesis 1-9," in The Biblical Archaeologist 40: 4(1977), 147-155; Robert A. Oden, Jr.,"Transformations in Near Eastern Myths : Genesis 1-11 and the Old Babylonian Epic of Atrahasis," in Religion 11(1981), 21-37. 특히 〈아트라하시스〉 서사시의 전체내용을 통해 〈길가메시 서사시〉와의 문헌적 연관성, 그리고 〈창세기〉 등 후대 문헌들에 끼친 영향을 주목한 다음의 연구도 참고하라. Jean Bottero, "The First Account of the Flood" in Every Day Life in Ancient Mesopotamia, 213-229.

20 여러 번역본들이 있지만 여기서는 Dalley의 번역본을 이용하였다 (Atrahasis in Myths from Mesopotamia).

21 Dalley, 9.

22 Dalley, 10-14.

23 Dalley, 14.

24 William L. Moran, "The Creation of Man in Atrahasis I. 192-248," in Bulletin of the American Schools of Oriental Research 200(1970), 52.

25 Dalley, 15. 괄호 안은 이해를 돕기 위해 첨가된 것임

26 이에 대해 위의 24번에 소개된 모란(Moran)의 해석을 참고하였으며 보다 상세한 논의로 이 연구의 43~56쪽을 참고하라.

27 Dalley, 16.

28 〈창세기〉 2장의 이 부분을 결혼제도의 제정으로 읽고 있는 학자들 중 이 본문의 형성이 〈아트라하시스〉에 의존하고 있다고 주장하는 이들이 있다. 대표적인 연구로는 Bernard F. Batto, "The Institution of Marriage

in Genesis 2 and in Atrahasis," in The Catholic Biblical Quarterly 62:4(2000), 621-631.

29 이 마지막 문구는 '그들로 하여금 서로를 남편과 아내로 선택하도록 하라'로 자연스럽게 읽을 수 있다(Batto, 624).

30 Dalley, 17-18. 우리말의 어법에 맞게 약간 수정하여 번역함. 벽돌을 놓아두는 기간이 위의 문단에 7일과 9일로 차이가 난다. 출산하는 집에 벽돌을 놓는 이유는 벽돌이 인간의 창조적 능력을 상징하기 때문일 것이다. 또한 초기 메소포타미아에서 널리 사용된 빵 모양의 벽돌이 임산부의 부른 배를 닮았기 때문일 수도 있다(Dalley, 37).

31 여기까지가 〈아트라하시스〉 서사시를 기록하고 있는 첫 번째 흙판의 내용이다(Dalley, 20).

32 Dalley, 23.

33 Dalley, 23-35.

34 Isaac M. Kikagawa는 인간창조에 대한 세 개의 고대문헌의 구조를 비교 대조하면서 특히 아트라하시스에서 닌투가 '모든 신들의 부인'이라는 칭호를 받는 것과 〈창세기〉 2장의 여자가 '모든 생명의 어머니'라는 칭호를 받는 것을 주목한다("The Double Creation of Mankind In 'Enki and Ninmah' 'Atrahasis I.1-351' and 'Genesis 1-2'" in Iraq 45:1(1982), 43-45).

35 바토(Batto)의 연구 역시 이것을 강력히 지지하고 있다(630).

36 장소의 변화에 주목하여 〈엔키와 닌후르사그〉를 분석하고 주석작업을 한 훌륭한 논문이 있다. Keith Dickson, "Enki and Ninhursag : The Trick-ster in Paradise," in Journal of Near Eastern Studies 66:1(2007). 여기에서는 옥스퍼드대학교 동양학과에서 The ETCSL Project의 일환으로 번역한 것을 주요 텍스트로 삼고 필요에 따라 다른 번역본들을 참고하였다.

37 Stephen Hagin, "Enki and Ninhursag," in Symbolic Connections in World Legends(Kennesaw State University), 44.

38 Samuel N. Kramer, Enki and Ninhursag : A Sumerian 'Paradise' Myth, Bulletin of the American Schools of Oriental Research Supplementary Studies No 1(New Haven, Conn.: The American Schools of Oriental Research 1945).

39 Dalley, "Etana" 189.

40 Dalley, 191-192.

41 Dalley, 193. 우리말 어법에 맞게 수정하여 번역하였고 괄호 안은 이해를 돕기 위해 첨가하였다.

42 Dalley, 193.

43 Dalley, 195-6.

44 Jean Jacques Classner, Mesopotamian Chronicles(Atlanta: SBL, 2004), 120.

45 아브라함 위니쩌(Abraham Winitzer)의 최근 연구는 '두루 도는 칼'이 샤마쉬와 관련된 신화들에서 유래되었음을 강력히 보여준다. "Etana in Eden : New Light on the Mesopotamian and Biblical Tales in Their Semitic Context," in Journal of the American Oriental Society 133:3(2013), 441-465.

46 Winitzer, 450.

47 Winitzer, 449.

48 Winitzer, 464. 모세가 든 구리 뱀도 이와 유사한 역할을 한다.

49 Winitzer, 463.

50 Winitzer, 463.

51 Dalley, 185. 달리에 의하면 '만지다'라는 표현은 종종 '나쁜 의도를 가지고 누군가를 대한다'는 의미로 쓰였다(188). 이 단어에 대한 해석은 이

서사시의 메시지를 이해하는 일에 대단히 중요하지만 자연스럽게 이야기를 전개하기 위해 아래에서 논의하려 한다.

52 〈창세기〉 3:3에서 여자는 뱀에게 하나님이 이 나무의 과실을 '만지지도 말라' 했다고 말한다. 많은 해석가들이 이는 여자가 하나님의 말씀을 왜곡하는 것이라 설명하지만 이는 신화적 상상력이 부족한 해석이다. 먹기 위해서는 우선 손을 대야 하고 손을 댄다는 것은 종종 나쁜 의도를 가지고 만진다는 의미로 사용된 단어이다.

53 〈창세기〉 2~3장의 이야기에서 야훼 엘로힘의 거짓말에 대한 관찰과 신학적 논의로 다음 두 책을 보라. James Barr, "Is God a Liar?(Genesis 2-3)", "And Related Matters," in Journal of Theological Studies 57:1 (2006), 1-22.

54 이상과 같은 두 텍스트상의 관련성에 대한 필자의 분석과 대비될 수 있는 연구로 다음을 참고하라. Giorgio Baccellati, "Adapa, Genesis and the Notion of Faith," in Urgarit Forshungen: Internationles Jahrbuck Fur Altertumskunde Syrien-Palestinas 5(1973), 61-66; Niels-Erik Andreasen, "Adam and Adapa: Two Anthropological Characters," in Andrews University Seminary Studies 19:3(1981), 179-194; William W. Hallo, Adapa Reconsidered : Life and Death in Contextual Perspective, in Scriptura 87(2004), 267-277. 아다파 전설에서 에아의 조언에 대한 이중적 해석 가능성에 대한 최근의 논의로 다음을 참고하라. Jake M. Sasson, "Another Wrinkle on Old Adapa," in Studies In Ancient Near Eastern World View and Society presented to Marten Stol on the occasion of his 65th birthday, edited by R.J. Van der Spek et al(Bethesda, MD:CDL Press, 2008), 1-10.

10장 무엇을 읽을 것인가, 무엇을 읽지 말 것인가?

1 물론 이런 문헌 전통들의 편집을 통해 구약성서가 집필되었다고 주장하는 고전적인 학설인 문서설은 그간 크고 작은 많은 도전을 받아왔다. 최종적으로 전해진 텍스트를 존중하는 입장이 대두되었지만, 그럼에도 문서설을 대체할 만한 다른 이론적인 대안이 나오지 않고 있다. 〈창세기〉를 이루는 각각의 이야기들을 문헌적으로 분류하고 새로 번역한 책으로 다음을 보라. Stephen Mitchell, *Genesis: A New Translation of the Classic Biblical Stories*(New York: HarperCollins Publishers, 1996). 문학적인 관점에서 J문서만을 복원하여 번역하고 설명한 책으로 다음을 보라. Harold Bloom & David Rosenberg, *The Book of J* (New York: Grove Press, 1990). 전통적인 장 절 구분에서 벗어나 각 주요 문헌 전통에 따라 본문을 분류하고 주석한 대표적인 주석서로 다음을 참고하라. Herman Gunkel, *Genesis*, translated by M. E. Biddle(Macon, Georgia: Mercer University Press, 1997).

2 '톨레도'로 시작하는 10개의 큰 단락은 다음과 같다. 1)2:4~4:26(하늘과 땅의 내력), 2)5:1~6:8(아담의 가계), 3)6:9~9:29(노아의 가족사), 4)10:1~11:9(노아의 아들들의 가족사), 5)11:10~26(셈의 가족사), 6)11:27~25:11(테라의 가족사), 7)25:12~18(이스마엘의 가족사), 8)25:19~35:29(이삭의 가족사), 9)36:1~37:1(에서의 가족사), 10)37:2~50:26(야곱의 가족사). 이러한 〈창세기〉 최종 편집자의 구성에 대한 간결한 논의로 다음을 보라. Gordon J. Wenham, *Genesis 1-15*(Waco, Texas: Word Books), 1987, xxi-xxii.

3 야훼 엘로힘이라는 특이한 이름의 형성에 대한 몇 가지 학설이 있다. 첫째 야훼의 이름을 사용한 문헌과 엘로힘을 사용한 문헌을 병합하다 보니 생긴 것이라는 고전적인 견해이다(J. Skinner, H. Gunkel). 둘째, 다신론적인 전설을 야훼에게 적용한 결과라는 입장이다(B. D. Eerdmans),

셋째, 2~3장은 원래 J문헌으로서 야훼의 이름이 사용되었지만, 후대의 P문헌 전통의 편집자가 엘로힘만을 사용하는 1장의 창조 이야기와 부드럽게 연결되도록 야훼 뒤에 엘로힘을 첨가하였을 것이라는 학설이다. 이 작업의 결과 1, 2, 3장이 단일한 문헌으로 융합되는 효과가 나타난다(U. Cassuto). 넷째, 1장과 2~3장의 문학적 특성을 고려해 볼 때, 장엄한 우주의 창조에 어울리는 신의 이름은 엘로힘이다. 2~3장은 인간의 세계와 관계를 맺는 개인적인 신이 등장하므로 보다 개인적인 이름인 야훼가 더 어울린다. 그럼에도 그 신이 우주의 창조주인 엘로힘과 다르지 않다는 입장을 설립하기 위해 야훼 엘로힘을 사용하게 되었다는 학설이다(V. Hamilton). 다섯째, 메소포타미아의 예를 따라서 신을 뜻하는 엘로힘이 개인의 고유이름인 야훼에 첨가되었다는 학설이다(E. A. Speiser). 여섯째, 복수 형태로 쓰이는 엘로힘(elohim)이라는 이름이 고대 근동에서 일반적인 여러 신들을 가리키는 단어로 쓰였지만 〈창세기〉의 저자(편집자)는 이를 야훼에 접목함으로 이스라엘의 신을 지존하신 유일신으로 제시하고자 했다는 학설이다(J. Coleson). 이에 대한 상세한 논의로 다음 문헌들을 보라. John Skinner, A Critical and Exegetical Commentary on Genesis(New York: Charles Scribner's Sons, 1910), 54; Claus Westermann, Genesis 1-11, translated by J. J. Scullion S. J.(Minneapolis, Augsburg Publishing House, 1984), 198-199; Victor Hamilton, The Book of Genesis Chapters 1-17(Grand Rapids, Mich.: Wm. B. Eerdmans, 1990), 152-3; Cuthbert A. Simpson & Walter Russell Bowie, The Book of Genesis : in The Interpreter's Bible Vol. I(New York: Abingdon Press), 526; Joseph Coleson, Genesis 1-11: A Commentary in the Wesleyan Tradition(Kansas City: Beacon Hill Press, 2012), 82-84. 〈창세기〉에 나타난 신의 이름에 대한 문헌학적, 문학적, 언어학적, 역사적 연구로 다음을 보라. Herbert Chanan Brichto,

The Names of God : Poetic Readings in Biblical Beginnings(New York: Oxford University Press, 1998). 특히 본 연구와 관련하여 3장 "Eden and Eden's Aftermath(71-110)"를 보라.

4   Westermann, 199. 콜레슨(Coleson)은 "야훼, 지존의 하나님(Yahweh, the Supreme God)"으로 번역하길 제안한다.

5   필로는 이 강들이 실제의 지리적 위치와 크게 어긋난다는 것을 파악하고 이를 교육적인 목적이나 혹은 독자들에게 보다 효과적으로 이야기를 전달하기 위해 일종의 허위적 사실로 고안했다고 보았다. 이에 대한 자세한 논의로 다음을 보라. Maren R. Niehoff, "Philo's scholarly inquiries into the story of paradise," in Paradise in Antiquity, 28-42. 여기에 제시된 지리학적 지식이 유아적 상태에 있음과 그럼에도 에덴의 정원의 위치를 가늠해보고자 했던 학자들의 탐구에 관한 논의로 다음을 보라. Skinner, 59-66; Gunkel, 8-10; Westermann, 214-219, Coleson. 에덴에서 흘러나온 네 개의 강이 문학과 예술에서 어떻게 해석되고 다루어졌는지를 다룬 흥미로운 논문으로 다음을 보라. Nira Stone, "The Four Rivers That Flowed from Eden," in Beyond Eden: The Biblical Story of Paradise(Genesis 2-3) and Its Reception History, edited by K. Schmid, C. Riedweg(Tubingen: Mohr Siebeck, 2008), 227-250.

6   Skinner, 59-66; von Rad, 79; John Hartley, Genesis(Peabody, Mass.: Hendrickson Pub. Inc. 2000), 60.

7   하윌라의 비손과 구스의 기혼 강은 지리를 확정하기가 어렵다. 하윌라는 지금의 아라비아, 구스는 에디오피아를 가리킬 수 있으나 이 지역을 흐르는 강들이 메소포타미아 북쪽의 티크리스와 유프라테스와 만나는 것은 불가능하다. 비손을 나일 강의 다른 이름으로, 기혼은 예루살렘의 언덕에 흐르는 강으로 읽는 이들도 있지만 문제는 해결되지 않는다(Clare Amos, The Book of Genesis, Peterborough, UK: Epworth Press, 2004,

18).

8   이와는 달리 해밀턴(Hamilton, 167)과 콜레슨(Coleson, 92) 등의 주석가
    는 이 구절들이 9절을 자연스럽게 확장하고 있다고 주석한다.

9   von Rad, 76-77; Gunkel, 6.

10 사람을 흙으로 만들고 생기를 불어 넣은 것을 고대의 신화들과 연결하여
    설명한 Westermann(203-207)을 보라. 사람을 영, 혼, 육 등으로 나누기
    보다는 전인(the whole person)으로서의 인간 이해가 담겨 있다(Skinner,
    56).

11 '에덴(eden)'이라는 단어의 유래에 대해서는 대략 두 가지 설이 있다. 고
    대 바벨론의 아카디아어에서 유래되었다면 평원(edin, stepped plain)을
    뜻하며, 셈어에서 유래되었다면 기쁨, 쾌락, 풍요('dn, delight, pleasure,
    luxury) 등을 의미한다. 거의 모든 주석들이 이 단어의 언어학적 기원
    에 대해서 언급을 하고 있지만, 이 주제만을 다룬 소논문으로 다음을
    보라. A.R. Millard, "The Etymology of Eden" in Vetus Testamentum
    34:1(1984), 103-106. 에덴의 언어적 기원과 의미, 그리고 위치와 관계된
    논의로 다음을 보라. Skinner, 57-58, Westermann, 208-211.

12 카수토에 따르면 "또한 생명나무와 선과 악의 지식나무도 정원의 중앙
    에 있었다"는 문장은 히브리어 문장 스타일과 리듬상 생각할 수도 없는
    (unthinkable) 것이다(Umberto Cassuto, A Commentary on the Book
    of Genesis, Part I: From Adam to Noah, Jerusalem: The Magnes Press,
    1964, 111).

13 군켈 역시 이 문구의 이상스런 표현에도 불구하고, 두 그루의 나무
    가 처음부터 존재하는 것으로 묘사되었을 가능성에 무게를 두고 있다
    (Gunkel, 8). 폰 라드는 이야기의 중심소재가 지식나무였으며, 생명나무
    는 결론 부분에 첨부된 이야기에 다시 등장하기 때문에 생명나무를 첨가
    했을 가능성이 크다고 본다. 그럼에도 "정원 중앙에는 생명나무와 선과

악을 알게 하는 나무도 있었다"는 문구에 이상스럽게 첨부된 것처럼 보이는 나무는 선과 악을 알게 하는 나무임을 지적한다(von Rad, 78-79). 그러나 이러한 주장은 최근에 많은 도전을 받고 있다. 가령 버간트 같은 학자는 처음부터 중앙에 있었던 유일한 나무는 생명나무였으며, 지식나무는 아담과 이브의 죄 이야기가 작성되면서 후에 첨가된 것으로 해석하고 있다(Dianne Bergant, Genesis: In the Beginning, Collegeville: Minnesota: Liturgical Press, 2013, 10). 또한 최종적인 텍스트를 중시하는 학자들은 이야기에서 두 그루의 나무 모두가 중심적인 역할을 한다고 본다. 대표적으로 다음을 보라. Terje Stordalen, Echoes of Eden : Genesis 2-3 and Symbolism of the Eden Garden in Biblical Hebrew Literature(Lewven: Peeters, 2000)

14 Gunkel, 10.

15 Westermann, 222-225. 스키너 역시 금기를 부과하는 것으로 읽었다 (Skinner, 66). von Rad, 81.

16 R. Kent Hughes, Genesis : Beginning & Blessing(Wheaton, Illinois: Crossway Books, 2004), 55.

17 von Rad, 81.

18 R. Kent Hughes, Genesis : Beginning & Blessing(Wheaton, Illinois: Crossway Books, 2004), 55.

19 신약성서의 저자들과 원시 기독교인들에게 지대한 영향을 준 70인역 (the Septuagint), 4세기 말 성 제롬(St. Jerome)이 주도하였으며 중세 기독교에 지대한 영향을 준 라틴어 성경인 불가타(the Latin Vulgate), 종교개혁자 루터의 독일어 성경(Luther's German Bible), 근세에 들어 윌리암 틴대일(William Tyndale) 등의 주도로 번역하여 영어권의 기독교 문화에 지대한 영향을 준 영어 성경(the Authorized Version), 그리고 네덜란드 화란어 성경(the Dutch State Translation). 이들이 창세기 1~4장

의 아담과 하와의 성적 구분과 관련된 히브리어 원전 마소라 텍스트(the Hebrew Masoretic Text)의 어휘들을 어떻게 번역하고 있는지를 밝힌 탁월한 연구서로 다음을 보라. Helen Kraus, Gender Issues in Ancient and Reformation Translations of Genesis 1-4(Oxford: Oxford University Press, 2011).

20 코터에 의하면 야훼 엘로힘은 남자의 배필을 찾는 과정에서 "일련의 시행착오들(a series of trial and error)"이 먼저 진행되었다고 논평한다 (David Cotter, Genesis, Collegeville, Minnesota: The Liturgical Press, 2003, 32). 스키너는 남자가 한동안 동물들과 성교를 하며 살았다는 개념의 유래를 추적하기 힘들다고 본다(Skinner, 67).

21 Carol Meyers, Rediscovering Eve : Ancient Israelite Women in Context(Oxford: Oxford University Press, 2012), 71-74. 폰 라드(von Rad, 84), 베스터만(Westermann, 231), 군켈(Gunkel, 13), 휴(Hughes, 61) 등 많은 주석가들이 신부를 얻은 신랑의 기쁨이라 해석한다. 카스는 남자의 성적 욕구가 강하게 반영된 외침이라 해석한다(Leon R. Kass, The Beginning of Wisdom : Reading Genesis, Chicago: The University of Chicago Press, 2003, 77-79).

22 von Rad, 84. 폰 라드는 결혼의 기원을 말하는 이 구절이 에덴 이야기 제1막의 결론이며 목적이었다고 본다. 그에 따르면, 이렇게 읽을 때 에덴 이야기를 타락이나 낙원 상실 이야기로 읽는 것에서 벗어날 수 있다. 〈창세기〉를 모세의 작품으로 보는 전통을 따라가는 휴는 이 구절을 하나님의 계시를 받은 모세가 신성한 결혼을 제정한 것으로 본다(Hughes, 61-3).

23 Skinner, 70.

24 von Rad, 85; Westermann, 234. 휴와 브로디는 이 구절을 3장 1~7절의 단락에 포함된 것으로 보고 제2막의 시작을 알리는 구절로 해석하고

있다(Hughes, 65-66; Thomas Brodie, Genesis as Dialogue, New York: Oxford University Press, 2001, 149).

25 Gunkel, 14.

26 Brodie, 149.

27 Cassuto, 137.

28 von Rad, 87; Kraus, 28-29; Hamilton, 187-188; Westermann, 237-238. 뱀에 대한 다양한 해석이 제기되었다. 첫째, 뱀을 사탄으로 보는 견해다. 뱀은 3장 15절에서 저주를 받게 된다. 그러나 대부분의 현대 주석가들은 이 견해를 지지하지 않는다. 둘째, 뱀이 인간의 지적 호기심을 상징한다고 보는 견해이다. 셋째, 지혜와 생명 혹은 생식과 번영을 주는 신화론적 존재로 보는 견해이다. 가나안 종교의 뱀 숭배와 연결된다. 넷째, 뱀을 단지 특별히 총명한, 그리고 말하는 동물로 보는 견해이다(Westermann, 237). 군켈은 뱀이 신들의 세계에 대한 어느 정도의 지식을 가지고 있는 것으로 보아 원래의 신화에서는 신들과 인간에게 해로운 데몬이었을 것이라 추정한다. 다만 에덴 이야기에서는 이 같은 신화적 요소가 제거되어 등장한다고 보고 있다. 물론 후대 기독교 문헌들이 뱀을 악마와 연결하는 것도 본문의 지지를 받지 못한다(Gunkel, 15).

29 스키너에 따르면 에덴 이야기의 작가는 뱀을 야훼 엘로힘의 피조물로 제시하고, 뱀이 저주를 받는 15절 전까지는 이 개념을 유지하기 위해 노력을 기울였다. 그러나 동시에 뱀을 초자연적 지식과 말하는 능력을 가지고 야훼 엘로힘에게 저항하는 영물로 등장시킴으로써 이야기의 전개에 긴장감을 불어넣고 독자들에게는 이해의 당혹성을 선사한다고 분석하였다(Skinner, 71).

30 von Rad, 88. 군켈은 젊은 여성의 질투 본성(zealous nature)을 보이기 위해 작가가 첨가한 것으로 읽는다(Gunkel, 16).

31 Skinner, 75.

32 Skinner, 75; Mitchell, 124. 군켈은 "지혜롭게 할 만큼 탐스러웠다"는 문구를 '보기에 정말 좋다(delightful to look at)'로 번역하는 것이 더 적합하다고 제안한다(Gunkel, 17). 그러나 이렇게 번역하면 '보암직하다'는 문구와 의미상 중복된다. 스키너는 'desirable to contemplate(사색하게 할 만큼 탐스럽다)'가 더 좋은 번역이라 제안한다.

33 그러나 어설프게 지혜를 대변하는 뱀이 이스라엘 민족에게 어떤 피해를 입혔는지를 보여주어 솔로몬 이후에 득세하기 시작한 지혜 전통을 비평하고자 한 이야기로 에덴 이야기를 읽는 이들에게는 꼭 필요한 문구일 수 있다. 이 입장에서 에덴 이야기를 해석하는 연구의 예로 다음을 보라. G. Mendenhall, "The Shade Side of Wisdom : The Date and Purpose of Genesis 3" in A Light unto My Path: Old Testament Studies in Honor of Jacob M. Myers(Philadelphia: Temple University Press, 1974), 310-334.

34 Skinner, 76.

35 Skinner, 77.

36 Rosenberg, The Book of J, 64

37 '그녀의 후손'이 그리스도를 가리킨다고 본 견해는 뱀을 사탄으로 보는 입장과 맞물려 있다. 그러나 이 입장은 가톨릭교회에 널리 수용되지 않았다. 중세의 해석가들은 이 표현을 성모 마리아와 연결하였다. 종교개혁자 루터 역시 그리스도의 동정녀 탄생을 예시하는 것으로 보았다. 3장 15절에 대한 상세한 해석으로 다음을 보라. Jack P. Lewis, "The Woman's Seed(Gen. 3:15)," in JETS 34:3(1991), 299-319.

38 Skinner, 81-82; von Rad, 93. 스키너는 첫째, 저주와 형벌을 내리는 맥락에서 희망의 메시지를 전하는 것이 가당치 않고, 둘째, 드라마의 등장인물로서의 뱀이 비록 사악한 존재의 역할을 하였다 가정하더라도 이 작품의 작가가 후손들에게 자신의 악마적 본질을 유전시키는 존재로서의 '뱀

의 개념을 상상할 수 없었으며, 셋째, 여자의 후손과 뱀의 후손의 계속되는 투쟁만 묘사할 뿐 어느 한 쪽의 최종적인 승리를 예견하고 있지 않다는 점을 들어 원복음 사상을 본문이 지지하지 않는다고 분석하였다.

39 어거스틴은 인간의 자유의지에 관한 논의에서 아담이 죄를 지을 수 없는 완전한 존재(perfect being)가 아니라 죄를 지을 수 있는 죄 없는 존재(sinless being)로 창조되었음을 주장한다. 이는 죄의 책임을 신이 아니라 인간에게서 찾고자 하는 시도이다. 이와 관련된 흥미 있는 논의로 다음을 보라. Jesse Couenhoven, "Augustine's rejection of the free-will defence : an overview of the Late Augustine Theodicy" in Religious Studies 43:3 2007), 279-298.

40 von Rad, 92-93; Gunkel, 20-21.

41 군켈은 신의 명령을 어기고 금단의 열매를 먹은 사건이 없었다면 여자는 무통분만을 했을까 하는 생각은, 뱀이 신의 벌을 받기 전에는 정말 팔다리가 있었을까 하는 물음을 던지는 것처럼 에덴 읽기에서 적절하지 않다고 본다. 에덴 이야기의 극적 상상력에 따르면, 금단의 열매를 즐기지 않았다면 여자는 임신하는 일도 출산하는 일도 없었을 것이다. 에덴 이야기의 작가는 남자의 지배를 받아야 하는 여성의 사회적, 가정적, 성적 위치는 신의 저주에서 나온 것이라 말하고 있다. 특히 성교는 이브의 범죄의 결과이며, 고대 사회의 여성들에게 수많은 위험과 부담을 안겨준 임신과 출산 과정으로 연결된다. 여성은 자신의 강한 성적욕구를 남성의 지배하에 두어야 할 뿐만 아니라, 성생활의 결과로 종종 여성의 생명을 앗아가기도 하는 임신과 출산을 경험해야 한다. 에덴의 작가가 볼 때, 신의 저주는 여성의 성생활 전반에 내려진 것이며, 이는 현재 여성들의 위치를 설명해 준다(Gunkel, 21).

42 물론 해석학적인 측면에서 남자의 '지배'와 여자의 '복종'의 질을 다르게 이야기할 수 있다. 가령 일방적이고 무조건적인 지배와 복종인지, 혹은

서로를 이해하고 돕는 돌봄의 관계에서의 자발적이고 생산적인 이끎과 따름인지를 결정하는 것은 여전히 독자에게 열려 있다(Kraus, 32-34).

43 Cassuto, 170.

44 이 구절의 번역과 관련하여 시제의 문제를 중요하게 고려한 주석가 가운데 종교개혁자 칼빈이 가장 눈에 띈다. 그는 '불렀다'라는 단어가 대과거(과거완료)와 과거형으로 읽힐 수 있다고 보았다. '불렀었다'라고 대과거 시제로 보면, 이 구절은 남자가 여자에게 크게 속아 넘어갔었다는 것을 이제야 깨달았다는 일종의 한탄과 같은 말이 된다. 자신과 자신의 후손에게 생명을 줄 것이라 믿었는데 되레 죽음을 야기시켰다는 것이다. '불렀다'는 과거형으로 읽을 때 두 가지 가능성이 있다. 하나는 다행스럽게도 야훼 엘로힘이 여자의 씨가 뱀의 머리를 상하게 할 것이라 약속했기 때문에 보다 나은 상태에 대한 희망을 품고 여자에게 생명을 암시하는 이름을 주었다는 해석이다. 칼빈은 이 견해에 대해서 찬성하지 않았다. 아직 어떤 생명도 태어나기 전에 영원한 생명의 파괴를 유발시킨 여자를 생명의 어머니로 보는 것이 아담에게 가능하지 않았을 것이기 때문이다. 자기에게 죽음과 노동의 형벌을 받게 한 아내에게 그토록 영예로운 이름을 주었겠는가? 과거형으로 읽을 경우 두 번째 가능한 해석은 – 이는 칼빈이 지지하는 견해이다 – 신이 생명을 연장해주겠다고 선포하자 아담이 다시 숨쉬기 시작했으며, 이내 용기를 내어 자신의 아내에게 생명으로부터 유래된 이름을 주었다는 것이다. 즉, 즉각적인 죽음의 형벌에서 벗어나 안도하게 된 아담은 자손 생산과 같은 자신의 모든 기대를 넘어서는 신의 혜택을 자기가 이름을 준 여자를 통해 받게 된 것을 기뻐하며 외친 것이다(John Calvin, Commentaries on The First Book of Moses called Genesis Vol. I, translated by John King, Grand Rapids, MI: Christian Classics Ethereal Library, 120).

45 남자가 여기서 어떻게 해서 '하와'라는 이름을 생각해냈는지에 대한 고

대 랍비들의 해석이 흥미롭다. 카수토에 따르면, 랍비들은 그녀가 뱀의 역할을 수행한 것에 주목하였다. 그녀는 아담에게 돕는 배필로 인계되었지만 뱀처럼 행했다. 여러 랍비들이 이브를 아담의 뱀으로 지목했다. 에덴의 뱀은 이브의 뱀(유혹자)이었지만 이브는 아담의 뱀(유혹자)이었다. 뱀의 아람어 음역이 히야(hiwya)이고 아랍어 음역이 하야툰(hayyatun)이다. 하와라는 이름의 뜻이 되는 "살아 있는"이라는 단어인 하야(hayya)와 발음이 매우 유사하다. 정원에서 발생한 사건을 회상하면서 아담은 자기 여자의 이름을, 여성 뱀(Female Serpent)을 뜻하는 하와(Hawwa)라 불렀다는 것이다. 뱀의 역할을 한 그녀에게서 산 자들이 나오게 될 것이기 때문에 카수토는 이 이름이 그녀에게 적절한 이름이라 생각한다(Cassuto, 170-171). 군켈이 지적하듯이, 뱀이 인류의 시작과 동시에 등장하는 것은 고대신화의 세계에 널리 퍼져 있다. 에디오피아 종족(Abyssinans)의 첫 번째 왕의 이름은 아왜(Arwe)로서 뱀을 뜻한다. 하와라는 이름은 또한 페니키아의 여신인 위트(Hwt)와 동일한 이름일 수 있다. 위트는 뱀의 형상을 한 지하세계의 여신이다. 이 여신은 인류의 첫 번째 어머니로 간주되었다. 인간이 지하에서 와서 지하로 돌아간다고 믿었기 때문이다(Gunkel, 23).

46 군켈 등의 많은 학자들이 이 구절은 독립된 자료에서 차용되어 삽입되었을 것이라 추정한다. J가 삽입한 것인지 후대편집자의 것인지 여전히 논란거리지만, 이 구절이 고대 전통에 속했음에는 틀림이 없다. 베스터만의 관찰처럼, 고대 신화의 세계에서 '살아 있는 모든 것의 어머니'는 땅의 여신(Mother Earth)에게 주어진 타이틀이다. 베스터만은 이 구절의 자리를 현재의 것으로 볼 수 있다면, J는 땅의 여신을 탈신화하여 이브를 고안하고 여기에서 미래의 생명을 잉태하게 될 모성의 기쁨을 표현하고자 했다고 설명한다(Westermann, 268). 카수토는 남자가 여자에게 준 여성 뱀을 뜻하는 하와(이브)라는 이름이 결코 영예로운 것이 아니기에

신이 내린 저주 다음에 나오는 것으로 이 구절의 자리 역시 전혀 이상할 것이 없다고 본다(Cassuto, 171).

47 Westermann, 267.

48 Gunkel, 22.

49 Skinner, 85-86.

50 그러나 베스터만은 남자와 여자가 받은 형벌을 야훼 엘로힘의 '자애로운 형벌'로 볼 수 있게 하는 이 구절이 19절에 이어서 나오는 것은 충분히 가능하다고 본다(Westermann, 267, 269). 형벌을 받고 에덴의 정원을 떠나는 이들에게 보인 신의 마지막 행동은 '돌봄과 관심'의 행동이다.

51 Gunkel, 23. 베스터만에 의하면, 신이 인간에게 옷을 만들어 입혔다는 개념은 고대인들이 가지고 있었던 신과 인간이 같은 공간을 점유하며, 같은 방식으로 일을 하고 있음을 보여주는 신인동형론의 예가 된다. 원거리에 있는 창조주 자신이 피조물들을 보호한다는 사상을 담아내고 있다(Westermann, 269).

52 〈창세기〉를 문자적으로 읽을 때 죽음이라는 자연현상이 아담과 이브의 타락 이전에도 존재했다는 개념을 피할 수 없다고 주장하는 논의가 있다. Ronald E. Osborn, Death Before The Fall : Biblical Literalism and the Problem of Animal Suffering(Downers Grove, Illinois: IVP Academic, 2014). 특히 다음 본문을 유의해서 보라. "1. The Creation: A Plain Reading," 25-38, "10. Stasis, Deception, Curse," 126-139

53 von Rad, 78; Westermann, 267-275; Gunkel, 23.

54 Skinner, 52; Westermann, 267. 22절과 24절은 생명나무라는 새로운 모티브를 중심으로 한 하나의 동일체를 이룬다. 이 두 구절이 제기하고 있는 아담과 이브를 에덴에서 추방하는 이유는 생명나무를 지키기 위해서이다. 이는 지금까지의 에덴 이야기가 아담과 이브의 행동으로 문제 삼고 있는 것이 신의 명령에 대한 불순종이며, 그 결과로 에덴에서 추방되

는 것이라는 설정과 다르다. 따라서 베스터만은 에덴 이야기에 두 개의 다른 전승에서 온 결론이 있으며, 주석가들은 이 두 내러티브를 분리해서 다루어야 한다고 제안한다(Westermann, 271).

55 Wenham, Genesis 1-15, 86. 그룹(Kerub, cherub)은 독수리의 날개를 달고 인간의 얼굴을 한 황소의 모습을 하고 있으며, 고대 근동의 신화들에서 신성한 장소를 수호하는 영물로 등장한다. 에스겔은 그룹이 네 개의 얼굴(인간, 사자, 황소, 독수리)과 네 개의 날개와 인간의 손과 구리처럼 빛나는 몸과 소의 발들을 지녔다고 묘사하고 있다(에스겔 10장). 히브리 음역으로 케룹(Kerub)으로 읽히는 이 단어는 고대 메소포타미아 아카디안어 쿠리부(Kuribu)를 차용한 것이다. 그룹들이 보초를 서고 두루 도는 불칼이 설치된 곳은 에덴의 정원 '동쪽'이다. '동쪽'인 이유는 에덴정원의 문이 동쪽에 있었기 때문일 것이다. 앞에서도 언급했지만 에덴의 정원은 사방이 트인 동산(작은 산)이 아니라 사방에 벽이나 울타리가 쳐진 정원이다. 정원을 나간 사람이 정원으로 들어올 수 있는 유일한 길은 동쪽에 있다(Cassuto, 174). 이와는 다르게 군켈은 에덴의 정원이 서쪽 지역에 있었기 때문이라 말한다. 〈길가메시 서사시〉의 신들의 땅도 서쪽에 있다는 것이 주요 근거이다(Gunkel, 24). 그러나 군켈은 〈길가메시 서사시〉의 정원 딜문은 서쪽에 있는 것이 아니라 서쪽에 통로의 입구가 있고 그 통로를 다 가면 그 끝에 즉 동쪽에 정원이 나온다는 것을 잘 이해하지 못했다. 더욱이 이야기의 시작에서부터 저자는 에덴의 정원이 동방에 있다고 밝혔다는 것도 고려해야 한다. 결국 에덴을 나오게 된 아담과 이브는 에덴의 정원보다 더 동쪽으로 가야 했거나 아니면 서쪽으로 가야 했다는 말이 된다.

56 에덴의 정원이 신들의 정원이었다는 것에 대한 탁월한 연구로 다음을 보라. Peter Thacher Lanfer, "Access to Eden and the Hope for Immortality" in Remembering Eden: the Reception History of Genesis

3:22-24(Oxford: Oxford University Press, 2012), 98-127. 에덴의 정원
에는 야훼 엘로힘 외에도 여러 명의 신들이 있었다. 그리고 이들은 인간
이 신들의 음식인 생명나무에 손을 대지 못하도록 하는 일에 동의한다.
이 문구를 성부, 성자, 성령이 함께 하고 있었다는 식으로 읽는 기독교
해석전통이 있지만 타당하지 않다.

57 한편 커스버트 심슨(Cuthbert A. Simpson) 같은 주석가는 J의 에덴 이야
기의 자연스런 종결은 19절에서 이루어진다고 보고 있다. 심슨은 J가 기
존에 존재했을 '에덴 전설'을 각색하여 에덴 이야기를 작성하였다고 본
다. 그에 따르면 J가 주요자료로 사용한 '에덴 전설'의 골자는 다음과 같
다. 신의 정원인 에덴에 생명나무와 선과 악을 알게 하는 지식나무가 있
었다. 사람은 지식나무의 열매를 먹으면 죽을 것이라는 경고를 받았다.
이 나무의 열매를 금한 이유는 인간이 선과 악의 지식을 습득하여 신의
경지에 이르러 신의 권좌를 위협하게 될 것을 신이 두려워했기 때문이
다. 즉 절대지존으로서의 자신의 지위를 지키기 위해서였다는 것이다.
그러나 이 신에 적대적이었던 뱀이 인간에게 진실을 폭로하게 되었다.
뱀은 간사하게 속이는 자가 아니었으며, 적어도 그 의도에 있어서는 인
간에게 유익을 주는 자로 등장했을 것이다. 인간은 결국 지식나무의 열
매를 따 먹었고, 선과 악을 아는 일에 신의 경지에 이르게 되었다. 자신
의 지위를 넘보는 인간에게 큰 위협을 느낀 신은 결정적인 조치를 취하
게 되는데, 즉 인간을 신의 정원에서 몰아내어 생명나무의 열매에는 손
을 대지 못하도록 한 것이다. 19절을 원래 J의 에덴 이야기의 종결로 보
면서 심슨은 여자에게 이름을 부여하는 20절이 원래 J의 것이 아니라고
주장한다. 그 이유로써 〈창세기〉 2~3장의 기사에서 J는 남자의 이름을
밝히고 있지 않는다는 점을 들고 있다. 또한 야훼 엘로힘이 남자와 여자
에게 옷을 만들어주는 장면을 기록한 21절 역시 J에게는 전혀 불필요한
구절이다. 그리고 사람이 생명나무에 손을 대어 불멸성을 획득하게 될

것을 걱정하며 다른 신적 존재들과 함께 사람을 에덴의 정원에서 내보내기로 결정하는 장면을 그리고 있는 22~24절은 야훼 외에 또 다른 불멸의 길이 존재한다는 생각 자체가 J에게는 너무나 불경한 것이므로 J의 것이 아님이 분명하다고 본다. 신의 말을 거역함으로 생긴 인간과 신의 단절 문제를 다른 식으로 해결하거나 극복할 수 있다는 여지를 남기는 것 자체가 J의 사상과 맞지 않는다는 것이다(Simpson, 501-515).

22~24절의 모순을 보다 간결하게 해결할 수 있는 방법은 24절을 원래의 이야기에 없는 것으로 즉, 후대의 편집자가 첨가한 것으로 읽는 것이다. 그러면 23절과 24절 사이의 갈등은 완전히 해소되고 23절은 에덴 이야기의 훌륭한 결론이 될 것이다. 가령, 최종적으로 전해진 본문을 중시하는 웬햄 같은 복음주의 계열의 주석가는 2장 10~14절에 나오는 강들, 금, 그리고 진귀한 보석들과 같은 상징물들, 그리고 동쪽에 문이 있다는 개념과 함께 24절이 에덴 이야기의 저자 혹은 최종 편집자가 에덴의 정원을 이스라엘 성소의 원형(archetypal sanctuary)으로 묘사하고자 했음을 보여주는 단서라 여긴다. 만일 24절이 편집자가 첨가한 것이라 한다면 이는 매우 정당한 지적이다. 신의 이름으로 엘로힘만을 쓰고 있다는 점, 성소를 지키는 상징물인 그룹들을 등장시킨다는 점, 그리고 그냥 두루 도는 칼이 아니고 성소를 암시하는 '화염' 검이라는 점, 성전처럼 출입문이 동쪽에 있다는 점 등으로 미루어볼 때, 24절은 이스라엘의 종교적 제의에 상당한 관심을 드러내는 P문서의 전통을 다분히 보여준다. 따라서 여기서는 24절을 원래의 에덴 이야기에 속하지 않는 것으로 여길 수도 있다(Wenham, 86). 에덴을 성소나 성전의 원형으로 해석한 전통들에 대한 최근의 연구로 다음을 보라. Lanfer, "Eden and the Temple" in Remembering Eden, 128-158; Terje Stordalen, "Heaven on Earth – Or Not? Jerusalem as Eden in Biblical Literature" in Beyond Eden, 28-57.

58 베스터만은 J의 원작에서는 형벌의 마지막 절인 19절에 이어 21절과 23절이 결론 행으로 사용되었을 것이라 추정한다. 그에 따르면, 이브에게 이름을 주는 20절과 생명나무로의 접근을 금하는 22절, 24절은 추가적인 작업의 결과이다(Westermann, 267). 베스터만의 제안에 따르면 에덴 정원의 엔딩은 다음과 같다. "19절 너는 흙이니 흙으로 돌아갈 것이다. 21절 야훼 엘로힘이 사람과 그의 여자를 위하여 가죽옷을 지어 입혔다. 23절 이같이 야훼 엘로힘이 그를 에덴정원에서 내보내어 그의 근원인 땅을 갈게 했다."

59 Birchto, 97.

60 코터는 여기에서의 남자와 여자의 성교는 첫 성교를 뜻하지 않고 성적 활동의 연속으로 읽었다. 그에 의하면 첫 번째 성교는 여자가 처음으로 남자에게 인계되었을 때에 행해졌다(Cotter, 30).

61 대부분의 주석가들과 학자들은 에덴 이야기를 2~3장의 아담과 이브의 타락 이야기와 4장의 가인과 아벨의 살인 이야기로 분리해서 읽는다. 그러나 다음 장에서 논의하려는 바처럼, 에덴 이야기는 하나의 이야기로 읽어야 한다. 4장을 2~3장에 즉각적으로 이어지는 이야기로 읽고 해석하기를 강력하게 제안하는 대표적인 책으로 다음을 보라. Ilana Pardes, Countertraditions in the Bible : A Feminist Approach(Cambridge: Harvard University Press, 1992).

62 von Rad, 103. 4장 1절의 번역과 해석의 문제를 다룬 논문으로 다음을 보라. David E. Bokovoy, "Did Eve Acquire, Create, or Procreate with Yahweh?- A Grammatical and Contextual Reassessment of הרה in Genesis 4:1" in Vetus Testament 63(2013), 19-35.

63 또한 여기에 사용된 동사 '콰나(qanah)'는 갖다(to get), 획득하다(to acquire), 창조하다(to create), 생산하다(to produce), 낳다(procreate) 등의 의미를 지닌 단어이다. 구약성서나 고대 근동의 다른 신화적 문헌 가

운데 주로 신이 주어가 되는 문장에서 '창조하다'나 '아이를 낳다'의 뜻으로 쓰이는 동사이다. 〈창세기〉 14:19, 22, 〈출애굽기〉 15:16, 〈신명기〉 32:6, 〈시편〉 78:54, 139:13, 〈잠언〉 8:22 등의 예를 보라. 보코보이는 이 단어가 성서 및 고대 근동의 언어들에서 사용된 예들에 대한 문법적, 문맥적 분석의 결과로, 자녀를 생산하다는 뜻을 지닌 'procreate'가 가장 적절한 번역이라 본다(Bokovoy, 21). 칼빈은 여기서 이브가 '아기'가 아니라 '남자'라 한 이유는 자신과 자신의 남편의 잘못으로 인해 파멸을 맞는 '인류'가 가인의 출생으로 갱생된 것으로 보았기 때문이라 설명하였다(Calvin, 129).

64 Martin Luther, "Treatise on the Last Words of David" in Luther's Work Vol 15: Ecclesiastes, Song of Solomon, Last Words of David, 2 Samuel 23: 1-7(St. Louis : Corcodia Publishing House and Fortress Press, 1995), 315-319. 또한 다음을 참고하라. Kraus, "Luther's German Bible" in Gender Issues in Ancient and Reformation Translations of Genesis 1-4, 111-131.

65 폰 라드는 'eth Yahweh'가 결코 "야훼의 도움으로"를 의미할 수 없다고 본다(von Rad, 103). 군켈은 "야훼의 도움으로"라는 번역은 "검증되지 않은(unattested)" 것이라 평한다(Gunkel, 42). 보코보이에 따르면 이브는 "나는 야훼와 함께 한 남자를 생산했다"고 외친 것이며, 야훼가 이브의 임신과정에 적극적으로 참여한 동인(agent)이었음을 말한다(Bokovoy, 21).

66 Mitchell, 125.

67 Cassuto, 198-9; Kass, 125-6; Cotter, 41; Amos, 28; W. Sibley Towner, Genesis(Louisville, Kentucky: Westminster John Knox Press, 2001), 57; Laurence Turner, Genesis(Sheffield, UK: Sheffield Academic Press, 2000), 36.

68 이 외침의 상이한 번역에 따라 그 의미에 대해서도 다양한 해석이 제시되었다. 루터의 해석전통을 이은 코프만은 이브가 가인을 3장 15절에서 예언된 위대한 구원자로 믿고 환호했다고 해석한다(James Burton Coffman, Genesis : The First Book of Moses, Abilene, Texas: A.C.U. Press, 1985, 73-74). 콜린즈는 이 같은 메시아적 해석은 전혀 타당하지 않다고 반론을 제기하였다(John Collins, Genesis 1-4: A Linguistic, Literary, and Theological Commentary, Phillipsburg, New Jersey: P & R Publishing Company, 2006, 198). 콜레슨은 반역에도 불구하고 신이 약속한 것처럼 생산 활동이 자기 속에서 이루어진 것을 보고 이브가 겸허하게 감사를 드리는 말로 읽었다(Coleson, 152). 알터는 이브가 여기서 인간을 창조하는 데 있어 신의 파트너로 자신을 상상하고 있다고 읽었다(Robert Alter, Genesis : Translation and Commentary, New York: W. W. Norton & Company, 1996, 16). 카수토는 인간을 창조하는 데 있어 신의 파트너로 자기를 인식한 이브가 자기에게 신적 현존(Divine Presence)이 가깝게 다가와 있음을 느끼고 있다고 읽었다(Cassuto, 202). 데 라 토레는 이브가 가부장적 질서 속에서 생명을 창조하는 자신의 능력을 인식함으로써 희망의 서광을 보고 있는 것이라 읽었다(Miguel A. De La Torre, Genesis(Louisville, Kentucky: Westminster John Knox Press, 2011, 93). 스키너는 고대 메소포타미아 창조신화에 나오는 여신 '아루루가 마둑(Marduk)과 함께 인류의 후손(씨)을 창조했다'는 행과 이브의 외침 사이에 깊은 유사성이 있다고 보고, 신적 존재인 이브가 지존의 신과 함께 생명 창조 활동을 하는 것으로 이해하였다(Skinner, 102-3). 베스터만은 여러 가지 번역안 중에서 이브의 외침은 인류의 어머니로서 자부심과 기쁨의 표현으로 보았다(Westermann, 289-292).

69 Simpson, 517.

70 Martin Luther, "Lectures on Genesis," in Luther's Works Vol I: Genesis

Chapters 1-5(St. Louis: Concordia, 1958), 249-259.

71 Jack P. Lewis, "The Offering of Abel(Gen 4:4) : A History of Interpretation," in JETS 37:4(1994), 481-496.

72 웬햄은 창세기 2~3장의 주요주제가 음식, 성, 그리고 지배임을 잘 간 파하고 있다(Story as Torah : Reading the Old Testament Ethically, Edinburgh: T&T Clark, 2000, 28). 에덴 이야기 전체를 음식이라는 소재를 중심으로 읽고 해석한 흥미로운 논문으로 다음을 보라. Carol Meyers, "Food and The First Family : A Socioeconomic Perspective" in Genesis : Composition, Reception and Interpretation, edited by C.A. Evans, J. N. Lohr, D. L. Pertersen(Leiden and Boston: Brill, 2012), 137-158.

73 Wenham, Genesis 1-15, 104, Lewis, "The Offering of Abel," 481-496.

74 교리적으로 본 텍스트를 읽는 이들은 여기에서 아벨이 먼저 야훼에게 제 물을 가져왔고, 형 가인은 단지 동생을 따라했다고 왜곡해서 해석하기도 한다. 이런 입장을 가진 대표적인 국내학자의 주석으로 송병헌의 《엑스 포지멘터리 창세기》(국제제자훈련원, 2010) 본문 중 2장 '동산 안과 밖' 101~159쪽을 보라.

75 초기 기독교 형성기에 지대한 영향을 준 70인역은 가인과 아벨 이야기의 번역과 관련하여 두 가지 대단히 중요한 내용을 추가한다. 첫째, 가인이 야훼에게 가져온 것은 제물(offering)로, 아벨이 가져온 것은 선물(gift) 로 번역한다. 이는 후대 해석가들이 제물은 피를 제단에 붓고 고기는 자 기가 가져가 먹는 것이므로 온전한 헌신이 아닌 반면, 선물은 전체를 드 리는 것이기에 온전한 헌신을 의미한다는 해석을 낳는 결과를 초래하였 다. 즉 아벨이 보다 나은 제사를 드렸다는 것이다. 둘째, 야훼가 가인에 게 조언하는 구절인 7절의 상반절을 "정확하게 나누지 않는다면(do not divide correctly), 네가 죄를 지은 것이 아니냐?"로 읽는다. 이로써 70인

역은 가인의 제물이 수용되지 않은 이유는 제물의 종류에 있지 않고 제물을 드리는 방식에 있었다고 암시하고 있으며, 이는 물론 후대의 해석가들에게 지대한 영향을 주었다. 가인과 아벨 이야기를 전하는 4장의 히브리어 마소라 텍스트와 그리스어 70인역의 차이를 지적하고, 70인역 성경이 신약성서 저자들의 가인과 아벨에 대한 이해와 평가에 미친 영향을 탐구한 논문이 있다. Joel N. Lohr, "Righteous Abel, Wicked Cain : Genesis 4:1-6 in the Masoretic Text, the Septuagint, and the New Testament" in The Catholic Biblical Quarterly 71(2009), 485-496; Tom Thatcher, "Cain and Abel in Early Christian Memory : A Case Study in 'The Use of the Old Testament in the New'" in The Catholic Biblical Quarterly 72(2010), 732-751. 신약성서의 시대적 문화적 배경이 되는 제2성전기의 여러 문헌들이 묘사하고 있는 가인과 아벨에 대한 논문으로 다음을 보라. John Byron, "Cain and Abel in Second Temple Literature and Beyond" in Genesis: Composition, Reception and Interpretation, 331-352.

76 Skinner, 106-7. 군켈은 아무런 예고나 도입부 없이 갑작스럽게 야훼를 등장시키는 것이 J문서의 스타일과 다르고, P문서의 글쓰기 스타일과 유사하다고 보고 이 구절을 P 전통의 편집자가 첨가한 것으로 본다(Gunkel, 43).

77 Westermann, 298. 이 구절들에 대한 번역과 해석에 대한 카수토의 설명을 참고하라(Cassuto, 207-213).

78 이 구절들의 번역에 관련한 견해들과, 야훼가 가인의 제물을 거절한 이유에 대한 다양한 견해들에 대해 Wenham(104-106)을 보라. 이 구절을 중심으로 4장의 이야기를 신의 보살핌(patronage)에 대한 예로 해석한 글로 다음을 보라. Emanuel Pfoh, "Genesis 4 Revisited : Some Remarks on Divine Patronage" in Scandinavian Journal of the Old Testament

23:1(2009), 38-45.

79 Cassuto, 213-215. 이 구절의 번역과 해석의 역사를 간결하게 살피고, 새
로운 번역을 시도한 논의로 다음을 보라. Pamela Tamarkin Reis, "What
Cain Said : A Note on Genesis 4.8" in Journal for the Study of the Old
Testament 27:1(2002), 107-113. 라이스는 "가인이 그의 아우 아벨에 대
항해서 말했다(And Cain spoke against Abel, his brother)"로 번역하기
를 제안한다. 이렇게 하면 원전 텍스트에 어떤 단어를 첨가하거나 뺄 필
요가 없다.

80 Mitchell, 127.

81 Westermann, 302; Cassuto, 215; von Rad, 105.

82 Westermann, 302.

83 군켈은 양을 지키는 일을 했으며 야훼의 총애를 받은 아벨을 비꼬는 농
담으로 읽었다(Gunkel, 44). 폰 라드는 심문하는 야훼 앞에서 '내가 양
지키는 자를 지키는 자입니까(Shall I shepherd the shepherd?)'는 식으로
부적절한 재담을 보였다고 평한다(von Rad, 106).

84 Cassuto, 217. 돌봄과 지킴이라는 개념을 이용하여 〈창세기〉 2~3장
과 4장의 이야기를 하나의 이야기로 읽는 좋은 예가 있다. Kristin M.
Swenson, "Care and Keeping East of Eden : Gen 4:1-6 in Light of Gen
2-3" in Interpretation 60:4(2006), 373-384.

85 땅에 들어간 피가 "야훼에게" 호소하였다는 말은 고대사회의 살인과 정
의에 대한 이해를 반영하고 있다. 살인자들은 "네가 무엇을 하였느냐?"
는 질문을 피할 길이 없다. 피해자의 피가 외치는 소리를 누군가가 반드
시 듣게 될 것이기 때문이다. 살인은 언제나 가능하지만 완전범죄로서의
살인은 가능하지 않다. 만일 누구도 그 피의 외침을 들을 수 없다 하더
라도 신의 귀는 이를 놓치지 않는다. 피가 신에게 직접 말하고 이를 들은
신이 살인자를 직접 심문하고 심판한다(Westermann, 305; Gunkel, 45).

86 전 장에서 살펴보았듯이 〈에타나〉 전설에서 에타나는 자손을 달라고 기
    원하며 다음과 같이 말한다. "오, 샤마쉬여, 당신은 내가 바친 양의 최상
    질 부위를 즐겨왔고, 땅은 내 양들의 피를 마셔왔습니다." 아벨은 야훼에
    게 양의 가장 기름진 부위를 잘라 바쳤고, 땅은 그의 피를 들이킨다. 대
    부분의 성서주석가들이 주목하지 못한 에타나와 아벨 사이에 흥미로운
    연관성이 있다.

87 Cassuto, 219-220.

88 von Rad, 106; Gunkel, 45.

89 이 같은 문맥을 가장 잘 이해하고 주석한 이는 카수토이다. 그는 "Thou
    hast driven me out, this day, from the Face of the earth and from Thy
    Face, I shall seek to hide"로 간결하고 아름답게 번역하고 주석하였다
    (Cassuto, 222-224).

90 기본적으로는 두 이야기를 하나의 이야기로 엮는 과정의 흔적이라 할
    수 있지만, 〈창세기〉 2~4장의 이야기를 문화인류학적 관점에서 신화라
    고 규정한다면 이 문제에 대한 다른 설명도 가능하다. 고대의 여러 민족
    이나 국가들이 나름대로의 창조신화를 가지고 있다. 그러한 모든 창조신
    화들은 각기 시간의 처음을 틀로 사용한다. 에덴 이야기의 작가도 이 이
    야기를 태초라는 시간의 틀을 이용하여 자신의 민족인 이스라엘의 창조
    신화로 작성하고자 했음이 분명하다. 그런데 우리는 거의 모든 창조신화
    들이 '태초'라는 시간적 틀을 사용하고 있지만 이것이 반드시 공간적 유
    일성이나 배타성을 요구하는 것은 아니라는 사실을 이해해야 한다. 창조
    주의 정원에 창조주가 아닌 다른 신적 존재들이 아무런 설명 없이도 존
    재할 수 있는 것처럼(3:22), 신화의 세계에는 원래 등장하기로 되어 있는
    사람들 외에도 다른 사람들이 얼마든지 존재할 수 있다는 말이다. 이는
    창조신화가 현대인들의 체계적이고 과학적인 진술들로 작성되지 않았
    기 때문이다. 즉 창조신화들에는 처음부터든 아니면 전승과정에서든 현

대독자들이 보기에 너무도 뜻밖인 내용들이 들어갈 수 있는 여지가 열려 있다.

에덴 이야기의 작가는 태초에 야훼 엘로힘이 이스라엘의 조상(이스라엘 사람들의 관점에서 보면 인류의 조상)을 창조했음을 말하고자 했을 것이다. 그리고 그들의 원초적인 조상이 살던 시기에 다른 민족이나 국가들의 조상들도 살고 있었다는 것이 그에게는 별로 문제가 안 되었을 것이다. 고조선의 건국신화인 단군신화가 우리 민족의 입장에서 보면 하늘이 열리고 땅이 열리는 태초의 시간을 보여주지만, 그럼에도 불구하고 공간을 배타적으로 설정하지 않는 것과 같은 이치다. 우리의 창조신화가 다른 민족의 존재를 반드시 배제해야 할 필요는 없다. 다른 민족들의 존재를 암시하는 이러한 설정은 원작자가 곧 기술하게 될 대홍수의 극적인 효과를 높이기 위해서도 필요하다.

이어지는 16절에 보면 가인은 야훼 앞을 떠나 방랑하다가 롯 땅에 정착하게 된다. 롯이라는 지역명 역시 에덴 이야기에서는 매우 이질적인 요소이다. 그리고 가인은 도시를 건설한다. 단 한 사람이 존재하는 공간을 도시라 칭하기 어렵다면, 가인이 건설하게 될 도시에는 다수의 사람들이 함께 했다고 말해야 한다. 이들 역시 작가가 이스라엘의 창조신화의 공간으로 설정한 에덴이라는 지역의 안과 밖에 살던 이들이다. 독자들은 신화들이 가진 이러한 유연성을 이해하고 읽어야 할 필요가 있다. 고대의 신화를 서사시나 설화의 장르로 전하는 작가에게 가능하지 않은 것을 요구해서는 안 된다. 결국 뱀과 독수리가 말을 하고, 신이 흙을 반죽하여 사람을 만들고, 바람에게 날개가 있고, 땅이 입을 벌려 피를 받아들이는 이야기 아닌가? 결코 논리적이고 과학적인 눈으로 읽어갈 수 없는 이야기가 바로 신화다.

91 Gunkel, 47; Cassuto, 227.

92 야훼가 대장장이 부족의 신이었음을 직간접적으로 제시하는 성서 구절

들이 많이 있다. ① 선지자들이 환상 중에 본 야훼가 구리와 연결되어 묘사된다. 먼저 선지자 스가랴가 환상 중에 본 야훼의 처소는 두 개의 구리산이다(스가랴 6:1). 스가랴는 또한 황폐해진 이스라엘을 회복하기 위해 야훼가 보내게 될 이들로 네 명의 대장장이를 본다(스가랴 1:16-21). 에스겔은 모양이 놋(구리)처럼 빛나는 사람 같은 신적 존재를 본다(에스겔 40:3). 그리고 보다 직접적으로 야훼를 '구리를 녹이는 자'의 메타포로 묘사하기도 하였다(에스겔 22:20). 이사야는 숯불을 불어 구리를 녹여 연장을 만드는 장인(smith)을 만든 이가 야훼라고 말한다(이사야 54:16). ② 야훼의 성소를 건축하는 데에 많은 양의 구리가 사용된다. 야훼의 처소인 성막(출애굽기 27장)과 예루살렘 성전(열왕기상 7장)을 짓는 데에 엄청난 양의 놋(구리)이 사용되었으며, 특히 예루살렘 성전의 입구에 높이 9미터, 원주 2미터에 달하는 순수 놋기둥이 세워졌다. 이 놋기둥은 성전 지붕을 지탱하는 용도로 지어진 것이 아니다. 아무런 장식도 더해지지 않았다. 야훼 신앙의 기원을 상징하는 기능 외에는 아무런 건축학적 기능이 없다. 야훼의 신전임을 가장 극명하게 보여주는 상징물이다. 이 기둥과 함께 또 하나의 상징물이 놋으로 만든 바다(sea of copper)이다. 이 두 조형물은 야훼가 불과 구리를 만지는 대장장이들의 신이었음을 상징적으로 보여준다.

③ 야훼가 모세에게 자신을 계시한 사건에 구리와 불이 중요한 소재로 사용되었다. 모세에게 출애굽의 사명을 주기 위해 야훼는 호렙산의 '불타는 떨기나무(burning bush)' 가운데서 나타난다(출애굽기 3:1-5). 그리고 자신이 이스라엘의 신인 야훼임을 백성들에게 증명하기 위해서 모세에게 지팡이를 뱀으로 만드는 일을 해보도록 시킨다(출애굽기 4:2-5). 지팡이의 히브리 단어는 마테(matteh)이다. 보통 나무로 된 지팡이를 뜻하는 것으로 이해되지만, 〈이사야〉 10장 15절과 〈에스겔〉 19장 13~14절의 분석에 따르면 마테는 왕이나 여왕이 드는 지팡이 상단에 불룩하게

생긴 나무와는 구분되는 구리 장식인 권장(scepter)을 가리키는 단어로 쓰였다. 뱀에 해당하는 단어 나하쉬(nahash)는 구리를 뜻하는 단어 네호셋(nehoshet)과 음역이 유사하다. 고대 우가릿이나 아람어, 그리고 아랍어 등에서 나하쉬는 구리를 지칭한다. 나하쉬 역시 구리를 가리키고 있다는 생각이 가능해진다. 〈역대상〉은 대장장이 부족인 갈렙의 후손 중 한 사람의 이름으로 이르 나하쉬(Ir Nahash, 이르나하스, 4:12)를 소개하지만 '이르 나하쉬'의 '이르'는 도시(성, city)를 지칭한다. 이르 나하쉬는 '뱀의 도시'나 '구리의 도시'로 읽을 수 있다. 여기서는 뱀으로 사용된 것이 아니라 구리를 뜻하는 단어로 사용된 것이 분명하다. 따라서 이르 나하쉬는 구리를 녹여 연장을 만들었던 한 성의 이름이라 할 수 있다. 나하쉬가 뱀이 아니라 구리를 가리키는 단어가 될 수 있다는 성서적 예가 된다.

이러한 관찰의 내용을 종합해보면, 모세가 행한 지팡이로 뱀을 만드는 묘술은 실상 구리로 된 물체인 권장을 녹여서 구리로 된 뱀을 만드는 일이었음을 상상할 수 있다. 이 일이 구리와 불을 다루는 겐 족속의 제사장인 이드로가 진을 치고 있는 곳과 가까운 거리에서 진행되었으며, 더욱이 모세가 마테를 '불타는 떨기나무' 속으로 던졌다는 것은 흥미로운 일이 아닐 수 없다. '불타는 떨기나무'는 구리를 녹일 때 사용하는 불타는 숯을 가리킬 수 있기 때문이다. 만일 구리 마테를 구리 뱀으로 전환시키는 것이 출애굽을 명하러 나타난 신이 야훼임을 보이는 증거가 된다면, 이것이 시사하는 바는 분명하다. 야훼는 적어도 그 기원의 초기에 있어서 구리를 녹이는 일과 연관되어 있었다는 것이다(Nissim Amzallag, "Yahweh, the Canaanite God of Metallurgy?" in Journal for the Study of the Old Testament 33:4, 2009, 394–396).

93 von Rad, 108.

94 Amzallag, 393.

95 이 모순을 해결하기 위한 방책이었을까? 5장의 족보는 아담이 셋 이외에 다른 아들들과 딸들을 낳았다고 기록하고 있다. 그러하다면 가인의 아내는 여동생 중 하나였을 것이다. 희년서는 가인의 아내 이름이 애완(Awan)이며 바로 그의 여동생이었다고 해석하였다(4:1, 9).

96 베스터만은, 가인이 도시를 건설하였다는 설정은 저자가 도시의 건설이 이스라엘의 역사와 문화 이전에 행해졌다는 기억을 보존한 것이라 본다. 그에 의하면 이스라엘과 그의 조상들은 인류 태초의 도시와는 아무런 상관이 없다(Westermann, 326). 이 같은 해석은 텍스트 밖의 역사적 사실을 바탕으로 한 해석이다. 그러나 독자들은 신화 읽기의 문학적 상상력을 발휘하여 이 같은 역사적으로 '정확한' 해석 너머의 것을 읽어야 한다.

97 군켈은 이 구절이 J가 자신의 이야기에 짧게 포함시킨 셋의 계보의 일부로 보고 4장 25, 26절에 이어 나오는 것을 본다(Gunkel, 55).

98 노아가 '위로'가 된다는 것은 대홍수에서 노아가 생존했다는 것과 관련이 없다. 사실 대홍수로 인해 인류 전체가 전멸했으니 노아는 사람들에게 위로가 될 수 없다. 노아의 위로는 이 구절이 명시하듯이 땅이 받은 저주와 관련이 있다. 군켈은 여기서 에덴 이야기의 화자가 노아의 포도원을 마음에 두고 있다고 본다. 야훼가 땅을 저주하였기 때문에 사람들은 땅이 공짜로 베푸는 과실을 기대할 수 없다. 따라서 생존을 위해서 땅을 열심히 경작해야 했다. 고대 근동의 포도주는 신들과 사람들의 마음에 기쁨을 주며 고통을 잊게 하는 일종의 생명의 물이다(시락서 34:27-28, 시편 104:15, 사사기 9:13). 부모의 죽음으로 상심하고 곡하는 자에게 '위로의 잔(포도주)'을 베푸는 것이 이스라엘의 애통 예식의 일부이다(예레미아 16:7). 군켈은 이 같은 포도주에 대한 이해가 에덴 이야기에 상당한 의미를 준다고 본다. 포도주는 야훼가 내린 저주로 인해 고단한 생애를 사는 이들에게 위로의 잔이다(Gunkel, 55). 스키너 역시 이 구

절이 노아가 주인공으로 등장하는 홍수 이야기가 아니라, 아담과 가인이 주인공인 앞서 발생했던 에덴 이야기를 향하고 있다고 보며, 노아의 위로를 그의 포도주와 연결하여 이해하였다(Skinner, 133-134).

99 군켈에 따르면 〈라멕의 노래〉 혹은 〈칼의 노래〉라 불리는 이 시는 원래 태곳적에 전쟁에서 적을 무찌른 전사들이 자신의 아내와 자식들에게 돌아오면서 의기양양하게 불렀던 노래였다. 후대 편집자는 인류가 점점 사악해져 간다는 개념을 보이려는 의도에서 이 노래의 원래 용도와는 무관하게 여기에 삽입한 것이다(Gunkel, 52-53). 즉 이 노래는 에덴 이야기의 원작에 속하지 않는다. 반면 폰 라드는, 특히 〈칼의 노래〉는 원작의 구성에 나름대로 필요했을 것이라 본다. 이 단락은 인간 문명의 발달을 이야기한 후, 야훼가 그의 조상 가인에게 약속한 보호는 더 이상 필요치 않다고 주장하는 라멕을 등장시킨다. 그는 자기 스스로 복수하며 자기를 지킬 수 있다고 천명한다. 폰 라드는 이러한 이유로 J가 이 단락을 필요로 했을 것이라 본다(von Rad, 111).

100 가인과 아벨을 대신하여 태어난 셋의 후예들을 이스라엘이 적대시하였다는 것은 자신들의 조상과 그 계보에 대한 이해와 관련하여 성서 저자들 간에 상당한 혼란이 있었음을 보여준다. 〈창세기〉 1~11장에 이르는 이야기들이 물론 현대적 의미의 역사적 고증을 거친 글은 아니다. 5장의 족보에서 아담의 형상을 닮은 대를 이을 아들로 셋을 명시한 저자나, 여기서 아담의 다른 아들로 셋을 소개하는 저자는 후대에 발달된 셋-모압 전통을 인지하지 못했을 가능성도 크다.

101 이에 대한 대안적 방안은 엘로힘을 그대로 두는 것이다. 가인을 낳은 후 야훼의 이름을 부른 이브가 여기서 엘로힘의 이름을 부르는 것은 상황의 변화를 이브가 제대로 인식했기 때문이라는 해석이 가능하다. 가인을 낳은 후 이브는 마치 야훼와 동등한 여신이 된 양 당당하게 외쳤다. 그때의 신인 야훼는 가까이 있는 신이었고 개인적인 신이었다. 셋을 낳은 후 이

브는 더 이상 의기양양하게 외치지 않는다. 그녀의 말에는 실상 슬픔과 감사가 묻어 나온다. 언제든 접촉이 가능했던 신은 더 이상 가까이에 없다. 신은 그녀가 닿을 수 없는 곳으로 갔다. 그녀는 이제 드높은 천상의 신전에 거하는 자연의 창조주이며 초월적인 신의 존재만을 인식하게 되었다. 그 신이 아들 하나를 더 지정해준 것이다. 그러한 신에게 어울리는 이름이 엘로힘이다(Cassuto, 246).

102 Skinner, 125; Westermann, 338.

103 스키너는 야훼 숭배의 기원에 대한 J의 견해로 보면서, 이 구절을 "그(에노스)가 야훼의 이름을 처음으로 불렀다"로 번역하는 것이 더 좋다고 제안하였다(Skinner, 126). 폰 라드는 야훼가 모세에게 자신을 처음으로 계시하는 〈출애굽기〉 3:14, 6:3과 이 구절 사이에 불일치가 있음을 지적하였다. 그리고 J가 여기에서 야훼 신앙의 기원을 알리는 것은 야훼 숭배가 이스라엘의 종교가 되기 전 태곳적에는 모든 인류의 원초적 종교였음을 천명하기 위해서라 생각한다(von Rad, 113). 군켈도 이와 유사한 견해를 피력했다(Gunkel, 54-55). 베스터만은 여기에 아무런 문제가 없다고 생각한다. 그에 따르면 4장 26절은 야훼 숭배의 기원을 말하는 것이 맞지만, 〈출애굽기〉에 모세를 통해서 계시된 종교처럼 매우 명확한 개념의 야훼 종교의 시작을 알리는 것은 아니기 때문이다(Westermann, 339). 카수토는 종교적 예식의 의미로 이 구절을 해석하기보다는 가인과 아벨 대신에 수여된 셋의 아들을 통해서 인류와 야훼의 행복한 관계가 복원된다는 의미로 "그 때 사람들이 야훼의 이름을 다시 부르기 시작했다"고 해석하였다. 셋을 낳은 후 이브는 신의 이름으로 엘로힘을 불렀다. 애도 기간에 야훼의 이름을 부르지 못한 것이다. 그러나 사람을 뜻하는 에노스의 출생과 더불어 신이 다시 인간에게 가까이 다가왔다. 그리고 사람들은 다시금 야훼의 이름을 부를 수 있게 된 것이다. 새로운 시대가 열린 것이다(Cassuto, 246-248).

맺는말

1   Joachim Schaper, "The Messiah in the Garden : John 19:38-41, (royal) gardens, and messianic concepts" in Paradise in Antiquity: Jewish and Christian Views, edited by M. Bockmuehl & G. G. Stroumsa(Cambridge: Cambridge University Press, 2010), 17-27.

2   근동의 정원과 왕의 관계에 근거하여 에덴을 예루살렘의 원형으로 연구한 것으로 다음을 보라. Lawrence E. Stager, "Jerusalem as Eden" in Biblical Archaeology Review 26:3(2000).

3   John Van Seters, The Yahwist : A Historian of Israelite Origins(Winona Lake, Indiana: Eisenbrauns, 2013)

4   정원(울타리를 둘러친 공원)을 뜻하는 히브리 단어 '간(gan)'은 고대 페르시아어에서 차용된 것이다. 성서 히브리어의 언어사적 측면에서 볼 때 비교적 후대에 들어서야 간헐적으로만 차용된 단어다. 헬라어 70인역이나 라틴어 불가타 성경처럼 이 단어를 낙원을 뜻하는 것으로 읽는 것은 〈창세기〉 2장에 대한 언어사적 해석에서 아무런 연관성을 찾을 수가 없다(Terje Stordalen, Echoes of Eden : Genesis 2-3 and Symbolism of the Garden of Eden in Biblical Hebrew Literature, Lueven: Peeters, 2000, 84).

5   Sharper, 25.

6   Sharper, 25.

7   샤퍼는 〈창세기〉의 아담을 에덴의 왕실 정원사로 읽는 것에 전적으로 동의하며, 〈요한복음〉 19장 38~42절이 아담을 왕 같은 정원사인 그리스도의 예시로 넌지시 제시하고 있다고 해석한다. 그리고 이러한 이해가 유대에 존재했던 헬라적 정원들, 무엇보다도 구약과 신약의 관련 문헌들이 제시하는 역사적 배경에 잘 부합한다고 본다.

에덴의 인문학

에덴 이야기는 인류에게 무엇을 말하는가

초판 1쇄 발행 | 2015년 6월 30일

지은이	민정기
책임편집	강희재
디자인	김수정

펴낸곳	바다출판사
발행인	김인호
주소	서울시 마포구 어울마당로5길 17(서교동, 5층)
전화	322-3885(편집), 322-3575(마케팅)
팩스	322-3858
E-mail	badabooks@daum.net
홈페이지	www.badabooks.co.kr
출판등록일	1996년 5월 8일
등록번호	제10-1288호

ISBN 978-89-5561-771-9 93160